《汝南堂‧周易尚占》

六十四卦啟示賦卡
〈詩箋註解全集〉（二）

知機識變　鑒古今往

作者 / 廖英琪

指導 / 吳慕亮

目 次

諸前賢大德惠賜弁文篇（依照資歷順序，恕宥直稱姓名）

探索《周易》全貌

諸前賢大德惠賜弁文篇

（依照資歷順序，恕宥直稱姓名）

徐芹庭 | 序言（一）

《易》學宗師—徐芹庭教授與五術作家—吳慕亮，留影於《周易論壇》。

讚曰：

「漫將立說論高低，喜見周經傑士題，
堪詡斑文藏霧豹，爲憐羽彩舞山雞；
英琪卦象追唐漢，慕亮爻辭壓魯齊，
五術薪傳揚孔孟，新書付梓渡黔黎。」

方上古之時，人民無別，群物無殊，未有衣食器用之利。於是伏羲乃仰觀象於天，俯觀法於地，中觀萬物之宜，始作八卦，以通神明之德，以類萬物之情。故《易》者，所以繼天地，理人倫而明王道。是故：八卦以建，五氣以立，五常以之行。象法乾坤，序順陰陽，以正君、臣、父、子、夫、婦之義。度時制宜，以贍人用，人民百姓乃治，君親以尊，臣子以順，群生和洽，各安其性，八卦之用。故伏羲氏王天下，結繩而為網罟，以畋以漁，蓋取諸〈離〉，質者無文，以天言，此《易》之意。夫八卦之變，象感在人，文王因性情之宜，為之節文。

伏以，道光九野，緯景緯以照臨；德載八埏，麗山川以錯峙。垂象之文斯著，含章之義聿宣。爰有，風城五術詩學方家—吳君慕亮，賜函索序，放眼觀今，攜攜後進，絕無僅有，督導門人，著書立說，傳承聖學，如吳君之人幾希？故老朽方知有令高足，廖英琪女史手撰《周易尚占詩箋》寶冊，且埋首於台中雲仙閣而成稿。吾觀其為

書也，廣大悉備，三才妙義斯齊；運駕慈航，詩箋妙諦咸聚。既詩既文，信儒林之盛事，而文翰之美篇也。後之攬者，觀其書而雅麗擒辭，以微知著於言表，玄深之義盡得矣！至夫得意而忘象，精微可與天地同流，豈鴻飛紀雪泥哉！特賦絕律，聊申祝忱，樂為序之！

賦讚：
「廖君新著育賢豪，鳳集鸞翔萬里翱；
易學燈前揮巨筆，旁通觸類展雄韜。」

歲次壬寅年立冬貴臨前夕癸亥深夜
東海 徐芹庭敬序於國際易經學會中華民國總會

家師 吳慕亮授明朝袁黃箴言，英琪沐手捃集

觀《了凡四訓》乙書，記載《符籙家》，有云：「若拙畫符，遭鬼神譏。」英琪按：其有秘傳，惟弗動念也。執筆書符，先將萬緣放下，一塵莫起，念頭藏於玄關（兩眉之間，本體之處，《風鑑》妙術，咸曰：「印堂。」），落墨初點，謂之混沌開基，由此而一筆揮成，更無思慮，其符必靈矣！

玄魁子授唐朝韓愈《行箴》，英琪沐手捃拾

有才無學，如巧匠無術，不能運斤；有學無才，如愚賈操金，不能屯貨（賈：音ㄍㄨˇ）。先賢名言，我輩謹記！

玄魁子授《延陵堂・十二時辰訣》，英琪沐手捃撫

半夜子，雞鳴丑，平旦寅，日出卯，食時辰，禺中巳，日南午，日昳未，（昳，音ㄉㄧㄝˋ）晡時申（晡，音ㄅㄨ），日入酉，黃昏戌，人定亥。十二地支・乃中國古代計算「時日」之代稱。

吳慕亮 | 序言（二）

家師玄魁子吳慕亮，近年五術著作頗豐。

讚曰：

「六四詩文蔚彩霓，洛陽紙貴豈無稽，
牆頭弗再窺風月，筆下居然紀雪泥；
元亮襟懷秋勵菊，處宗才調夜談雞，
汝南詞藻雲仙逸，自有通靈一點犀。」

　　《周易·繫辭·上傳》：「子曰：『夫《易》，何為者也？夫《易》，開物成務，冒天下之道，如斯而已者也。是故：聖人以通天下之志，以定天下之業，以斷天下之疑。』」復以《易傳》：「是故：君子居而安者，《易》之序也。所樂而玩者，爻之辭也。是故：君子居則觀其象而玩其辭，動則觀其變而玩其占。是以：自天佑之，吉無不利。」

　　是故：《易》有太極，是生兩儀，兩儀生四象，四象生八卦，八卦定吉凶，吉凶生大業。靜觀八八六十四卦，乃《周易》精髓內容及蘊含玄微哲學。每卦以喻自然，卦有卦名，以表卦義；次有卦辭，以斷吉凶；每卦咸有相應之符號，卦有卦形、卦畫、卦象、卦德及數和

理。卦象隱喻豐富,究盡數術和義理,究天人之際而通古今之變!

　　若探索《易經》中卦與卦之間,每卦均有對應本卦、變卦、綜卦、互卦、雜卦,爰而卦與卦能知妙諦。卦藉爻組成,六十四卦以六爻成卦,由陰爻和陽爻兩符號組成六爻卦,每卦有對應爻辭,藉以說明事物發展階段及過程。爻有爻所處位置,故稱:「爻位。」爻和爻間,亦非孤立,內在存乎!爻和爻間,有乘、承、比、應,彼此繫焉!

　　吾曹詳以審視卦中之爻,仍有變動,故稱:「變爻。」爻生變化,卦亦隨變,故稱:「變卦。」〈序卦傳〉暨〈雜卦傳〉,對六十四卦,特作深刻之闡釋及說明,揭櫫事物玄機。以喻自然、人生、社會、人事,六十四種情態及規律,給予吾人指導,值得品味和琢磨。惟須謹遵《汝南堂・周易尚占詩箋》之叮嚀及導引方法,加以體會則能感應道交耳!

　　旋有,廖英琪老師,攬揆於壬子與吾嫡傳弟子—王若庭同庚摰交,今設硯於潭城觀顯堂,先獲《周易》聖學、《華山玄秘》、《近體詩》之啟蒙。爾後,府第新居落成及國立中興大學碩士論文交卷,一時分身乏術,若延宕良久,恐耽誤課業,薦引至老朽棲隱之臥龍軒,以求陶鑄!吾觀命盤,允曰:「嗣歲,將必著書立書!」展公傳授,爾今應驗,精準無訛,妙哉紫微!

　　英琪老師怡色柔聲,溫良敦厚,高材疾足,江左夷吾;從台中至風城深造,遜志時敏,程門立雪,漸而新發於硎,急起直追。吾觀紫微權科臨大運,洞徹其天賦罕覯,獨一無雙,腕隨筆動,文思泉湧,特授《華山玄秘》批命真傳。欣悅學而有成,可謂:「威鳳祥麟,荊南杞梓。」環顧當今五術界之論命者,以口求謀(術士),如過江之鯽;若能搦管詞章及命書成詩者(學士),寥若晨星,鳳毛麟角!

　　汝南・廖英琪老師,傳授瑜伽二十餘載,桃李滿天下,可謂:「精舍橫經,絳帳授學。」間可云得天下英才而教育之,有孟子之三樂矣!吾稱廖帥,其人韻儀高雅,風姿綽約,輕盈曼步,婉若游龍,乃當今瑜伽之高士。亦將相之器,榮榮大才,擎天玉柱,任重道遠;處世待人,不存芥蒂,無分畛域,水乳交融。慈懷一片,分貧振窮,濟弱扶傾,義粟仁漿,乃菩薩心腸也。忻六十四卦付梓,特撰七言絕句16首,抒懷之誠,聊表賀焉!

讚《汝南堂·周易尚占詩箋》專集付鐫感賦

其壹
壹年容易復東風，妙筆生花我輩崇；
當握良機君策論，儒宗學說喜收豐。

其貳
信手拈來便是春，已知才慧有前因；
淋漓六四饒生意，磅礡干霄見性真。

其叁
五車學富讚稱揚，八斗才儲我獨望；
佇看爻辭吟集出，聲名廣佈邇遐芳。

其肆
周經鉅著世同欽，積學淵源造詣深；
橐筆成章吾輩敬，群倫廣渡啟南鍼。

其伍
莫謂長年案牘疲，鐘聲缽韻屢鏖詩；
乾坤盡有驚人句，闡釋羲經正可期。

其陸
雲仙暢志美兼收，彩筆珠璣入選樓；
八八名山留絕業，玄魁感動讚千秋。

其柒
萬斛源泉振國風，蘊藏靈性氣豪雄；
浮生莫謂無成果，滿卷詩章悅穆隆。

其捌
羲皇見地賦元音，信有文章福澤深；
剞劂成歡天下士，同添好句燦雞林。

其玖
嬌瓏養性誦吟情，兩袖清風卦象耕，
繡虎雕龍詩問世，洛陽紙貴遍鯤瀛。

其拾

庖犧法秘振天聲，三百無邪筆至精；
廖帥傳承揚一脈，神州寶島濟時鳴。

拾壹

讚嘆嬌瓏載筆行，欣書聖卦喜詩成；
操觚染翰弘周易，慕亮同歡暢雅情。

拾貳

周經易說擅才能，筆吐佳章妙句登；
搦管成詩誇俊彥，汝南纘繼女雄稱。

拾叁

育導群倫肆應周，文王閫奧展嘉猷；
傳神落筆清聲逸，放眼今朝遜與俦。

拾肆

讀罷鴻篇感佩深，幾回繞室費沉吟；
羲皇秘竅勤傳頌，絕句清新重士林。

拾伍

英琪詠絮輯嘉良，激濁揚清易學張；
吐鳳雕龍舒壯志，錦心繡口著新章。

拾陸

弘敷卦象合傳詩，廖帥揮毫句出奇；
戛玉敲金才獨秀，烹經煮史義先知。

歲次壬寅立冬候節後二日穀旦
　　　　　　　　^{隆中}吳慕亮沐手敬書於風城笑傲山房

～～～～～～～～～～～～～～～～

亮師勗勉，《爲學箴言》：

「讀書筆記，人之言也，其猶鐘乎！大扣則大應，微扣則微應，如不扣而應，扣而不應也者，人必怪之！」搦管遙寄，廖帥切磋！

戴念華｜序言（三）

清大戴念華副校長（左），親臨河洛居與亮師（右），切磋律詩要義。

　　《周易》，乃華人文化之精髓，長延數千年，亙古常新，表面《周易》似屬卜筮之書，頗多古書亦均記載其卜筮之功能，用之以預測大自然智慧靈巧之規律以及萬事變化之玄機，因而獲漢武帝臚列五經之首。然！若如此觀《周易》，實則不解其中深邃之含義。「義理」式《周易》，更值得深入探賾索隱之方向也。《周易》闡述世間萬物變化之道，以占筮表其相，而求言行之指引，修養之戒鑑，此即《周易》聖典，所謂：「君子，觀其象而玩其辭！」從卦爻象與卦爻辭之變化領略人生之哲理，並奉之為圭臬，匡正行為而不逾矩，妙哉《易》道也。

　　古籍記載，唐·歐陽詢等奉高祖（李淵）敕撰之《藝文類聚·七十一》引《衝波傳》：「『孔子使子貢，久而不來！』孔子謂弟子占之，遇鼎，皆言無足不來。顏回掩口而笑！子曰：『回也哂，謂賜來也？』曰：『無足者，乘舟而來至矣！』清旦朝，子貢果至，驗如顏回之言。唐·虞世南撰《北堂書鈔·百三十七》引《韓詩外傳》：「『孔子使子貢，為其不來！』孔子占之，遇鼎。謂弟子曰：『占之遇鼎，皆言無足而不來！』顏回掩口而笑，孔子曰：『回也，何哂乎？』曰：『回，謂賜必來！』孔子曰：『何如也？』回對曰：『乘舟而來矣！』賜果至矣！」

　　蓋八卦之序成立，則五氣變形。故人生而應八卦之體，得五氣以為五常，仁、義、禮、智、信是也。夫萬物始出於〈震〉，〈震〉，東方之卦也，陽氣始生，受形之道也，故東方為仁。成於〈離〉，〈離〉，南方之卦也，陽得正于上，陰得正於下，尊卑之象定，禮之序也，故南方為禮。入於〈兌〉，〈兌〉，西方之卦也，陰用事而萬物得其宜，義之理也，故西方為義。漸於〈坎〉，〈坎〉，北方之卦也，陰氣形盛，陰陽氣含閉，信之類也，故北方為信。夫四方之義，皆統於中央，故〈乾〉、〈坤〉、〈艮〉、〈巽〉，位在四維，中央所以繩四方行也。

　　夙昔，國立清華大學，以「自強不息，厚德載物」為校訓，此乃緣由於民國三年歲次丙寅，清華大學（當時，咸稱：「清華學校。」）邀請國學大師梁啟超先生至校演講，梁師以君子為題，並引述《易經‧乾卦‧象辭》：「天行健，君子以自強不息。」以及〈坤卦‧象辭〉：「地勢坤，君子以厚德載物。」嘉勉學子，以天道運行，剛健不息為師，以厚德居下，承載萬物為己任，期勉學子，因此清華大學之後，則以「自強不息，厚德載物」為校訓，凡於我中華土地，培育興國利民棟樑之材，開啟清華大學百年樹人之重任，則《易經》乾坤兩卦之妙也。

　　摯交 慕亮仁兄，別號：隆中逸叟、臥龍散人、方外處士、孔子門生，棲隱於塹北拂塵掃葉樓之笑傲山房，余與蘭交二十餘載，乃當代五術學界之《近體詩》方家，吾今雖肩擔國立清華大學副校長之職，任重致遠，學術交流，應酬難拒，若逢各系主任教授或同事榮退之時，吾亦習尚絕律之冠首以祝。惟詩中闇奧，平仄之外尚有犯孤平及拗救，若非騷壇高手或如李杜之才，頗難洞悉，旋而屢次趨躬風城臥龍軒，拱手請益慕亮兄以匡不逮！欣獲賜函告知，斯有高徒廖帥英琪女史之近作，顏曰：「《汝南堂‧周易尚占詩箋》。」此誠震古鑠今，光前欲後之作。

　　廖帥英琪女史，祖籍汝南，雲林人氏，伏蒙不棄，索序於我，寸筆表述。其精瑜伽、達任督、參脈輪、通經絡、識歧黃、觀掌紋、辨舌苔、博典籍、究三教、讀楞嚴、倡藥師、印善書、辦演講、揚五術、擅題吟、勤著作、饒黔黎、渡眾生，持齋茹素，禮佛修行，乃當今女中豪傑及巾幗英雄也。《易經》雖余所愛，但非我之專業，可謂：「聞道有先後，術業有專攻。」既往曾數度試圖自修研習，無奈

雜煩之事纏身而未果！獨今有良機為此書弁言，雖難述精闢之論，卻深感參與盛事，殊榮倍至，拙筆淺見，牖前成序，藉以誌慶，謹作七陽，律詩賀忱！

讚曰：

「周經六四韻鏗鏘，廖帥靈籤震海疆，
　兩集玄微珠玉富，千家探索姓名香；
　文風鼓吹傳鄒魯，詩教匡扶繼漢唐，
　稱慶洛陽騰紙貴，爭求卷帙共珍藏。」

歲次壬寅立冬候節穀旦迎曦朝陽之東
　　　譙國 戴念華敬序於新竹清華大學清華園牖前

〜〜〜〜〜〜〜〜〜〜〜〜〜〜〜〜〜〜〜〜〜〜〜〜〜〜

家師 吳慕亮授《修身箴言》，英琪沐手捃收

（壹）：和氣一堂添百福，平安二字值千金。

（貳）：慈悲勝唸千聲佛，造惡空燒萬炷香。

（叁）：聞君子議論，如啜苦茶，森嚴之後，甘芳溢頰；
　　　　聽小人言語，若嚼糖霜，爽美之餘，寒冰凝胸。

（肆）：作善降祥，不善降殃，可見塵世之間，已分天堂地獄；
　　　　人同此心，心同此理，可知庸愚之輩，不隔聖域賢關。

（伍）：一言足以召大禍，故古人守口如瓶，惟恐其覆墜也；
　　　　一行足以玷終身，故古人飭躬若璧，惟恐其瑕疵也。

（陸）：作善降祥，不善降殃，可見塵世之間，已分天堂地獄；
　　　　人同此心，心同此理，可知庸愚之輩，不隔聖域賢關。

黃來鎰 | 序言（四）

永康・黃來鎰教授，主持海峽兩岸《周易論壇》佳照。

讚曰：

「易占詩箋次第編，不餘遺力繼寅年，
闡揚詩教元音振，鼓起文風正氣宣；
麗藻千秋堪啓後，精華兩集好追前，
匡時淑世宏揚遠，健筆光芒耀九天。」

　　《論語・述而》：「子曰：『加我數年，五十以學《易》，可以無大過矣！」三國・魏・何晏，〈注〉：「《易》，窮理盡性以至於命，年五十而知天命，以知命之年讀至命之書，故可以無大過。」北宋・邢昺，〈疏〉：「此章孔子言其學《易》年也，加我數年，方至五十，謂四十七時也。《易》之為書，窮理盡性以至於命，吉凶悔吝豫以告人，使人從吉，不從凶，故孔子言己四十七學《易》可以無過咎矣！」《史記・孔子世家》以「加」作「假」。東漢・應劭《風俗通義・窮通篇》，亦引作「假」。如此理解，「加」指給、增之意。

　　旋以，「五十」，何〈注〉及邢〈疏〉，兩位先達，咸指歲數也。明朝孫旬《皇明疏鈔》，載云：「當孔子爾時年已四十五、六，故云：『加我數年，五十而學《易》』也。所以必五十而學《易》者，人年五十，是知命之年也。《易》有大衍之數五十，是窮理盡命之書，故五十而學《易》也。」南宋・朱熹《四書章句集註》：「劉聘君見元城劉忠定公，自言嘗讀他論，『加』作『假』，『五十』作『卒』。蓋加、假聲相近而誤讀，卒與五十字相似而誤分也。」愚按：此章之言《史記》作「假我數年，若是，我於《易》則彬彬矣」！「加」正作「假」，而無「五十」字。蓋是時孔子年已幾七十矣，五十字誤無疑也。

　　清・俞樾《群經平議》：「『五十』疑『吾』字之誤。蓋吾字漫漶，僅存其上半，則成五字，後人乃又加十字以補之耳！」清・惠棟《論語古義》據王肅《詩傳》云：「古五字如七，改『五十』為『七十』者。」此皆妄改經文，不可取法。《易繫辭傳》大衍之數五十，謂非以五十之年學《易》，是以五十之理數學《易》，亦難圓說。竊以經文難明，或在句讀。若以五字為一讀，十字又為一讀，以為加我數年之補充語。以所加者或五年，或十年，以是學《易》，可以無大過矣！不限在五十之年學《易》，章句乃明，然猶弗敢自以為是。後得程樹德《論語集釋》，引龔元玠《十三經客難》，正作如是句讀。欣見古人有此說，來鎰遂從之耳！

　　清・崔適《論語足徵記》：「五十而知天命，乃孔子七十後追述之辭，窮理盡性以至於命，亦晚年贊《易》之辭，未至五十，焉知是年知命？又焉知他年贊《易》有至命之言耶？《易》，指《周易》，《易經》。《皇明疏鈔》，引王弼云：「《易》以幾神為教，顏淵庶幾有過而改，然則窮神研幾可以無過，明《易》道深妙，戒過明訓，微言精粹，熟習然後存義也。」又引王朗云：「鄙意以為《易》，蓋先聖之精義，後聖無間然者也。是以孔子即而因之，少而誦習，恆以為務。稱五十而學者，明重

《易》之至,故令學者專精於此書,雖老不可以廢倦也。

復次,初見英琪老師於2018年「第八屆海峽兩岸周易論壇」會場,乃風城慕亮兄親率延陵門下士,唯一首次隨團參與論壇之女弟子。高雅溫靜中顯露點慧穎悟,敝人直覺反應:慕亮兄向來慧眼識英才;前有潭城觀顥書軒之王若庭,後有廖英琪,必將於方外處士(亮兄別號)殷切栽培下,與若庭成為延陵堂詩學五術文化會館之雙擘,亦當今傑出女《易》人。論壇當晚雅宴,英琪老師之銅鑼藝道,五行妙音,獲得滿堂喝采,如《列子·湯問》:「昔韓娥東之齊,匱糧過雍門,鬻歌假食,既去而餘音繞樑,三日不絕,左右以其人弗去!」

爾後,敝人得知英琪老師傳授身心靈瑜伽凡二十餘載,對其多方才藝敬佩有加。並於2019年10月27日,慕亮仁兄之令郎吳子賢君及李盈禎小姐,行冠婚大禮時。廖英琪老師率眾,以「吉祥銅鑼賀婚禮」之舞表演,並撰七言律詩十一真韻,聊以賀忱!

> 祥風吉禮府堂親,雅讌名賢賀悃賓,
> 俊彥長男承澤惠,蛾眉次女厚敦倫;
> 鑼笙擊玉符良契,鼓角敲金喜麗姻,
> 積善行仁宗族慶,光昌萬世締婚咚。

如今廖師英琪,夙昔先受教於若庭老師啟蒙,次而引薦入慕亮兄門下,探賾索隱《周易》玄微,極短期間內,竟能將六十四卦三百八十四爻,以「近體詩」之平仄方式,表達淋漓,言簡意深,再度證明英琪老師,天賦異稟,妙筆斐然,崇論閎議,吾儕堪佩!《易》海無涯,《易》道深邃,《易》理多變,《易》數閎奧,期待廖師嗣歲於安陽世界《易》壇大放光彩,略述本懷,代序頌焉!

歲次壬寅立冬候節甲子吉旦晨朝之際

永康 黃來鎰敬書於中華海峽兩岸周易科學交流協會

亮師授《格言聯璧·處事類》,英琪沐手追錄

不自反者,看不出一身是病;不耐煩者,做不出一件事業。

黃培鈺 | 序言（五）

台南・黃培鈺教授，發表論文於《周易論壇》一隅。

頌曰：

「精湛立論讚褒崇，易道宣揚絕句融，
教澤資深能察驗，聲華得妙體康雄；
心靈講座傳遐邇，膽氣嬋柔啓迪聰，
五術承先高造詣，義經闡述解迷蒙。」

　　《易經》始祖伏羲聖帝，觀察時空萬物，參悟《易》道之理數象而始作八卦之圖騰，引以《易》道之教而造福民生，遂有《易經》而生成也。蓋圖騰者，萬物之表徵，乃文字、數字、符號、圖畫、美術與勞作之資始也。自亙古有人類伊始，以至於世人之未來，其永存於世且纜續延展之。《易》學內容，即人、時與位，伏羲氏明天道而觀天察地，觀人察物，以一畫開天與陰陽兩象，繼有卦爻與八卦生焉！神農氏復以天道原理而開發地道象物，引用其能力而創作民生器物，因之而有農具、農物及藥品之「物象」。黃帝以天道天理結合地道物理，復用其能力創立民生食衣住行諸多物象、品物，遂有：指南車、舟車、衣裳、宮室等「器象」之發明也。

　　爾後，歷代古聖先王，咸以科儀原理及能量轉化之智慧而創作生活所需萬彙品物，諸如：顓頊、帝嚳、帝堯、帝舜、夏禹、伊尹、商湯、……等，爰於泰階則以圖騰肇始而建立，並提升高度文明之器物。後太公望（姜尚）以《易》而演《六韜》，以授輔周文王、周武王及周公《易》理之數，形成《周易》之根基。伏羲氏之陰陽與八卦，禹鑄九鼎夏篆字體，商周之甲骨文，文王重卦六十四卦及《河圖》與《洛書》者，亦圖騰之象也，其衍生八卦，包括：先天、後天、白陽，三者之象，各展見地之述。唐、宋、元、明、清而後，探

索五術者眾，旁徵博引，融通：山、醫、命、卜、相，競相媲美而蓬勃發展，至今仍方興未艾，已成華人之特色也。

《周易·繫辭·上傳》：「《易》有聖人之道四焉：以言者尚其辭，以動者尚其變，以制器者尚其象，以卜筮者尚其占。是以：君子將有為也，將有行也，問焉而以言，其受命也如響，无有遠近幽深，遂知來物。非天下之至精，其孰能與於此？」《易》學有聖人之道，「辭」、「變」、「象」、「占」四者，事務之斷疑決策，先行蓍占（蓍，讀shi，上部為艸，中間一老，下部為日，乃老者設壇佇立於太陽下，以草作進行占卜事宜），以觀卦爻（係《易經》之基本因素，根據天、人、地三才之道理，將三爻重疊，構成八卦）圖騰之象，依取象而推知吉凶順逆，終即以決疑之斷而形之於言辭之文。易《道》之理、數、象，精湛奧妙，方有神機用事之功也。

廖師英琪女史，秀外慧中，溫文儒雅，資質優異，勤勉好學，博學廣識。尤為勝者，英琪女史榮拜 當代五術作家及大詩人之吳慕亮教授門下，師事與從學經年，盡得真傳，名師出高徒，實良有以也。培鈺曾於永康海峽兩岸《周易論壇》時，仰瞻廖師風采，聆聽五音療癒之闡述。以及新竹家欣樓時尚婚宴會館，主持吳子賢先生&李盈禎小姐，吉祥銅鑼婚禮祝賀；復讀展閱，慕亮仁兄饋贈近著《華山玄秘》增補感悟暨桃園翁秀花理事長之《陽宅改局實證》弁言、臺中霧峰林家花園攬勝箚記、接受「國立教育電台」張曉瑩主持人專訪撰文、恭印《藥師琉璃光如來本願功德經》，序文疏表，並與令師唱酬絕律之《雲仙閣詩鈔》，不計其數，掬翰略記！

廖英琪老師，其於全台各派瑜伽及嬋柔脊椎運動，可謂《易經》傑出學者，今有大作《汝南堂·周易尚占詩箋》專集，即將付梓傳世，余幸拜讀在先，崇敬欣然。廖師大作書寫嚴謹，遣詞精鍊，擷取《易》道精義，善將「辭」、「變」、「象」、「占」四要，藉以「近體詩」之七言絕句成詩而淹博廣證，頗具李、杜、韓、蘇，騷壇文風，屈指可數也。吾今七十有七歲之長者，廖師堪稱海峽兩峽引入文中之第一人。尤為可貴者，歸納區分：「時運」、「家庭」、「事業」、「情感」、「健康」、「修養」，六大要項，作生命針砭，解說詩箋，詮釋占卜，啟迪吾曹智慧與裨助明理，精闢實用，以識吉凶悔吝，窮通榮枯之道。老朽學識不敏譾陋，寸表拙序以讚之焉！

天運壬寅立冬候節之戊辰龍日達旦

江夏 黃培鈺齋戒敬序於府城孔孟聖道院

劉英雄｜序言（六）

師叔 劉英雄於台中外埔野鶴老人處佳照

讚曰：

「廖君易道放光明，錦繡詩箋引共鳴，
八卦爻辭揚國粹，三才繫篆述心聲：
杜潮韓海瞻澎湃，宋豔班香許品評，
欣喜慶雲傳聖訓，弘敷五術秉忠誠。」

《周易・繫辭・上傳》：「《易》有聖人之道四焉，以言者尚其辭，以動者尚其變，以制器者尚其象，以卜筮者尚其占，是以君子將有為也。」是故：「占」乃《易》四道之一，可謂之「深重」。蓋卜筮者，古代卜用龜甲，筮用蓍草，皆咸以測算吉凶悔吝，卜與筮原屬二事，卜因龜而決，筮以數而推，及至後世，卜法湮滅，筮數獨存，後人遂以筮數稱為卜筮，而取決於《易》之卦爻云。

世事紛然，天道難測，古云：「天有不測之風雲，人有旦夕之禍福。」是以：傳統「山、醫、命、相、卜」，五術哲學，「卜」即可運用上，英琪賢姪正於此創造千秋大業，度千萬人於迷茫，「琪」功德無量！占卜之術，古今中外皆有之，西洋以占星為主，東方哲學以《易經》為主，古有所謂：「三式。即「太乙」、「六壬」、「奇門」，最終尚歸《易經》八八六十四卦、三百八十四爻之論證也。

《周易尚占》，英琪賢姪以《近體詩箋》方式表達《易》占之精華，誠化繁為簡，化難為易，讓讀者迅速上手，預知未來可能發生之吉凶，以利趨吉避凶之道；然則「卜卦」占筮，人人皆懂，但準確度如何？《周易》占筮首先務必去除雜念，心平氣和，集中精神，耳、

目、心，歸一而靈妙。東瀛「易聖」高島嘉右衛門所傳「至誠無息」之術，對於《周易》占卜準確與否，值得吾儕審慎參考！

《易》占之術，不在乎所用起課工具，或金錢、龜殼、蓍草、筷子、樹葉、……，惟在於起心動念之「至誠」，叩問時刻，全心全意，且一事一占之妙。自是爾後，百發百中，以〈爻辭〉擬之，瞭若指掌，有悚然而接神之思，唯有專注守一，方可道交感應於天地，達至天人合一之境界，如此進行占斷卜筮，方可臻致鬼神辟《易》，妙不可言之境地！吳師兄慕亮，授云：「《易》中秘密窮天地，造化玄機泄未然；斯有神明司禍福，從來切莫教輕傳。」足見《周易》玄妙，非泛泛之輩可學焉！

觀瞻今日，科技發達極矣！人類物質文明帶來無窮慾望，以致各種稀奇古怪之科技產品，橫空出世，物質上無虞匱乏，然而精神上之空虛，與日俱增，令人弗知「生命之意義」為何？生活目的何在？《莊子‧大宗師》：「死生，命也，其有夜旦之常，天也。人之有所不得與，皆物之情也。彼特以天為父，而身猶愛之，而況其卓乎！人特以有君為愈乎己，而身猶死之，而況其真乎！」審視英琪賢姪之大作：《六十四卦啟示賦卡》（壹）、《周易尚占詩箋》（貳）、《雲仙閣詩鈔》，真乃吾儕身、心、靈，頤養之真道，心物合一之糧食，吾曹豈可缺失讀哉！

旋以，梅傳春意，菊傲霜枝，斗杓指北，日影回南，適霜降逾後七日，丙辰穀旦近午，傾接竹塹玄魁師兄賜電，囑余為師姪英琪新書《周易尚占詩箋》題詩作序，吾與台中雲仙小築之英琪賢姪曾有數面善緣，知其乃慕亮師兄有四位碩士女金釵弟子中得意高足之一（另有：竹北，紫雲堂之黃寶蓮，成功大學財管系；新竹，弘農堂之楊惠智，東海大學政治系；潭城，觀顥堂之王若庭，中興大學國文系），盡得《華山玄秘》之「斗君神數」精髓，藉由七言絕句《近體詩》創作及五言絕句觀盤批命，賡繼著書立說而傳承五術聖學，吾曹師門沾光，頗感欣慰之至！

去歲，2021辛丑菊月《瑜伽乾坤》乙書，甫爾付梓，今復出版《周易尚占詩箋》專集，其篤實踐履，如椽之筆，嘔心瀝血，深耕易耨，誠令人敬佩也！汝南‧廖英琪賢姪，耽道瑜伽各派法要，傳授殊技，業已二十餘載，擅長吐納止息，融通觀想脈輪之妙。當年就讀

玄奘大學心理系研究所卒業後，則由師姪觀顯堂主人—王若庭薦擢風城造就，斯有執經問難，折節向學之志，終成延陵堂門下士，乃首位女徒孫晉陞女徒弟之佼佼者也。值廖帥英琪之《周易尚占詩箋》專集問世在即，欽敬難抑，英雄與慕亮師兄，同出先師張公展瑜之入室弟子，雖身為師叔長輩，不揣譾陋，冗言雜感，略述所知，忝附驥尾，共襄盛舉，謹以為序！

　　2022壬寅年立冬候節前八日凌晨

　　　　彭城 劉英雄沐手敬序於彰化寓所牖前

～～～～～～～～～～～～～～～～～～～～

家師 吳慕亮《行醫箚記》，英琪沐手掯華

　　人生僅數十寒暑，意外之疾疫，往往為人所不能；嘗見有健康之人，朝尚談笑自若，夕即一病不起者。若無身後之預備，其遺族必受困難；凡人至中年以後，豈可無此思也。先君 錫坤公《易申筆記》，亦載生活感賦：「油鹽柴米，日日騰貴，喪葬婚嫁，在在需費；今日無存，明日告匱，平時不積，臨時受累。」斯語之述，真肺腑也。

玄魁子傳授《孟子‧離婁‧上》，英琪沐手掯集

　　存乎人者，莫良於眸子，眸子不能掩其惡。胸中正，則眸子瞭焉；胸中不正，則眸子眊焉。聽其言也，觀其眸子，人焉廋哉？英琪考：眸子：瞳孔，眼睛也。瞭：明亮。眊：不明之貌。廋：隱藏。

家師 玄魁子授周敦頤《訓俗遺規‧卷三》，英琪沐手恭錄

　　今人有過，不喜人規，如護疾而忌醫，寧滅其身而無悟也。慕亮按：寧可毀自身，而無醒悟之！以及《程氏易傳‧蹇卦》：「君子之遇艱阻，必自省於身，有失而致之乎？有所未善則改之，無歉於心則加勉，乃自修其德也。」簡述昔究，遙寄雲仙閣主人與參！

鮮于文柱 | 序言（七）

漁陽‧鮮于文柱教授，瀟灑飄逸之風采佳照。

讚曰：

「廖君奇抱蔚文風，立說薪傳易學攻；
五術旁通勤渡眾，賦詩觀掌展飛鴻。」

《周易‧繫辭‧上傳》，第十一章：「《易》有太極，是生兩儀，兩儀生四象，四象生八卦，八卦定吉凶，吉凶生大業。八卦定吉凶，吉凶生大業。……，《易》有四象，所以示也。繫辭焉，所以告也。定之以吉凶，所以斷也。」復以《易傳》：「是以：君子將有為也，將有行也，問焉而以言。其受命也如嚮，無有遠近幽深，遂知來物，非天下之至精，其孰能與於此。」

是故：當有疑惑難以抉擇時，可由卜筮感應最相同類似之〈卦爻〉，藉著〈爻辭〉文字所顯示之吉、凶、悔、吝，以斷未來之否、泰、禍、福，以臻趨吉避凶之道。卜筮者虔誠提問，假以卜筮程序操作，無論時空或遠近及幽隱深邃，立刻顯著。如《莊子‧天下》：「其動若水，其靜若鏡，其應若響。」旋以，讓卜筮者預知未來之窮、通、榮、枯及得、失、成、敗也。

爰以，《汝南堂‧周易尚占詩箋》乙書，業已掌握宇宙最玄微之規律，讀者尚占，欣然必獲神奇奧妙暨不可思議之靈驗耳！汝南‧廖帥英琪，乃慶雲教室身心靈工作坊負責人，2022年3月26日吉旦，由

玄魁子推薦，余應邀遠赴台中演講五小時之「《易》學及量子理論」應用，主題：「如何提升正能量，增進身心靈健康與行事順利」，盛情款待，不勝感激！其係吾摯交慕亮仁兄之高徒，演講當日，欣獲律詩，淬勵勉旃，倍感殊榮，沐手爰錄，以供分饗！

奉賀文柱兄　吳慕亮敬題

台中演講好風光，畢至群賢萃一堂，

桃李祇園花爛熳，珠璣妙語韻悠揚；

慶雲猶似南皮會，藝苑宛如北海觴，

量子方家弘易道，傳承立說氣軒昂。

汝南・廖帥英琪，天資聰慧，敏而好學，運筆如飛，超凡拔俗，于《周易》及五術領域造詣頗深，著書立說，傳承聖學。廖帥精通瑜伽一系列之修身養性、調肢體位、呼吸吐納、禪坐觀想、……等，以臻身、心、靈合一療癒之境。春風化雨二十餘年，桃李滿天下，頗夙負盛名之瑜伽專業教師。欣聞 廖帥英琪近作之《汝南堂・周易尚占詩箋》專集，造福人群之六十四卦《占卜詩箋》，即將付梓傳世，不棄索序於我，聊藉拙弁薦之！賀之！

・北京大學　易學應用研究所　客座教授

・中華易學教育研究院　易學院士　易學講座教授

・中國五術教育協會 星元五術大學　易經學院　院長

漁陽　鮮于文柱 謹誌於桃邑鳴鶴軒之諸葛草廬

公元2022年11月7日

家師 吳慕亮授《修身箴言》，英琪沐手捃拾

（壹）：人品不高，總為一利字看不破；

學業不進，總為一懶字丟不開。

（貳）：名利之不宜得者竟得之，福終為禍；

困窮之最難耐者能耐之，苦定回甘。

玄魁子授《修身警語》，英琪沐手捃探

以漢高祖之英明，知呂后必殺戚姬，而不能救止，蓋其禍已成也；

以陶朱公之智計，知長男必殺仲子，而不能保全，殆其罪難宥乎？

汝南 廖木魚｜序言（八）

臥遊五嶽，坐擁百城。
左起：廖木魚、孫宗慶、吳慕亮、楊雅嵐，留影雄州慈香庭。

　　欣奉 慕亮吾兄棰打索序，木魚三更半夜受敲，豈敢不從命乎？
頓首頂禮，燈下振筆，以古體七言排律詩懷，以祈雅教。

讚曰：

「玄魁慕亮率群龍，心向白水歸雪峰。
六四英琪八卦陣，主軍廖帥志初衷。
慈悲喜捨性天淨，智慧如來神鬼空。
將顯白陽先受暗，道劫並降古今同。
青燈黃卷送殘夜，周易尚占為首功。
詩箋攄懷得妙用，乾坤底定制奸雄。
天時地利人心應，一貫中華我輩崇。
佛魔左右當脅侍，大道盛行無始終！」

　　正當木魚樂於無事最妙，歇即菩提之際，驚見臥龍吐珠下令，面
對索序難題，大呆已然力不從心，何況，兄台欽定必以文言寫作，更
令胸無點墨之不才，頓時呆若木雞，本欲頑強抗命，惟唯恐逆鱗而受

責罰，故勉強殺雞取卵為貢！然而，狗嘴既無法吐露象牙，井蛙又如何能伴龍吟？若因老夫畫蛇添足之反串，以致《周易尚占詩箋》，鳳凰旁立烏鴉，有礙觀瞻，則老夫之彌天罪過大矣！竊見近年天災人禍連綿，國人極端恐懼，而未見曙光之際，已然不知所措，本欲撰寫從心整治之《絕對包容順變論》，希可自安慰人，安然度過如此肆虐之彌天浩劫！

無奈自知資質駑鈍，復孤陋聞，若非國學、《易經》造詣，已達極致之玄魁降駕引導，凡人必無法體現吾佛所揭清淨法身不二非一，間無上帝與魔鬼對立之空靈體性。欣有吾兄慕亮，率門下高士百千人，孜孜矻矻於發揚中華文化，近日又領愛徒英琪師妹著作《汝南堂‧周易尚占詩箋》專集，其必依：釋通理，道通氣，儒通相，而以《周易》八八六十四卦及〈十翼〉之妙，作為中華文化萬里行龍，在此結穴之洞天福地（洞天：道教中，稱神仙統治之處；福地，道教中，稱真人統治與得道之所），良有天時、地利、人和，神助之機宜也！

據佛教真常唯心系《楞嚴經》所載：「宇宙人生之形成系由，性覺妙明，本覺明妙（寂而常照，照而常寂之法身），有所非覺，無所非明（自性無能無所，不具主體對象），性覺必（欲）明，（則）妄（變）為明覺，覺非所（則無可）明，因（欲）明（故）立所，（主體立場）。所既妄立，生汝妄能（自性起用變成能見聞覺知之心靈），無同異中，熾然成（性相、心境之）異。異彼所異，因異立同，同異發明，因此復立，無同無異。如是擾亂，相待成勞。勞久發塵，自相渾濁，由是引起，塵勞煩惱（意識作用）。起（變）為世界，（處）靜成虛空，虛空為同，世界為異。彼無同異（超越並反觀自他不二之覺性），真有為（心）法。

覺明空昧，相待成搖，故有風輪（靈氣場），執持世界。因空生搖，堅明立（質）礙（基本粒子），彼金寶者，明覺立堅，故有金輪（宇宙星系），保持國土。堅覺寶成，搖明風出，風金相摩，故有火光，為變化性。寶明生潤，火光上蒸，故有水輪，含十方界，……。此乃質能四大：地、水、火、風，與法性四緣：時、空、見、識，合化心物一元，太極、兩儀，造就陰陽玄牝之門，四象、五行（金、木、水、火、土）之妙，八八六十四卦，三百八十四爻變化之神，若

非英琪師妹，天縱英明，使《周易占》功能極致，又如何在此。

　　昔日，慕亮仁兄，客塵賢弟與木魚大呆，同受白水老人教誨，共稟雪峰老道長之遺訓：「天人合德理須窮，悟透真禪造化功；一貫精微龍盤整，收圓寶鑑啟迷蒙。」誠為如今禮佛修行者，自濟救人之行為圭臬也！竊思：慕亮吾兄心儀孔明，素有演《易》協天之智；客塵宗嗣思邈，長懷以醫弘道之仁。木魚則因百無一用而長夜難眠，馬齒徒增，虛擲光陰，七十有三年矣！故特於慕亮兄垂文索序之夜，專誠焚香祝禱，振筆弁言，希能附於《周易尚占詩箋》之驥尾，以倡儒宗孔孟及五術聖學也。以賀英琪師妹，是為木魚拙序！

歲次壬寅年孟冬月之月望日穀旦

汝南 廖木魚敬序於台中楞嚴書舍燈前

〜〜〜〜〜〜〜〜〜〜〜〜〜〜〜〜〜〜〜〜〜〜

家師 玄魁子授《隆中逸叟箚記》，英琪沐手摺摭

　　夫天地之門，誠有易生之物。使一日曝之，十日寒之，亦未見有能生者。聖人無上妙道，本體之學，昭昭然在於心目之間，故不難見。然須志之堅，行之力，坐立可待。其或一日信而十日疑之，朝則勤而夕則憚之。豈獨目前難見，予恐終其身而背之矣！

家師 吳慕亮《讀書心得》，英琪沐手摺收

　　老朽讀書求精不求多，非不多也。唯精乃能運多，徒多爛耳！人咸言老朽善記，不知非善記，乃善誦耳！老朽每讀一書，必數遍而誦於心方休，此法乃習明代大儒王陽明（守仁）夫子也。

家師 玄魁子傳授北宋《程氏遺書》，英琪沐手甄錄

　　天地萬物之理，無獨必有對，皆自然而然，非有安排也。每中夜以思，不知手之、舞之、足之、蹈之也！以及《漢書‧卷六五‧東方朔傳》：「以管（竹管）窺天，以蠡（瓠瓢）測海，以莛（草莖）撞鐘，豈能通其條貫，考其文理，發其音聲哉！」三處嘉言，勉旃廖帥，晨昏精進，元亨利貞！

孫宗慶 ｜ 序言（九）

樂安・孫宗慶教授，應邀表演太極拳於《周易論壇》晚宴。

讚曰：

「新書剞劂慶膚功，六四詩箋德業崇，
　披卷神遊爻卦外，獻詩人在象辭中；
　縈洄學海千尋浪，照徹靈心百煉銅，
　五術薪傳存正氣，承前啓後振騷風。」

　　真源湛寂，覺海澄清，內有獨鑑之明，外有萬法之實。內雖照而無知，外雖實而無相，內外寂然，相與俱無，此則聖所不能異，寂也。涅槃寂靜，變異一如，諸行無常，最初不解，忽起動心，成業識之由，為覺明之咎；因明起照，見分俄興，隨照立塵，眾生因智而貪嗔癡不等，從此遺真失性，執相徇名，積滯者之情塵，結相續之識浪，鎮真覺於夢夜，沉迷三界之中。

　　諸佛聖教之心，不忍眾生縻業繫之苦，喪解脫之門（宗慶按：解脫門有三，乃依無漏之空、無相、無願等，三三昧而入，此三昧猶如門戶之能入解脫，故稱：「三解脫門。」），故立諸法無我，常樂我淨，究竟般若。明體達用，以天地之心本體，顯諸仁，以無為本；藏諸用，於一真如界中。開三乘五性，或見空而證果，或了緣而入真，或三祇熏鍊，漸具行門，或一念圓修，頓成佛道！

　　今觀世道之澆薄，亦法界皆一識：識空，十法界空；識假，十法界假。專以內心破一切法，若外觀十法界，即見內心，當知若色

若識，皆是為識；若色無識，皆是唯色。一念無明，法性十法界，即是不可思議，一心具一切因緣所生法。由此藏通別圓教者所依「一念心」，若欲窮微洞本，究旨通宗。則需識智俱空，名體咸寂，迥無所有，唯一真心，達之名見道涅槃寂靜之人。

夫《易》道者，河圖、洛書，陰陽之變用，五行八卦六十四卦，三百八十四爻。始於古者包犧氏之王天下也，仰則觀象於天，俯則觀法於地，觀鳥獸之文與地之宜，近取諸身，遠取諸物，於是始作八卦，以通神明之德，以類萬物之情。然！雖萬有多變，總歸一心理事圓融萬行。山川大地，一切唯心識變現，此為菩薩萬行之源，亦為聖教之成道究竟，因如來藏識，即是萬法本源。

一切諸法，唯一妄念而有差別；若離妄念，則無一切境異之相，乃至唯是一心，故名：「真如。」無相之體，同真際，等法性，言所不能及，意所不能思，故昔者聖人之作《易》也，幽贊于神明而生蓍（古人占卜之神草），參天兩地而倚數，觀變於陰陽而立卦，發揮於剛柔而生爻，和順於道德而理於義；窮理盡性，以至於命，其理、氣、象、數之能彌綸天地之道，亦存乎「心之道也」。

後學宗慶與慕亮仁兄，夙昔同屬韓雨霖暨吳雪峰兩位道長麾下頑拙之輩，情同手足，肝膽相照，管鮑摯交，四十餘載。亮兄，宏揚儒宗之《易》及《鍼灸》暨《近體詩》；慶弟，闡微佛法之《經》及《岐黃》暨《太極拳》。儒釋一家，殊途同歸。忻悅亮兄高足之廖英琪老師，文才博通，精研典籍，展書萬卷，思如泉湧，亦身懷繼往開來之《易經》及五術聖學，兼授「昆達里尼瑜伽」之妙術也。

廖英琪老師，擅長《風鑑啟悟》、《經絡穴道》、《中醫岐黃》、《掌紋吉凶》、《舌苔辨證》、《紫微批命》、《陽宅勘察》、《姓名測字》、《近體詩學》，盡得慕亮兄之真傳，故能著書立說，以臻三不朽之盛事也。伏承 廖英琪老師之贅戴，徵序於我，慚愧智淺，斗膽搦管，以賀《汝南堂‧周易尚占詩箋》專集之傳世大作，引導眾儕領略中華文化之圭臬璀璨，景仰廖師彌洽，寸楮序焉！

　　歲次壬寅虎歲立冬之望前夕深夜

　　　　　樂安 孫宗慶敬序於高雄慈航講堂燈前

蔡豐吉｜序言（十）

窮達安天命・文章耀國華。
左起：蔡豐吉、廖英琪、吳慕亮、王若庭，留影紀念！
《道德經與禪修之我見》－主講人吳慕亮，
拍攝 106 年 6 月 24 日，台中市圖書館北區分館。

讚曰：

「周經易道振東瀛，廿序編摩集腋成，
梨棗遺篇逃火劫，珠璣雅韻振金聲；
探驪拔幟風騷繼，繡虎登壇月旦評，
聖學宣宏揚五術，欣聞紙貴洛陽城。」

　　時光荏苒，日月如梭，椒觴開臘，梅信傳春，轉瞬之間，年關將屆。吾與慕亮老師相知，業已二十有三載。緬懷民國88年歲次己卯，深坑老街知名素食料理，陳家豆腐店老闆陳啟章，翰墨交流，感情甚篤，蒙獲稱許，拙作贈與，懸掛店內，巧得良機。慕亮老師與陳老闆亦屬熟識，某日亮師偕師母撥冗餐廳，膳畢抬頭一望，余之作品，端詳甚久！經由陳老闆之轉述與邀約，驅車前往風城臥龍軒，有幸拜謁五術作家，暢談盡歡，現場題壁「隆中小築」，竟成莫逆之交。

　　立冬候節前夕，吳師慕亮電郵尺素，關切近況，並佈達女棣廖英琪著《汝南堂・周易尚占詩箋》專集，特索序於我，伏蒙垂青，甚感惶恐，敢弗從命。余遹思開端，歲月軌跡，鮮明浮現，民國106年歲次丁酉，英琪所舉辦公益講座，豐吉親覩慕亮公演講風采，攝受全場，歷歷在目，先引述老子《道德經・第一章》：「道可道，非常道。名可名，非常名。無名天地之始；有名萬物之母。故常無欲，以

觀其妙;常有欲,以觀其徼。此兩者,同出而異名,同謂之玄。玄之又玄,衆妙之門。」聖者之言,圭臬以奉。

知普羅大眾,耳熟能詳,朗朗上口,專注提升吾儕之精神,使其平靜,焉此功力,乃日積月累之功,感佩至極。續後,深入淺出,以理說《易》,條文舒暢,剖析《易》象、數邏輯之用,理解原理與規律,《易》即道,天下萬物生於有,有生於無,森羅萬象,無所不包,有時係指精神之實體,更多之場合係指萬物變化發展之規律。如《易》無思也,無為也,寂然不動,感而遂通天下之故。

夫與時遷移,應物變化,雖有變易,而有不易者在,闡述一切事物之存在,咸具有相互依存之關係,無可置疑。老子《道德經·第二章》:「有無相生,難易相成,長短相形,高下相盈,音聲相和,前後相隨。」就自性而言,如邪與正對,亂與定對,慈與毒對,戒與非對,悲與害對,喜與嗔對,捨與慳對,進與退對,……等等。簡言之,一氣而已,《周易·繫辭·上傳》:「一陰一陽之謂道,繼之者善也,成之者性也。」蓋《易》為一切之祖也,自然之根,太極成兩儀,三才變四象,八卦演三百八十四爻,故知《易》之卦象蓋括萬有,旋而成卜筮之道!

隨著文明發展,現代人壓力,日以俱增,予以心理引導,裨助黔首認識自我,依此芸芸眾生,根據蒐羅,反而發展騰出頗為壯觀之中西占星術,名稱紛雜,難以盡述,如九星占卜、生命靈數、西洋占星、塔羅牌占卜,若以塔羅牌占卜,又分馬賽體系、偉特體系、托特體系,威斯康緹塔羅與及其他體系,時下版本,令人眼花撩亂。然《易經》卻弗見廣傳,欣聞延陵堂門下士,英琪致力五術傳承,不遺餘力,即將付梓,搦管「近體詩」釋疑,得以迅速解惑,美之至也。

夫觀吾儕等輩,余讚佩英琪尤最,努力不懈,慈善推廣,以及勤於置辦,文化講座,余曾略盡棉薄之力,翰墨因緣,共襄盛舉。識氣象從容,知誠意懇至,謙遜有禮;且詩壇作品弗斷,筆酣墨飽,飄灑自然,沁人心脾,故知《瑜伽乾坤》鉅作後,更上一層樓,可謂至寶也。當有裨於讀者探索捷徑,貼近生活,辭約理清,豁然開朗。於此,願探賾《易》之同道,咸能得獲啟迪,匡以迷濛而暢乎世間,知曉先機!余歡忭援筆,平鋪直敘,略述拙見,聊表賀忱,忝為作序!

歲次壬寅立冬候節翌日之望十五吉旦

濟陽佶人 蔡豐吉敬序於雄州龢廬之北窗

陳榮馨 | 序言（十一）

師兄陳榮馨博士（左），從北京賦歸，向家師吳慕亮（右）拜節賀年。

讚曰：

「振筆揮毫易探尋，歷歲年關費苦心，
翰墨匡時傳世範，詩箋渡眾作規箴；
廿家序頌光書冊，兩集精華萃古今，
佳著佇看剞劂後，定如聲價重儒林。」

混沌未開，理無不在，鴻蒙甫闢，數無不周；理常而不變，數變而有常；知理之本於學庸，知數之本於大《易》也。知理弗離數，方能體用同歸，顯微一致也。《易》，乃群經之首，諸子百家，弗分《儒》、《道》、《墨》、《法》、《陰陽》、《兵》，莫不奉之為圭臬，蓋因《易》理，符合天地之道。《周易‧繫辭‧上傳》：「《易》與天地準，故能彌綸天地之道，仰之觀於天文，俯以察其地理，是故知幽明之故；原始反終，故知生死之說；精氣為物，遊魂為變，是故知神之情狀。」

蓋天道奧妙無私，陰陽五行，運轉弗歇，吾人形體雖異，真性原體是一。古昔聖賢以其觀照之慧，洞悉天地人本為一體，故有《周易》之作。歷來研習此經者甚眾，而能深入堂奧，以之濟世救人者鮮矣！君弗見滿街市招大書「文王聖卦」、「手相權威」、「子平高手」、「姓名測字」、「地理風水」、「通靈算命」等，煞有介事，然若略明底蘊，則常令人啞然失笑，大失所望矣！《周易》聖學，何其精微，龜筮占卜，何其嚴肅，此豈泛泛之輩，圖謀衣食之徒，所能通明者？

　　曩昔，余從民國七十一年歲次壬戌中秋佳節前夕，遵奉家君 樹榮公之命，從竹南至延陵堂禮叩風城慕亮夫子，拜師學藝，研習《岐黃鍼灸》及《紫斗玄關》之學。亮師因材施教，誨人不倦，先令我背誦《古文觀止》數十首，如：諸葛亮《出師表》、王羲之《蘭亭序》、陶淵明《歸去來辭》、《桃花源記》、《五柳先生傳》、王勃《滕王閣序》、魏徵《諫唐太宗十思疏》、韓愈《師說》、《祭十二郎文》、李白《春夜宴桃李園序》、蘇東坡《前後赤壁賦》、范仲淹《岳陽樓記》、……。環顧白駒過隙，業已四十載矣！

　　爾後，余負笈北京中醫藥大學就讀七年，審核通過發表《中醫臨床基礎（金匱要略）》論文，終獲醫學博士學位，此咸功歸於慕亮夫子鞭策，始有今日成就！故每逢佳節，一年三慶，吾必趨恭前往「河洛居」拜謁，以報諄諄教誨之恩。亮師弘敷中華五術絕學，不遺餘力，尤對群經之首《周易》探索，已臻發憤忘食，樂以忘憂之境地。今將其累積三十餘年之學力，傳授台中師妹廖英琪，並撰《汝南堂・周易尚占詩箋》專集，為《易》占作一傳承，實乃延陵堂之幸矣！

　　欣聞 師妹廖英琪，才華橫溢，搦管弗怠，擅於各派瑜伽，尚旁通中醫養生，據余所知，共計七類：一者神養：以精神、心理、情趣及道德品質。二者行為養：以衣、食、住、行，以及生活起居。三者氣養：以中醫健身，藉由「內養功」。四者形養：以形體鍛煉，健身活動。五者食養：以食品選配，包括：醫、藥、食、茶、酒之類。七者，藥養：以方劑處方調製，古有「藥膳及法膳」之法。七者，術養：以按摩、推拿、鍼灸、泡浴、熨燙、磁吸、器物，刺激穴道。若融浹妙諦，延年益壽也。

　　汝南・廖英琪師妹，天資點慧，亹亹勤奮，實踐篤行，深通人情，玩索《周易》，斷事如神。其人專心致志，言行相顧，契而不捨，自出機杼，非坊肆研《易》者，所能望其項背矣！復以，思潮敏捷，胸羅萬卷，襟懷跌宕，氣象恢宏，實屬人中騏驥，蓋世之才，五術學界，一奇葩耳！上週慕亮夫子惠寄英琪師妹之《周易尚占詩箋》腹稿，拜讀著作，文義章法，深入淺出，對初學者，頗有裨益。尤以七言《詩箋》實例，平仄押韻，絕句精妙，尚占廣博，以作佐證，略抒崇敬之忱及讚焉！

　　歲次壬寅年立冬候節良期佳辰

　　　　　穎川 陳榮馨敬序於北京天醫齋北窗燈下

曾溫曦 | 序言（十二）

家師亮公（中）率師兄曾溫曦（左），接受唯心電視台主播李雅琪（右）採訪。

讚曰：

「廖帥易經宣，詩書一脈延，

辭雄追白傳：韻逸媲青蓮；

五術天聲壯，三墳筆陣堅，

傳承興聖學，重振舜堯天。」

　　儒經《周禮・天官》載云：「太卜掌三《易》之法，一曰《連山》，二曰《歸藏》，三曰《周易》。」《易》者，變化之總名，改換之殊稱也。自天地開闢，陰陽運行，寒暑遞佚，日月更出，孚萌庶類，亭毒群品；新新弗停，生生相續，無非資變化之力，以成代換之功。其變化運行，出於陰陽二氣。聖人初畫八卦，設剛柔二畫，象二氣也；佈以三位，象三才也。故《周易》揲蓍求卦，示人以變化之道。吉凶情偽，見之於辭；分析研判，象數即明。占往知來，進退取捨，有所抉擇矣！

　　若用於處世接物，應變通達，進可開物成務，退可利己安身。神而明之，存乎其人。故知「占」者，通達之道，陰陽之機，神奇奧妙，變化莫測，廣大咸備，萬物咸由生焉！《易》理之妙諦玄微，包羅萬象，艱深晦澀，古今演繹之者，不下千百餘家。其中諸說紛紜，莫衷一是，新舊並陳，或傷浮泛，或苦隱澀，醇疵並見，涇渭難分。使後進學者，難以適從。宋儒・丁易東《易統》乙書，評云：「其言

太玄，以失其真；其述太雜，稍各有偏。」簡單數語，實屬箴論。

余於丙寅（民國七十五年）束髮之年，初習《周易》聖學，伏蒙吳師慕亮諄諄教誨，並授先祖師張展瑜《紫斗玄關》十二堂課心法之傳。余隨侍吳師迄今三十有六載，覩其淡泊名利，宅心仁厚，慈悲為懷，待人謙和；博覽群籍，理通三教，精研五術，著書立說。平時弘敷古文詩詞，談笑之間，每每出口成章，往來受教者，均有如沐春風之感。吳師講學屢引聖賢行誼，要求弟子背誦《古文觀止》及《唐詩三百首》，學者經其薰陶教化，改變氣質，肫懇向善，眾僑欽仰！

欣聞 師妹廖英琪，亦亮師之入室女弟子，擅於「瑜伽妙術」及「嬋柔脊椎螺旋運動」之法。今遠從台中至風城向吳師學習且深入探索五術聖學。恭賀師妹廖英琪，將《周易》六十四卦，重新梳理，加以參證綦詳，去蕪存菁，駁雜宗正，並以「近體詩」七言絕句，賦以其要，發前人之所未發。此非僅為初學者之一大福音，亦為好《易》者之指引寶鑑。使研究斯學者，能人手乙冊，置於案頭，潛心研讀，窮理究義，一旦悟之，拍案稱絕，嘆為天書，是以為序！

　　　　天運壬寅年立冬前夕良辰暮靄滿天
　　　　魯國 曾溫嘵敬序於風城紫元堂南菊案前

~~~~~~

家師 吳慕亮授《孔子家語‧五儀解‧第七》，英琪沐手揃集

哀公問於孔子曰：「智者壽乎？仁者壽乎？」孔子對曰：「然！人有三死，而非其命也，行己自取也。夫寢處不時，飲食不節，逸勞過度者，疾共殺之；居下位而上干其君，嗜欲無厭而求不止者，刑共殺之；以少犯眾，以弱侮強，忿怒不類，動不量力者，兵共殺之。此三者，死非命也，人自取之。若夫智士仁人，將身有節，動靜以義，喜怒以時，無害其性，雖得壽焉，不亦可乎？」寄雲仙，以供參！

潘貴隆｜序言（十三）

師兄潘貴隆（左）於《周易論壇》發表論後，特與亮師（右）留影！

抒懷：

「柳絮才長鶴立羣，汝南逴犖著詩文；

羲皇妙諦渾然識，捌管揚輝萬代勳。」

讚曰：

「情文並茂字珠璣，妙筆詩箋藻采暉，

敏慧淹通弘六四，家弦戶誦美名歸。」

　　夫論天地之造化，莫過於《易》理之玄奧。天數五，地數五，五位相得而各有合；天數二十有五，地數三十，論天地之數共有五十有五，此河圖之數。洛書之象，取龜形而辨別其數。按卦有64卦，爻有384爻（陽爻，一百九十二；陰爻，一百九十二），依照龜形判出卦爻之吉凶，陽奇偶陰，陽順陰逆，此乃伏羲先天卦位順逆之數也。按文王造後天八卦，以配伏羲先天之卦，倒履陰陽，生生不息。

　　是故：卦取懸卦物之象，以示於人之意義。旋以，爻有奇偶，奇分為偶、偶合為奇，奇偶兩爻互為交分，或虛或實，以摹擬陰陽消長，事物盈虧。《羲經》六十四卦，凡三百八十四爻，乃文王、周公，演繹天地萬物之象，以及陰陽動靜，變化理則之記號也。蓋《易》理千變萬化，奧妙無窮，淺言之，則教人趨吉避凶，元亨利貞！乃文王所繫之辭，以斷一卦之凶吉。元，大也；亨，通也；利，宜也；貞，正而固也。

文王以為乾道大通而至正，猶如日月普照無偏，故筮得此卦而六爻皆不變者，言其占得大通，必利於正固也。如人欲建基，應以順天時、地利、人和，然後可保其終也。此聖人之所以作《易》，並教人卜筮，而可以開物成務之精意也。故《周易‧繫辭‧上傳》，載曰：「子曰：「夫《易》，何為者也？夫《易》，開物成務，冒天下之道，如斯而已者也。是故聖人以通天下之志，以定天下之業，以斷天下之疑。」

若言《易》者，有簡《易》，變《易》兩義，故聖人借《易》，以定吉凶，而生大業。然！《易》理者，歷千萬劫，常新弗易也。《易》之為書，其分：〈卦〉、〈爻〉、〈象〉、〈象〉，〈卦〉者，陰陽之物也；爻者，陰陽之動也。卦雖弗同，所同者奇偶；爻雖弗同，所同者九六。唐 孔穎達〈疏〉：「九六：七為少陽，八為少陰，質而不變，為爻之本體；九為老陽，六為老陰，文而從變，故為爻之別名。」

是以：六四卦為其體，三百八十四爻互為其用，遠於六合之外，近在一身之中，暫於瞬息，微於動靜，莫不有卦之象焉，莫不有爻之義焉！〈象〉，謂卦辭，定一卦凶吉；〈爻〉，謂爻辭，斷一爻之凶吉；〈象〉，謂卦之形體，用筮以占吉凶，或窮通榮枯及否泰亨蹇。爰以64卦，故以〈乾〉，元、亨、利、貞，為始也。人能弗紊其行，則離不遠也，方知聖人作《易》之難，後世學者，切莫藐而視之耳！

復次，廖帥名號，亮師所賜，余作揖請示，以匡不逮，亮師莞爾，釋曰：「帥，去聲，四寘韻及入聲，四質韻。」宋‧陳彭年《廣韻》：「帥，將帥也。」清‧戈載《詞林正韻》：「帥，主也，率也，統也，領也。」東漢‧許慎《說文解字》：「帥，佩巾也。」伊昔，廖師首次造訪風城，吾覩其休休有容，虛懷若谷，氣宇宏深，寬以待人，嚴以律己，頸披圍巾，頗有將帥之風，故云。

欣有，瑜伽雅士之廖英琪師妹，亦同屬延陵堂吳師慕亮之門下士也。其遁隱於臺中市廛之雲仙小築，占得先機，獲亮師之真傳，著書專集，顏曰：「汝南堂‧周易尚占詩箋。」闡揚《易》理玄微，醒世寶筏，由如道鐘警明，涅槃鍼砭，廣渡群倫。鄙人攀緣師兄，頗感慚愧，浪得虛名，菲薄無才。惟奉亮師慈命，特為廖帥題序，深嘆筆拙，捃翰弁言，共讚新書付梓之誌慶，煦育寰宇，元亨利貞！

復讚：

「易理玄機註釋詩，氤氳瑞靄慶禎禧；

英琪鉅著乾坤耀，廣渡黔黎典範垂。」

天運壬寅虎歲上冬之月吉旦良辰卯時

榮陽 潘貴隆沐手敬序於南屏龍翔軒牖前

家師 吳慕亮授北宋《程氏遺書》，英琪沐手捃拾

趙景平（程頤弟子）問：「子罕言利。」所謂：「利者，何利？」曰：「不獨則利之利，凡有利心，便不可。如作一事，須尋自家穩便處，皆利心也。聖人以義為利，義安處便為利。如釋氏之學，皆本於利，故便不是。」

玄魁按：《張伯行‧近思錄解‧卷七》：「釋氏空諸色相，似非言利，而不知其為自私自利之尤者也。以人倫為可滅絕，以山河大地為見病，皆是要尋自家穩便處。且念佛是要求福，布施是要免災，得道是要超脫苦海，豈非皆於利？」

家師 吳慕亮傳授《延陵布衣箚記》，英琪沐手爰錄

龍穴非遙，只在心田方寸地；牛眠伊通，空勞踏破嶺頭雲。慕亮考：龍穴，宜為建廟、興宅或生基、墓穴、祖墳、寶塔。東晉‧郭璞《青囊海角經‧果堂頌》：「乾坤艮巽天龍穴，水朝當面是真龍。」爰以，歷代堪輿家（前漢《藝文志‧堪輿金匱十四卷》，載曰：「堪，天道；輿，地道。」清‧朱駿聲《說文通訓定聲》：「蓋堪為高處，輿為低處，天高地下之義也。」故世稱知風水者，為堪輿家本此）以山勢為龍，稱其起伏綿亙之脈絡為龍脈，氣脈所結為龍穴。牖前簡書拙見，以授雲仙閣主人雅究！

《雲仙閣‧箚記疏》

家師 玄魁子，傳予英琪《風鑑》觀人術，授曰：「鼻者面之山，不高則不靈，鼻通于氣，以察神志之躁靜，心膽之強弱，為人生最重要之竅象。」以及：「在天成象，在地成形，在人成病，在身成痣，在掌成紋。」復次，亮師搦管律詩乙首，遙寄當代人相學方家—張志戎博士，讚云：「王侯將相原無種，志老經綸則有憑，倘使執鞭能致富，何為薪水曲吾肱；宮中十二藏玄妙，部位三停測準繩，若說觀人稱雅事，欣然旨趣耀明燈。」筆者臚列，聊供參考！

張志戎 | 序言（十四）

張志戎博士（左）惠臨風城，並與師母楊雅嵐（右），暢談人相學。

讚曰：

「瑜伽絕技勵敦臻，易學精魂震宇塵；
作賦吟詩欽典範，欣然寶冊冠群倫。」

《周易・繫辭・上傳》：「乾以易知，坤以簡能；易則易知，簡則易從；易知則有親，易從則有功；有親則可久，有功則可大；可久則賢人之德，可大則賢人之業。易簡而天下之理得矣，天下之理得，而成位乎其中矣！」故知《周易》，乃中國古老之方術文化，亦首要經典之一；不祇儒家必修，皇室貴族與士人瞭如是也。即使觀今社會，媒體教育之普及，讓頗多人知悉：《周易》、八卦、陰陽、五行，天干地支等，惟應一門深入，畢竟非簡單之事。而將此艱澀、冷僻、深奧之理論，轉成言簡意賅之解讀，並賦予清新生命，眼下應當首推廖帥英琪之《六十四卦啟示賦卡》與《汝南堂・周易尚占詩箋》專集，堪稱全台之冠也。

《論語・陽貨》：「子曰：『小子！何莫學夫《詩》？《詩》，可以興，可以觀，可以群，可以怨。邇之事父，遠之事君，多識於鳥獸草木之名。』」《莊子・天下篇》：「《詩》以道志，《書》以道事，《禮》以道行，《樂》以道和，《易》以道陰陽，《春秋》以道名分。」蓋六藝者，古代學者所必修之科目，廖帥於此，可謂將《周易》與《詩》作融合與延伸。因時代變遷，文字晦暗難懂，雖歷代

《易》學名家輩出，各抒己見，註釋分歧，莫衷一是，造成後學者之困擾。故孔子及莊子提倡《詩經》，「詩以文」，乃當時文采風流之表徵，亦文化豐富之內涵所在。

中華文學以散文之外，本身於〈漢賦〉、〈駢體文〉、〈唐詩〉、〈宋詞〉、〈元曲〉、〈清小品〉等，發展之下，此精緻優美，特殊文詞架構亦古文明所難比擬。詩詞歌賦之行家，歷代人才輩出，留下膾炙人口之佳詞名句，即使於百千年後之當今，咸能感受古人之壯闊情懷，憂傷思緒，悲憐國殤，關懷民生之諸多議題，豐沛之情感，躍然紙上而裨益於後世也。廖帥英琪《瑜伽乾坤》之作，將東方之瑜伽與心靈作結合，且融入中醫之理論，融匯百家，交織串聯，繪圖百張，深入堂奧，自成一格！其傳道、授業、解惑，二十餘載，蜚英騰茂，聞名遐邇！

復以，廖帥精通《風鑑啟悟》、《華山玄秘》、《掌紋題詩》、《舌苔吟哦》，且對絕律《近體詩》，造詣頗深，篤實用功，理論同行，實踐共參，斯屬難得之人才也。風城臥龍先生—吳慕亮教授，本身則詩詞方家，擅於五術，鴻篇鉅製，吾曹堪佩！廖帥英琪，初則受教於潭城觀顯堂之王若庭老師，後因新居府第修繕之故，惟恐延宕課程進度，爰於獎掖至慕亮夫子之處深造，三年而成入室弟子，對於詩詞著墨甚深，用功篤勤，造詣非凡師可比肩。欣聞《汝南堂·周易尚占詩箋》專集，即將付梓，廣流於後，筆者不才為之作序，寸楮充數，共讚新書出版之福音！

　　　歲次壬寅立冬候節甲子吉旦晨曦

　　　　　　清河　張志戎敬序於三重虛生白齋牖前

家師 吳慕亮授清朝王耐軒《修身格言錄》，英琪沐手捃摭

人之病，在乎好談其長，長於功名者，動輒誇功名；長於文章者，動輒誇文章，此皆露其所長，而不能養其所長也。唯智不言，故能保其長。故修身為學，不可自小，又不可自大也。

黃寶蓮 | 序言（十五）

師姐黃寶蓮（左）聚首風城河洛居，並與師母楊雅嵐（右）詠詩。

讚曰：

「瑜伽妙藝績輝煌，易道天聲震海疆，

剞劂瑤章成錦繡，流通藝苑挹芬芳；

千秋絕業珠璣富，一代清才日月光，

廖帥英琪弘國粹，詩詞六四慶登堂。」

《周易・繫辭・上傳》：「一陰一陽之謂道，繼之者，善也；成之者，性也。仁者見之謂之仁，智者見之謂之智，百姓日用而不知，故君子之道鮮矣！」陰陽為氣，一陰一陽乃諸事物變化規律，陰陽交迭轉化，生生不息，此謂「道」。順天性以養育萬物者為善也，然若欲成就此道，仍須仰天命之性。故《中庸》云：「天命之謂性，率性之謂道。」性即人心，仁、義、禮、智，乃心之四端，透過存心養性，始能成就道體。仁者循此天性之道，即成仁者，智者依道而行，則成智者。

《易》道之體用，不外乎陰陽。《中庸》，載云：「鬼神之為

德，其盛矣乎！視之而弗見，聽之而弗聞，體物而不可遺。使天下之人，齋明盛服，以承祭祀，洋洋乎如在其上，如在其左右。」孔子言鬼神之道無形，充塞天地之間，雖視之弗見，聽之弗聞，惟其本體主宰天地萬物，須臾不離身也。宋・張載云：「鬼神者，二氣之良能也。」鬼者，歸也，陰氣也；神者，伸也，陽氣也。鬼神，乃陰陽二氣交互作用而成，神體隱微難測，然其力靈驗顯著。故言神无方而《易》无體，神（非宗教之神，乃中國文化之神）无所在，亦無所不在，道體亦同。

《周易・繫辭・上傳》：「《易》有聖人之道四焉：以言者尚其辭，以動者尚其變，以制器者尚其象，以卜筮者尚其占。是以：君子將有為也，將有行也，問焉而以言，其受命也如響，无有遠近幽深，遂知來物。」言表爻辭內容，動即事物變化，制器為現象作用，卜筮係卜卦占事；言、動、制器、卜筮，乃《易》道四步重要內涵。並明示得道君子，問事何須仰賴卜筮，「問焉而以言」，反問自身即能有所感通。《易》傳言神，謂其本體寂然不動，惟一有所感，即能感通天下事物之理，相與明朝大儒之陽明（王守仁）心學「此心不動，隨機而動」其意相通。

故人心之妙，動靜亦復如此。佛曰：「萬法由心生，萬法由心滅。」人居塵世，俗慮繁多，煩惱時生，難見清明。童心初始，未經外物所擾，澄清無暇，一塵不染，《易》與萬物感通，及長心非明鏡，智昏難通矣！《易》之為用，以明其理、象、數外，尚須知變、通、達，以臻其功。南宋・朱熹《周易本義》：「《易》者，陰陽之道也；卦者，陰陽之物也；爻者，陰陽之動也。」示藉六十四卦為其體，三百八十四爻互為其用，以順性命之理，以盡變化之道。是以：遠於六合之外，近於一身之中，君子悟之耳！

英琪師妹冰壺玉尺，敏而好學，鋒發韻流，四方聞名，可謂：「不櫛進士，巾幗英雄。」擅長：《紫微斗數》論命詳批、《近體詩》絕律之創作、《風鑑》掌紋審視吉凶、瑜伽脈輪習修教案、五音祥瑞聲波療癒、身心靈啟迪及導引、……。旋以，觀現世諸象，慧然獨悟，以菩提妙智，敬撰六十四卦賦卡及專集，啟迪迷津，饒益群黎，廣渡有緣。並示意世人「回歸本魂，心誠則焞」，諸事回歸

本體，返求初心，遇事虔誠以占，自能明心見性，感應道交，趨吉避凶，知進退而无咎也！

　　復以‧吾師慕亮夫子，乃風城高儒，崇論閎議，敝屣尊榮，著作等身，素以五術傳承為己任。立說成軸，授業解惑，孜孜矻矻，夙夜匪懈，朝夕不怠，其勤勉治學之風範，實為吾輩後進所遠不及也！近年受業於家師門下弟子頗多，人才輩出，資質稟賦俱佳者，不惶多讓。英琪師妹即為其中之佼佼者，黠慧穎悟，謙恭仁厚，為求聞道，南北奔波，精進向學，術德兼備，已成大家矣！近聞亮師授傳，英琪師妹撰註之《汝南堂‧周易尚占詩箋》專集，即將付梓，歡忭無極，故不揣簡陋，寸楮書序，忝附驥尾，聊表賀忱，並贊宏開法門，利益眾生，饒益有情之盛德也！

　　　　　　　藏名復讚：

　　　「英華自蘊靄含光，術德兼修翰藻章；

　　　　大筆如椽甘露語，琪琚玉響遠名揚。」

　　天運壬寅之歲初冬甲子旦良辰

　　　　　　江夏　黃寶蓮沐手敬書于竹北紫雲書齋牖前

家師 吳慕亮授《寒山問拾得詩》，英琪沐手捃採

世人愛榮華，我卻不待見。名利總成空，知足心無厭。
子貢其善言，周公有神算。孔明智慧謀，樊噲救主難。
韓信功震主，臨死僅一劍。古今多少士，豈能活幾千。
一者逞英雄，二乃做好漢。觀鏡兩鬢白，每年容顏變。
日月穿梭織，光陰如射箭。惟恐病魔侵，低頭暗嗟嘆。
自思幼年時，未將聖道參。悟得長生理，本體為鄰伴。

楊惠智 | 序言（十六）

師姐楊惠智（左）從西藏賦歸，雅覯亮師天木藏香，以供養諸佛菩薩。

讚曰：

「周經賦卡喜收藏，紙貴行看遍洛揚，
　廖苑清新昭海嶠，吳門雅詠作津梁；
　網川雲水王維筆，巫峽關山杜甫章，
　六四詩箋人敬慕，風行內外世留芳。」

　　《孔子集語》：「仲尼，魯人。生不知《易》本，偶筮其命，得〈旅〉，請益于商瞿氏。曰：『子有聖智而無位。』孔子泣而曰：『天也，命也！鳳鳥不來，河無圖至。嗚呼！天命之也。』歎訖而後息志，停讀《禮》，止《史》削。五十究《易》，作《十翼》，明也，明《易》幾教。若曰：『終日而作，思之于古聖，頤師于姬昌法旦。』……，《易》書中為通聖之問，明者以為聖賢矣！』孔子曰：「吾以觀之曰，仁者見為仁幾之文，智者見為智幾之問，聖者見為通神之文。仁者見之為之仁，智者見之為之智。隨仁智也。」以上述文，亮師之授也。

　　英琪師妹天性純靈，聰敏好學，幼年艱困，力擔家計，事業奔忙，交通意外，身體受創。上天機緣，頓然生悟，立身處世，何以為本，茫然苦思，未見得明。因緣際會，踏入瑜伽，印度瑜伽，梵我一如，修身養心，身心合一。瑜伽開啟，漸見光明，為求精進，報考玄奘大學，攻

讀心理系，專研行為，探求性格，科學分析，學派理論，捻熟於心，更上層樓。瑜伽學成，開班授課，學員濟濟，來自四方，生活課題，人人各異，教學之餘，更以心理學提供協助，甚得學員推崇。

雖探得人性，仍無法身心安穩，紅塵俗世，紛紛擾擾，未有止盡，蓋何謂也？古云：「天道好輪迴，蒼天饒過誰。」僅知人性，難知天理，未知因果，何以安頓，身心合一，尚有不足。修習之路，遭遇困頓，迷途徬徨，一愁莫展，略述梗概。觀《周易》為群經之首，內含宇宙運行萬物變遷之理，「究天人之際，通古今之變」，乃最高境界。上天機緣再次降臨，英琪師妹聽聞家師吳慕亮精通《周易》，著作等身，遂生仰慕，由若庭師妹汲引，投帖風城臥龍軒，拜師延陵堂門下，踏入五術殿堂，浸淫聖人之學。

家師 吳慕亮，世代書香，鴻儒雅士，吾隨師側二十餘年．故知令先祖父重溪公號貴水，乃中醫耆宿及私塾之教師；令尊錫坤公，係新樂軒北管作曲家及詩人；兄長萬吉，亦英文作者；姪兒健銘，現任台大天文系教授。亮師家學淵源，幼承家訓，博覽群書，以傳承五術為己任，鑽研經綸，授課解惑，夙夜匪懈，三十餘載。英琪師妹天資聰穎，底蘊深厚，得家師傳道授業，指點迷津，不僅茅塞頓開，修習之路，如魚得水，勤奮習業，篤學不倦，《周易》造詣，一日進千里。

英琪師妹，深知《周易》聖學，能啟人智慧，解人疑惑，惟文字艱澀，未學習者，難解其義，故欲裨迷途無措者，舉一明燈，遂將《周易》化繁為簡，以《近體詩》傳達六十四卦意象，纂編成卡利於攜帶。乃五術界創舉，無異千萬錦囊在身，真可謂妙計無窮也。再者，將《周易》運用於生活化，簡單易懂，讓有緣者接觸進而深入，對於《周易》推廣，厥功甚偉。英琪師妹窮究古今，出類拔萃，設計啟示賦卡開拓創新！欣聞《汝南堂·周易尚占詩箋》，即將付梓，同沾法喜，筆楮序文，聊表欽讚，權作恓賀，元亨利貞！

賦曰：

「天時虎歲載文奇，六四詩箋仗廖師；
賦卡隨身遊萬里，宣揚偉抱著書孜。」

天運歲次壬寅年立冬候節後三日丁卯

弘農 楊惠智沐手敬書於風城霽月書齋燈下

李文慶｜序言（十七）

師兄李文慶（左）親繪漫畫，以貺家師吳慕亮（右）收藏。

讚曰：

> 「汝南俊秀頌英琪，敏慧文華彩筆馳，
> 著作詩籤揚聖學，論思尙占鉅編辭；
> 華山秘術群倫究，指掌玄微洞若曦，
> 易道精髓存賦卡，七言佳句妙如斯。」

　　吾從家師吳慕亮習《華山玄秘》，業已二十有二載，夙昔課堂講授，引述《周易‧繫辭‧上傳》：『子曰：夫《易》何為者也？夫《易》開物成務，冒天下之道，如斯而已者也。是故，聖人以通天下之志，以定天下之業，以斷天下之疑。』」故知歷代諸經之最者首推於《易》，《周易‧繫辭‧上傳》：「夫《易》，廣矣！大矣！以言乎遠，則不禦；以言乎邇，則靜而正；以言乎天地之間，則備矣！」故知《易》學，博大精深，玄奧莫測，卻又與吾曹親近，密弗可分也。其包羅萬象，通乎天地，凡天文地理，時運興衰，人事進退，無不具足完備矣！

　　聖人仰觀天文，俯察地理，洞澈陰陽消長之規律，萬物死生之契機。子曰：「書不盡言，言不盡意，聖人之意，不可見乎？」雖述之以文字，無法盡敘所欲言，縱以言說，言外之意卻僅能神會而弗可言傳，聖人之學，難窺其堂奧矣！《周易‧繫辭‧上傳》：「子曰：『聖人立象以盡意，設卦以盡情偽，繫辭焉以盡其言，變而通之以盡利，鼓之舞之以盡神。』」故聖人創造八八六十四卦以顯宇宙自然之理，設立三百八十四爻，以揭櫫人、事、物，情態之明晦，繫之文辭

以詳卦爻之義，且掌握世間一切事物瞬息萬變之理，通權達變，靈活運用，發揮《易》道之利。從而鼓舞百姓學習《易》理，實際運用，領悟其中妙趣也！

歲經歷史長河之洗鍊，《易經》儼然成為中華文化之瑰寶，其涵蓋廣泛，諸如：天文、地理、哲學、科學、政治、軍事、人事、醫學等，無所不及。十六世紀始，「耶穌會」傳教士將《易經》引入歐美各國，其流通衷廣者有德文及英文譯本，無論於宇宙本源之探討或社會現象等問題，有極重要價值，乃當今世界各國學者所推崇。然而近代西風東漸，普羅大眾追隨潮流，西洋占星、塔羅占卜、生命靈數等，大行其道。對於《易經》或畏其艱澀難懂，或懼其高深複雜，欲令其普及坊間，恐力有未逮，爰於敬而遠之，缺乏謙遜求教之心哉！

余同拙荊秀霞初聞《周易》於民國八十九年歲次庚辰初冬，傾聽於李易儒講師授課，論述精闢，待〈繫辭傳〉授畢，因時間故，居家自學。同年仲夏偕拙荊與朋儕共十一人，驅車南下至屏東新埤鄉獅頭村（與吾外公家－餉潭村相鄰）向素有「南屏臥龍」稱號之潘老師貴隆，拜習「華陀指鍼」，未料卻成往後安身立命之基。潘老師素有俠義之風，豪氣干雲，迄今恩惠，莫敢忘焉！一朝與潘師相談甚篤，並眖我《吳誌軒醫海探賾總覽》上下兩巨冊，余如獲至寶。臨別時刻，潘師囑咐可撥冗至塹城，拜謁此書作者－吳老師慕亮，必有展抱之妙。自此開啟嗣後與荊妻同為延陵堂門下士，修習《華山玄秘》，憶此因緣，乃累世之修福，何可言喻哉！

恰逢壬寅虎歲初夏，亮師著作《華山希夷飛星棋譜秘傳》增訂版剞劂，命我繪「孔明綸巾羽扇」之漫畫圖像，始知有女詩人，亦吾同門之師妹廖英琪，獲得亮師啟迪，深耕《易》道，領悟精隨，獨自沉思，孜孜不倦，振筆《羲經》聖典寶策，以「近體詩」成七言絕句，創作《汝南堂‧周易尚占》六十四卦詩籤賦卡暨《詩籤白話註解全集》（一），余庚子年孟夏喜得此書，驚嘆曠世，愛不釋手。其占法簡單，寓意深遠，能解人疑惑，指引迷津，實乃黎民之福。欣聞英琪師妹《瑜伽乾坤》鉅作之後，賡繼搦管《周易尚占詩籤》專集，即將付梓，頗有繼往聖，開來學之胸懷。文慶奉亮師之口諭，援筆撰弁，不揣淺陋，忝為作序，聊表賀忱！

　　　歲次壬寅立冬候節前夕三更半夜寅時
　　　　隴西 李文慶沐手敬序於桃園慶雲軒案前燈下

葉宗翰 | 序言（十八）

當代之竹笛名家，葉宗翰老師近影。

讚曰：

「周易鬼神驚，爻通八卦情，古今豪傑識，興廢聖賢清；
　不覓天年久，僅尋性命平，詩箋能洞徹，尚占鑑昭明。」

《易》道之源久矣，伏羲八卦肇其端，文王重卦繼其後，孔聖年五十以學《易》，知天命之性，贊之以〈十翼〉，發揚大易，其源遠而流長，乃中華文化之精要。歷代聖賢衍其義、廣其說，《易》道大弘，吾輩今生何其有幸，能一覩其書，旁徵博引，藉由以作人生旅冊，奉之為圭臬，實不枉費此生矣！

《周易‧繫辭‧下傳》：「古者包犧氏之王天下也，仰則觀象於天，俯則觀法於地，觀鳥獸之文，與地之宜，近取諸身，遠取諸物，於是始作八卦，以通神明之德，以類萬物之情。」故知《易》道，不離生活，人俯仰於天地之間，考察自然人文，得出其中規律，所謂：「道不離器，即器即道。」聖人教民之道，原無矜奇，即在日用倫常間。故《易》乃實學，非可離現象而談道也。

天道為體，知識為用，觀今科學人文，皆可考之《易》道，證其規律，非虛言也。然！今人咸以西方科學昌明，視《易》為窠臼之

物，棄之如敝屣，呼呼惜哉，殊弗知知識之進步，在於修道進德，利益眾生，否則自取滅亡而已。《中庸》：「故天之生物，必因其材而篤焉。故栽者培之，傾者覆之。」《莊子・齊物論》：「夫吹萬不同，而使其自已也，咸其自取，怒者其誰耶？」福禍自取，何必怨天？

故《周易・繫辭・下傳・第一章》：「八卦成列，象在其中矣！因而重之，爻在其中矣」象者，像也，類萬物之情；爻者，變也，通神明之德。所謂：「誠於中，形於外。」心之所向，事之所往，必有其跡，《易》為占卜之問，是觀其跡而反求諸己，選擇在我，如何應對，非拘泥於吉凶悔吝，或視為必然。但凡一切行為操之在己，如何累積生活經驗，進德修業，乃為《易》之大用也。

廖英琪老師，乃當代五術作家之玄魁子（亮師別號）入室女弟子，其與潭城觀顯書軒之王若庭老師兩者，堪稱近年延陵門下士之雙擘也！廖師精《瑜伽》及《嬋柔脊椎運動》暨著書立說，廣渡黔黎；王師擅《紫微》及《說文解字》暨饒益有情。二人筆端，萬選青錢，詩詞歌賦，鸞翔鳳翥。彷彿唐朝王建《寄蜀中薛濤校書》詩：「掃眉才子知多少，管領春風總不如。」吾作略引，誠不誣也。

廖老師英琪之《汝南堂・周易尚占詩箋》，將《周易》六十四卦賦予《近體詩》，述其德輝，告其吉凶，其各卦立義明確，詩詞精美，占卜者能觀詩知意，用為決策，通其神明德性，握其變化樞機。可知《周易尚占詩箋》與歷代聖哲贊《易》有異曲同工之妙，廖師之功實不可沒，嗣歲必載《史》冊，名留千古。欣逢吳慕亮教授之邀，末學有幸沾其德，謹以此序，聊表欽仰之心，拙筆劣見云爾！

　　　　天運壬寅年立冬候節前二日壬戌晨朝
　　　　　　南陽　葉宗翰沐手敬序於竹塹群青軒之北窗

家師 吳慕亮《釋如意》，英琪沐手挌摭

如意如意，人有人意，我有我意，合得人意，恐非我意；合得我意，恐非人意，人意我意，恐非天意，合得天意，自然如意，萬事如意！

洪勤芳 | 序言（十九）

師姐洪勤芳，古樸典雅唐裝穿著之佳照。

讚曰：

「宣弘易道滿庭香，南北奔馳譽遠揚；
近體詩文傳寶島，瑜伽達里筆流芳。」

　　曩者，恩師慕亮授《近體詩》及《易》於我，講述：「《易》始於太極，太極分而為二，故生天地。天地有春、秋、冬、夏之節，故生四時。四時各有陰、陽、剛、柔之分，故生八卦。八卦成列，天地之道立，雷、風、水、火、山、澤之象定矣！八卦之氣終，則四正、四維之分明，生長收藏之道備，陰陽之體定，神明之德通，而萬物各以其類成矣！皆《易》之所苞也，至矣哉！《易》之德也。」

　　故以《周易》探索虛空宇宙，銀河星系之妙，乃聖賢仰觀俯察，以符號總結，描述世間萬物之變化，表現《周易》文化之哲學玄微。故卜筮者之道，依之問事，求得卦象，藉此預測之吉凶悔吝。以小窺大，了知深悟，泛泛之輩，豈能窺堂奧，更何況無其素養者，絕難此功。唯獨英琪師妹，偏得恩師慕亮從旁教導，晨昏淬勵，本體展現，如數家珍，方成大業，嚌嘆！英琪師妹，當之無愧！

今歲壬寅雨水候節翌日，有幸隨侍恩師慕亮和寶蓮、惠智師姐及若庭、英琪師妹，同赴台中外埔，蓬萊野鶴王工文教授之處，參玄訪道，聆聽講座，並獲贈書，攜回展讀，受益良多。王教授硬朗身子，聲音宏亮，鏗鏘有力，拊手稱慶，其言告知，身染癌疾，尚能弘揚《周易》，著書立說，獨霸一方，率領有情眾學子，往此浩瀚《周易》大道邁進，令人欽仰，乃吾曹楷模，頓首鞠躬，銘戢五衷！

拱手作揖，先賀英琪師妹，近作《周易尚占》文言解析，並為芸芸蒼生，燃點乙盞明燈，指向引導，有緣隨眾，添增資糧，旁徵博引，步履《易經》殿堂，更上一層樓，探究妙諦。慶雲教室，乃身心靈人文悅心坊，每年舉辦數十場公益講座，如邀鮮于文柱教授，講演「量子世界の奧祕」之外，包括：《易經》、《佛學》、《禪學》、《中醫》、《風鑑》、⋯⋯等，正能量之傳遞也。

復有，慕亮恩師，演講「相學人生與命運」關鍵，讓學子聽得津津有味，欲罷弗能，此咸周師倩琳及英琪師妹籌劃，不辭辛勞，慈悲喜捨之大成就。亮師勉旃，賜予「廖帥」封號，並云：「廖帥英琪，當專心一意，妄盡情空之際，僅知埋首燈前，獨坐危樓，著書立說，竟弗知天色將黯，漸而東方既白也。」足見孜孜不息，方有《汝南堂・周易尚占詩箋》專集之付梓問世，是以拙序賀焉！

賦曰：

「宏揚五術應昌詩，易學雄風善保持；
孔孟眞傳鄒魯道，成書立說正匡時。」

天運壬寅虎歲立冬候節望日穀旦

敦煌 洪勤芳（涵碧）敬書台中阿罩霧寒舍

玄魁子授司馬溫公（北宋・司馬光）修身箴言

天下有兩難，登天難，求人更難。地上有兩苦，貧窮苦，病死更苦。世界有兩險，江湖險，人心更險。人間有兩薄，春冰薄，人情更薄。知其難，忍情苦，測其險，耐其薄，可以處世。寄雲仙，以供參。

王若庭 | 序言（二十）

師兄潘貴隆（右）擔任《周易論壇》主持人，師姐王若庭（左）近體詩論文發表。

讚曰：

「世道波流盡向西，詩風振起五雲齊，
陰陽兩竅堪爲法，日月雙輪事可稽；
八卦因由通萬象，六爻虛實醒群黎，
文功展拓乾坤朗，廖帥揚芬客屢攜。」

　　古聖伏羲氏之王天下，上觀天文以定地理，下察山川以定象，探氣候以定四時，結繩以記事，借網罟以利佃魚，於是始創八卦。斯《易》也，廣大配天地，變通配四時，陰陽之義配日月，易簡之善配至德。爰以，太極乃天地、乾坤、剛柔、陰陽、理氣等一切相對事務之一个混合體，可弗斷二分。於二分數量之多寡，其分子恆久弗變，太極是也。爰於化成萬物，乃至於無窮！《莊子・內篇・大宗師》：「在太極之先而不為高，在六極之下而不為深，先天地生而不為久，長於上古而不為老。」

　　《周易・繫辭・上傳》：「是故：《易》有太極，是生兩儀。兩儀生四象，四象生八卦，八卦定吉凶，吉凶生大業。」旋以四時運轉有其規律，節序定規，曆有陰陽之分，歲有時節之別。春生、夏長、秋收、冬藏，每週天三百六十五日，八卦各主四十五日，其轉換點即是四正四隅之八節上，每卦有三爻，三而八之，即指一年二十四个節氣。其八卦現象，分別由：「乾、兌、離、震、巽、坎、艮、坤」以示，以旋相加而成六十四卦。故古聖賢觀天察地，

適「時」之義，知「時」之行，觀「時」之變，用「時」之機，吾輩以臻趨吉避凶之道！

猶憶歲次甲午民國103年余教數字及《易經》班時，廖帥傳授瑜伽近二十年，其河汾門下，濟濟群彥，僅存餘閒週日戌時至潭城觀頤堂，諦聽數術之啟機及探索，其專注之神色暨勤於筆記，好古敏求之心，力透紙背之功，始奠情誼之基而成金蘭摯交。爾後，進修於「玄奘大學」心理學系研究所，調整平日一對一教學。其天資聰慧，殫見洽聞，皮裏晉書，進步神速，乃吾所不及也。去歲己亥民國108年，適余遷徙新居及興大論文而力有未逮，豈敢誤焉，特徵亮師同意，代以鈞陶，作育英才，免誤休學。

家師 吳慕亮傳授廖帥之法：每週作業必如華翰之互通交卷（至少五次），囑咐以「近體詩」成八八六十四卦之詩箋，且旁徵博引典故出處，註釋古人吟懷絕律考證！環顧當今五術界能搦管「近體詩」者，已鳳毛麟角，寥若晨星也。吾昔應邀參加「周易論壇」至弘光科技大學發表論文時，親覩某教授暨某博士揮筆冠頂，讀後咸土法煉鋼，失黏出韻，胡謅一通，字句重複，貽笑大方而落人話柄，仍然自詡：「吾弗喜受約束，故無講究平仄。」後學若庭聞知，嘆堂堂學者及尊尊博士，竟出此言，頗感遺珠之憾！

欣聞 廖帥英琪《汝南堂・周易尚占詩箋》專集，付梓在即，感佩才華洋溢，監市履狶，處之敦固，有深藏之能遠思，方能傳承聖學，尤其立言，實乃師門之楷模。可謂：「柳絮才，女丈夫。」觀此書言詞簡之，詩詞釋卦，分陰分陽，平仄規矩，詩韻遵守；迭用柔剛，錯落有致，揭示天地自然陰陽變化之機，以示世人進退之理，進德修身之道。渥蒙 廖帥贅戴，徵序於我，慚報智淺，寸楮之句，乃管中拙見，聊復爾爾。簡述欽敬，冀望新著，引領眾儕，是以為序！

復讚：

「英辭句寫福昌臻，灌頂醍醐渡鵑瀹；
六四爻章詩韻妙，揚清激濁席儒珍。」

天運壬寅年上冬之月吉旦午時四刻
太原 王若庭沐手敬序於潭邑觀頤書軒

廖英琪 | 序言（廿一）

作者廖英琪（右）於《周易論壇》，表演五音療癒，並與師姐王若庭（左）留影！

賦曰：

> 「卜筮精深六四籤，推敲韻腳創詩占，
> 兩儀日月編爻仰，三聖陰陽制卦嚴；
> 庶物機先觀震豫，人倫洞察晉隨恢，
> 乾坤厚德自強泰，利博仁聲既濟謙。」

　　夫世運迭轉也，新紀元之通路，網路 e 化，無遠弗屆，資訊之傳遞無所弗至；獲取知識之接收暨傳遞，相對於古昔時代，便捷暨快速，供承吾曹豐沛之知識。其即使如此，看似生活富足與豐饒，但現代人渴求心靈之安頓，卻與日俱增，教授身心靈之課程及療癒之法門，雨後春筍，充斥著臉書、社團或工作室平台，開班授課，不勝枚舉！故而蓬勃發展之靈性產業，隨之附屬而至，所延伸之物，乃充斥市場上，售各種形式之牌卡，譬如：塔羅牌、O卡、天使卡、彩虹卡、……等；及靈修、問事之門徑，廣泛需求，同時亦應用於靈性課程，藉由牌卡以協助案主探索，認識自我，或洞見癥結。

　　然則，從事瑜伽教學二十年以來，更欲窺覬身心靈之全貌，爰於，報考就讀玄奘大學心理系研究所，卒業後，亦參研相關身心靈之大、小活動，同時觀察市集沽售之牌卡，琳瑯滿目，曾沉思索自問，彷彿類屬東方文化之牌卡，相對尟見矣！次而，因緣際會以相識潭邑觀顯堂主人—王若庭老師，承啟蒙《周易》之基，並薦鵰風城隱士—

吳慕亮碩儒，旋而精進學藝於延陵堂之門下，竟成玄魁居士之入室弟子，從此踏入五術殿堂，孜孜不倦，夙夜匪懈，浸淫於聖人之學也。

蓋渥蒙吳師慕亮教導揭示，黃帝軒轅氏之《史》官，倉頡造字（肇始），孔子授字（傳道），道士借字（畫符），吾曹識字（讀書），親近先古聖哲，並以南宋‧陸游下平聲八庚韻之《冬夜讀書示子聿》，旌勉：「古人學問無遺力，少壯工夫老始成；紙上得來終覺淺，絕知此事要躬行。」閱讀《周易》寶典，探賾索隱期間，尤感先哲之智慧，博大精深暨閎奧，感悟體認，若無良師，陶甄點破，箇中玄妙之理，頗難有嶄獲，更弗用談論，欲編製成抽卡，使用占卜問事，指點迷津，賜予黔黎，偃蹇困窮，茫然若迷之際，可有解惑之法、方向與途徑矣！

伏承，英琪受蒼玄之眷顧，極萬幸哉，故於家師吳慕亮之鼇載，孜矻教誨，尺素往返（每週至少五封，旋而振聾發聵），詩章潤飾，掌紋評語，遣詞運句之旌勉，方能夙願以償，將《周易》澀噎文字，轉繁易簡，纂編成卡，瞻仰東方先哲之智慧，以文載道及傳習《近體詩》（對於平仄、對仗和詩篇之字數，咸嚴格規定），呈現拙作《周易》六十四卦啟示賦卡，供應當人生迷失路途時，藉由《周易》聖學，文昌照耀，惠錦囊妙計，啟迪光明之道，裨益安頓自我，避蹇而邁康莊；沾濡浸潤聖人之學，遵時養晦，臻於泰然自若！

復次，從己亥年（2019）仲秋至庚子年（2020）花旭之月，操觚染翰，梗概約半載光陰，完成第一本拙作。（2021）年菊月，爰先發表《瑜伽乾坤‧陰陽頤養至道書》之付梓；故延宕至2022年螢月，始將《周易》六十四卦啟示賦卡之籤詩，補述完工，歷程中欣然沾濡古聖先賢之哲理，浸染文詞之力量，韜光養晦，堅苦卓絕；渥洽亮師之施教，傳授嚴謹，搦管立意，符合〈卦辭〉外，抒懷必以「近體詩」題吟，其切合平仄、韻腳外，且撰字之使用，莫重複兩次或撞韻，考驗極大，千錘百鍊，字斟句酌耳！蓋雖如此，卻受益匪淺，領略亮師淬勵，口占：「學《易》不學《詩》，難見聖心；學《詩》不學《易》，難見天心。」斯語之妙，振聾發聵。

以及黽勉，嘉言：「三更燈火五更雞，正是男兒讀書時；黑髮不知勤學早，白首方悔讀書遲。」如今經由亮師督促鞭策之下，完成《周易》六十四卦啟示賦卡〈詩箋註解全集〉（二）之拙作，有別於

市廛之牌卡，供讀者達解先哲文采，連結本體，回歸自性之明，以臻修身、占驗之圭臬；同時藉此，致謝既往，夤緣慳命乖舛，將眾儕之助，蒙受諸賢良之心靈導師，志同道合之契友、門生，獎掖、培植與護持。爰而，趨承五術學界丈人行，惠賜佳篇弁言，銘刻恩典，伏願棉薄成就，轉成詩箋文字，以報慕亮夫子教誨膏澤及寶蓮師姐校正之情愫，管窺筐舉，冒昧云爾！

　　天運壬寅年暢月甲子穀旦良辰

　　　　　　　汝南　廖英琪沐手敬題於雲仙小築牖前

～～～～～～～～～～～～～～～～～～～～～～～～～

家師 吳慕亮授《華山玄秘‧論命格言》，英琪沐手捃華

（壹）：窮通遵法則，紫斗識天機。

（貳）：高人天所命，深意佛無言。

（叁）：指津解惑紫微數，談乾說坤命理禪。

（肆）：能知隱晦心常泰，不戀繁華性自真。

（伍）：毀譽無憑由他去，榮枯有運莫尤人。

（陸）：寵辱不驚，閒看庭前花開花落；

　　　　去留無意，漫隨天外雲捲雲舒。

（柒）：窮已徹骨，尚有一分生涯，餓死不如讀死；

　　　　學未愜意，正須百般磨練，文通即是運通。

（捌）：道通日月，紫微審象；德藏宇宙，斗數探龍。

（玖）：薄族者，必無好兒孫；薄師者，必無佳子弟。

家師 吳慕亮授《尚書‧洪範五福》，英琪沐手捃集

一福，長壽－福壽綿綿。二福，富貴—地位尊貴。

三福，康寧－心靈安和。四福，好德—廣積陰德。

五福，善終－預知死期。聊書昔所學，寄雲仙參詳！

《汝南堂·周易尚占》
（一）導言

讚 六 四 神 ， 守 護 庇 身 ；
伴 我 攜 帶 ， 道 交 感 真 。
困 頓 茫 顛 ， 突 破 塵 牽 ；
解 疑 參 破 ， 景 況 豁 然 。
無 教 毋 宗 ， 文 昌 智 顥 ；
靜 心 默 禱 ， 主 敬 存 恭 。
回 歸 本 魂 ， 心 誠 則 焞 ；
機 先 洞 察 ， 指 引 光 門 。
束 身 修 行 ， 祺 祥 耀 明 ；
避 凶 趨 吉 ， 元 亨 利 貞 ！

天運庚子年穀雨候節吉旦

汝南 廖英琪 [印] 敬題于雲仙小築牖前

注解
- 顥：大、繁榮旺盛。
- 焞：光明、明亮。
- 祺：安泰無憂、吉祥。

《汝南堂·周易尚占》
(一) 導言

◎語體文解說：

　　讚嘆《周易》六十四卦，每一卦皆有一位護法之神，故可隨身攜帶在側，守衛保護，得以神人互相感應；若於艱難、悵然無所知及震盪之際，助益超越，領悟世俗人事之牽纏或捆縛，消除癥結與困惑，開闊境遇與暢達。蓋信仰之精神，乃無需任何宗教儀式，拜讀《周易》六十四卦，乃啟發內在能證悟之大智慧！

　　修持指導之法，先經由靜心而專注，恭敬於五衷禱告，返回神性之本體，誠恪必亮；在事情微有徵兆而未發生前，便能事先觀察，了解事物轉變之關鍵，指點契機所在，邁向光明之途。其行事之氣運，亦透過改變本身不良習氣或毛病，約束自身，修養品德，必能獲取光彩；趨向吉利，避開凶險，舉止行運，則能創始、通達、順利、吉祥，剛健不已，恆久不息！

＊生字注解：
顒ㄩㄥˊ：大、繁榮旺盛。
焞ㄔㄨㄣˊ：光明、明亮。
祺ㄑㄧˊ：安泰無憂、吉祥。
恪ㄎㄜˋ：恭敬、謹慎。

　　2022年壬寅積陽佳月黃道良辰穀旦
　　　　　汝南 廖英琪沐手敬書於雲仙小築

《汝南堂·周易尚占》
（二）使用說明書

1 先取《汝南堂·周易尚占》卦卡，唸誦「開卡祈禱詞」，祝福加持。

2 詰（ㄐㄧㄝ）問原則，一事一占，誠切敘述，必獲光明現前，感應道交之妙。

3 置身處於安靜之空間，閉目沉思，釐清目前所遭遇，紛擾之事宜。

4 將卦卡洗牌摻（ㄔㄢ）和均勻畢，依照《汝南堂·周易尚占》「祝禱詞」唸誦。

5 主敬存誠，隨機抽卦卡乙張，即得知所要問事，卜占之卦象與籤詩。

6 獲取第某卦之籤詩，從下得知問事之吉凶，則可釋惑，茅塞（ㄙㄜ）頓開！

A 對照《汝南堂·周易尚占》六十四卦之索引，提綱挈（ㄑㄧㄝ）領，知卦卡之籤意。

B 詳閱白話註解之意義，回應事項，立身處世之原則，可豁（ㄏㄨㄛ）然開朗！

2020庚子年孟月穀旦辰辰

汝南 廖英琪 ⑳ 沐手敬書於雲仙小築

《汝南堂·周易尚占》
（二）使用説明書

1. 先取《汝南堂·周易尚占》卦卡，唸誦「開卡祈禱詞」（僅需乙次），祝福加持與連接卦卡。

2. 置身處於安靜之空間，閉目沉思，釐清眼下所遭遇，紛擾之事宜。

3. 詰問原則，一事一占，虔敬敘述，心誠則靈，必獲光明現前，感應道交之妙。

4. 將卦卡洗牌摻和均勻畢，主敬存誠，依照《汝南堂·周易尚占》「卜筮祝禱詞」唸誦乙遍。

5. 若欲問事，隨機抽卦卡乙張，取得第 X 卦。

6. 得曉卦數之籤詩，可從以下方向，翻閱交叉對照，了解籤詩與卦象，釋惑明白問事之吉凶，裨益茅塞頓開，胸有成竹之定見。

(A)《汝南堂·周易尚占》六十四卦象索引要旨，提綱挈領，知卦卡之籤意。

(B) 精讀《汝南堂·周易尚占》（二），針對所抽到之卦數、卦體、生字，籤詩《說文解文》，解說卦別所顯示之意義。

(C) 察看《汝南堂·周易尚占》（一），卦數之重點大綱，乃白話直接回應問事，修養自身，遵照奉行準則，臻於處事有方針。

2022壬寅年朝月夏至吉時

汝南 廖英琪沐手敬書於雲仙小築

《汝南堂・周易尚占》

（三）「開卡」祈禱詞

卜儀祝曰：「天何言哉！叩之即應，悃（ㄎㄨㄣ）誠以禱，神之靈矣，感而遂（ㄙㄨㄟ）通。

今有弟子○○○，茲因迷津一事，啟動卦卡之能量；加持本體智慧，遇事指引，游移不定，吉凶禍福，惆（ㄔㄡ）悵（ㄔㄤ）失意，萬垂昭報，成敗得失，悔吝憂惱，消愁釋悶，慎獨修身，福至心靈，尚明告之！尚明告之！」

歲次○○年○月○日○時
弟子○○○合十鞠躬

《汝南堂・周易尚占》
（三）「開卡」祈禱詞

◎語體文解說：

占卜問事，此刻以至意誠心，詢問宇宙萬物主宰之神，請求給予指示，悃誠祝禱，令護法神與人事，互相觸動感應。今日弟子（呈報姓名），現在因開啓連接《周易》六十四卦卡，使之獲取天人相應直觀之能；祈望諸佛、菩薩暨聖人之慈悲暨眷佑！

打開吾曹內在自性之智力，勇於面對世俗之難事，遭遇運氣之考驗或受難，處事遲疑不決，主張無定，青雲難遂，避免憂慮愁悵，身心煩惱，恐懼得失間聚散，造成失敗或遺珠之憾！其祈求指示引導，行事方向，得以消解憂鬱焦慮，裨助行為謹慎，獲取五內愉悅，樂觀開朗；並學習修持，涵養品性道德，臻以改變命運，彰顯光明，吉祥賁臨！

歲次○○年○○月○○日○時　　弟子 ○○○合十鞠躬

賀 周易尚占付梓　弘農 楊雅嵐敬題

薪傳五術筆生花，寶冊蒐羅效百家，
世度金鍼弘易道，才量玉尺揀精華；
唐音宋韻眞堪匹，勝白贏元尙足誇，
豈止匡時崇孟喜，汝南高趣在無邪。

《汝南堂‧周易尚占》

（四）「卜筮」祝禱文

卜儀祝曰：「天何言哉！叩之即應，悃誠以禱，神之靈矣，感而遂通。

今有弟子○○○，茲因○○事，猶豫未決，不知休咎，罔釋厥疑，若可若否？萬垂昭報，吉凶得失，悔吝憂虞，尚明告之！尚明告之！」

歲次○○年○月○日○時
弟子○○○合十鞠躬

注解
- 罔：困惑。
- 厥：意指詢問事件。
- 休咎：吉凶、禍福。

23

《汝南堂・周易尚占》
（四）「卜筮ㄕ」祝禱文

◎語體文解說：

　　占卜問事，此刻以至意誠心，詢問宇宙萬物主宰之神，請求給予指示，誠懇祝禱，令護法神與人事，互相觸動感應。今日弟子（呈報姓名），現在因（某事）遲疑不定，缺乏主意，未知吉凶悔吝、窮通榮枯或良窳否泰，尤感憾事造成內心困惑，未知行事可否？能否？其祈求諸佛、菩薩暨聖人，承蒙垂念眷顧，爰於面對困境之事端，是非成敗，指示行事道途方向，了解契機所在，以臻趨吉避凶，避免行事缺乏圓融，裨益得以安適其身矣！

歲次〇〇年〇〇月〇〇日〇時　弟子 〇〇〇合十鞠躬

＊生字注解：

筮ㄕˋ：指占卜。　　　咎ㄐㄧㄡˋ：吉凶、禍福。

罔ㄨㄤˇ：困惑。　　　虞ㄩˊ：疑慮、顧忌。

厥ㄐㄩㄝˊ：意指詢問事件　窳ㄩˇ：衰弱、敗壞。

　　　賀 周易尚占付鎸　弘農 楊雅嵐敬題

　　立說丹書錦秀篇，嘔心著作慶成全；
　　宏揚易學功非淺，廖帥聲名萬古傳。

探索《周易》全貌

一、《周易》名稱注釋與意旨

「周」字，筆者詳考於《大宋重修廣韻‧下平聲‧十一尤》：「周，周帀也，又至也，備也，徧也，密也。」《周易‧繫辭‧上傳》：「知周乎萬物，又至也。」唐‧孔穎達《周易正義》：「……，《周易》稱周，取岐陽地名，《毛詩》：『周原膴膴，堇荼如飴。』」英琪考之，「岐陽」二字，乃西周「龍興之地」，孔氏臆斷，文王演《周易》尚於羑里拘禁，當時「周德未興」，仍處於殷商王朝統治之下。文王以「周」命名，則表達「以周代商」之也。南宋‧朱熹於《周易本義》：「周，代命也。《易》，書名也。」簡略敘述，乃指周抑或朝代名。

家師 吳慕亮曾授於風城，引述東漢之鄭大儒玄夫子於《易論》，釋道：「《周易》者，言『易』道周普，無所不備也。」清‧姚配中《周易姚氏學》載云：「周，密也，遍也，言『易』道周普，所謂『周流六虛』者也。」「周流六虛」，其實屬〈繫辭〉之概念，載曰：「《易》與天地準，故能彌綸天地之道。」復曰：「知周乎萬物，以及周流六虛。」姚氏則以，「周」，乃始終本末，上下四旁，無所不周之意也。

《易》者，東漢‧許慎《說文解字》：「《易》，蜥易，蝘蜓，守宮也，象形。」古籍《秘書》：「日月爲《易》，象陰陽也。」《孔叢子‧小爾雅‧廣詁》：「《易》，爰、換、變、貿、交、更，易也。」《周易‧繫辭‧下傳》：「《易》者，象也。」易，係改變。例如：「變易」、「移風易俗」。《周易‧繫辭‧下傳》：「上古結繩而治，後世聖人《易》之以書契，百官以治萬民。」《註》：「《易》，陰陽轉易，以成化生；《易》者，撲著變易之數，可占者也。」又《易》，唐‧孔穎達《周易正義》：「夫《易》者，變化之總名，改換之殊稱。」惟《易》，《朱子‧周易本義》：「《易》，書名也。其卦本伏羲所畫，有交易、變易之義，故謂之《易》。」

惟引述亮師，授曰：「《易》者，占卜，英語：Divination，係藉由超自然，或以術數運算方法以推測未來，或探究事物之神秘學之名。」綜觀諸述，乃指變化或根據徵兆以推知吉凶之意。〈繫辭‧上傳〉：「聖人設卦觀象，繫辭焉而明吉凶，剛柔相推而生變化。」

〈繫辭・下傳〉：「八卦成列，象在其中矣；因而重之，爻在其中矣；剛柔相推，變在其中矣；繫辭焉而命之，動在其中矣！」

旋而，《周易》乃書名，乃由伏羲制〈八卦〉，文王〈繫辭〉，孔子作〈十翼〉；制定為六十四卦，三百八十四爻。唐・杜佑《通典・大鈹》：「《尚書》、《易經》，說五行，水、火、金、木、土，王相衍天地陰陽之義。」其文王作《易》之際，值羑里，周道未興，乃殷世也，故題《周易》為文王所演，故謂之《周易》。」次則，《周易》內容最初僅記載大自然、天文與氣象等之變化，古代帝王作為施政之用，或百姓使用作占卜之事象，洎至孔子作傳，始成一套完善哲理之書，亦儒家尊奉修持「形而上學」重要之典籍，亦稱：「《羲經》，或《周易》。」

次援用 吳師慕亮著《周易通鑑》：「《易》道廣大，無所不包，旁及天文、地理、樂律、兵法、韻學、算術，以逮方外之爐火，皆可援《易》以為其說。」復云：「《周易》之道，包羅萬象，上達天文，中通人事，下之地理，廣泛至極，涵蘊宇宙。包括：乾坤日月，河漢星辰、儒宗墨法、高典宏章、讖語經緯、勝景方物、歧黃醫道、本草備要、堪輿秘笈、觀相測字、太極武術、兵法國策、人文史籍、機祥夢卜、風尚習俗、奇聞異說、……，三教九流，無不涉獵，故知我輩若曉《周易》者，必能通世間之萬事耳！」

以及《資治通鑑・外紀》：「紂囚昌於羑里，昌為《易》卦辭。」北宋・蘇轍《古史》，亦云：「文王方幽囚憂患，乃因古八卦為六十四，為之卦辭、爻辭，謂之《周易》。」再則，《周易乾鑿度》載記，《易》含括簡易、變易、不易之意義。清・毛奇齡《仲氏易》：「《易》，兼具有變易、交易、反易、對易、移易，五類意涵。」唐・大儒孔穎達《周禮・春官・大卜》：「三《易》之法：『一曰，《連山》；二曰，《歸藏》；三曰，《周易》。』夏曰：『連山。』殷曰：『歸藏。』周曰：『周易。』前二者已失傳，故現今所讀為《周易》。』」

何謂：「三易？」「變易」，指有軌道可循，變而有規，陰陽互為！〈繫辭・上傳〉，載云：「聖人設卦觀象，繫辭焉而明吉凶，剛柔相推而生變化。」〈繫辭・下傳〉，載云：「八卦成列，象在其

中矣；因而重之，爻在其中矣；剛柔相推，變在其中矣；繫辭焉而命之，動在其中矣！」顯現《周易》變化之主宰者，乃為「變易」；引申人生變化無常，故需常保居安處危，莫存恐懼，方能持盈守成。旋而《易》者，乃日出之象，呈現陰陽變化，日月更迭，永恆之主宰，即為理，常而不變，係為「不易」。其延伸宇宙萬物之運行，儘管外在不斷地變化，所運行之軌跡、原則，以及本身之質地是固定。

復次，「簡易」之顯露，即呈現《周易》之中心，從「乾」卦起源，展現萬物生命之起源與生命力；「坤」卦乃承受相接，使其生命延續。故「簡」含蘊著空間，「簡易」則是時間，彼此存在之關係，有形與無形，生剋制衡，陰陽轉換與消長。再援 家師吳慕亮，刊載於兩岸《周易》論壇發表之篇章，捃華綱領，供饗眾讀者忖度，藉以了解「三易」來龍去脈，一窺堂奧，元亨利貞！中國《三字經》，載云：「有《連山》，有《歸藏》；有《周易》，三《易》詳。」

《連山》

☷ 坤	☶ 艮	☲ 離
☴ 巽	（連山卦）	☳ 震
☵ 坎	☱ 兌	☰ 乾

蓋《連山易》，亦稱：「《夏易》。」中國古籍記載占卜之三類方法（三易）之一，號稱：「《連山易》。」《周禮》記載，《連山易》出於神農氏——神農氏，亦稱：「烈山氏，或連山氏。」故號：

「連山易。」《周禮》將《連山》及《歸藏》、《周易》，並列占卜之策，統稱：「三易。」咸由八卦兩兩重疊之六十四別卦組成。古今學者，以「連山」而稱：「連山易。」是因《周易》，並稱：「三易。」三易之八卦圖，由伏羲八卦圖演變而至，故有人以其或起源自伏羲。

考《連山》者，以「艮卦」為首，其中用意「艮為山」，有頂天立地之象。鄭玄於《周禮》，〈注〉稱：「名曰連山，似山出內氣也。」《連山》卦，從其中卦畫而言，可觀第一度、第二度，陰陽分判與伏羲八卦取相反方向：第一度分判，以左為陰，右為陽；第二度分判，以前為陰，後為陽；第三度分判以下為陰，上為陽。從〇象理來衡量，與先天八卦頗類似，但無法顯示其復順來逆之陰消陽長現象。北宋・大儒康節先生，亦曰：「《連山》著用九十七策，以八為揲，正卦一〇一六，互卦一〇一六，變卦三二五〇一二，以數斷不以辭斷，其吉凶一定不可易。」

清・蔡鐸《中山世譜》：「神農，一曰連山氏，一曰烈山氏。」古籍《山海經》：「伏羲得《河圖》，夏人因之，曰《連山》。」東漢・鄭玄《易贊》、《易論》：「夏，曰連山。」唐・賈公彥《周禮疏》：「蓋子者之意，宓戲、黃帝造其名，夏殷因其名以作《易》。」明・顧炎武《日知錄・三易》：「連山，歸藏，非《易》也。而云：『《易》者，後人因《易》之名，以名之也。』」

觀其演化亦從大事結大結，小事結小結→結繩記事，後大事畫成一線「一」為陽，小事畫成「--」為陰。古人欲避洪水猛獸與大自然搏鬥生活於山中、樹上，築巢而居，所見之自然皆與山有關，此時《易經》屬《連山易》，大禹治水後，洪水弗再為患，故黔黎往山下移動種值穀物，所見之自然皆平原，此時始有農耕、有部落、有村莊，乃社會之肇始，「坤為老母」，女權之時代，母掌大權也。惟白玉有瑕，憾僅知其母弗知其父之時代，係一妻多夫之時代，由《連山易》變成《歸藏易》，生活安定後，卻畏哲嗣好逸惡勞，弗思長進，方有《周易》，三《易》最終有《周易》，周者周朝，周有普遍之意，〈乾卦・文言〉：「天行健，君子以自強不息。」

《歸藏》

☷ 艮	☷ 坤	☷ 震
☵ 坎	（歸藏八卦圖）	☲ 離
☴ 巽	☰ 乾	☱ 兌

　　蓋《歸藏》者，商代之《易經》，魏晉後已失傳。《商易》，以〈坤〉為首卦，故 名：「歸藏。」《歸藏》，三易之一，《周禮‧春官》：「太卜掌三《易》之法，一曰《連山》，二曰《歸藏》，三曰《周易》。其經卦皆八，別卦皆六十有四。」《連山》、《歸藏》、《周易》，三類弗同占筮，咸由八卦重疊而出六十別卦。南宋‧家鉉翁，則稱：「《歸藏》之書作於黃帝而六十甲子與先天六十四卦并行者，乃中天《歸藏易》也。」或云：「《歸藏》於漢朝已佚，《漢書‧藝文志》，並未著錄。」

　　《隋書‧經籍志》，亦曰：「《歸藏》漢初已亡，晉《中經》有之，唯載卜筮，不似聖人之旨。」明‧楊慎：「漢時《歸藏》未失，《連山》藏於蘭台，《歸藏》藏於太卜，見桓譚《新論正經》，則後漢時《連山》、《歸藏》猶存，未可以《藝文志》不列其目而疑之。」清‧朱彝尊：「《歸藏》隋時尚存，至宋猶有《初經》、《齊母》、《本著》三篇，其見於傳注所引者。」1993年（民國82年）3 月，湖北江陵王家台15號秦墓中出土《歸藏》，稱王家台秦簡《歸藏》，重啟探索《歸藏》之熱潮。故有人以「秦簡《易占》不僅《歸藏》，準確而言，應當《歸藏易》中之《鄭母經》也。」

　　靜觀《歸藏》卦（歸藏八卦圖），係伏羲八卦之衍生（旋轉一百八十度而成，伏羲八卦以〈乾〉卦為上，而《歸藏》以〈坤〉卦

為首）。據《周禮》記載，《歸藏》之名起源於黃帝時代——黃帝又稱歸藏氏，故號：「歸藏易。」此經卦以〈坤〉卦為首，〈坤〉者，大地也。人類生息繁衍之所，生活所需取之於此。東漢經學家之鄭玄，〈註〉：「《歸藏易》，以純〈坤〉為首，〈坤〉為地，萬物莫不藏於其中。」

〈說卦傳〉：「坤，以藏之。」蓋造化發育真機，常於此藏焉！然而一元有一元之造化，癸亥、甲子之交為之藏；一歲有一歲之造化，冬、夏二至之交為之藏；一日有一日之造化，夜半、日中之交為之藏。旋以《歸藏易》，無所往而不用其藏也。六十四卦藏者十有六，用者四十有八。〈乾〉為六十四卦之父，〈坤〉為六十四卦之母，〈坤〉統藏卦，〈乾〉統用卦，〈坤〉、〈乾〉所以首六十四卦也。」

唐·魏徵等人所撰《隋書·經籍志》，收錄有〈歸藏十三卷〉目錄摘要，載云：「昔宓羲氏始畫八卦，以通神明之德，以類萬物之情，蓋因而重之，為六十四卦。及乎三代，實為三《易》：「夏曰《連山》，殷曰《歸藏》，周文王作卦辭，謂之《周易》。」周公復作爻辭，孔子為〈彖〉、〈象〉、〈繫辭〉、〈文言〉、〈序卦〉、〈說卦〉、〈雜卦〉，而子夏為之傳。及秦焚書，《周易》獨以卜筮得存，唯失說卦三篇。後河內女子得之，……。《歸藏》，漢初已亡，按晉《中經》有之，唯載卜筮，不似聖人之旨。以本卦尚存，故取貫於《周易》之首，以備《殷易》之缺。」

清·馬國翰輯《玉函山房輯佚書》，收錄〈歸藏一卷〉乙書，其中引述明末清初之學者徐善，描述《歸藏》：「《歸藏》卦序：〈坤〉、〈震〉、〈坎〉、〈艮〉、〈兌〉、〈離〉、〈巽〉、〈乾〉，蓋〈震〉下一陽生於純〈坤〉，之後進〈坎〉而中，進〈艮〉而上，乃交於中五而得〈兌〉之二陽，然一陰猶在上也。」斯「歸藏」之名義殆本諸此，其數則自下而上者，始八終二，由於陽氣之生自無而有，其理為「知來之逆」也。自下而上者，始二終八，由於陽氣之歸，自有而無，其理為「數往者順」也。聖人命《歸藏》之名，蓋告人以反本復始之道焉！英琪按：「數」者，推算也。「逆」者，迎也。預先測度，謹釋參考！

　　儒經《周禮》，東漢・鄭玄夫子，〈注〉引杜子春云：「連山，宓戲；歸藏，黃帝。」儒家之《禮記・禮運篇》，亦載孔子之述，子曰：「我欲觀殷道，是故之宋，而不足徵。吾得〈坤〉〈乾〉焉！〈坤〉〈乾〉之義，……，吾以是觀之。」鄭玄，〈注〉云：「殷陰陽之書，存者有《歸藏》。」是亦以《歸藏》，為殷《易》矣！唐・賈公彥《周禮疏》：「蓋子者之意，宓戲、黃帝造其名，夏殷因其名以作《易》。」

　　西漢・桓譚《新論・正經》：「《易》，一曰《連山》，二曰《歸藏》，三曰《周易》。《連山》八萬言，《歸藏》四千三百言。《連山》藏於蘭台，《歸藏》藏於太卜。」西晉・鄭默仕《中經簿》始有之。南朝・梁・阮孝緒《七錄》：「《歸藏》，雜卜筮之書雜事。」曩者，家師 吳慕亮於「弘光科技大學」及「玄奘大學」發表論文時，講述：旋有五術界「後天派易經堪輿學會」之陳理事長幸男撥冗寒舍，聘其為貴會學術顧問，屢言本派屬《歸藏易》暨《連山易》之傳承！吾撝謙請益，均未獲得正題解析及書籍暨著作或論文，實乃口頭饞也。吾曹靜思，《歸藏》、《連山》，業已融於《周易》之內策，又何須仗《歸連》佳名，以壯旗幟之盛耳！

連山暨歸藏

　　考《連山》、《歸藏》、《周易》三卦，清・宋書升《周易要義》，載云：「三《易》之書，夏之《連山》，殷之《歸藏》，久無可考。但見諸《周禮》者夏殷之《易》，其經卦皆八，其別卦皆六十有四，與《周易》同而已。隋、唐以前人著書所引號啟筮者，其辭多詭斷，非古《連山》之文。而隋時人所偽造，載於《隋書・經籍志》者，又無論焉！」

　　《周禮・春官》，載云：「太卜掌三《易》之法，夏曰《連

山》，殷曰《歸藏》，周曰《周易》。」觀三《易經》屬各弗同之系統，故稱：「三易。」《連山》，夏代之《易》學，象徵山之出雲，連綿弗絕，由〈艮〉卦始，當屬遊牧時代之產物也。《歸藏》，殷商之《易》學，象徵萬物莫不歸藏其中，由〈坤〉卦始，當是以農業為主之時代產物。《周易》，周代之《易》學，象徵天地之間，天人之際，由〈乾〉〈坤〉兩卦開始，已有上下尊卑之序，似為過渡至文明時代之產物也。

《連山》及《歸藏》遠已失傳，據考殘留之《連山》及《歸藏》於漢、魏以後繁衍成「象數易學」，于漢之鄭爽及張衡即其代表人物。《周易》，蓋已成吾國迄今唯一保存乙部完整之民族原始宗教經典，係古代巫《史》文化中藉以術數進行活動之記錄，後則演變成中國封建時代之重要經典，漸而推崇「六經之首」。

惟觀《周易》有全文外，《連山》及《歸藏》，迄今未有洞悉全文。地理術諸《羅經解》所載《連山》及《歸藏》，僅有六十四卦（並四正卦）而無文，咸應用京房卦爻納甲，所述亦弗相同。例如：《連山》卦之所以稱《連山》，乃二山（艮）相連之意。因先天八卦〈艮〉卦之卦位於後天八卦之〈乾〉宮，位於西北方。

夫現今熟悉之《易經》其實原有三部，即夏代之《連山易》、商代之《歸藏易》及周代之《周易》。其中，《連山易》以〈艮〉卦開始，〈艮〉卦代表山，似山之出雲，故稱：「《連山易》。」由于《連山易》及《歸藏易》遠已失傳，故今所言《易經》，亦指周代之《周易》焉！簡書管見，以匡不逮！

故「三易」之真諦？夙昔，家師 吳慕亮，旁引東漢・鄭玄夫子之著作《易論》：「《易》，一名而含三義：『簡易』，一也；『變易』，二也；『不易』，三也。」綜觀總括，言宇宙事物之存焉：「一者，順乎自然，表現『易』及『簡』；二者，時時於『變易』之中；三者，保持恆常。如《詩經》：『日就月將，或如月之恆，如日之升。』」日月之運行，非人為自然，此屬「簡易」；其位置、形狀，卻時時變化，此屬「變易」；然而總則東方出而西方落，其「不易」也！

二、《周易》傳承之聖哲敘述

歷代相傳，伏羲氏畫八卦，周文王將八卦推衍，兩兩相疊，演繹成六十四卦，作〈卦辭〉、〈爻辭〉，闡述各卦之卦體、卦名。孔子作〈十翼〉，補述解說《周易》之書，名為《易傳》，共記十篇，係：〈彖傳〉上下、〈繫辭〉上下、〈象傳〉上下、〈文言傳〉、〈序卦傳〉、〈說卦傳〉及〈雜卦傳〉，廣流後世，澤被群黎，發揚光大，以作傳承。吾考：東漢‧班固《漢書‧藝文志》：「《周易》一書，人更三聖，世歷三古。」乃揭示《周易》之經典，非一時或獨人所撰寫完畢，巨著之達成，乃經由長時期由眾聖哲嘔心瀝血，方能成就一部千古流傳之典墳，傳響古今矣！

伏羲氏：乃古代三皇五帝其一之皇帝，教人民佃漁畜牧，始畫八卦，造書契。西漢‧司馬遷《史記‧日者列傳》：「自伏羲作八卦，周文王演三百八十四爻而天下治。」次考，吳師慕亮著《周易通鑑》，載曰：「伏羲氏乃制嫁娶，以儷皮為禮，而明夫婦之道。初民性情剛虐，難以自制。伏羲氏遂『斲桐象琴，恆桑象瑟，繩絲為絃』，鼓之以和民氣。」其伏羲，又名：「包犧。」或曰：「庖犧。」世傳其母居於華胥（陝西藍田）之渚，生伏羲於成紀（甘肅秦安）。傳母而弗傳父，其與古代無婚姻制度之史實相合；居藍田而生子於秦安，則與採集經濟時代之隨地取食相合。姓風有聖德，象日月之明，故稱：「太昊。」

文王：乃帝號，指周文王。《詩經‧大雅‧文王之什》，毛詩序：「《文王》，文王受命作周也；文王在上，於昭于天。」次考，吳師慕亮著《周易通鑑》：「周文王，姬姓，名昌，季歷之子，商末周部落首領，其屬西伯，亦稱：『伯昌。』任用太顛、散宜生等能人，施行裕民政策，國力日盛，卻遭紂所忌，囚之羑里（今河南省安陽市湯陰縣城北4.5公里），囚禁期間，撰寫《周易》。」復云：「文王聖者，曩昔殷紂之西伯，國於岐山之下，積善施仁，政化大行。遵其祖先之法，篤仁行義敬老慈少，禮賢下士，日不暇食；益行善政，諸侯皆歸之，三分天下有其二。卒後，

武王滅商，謚號：『文王。』」

孔子：孔丘，生於公元前551年歲次庚戌9月28日至公元前479年歲次壬戌4月11日，字仲尼，春秋魯人（今山東省曲阜）。乃東周春秋末期魯國之教育家與哲學家，曾於魯國擔任司寇，攝行相事，魯國大治官府要職。其離開魯國周遊列國十四年，期間曾問禮於老聃，學樂於萇弘，學琴於師襄。晚年致力整理古代經典，修訂六經即《詩》、《書》、《易》、《禮》、《樂》、《春秋》，係儒家創始者，弟子彙編《論語》而成儒家重要經典之一；門下弟子有三千之眾，通《六藝》者七十二人，開平民教育之先河，後世尊稱：「至聖先師。」

次考，歷代謚號，吳師慕亮著作《神臺孔廟之探索》四部，記述：周敬王四十一年歲次壬戌（公元前479年），孔子逝世，風木同悲，弟子心喪三年，廬於墓旁者百餘室，因名其地：「孔里。」並各植樹一棵。孔子後裔承繼其儒學，為名相、博士、大儒。現於臺灣之孔垂長先生，乃其79代嫡孫。孔子屬教育家、亦政治家，孔子永垂不朽，歷代帝王欲彰顯對孔子之尊崇，弗斷追封追謚。孔子歿後，魯哀公親撰誄以悼孔子。《左傳・哀公十六年》：「旻天不弔，不憖遺一老，俾屏余一人以在位，煢煢余在疚，嗚呼哀哉！尼父！毋自律。」

西漢：元始元年歲次辛酉（公元元年），漢平帝劉衎，追封孔子：「褒成宣尼公。」北魏：太和十六年歲次壬申（公元492年），孝文帝元宏集，追封孔子：「文聖尼父。」北周：大象二年歲次庚子（公元580年），靜帝宇文衍，追封孔子：「鄒國公。」隋朝：開皇元年歲次辛丑（公元581年），文帝楊堅，尊稱孔子：「先師尼父。」唐朝：貞觀二年歲次戊子（公元628年），太宗李世民，崇尊孔子：「先聖。」貞觀十一年歲次丁酉（公元637年），改稱孔子：「宣父。」

乾封元年歲次丙寅（公元666年），高宗李治贈封孔子：「太師。」武周天授元年歲次庚寅（公元690年），武則天敕封孔子：「隆道公。」唐朝：開元二十七年，歲次己卯（公元739年），玄宗

李隆基，追封孔子：「文宣王。」西夏：仁宗三年歲次丙寅（公元1146年）三月，西夏仁宗李仁孝，頒佈詔令，稱尊孔子：「文宣帝，令州郡悉立廟祀，殿庭宏敞，並如帝制。」元朝：大德十一年歲次丁未（公元1307年），元成宗鐵穆耳，追封孔子：「大成至聖文宣王。」

明朝：嘉靖九年歲次庚寅（公元1530年），明朝：世宗朱厚熜，追封孔子：「至聖先師。」清朝：順治二年歲次乙酉（公元1645年）清世祖福臨，追封孔子：「大成至聖文宣先師。」清朝：順治十四年歲次丁酉（公元1657年），清世祖福臨，制定：「文廟。」追封孔子：「至聖先師。」中華民國：民國二十四年歲次乙亥（公元1935年）國民政府，尊稱孔子：「大成至聖先師。」

蓋〈十翼〉者，乃孔子所著，共記十篇，「翼」乃輔助，意謂：「傳之於經，猶羽翼之於鳥也。」其述章有：〈彖傳〉上下、〈繫辭〉上下、〈象傳〉上下、〈文言傳〉、〈序卦傳〉、〈說卦傳〉及〈雜卦傳〉，逐一如下補充，各代表之意義。

〈彖　傳〉：分為上、下經。其「彖」，乃斷定卦義之說明。唐・孔穎達《周易正義》：「彖，斷也。斷定一卦之義，故名為彖也。」乃用於解釋《周易》六十四卦，每一卦之卦辭、卦名，整卦之主旨；以及占卜時，闡述卦象之義理。

〈繫　辭〉：共為上、下篇。主要揭示《周易》卦辭之義，概括卦象之性質、原理、思想，以及占卜之規則，令後人得以知曉經義之理解。

〈象　傳〉：編撰分為〈大象傳〉與〈小象傳〉兩大類，係解釋各卦之六爻，所顯示之形象、義理，引申卦之形跡、象徵之內容，得知卦之涵義。其說明爻象乃分為〈大象傳〉，並增添〈乾〉、〈坤〉二卦之「用九」暨「用六」，總計三百八十六則。夫衹有說明卦象、卦名與卦義，不解

說卦辭。例如：〈乾卦·大象傳〉：「天行健，君子以
自強不息。」次之，〈小象傳〉則以用爻象、爻位，用
以解釋卦本身爻辭之釋文。舉例，〈屯〉卦六二爻〈小
象傳〉：「六二之難，乘剛也；十年乃字，反常也。」

〈文言傳〉：專釋〈乾〉、〈坤〉二卦之義意也，僅有兩章，名稱為
〈乾文言〉與〈坤文言〉。南朝·梁·劉勰《文心雕
龍·原道》：「而乾坤兩位，獨制文言。」夫亦表述開
章之宗旨，爾後六十二卦則遵循之理而行之。

〈序卦傳〉：用以解釋六十四卦所編排之次序，及各卦依次接連之意
義，乃以各卦（上經三十卦，下經三十四卦）卦名為
主，非卦象所編制。

〈說卦傳〉：係解說《周易》八個組成基本之卦名，乃為八卦：乾
（☰）、兌（☱）、離（☲）、震（☳）、巽（☴）、坎
（☵）、艮（☶）、坤（☷）。其由陰（--）、陽（—）
二爻組合而成，三爻則成卦；僅僅針對八卦先天、後天
卦象之結構、特點，對應宇宙天地間之生物、人倫，說
明所表徵之意義及諸事變化。

〈雜卦傳〉：夫「雜」字，出自〈雜卦傳〉：「雜糅眾卦，錯綜其
義。」以概述解說各卦之卦義，與本身卦象原理與變化
規則，不依循〈序卦傳〉之順序，是將六十四卦劃分
三十二組，兩兩相對之形式（相錯或相綜），以顯露卦
義。

次考，復以節錄吳師慕亮於中華海峽兩岸《周易論壇》發表之
論文，詳盡梳理「十翼」之文獻，亦記載有十項之釋，一併捃集供
饗，研幾探賾，元亨利貞！《周易》，統稱：「十翼。」後世亦稱：
「《易傳》，列入《易經》。」《易傳》，乃孔子所作，但有學者言
集體創作。馬王堆帛書本《周易》與此弗同，附之六篇。《易經》或

《周易》，最初文獻（例如：《論語》、《莊子》、《左傳》等）稱《易》。故「易」字者，執卷復究，文獻記載有十項之釋：一者：必須理解西周之「易」，理當以西周禮樂制度之變革為條件。禮指「從容之節」，《易》即雅樂，咸統治階級駕馭黎民百姓，維護宗法制度之手段及工具。《周易》保存西周鐘鼓「交響樂」框架規制，鐘鳴鼎食於西周底層社會難以想像。二者：日月為《易》，象徵陰陽，取自東漢魏伯陽《周易參同契》。三者：日出為《易》，臺大教授陳鼓應，以此亦「乾」本義。四者：占卜之名。五者：「變易」，變化之意，指天下萬物之常變，故此《周易》教導人面對「變易」之書。六者：「交易」，亦即陰消陽長、陽消陰長之相互變化。如太極圖所顯示之意。

七者：《易》，即「道」也。恆常真理，即使事物隨時空變幻，恆常之道弗變。八者：日升而天明，日落而天黯；明而接黯，黯而續明；終而復始，無始無終。一如生死，一如成敗，一如興亡，合明，生，成，興之類為陽；總黯，死，敗，亡之屬為陰。陰陽相生相剋，萬事周而復始，是謂之《易》。〈繫辭・上傳・第五章〉：「生生之謂《易》，……，陰陽不測之謂神。」生生者，不絕也。東晉・玄學思想家之韓康伯，〈注〉：「陰陽轉《易》，以成化生。」唐朝經學家，孔子三十二代孫之孔穎達（慕亮考之，字衝遠，孔安之子，冀州衡水人，隋大業初，授河內郡博士），《周易正義》：「生生，不絕之辭。陰陽變轉，後生次於前生，是萬物恆生謂之《易》也。」故此乃以《易》之「化」與「恆生」解「生生」者。九者：「簡易」，簡約也。十者：「不易」，不變。變化，現象；不變，規律。

故得悉《易》理之淵源，呈現天道運作法則，解開宇宙觀與生命密碼，存在著恆久規律有常，轉變不已又變化無常；並以宏觀、寬廣之視角，以體察生命，注重對人生整體之理解與掌握，達至《周易・繫辭・上傳》：「旁行而不流，樂天知命，故不憂；安土敦乎仁，故能愛。」

三、《周易》河圖及洛書闡微

《河圖》

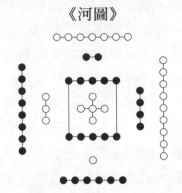

　　《周易‧繫辭‧上傳》：「河出圖，洛出書，聖人則之。」夫源自伏羲氏見龍馬負圖出於河，遂據其文，以畫八卦，則稱：「河圖。」又因河圖面字呈現綠色，故稱：「綠圖。」次考，吳師慕亮著《周易通鑑》，載有明朝王氏船山之《周易‧內傳》，論曰：「河圖者，聖人作《易》畫卦之所取，則孔子明言之矣！八卦奇偶之配合，必即『河圖』之象，聖人會其通，盡其變，以紀天地之化理也，明甚！」復曰：「河圖者，八卦之所自取，燦然眉列，《易》有明文，圖有顯象，……。」足見河圖為畫卦之源，吾人欲探聖人作《易》緣由，當自河洛始。

　　以及〈繫傳‧上傳〉：「天一地二，天三地四，天五地六，天七地八，天九地十。天數五，地數五，五位相得而各有合。天數二十有五，地數三十，凡天地之數五十有五，此所以成變化而行鬼神也。」次則，〈繫辭‧上傳‧第九章〉：「大衍之數五十，其用四十有九，分而為二，以象兩，卦一以象三，揲之以四，以象四時。歸奇於扐，以象閏，……。」南宋‧朱熹《周易本義》：「大衍之數五十，以河圖中宮，天五乘地十而得之。」西漢‧揚雄《太玄經》：「一六為水，二七為火，三八為木，四九為金，五十為土，一與六共宗（晉朝范望，解云，在北方也），二與七為朋（在南方也），三與八成友（在東方也），四與九同道，（在西方也），五與十相守（在中央也）。」觀其闡微楊子之說，已具河圖與五行生成之數。

　　東漢・鄭康成《周易》，亦曰：「天地之氣各有五，五行之次：一曰水，天數也。二曰火，地數也。三曰木，天數也。四曰金，地數也。五曰土，天數也。此五者陰無匹，陽無耦，故又合之，地六為天一匹也，天七為地二耦也，地八為天三匹也。天九為地四耦也，地十為天五匹也。」復曰：「佈六於北方以象水，佈八於東方以象木，佈九於西方以象金，佈七於南方以象火。」朱子以為此所言天地之數，陽奇陰耦，即所謂「河圖」者也。

　　惟「河圖」中點之顏色，白點乃表奇數，即陽數，計二十五個；黑點乃表偶數，乃地數，計三十個，總共為五十五個。其「河圖」之數與五行方位結合，形成歌訣：「一六水在北，二七火在南，三八木在東，四九金在西，五十土在其中。」斯按照：「一六居下，二七居上，三八居左，四九居右，五十居中。」之方位、順序排列構成。

　　再則，進一步探究九宮之色，復考，吳師慕亮著《周易通鑑》，詳云：「一白、二黑、三碧、四綠、五黃、六白、七赤，八白、九紫。今之曆書承用不廢，配以五行，亦自然而然。南宋・朱熹《朱子・啟蒙》，晦翁書曰：『《河圖》、《洛書》之位與數，其所弗同何也？』曰：『《河圖》，以五生數統五成數，而同處其方，蓋揭其全以示人，而道其常，數之體也；《洛書》，以五奇數統四偶數，而各居其所，蓋主於陽以統陰，而肇其變，數之用也。』」

　　蓋以奇數統耦數而各居其所者，四正之位，奇數居之，四維之位，耦數居之，陰統於陽，地統於天，天地同流而定分不易也。揭其全以示人而道其常者，數至十而始全，缺一則弗全矣！故曰數之體，主於陽以統陰；而肇其變者，始於一，終於九，所以起變乘歸除之法，故曰數之用。」

　　南宋・朱熹《朱子・啟蒙》：「其皆五居中，何也？曰凡數之始，一陰一陽而已矣，陽之象圓，圓者徑一而圍三；陰之象方，方者徑一而圍四，圍三者，以一圍一，故三其一陽而圍三，圍四者。以二圍一，故兩其一陰之為二，三二之合則為五矣，此河洛之敵，所以皆以五為中也。」

《洛書》

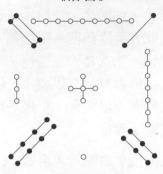

南朝·梁·劉勰《文心雕龍·原道》：「若乃河圖孕乎八卦，洛書韞乎九疇。」起源傳自夏禹治水，觀神龜從洛水出現，背上露有九組不同點數組成之圖畫，禹因而排列其次第，並成治理天下之九種大法，故稱：「洛書」。夫乃從《河圖》推算演繹而來，《洛書》共有四十五个黑白點，歌訣：「戴九履一，左三右七；二四為肩，六八為足，五居中央。」按此方位排列，其數無論以縱或橫之方數數，黑點與白點相加之總數，咸為十五。東漢·鄭玄，〈注〉之《乾鑿度》：「《易》，一陰一陽合而為十五之謂道。」

又〈說卦傳〉：「帝出乎震，齊乎巽，相見乎離，致役乎坤，說言乎兌，戰乎乾，勞乎坎，成言乎艮。」《洛書》，乃配後天八卦，得「後天八卦方位圖」，其方位東為〈震〉，西為〈兌〉，南為〈離〉，北為〈坎〉，稱之「四正卦」；〈巽〉為東南，〈坤〉為西南，〈乾〉為西北，〈艮〉為東北，稱之「四隅卦」。斯有《後天卦數歌訣》：「一數坎兌二數坤，三震四巽數中分，五居中宮六乾是，七兌八艮九離門。」

旋而，關於《河圖》與《洛書》二者，方位玄妙之相異。復考，吳師慕亮著《周易通鑑》，引述《朱子·啟蒙》：「《河圖》之一、二、三、四，各居其五象本方之外，而六、七、八、九、十者，又各因五而得數，以附於其生數之外（慕亮按：一、二、三、四為生數，六、七、八、九為成數，五加一成六，五加二成七，五加三成八，五

加四成九，五加五成十）。《洛書》之一、三、七、九，亦各居其五象本方之外；而二、四、六、八者，又各因其類而附於其奇數之側。」

蓋中者為主，而外者為客，正者為君，而側者為臣，亦各有條弗紊也。曰其多寡之不同，何也？曰《河圖》主全，故極於十，而奇耦之位均，論其積實，然後見其耦贏而奇之乏也。《洛書》主變，故極於九，而其位與實，皆奇贏而耦乏也。必皆虛其中也，然後陰陽之數，均於二十而無偏耳（按：虛其中則陽數二十，陰數亦二十，故曰均於二十而無偏）！曰：「其序之弗同，何也？」曰：「《河圖》以生出之次言之，則始下次上次左次右，以復於中，而又始於下也；以運行之次言之，則始東、次南、次中、次西、次北，左旋一周，而又始於東也。其生數之在內者，則陽居下左，而陰居上右也，其成數之在外者，則陰居下左，而陽居上右也。

《洛書》之次，其陽數：則首北、次東、次中、次西、次南。其陰數：則首西南，次東南，次西北，次東北也。」天水·趙氏汝梅，亦云：「陽以三左行，陰以二右行，三其一為三，三其三為九，三其九為廿七，三其廿七為八十一，至於億兆皆然。二其二為四，二其四為八，二其八為十六，二其十六為三十二，至於億兆亦皆然。」此其所謂參天兩地，倚數之理也。

南宋·蔡元定：「古人《傳記》，自孔安國、劉向父子、班固，皆以為《河圖》授羲，《洛書》錫禹。關子明、邵康節，皆以十為《河圖》，九為《洛書》。蓋《大傳》既陳天地五十有五之數，《洪範》又明言天乃錫禹《洪範九疇》，而九宮之數，戴九履一，左三右七，二四為肩，六八為足，龜背之象也。北宋·劉牧謂九為《河圖》十為《洛書》，託言出於希夷，既與諸儒舊說弗合，其易置圖書，並無明驗。其實天地之理，一而已矣！並附上截取《周易通鑑》之《洛書方位之數》與《後天八卦配洛書》之妙圖，以及《洛書歌訣》，臻於讀者對照熟記，一目了然焉！

《洛書方位之數》　　　《後天八卦配洛書》

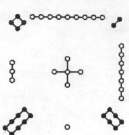 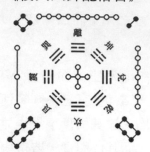

《周易通鑑》·「洛書」歌訣

　　戴九履一，左三右七；二四為肩，六八為足。一白屬水二黑土，三碧四綠皆為木。五黃土星居中位，六白七赤為二金，八白陽土九紫火，飛臨宮中挨數推。

「洛書」生成之數

　　天一生坎水，地六乾成之。地二生坤火，天七兌成之。天三生震木，地八艮成之。地四生巽金，天九離成之。生成之數，我輩習者，謹記五內，朗誦於胸，弗負古賢之苦心孤詣矣！旁引 吳師慕亮，述言結論：「夫《河圖》者，乃陰陽升降之理；蓋《洛書》者，乃陰陽迭運之數。故以《河圖》為體，而《洛書》為用。因此二圖，表裡互見。《河圖》分為四正，乃先天陽升陰降之體；《洛書》體分為八方，乃後天四正四隅之用。《河圖》之數，生數統其內而為主，成數輔其外而為客；《洛書》之數，陽數主四正而為君，陰數輔四隅而為臣。故一、九、三、七之陽數，居於四正之位，而二、八、四、六之陰數，輔其四隅之位，各因生成之合而從也。」

　　以及道述：「如此天一生水居於北，而地六成之，化居西北之乾。天三生木居於東，而地八成之，化居東北之艮。天九成金，變居於南，而地四生金，化居東南之巽。天七成火，變居於西，而地二生火，化居於西南之坤。天五生土居於中，而地十成土，合配於中。蓋各方對數，合乎十也。故此『圖』、『書』二數，其十歸於大數之一外，數各均齊。以上之述，乃大禹治水，靈龜獻書，係天地之變化，出乎其中也。」

惟進而一窺堂奧，探索《河圖》、《洛書》之根，神龜之源，數之源頭，乃於 吳師慕亮巨著《周易通鑑》之《河洛篇》詳盡記載，捃其菁華，裨益見微知著，元亨利貞！

引述亮師《周易通鑑·龍馬負圖》

讚　曰：

「妙諦河圖意氣豪，龍文煥彩喜今朝，
乾坤上下迥空際，日月東西時序交；
運動永恆需達變，平衡瞬暫要擒牢，
靜參理數應圓活，稽古仍推寓意高。」

〈繫辭·上傳〉：「天生神物，……，河出圖，洛出書，聖人則之。」復曰：「天一，地二，天三，地四，天五，地六，天七，地八，天九，地十。天數五，地數五，五位相得，而各有合；天數二十有五，地數三十。凡天地之數，五十有五，故成變化而行鬼神，此《河圖》之數也。」郭師傳我河洛，今寸筆成章耳！

既往，民國75年2月16日，太原·郭傳馨夫子授云：「《河圖》之始，龍馬之初，兩儀將判之先，鴻蒙始破之後，龍馬稟乾陽之氣而質，瑞獸受坤陰之氣而成。龍首，馬身，獅尾，牛蹄，足生飛毛，脅長肉翅，生於石唐之山，長於離南之海，此乃龍馬之根也。」龍馬負圖表，與世廣傳稍異，賢達明辨，自悟玄妙！

故《河圖》之序，自北而東，左旋而相生，然對待之位，則北方一六水，剋南方巳午火；西方四九金，剋東方三八木，而相剋者，寓乎相生之中。蓋造化之理，生而不剋，則生者無從而裁制，其《河圖》生剋之妙，有如此乎！故探賾索隱，而鉤深致遠，以定天下之吉凶，成天下亹亹者，莫大乎於《河圖》之數矣！

旋以，龍馬負圖之初，有點一白六黑，在背近尾；七白二黑，在背近頭；三白八黑，在背之左；九白四黑，在背之右；五白十黑，在背之中。義皇與大撓氏，定以一六在下，合于北而生水，亥子屬焉；二七在上，合于南而生火，巳午屬焉；三八在左，合于東而生木，寅卯屬焉；四九在右，合于西而生金，申酉屬焉；五十在中為土，而辰戌丑未屬焉。八卦地支，數理變化，由始而生，後世從之。

續自華山處士，希夷先生（姓陳，名摶，字圖南，號扶遙子，安徽亳州真源人），慨《易》道之弗明，乃以人生年、月、日、時、支干，配同《洛書》取數，而後知天地所賦之厚薄；大《易》之道，燦然復明，誠可謂有功于先聖者，後之學者苟視為玩具，幾何而不流于自暴自棄也哉！

《周易通鑑·河圖》」生成之數

天一生壬水，地六癸成之。地二生丁火，天七丙成之。天三生甲木，地八乙成之。地四生辛金，天九庚成之。天五生戊土，地十己成之。

天一生水，地六成之

水在天上，為雲為霧，有氣無質。是謂先天之生，在地則氣變為質，乃後天之成。一六在北，玄帝居之，玄武七宿之分（北方七宿，壁、室、危、虛、女、牛、斗），其德為智，其色為黑，其性潤下，其蟲為鱗，其味為鹹，其音為羽。其為亥、子、壬、癸之鄉，坎體天蓬之地，于時為冬，其氣嚴凝，故北方冬寒，為冬物之歸藏。則曰：「北方水也。」

地二生火，天七成之

火在地中，隱於金石，有氣無形，是謂先天之生。金石見天，擊而成燄。氣變為形，是謂後天之成。二七在南，火精赤帝之居，朱雀七宿之分（軫、翼、張、星、柳、鬼、井），其德為禮，其色為赤，其性炎上，其蟲為羽，其味為苦，其音為徵。其為丙、丁、巳、午之鄉，離景紫之地，于時為夏，其氣炎陽，故南方多暖，為夏物之暢茂。則曰：「南方火也。」

天三生木，地八成之

木本植物，根栽於地，而曰天三生木者，木必得天氣至，地始能生之。三八在木，青帝之居，蒼龍七宿之分（箕、尾、心、房、氐、

亢、角），其德為仁，其色為青，其性曲直，其蟲為毛，其味為酸，其音為角，於時為春。其為甲、乙、寅、卯之鄉、震巽碧綠之地，木能生火，故曰：「大明出於扶桑，為春物之始生。」則曰：「東方木也。」

地四生金，天九成之

凡金之礦，必從地出，見天火煉，方可成用。四九在西，金能生水，故河源發於崑崙，江漢東流而朝于海，西方白帝之居，白虎七宿之分（參、觜、畢、昴、胃、婁、奎），其德為義，其色為白，其味為辛，其性從革，其蟲為甲，其音為商。其為庚、辛、申、酉之鄉。乾兌七赤之地，于時為秋，係秋物之成實。則曰：「西方金也。」

天五生土，地十成之

虛空為塵，至地積而成塊，圖示於河，此天之生物成物，至當弗易之理。五十居中，黃帝居之，性統四端而兼萬善，其德為信，其色為黃，其味為甘，其性稼穡，其裸為人，其音為宮。其為戊、己、辰、戌、丑、未中央之鄉，黃中通理之地，為性心之本體，信實之大用。故曰：「中央土也。」蓋上古伏羲氏之王天下，龍馬負圖出於河。此天地之數，往來流行而無息者也！

慕亮按：伏羲觀《河圖》以作《易》，諸君靜而詳玩，則悟其妙也。〈繫辭‧下傳〉第二章：「古者包犧氏之王天下也，仰則觀象於天，俯則觀法於地，觀鳥獸之文，與地之宜。近取諸身，遠取諸物；於是始作八卦，以通神明之德，以類萬物之情。」〈繫辭‧下傳‧第三章〉：「是故《易》者，象也；象也者，像也。象者，材也；爻也者，效天下之動者也。是故，吉凶生而悔吝著也。」

引述亮師《周易通鑑‧靈龜獻書》

讚　曰：

「洛書窮變喻魔方，九數排開六面張，
　紫白循行聯兩極，璿璣運轉主中黃；
　合而定局三重奏，散者成林一片蒼，
　順逆往來依節度，八衢通理任迴翔。」

《洛書》蓋取龜象，故其數戴九、履一，左三、右七，二四為肩，六八為足。《南宋‧蔡元定（朱熹夫子之門人，其善堪輿之學）》，其曰：「圖書之象，自漢孔安國、劉歆，魏關朗子明，有宋康節先生邵雍堯夫，皆謂如此。至劉牧始兩易其名，而諸家因之，故今復之，悉從其舊。」

夙昔，太原‧郭傳馨夫子，授云：「《洛書》之根，神龜之源，四象將判之後，八卦未現之先。《洛書》稟陰陽之氣而至，神龜受坎離之精以生。蛇首，鱉身，四足五爪，生於滄海之山，長於玄溟之海，此乃神龜之源也。」故《洛書》之序，自北而西，右轉而相剋，然對待之位，則東南四九金，生西北一六水；東北三八木，生西南二七火，而相生者，寓乎相剋之中。蓋造化之理，剋而弗生，則所剋者，有時而間斷，其洛書生剋之妙，有如此乎！

夫洛龜負書者，非坊間之龜也，其乃神龜也。其背所有之文，有一長畫，二短畫；一點白近尾，九點紫近頭；二黑點在背之右，四綠點在背之左；六白點在近足之右，八白點在近足之左；三碧點在脇之左，七赤點在脇之右；五黃點在背之中，凡九而七色焉！於是，則九位以定方，因二畫而生爻；以一白近尾為坎，二黑在右肩屬坤；左三綠屬震，四碧在左肩屬巽；六白近右足屬乾，七赤在右屬兌；八白近左足屬艮，九紫近頭屬離；五數居中，以維八方。八卦（一坎、二坤、三震、四巽，五中、六乾、七兌、八艮、九離）由是生焉，此神龜出洛之表象也。

是故：《河圖》及《洛書》闡述方位之數序，將八卦定位，讓後人作為通達上天、下能曉得民情暨物理，並應用卜筮之術，演繹推斷人事之吉、凶、禍、福，裨益安身立命，處之泰然！

亮師授《伏羲先天八卦圖》

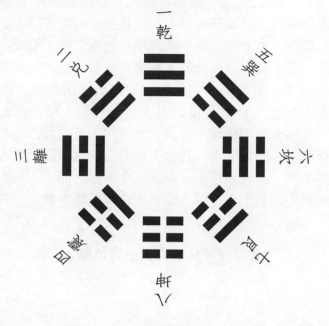

讚　曰：

「設卦以象觀，探幽法自然，

天地司覆載，日月記時遷；

一貫三才理，四象八卦傳，

陰陽來往復，羲皇演先天。」

　　論天地之造化，莫過於《易》理之玄奧，夫自伏羲氏畫八卦，仰觀於天象，俯察於地理，辨別陰陽而造八卦（乾，兌，離，震，巽，坎，艮，坤）之妙。昔羲皇觀河圖，倉聖窮陰陽，畫下先天八卦，定就一卦三爻，上爻象天，下爻象地，中爻象人也。三爻定三才，八卦分八方，以先天八卦方位而言者，乾為天，故乾在南上；坤為地，故坤在北下。離為日，火曰炎上，取日之東昇也，故離位於東；坎為月，水曰潤下，取月之西降也，故坎位於西。兌為澤，巽為風，風雨交加於乾天之下，兌上缺，取東昇之儀，故兌位東南；巽下斷，取西降之儀，故巽位西南。

　　艮為山，震為雷，雷主動，山主靜，動靜列於坤地之上。震仰孟，仰者陽也，陽起東北，故震位東北；艮覆碗，覆者陰也，陰終西北，故艮位西北也。以昇降言者，乾為天，天氣下降，故乾一、兌二、離三、震四，自上而下也。坤為地，地氣上昇，故坤八、艮七、坎六、巽五，自下而上也。以數之順逆而言者，乾一、兌二、離三、震四，從上往下，數皆順者，此四卦盡陽儀之所化也。故一、二、三、四，數而順也。坤八、艮七、坎六、巽五，從下往上，數皆逆者，此四卦盡陰儀之所化也。故八、七、六、五數而逆也，八卦自乾而下，自坤而上，此逆佈者，乃依天道而左旋也，震代乾令，從下而上，四、三、二、一數皆逆也。巽代坤令，從上而下，五六七八，數皆順也，逆者取陽氣上昇之理，順者明陰氣下降之義，此先天八卦對待之理也。

亮師授《伏羲先天卦方位圖》

英琪圖說：

　　邵子曰：「此伏羲八卦之位，乾南坤北，離東坎西，兌居東南，震居東北，巽居西南，艮居西北。於是八卦相交而成六十四卦，所謂：『先天之學也。』」

亮師授《先天八卦次序之圖》

英琪圖說：

　　「此圖由下而上，無極生太極，太極生兩儀，兩儀生四象，四象生八卦。」亮師之傳授，臚列以供參！

亮師授《文王後天八卦圖》

讚　曰：
「五行萬物藏，類聚以居方，
　位定形因立，爻行凭運航；
　四時通達變，六合正綱常，
　迭轉蘊化妙，生消一氣揚。」

　　文王畫八卦，亦稱：「後天八卦。」以四季時令，配合四正、四隅之方位，以明萬物生化之妙機，乃天地氣化之流行而定位者也。則謂先天陰陽對待以立體，後天陰陽之氣，流行以入用。故先天為體，後天為用，其理故此。

　　然！震卦居正東，於時為春，經嚴冬蘊藏之時，元氣漸足，待春而至勃然茁壯，欣欣向榮。故〈說卦傳〉云：「帝出乎震。」蓋謂帝者，乃主宰也，指震卦初九，一陽發動之謂。

　　巽卦居東南，於時為春夏之交，生物發育之旺，陽盛不已，逐為陰氣所凝，萬物齊茂，故〈說卦傳〉云：「齊乎巽。」

　　離卦居正南，於時為夏，萬物生機盡情發見，既稍隱藏。陽即為巽陰所凝，陰逐乘勢進而剝陽，而陽為其用矣，乾本無形，一為坤用，其跡並顯，其用應著，故〈說卦傳〉云：「相見乎離。」

　　坤卦居西南，於時為春夏之交，萬物始於結實，陽氣鼓舞之用暫歇，而退藏矣，將一切委之於坤，故〈說卦傳〉云：「致役乎坤。」靜觀以參詳，即此之謂也。

　　兌卦居正西，於時為秋，此際果實皆已成熟，外表漸隤，而其肉種子仍蘊藏著生命之能力，兌卦外形為陰，內部為陽，主象徵著圓滿喜悅之成果，故〈說卦傳〉云：「悅言乎兌。」

　　乾卦居西北，於時為秋冬之交，萬物冬藏而植物落葉，至西北群陰剝陽，陽受制於自然與群陰交戰，陰陽相戰於于乾地，而碩果僅存，一線生機于隱伏之處，故〈說卦傳〉云：「戰乎乾。」

　　坎卦居正北，於時為冬，萬物皆無生氣，乾陽鼓盪失效，亦隨之陷溺而歸，坎卦之陽爻陷於兩陰之中，即可證明，乾陽亦振奮而乏力。坎主冬，為水，水性勞而不倦，萬物所歸，冬氣閉藏。故一年告終，慰勞休息，正在此時之際，則應〈說卦傳〉云：「勞乎坎。」

　　艮卦居東北，於時為春冬之交，乾陽雖陷溺於兩陰之間，此時漸呈生機，又蘊一陽升起，生命漸明，乾陽功用顯矣！冬氣閉藏潛伏于土內，艮土居東北方位，譬如此時全年工作，即將終結停止，而翌年將再開始，以致生機蘊藏歸于地，而仍于地內之潛化，成終成始而為艮卦之妙義。艮卦九三，初六，六二，觀之則明，故〈說卦傳〉云：「成言乎艮。」由此陰陽消長，循環不息，天地自然之道也。（附文王後天八卦流行圖）於後：

亮師授《文王後天八卦流行圖》

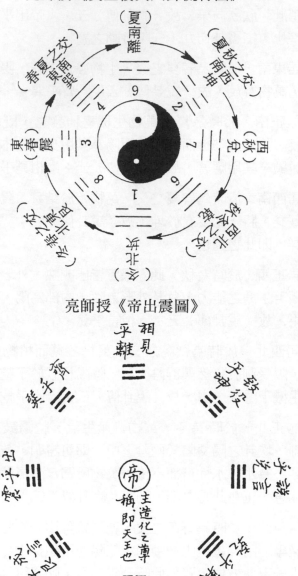

亮師授《帝出震圖》

英琪圖說：

〈說卦傳・第五章〉：「帝出乎震，齊乎巽，相見乎離，致役乎坤，說言乎兌，戰乎乾，勞乎坎，成言乎艮，萬物出乎震。」

　　英琪按：卦有八八六十四卦，爻有三百八十四，依靈龜之形，以判卦爻之吉凶。論八卦，乾南坤北，坎離分東西，兌為東南，艮為西北，震為東北，巽為西南，自乾、兌、離、至震為陽，巽、坎、艮至坤為陰，此乃伏羲先天之卦位，順逆之數也，陽卦多陰，陰卦多陽也。而按文王後天八卦之父母二卦，如後圖表：

亮師授《文王八卦次序》

　　六子（震，坎，艮，巽，離，兌）皆自乾坤而生，故稱：「父母。」陽先求陰，則陽入陰中而為男；陰先求陽，則陰入陽中而為女。震，坎，艮皆坤體，乾之陽來交於坤之初而得震，則謂之長男。交於坤之中而得坎，謂之中男。交於坤之末而得艮，則謂之少男。巽，離，兌，皆乾之體，坤之陰來交於乾之初而得巽，則謂之長女。交於乾之中而得離，則謂之中女，交於乾之末而得兌，則謂之少女。三男本坤體，各得乾之一陽而成男，陽根於陰也。三女本乾體，各得坤之一陰而成女。陰根於陽也。文王造後天之卦，以配合伏羲先天

卦（先天者對待，後天者流行也）倒履陰陽，生生不息不滅。伏羲先畫一奇「━」以象陽（太極動而生陽），後天畫二偶「━ ━」以象陰，是由太極而生兩儀也。亦是一（兩儀）也，亦是一（兩儀）而兩「四象」而三「八卦」。

孔子《太極兩儀四象八卦圖》

太　　極

陰　儀　　　陽　儀

太陰　少陽　　少陰　太陽

一陰加上一陰爲太陰　一陰加上一陽爲少陽　一陽加上一陰爲少陰　一陽加上一陽爲太陽

太陰上加一陰爲坤　太陰上加一陽爲艮　少陽上加一陽爲坎　少陽上加一陰爲巽　少陰上加一陽爲震　少陰上加一陰爲離　太陽上加一陰爲兌　太陽上加一陽爲乾

　　故三畫之卦，已具天、地、人三才矣！然！猶未能盡其變化之妙用，故再加三畫，乃謂兼三才而兩之，故《易》六畫而成重卦之體。〈說卦傳〉，載云：「昔者聖人之作《易》也，將以順性命之理，是以立天之道曰陰陽，立地之道曰剛柔，立人之道曰仁義，兼三才而兩之，故《易》六畫而成卦，分陰分陽，迭用柔剛，六位而成章。」〈繫辭・下傳〉：「《易》之為書也，廣大悉備，有天道焉，有人道焉，有地道焉，兼三才而兩之，故六，六者非它也，三才之道地。如後圖表，以供參究！

天　▬▬　陰
道　▬▬　陽

人　▬▬　仁
道　▬▬　義

地　▬▬　柔
道　▬▬　剛

　　畫卦由下而上，初爻（最下）、二爻為地，三、四爻為人，五、六（稱上爻）為天，傳統上陽稱為九，陰稱為六，何謂也？因〈說卦傳〉曰：「參（叁）天兩地而倚數。」唐・孔穎達，〈疏〉：「倚，立也。既用著求卦，其揲著所得，取奇數於天，取耦數於地。」英琪示例：「二陽一陰成氣三，陽之數，以三而奇，陰之數，以二而偶。所謂：「參（叁）天兩地而倚數也。」〈繫辭・上傳〉云：「天一地二，天三地四，天五地六，天七地八，天九地十。」一、二、三、四、五為生數，六、七、八、九、十為成數，生者可以起數，叁天：是天一，天三，天五，其為九，天是陽故稱九。兩地是地二，地四，共六，地是陰女，故陰爻稱六，故陽九陰六，乃為此意也。

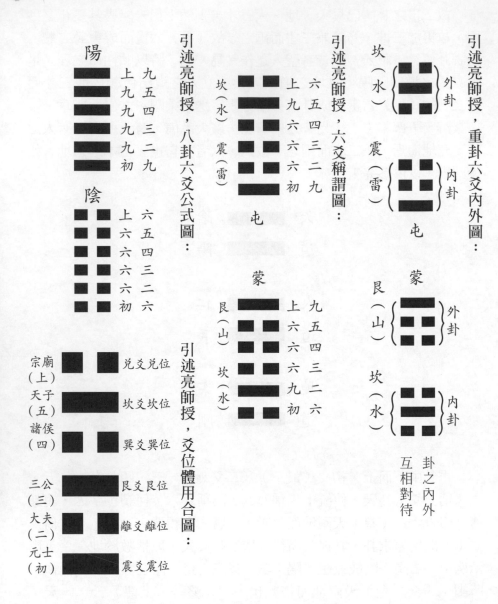

亮師講述：今授英琪，當應知曉，陰陽為二，五兩爻得中得正，〈乾〉以九五為正位，〈坤〉以六二為正位，〈坎〉〈離〉為〈乾〉〈坤〉之交，故〈坎〉〈離〉之正與〈乾〉〈坤〉同，〈震〉以初九為正位，〈巽〉以六四為正位，〈兌〉以上為正位也。

亮師授《八卦合九爻圖表》

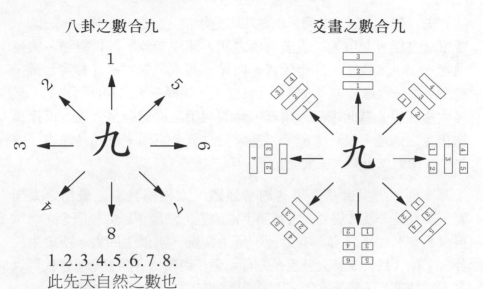

八卦之數合九　　　　　爻畫之數合九

1.2.3.4.5.6.7.8.
此先天自然之數也

亮師授《洛書十五數圖表》

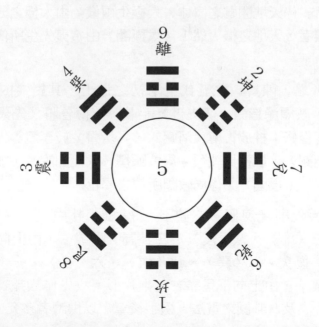

四、《周易‧太極圖說》之注釋

夫何謂「太極」?乃天地混沌未分以前,稱之「太極」。三國‧曹植《文選‧七啟》:「夫太極之初,渾沌未分,萬物紛錯,與道俱隆。」「太極」,亦指天宮、仙界。北宋‧張君房《雲笈七籤‧卷八‧第一六章》:「太極有元景之王,司攝三天之神仙者也。」又《太極圖說》為北宋周敦頤著,係闡明宇宙從無極至太極,以達萬物化生之過程。又「太極」,為大化之氣。東漢‧班固《漢書‧卷二一‧律曆志上》:「太極元氣,函三為一。」

次則,考吳師慕亮著《周易通鑑‧太極篇》:「最初之太極者,其有莊子及《周易》,咸屬宇宙論暨方法論,以太極概念,繼承自《易傳》:「《易》有太極,是生兩儀。兩儀生四象,四象生八卦。」係《易》成卦之歷程,先有太極,尚未始分開蓍草(古代用以占卜之神草),分蓍占後,則形成陰陽二爻,故稱:「兩儀。」

二爻相加,則有四類形象,其稱:「四象。」由於各加一爻,則成八卦。旋以中國之典籍,《易》素作窮盡天地奧祕之哲理書籍,對成卦分析,係天地開闢之概述。太極生兩儀,由太極之分化形成天地,蓋兩儀者,天地之機。然!《太極圖》由希夷先生所傳,原稱:「無極圖。」

慕亮考之,陳摶,係五代至宋初之道士,其對《內丹術》及《易》學,咸頗深造詣。《史書》記載,陳摶曾將《先天圖》傳种放,种放傳穆修;种放復傳《河圖》、《洛書》於李溉等人。後穆修則傳《太極圖》,以授周敦頤。周敦頤撰《太極圖說》,加以闡釋。故吾曹今覩《太極圖》,係周敦頤所傳之學也。

探索伏羲則《河圖》之畫卦,得知八卦中之九〈乾〉、四〈兌〉、三〈離〉、八〈震〉,四卦屬「陽儀」,由上向下呈靠左之半月形。復次:二〈巽〉、七〈坎〉、六〈艮〉、一〈坤〉,四卦屬「陰儀」,由上向下呈靠右之半月形。故先作八卦表,再畫八卦圖,八卦表及八卦圖之畫法,綴字後章,以供讀者參究!

亮師授《太極圖》

讚　曰：

「當年太極揭爲圖，萬有皆生於一無；
　動靜互根誰是主，試觀靜處下工夫。」

然！觀大韓民國之歷史，八卦國旗圖案（乾、坤、坎、離），亦含「太極」元素於其中也。家師 吳慕亮授我《周易通鑑・太極篇》之太極」精闢之內文，以知曉淵源，略作引述《周易・繫辭上傳・第十一章》：「是故：《易》有太極，是生兩儀，兩儀生四象，四象生八卦，八卦定吉凶，吉凶生大業。」《周易・繫辭・上傳・第二章》：「聖人設卦觀象，繫辭焉而明吉凶，剛柔相推而生變化。是故：吉凶者，失得之象也；悔吝者，憂虞之象也；變化者，進退之象也；剛柔者，晝夜之象也。六爻之動，三極之道也。」

三國・曹魏・王弼（輔嗣），其云：「太極者，無稱之稱，弗可得而名，取之有所極，況之太極者也。」唐・孔穎達《周易・正義》：「太極未分之前，元氣混而為一，即是太極。」明・王船山（夫之），則謂：「太極者，其大而無尚之辭，極至也，語道至此而盡也。」復曰：「其實陰陽而渾合者而已，而弗可名之謂陰陽，則但贊其極至而無以加曰：『太極！』」

孔子讀《易》至韋編三絕，極深研幾，以追溯文王演《易》之前，伏羲畫卦之始，必有立乎其本。以亭毒萬象含蓋一克者，在此

一畫之先，是非可言語以形容之，非可以物象擬議之者也。爰以，假定其名，故曰：「太極。」夫極者，至極無以對之謂。如陽之至，則曰：「陽極。」似陰之至，則曰：「陰極。」

唐‧孔穎達《周易正義》，則謂：「天地未分以前，元氣混而為一，即太初，太一也。」春秋‧李耳《老子‧道德經》，第四十二章：「道生一，一生二。」夫一者，太極也。係解太極，雖未甚誤，已落言詮；至周子直曰無極而太極，竟與《易》有太極之語意，其之妙用，全弗顧矣！宋儒《太極圖說》，累千萬言，愈說愈見支離；朱子及陸象山二氏，辨駁之書，往復數四，究未免強詞奪理，總由五內既存有黑白分明之圖矣！

是故：「《易》有太極，是生兩儀，兩儀生四象，四象生八卦，八卦定吉凶，吉凶生大業。」可見無太極，便是無兩儀，無四象八卦與吉凶大業，並無《易》矣！故四象、八卦，吉凶大業，皆涵意於太極而全《易》皆太極所生者也。

朱〈注〉：「天命之謂性，曰性即理也。」然則性亦太極乎？故專言理及專言氣，其弊一也。北宋‧邵子（堯夫）言：「天地一太極，萬物各有一太極。」其高妙諦，堪稱通論。孔子曰：「《易》有太極，此《易》之太極也。」萬物之生無不各有其陰陽，即無不各有一太極。故太極者，可大可小，無聲無臭，非但弗可方之以物體，亦弗可凝之以形容也。寸楮偶感，供君參焉！

英琪考之，《周易‧繫辭‧上傳》：「《易》有太極，是生兩儀，兩儀生四象，四象生八卦，八卦定吉凶，吉凶生大業。是故：法象，莫大乎天地；變通，莫大乎四時；懸象著明，莫大乎日月。」若釋筮法象數之形式而闡微於宇宙生成之哲理。「《易》有太極」之「易」字，從筮法象數而言，係《易經》寶策之書也。若藉哲理述之，則屬變《易》，乃宇宙生成之過程。故撰著說及畫卦說兩解，若撰著說，則：以「氣」、以「無」、以「理」、以「心」，釋「太極」四解。如畫卦說，北宋‧邵雍（康節）之《先天易學》首言之，至南宋經朱熹（晦翁）之肯定而廣泛闡揚流傳迄今矣！

宋儒・邵雍《觀物外篇》：「太極既分，兩儀立矣！陽下交於陰，陰上交於陽，四象生矣。陽交於陰，陰交於陽，而生天之四象；剛交於柔，柔交於剛，而生地之四象。於是八卦成矣。八卦相錯，然後萬物生！是故：一分為二，二分為四，四分為八，八分為十六，十六分為三十二，三十二分為六十四。」靜觀斯語，以「加一倍法」，講八卦及六十四卦之形成，亦是：從「太極」生出分列之陰陽兩爻，謂之為「兩儀」；從「兩儀」生出，兩畫重疊之「太陽」、「太陰」、「少陽」、「少陰」，謂之為「四象」。從「四象」生出三畫重疊之「八卦」，然後再從「八卦」生出兩卦相重之六十四卦也。

《易》有太極之後，所云：「是故：法象，莫大乎天地；變通，莫大乎四時；懸象著明，莫大乎日月。」其與「大衍之數五十，其用四十有九」之次序，亦大致相合。「天地」，即「象兩」之「兩」；「四時」及「象四時」契合，「日月」即〈離〉〈坎〉。〈說卦傳〉，載曰：「離為日，坎為月。」若以簡括八卦，或如虞翻所云：「日月懸天，成八卦象。」唐・李鼎祚《周易集解》：「《易》有太極，是生兩儀，兩儀生四象，四象生八卦。」的確如是：「大衍之數五十，其用四十有九。」簡化或簡要之縮寫，故而從筮法象數言之，以揲蓍說闡釋，「《易》有太極，是生兩儀」，其所論述，則可成立。

然！太極及《太極圖》，自周敦頤後，相傳之圖有三：一者，周敦頤之《太極圖》，見朱震（子發）《漢上易圖》及明朝胡度等編纂之《性理大全》。二者，趙撝謙《天地自然之圖》，亦曰：「太極真圖。」三者，趙仲全《古太極圖》，於是《太極圖》三字，流播寰宇，幾於婦孺皆知，老幼盡曉。惟學者切莫以《太極圖》即為太極也。《老子・道德經》，第四十二章：「道生一，一生二，二生三，三生萬物。」唐・孔穎達《周易正義・卷七》：「道生一，即此太極也。太極生兩儀，即老子一生二也。」老子復云：「有物混成，先天地生。」其謂太極也，以孔子〈十翼〉告成，老子已出關西去，故未知孔子有此假定之名，而曰：「無以名之，強名之曰道。」

　　究竟「道」字，實未能妙合无間，老子亦無可如何，而強名之耳！使老子得見孔子「《易》有太極」一語，必捨其名而從之，《道德經》更可省卻無數言語矣！許慎《說文》：「棟，極也。」《周易·大過》：「棟橈（木曲曰橈），本末弱也。」棟，訓極，所謂：「見中立極，故極亦訓中。」棟，從東，從木，木生於東，得木之正，故以室中主幹之巨木謂之棟。蓋上棟下宇，初創宮室之時，構造簡單，以巨木支柱正中而四周下垂，其與今之營帳略同。故棟必在室之正中，其與「極」字之訓義相通，此亦言太極者，豈可弗知哉？觀今日棟與極義，則難以相侔矣！

亮師授《太極圖說》

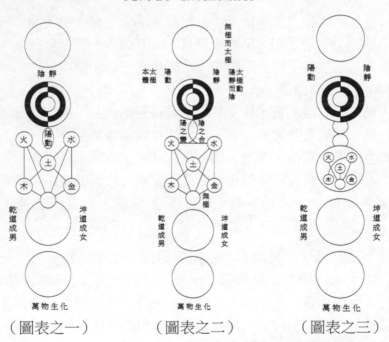

（圖表之一）　　　　（圖表之二）　　　　（圖表之三）

　　觀上製作，圖表之一：見朱震（子發）《漢上易圖》，子發云：「陳摶以《太極圖》授种放，放傳穆修，修傳周敦實（周敦實即周敦頤，因避英宗諱改名頤（英宗趙曙，原名趙宗實，北宋第五代皇帝），敦實傳二程（程顥、程頤）。」

　　圖表之二：載《性理大全》，朱子曰：「《太極圖》者，濂溪先

生之所作也。」上大圓者，謂無極而太極者也。白黑各半環圖，為太極動而陽，靜而陰也。其中之小白圈，為太極本體，黑白相環圖下相交之雙曲線，左為陽之變，右為陰之合。五行下四線相連之小白圈，為無極二五（英琪按：二者，陰陽；五者，五行）之妙合無間。以下之大圓，乾道成男，坤道成女，以炁化者言也。依其性男女各一太極（蓋此圖之意，即或男或女而非男非女各半），最下一圓，為萬物化生以形言者也，各一其性而萬物一太極也。

　　圖表之三：審視其第三圓二五精妙合圖中之線路，異於上二圖外，其餘大致與上二圖相同，皆謂原於周氏敦頤也。清·杭辛齋氏，亦曰：「周子此圖出自希夷（陳摶，圖南先生），宋儒諱之甚深，然希夷亦非自作也。實本諸《參同契》，五代·彭曉（字秀川，號真一子）註《參同契》，有《明鏡圖訣·乙卷》。」明·毛奇齡，書曰：「《參同契》諸圖，自朱子註後，學子者多刪之，徐氏（景體）注本已亡，他本龐雜不足據，惟彭本有水火匡廓圖，三五至精圖。」上圖黑白相環者，即水火廓圖，第二圓圖之右，為黑白三半環，象☳卦，左黑白象☳卦，中間之水、火、木、金、土，五行交媾圖，即三五至精圖也。

　　英琪按：五行數，水一、火二、木三、金四、土五，上圖第三圓中央土為一五，左火及木為一五，右水及金為一五。三五交而歸於一元，故曰：「三五至精。」然圖式雖同，尚未有太極之名，考《唐·真元妙品精》，有太極先天圖，略與上左圖表之一，名義相同，惟多先天二字。或謂上出自道家，係煉丹秘術，因以之說《易》，故《易》〈坎〉〈離〉為兩儀，改三五為二五，周氏敦頤但為之說，將上下次序略有修改而已！惟「無極而太極」之言，學者多有疑義。陸九韶（字子美，號梭山）與朱子往反辯論，累數萬言，朱子雖曲為迴護，並於《太極圖說》注中，申明非謂太極，復有无極也。

　　《杭氏·易楔·卷一》：「其圖明明上有无極，其說終弗可通，其作本義取邵子（康節）諸先天圖，而弗以此圖列諸卷首，殆亦有所悟歟！」杭氏蓋以黑白相環之圖為太極，最上之圓為无極，按此圖就萬物化生之程序言，則弗宜視第一圓為无極，而以第二圓黑白相環

為太極。蓋此圖宜作前後次序觀，弗宜作上下內外觀；再如第四圓可單獨視為〈乾〉道成男，亦可單獨視為〈坤〉道成女，乃萬物化生之象，而非萬物化生之實體也。若探〈咸〉卦，〈象〉曰：「天地感而萬物化生，聖人感人心而天下和平，觀其所感，而天地萬物之情可見矣！」並附：北宋·周濂溪《太極圖說》，以作參詳，摒擋如後：

亮師授周濂溪先生《太極圖》

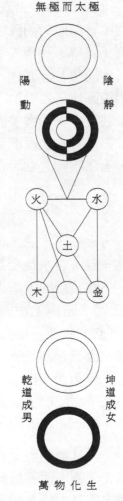

周濂溪先生《太極圖》

　　唯人也得其秀而最靈，形即生矣，神發知矣，五性感動，而分善惡，萬事出矣！聖人定之以中正仁義，而主靜立人之極焉！故聖人與天地合其德，日月合其明，四時合其序，鬼神合其吉凶，君子修之吉，小人悖之凶。故曰：「立天之道，曰陰與陽；立地之道，曰柔與剛；立人之道，曰仁與義。」又曰：「原始反終，故知死生之說，大哉《易》也，斯其至矣！」

亮師授《周易尚占·先天無極圖》

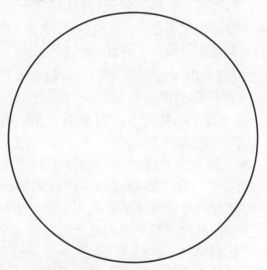

讚　曰：

「大易眞詮貫九洲，渾然有成歷霜秋，

傳心立訣宗堯舜，廣義修文仰孔周；

考證難憑何預測，明經有翼可探求，

推詳據此須崇本，無極涵造萬象兜。」

　　先天者，始之初也；無極者，無聲無臭也。未有天地人物之先，一派虛空，鴻濛之氣，無形無象，無邊無際，有神有氣，有顯有靈，雖然未有天地人物之形，而其實有天、地、人、物之氣也。孕育天地，生發人物，莫不本於無極而生之者也。大哉無極，萬物資始，一元之無極在於戌亥二會，有此二會之無極，斯有一元之造化。一年之無極在於九月十月，有此兩月之無極，斯有一年之造化。一月之無極

在於二十六至三十日，有此五日之無極。

斯有一月之造化，一日之無極在於戌亥二時，有此二時之無極，斯有一日之造化。一時之無極在於七刻八刻，有此二刻之無極，斯有一時之造化。生天地之無極在於亥會一萬八百年，有此一萬八百年之無極，斯有天地之造化。生人之無極在於三十時辰，有此三十時辰之無極，斯有人身之造化。成聖之無極在於至善，成佛之無極在於南無，成仙之無極在於玄關，動物之無極在於宿蟄，靜物之無極在於歸根，草木之無極在於兜根，穀果之無極在於核仁也。大而三才，小而萬物，皆以無極一圈而包之者也。大而化之謂神者，此也；語大天下莫能載焉，語小天下莫能破焉者，亦此也。

家師 吳慕亮親授英琪，且旁徵博引，明朝吳承恩《西遊記·序文》，斯有北宋大儒－邵康節《皇極經世·一元論》之說，筆者捃集：蓋聞天地之數，有十二萬九千六百歲為一元。將一元分為十二會，乃子、丑、寅、卯、辰、巳、午、未、申、酉、戌、亥之十二支也。每會該一萬八百歲。且就一日而論：子時得陽氣，而丑則雞鳴；寅不通光，而卯則日出；辰時食後，而巳則挨排；日午天中，而未則西蹉；申時晡而日落酉，戌黃昏而人定亥。譬於大數，若到戌會之終，則天地昏矇而萬物否矣！再去五千四百歲，交亥會之初，則當黑暗，而兩間人物俱無矣，故曰：「混沌。」又五千四百歲，亥會將終，貞下起元，近子之會，而復逐漸開明。邵康節曰：「冬至子之半，天心無改移；一陽初動處，萬物未生時。」

到此天始有根，再五千四百歲，正當子會，輕清上騰，有日、有月、有星、有辰。日月星辰，謂之四象。故曰；「天開於子。」又經五千四百歲，子會將終，近丑之會，而逐漸堅實。《易》曰：「大哉乾元！至哉坤元！萬物資生，乃順承天。」至此，地始凝結。再五千四百歲，正當丑會，重濁下凝，有水、有火、有山、有石、有土。水、火、山、石、土，謂之五行。故曰：「地闢於丑。」又經五千四百歲，丑會終而寅會之初，發生萬物。《曆》曰：「天氣下降，地氣上升；天地交合，群物皆生。」至此，天清地爽，陰陽交合。再五千四百歲，正當寅會，生人、生獸、生禽，正謂天、地、人，三才定位。故曰：「人生於寅。」

亮師授《太極陰陽圖》

讚　曰：

「太極全圖究理詳，宜將二項擬陰陽，
乘方所指方圓積，系數相加數定當；
不盡往來源闔闢，無窮蘊化本柔剛，
卦爻始畫唯奇偶，萬象紛陳滿八荒。」

太者，最大之稱；極者，至極之義。無極一動而生陽，陽極一靜，靜而生陰，無極本無動靜，動靜者氣機也。氣機一動，則無極亦動；氣機一靜，則無極亦靜。有此一動一靜，則有此一陰一陽；有此一陰一陽，則太極立焉！無極而太極，天理之尊號，上天之載，無聲無臭，而實造化之樞紐，品彙之根柢也。以為在無物之前，而未嘗不立有物之後；以為在五行之外，而未嘗不居五行之中也。

故天有太極，曰北辰；地有太極，曰須彌；日有太極，曰金烏；月有太極，曰玉兔；星有太極，曰紫微；人有太極，曰命宮。

至於胎、卵、濕、化各物，有太極曰黃庭；草、木有太極，曰節椏；穀、果有太極，曰萌芽，三才萬物，各具一太極也。天不失守太極，則天常覆；地不失守太極，則地常載；人不失守太極，則命常存。胎、胎、卵、濕、化，不失守太極，則胎、卵、濕、化，以修人身；草、木不失守太極，則兜根不死；穀、果不失守太極，則穀、果成熟矣！以前各具一太極者，無形之言也；此以後各具一太極者，有形之言也。無形之太極者，氣也；有形之太極者，質也。以氣之太極而生形，以形之太極而涵氣者也；無極者體也，太極者用也，二而一也。

亮師授《太極演卦名象次序圖》

八　妙
八　化
六　次
四　序
卦　陰
名　陽
詳　彰

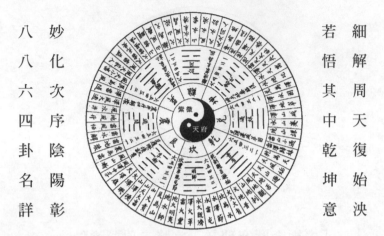

若　細
悟　解
其　周
中　天
乾　復
坤　始
意　泱

　　觀詳乎卦名，乃文王之所取；察乎次序，本卦體之所變。從初爻而變起，至五爻而返還，本卦弗變，七變復本（七日來復）。今舉〈乾〉卦為式，以類其餘。上〈乾〉下〈乾〉，其名：「乾為天。」初爻陽變陰，而〈乾〉化〈巽〉，故名：「天風姤。」二爻陽變陰，〈巽〉化〈艮〉，故名；「天山遯。」三爻陽變陰，〈艮〉化坤，故名：「天地否。」四爻，陽變陰，〈乾〉化〈巽〉，故名：「風地觀。」五爻陽變陰，〈巽〉化〈艮〉，故名：「山地剝」，至五返回。四爻陰變陽，〈艮〉化〈離〉，故名：「火地晉。」尾卦弗變，依〈離〉尾乾〈首〉，故名：「火天大有。」而〈乾〉卦之名次，于斯可見矣！

　　故而下卦之起法，以此為例；及至六十四卦，三百八十四爻，依此次第而變之者也。而變卦之次序以名，夫變卦之義，理當釋詳；各宮八卦，首一卦無變者，如軍中之先鋒，煉丹之金鼎；尾一卦無變者，如軍中之元帥，煉丹之玉爐，咸以其為主宰也，或國家之統率耳！變至五爻不上六者，五為君位，見君則止也。首一卦則本卦為名者，以首卦為始也；尾一卦以第六所變之卦，合本宮首卦為名者，終而復始也。始初卦世名于上者，取天氣而降下也；次第卦名從下而上者，取地氣而升上也；至五爻而又復下者，歸根而復命也，上至君位，下至庶民而止矣！

其謂：「上致君，下澤民之義。」自上而下，自下而上；上而復下，乃天道之循環，大道之昇降，自然之理也。故《易緯》寶籍，亦云：「日月為《易》，象陰陽也。」河南·陸秉：「《易》字篆文，日下從月，取日月二字，交配而成，日往月來，迭相為《易》之義。」南宋·鄭厚《易圖注》：「日月為《易》，從日從月，一日一月也；天下之理，一奇一偶盡矣，此外無餘《易》也。」故人事物，咸有太極，何況我輩，萬物之靈。

亮師授《人體太極圖表》

北宋·邵康節《伊川擊壤集·觀易吟》：「一物其來有一身，一身還有一乾坤，能知萬物備於我，肯把三才別立根；天向一中分造化，人於心上起經綸，天人焉有兩般義，道不虛行只在人。」觀邵子詣境，天人一太極，人物一〈乾〉〈坤〉，佳哉斯詩矣！

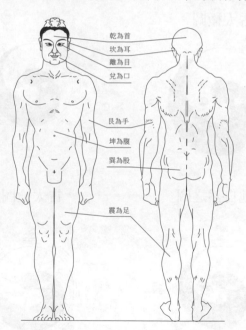

故《周易·說卦傳》，第九章：「乾為首，坤為腹，震為足，巽為股，坎為耳，離為目，艮為手，兌為口。」《太乙金鏡式經·推八門所主法》：「天有八門以通八風，地有八方以應八卦，綱紀四時主於萬物者也。」人體相應，陰陽玄微，讀者靜參，方悟妙意！

亮師授《古太極圖》

《古太極圖》者，係伏羲聖人之所畫也。亦名：「太極真圖。」或曰：「天地自然之圖。」亦或以《先天圖》、《太極圖》稱之，自周敦頤後，流傳寰宇，幾婦孺皆知。圖之畫法有四：一者，如下左圖，杭氏辛齋，其謂：「古太極圖。」二者，如下右圖外配八卦及說明，來氏知德，其謂：「心易發微，伏羲太極之圖。」

三者，如下下左圖中，其黑白及卦位方向，說明相同，惟無畫卦，又黑白中之陰陽根作雙眼形，其謂：「天地自然之圖。」四者，如下下右圖中，其內陰陽根亦作眼形；惟眼尾向內，圖外八卦，亦僅記方位無說明，亦謂：「古太極圖。」

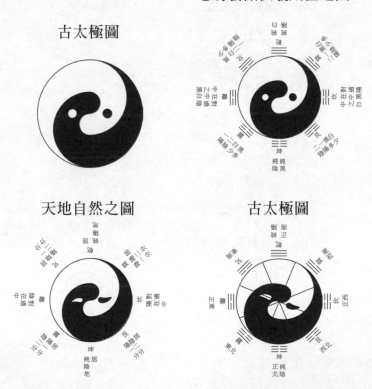

以上四圖，雖畫法稍有弗同，至其取義則一，外一圓圈太極也；圈內黑白魚形，陰陽兩儀也；黑中一白點，陽於陰中，象〈坎〉☵係

《心易發微圖》，〈坎〉下所謂：「對過陽在中，黑中之白。」白中一點黑，陰於陽中，象〈離〉☲係同《心易發微圖》，〈離〉下所謂：「對過陰在中，白中之黑。」再從方位佈局，視黑白多寡，畫〈乾〉〈坤〉於南北，起〈震〉、〈巽〉、〈兌〉、〈艮〉於四隅。

明・來氏知德（其字矣鮮，別號瞿塘），其著《心易發微・伏羲之太極圖說》：「正南，純陽方也，故畫為乾；正北，純陰方也，故畫為坤；畫離於東，象陽中有陰也；畫坎於西，象陰中有陽也；東北陽生陰下，於是乎畫震；西南陰生陽下，於是乎畫巽；觀陽長陰消，是以畫兌於東南；觀陰盛陽微，是以畫艮於西北也。」

蓋陰盛於北，而陽起而薄之，故北宋大儒，邵康節夫子之《皇極經世・觀物外篇・卷七》：「震始交而陽生，自震而離而兌，以至於乾，而陽斯盛焉！」復云：「巽始消陽而陰生，自巽而坎而艮，以至於坤，而陰始盛焉！」

清・杭氏辛齋：「震東北白一分，黑二分，是為一奇二偶；兌東南，白二分，黑一分，是為二奇一偶；乾正南全白，是為三奇純陽；離正東，取西之白中黑點為二奇合一偶。故云：『對過陰在中也。』陽盛於南而陰來迎之，故邵子亦曰：『巽，始消陽而陰生。』」

藉以闡明萬古氣象，圖形如一，將各類氣象視之，則自有弗同之境界。來氏圖與《古太極圖》弗同者，係以居中之黑白線，代原圖之黑白點，以象陽方盛而陰已生，有循環弗絕之義。留中空者，以象太極，其陰陽之由微而顯而著，亦悉合消息自然，蓋與河圖陰陽之數，由微而著，亦適相合，茲誌其圖如後：

明・來知德《太極兩儀圖》

　　明・來氏知德，釋曰：「白者，陽儀也；黑者，陰儀也。黑白二
路者，陽極生陰，陰極生陽，其氣機未嘗息也，即為太極也。非中間
一圈，乃太極之本體。」

一年氣象圖

　　上圖來氏，所謂：「一年之氣象，大渾沌圖也。」其曰：「萬
古之人事，一年之氣象也。春作夏長，秋收冬藏，一年不過如此，自
盤古至堯舜，風俗人事，以漸而長，蓋春作夏長也。自堯舜以後，風
俗人事，以漸而消，蓋秋收冬藏也，此之謂大渾沌。」譬之人身，盤
古至堯舜，如初生至四十歲；自堯舜以後，如四十歲至百年。生殺消
長，盈虛明晦，人事代謝，往來古今，玄機奧義，盡載此圖。

　　來氏以為：若以消息論之，大消中又有小息，大息中又有小消，
小息中又有小消，小消中又有小息，遂以大小混沌言之矣！來氏此
外，復有一日氣象圖，其云：「萬古之終始者，一日之氣象也。一日
有晝有夜，有明有暗，萬古天地，即如昨夜。」復曰：「做大丈夫，
將萬古觀作晝夜，此襟懷則海闊天空，祇思效聖賢出世，而功名富
貴，即以塵埃視之矣！」英琪沐手援筆，捃集亮師授圖：

一日氣象圖　　　　　　　天地形象圖
大混沌

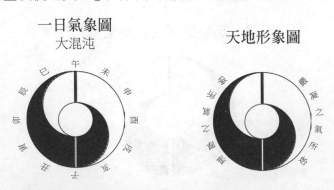

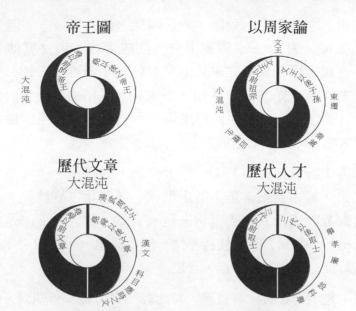

帝王圖

以周家論

歷代文章
大混沌

歷代人才
大混沌

亮師授《端木太極生兩儀圖》

　　《周易・繫辭・上傳》：「《易》有太極，是生兩儀。」太極既弗可圖，非圖又弗足明陰陽生化之妙，端木氏遂捨太極而圖兩儀，兩儀既明，則太極自立乎其先，無象之象，遂因象而得顯焉！

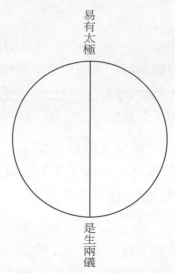

　　端木國瑚圖，著重於一「是」字，《許慎・說文》，以日正為「是」（註後）。下正北方，正而上直日，則日中影正，影正則自

別左右為兩，左象陽而右象陰，於是兩儀之情乃見。上表圖義，乃藉圓以喻太極，有「一」畫圓中央，便成兩列，取〈繫傳〉「乾坤成列」之義，則《易》立乎其中矣！於此，則可知〈乾〉〈坤〉左陽儀，右陰儀，從「一」生出，是太極，是兩儀，一至而分二，「是」一「是」二，《易》陰陽生焉，不待再言太極生兩儀，而謂《易》有太極，「是」生兩儀焉！

英琪考：許慎《說文》：「是，直也，從日正。」《籀文》，載曰：「是，從古文正；是，謂正也。」《經籍·纂詁》：「是，正也。《周易·未濟》：『有孚失是。』虞（翻）註：「是，謂道也。」《荀子·勸學》：「使目非是，無欲見也。」註曰：「是，則也。」《爾雅·釋言》：「是，善也。」

吾按：是，有正義、有直義、有此義、有可義、有執義、……，端木氏國瑚，蓋以日正為是，以分兩儀者。清·杭氏辛齋，亦特重此一「是」字。其曰：「《易》於〈乾〉之初爻，曰：『不見』是。（註後）〈未濟〉之上爻，曰：『濡其首，有孚失是。』全《易》六十四卦，三百八十四爻，以此一「是」相終始，其故可深長思也。」

英琪按：《易·乾卦》，初爻：「潛龍勿用。」《文言》，釋曰：「初九，曰：『潛龍勿用，何謂也？』子曰：『龍德而隱者也，不易乎世，不成乎名，遯世無悶，不見『是』而无悶。樂則行之，憂則違之，確乎其不可拔，潛龍也。』」

筆者考：〈乾〉卦，初九爻不見「是」，復與〈未濟〉，上九之有孚失「是」，究係偶然，抑作《易》者寓以深意？六十四卦，三百八十四爻，是否以「是」相終始？恐言人人殊，留待高明或先達可也。

惟端木氏國瑚，以此立說，置太極於無象之位，捨太極而立說，乃別闢蹊徑，自較舊說為明顯易知，無所謂《太極圖》之弊，如語前圖及觀太極之義，可瞭然於心矣！諸君詳以究之，則靜觀自得也。

　　清‧杭氏辛齋曰：「孔子曰：『《易》有太極。『《易》有』二字，必須重讀，其與〈序卦〉『有』天地，『有』萬物，諸『有』字，皆一氣貫注。孔子贊《易》，皆從『有』立說，以示與老子從無立說者弗同，故將有字直提至太極之上，而《易》之生生不已，皆由此『有』字以發者也。」

　　繼之曰：「『是生兩儀』，此是字上貫《易》有太極四字，而下澈全章，全《易》六十四卦，皆以此一字作骨，故特於初終二爻發明之。觀此知孔子贊《易》筆法，一字一義，無不以全精神貫注，脈絡相通，未可滑口過也。」此說甚有可取處，讀《易》不若讀他書，雖一字之微，涵義極宏。若以一字一義，泛泛讀之，則終難解《易》也。《禮記‧學記》：「雖有佳餚，弗食不知其美也；雖有至道，弗學不知其味也。」凡我君子，究《易》惟悟！

　　總之，太極云者，既無分於形上形下，又無分於陰陽剛柔，人事物理，無不具備。所謂：「天地，一太極也。小至塵粒芥子之微，亦莫不具有動靜生滅之機，亦即莫不有太極也。」宋儒‧程頤（伊川先生），曰：「動靜無端之端，陰陽無始之始。」若能識此端及始者，以言太極，則庶近矣！

《太極圖》考

　　夫《太極圖》者，世傳伏羲所畫，或謂出於天地自然者，或謂為希夷所作，或謂本之《參同契》，乃《易》之外道。或謂伏羲卦所因以畫，或謂與畫卦無涉，……，傳說紛紜，莫衷一是。昔儒對太極圖源之論述，或闡微甚多哉！茲摘亮師所授其要者，爰錄比參，北窗燈下，寸楮如次：

明‧來知德，《古太極圖說》：「此圖為伏羲所作，世弗顯傳，或謂希夷所作，雖周子（敦頤）亦未之見焉！」復云：「惟斯圖也，弗知畫於何人？起於何代？因其流傳之久，名為《太極圖》焉！嘗讀《周易‧繫辭傳》，如與此圖相發明，說卦天地定位數章，即闡明此圖者也。」有關《太極圖》之傳授，《朱子發‧漢上易學》：「陳摶以先天圖授种放，三傳而至邵雍，則康節之學，實出自希夷，所演先天圖，陰陽消長，亦與此圖悉合，故有謂之太極真圖。」

既往，太原‧郭傳馨師範，曾引述杭氏辛齋之《易楔‧卷一》：「此圖流傳甚古，蘊蓄宏深，決非後人所能臆造，大抵老子西出函關，必挾書以俱行，故遺留關中，為道家之秘藏。至唐宋而後，始逐漸傳佈，要為三代以上之故物，無可疑也。惟圖象既顯分黑白，是以生兩儀，分之謂四，即成四象。分之為八，即成八卦。可謂之兩儀生四象，四象生八卦之圖。但流傳既久且遠，世俗已無人不識此為《太極圖》者，所謂習非勝是，辯弗勝辯。惟學者宜詳究其義理，因名責實而得真諦，斯源頭弗誤，自能清澈見底，弗可以習見而忽之，反為流俗所誤也。」

以上有關《太極圖》緣起，各家說法，約有數端：一者，趙氏撝謙，疑為即龍馬所負圖；二者，杭氏辛齋，確然謂三代以上之故物，決非後人所臆造；三者，來氏矣鮮，雖以為伏羲氏所畫，但卻以史家筆法，曰：「此圖為伏羲所作，世弗顯傳，或謂希夷所作，雖周子（敦頤）亦未見焉！」復云：「斯圖也，弗知畫於何人？起於何代？因其流傳之久，名為《太極圖》焉！」四者，或謂：「皆本之《參同契》，《易》之外道也。」

余就《太極圖》之古樸簡拙處觀之，諸家疑為三代故物，自弗無所見，即對圖書詆詰不遺餘力之胡朏明氏，亦弗免於其《易圖》明辯中，慨乎言之！其曰：「……，八方三畫之奇偶與白黑之質，次第相應，天工乎？人巧乎？其自然而然之妙，非竊窺陰陽之秘者，亦弗能為也。」杭氏辛齋，以為圖乃固有之物，因受當時圖館之管理員——老子，出關時攜行！所謂：「老子出函關，攜圖以俱行。」爾後，

輾轉復為儒家故物，此一令人遐思之事，亦弗無可能也。

　　蓋有關《太極圖》之涵義，來氏知德其《太極圖》論中，言之甚詳！《古太極圖》，聖人洩造化之秘，示人反身以完全，此太極也。是極也，在天地匪巨，人身匪細，古今匪遙，呼吸匪暫也。本無形象，本無聲臭，聖人弗得已而書之以圖焉！陰陽剛柔，翕閉摩盪，凡兩儀四象八卦，皆於此乎俱，而吉凶之大業生焉！即所謂：「一陰一陽之道，生生之《易》，陰陽不測之神也。」

　　惟於此圖反求之身，而洞澈無疑焉！則知吾身即天地，而上下同流，萬物一體，皆吾身所固有，而非由外鑠我者，然而有根源焉！培其根則枝葉自茂，濬其源則流沠（音孤）自長，細玩圖象，由微至著，渾闢無窮，即《易》所謂：「乾元資始，乃統天也。」何也？分陰分陽，而陰與陽之翕也；純陰純陽，而純陽即一陽之積也。一陽取於下者雖甚微，而天地生生化化變通莫測，悉由此根源之耳！況以此觀之河洛，則知《河圖》一六居下，《洛書》戴九履一，其位數生剋不齊，而一之起於下者，寧有二哉？

　　以此觀之，則《易》六十四卦始於〈乾〉，而〈乾〉初九，潛龍勿用，謂陽在下也。先天圓圖起於〈復〉者此也，橫圖〈復〉起於中者此也，方圖〈震〉起於中者此也，後天圖帝出乎〈震〉者亦此也。諸卦爻圖象弗同，莫非其變化，特其要在反身以握乎統天之元，於以完全造化與天地同悠久也。是故：天之所以為天者此也，故曰：「〈乾〉以《易》知。」地之所以為地者此也，故曰：「〈坤〉以簡能。」人之所以為人者此也，故曰：「《易》簡理得。」而成位乎其中，否則天地幾乎毀矣！況於人乎？信乎！人之一小天地，而天地人統同一太極也。以語其傳，則盡乎造化之運；以語其約，則握乎造化之樞。惟《太極圖》為然，故揭此以冠乎圖書編云。

　　英琪靜觀，來氏知德，以為天地間無論巨細、有無，乃至古今，……，與夫生生化化，變通莫測者，非但於圖中窺覽無遺，且悉以此為根源，甚至可進造化之運，此觀上節諸圖可知，茲不贅述！

《伊川擊壤集・觀易吟》：「一物其來有一身，一身還有一乾坤，能知萬物備於我，肯把三才別立根；天向一中分造化，人於心上起經綸，天人焉有兩般義，道不虛行只在人。」斯語最妙，讀者悟之！

亮師授《太極兩儀四象八卦圖》

結　論

《周易・繫辭・上傳》：「是故：《易》有太極，是生兩儀，兩儀生四象，四象生八卦。」係八卦及太極互繫之始，且亦僅於此處見之。後人欲釋八卦與太極之關係，或藉以圖，或以文字，反覆辯說，難究根柢。太極、兩儀、四象、八卦，惟除八卦外，均以臆想而難以道其形容者，無已則以黑白表陰陽，太少表四象，獨太極無以示之矣！昔人為摹此天地生化之機，弗得已而示之以圖，宜乎來知德氏之言曰：「天地之造化，其消息盈虛，本無方體，弗可得而圖也。弗可得而圖者，從而圖之，將以形容造化生生之機耳！」復云：「嘗讀《周易・繫辭》首章，若與此圖相發明。」繼曰：「說卦天地定位數章，即闡明此圖者也。」試申其說，書筆如后：

《周易・繫辭・上傳》，第一章：「天尊地卑，乾坤定矣；卑

高以陳，貴賤位矣；動靜有常，剛柔斷矣；方以類聚，物以群分，吉凶生矣！」《太極圖》，以黑白表陰陽，以陰陽表剛柔，以黑白之多寡，代表陰陽消長。就位置而言，依〈乾〉天〈坤〉地之說，〈乾〉上〈坤〉下，以示天尊地卑。復以卑高，設意貴賤，以黑白消長之序，表動靜有常及剛柔性情。太陰太陽，少陽少陰，以象群分類聚，故來氏知德，言曰：「天尊地卑，貴賤動靜，剛柔之定位也。黑白多寡，即陰陽之消長；太陰太陽，少陽少陰，群分類聚，成象成形，……，悉於此乎見也。」〈說卦傳‧第三章〉：「天地定位，山澤通氣，雷風相薄，水火不相射，八卦相錯，數往者順，知來者逆。」邵子康節曰：「天地定位一節，明伏羲八卦者，明交錯而成六十四卦也。」

《朱子語類‧卷六十五》：「〈乾〉〈坤〉定上下之位，〈坎〉〈離〉列左右之門，以象言之，天居上，地居下，〈艮〉為山，故居西北；〈兌〉為澤，故居東南；〈離〉為日，故居於東；〈坎〉為月，故居於西；〈震〉為雷，居東北；〈巽〉為風，居西南。」觀此恰成對待形態，由於此對待之相互配合，遂成八卦以至六十四卦，邵子謂先天之學。

明‧王船山《釋說卦‧四章》：「此章序伏羲則《河圖》八卦之理，而言其相錯而成章也。……，〈乾〉〈坤〉〈坎〉〈離〉，對待而相錯也；〈震〉〈巽〉〈艮〉〈兌〉，交營而相錯也。天高地下，水左行而火右行；雷風動於外，山澤成於中，自然之體也。定位者，陽居上，清剛而利於私；陰居下，柔濁而利於受，惟定其位，是以交也。通氣者，山象天之高而地氣行焉；澤體地之下，而天氣行焉；……。雷者陽之動，風者陰之動，交相馳逐也；不相射者，各止其隨而弗相侵，相侵則相息也。惟其錯，是以互成相因之用也，由八卦而六十四卦，錯可知矣！」

復云：「此言天地定位，雖據《河圖》之九五一、六十二，上下之位而言，實則一、三、五、七、九，皆天之數，二、四、六、八、十，皆地之數，則以交錯相參相錯而成乎八卦。……，故文王並建乾

坤而卦由之生；相錯者，弗離乎五十有五之中，讀者宜善通之！」王氏船山，釋此章雖謂伏羲則《河圖》而畫卦；至相錯而成章之義，則與邵子相類。惟王氏對邵子先天之說，頗不相值，且謂為學仙者之邪說。然！就王氏之言論之，似更近於《太極圖》由之說。如王氏〈乾〉、〈坤〉、〈坎〉、〈離〉，對待之相錯；〈震〉、〈巽〉、〈艮〉、〈兌〉，交營而相錯；天高地下，水左行而火右行，均與圖黑白相侔。所謂：「自然之體。」

　　明·來氏知德，曰：「相錯者，陽與陰相對待，一陰對一陽，二陰對二陽，三陰對三陽也。故一與八錯，二與七錯，三與六錯，四與五錯，八卦不相錯，則陰陽不相對，非《易》也。」王氏復曰：「惟其定位，是以交也。山象天之高，而地氣行焉；澤體地之下，而天氣行焉！」此二語係就〈艮〉☶、〈兌〉☱卦象而言，然亦暗合於圖，「雷者陽之動，風者陰之動，交相逐馳也」與「圖東北陽生陰下，於是乎畫〈震〉，西南陰生陽下，於是乎畫〈巽〉」，義亦相若，了無牽強扭合之病。來氏知德，瞿塘先達，謂為「說卦天地定位數章，即在闡明此圖」，雖弗敢謂其確然如此，然天地定位數章之與圖義相表裡，則似無可置疑者。宜乎來氏之言曰：「以卦象觀之，〈乾〉〈坤〉定位上下，〈坎〉〈離〉並列東西，〈震〉〈巽〉〈艮〉〈兌〉，隨陰陽之升降，而佈於四隅，八卦不其畢俱乎？」

　　復曰：「太極兩儀，四象八卦，吉凶大業，雖畢見於圖中，而其所以生生者莫之見焉！其實陰陽由微至著，循環無端，即其生生之機也。」其由微至著，循環無端，生生之機，示之以圖，乃易形容耳！來氏書載，先天畫卦圖，謂圖有太極、兩儀、四象、八卦，合而為一，分而為二，陽儀在左，陰儀在右。二分為四：右上少陽，下太陰；左上太陽，下少陰。四分為二：〈乾〉南〈坤〉北，〈離〉東〈坎〉西，〈震〉〈巽〉〈兌〉〈艮〉，居於四隅，皆自然而然，不假一毫人力者也。吾人於箇中，得窺卦畫之消息。亮師所授繪表，茲附其圖如后：

亮師授《先天畫卦圖》

夫太極之說，本陰陽未分之混沌元氣，萬物生成之本源也，其受讚譽：「天下第一圖。」靜觀圖形，彷彿黑白兩魚互纏成體，旋稱：「陰陽魚・《太極圖》。」古今中外涉中國傳統文化之幾乎所有標誌或場合，咸弗約而同，竟能覩此徽章之圖案。此張享有極高知名度之《太極圖》，古稱：「先天圖。」有謂：「先天自然河圖。」或曰：「先天自然之圖。」明代《易》學大師・來知德（瞿塘），堪稱解讀《太極圖》權威代表之一。來氏親撰《太極・美圓歌》：「我有一丸，黑白相合，雖是兩分，還是一箇；大之莫載，小之莫破，無始無終，無右無左。」

古人對《陰陽魚・太極圖》之釋義，均立足於陰陽之消長往復，並藉此推及一年節氣、一日氣象之述。蓋《陰陽魚・太極圖》，係宇宙世界對立雙方玄奧暨循環往復之規律圖，亮師簡以述之耳！是故，透過《太極圖》學說，闡釋經由圓形中陰陽兩點，黑白相間之圖文，產生各半交互之形，道盡萬物從無極至太極，延伸到物類化生之過程，體現事物間運行基本屬性與現象，例如：陰陽特性，陰陽對立，陰陽消長，陰陽轉化等，臻於後人廣泛應用，堪稱玄妙無窮焉！

五、《周易》構成爻卦之介紹

何謂:「爻?」東漢・許慎《說文解字》:「爻,交也,象《易》六爻頭交也;爻也者,效天下之動者也。」《周易・繫辭・上傳》:「爻者,言乎變者也。」又爻,乃八卦上之橫線,呈現全線之「—」,稱為「陽爻」,斷開之兩段線「--」,係為「陰爻」。其每三爻合成一卦,每一重卦,皆含有六畫,乃得「六爻」,共八卦;再二卦相重可得六十四卦。〈繫辭・上傳〉:「六爻之動,三極之道也。」

戰國・莊周《莊子・天下》:「《詩》以道志,《書》以道事,《禮》以道行,《樂》以道和,《易》以道陰陽,《春秋》以道名分。其數散於天下而設於中國者,百家之學時或稱而道之。」故陰陽乃《周易》之核心,並依此產生無窮之演變,以道天地萬物之學說,顯露事物之運作規則。

〈繫辭・上傳・十一章〉:「《易》有太極,是生兩儀,兩儀生四象,四象生八卦。」其「兩儀」乃指天地,亦是陰陽二爻。其何謂:「四象?」唐・孔穎達《周易正義》:「兩儀生四象者,謂金、木、水、火。」《周易・繫辭・上傳》:「兩儀生四象,四象生八卦。」次則,「四象」,亦指春、夏、秋、冬,體現於卦象,顯示少陽、老陽、少陰、老陰。即是從陽爻「—」與陰爻「--」,構成爻基本要素之符號,二爻組合而成,三爻成卦,再演變出四象,以象徵宇宙結構及諸事之變化。

亮師授《太極兩儀四象八卦圖》

　　太極者，陰陽之體也。本無極而太極，動而生陽，靜而生陰，陽為陽儀，陰為陰儀，儀者統議三才萬物之陰陽也。陽列左者，左為陽也；陰列右者，右為陰也。陽儀一動而生陽，為太陽，一靜而生陰為少陰；陰儀一動而生陽，為少陽，一靜而生陰為太陰，此太極生兩儀，兩儀生四象也。四象生八卦者，由太陽一動而生老陽，太陽一靜而生小陰；少陰一動而生中陽，少陰一靜而生太陰；少陽一動而生大陽，少陽一靜而生中陰，太陰一動而生小陽，太陰一靜而生老陰，此乃四陽四陰先天之卦象也。〈乾〉得陽儀下，太陽中，老陽上，三爻純陽，以成乾三連也。〈坤〉得陰儀下，太陰中，老陰上，三爻純陰，以成坤六斷也。

　　〈震〉得陽儀下，少陰中，大陰上，得下爻陽，中上二爻陰，以成震仰盂也。〈巽〉得陰儀下，少陽中，大陽上，得下爻一陰，中上二爻陽，以成巽下斷也。〈坎〉得陰儀下，少陽中，中陰上，得上下二爻陰，中一爻陽，以成坎中滿也。〈離〉得陽儀下，少陰中，中陽上，得上下二爻陽，中一爻陰，以成離中虛也。〈艮〉得陰儀下，太陰中，小陽上，得中下兩爻陰，上一爻陽，以成艮覆碗也。〈兌〉得陽儀下，太陽中，小陰上，得中下兩爻陽，上一爻陰，成兌上缺也。以成乾一，兌二，離三，震四，巽五，坎六，艮七，坤八，八卦體象由此之成也。

　　南宋・朱熹《朱子語類・卷一三七・戰國漢唐諸子》：「《易》中僅有陰陽奇耦，便有「四象」：如春為少陽，夏為老陽，秋為少陰，冬為老陰。」《周易・繫辭・上傳》：「是故《易》有太極，是生兩儀，兩儀生四象，四象生八卦。」斯八卦乃由陰爻與陽爻，兩個符號組成之三畫，並排列成卦，以數學演算，二之三次方得八，六次方係為六十四。《周易》八卦分別：〈乾〉（☰）、〈兌〉（☱）、〈離〉（☲）、〈震〉（☳）、〈巽〉（☴）、〈坎〉（☵）、〈艮〉（☶）、〈坤〉（☷）。

　　《太平御覽・卷九・天部・風》引王子年《拾遺記》：「伏羲坐於方壇之上，聽八風之氣，乃畫八卦。」並載入南宋・朱熹《周易本義》之《八卦取象歌》之口訣，臻於學習者記憶，知悉卦象：
「（☰）乾三連，（☷）坤六斷；（☳）震仰盂，（☶）艮覆碗；
　（☲）離中虛，（☵）坎中滿；（☱）兌上缺，（☴）巽下斷。」
　　旋而，關於〈八卦〉圖畫之卦說，援筆摘入吳師慕亮著《周易通鑑・河洛篇》，便於讀者對照、熟識，與占卜應用，詳述參照如下說明。

南宋・朱熹《八卦取象歌》

☰	☷	☳	☶	☲	☵	☱	☴
乾	坤	震	艮	離	坎	兌	巽
三連	六斷	仰盂	覆碗	中虛	中滿	上缺	下斷
（天）	（地）	（雷）	（山）	（火）	（水）	（澤）	（風）

乾三連者，純陽；其性剛而健，故曰：「大哉乾元。」

坤六斷者，純陰；其性柔而順，故曰：「至哉坤元。」

震仰盂者，乃一陽起於二陰之下，其性動也。

艮覆碗者，乃一陽起於二陰之上，其性止也。

離中虛者，乃一陰涵於二陽之中，其性麗也。

坎中滿者，乃一陽困於二陰之內，其性陷也。

兌上缺者，乃一陰處於二陽之上，其性溫也。

巽下斷者，乃一陰伏於二陽之下，其性入也。

復次，圖畫卦之說，以江氏慎修析論略詳，其《河圖精蘊・卷一》，載曰：「相傳《河圖》出於伏犧之世，則聖人之作《易》也，必於《河圖》為最先。」江氏則圖畫卦之論，仍以兩儀、四象相推演。江氏以為《河圖》之數橫列者為陽儀，縱列者為陰儀；由兩儀以生四象，四象生八卦，試申其說如下：

江氏曰：「愚謂《河圖》之數，水北火南，木東金西，乃先天函後天之位，而其所以成先天八卦者。乃是析圖之九、四、三、八，以當〈乾〉、〈兌〉、〈離〉、〈震〉之陽儀；分圖之二、七、六、一，以當〈巽〉、〈坎〉、〈艮〉、〈坤〉之陰儀。

序列既定，然後中判，規而圓之，〈乾〉、〈兌〉、〈離〉、〈震〉居左，則九、四、三、八亦居左；〈巽〉、〈坎〉、〈艮〉、〈坤〉居右，二、七、六、一亦居右。適與《洛書》八方兩相符焉！此圖書卦畫，所以有相為經緯，相為表理之妙也。」

江氏直剖圖之九、四、三、八為陽儀，以當〈乾〉、〈兌〉、〈離〉、〈震〉；二、七、六、一為陰儀，以當〈巽〉、〈坎〉、〈艮〉、〈坤〉。則〈乾〉、〈兌〉、〈離〉、〈震〉，當數之九、四、三、八，〈巽〉、〈坎〉、〈艮〉、〈坤〉，當數之二、七、六、一。證諸〈八卦〉圓圖與《洛書》方位而悉符，至何以九、四、

三、八，以當陽儀？二、七、六、一，以當陰儀？江氏慎修，以為陰陽之類不一：

一者，有以奇偶分陰陽者，天數五，地數五是也。二者，有以生數成數分陰陽者，一、二、三、四，其卦為〈坤〉、〈巽〉、〈離〉、〈兌〉；六、七、八、九，其卦為〈艮〉、〈坎〉、〈震〉、〈乾〉是也。三者，有以縱橫分陰陽者，九、四、三、八，橫列者為陽，其卦為〈乾〉、〈兌〉、〈離〉、〈震〉；二、七、六、一，縱列者為陰，其卦為〈巽〉、〈坎〉、〈艮〉、〈坤〉是也。

聖人則圖畫卦，即是以縱橫分陰陽為主，其為橫圖則橫列者居前，縱列者居後，為圓圖，則橫列者居左，縱列者居右，是謂「兩儀」。亦即〈乾〉、〈兌〉、〈離〉、〈震〉之下一畫為陽，〈巽〉、〈坎〉、〈艮〉、〈坤〉之下一畫為陰。一儀分為二，則生「四象」；一儀分為四，則生「八卦」。

如此，則〈乾〉、〈兌〉、〈離〉、〈震〉之下一畫可連為一陽，〈巽〉、〈坎〉、〈艮〉、〈坤〉之下一畫，可連為一陰，非但八卦如此，即六十四卦亦然！左邊三十二卦之下一畫，可連為一陽；右邊三十二卦之下一畫，可連為一陰。《程氏易傳》，《朱子本義》之伏羲六十四卦圖，可參究下圖表。

江氏慎修，以為伏羲則圖畫卦，乃是變圖之圓點以為橫畫而成，其次序是：「先畫一橫以象陽，則西東之橫數九、四、三、八，在其中矣；次畫一耦以象陰，則南北之縱數二、七、六、一，在其中矣。

奇上加奇以象太陽，則九、四在其中矣；奇上加耦以象少陰，則三、八在其中矣；耦上加奇以象少陽，則二七在其中矣；耦上加耦以象太陰，則六一在其中矣！」觀其所謂闡述，則兩儀生四象也。

四象之位，太陽居一，少陰居二，少陽居三，太陰居四，此一、二、三、四，由中宮之五、十而生，隱藏於四方八數之中，非即圖之一、二、三、四之位也。蓋太陽居一，係藏於西方之九、四（十減九為一，五減四為一），九為太陽，而四亦為太陽。

少陰居二，係藏於東方之三八（十減八為二，五減三為二），八為少陰，三亦為少陰；少陽居三，係藏於南方之二七（十減七為三，五減二為三），七為少陽，二亦為少陽；太陰居四，係藏於北方之六一（十減六為四，五減一為四），六為太陰，一亦為太陰。此與朱

子晦翁，分位與數為二者有別。

何以〈乾〉為九，〈兌〉為四，〈離〉為三，〈震〉為八？江氏慎修，以為：太陽之上加一奇，為純陽，九為成數之最多當之，命之曰〈乾〉；太陽之上加一耦，以耦為主，為陰卦，四為生數之最多當之，命之曰〈兌〉。

少陰之上加一奇，以中畫之耦為主，陰卦也，三為生數之次多當之，命之曰〈離〉；少陰之上加一耦，以下畫之陽為主，陽卦也，八為成數之次多當之，命之曰〈震〉，是為陽儀之四卦，以其下畫皆陽故也。

至於〈巽〉、〈坎〉、〈艮〉、〈坤〉之二、七、六、一，其理同上。少陽之上加一奇，以下畫之耦為主，屬陰卦，二為生數之次少當之，命之曰〈巽〉；少陽之上加一耦，以中畫之陽為主，七為成數之次少當之，命之曰〈坎〉。

太陰之上加一奇，以奇為主，屬陽卦，六為成數之最少當之，命之曰〈艮〉；太陰之上加一耦，純陰也，一為生數之最少當之，命之曰〈坤〉。此為陰儀之四卦，以其下畫皆陰故也。

以成數之九、八、七、六，以當〈乾〉、〈震〉、〈坎〉、〈艮〉，生數之四、三、二、一，以當〈兌〉、〈離〉、〈巽〉、〈坤〉。江氏以為九為成數之最多者，故以當純陽，次多者以當少陰，少陽，……，一為生數之最少者，故以當純陰，次少者以當太陽，少陰……。於是：太陽內涵有九、四，亦即九、四相合為太陽；少陰內涵有三、八，亦即三、八相合為少陰；少陽內涵有二、七，亦即二、七相合為少陽；太陰內涵有六、一，亦即六、一相合為太陰。

此非但與《河圖》之位數相合，證之〈八卦〉橫圖亦合，其於〈洛書〉之數亦然。〈八卦〉橫圖，一〈乾〉、二〈兌〉、三〈離〉、四〈震〉、五〈巽〉、六〈坎〉、七〈艮〉、八〈坤〉。〈乾〉為九，〈坤〉為一，〈乾〉〈坤〉對合而為十；其餘〈兌〉〈艮〉，〈離〉〈坎〉，〈震〉〈巽〉，亦皆對合而為十，所謂則圖畫卦者此也。

江氏慎修，《河洛精蘊‧卷一》：「……，是以天啟其心，變點為畫，自有若合符節之妙，及橫圖即成，中判為二，規而圓之，以象天地之奠定，氣化之運行。則陽儀居左，為〈乾〉、〈兌〉、〈離〉、〈震〉；陰儀居右，為〈巽〉、〈坎〉、〈艮〉、〈坤〉。

以八類象之：天地對於上下，水火對於西東，雷風對於東北西南，山澤對於西北東南，以成天地之體象。

　　若以數觀之，〈乾〉父、〈坤〉母當九一，〈震〉長男、〈巽〉長女當八二，〈坎〉中男、〈離〉中女當七三，〈艮〉少男、〈兌〉少女當六四，數與卦自相配，而《洛書》八方之位，正與先天八卦相符。故今分為兩圖，一為則《河圖》以畫卦，一為《洛書》以列卦，而畫卦之序，即附於《河圖》之下，列卦之位，即見於洛書之中。昔也離之，今也合之，昔也圖弗能與書通，卦弗能與數合；今則有繩貫絲聯，操券符契之妙，是為《河洛》之精義。先儒欲發明之，而未昭晰者，弗可不為之補苴而張皇也。」亮師授我之法，特以爰錄，茲附圖卦及河洛如後：

亮師授《周易》之圖與卦

聖人則河圖畫卦圖

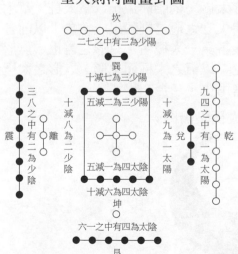

聖人則洛書列卦圖

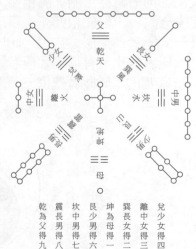

　　復次，何謂：「太極？」「太極」者，乃天地混沌未分前，稱之「太極」。《周易・繫辭・上傳》：「《易》有太極，是生兩儀。」三國・曹植《文選・七啟》：「夫太極之初，渾沌未分，萬物紛錯，

與道俱隆。」以及東漢・鄭玄:「太極為極中之道,淳和未分之氣。」唐・大儒孔穎達:「太極謂天地未分之前,元氣混而為一,即是太初、太一也。」次考,吳師慕亮著《周易通鑑》,讚曰:「太極全圖定理詳,宜將二項擬陰陽,乘方所指方圓積,系數相加數定當;不盡往來源闔闢,無窮蘊化本柔剛,卦爻始畫唯奇偶,萬象紛陳滿大荒。」

慕亮按:太者,最大之稱;極者,至極之義。無極一動而生陽,陽極一靜,靜而生陰,無極本無動靜,動靜者氣機也。氣機一動則無極亦動,氣機一靜則無極亦靜,有此一動一靜,則有此一陰一陽,有此一陰一陽。無極而太極,天理之尊號,上天之載,無聲無臭,而實造化之樞紐,品彙之根柢也。以為在無物之前,而未嘗不立有物之後;以為在五行之外,而未嘗不居五行之中也。

故天有太極,曰:「北辰。」地有太極,曰:「須彌。」日有太極,曰:「金烏。」月有太極,曰:「玉兔。」星有太極,曰:「紫微。」人有太極,曰:「命宮。」至於胎、卵、濕、化各物,均有太極,曰:「黃庭。」草木有太極,曰:「節椏。」穀果有太極,曰:「萌芽。」三才萬物,各具一太極也。

天弗失守太極,則天常覆;地弗失守太極,則地常載;人弗失守太極,則命常存,胎卵濕化弗失守太極,則胎卵濕化以修人身;草木弗失守太極,則兜根弗死;穀果弗失守太極,則穀果成熟矣!以前各具一太極者,無形之言也,此以後各具一太極者,有形之言也。無形之太極者氣也,有形之太極者質也;以氣之太極而生形,以形之太極而涵氣者也。無極者體也,太極者用也,二合一也。

亮師授《太極陰陽圖》

以相理對推迴演旋

世反傳復其成半全

故《太極圖》顯現天地、大自然一切生物之運轉,圓中呈左右互旋,黑白交換之狀,白為陽,黑為陰,陰陽二氣運行,生則為陽,消則為陰,彼此消長平衡,相滅相生,循環不息之理焉!

　　夫《周易‧繫辭‧上傳》：「爻者，言乎變者也。」其爻所處位置、名稱為何？乃卦中之每一爻，爻與爻相互之關係，呈現《周易》之四象：實象、假象、義象、用象。每爻之走向，乃由下往上數，依序第一爻，稱「初爻」，第二爻為「二爻」，第三爻是「三爻」，第四爻稱「四爻」，第五爻稱「五爻」，第六爻則稱「上爻」，呈現之次序，總稱為爻位。又每卦爻亦各自代表天、人、地。初爻、二爻居最底層，為「地」，三爻、四爻，係「人」，五爻、上爻，則為「天」；天、地、人，謂之「三才。」《周易‧說卦傳》：「立天之道曰陰與陽，立地之道曰柔與剛，立人之道曰仁與義，兼三才而兩之，故易六畫而成。」西晉‧潘岳《文選‧西征賦》：「寥廓惚恍，化一氣而甄三才，此三才者，天地人道。」亦稱之「三極」。

　　然則，卦之六爻也有分陰與陽之性，陽爻稱「九」，陰爻稱「六」，初、三、五爻是「陽位」，為奇；二、四、上爻是「陰位」，為偶；陰陽各得其位，方稱「當位」，表示居適當位置，力量較穩固。假使陰爻居陽位，陽爻居陰位，則失位，稱之「不當位」，顯示本身變動性高，需做全面考量，並加以導之以正。次之，每卦六爻之中，第二爻居下卦之中位，為「六二」，第五爻處上卦之中位，為「九五」，各得其所，謂之「中正」，體現完善之象徵。

　　復次，爻與爻之間關係變化，稱之「乘、承、比、應」。其「乘」，上對下，稱之「乘」，下對上，謂之「承」。故諸凡卦體中陰爻居陽爻之下，形成下弱上剛，順承拱尊之兆，此陰爻則符合「承」，顯現狀態則為吉，行事有利焉！其「比」者，指卦體中是相鄰，為鄰居之兩爻，稱之「比」，卦體除了初爻、上爻外，每卦之中間四爻，乃與上下之爻形成兩對「比」之關係，亦象徵事物在其中透露之各種情勢；倘若二爻陰陽相鄰之特性有異，則為「親比」。次之，每卦均有上下兩卦及下、中、上三爻，初爻與四爻，二爻和五爻，三爻與上爻，各自同位，彼此兩兩對應牽連，則謂之「應」；假使陰爻、陽爻相遇，能相輔相成，即得「有應」或「正應」，乃象徵時運亨通之兆；如陽爻與陽爻，陰爻和陰爻相同，乃「無應」，則毋法給予助力或分歧相背，產生互損之結果。

　　惟卦體亦有分：內卦（下卦，一至三爻）、外卦（上卦，四至六爻），其爻中間上面之三爻（三、四、五）、下面之三爻（二、三、四），又可再重組成兩卦，稱之為「互卦」。例如：〈需〉卦（䷄），乾下坎上，下三爻（二、三、四），構成互卦為〈兌〉卦，上三爻（三、四、五），形成互卦為〈離〉卦。故一卦便含概有下卦、上卦與互卦，宛如相互組成一个有系統之生命能量脈絡，反映卦本身蘊藏著之內涵，從中可悉知宇宙與萬物、人事運行之連結，關係密不可分。《周易・繫辭・下傳》：「爻也者，效此者也；象也者，像此者也。爻象動乎內，吉凶見乎外。」

　　惟六爻之中未有交錯者，謂之「消息卦」，「消」乃減退，「息」則是滋長，呈現卦氣之消長之變，源自西漢・孟喜《卦氣》，稱之「十二月卦」或「十二辟卦」，並揭示一年之中十二節氣的微妙變化。次考，吳師慕亮著《周易通鑑》，詳述「十二辟卦」之體用，捃集篇章，得以窮根究底，元亨利貞！

亮師授《十二辟卦》圖表

　　英琪考：《華山玄秘》希夷聖者，假以《紫微斗數》之命盤結構，乃依據〈八卦〉方位，及其天干地支演繹而成，如上圖之表。

　　十天干及十二地支之佈列，藉以〈太極〉為生元之炁，內納日月星辰，復配〈十二辟卦〉；以象一元十二會，一會三十運，一運十二世，一世三十年，一年十二月，一月三十日，一日十二時，萬物盡包其中矣（詳見本書之皇極篇）！旋吉凶悔吝，窮通及榮枯，必瞭若指掌，妙識玄機也。

　　蓋太極之先，本為無極，鴻濛一炁，混然弗分，故無極為太極之母，即天地萬物之機也。二炁分天地判，始為太極，太極者，無極而生，動靜之機，陰陽之母；動則分，靜則合，陰陽二者，相互消長，共輔而成（讀者敬請詳見，吳師慕亮著《華山希夷飛星棋譜秘傳》上下兩冊，台北・大元書局發行）。

　　夫《易經》十二辟卦體用，係《紫微斗數》，十二宮位排列。十二辟卦，又名：「十二消息卦。」陽息卦由〈復〉而〈臨〉、而〈泰〉、而〈大壯〉、而〈夬〉，以至於〈乾〉；陰息卦由〈姤〉而〈遯〉、而〈否〉、而〈觀〉、而〈剝〉，以至於〈坤〉。故消息之卦，凡十有二，十二卦配十二月。《三國・虞翻》：「變通趣時，謂十二消息也。〈泰〉、〈大壯〉、〈夬〉，配春（科）；〈乾〉、〈姤〉、〈遯〉，配夏（權）；〈否〉、〈觀〉、〈剝〉，配秋（祿）；〈坤〉、〈復〉、〈臨〉，配冬（忌）。」亮師授英琪，筆者才智淺陋，斗膽梳理，註釋如後；博雅君子，鴻儒碩士，企盼斧正，以匡不逮！

　　☷☷〈復〉卦十一月，冬至後，一陽生於子，是時也。萬物有萌動之機，天數弗可過多，地數不可有餘，若陽始生而過多；或又至於太過之極，在人必有傾敗橫夭毀折之患，所謂一行冬令是也。一陽既生，陽當盛於陰，而猶有不足之數，如四五以下者，失之於弱，在人亦豈有健成之理，厚發之福乎？惟有得中，則弗失乎天地致中和之氣，其人必處逸樂之中，居崇高之位矣！始生之陽，有得八九以至十一、十二者為佳；至於八為盛，十九至二十五為熾。學者當以時而觀乎動靜，則吉凶悔吝，自莫能逃耳！

▤ 〈臨〉卦十二月,二陽生於丑,二陽既生之時,萬物以榮於內,而未洩於外;內實外虛,內榮外辱,藏蟄者翻身,屈伏者少振。陽氣漸健,而陰氣內充,故土內虛而外堅;水氣上騰,故污濁在下,澄清在上,視之而不見,當此之時,陽氣豈可稀之,亦弗可滿之也。陽數稍盛,陰數稍弱,若卦中陽爻多,又見太盛。其過於二十五數以上者,在人雖吉,終必有禍;雖貴顯,終難永於壽年;雖安逸,終難免於危厲。惟其得中,乃屬順時序之宜也!

▤ 〈泰〉卦正月,三陽出於寅,三陽至而泰道成。小往大來,上下交通,草木甲坼,氣清爽朗。當此之時,陽數豈可弗足,宜健以敵於陰;若陰數多,陽數少,而又所得之數,僅有十二、十四、十六、十八者,則合成卦位。若爻於陰,則失之於太弱,在人必為時所合;或居貴賤,或遭夭橫,或為僧道,富豈能安?貴豈能久?惟陽數無不及太過之愆,則貴顯清高,豐飫充實,其人必非下流矣!若其數又過於二十五數以上者,而或相倍蓰者,則又失之於過高,其人必屬驕亢傲奢,剛畏淫慾,好勇鬪狠,亦未為善也。如值陰數盛旺,必有春寒之兆,百作俱遲;東風解凍之候,尚陰多而陽少,非春寒乎!

▤ 〈大壯〉卦二月,四陽生於卯,四陽爻曰壯,帝出乎震之時也。仲春之時,氣象暄和,萬物榮華,芳菲巧麗,雷霆電輝;蟄藏者出,屈伏者伸。陽氣壯甚,陰道消殞,仁風暢達之日也;天地發生之候,陰數弗宜乎多,陽數弗宜乎少,惟得中為宜。然,中庸之道,世人難行。得中者,數莫過於九數、十數之下,亦莫過二十五之餘;不及者九數、十數而止矣!太過越乎二十之餘,至二十五、三十,以上是也。春行夏令,必致大旱,酷氣前至,蟲螟為害;得此之數,當榮弗吉而終凶。先須富貴升達,後必名辱德喪,而有非妄之禍;不及者,陰寒尚多,春行冬令,時物必乖而有傷,始發虛華而不實。古云:「表裏不一,自欺欺人。」人生居此,吉未成而凶已就,事未合而毀已隨;如春和有悅,而和氣勿奪,爻位更佳,辭理居體。更言則富貴榮華,才高業廣,六親有情,萬事和睦;天地至祥之氣數乎,此所以得中之為貴也!

☰☱〈夬〉卦三月，五陽生於辰，五陽既生，則精氣勇決，英結實成。陰道消而陽道長，君子眾而小人獨，當此之時，陽數雖多，弗為太過；若陰數過多敵陽，必至傷氣損時，終無久慶之理。苟於此而陽數有不及之偏，亦非應時合節，其為人不拘士民，皆無成矣！且爻位卦體，值此時者，應當謙卑，弗可援此以自負。蓋陽數既不及，又居陰爻，是君子居於小人之列，名利俱損，非君子之數。必至寒暄相紊，成敗相兼，戰敵交爭，非時所利，貧賤困窮，不必言矣！惟陰少陽多，與時偕行，未有不悅者也；更卦爻吉，體理安和，主人聰明，貴顯無疑！

☰☰〈乾〉卦四月，六陽生於巳，乃純陽之月。當此之時，陽數雖多，弗宜太過，天行健也。得健之數，何弗利之有，苟所得之數，既已合宜。又復得位當權，有援弗屈，其辭凶而理卻吉，弗知為富貴利名之人。若更辭吉理長，則是特達高明，斡旋大順之賢士，經邦濟世之哲人，豈庸常而已哉！于此而陽數，或有不及，是失之懦弱，萬事必難成矣！如陽數太過而成卦，名位反勝陽者，又為強梁鯨配之徒，更理凶而體惡，必反戮斬逆之賊也。陽數至此，雖是可盛，卻於立夏、小滿前可也。如芒種之後，則太亢非宜，雖辭理吉佳，則富豈能久，貴豈可長矣！蓋陽極而陰將生，苟弗知幾，而災患豈能免乎！

☰☴〈姤〉卦五月，夏至一陰生，於午後太陽纏度，即成初刻。陰氣在下漸長，卦名曰：「姤。」（天風姤）陽道漸消，陰道日長，萬物實收，無復有再榮之理。天道左旋，地道右轉；陽氣已逆，陰氣自順；陰陽至此，分奪造化。君子於此，平心息氣，以順天氣，自然安定。當此之時，陽數弗可過多，陰數豈可太盛；如陰道盛而成卦，爻辭名理亦欠吉。則必男孤女寡，九族離散，終身困窮，必是輕薄羣小之人。以陰數而弗至太過，使陽數而自來援陰，謂二十五之外，餘偶者，必是富貴節要之賢人。若爻位理辭更吉，此尤佳也，必是榮顯崇高之名臣。大概陽數無有餘弗足之患，得其中者為貴也！

䷠〈遯〉卦六月，二陰生於未，二陰既長，溫風盛熱，腐草為螢，陽道遯匿，故為遯卦之令。君子於此，當迴避潛隱，庶可避咎；若縱其奔逐，居其前轍，則悔吝之難免矣！蓋逆天地之常，豈有安定之理乎！生於此際，而值此卦，若陽數少而陰數得中，又成卦爻，理體咸得其宜；則百為遂意，萬事稱心，必為公卿大夫之流。其爻位雖凶，亦弗失為豐衣足食之人也。倘陰數太過，而爻位又不得其當，則必是貧窮困苦，賤惡兇險之徒矣！蓋三陰方長之時，未可太盛故也。

䷋〈否〉卦七月，三陰生於申，三陰既長，否道方成。天地無交，萬物蕭索，上下難和，志氣滯通；其道乃窮，君子弗可榮於祿。當此之時，陽數豈可盛旺，陰數須多，盛亦欠佳；使過於陽，須得其宜，則必為富貴顯達之士。若陰數反弱，弗及於陽，又兼卦體辭，咸弗能勝於陽；則屬貧賤夭折，鰥寡孤獨之徒，終身禍難災尤，豈能免乎！《老子・道德經》，書曰：「持而盈之，不如其已。揣而銳之，不可長保。金玉滿堂，莫之能守。富貴而驕，自遺其咎。功遂身退，天之道也。」

䷓〈觀〉卦八月，四陰生於酉，四陰既長，是名觀卦。觀其徵也，乃求為之象，故酉屬兌，而屬蕭殺之時。晝夜平均，雷收聲，蟄藏戶，陽日衰；陰日長而漸盛，百物收斂，草木黃落，水將枯涸。當此之時，陰數須當隆盛，弗宜太多也，使陽數多而陰數少，則是秋行夏令，蟄蟲弗藏，五穀難結。得此數者，必至乍富乍貧，時發時毀。兼以卦爻理體，又未得其當，則其凶敗，必難能救矣！使陰數多而陽數少，則為順時適宜，五穀登而萬物實。得此數者，必屬顯達豐隆，富貴榮華。兼以卦爻理體，又得其宜，則吉祥弗可勝言矣！然陰須當盛旺，終莫過於陽也；若無見機而求大盛，則其為陰之福，又豈能長乎！

䷖〈剝〉卦九月，五陰生於戌。五陰長而陽剝蕩，鴻雁來而玄鳥去，雀入水化而為蛤；天地閉塞，霜降水涸，物實歸根。當此之時，是謂老陰之地，陰數莫應不足，陽數莫應盛筵；而陰數反難彰，

則是令行失時而陰生，人必屬萎靡乏振，豈能有為之哉！其陽生人，必至妄行取困，行險僥倖，乍富乍貧，或作或廢；兼以卦爻理體俱失，則凶害豈可勝計矣！俟陰數多而陽數少，則是時序順佈，其在人無拘，陰命陽命，皆獲其福。藏則豐富，顯必屬公卿大夫；兼以卦爻，理體俱吉，吉祥亨通，豈可勝計矣！且微陽與陰為援，亦最清吉，若陰盛反援於陽，斯是苟容妄倚，似非正理。有此數者，必屬鼠竊狗偷，兇徒惡隸之輩。應須陰陽之數得中為貴，否則孤陰豈自立也！

▤▤〈坤〉卦十月，六陰生於亥，六陰既長，乃純陰之時，肅殺之氣至，此陰之極也。陰氣成冰，蟄蟲弗食，虹藏無見，雉入水而為蜃，天地弗通，陰陽閉塞。當此之際，陰數雖多，弗為太過，使陽數過於陰，又居陽爻，辭凶理短者；必屬淺薄失時之人，終遭其災殃，百為皆弗利矣！使陰數多於陽，又居陰爻，辭吉理當者，必屬貴顯馳名之人，終成其事業，凡謀無弗遂。然數之隆盛，貴仕裨助，惟宜立冬後，小雪前可也。若大雪後，冬至將臨，陰數過盛，甚非所宜。何也？蓋陰數至此，勢力極盛，陰極而陽將生，當有戰爭傷血之咎，須宜得中，切莫太過，學者宜深明也！

英琪按：聖人測度，陰陽四時，無弗合令中時者，惟大《易》河洛而已。且無遭秦火之禍，而簡編獨存者，乃天之所致，非人之所能也。其吉凶悔吝，靜動得失，貧富壽夭，窮通利鈍，非聖賢之人，其孰能之！故學者慎勿輕洩，必須得其人而後傳，否則獲罪於天，豈能免乎！〈繫辭・下傳〉：「《易》之為書也，原始要終以為質也。六爻相雜，唯其時物也。」《華山玄祕》，12宮盤，淵源《易經》，十二辟卦，既往亮師授我，筆者捲袖燈前，斗膽聊作註釋。

正月建寅 －－〈泰〉卦

月令孟春，東漢・鄭玄，〈注〉曰：「孟春者，日月會於陬訾，而斗建寅之辰也。正月，三陽之月；泰，三陽之卦，故以配之。」《紫微斗數》陽者：福德宮；陰者：夫妻宮，而居其位矣！

二月建卯——〈大壯〉卦

月令仲春，東漢‧鄭玄，〈注〉曰：「仲春者，日月會於降婁，而斗建卯之辰也。二月，四陽之月；大壯，四陽之卦，故以配之。」《紫微斗數》陽者：田宅宮；陰者：子女宮，而居其位矣！

三月建辰——〈夬〉卦

月令季春，東漢‧鄭玄，〈注〉曰：「季春者，日月會於大梁，而斗建辰之辰也。三月，五陽之月；夬，五陽之卦，故以配之。」《紫微斗數》陽者：事業宮；陰者：財帛宮，而居其位矣！

四月建巳——〈乾〉卦

月令孟夏，東漢‧鄭玄，〈注〉曰：「孟夏者，日月會於實沉，而斗建巳之辰也。四月，純陽之月；乾，純陽之卦，故以配之。」《紫微斗數》陽者：交友宮；陰者：疾厄宮，而居其位矣！

五月建午——〈姤〉卦

月令仲夏，東漢‧鄭玄，〈注〉曰：「仲夏者，日月會於鶉首，而斗建午之辰也。夏至，一陰始生；姤，一陰之卦，故以配之。」《紫微斗數》陽者：遷移宮；陰者：遷移宮，而居其位矣！

六月建未——〈遯〉卦

月令季夏，東漢‧鄭玄，〈注〉曰：「季夏者，日月會於鶉火，而斗建未之辰也。六月，二陰之月；遯，二陰之卦，故以配之。」《紫微斗數》陽者：疾厄宮；陰者：交友宮，而居其位矣！

七月建申——〈否〉卦

月令孟秋，東漢‧鄭玄，〈注〉曰：「孟秋者，日月會於鶉尾，而斗建申之辰也。七月，三陰之月；否，三陰之卦，故以配之。」《紫微斗數》陽者：財帛宮；陰者：事業宮，而居其位矣！

八月建酉 ‒‒〈觀〉卦

月令仲秋，東漢・鄭玄，〈注〉曰：「仲秋者，日月會於壽星，而斗建酉之辰也。八月，四陰之月；觀，四陰之卦，故以配之。」《紫微斗數》陽者：子女宮；陰者：田宅宮，而居其位矣！

九月建戌 ‒‒〈剝〉卦

月令季秋，東漢・鄭玄，〈注〉曰：「季秋者，日月會於大火，而斗建戌之辰也。九月，五陰之月；剝，五陰之卦，故以配之。」《紫微斗數》陽者：夫妻宮；陰者：福德宮，而居其位矣！

十月建亥 ‒‒〈坤〉卦

月令孟冬，東漢・鄭玄，〈注〉曰：「孟冬者，日月會於析木，而斗建亥之辰也。十月，純陰之月；坤，純陰之卦，故以配之。」《紫微斗數》陽者：兄弟宮；陰者：父母宮，而居其位矣！

十一月建子 ‒‒〈復〉卦

月令仲冬，東漢・鄭玄，〈注〉曰：「仲冬者，日月會於星紀，而斗建子之辰也。冬至，一陽始生；復，一陽之卦，故以配之。」《紫微斗數》陽者：命宮；陰者：命宮，而居其位矣！

十二月建丑 ‒‒〈臨〉卦

月令季冬，東漢・鄭玄，〈注〉曰：「季冬者，日月會於元枵，而斗建丑之辰也。十二月，二陽之月；臨，二陽之卦，故以配之。」

《紫微斗數》，陽者：父母宮；陰者：兄弟宮，而居其位矣！〈繫辭・下傳〉：「《易》之為書也不可遠，為道也屢遷，變動不居，周流六虛，上下無常，剛柔相易，不可為典要，為變所適。」陰陽消長，盡于此耳！諸君靜參，始頓玄奧。

《易》者，乃群經之首，諸子百家，弗分：《儒》、《道》、《墨》、《法》、《陰陽》、《兵》，莫不奉之為圭臬，蓋因《易》理符合天地之道。如〈繫辭・上傳〉：「《易》與天地準，故能彌綸

天地之道，仰以觀於天文，俯以察於地理，是故知幽明之故；原始反終，故知生死之說；精氣為物，游魂為變，是故知鬼神之情狀。與天地相似，故不違；知周乎萬物，而道濟天下，故不過。旁行而不流，樂天知命，故不憂。安土敦乎仁，故能愛。」

　　況且《易》卦出於文字之先，故古之君子賢士，莫弗以《易》為言行舉止之圭臬。如〈繫辭‧上傳〉：「夫《易》，聖人之所以崇德而廣業也，知崇禮卑，崇效天，卑法地。天地設位而《易》行乎其中矣！成性存存，道義之門。爰以，天道奧妙無私，陰陽五行，運轉弗歇，吾人形體雖異，真性原體是一。古昔聖賢以其觀照之慧，洞悉天地人本為一體，故有《周易》聖典之作。

　　故《易》有聖人之道四焉：以言者，尚其辭；以動者，尚其變；以制器者，尚其象；以卜筮者，尚其占。是以，君子將有為也！〈繫辭‧上傳〉，復載：「形而上者謂之『道』，形而下者謂之『器』，化而裁之謂之『變』，推而行之謂之『通』」。道、器、變、通，正謂《易》之層次理域，內藏無數應緣處世樞機，若能精研弗怠，從中思量進退中和，必臻無量層次境界矣！

　　〈繫辭‧下傳‧第十二章〉：「是故：變化云為，吉事有祥，象事知器，占事知來。天地設位，聖人成能；人謀鬼謀，百姓與能。八卦，以象告；爻象，以情言。剛柔雜居，而吉凶可見矣！變動，以利言；吉凶，以情遷。是故：愛惡相攻，而吉凶生；遠近相取，而悔吝生；情偽相感，而利害生。凡易之情，近而不相得，則凶；或害之，悔且吝！」

　　然！觀歷近研習此經者甚眾，而能深入堂奧，以之濟世救人者鮮矣！君弗見之，滿街市招，大書：「文王聖卦、手相權威、子平高手、紫微斗數、奇門遁甲、六壬神課。」半仙住世，煞有介事。然！若略明底蘊，則常令人啞然失笑，大失所望矣！《周易》聖學，何其精微，龜筮占卜，何其嚴肅，此豈泛泛之輩，圖謀衣食之徒，所能通明者？故河洛法脈，隱於市廛中，守秘而不宣，隨渡有緣矣！

　　北宋‧周敦頤，有云：「蓋喻天地之大，浩浩蕩蕩，渺無邊際。太空無始之初，陰陽二氣未判，未有日月星辰，故因圓形，虛中無初，而名之太極。太極生兩儀，兩儀者陰儀陽儀也。兩儀生四象，化生萬物，萬物生生，而變化無窮焉！」四象即二老（太陽、太陰），二少（少陽、少陰），二老位於西北，其相交連繫相對也，故西北在亥，亦謂之地戶。二少位於東南，其相交連繫相對也，故東南在巳，謂之天門。宇宙萬物，因之而動矣！

　　北宋‧程頤《易程傳序》：「《易》，變《易》也，隨時變《易》，以從道也，君子究之。其書：廣大悉備，將以順性命之理，通幽冥之故，盡事物之情，以示開物成務之道也。」〈繫辭‧上傳〉：「河出圖，洛出書，聖人則之。」聖人之所以則之，法天地自然之道。係河圖乃天地之文章，萬物自然之根源，陰陽對待之真宗。道聖之法相，五行之《洪範》，全盡此圖中。圖乃數之表，書乃經之匯，讀覽萬卷書經，亦歸此圖中。北宋‧邵康節夫子之詩，〈清夜吟〉：「月到天心處，風來水面時；一般清意味，料得少人知。」醇香如何？君體會乎？

結　論

　　太原‧郭傳馨師範，授曰：「《易》更四聖，故而成籍。其法雖載大衍之數中，其理猶遊於黑白（陰陽）之外。後世之人，僅學其法，無學其原，僅知其用，無知其本，避重就輕，捨本逐末。雖代代相傳，而未窺其精髓；雖輩輩相承，而未盡其妙用。旋至三輩，則訛亂其書；如逾百年，則荒廢其理。以致妙理為謬識，使絕學成偽術，終至魚目混珠，真偽莫辨！河洛《易》道，豈可盛哉！」

　　嗟乎！《周易》聖人絕學，其用亦廣亦大，豈獨占卜吉凶之小道乎？昔乎聖人述而不作，著者作而弗問，用者務而未明，致使聖學淪為今日之境也。蓋僧者善唸經，而弗悟經義，故所唸字字無義；佛者無言經，而深明妙理，故所言句句是理。可謂：「高人天所命，深義佛無言。」吾曹靜觀，小沙彌唸，老和尚修，大宗師悟，其三等境界之妙，若於《周易》而究之如何哉？究之如何哉？

　　凡事之創立，必有其所本之理，前人既可本而創，後人自可察而明；前人既能原創，後人自可再創，洞明則可發揚，再造則為光大！故有識、有智之士，咸可於《周易通鑑》全書，謹遵 顏總編輯兆鴻，囑咐纂修：元、亨、利、貞，四部成卷。冀望諸君，詳察之、細辨之、慎明之、謹正之，探賾索隱，鈎玄探微，正本清源，撥亂反正。俾使《周易》聖理，昭告乎天下，令千年絕學，暢暢乎人間，此匹夫之責，吾輩之任也！

　　蓋有關從「十二辟卦」所延伸一年廿四之節氣，乃古代曆法（推算日月、星辰之運行，以定歲時、節令之方），根據太陽於黃道（地球繞行太陽公轉，由地球上觀察太陽與地球相對位置移動所形成之軌道）上之位置所劃分。係指一年中立春、雨水、驚蟄、春分、清明、穀雨、立夏、小滿、芒種、夏至、小暑、大暑、立秋、處暑、白露、秋分、寒露、霜降、立冬、小雪、大雪、冬至、小寒、大寒等廿四個節氣。其供給農夫耕種、播種、收穀與休耕，臻於作為農務順節氣而作，有著相當重要可遵循大自然運作之法則。

　　次考，亮師授我《周易通鑑》，載記廿四節氣，隱藏四正、四隅之象及節氣卦爻之機也，根源來自八卦之演變而來，彼此產生相生廣衍，始得廿四節氣，闡述說明如下，以供了解，一探究竟。

亮師授《廿四節氣》運轉圖表

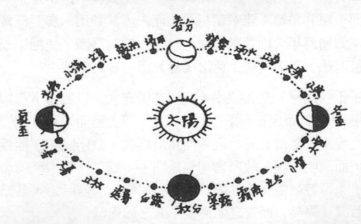

亮師授《月令節氣》圖表

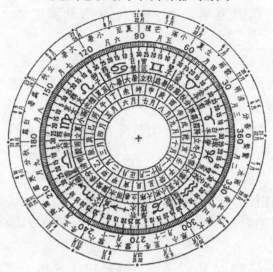

　　蓋四正者，〈坎〉、〈離〉、〈震〉、〈兌〉也；四隅者，〈乾〉、〈坤〉、〈艮〉、〈巽〉也。節者，卦之節度也；氣者，流行氣也。卦爻者，一卦三爻，一爻一節，八卦有廿四爻，節有廿四氣也。四時者，春、夏、秋、冬，係東、南、西、北之氣也。八節者，立春、春分、立夏、夏至、立秋、秋分、立冬、冬至之八節也。

　　廿四氣專此八氣為節者，皆八卦中爻也。八卦以中爻為節，邊旁為氣，月令以上月為節，下月為氣，如立春為節，雨水為氣是也。八卦月令各有取義，八卦以中爻為主，節氣以八節為尊。亮師既往受教於風城沐恩子－郭傳馨先祖師聖學，筆者今特埋首牖前，梳理成章如後：夫節氣之名目，因八卦之取義也。

(1)立春者，居〈艮〉卦之中爻，〈艮〉為山，取山中草木而知春也。〈艮〉之先天，其為〈震〉，〈震〉為雷，陽之動也。〈震〉屬木，乃東方之生氣，一片春景之象，故曰：「立春。」

(2)雨水者，居〈艮〉卦之上爻，一陽在上，〈艮〉之先天，其為〈震〉，〈震〉之上爻是陰，天上有陰陽交合之象。又〈艮〉為老陰，〈震〉為少陰，陰氣結上，則有雲行雨施之象。故曰：「雨水。」

(3)驚蟄者，乃〈震〉之下爻，〈震〉為雷，先天是〈離〉，〈離〉為電，則有雷鳴電掣之威。其有驚物動蟄之因，故曰：「驚蟄。」

(4)春分者，居〈震〉之中爻，〈震〉木得先天〈離〉之火，以溫其根，自有枝葉森茂之象。又位三春中，分前分後，故曰：「春分。」

(5)清明者，居〈震〉之上爻，則有清氣上昇之象。得天〈離〉明之照，清而且明，故曰：「清明。」

(6)穀雨者，居〈巽〉之下爻，而下爻屬陰，先天是〈兌〉，而下爻屬陽，陰陽相合，雨澤興焉！又況〈兌〉為澤，〈巽〉為風，則有風有雨交加之象。澤為穀物之雨潤，〈巽〉乃穀物之禾苗，故曰：「穀雨。」

(7)立夏者，居〈巽〉之中爻，臨月令於巳火，後天巽木而生火，先天〈兌〉金以為赤，故曰：「立夏。」

(8)小滿者，居〈巽〉上爻之陽，得先天〈兌〉之上爻陰，陰陽之氣會合于上，上者，應草木之枝稍也。陰陽之氣灌滿枝稍，而小枝細葉春光無不遍滿矣！故曰：「小滿。」

(9)芒種者，居〈離〉下爻，〈離〉為少陰，得先天〈乾〉之太陽相合，陰陽交感，萬物崢嶸，而苗芒陡起，故曰：「芒種。」

(10)夏至者，居〈離〉中爻，〈離〉為火，得先天〈乾〉陽之氣以相助，扶後天離明之火而炎熱，故曰：「夏至。」

(11)小暑者，居〈離〉之上爻，有〈離〉火上炎之象，得先天〈乾〉陽之體。蓋〈乾〉為日之體，〈離〉乃日光，觀「暑」字之書，有二日相連也。雖暑氣炎熱，未至大熱，故曰：「小暑。」

(12)大暑者，居〈坤〉之下爻，〈坤〉雖屬陰位為西南，則有火炎土燥之象。又因後天之〈巽〉木生南方之火炎，時至六月令，日行赤道之徑，暑氣浩大，故曰：「大暑。」

(13)立秋者，居〈坤〉之中爻，入〈坤〉之老陰，受先天〈巽〉風之涼，而暑氣漸消矣！古云：「金風送爽，徐徐拂面。」故曰：「立秋。」

(14)處暑者，居〈坤〉之上爻，而老陰之氣浮於上，得先天〈巽〉風以相吹，浩浩之暑氣，從此漸漸而止也。故曰：「處暑。」

(15)白露者，居〈兌〉之下爻，屬〈兌〉之寒金，為西方白帝，屬先天之坎水，金為白，水為露，故曰：「白露。」

(16)秋分者，其居〈兌〉之中爻，臨酉月之秋中，分前分後，故曰：「秋分。」

(17)寒露者，居〈兌〉之上爻，臨〈兌〉金上爻之陰，得先天〈坎〉水之寒，陰寒相結以為露，故曰：「寒露。」

(18)霜降者，居〈乾〉之下爻，受〈乾〉金寒氣，臨〈艮〉土老陰，凝露為霜，故曰：「霜降。」

(19)立冬者，居〈乾〉之中爻，臨亥水之令，〈艮〉為老陰，〈乾〉金而寒，陰寒相催，冬令施行，三冬從此立，故曰：「立冬。」

(20)小雪者，居後天〈乾〉卦之上爻，受先天〈艮〉卦之老陰，得〈乾〉金生化以為水，〈兌〉〈巽〉風吹，凍而成雪。夫〈乾〉卦有六白之名，因雪花有六出故也，雖有寒金生水，然無〈坎〉令之時，故曰：「小雪。」

(21)大雪者，居〈坎〉之下爻，後天本〈坎〉初之壬水，先天乃〈坤〉卦之老陰，陰寒更勝，其雪必大，故曰：「大雪。」

(22)冬至者，居〈坎〉之中爻，臨冬之正令，而寒冬之氣已至矣！故曰：「冬至。」

(23)小寒者，居〈坎〉之上爻，雖先天〈坤〉之老陰本然而寒，得後天〈坎〉之少陽微解其寒。雖有其寒，弗至大寒，故曰：「小寒。」

(24)大寒者，居〈艮〉之下爻，先天〈震〉為少陰，後天〈艮〉為老陰，二陰相逼，其寒甚大，故曰：「大寒。」

　　另廿四節氣與民俗節慶之關連，讀者亦可延續參閱由吳師慕亮著《周易通鑑・元部・節氣篇》，其內文有相當完整之介紹，可深入知曉節氣呼應人文、地理之全貌，認識天地運行之理焉！

古 詩

正月立春雨水雰，二月驚蟄春分涼。
三月清明並穀雨，四月立夏小滿方。
五月芒種續夏至，六月小暑大暑當。
七月立秋還處暑，八月白露秋分忙。
九月寒露與霜降，十月立冬小雪漲。
十一大雪冬至交，十二小寒大寒昌。
廿四節氣含玄妙，朗誦胸懷農耕良。
月夜煮茗開懷飲，先民流傳話滄桑。

亮師傳授《十二地支及四季月份節氣表》

巳 (火) 四月・孟夏 立夏 / 小滿	午 (火) 五月・仲夏 芒種 / 夏至	未 (土) 六月・季夏 小暑 / 大暑	申 (金) 七月・孟秋 立秋 / 處暑
辰 (土) 三月・季春 清明 / 穀雨	紫微 天府		酉 (金) 八月・仲秋 白露 / 秋分
卯 (木) 二月・仲春 驚蟄 / 春分			戌 (土) 九月・季秋 寒露 / 霜降
寅 (木) 一月・孟春 立春 / 雨水	丑 (土) 十二月・季冬 小寒 / 大寒	子 (水) 十一月・仲冬 大雪 / 冬至	亥 (水) 十月・孟冬 立冬 / 小雪

　　惟自古中國度量陰陽之歲差，乃可應用二十八星宿，觀察天象之運行，得明瞭天空中之日月星辰運轉之情況，以察吉、凶、悔、吝也。復次，夙昔亮師授我二十八星宿，援用精華之文章，裨益增進聖人之學，所言：「《周易・繫辭・上傳》：『仰以觀於天文，俯以察於地理。』」古人觀察日月五星之運行，是以恆星為背景，藉以恆星

相互間之位置恆久弗變。吾國古代天文學家觀測天象，了解日月星辰於天空中運行情況，其於黃道赤道附近，以標誌闡明日月五星運行位置，先後選擇二十八星宿，以作觀測點，故稱：「二十八星宿。」

亦古代劃分天區標準，近天文學者仍然從之矣！蓋二十八宿，即二十八舍，或二十八星。「舍」者，停留之意。觀夏朝初年，二十八星宿即漸萌芽，考《詩經》、《夏小正》、《尚書》等典籍，已有其中部份名稱。迨《呂氏春秋》（秦‧呂不韋，召其門下食客之著作）、《淮南子》（又名：「《淮南鴻烈》。」係西漢淮南王—劉安及其門客：李尚、蘇飛、伍被、左吳、田由、……等八人，乃集體撰寫之乙部著作）等書，遂有完整記載。每宿各由弗同數目之恆星組成，有星宿包含十幾顆至幾十顆星，如：奎宿及翼宿；有宿僅由兩三顆星組成，如：角宿及心宿。古人將構成每一星宿之遐思線連接，則構成各類形狀弗同之圖形。

古人以二十八星宿，作量度日月五星位置及運動標誌。古書載云：「月離於畢（月亮依附於畢宿），熒惑守心（火星居心宿），太白食昂（金星遮蔽昂宿）。」其語敘述，天象之語，弗難理解。二十八星宿，不僅觀測日月五星位置之座標，其中有星宿乃古人測定歲時季節之觀測對象也。如先秦時代，古人以初昏時，心宿于正南方，則夏季五月：參宿于正南方，則春季正月等。故隨天文知識發展，出現星空分區觀念，二十八星宿，亦星空區域概念。將赤道附近之一周天，按照由西向東之方向分為二十有八之不等分。其四方神，遠古曾用於軍隊列陣，戰國時代，便有：「前朱雀後玄武，左青龍右白虎。」道教興起後，青龍、朱雀、白虎、玄武 則成道教守護神，其亦十二生肖來源之一矣！

英琪考：二十八星宿，乃中國古代天文學說之一，將南中天之恒星分為二十八群，依其環繞于天體中，周而復始之運轉弗停，沿黃道及赤道之間，分佈于東、西、南、北，四方向天象，以分晝夜變化及陰陽氣數之變化矣！玄學方家，命名：「角、亢、氐、房、心、尾、箕、斗、牛、女、虛、危、室、壁、奎、婁、胃、昂、畢、觜、參、井、鬼、柳、星、張、翼、軫。」

　　惟二十八星宿，其於玄學時，巧用甚廣，如：《地理》、《風水》、《擇日》、《易學》、《籤詩》、《占卜》、《奇門》，咸藉二十八星宿玄微之妙矣！探索二十八宿，係天文星象學，以北極星為中心，其定出之東、南、西、北，方位天象。北極星，又稱：「北斗星。」亦稱：「北極紫微。」考「宿」之名，指星座而言；二十八宿，係天象之星座。東方，則稱：「青龍。」南方，則稱：「朱雀。」西方，則稱：「白虎。」北方，則稱：「玄武。」（如後圖表，仰觀星斗）

亮師授《廿八星宿》圖表

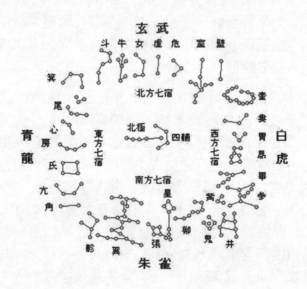

　　觀二十八宿，其東、南、西、北，各有七宿，其星數並非一致也。東方七宿，有三十二星；南方七宿，有六十四星；西方七宿，有五十一星；北方七宿，有三十五星，全部共有一百八十二星，循序一定之軌道運行，其稱：「黃道。」**英琪考**黃道，係一年當中太陽於天球上之視路徑，觀群星之間移動路徑，明顯而言，亦屬行星於每年中所經過之路徑。更明敘之，蓋球狀之表面（天球）與黃道平面之交集；以幾何學描述，其包含地球環繞太陽運行之平均軌道平面之表象矣！

　　然！西方黃道（ecliptic）名詞，係從蝕（eclipse）發生之地方延伸而至。由於地球公轉受月球及其他行星攝動，地球公轉軌道並非嚴格之平面，其空間產生無規則之連續變化，其之變化，包括多項短周期，以及一項緩慢長期運動。短周期運動可以通一定時期內平均加以消除，消除周期運動軌道平面，其稱：「瞬時平均軌道平面。」黃道之嚴格定義，乃地月系質心繞太陽公轉之瞬時平均軌道平面與天球相交之大圓，黃道係天球上黃道坐標系之基圈。僅將所知，簡書參考！

亮師授《廿八星宿》要義

　　《天文誌》，載云：「星乃天之經，宿乃天之緯，二十八宿，迭運循環，周流不已！虛者，居七宿之中星，天傾西北，北極居天之中，故仲春月之虛在北。井至軫七宿，見在南方，仲夏之月，西轉東。角至箕七宿，照出在南方之位，仲秋月即轉南。斗至壁七宿，見在南方，仲冬之月，虛轉西。奎至參七宿，其南方也。往來循環，無有停息，四時之用，各有其時，故生生拘忌。如見凶宿，避而弗用；若合吉星，則臻美善。」廿八宿，東方蒼龍七宿：角（角木蛟）、亢（亢金龍）、氐（氐土貉）、房（房日兔）、心（心月狐）、尾（尾火虎）、箕（箕水豹），南方朱雀七宿：井（井木犴）、鬼（鬼金羊）、柳（柳土獐）、星（星日馬）、張（張月鹿）、翼（翼火蛇）、軫（軫水蚓）。

　　西方白虎七宿：奎（奎木狼）、婁（婁金狗）、胃（胃土雉）、昴（昴日雞）、畢（畢月烏）、觜（觜火猴）、參（參水猿），北方玄武七宿：斗（斗木獬）、牛（牛金牛）、女（女土蝠）、虛（虛日鼠）、危（危月燕）、室（室火豬）、壁（壁水貐），是也。

　　《清‧曆法啟蒙》，載云：「虛日鼠、星日馬、昴日雞、房日兔，為四日禽，日乃人君之象，光明之宿，名曰：『雙喜。』宜用日間時，于東南之地則升明，西北之地為沉晦。如逢寅卯辰巳午日，係太陽登垣登駕，獨寅卯二日，須查官曆（通書）內月分節氣表，以日出時為準，造福大吉。」

　　《清‧曆法啟蒙》，載云：「心月狐、畢月烏、危月燕、張月鹿，為四月禽，月乃后妃之象，名曰：『善宿。』宜用夜間時刻，須查上弦下弦，晦朔無光，望月金光，埋葬大吉。」

　　《清‧曆法啟蒙》，載云：「鬼金羊、牛金牛、亢金龍、婁金狗，為四金禽，乃西方太白星，名曰：『威宿。』喜巳日長生，酉日帝旺，如乙庚辰酉山向逢之，其謂得合天星。畏遇寅午戌日及亥乾癸丙午山作日，係火剋金，縱吉寡驗！」

　　《清‧曆法啟蒙》，載云：「角木蛟、奎木狼、斗木獬、井木犴，為四木禽，乃東方木星，文明之象，名曰：「文宿。」喜亥日長生，卯日帝旺，如丁未艮寅山向，逢此木宿，其謂得合天星。畏乙庚辰酉山向及申酉日，乃金剋木，縱吉難驗！」

　　《清‧曆法啟蒙》，載云：「箕水豹、參水猿、軫水蚓、壁水貐，為四水禽，乃北方辰宿，玄冥之象，名曰：『弱宿。』造葬諸事，俱弗可用，宜逢申子辰時，生西旺北，休東囚南，喜逢秋冬，更懼四季（**英琪按**：每逢3月、6月、9月、12月，最後18日）。」

　　《清‧曆法啟蒙》，載云：「翼火蛇、室火豬、尾火虎、觜火猴，為四火禽，乃南方熒惑星，未明之象，名曰：『燥宿。』宜於埋葬，若葬得火禽登垣，作乾亥癸丙午山大利，逾太陰時大吉。」

　　《清‧曆法啟蒙》，載云：「氐土貉、胃土雉、柳土獐、女土蝠，為四土禽，乃中央鎮星，黃帝之象。名曰：「怒宿。」生西旺北，休東囚南，喜逢四季，極畏春月，凡事不宜，惟胃土雉，若遇戌日，嫁娶大吉。宜用申子辰時，忌巳寅二時。」

　　故廿八星宿，若善應用於陽宅之學，頗能趨吉避凶，而無傾覆敗絕之害！然！制化精微，穿山透地，消砂納水，分金坐度，層次繁密，理法深晦，此中變通，神而明之，妙而用之。靜觀自得者，則可盡善盡美，以臻造福之道，庶弗差矣！星宿度數，以五言成句，其亨、蹇、悔、吝、窮、通、榮、枯之妙意。

　　以及《周易》六十四卦，乃建構於八卦之基礎下演繹而出，又稱「經卦」，八卦建構完成，再將「六爻」、「上卦」、「下卦」，兩兩相重，始共得六十四卦，又稱「別卦」。伏蒙 家師吳慕亮，授言：「《周易》之文，以儒家之觀點而演繹，其義與現實相合，闡述《易》中各卦義，冀望其時之人，遵守尊卑、上下、秩序，以建立和諧、穩定之理想社會，吾儕欽之！」恭呈《周易通鑑‧六十四卦歌訣》暨《圖表》《卦名》、《卦象》，一覽諸表，裨益記焉！

亮師授《六十四卦序列圖表》

地 山 水 風 雷 火 澤 天

天

泰 大 需 小 大 大 夬 乾
　 畜 　 畜 壯 有

乾宮八卦（乾仍在一數）

地 山 水 風 雷 火 澤 天

澤

臨 損 節 中 歸 睽 兌 履
　 　 　 孚 妹

兌宮八卦（兌仍在二數）

地 山 水 風 雷 火 澤 天

火

明 賁 既 家 豐 離 革 同
夷 　 濟 人 　 　 　 人

離宮八卦（離仍在三數）

地 山 水 風 雷 火 澤 天

雷

復 頤 屯 益 震 噬 隨 無
　 　 　 　 　 嗑 　 妄

震宮八卦（震仍在四數）

巽宮八卦（巽仍在五數）

坎宮八卦（坎仍在六數）

艮宮八卦（艮仍在七數）

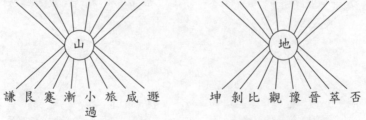

坤宮八卦（坤仍在八數）

亮師授古體詩《六十四卦歌訣》

乾坤交合萬物孕，上坎下震水雷屯。
紅塵山水蒙迷路，水天需卦光亨貞。
爭執互鬥天水訟，地水師處防紛紜。
水地比卦堪平亂，風天小蓄天下親。
天澤為履禮儀識，地天泰和諧通臻。
天地否卦招搖喜，天火同人睦鄰敦。
火天大有必賢輩，地山謙卑君子心。
弗貪功業雷地豫，澤雷隨順屬高人。
山風蠱惑生端事，地澤臨岸聽波痕。
風地觀景慕攬勝，火雷噬嗑咬斷金。
山火賁卦峰巒遠，山地剝正義難伸。
地雷復返本真現，天雷无妄謹慎諄。
山天大蓄萬般有，山雷頤養天年尊。
澤風大過非尋味，坎卦乖舛運盡貧。
離卦迴光秋林返，澤山咸卦哲嗣婚。
雷風恒匹儔勤懇，天山遯家道德淳。
雷天大壯最雄偉，火地晉升勤耕耘。
地火明夷夜歸宿，風火家人團圓欣。
火澤睽南北違背，水山蹇步履路辛。
雷水解憂百難度，山澤損衣帶寬彬。
風雷益增草木翠，澤天夬斗筲讒循。
天風姤遇佳麗至，澤地萃聚同道臨。
地風遷升諸事巹，澤水困頓物難存。
水風井滿意汲水，澤火革改舊變新。
火風鼎煮黃粱夢，雷艮動止虛幻渾。
風山漸循序緩步，雷澤歸妹女當婚。
雷火豐盛好蔚壯，火山旅途蕭冷忿。
巽兌清風碧波漾，風水渙散驚險奔。
水澤節制遵法度，風澤中孚誠信遵。
雷山小過成稍礙，水火既濟德輝禎。
火水未濟無終始，六十四卦周旋輪。

亮師授六十四卦・卦名卦象一覽表

坤 地	艮 山	坎 水	巽 風	震 雷	離 火	兌 澤	乾 天	上卦 / 下卦
地天泰	山天大畜	水天需	風天小畜	雷天大壯	火天大有	澤天夬	乾為天	乾 天
地澤臨	山澤損	水澤節	風澤中孚	雷澤歸妹	火澤睽	兌為澤	天澤履	兌 澤
地火明夷	山火賁	水火既濟	風火家人	雷火豐	離為火	澤火革	天火同人	離 火
地雷復	山雷頤	水雷屯	風雷益	震為雷	火雷噬嗑	澤雷隨	天雷無妄	震 雷
地風升	山風蠱	水風井	巽為風	雷風恆	火風鼎	澤風大過	天風姤	巽 風
地水師	山水蒙	坎為水	風水渙	雷水解	火水未濟	澤水困	天水訟	坎 水
地山謙	艮為山	水山蹇	風山漸	雷山小過	火山旅	澤山咸	天山遯	艮 山
坤為地	山地剝	水地比	風地觀	雷地豫	火地晉	澤地萃	天地否	坤 地

亮師授《序卦圓周》圖表　　　亮師授《伏羲六十四卦》方位

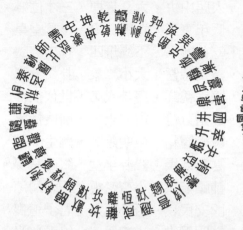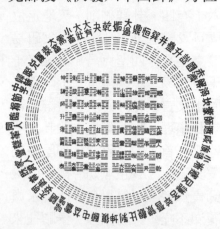

讚　曰：

「天圓地蘊妙方功，動靜根源一體中，
　虛實實虛尋動向，始終終始覓同宗；
　卦爻相應經天度，節候分明適過宮，
　物本順成推理逆，往來復姤定西東。」

　　上圖左右二表，本八卦次序圖。〈繫辭・下傳〉：「八卦成列，象在其中矣！」其圖表謂：「因而重之者也。」故下三畫，係前圖之八卦；上三畫，則各以其序重之；而下八卦，因亦各衍而為八也。若逐爻漸生，則邵子（康節）之謂：「八分為十六，十六分為三十二，三十二分為六十四者，尤見法象自然之妙也。」

　　故《周易》乃由基本之陽爻「—」，陰爻--，兩兩重組成八卦，再推算演繹至六十四卦，三百八四爻，乃乙部頗具有哲理之經典；亦顯現出古人聖者之智慧，道盡宇宙萬物，從陰陽中闡發三才變化之力量，產生互相克制與衍生，循環生生不息，值得後人細究，以達涵養德性，臻至淑善其身焉！考中國古錢「內方外圓」，蓋取於斯也。

家師　吳慕亮傳授英琪《周易括要歌》，沐手捃綴如後：
太極混沌，兩儀陰陽。老安少懷，乃成四象。龍馬負圖，羲畫卦方。

洛出龜書，井九疇廂。夏有連山，殷有歸藏。文幽羑里，周易發揚。
六十有四，卦辭獨創。天地定位，人居中央。六爻旨揮，三才位鄉。
周旦爻辭，妙義孔彰。尼父研易，假年素王。韋編三絕，十翼堂皇。
羲文周孔，四聖克昌。上經三十，乾首離潢。下經卅四，咸未濟屬。
馬遷讚易，筆端無量。上下兩篆，釋疑時當。大小二象，卦爻分章。
尼山文言，乾坤莽泱。繫辭雙篇，概論精詳。序卦次第，世代徜徉。
說卦事理，幽明贊襄。雜卦簡要，綜錯分行。占知未來，前後括囊。
乾剛居首，數九陽望。坤厚載物，數六履霜。屯萌始交，難生芬芳。
蒙卦險止，養正無妨。需卦前險，宴樂郊場。訟卦孚窒，終凶有傷。
師貞無咎，可以得皇。比卦永貞，輔順無殃。小畜密雲，不雨清涼。
履涕不咥，柔勝剛強。泰順往來，國安民良。否卦匪人，君子道喪。
同人于野，應乎乾象。大有元亨，文明綱常。謙讓居卑，終顯尊光。
豫卦順動，刑清制忘。隨卦二五，內柔外剛。蠱甲先後，辛丁暗驤。
臨凶八月，敗可復匡。觀盥後薦，坤道玄黃。卦名噬嗑，雷電交粦。
賁利攸往，婚媾美妝。剝卦不利，小人道張。復見天心，一陽蔓葛。
无妄之災，剛告荒唐。卦名大畜，篤實輝煌。頤和觀想，推養吉羊。
大過棟橈，難勝強樑。習坎重險，行尚不亡。離明日月，中正高昂。
咸得交感，男女心房。恆行攸久，德服八荒。遯得小貞，應時行傍。
大壯利貞，剛動澹蕩。晉德順進，自立安強。卦曰明夷，處晦無障。
家人利女，五常三綱。暌卦微吉，女志順郎。蹇利西南，東北應防。
解應西南，往得眾康。損上益下，其道上航。益利大川，民悅徵祥。
夬揚王庭，得意滂洋。姤勿娶女，弗可與將。萃聚王廟，順天命翔。
井柔順德，南服蠻羌。困卦剛揜，不信無償。井卦毋改，勞民勸相。
革舊創新，去腐未遑。鼎象烹飪，敬享上蒼。震驚百里，匕鬯灌觴。
艮止知時，道放光芒。漸女歸吉，賢德慈腸。卦名歸妹，萬物否臧。
豐亨勿憂，盈虛消長。旅小亨貞，慎刑止戕，巽亨攸往，大人利氓。
兌說利貞，民喜至良。渙亨剛來，乘木涉浪。節堅可貞，制度無傷。
中孚柔內，化成萬邦。小過而亨，大事滄桑。既濟得位，初吉終殃。
未濟失位，物方弗當。十二辟卦，氣節時降。上下兩經，天人合倡。
五經居首，纘繼書香。百家所宗，醫卜星相。大哉周易，寰宇廟廊。
復興文化，儒術祉祥。慕亮攄懷，先賢德彰。英琪參悟，以待宏揚。

六、《周易》經文章要之概述

　　八卦聖策，肇始伏羲氏，至周文王姬昌遭帝辛（紂王）拘於羑里而受七年之厄，惟以忍辱而演六十四卦，因盛行於周朝，故云：「周易。」《周易》，乃以〈乾〉卦、〈坤〉卦為始。其《周易》者，狹義以釋，《周易》及《易傳》。《周易》：分《上經》三十卦，《下經》三十四卦，乃依循周文王纂編《易》之著述而至，成書於西周時期。爾後，乃隨時代演進，聖者逐撰全經文，再細分為：〈象傳〉上下、〈繫辭〉上下、〈象傳〉上下、〈文言傳〉、〈序卦傳〉、〈說卦傳〉及〈雜卦傳〉等，篇章廣流，藉此闡述，解釋《周易》，統稱：「十翼。」後世又將《易傳》列入《周易》中，含有「經」與「傳」，成為古今中外，百家爭鳴，研幾探賾，形而上學之寶典。

　　次則，關於何謂：「十翼。」於拙著第一章已概論，故弗再贅言，乃再針對〈文言傳〉與第七章〈繫辭傳〉之注解，添加篇章之補述，裨益初學者理解《周易》經典之精髓，開啟智慧，通達《易》理焉！

　　唐‧孔穎達《周易正義》：「〈文言〉者，是夫子第七翼也。以〈乾〉〈坤〉其《易》之門戶邪。其餘諸卦及爻，皆從〈乾〉〈坤〉而出，義理深奧。故特作〈文言〉以開釋之，從此至元、亨、利、貞，明〈乾〉之四德，為第一節。」次考，吳師慕亮著《周易通鑑》：「東漢‧許慎《說文解字》：『文，錯畫也，象交乂。』」〈文言〉，全《易》六十四卦，積三百八十四爻，若歸納之，僅于一陽爻（—）一陰爻（--）演變而成，故曰：「一陰一陽之謂道。」諸卦皆從〈乾〉〈坤〉出，由純陽、純陰十二爻錯綜相重，交變而成。爰於孔子作〈文言傳〉，自三國‧王弼（輔嗣）以後，將〈文言〉編入於〈乾〉〈坤〉兩卦之下，弗再分篇，其與〈象傳〉、〈象傳〉同例。

　　蓋〈文言〉兩字含義，諸家之說各殊，如：清‧任啟運（釣台）《周易洗心》：「孔子欲明〈乾〉〈坤〉二卦之蘊，首述文王語以發其端，故謂之〈文言傳〉。」清‧惠氏（惠棟）《周易述註》：「〈文言〉，〈乾〉〈坤〉卦辭，文王所制，故謂之文言。孔子為之

傳,故謂之〈文言傳〉。」北宋‧程頤《易程傳》:「他卦彖象而已,獨〈乾〉〈坤〉更說〈文言〉,以發明其義。」

《清‧阮元‧研經室集》:「《左傳》云:『言之無文,行之不遠。孔子以用韻,比偶之法,錯綜其言,自名曰文。』」清‧毛奇齡《仲氏易》:「繹文王所言,故名:『文言。』」

以上所舉,雖言之有理,仍均未見確當。〈繫辭‧下傳〉:「爻有等,故曰物,物相雜,故曰文。」蓋六十二卦之爻,無非陰陽相雜,獨純陽純陰之〈乾〉〈坤〉,爻無相雜也。若依〈繫辭〉之言,其必遭疑之無文,故特作〈文言傳〉以發之。〈乾〉〈坤〉二卦,雖屬純體,仍有六爻之位,爻有等,仍可相雜成文也。

蓋〈文言〉僅僅出現於〈乾〉〈坤〉二卦,乃表天地、陰陽、男女、夫婦、日月等,亦宇宙間一切物類,運轉變化核心之始,故將〈乾文言〉、〈坤文言〉作注解,以裨了解《周易》門戶靈魂之重要。

同時,欲究《周易》聖學之玄奧,必須知曉名詞總稱,故摘引吳師慕亮著《周易通鑑》之《周易》名詞批註,得便認識《周易》經文中所用之特稱,達以明瞭,研讀經典能脈絡貫通矣!

亮師授聖經《周易》名詞

乾:天尊,有下濟之德。　　坤:地卑,有上行之義。
元:事物之始,其大也。　　亨:事物之通,其成也。
利:事物之宜,其濟也。　　貞:事物之正,其直也。
吉:事物之善,其順也。　　凶:事物之危,其禍也。
悔:改過遷善,免凶也。　　吝:有過憚改,掩飾也。
厲:居安思危,無凶也。　　孚:誠實之謂,信義也。
九六:乾坤,陽九陰六。　　厚德:語中,讚美之詞。
薄德:語中,牢騷之怨。　　大人:大德之者,君子也。
小人:無德阿諛,小人也。　　无咎:既過速改,可安也。
勿用:勿可施行,退守也。　　无不利:事可進行,無害也。
无攸利:事無所利,勿行也。　　利有攸往:往可得利,意遂也。
利涉大川:事易進行,可成也。延陵布衣(亮師別號),說文釋義。

〈文言傳〉

〈文言〉，載曰：「元者，善之長也；亨者，嘉之會也；利者，義之和也；貞者，事之干也。君子體仁足以長人，嘉會足以合禮，利物足以和義，貞固足以幹事。君子行此四德者，故曰：『乾，元、亨、利、貞。』」

【批注】：「元」者，善之長也。《九家易注》：「〈乾〉者，君卦也。文爻皆為君。始而大通，君德合合，故元為善之長也。」「亨」者，嘉之會也。《九家易注》：「通者，謂陽合而為乾。眾善相繼，故曰嘉之會也。」「利」者，義之和也。東漢‧荀慈明，〈注〉云：「陰陽相和，各得其宜，然後利矣。」《中庸》：「義者，宜也。」「貞」者，事之幹也。東漢‧荀慈明，〈注〉云：「陰陽正位而位當，則可以幹舉萬事。」

【譯文】〈文言〉語：「創立，事物之端，乃以善最為尊貴；亨通，事物之成，則是聚合美好；適當，事物之宜，乃以和順有益；穩固，事物之正，則是行為合於規範。」君子胸懷以仁慈為本，足夠擔負成為領導人物；聚集良善會合，則相符禮儀規範；利益公眾，施行正道，調諧能得人和；節操堅定有毅力，辦理事務安穩妥當。在位者或才德出眾者，應有實踐此四種美德之人。故〈乾〉卦，具備創立、亨通、適當、穩固之道德品性。

初九曰：「潛龍勿用，何謂也？」子曰：「龍德而隱者也，不易乎世，不成乎名。遯世無悶，不見是而無悶。樂則行之，憂則違之。確乎其不可拔，潛龍也。」

【譯文】初九之爻辭，語：「隱藏蟄伏之蛟龍，不食弗動，隱喻有才能之士，未讓世人所知，遭受埋沒或未重用；引申作為暫時勿顯露，有所表現。孔子指明，一位具備宛若龍（領袖或才智出眾之士）者，德性隱伏、鋒芒內斂，勿放縱及急速突顯表現於外之才華。惟莫因外在環境或世俗觀點，致使改變本身之志氣與節操，亦毋急切求取圖謀美聲或功名。

若隻身離開人群，獨自隱居，未受世間之重視，內心無感愁悶或抑鬱。假使遇著才能受人賞識、肯定，則歡欣樂於接受，並適度推行對事物所抱持之理念主張；倘若對方有所質疑，理念分歧，則主動讓

步,未與人爭。其面對世道之形態,現實與理想之進與退,仍舊堅持操守,沉穩著實,此乃符合真正「潛龍勿用」之意義是也!

九二曰:「見龍在田,利見大人,何謂也?」子曰:「龍德而正中者也。」庸言之信,庸行之謹,閑邪存其誠,善世而不伐,德博而化。」《易》曰:「見龍在田,利見大人,君德也。」

【譯文】九二爻辭,語:「望見龍現於土地上,則象徵出現大德者或君子之人物,此乃何意之象徵?」孔子明言,若具有才智出眾之士者,乃立身處於公正剛直之位置。其平常之言行嚴謹,遵守誠懇與信義,防範不正當之思想或行為,以保持真實無妄;且推善而不自誇,廣露品性道德,進而渡化黎民,棄惡從善。《周易》九二之爻辭,則表明:「天上飛龍現於地面,乃施行正道,得良好群眾關係,利益庶民。」即是領導人,應有展現優美之德行!

九三曰:「君子終日乾乾,夕惕若,厲無咎,何謂也?」子曰:「君子進德修業,忠信,所以進德也。修辭立其誠,所以居業也。知至至之,可與幾也;知終終之,可與存義也。是故:居上位而不驕,在下位而不憂。故乾乾因其時而惕,雖危而無咎矣!」

【譯文】九三爻辭,語:「領導人或才士者,乃整日不斷努力,永不懈怠,並且戒懼謹慎,彷彿如居惱煩、艱困之地,亦弗敢懶散與懈怠,如此則無災禍。其中代表何意?」孔子明言,若主事或當家之人,必須增進品德,有所長進,則持身遵奉信實,盡心誠意,待人處事,修習涵養言論,適切表達心意,以創立品行根基與功業。如此即可知曉、研討,掌握重要時勢,於隱約未明時停止,最有利之時機,前進行動,達至完善,此則可與之共同計劃、商量處世、大事之道。因而,當位居權高者,避免氣勢滿盈,傲慢自大,輕視他人;階級下屬之人,無感擔心與憂慮。故懂得每時每刻,自強不息,又處事甚為謹慎小心,即便遇著危險境地,亦能無災臨身,避開凶險,趨向吉利。

九四:「或躍在淵,無咎,何謂也?」子曰:「上下無常,非為邪也;進退無恆,非離群也。君子進德修業,欲及時也,故無咎。」

【譯文】九四爻辭，語：「潛伏之龍（賢者或才智出眾之士），於恰當時機，往上奮飛，抑是向下游至深潭，咸無災禍。此理何在？」孔子明言，若上升及下降，時常變動，並無一定之規則，非憑藉以不正當之思想或行為，任意行事也；前進與後退，亦毋一般之規律，其不背棄，離叛群體而獨樂。主事或當家之人，必需增益品德，有所長進，方能把握有利時機，行功立德，故無任何禍事哉！

九五曰：「**飛龍在天，利見大人，何謂也？**」子曰：「**同聲相應，同氣相求；水流濕，火就燥，云從龍，風從虎；聖人作，而萬物睹。本乎天者親上，本乎地者親下，則各從其類也。**」

【譯文】九五爻辭，語：「龍飛翔於雲端，高高在上，有利俯視德高望重者，居上位而照臨。其顯露之道理何在？」孔子明言，若乃類別屬性聚集之性，志向或興趣相同者，彼此呼應，具有同頻氣質或稟性者，互相交感相應；水之動向，乃流向潮濕處，火之焚燒，則往乾燥區域而助燃。又雲從飛龍飄移，風隨著虎而吹動；品德崇高者之奮起，乃獲天、地、人，重視敬仰。其根源來自於性質同類，各依循著稟性互靠攏，屬性於天之生物，則生存於上空，活動在地面之生命，則立足於陸地，亦有情識之生物，各依附群類相近而存在也。」

上九曰：「**亢龍有悔，何謂也？**」子曰：「**貴而無位，高而無民，賢人在下而無輔，是以動而有悔也。**」

【譯文】：上九爻辭，語：「龍飛天至高之位，恐呈現懊悔之象！」孔子明言，若處於極高至尊之地位，卻無實際之權力，雖居高臨下，未受黎民百姓之愛戴，以及志行與才德兼備者，前來輔助。所以，假使有任何舉止之行動，必遭受失敗或災難之遺憾！」

《文言》，載曰：「**坤至柔而動也剛，至靜而德方，後得主而有常，含萬物而化光。坤道其順乎，承天而時行。**」

【批注】坤，音kūn，ㄎㄨㄣ。東漢·劉熙《釋名》：「坤，順也，上順乾也。」東漢·許慎《說文解字》：「坤，從土、從申，土位在申，古作巛，象坤畫六斷也。」坤，為卦名，八卦之一。《周易》：「坤，元亨，利牝馬之貞。」又坤，象為地、為臣、為母、為妻。《三墳》：「坤形地，天地圜丘，日地圜宮，月地斜曲，山地險徑，川地廣平，雲地高林，氣地下濕。」惟坤，亦指女德。例如：「坤

德。」東晉・葛洪《抱朴子・暢玄》:「乾以之高,坤以之卑,云以之行,雨以之施。」南宋・朱熹《四書章句集注》:「主敬行恕,坤道也。」

【譯文】〈文言〉語:「坤卦本身屬性,是陰與地,本質乃柔順,展現向外特點,柔中可顯出剛強,呈現形態為靜止之象。其克柔和順,舉止儀範,施行四處各地;若隨領導者,獲得青睞重視,享有長久之吉祥,乃於女子之德性,以彰顯包容、容納之品格,寬廣澤被宇宙間所有物類。歸功於〈坤〉卦之本性,應合天地、四序之運行,承順之德焉!

積善之家,必有餘慶;積不善之家,必有餘殃。臣弒其君,子弒其父,非一朝一夕之故,其所由來者漸矣,由辯之不早辯也。《易》曰:「履霜堅冰至,蓋言順也。」

【譯文】初六爻辭,語:「經常布施行善之民家,必有福蔭,得護佑後代;行為總作惡多端,多行不義,必遭受惡報,禍延子孫。若地位低之人,殺死地位高者(誅殺君王),子女殘害父親,如此大逆不道之行為,決非一朝一夕,突然造成;主要原因,則平時逐漸累積形成,長期種下惡因,以及行為之正反對錯,善惡好壞,未能及時處罰錯誤,教導以正之故!《周易》,明言:「比喻雙足踩於霜雪上,即知嚴寒冰凍之季節,即將來臨。」其引申順應事物發生亂源前,必有徵兆或跡象;並持戒慎警惕之態度,以防備禍患之萌芽,斷絕亂事之開端。

直其正也,方其義也。君子敬以直內,義以方外,敬義立而德不孤。直、方、大、不習,无不利,則不疑其所行也。

【譯文】六二爻辭,語:「品德誠明剛正,無不良或私心,行為方正,令事物發展得適當。在位者或賢人,應莊重懷抱恭敬之心效法,修持規範表現於外之行為,做到端正自身,堅守正道,以受人尊重,優美之德性,必然聲名遠播。爰於對於正直、高尚之品性,無須刻意學習,自然有感染力量,利己利人。如此則無須疑慮一切之作為。」

陰雖有美,含之以從王事,弗敢成也。地道也,妻道也,臣道也。地道无成而代有終也。

【譯文】六三爻辭,語:「女性雖然蘊含具有美好之德性,應學習內

藏光采，避免搶鋒頭，以陰扶剛，退居幕後，輔佐領導者，功成不居。其乃地承順上天，妻子守護丈夫，臣子擁戴君主，乃順德道理之法則。惟坤所行之功，表面觀似未有成就，僅扶助而已，實乃獲賢淑之美名，頗受世人稱揚得善果。」

　　天地變化，草木蕃；天地閉，賢人隱。《易》曰：「括囊、无咎无譽。」蓋言謹也。

【譯文】六四爻辭，語：「天地運行之形態，產生變化之法則，乃草與樹木，滋長則茂盛，宇宙陰陽之氣，阻塞不通，呈現違常乖戾，不和諧之象，志行崇高者，則必退隱藏身。《周易》言：『指出當袋子受捆束，宛如閉口不言，無災難，亦未享有聲譽。延伸舉止，謹言慎行乎！』」

　　君子黃中通理，正位居體，美在其中，而暢於四肢，發於事業，美之至也。

【譯文】六五爻辭，語：「在位者德行尊貴，通達文理，處於適中位置；內在流露良善之道德品性，暢行全身，並施展行動，再擴張至做事與工作上，體現完善美好矣！」

　　陰疑於陽必戰。爲其嫌於无陽也，故稱龍焉！猶未離其類也，故稱血焉！夫玄黃者、天地之雜也，天玄而地黃。

【譯文】上六爻辭，語：「陰與陽之氣，相互交合，雙方必然產生交戰。惟陰居上六，乃陰盛陽衰，無陽氣而受嫌棄，表示陰轉陽之際，亦稱之為龍。此刻，陰尚未離開本身既屬陰氣之型態，能量弗足，陰無法勝過陽者，故以血而別稱，隱喻辛勞之狀。何謂：「玄黃？」係指天地匯合相雜，產生之顏色。即天為黑色，地乃黃色。』」

　　《周易》經義，闡述宇宙運行之法則，乃生生不息，周而復始，循環不斷，含概不動、變化與轉移力量，不變之中，含概為《三易》之理，讀者可參閱第一章，內有詳述說明。然則，卦象之六爻，爻辭從初爻至上九或上六，為極陽與至陰，並非代表就此結束，仍體現爻象之力量，顯露人事物之現象。當爻位處於最高處，必需居高思危，依然保持警訊，虛懷若谷，切莫自尊自大，以防名高引謗，誠如諺語所言：「事修而謗興，德高而毀來。」比喻行事有成，具有名氣或聲望之人，易引來毀謗，或是中傷。家師 吳慕亮，亦云：「能受天磨

方鐵漢,不遭人嫉是庸者。」

　　故〈文言〉復重申爻辭與用九之意,及闡釋「乾元用九」之核心思想,顯現天、地、人事,相互間運作之法則,密不可分之關係;當人事物發展至極點、盡頭時,則必須求變化,轉折之後便能通暢無阻,應機切合所需,符合順天應時,通達權變乎!《周易‧繫辭‧下傳》:「《易》,窮則變,變則通,通則久。」旋而,賡逐一撰述〈乾〉之爻辭,以說明從初爻至上九,呼應生命與事物之哲理,得一以貫之。

　　潛龍勿用,下也;見龍在田,時捨也;終日乾乾,行事也;或躍在淵,自試也;飛龍在天,上治也;亢龍有悔,窮之災也;乾元用九,天下治也。

【譯文】爻辭初九(潛龍勿用),乃龍位於低處隱藏著,此刻表徵火候不足,切莫有所行動。爻辭九二(見龍在田),為龍浮現於地面上,代表勢能向上,朝著某處方向邁往。爻辭九三(終日乾乾),堅持不斷努力,永不懈怠,做事勤奮於事業。爻辭九四(或躍在淵),係指龍欲往上,飛躍前進,或待在深潭處,全憑本身之心志,依據情勢發展變化,適當選擇去向。

　　爻辭九五(飛龍在天),表徵此刻居尊顯之位,能統合治理寰宇,抑是管理部屬。爻辭上九(亢龍有悔),首領處極高、終極點,唯恐物極必反,遭逢不幸與禍害。其以「元」作為〈乾〉之開始與創立,又以「乾元」呈現天德之象徵,同時為宇宙萬物運作本原之基石,亦陽氣生發繁衍之根,故善用「乾元」之力量,天下就能獲得泰平!

　　潛龍勿用,陽氣潛藏;見龍在田,天下文明;終日乾乾,與時偕行;或躍在淵,乾道乃革;飛龍在天,乃位乎天德;亢龍有悔,與時偕極;乾元用九,乃見天則。

【譯文】爻辭初九(潛龍勿用),切莫輕舉妄動,乃陽氣隱藏,尚未生發,故而潛藏。爻辭九二(見龍在田),乃陽氣充盈,龍現出於地面上,亦表示人類於精神文明含蘊光彩,流露光輝。爻辭九三(終日乾乾),二六時中,每時每刻,奮力進取,有所作為,剛健不止。爻辭九四(或躍在淵),顯示發展局勢,往上或向下,將面臨改變

更動。爻辭九五（飛龍在天），躍升上達居尊位，顯貴暨掌握權勢，能施恩澤於群黎。爻辭上九（亢龍有悔），抵達至極點，事物發展過盛，物極則衰微。故此，〈乾〉卦之「元」於太始，生發於用九之運轉，此乃體現上天自然推進法則之德惠。

乾元者，始而亨者也；利貞者，性情也。乾始能以美利利天下，不言所利，大矣哉！大哉乾乎！剛健中正，純粹精也；六爻發揮，旁通情也；時乘六龍，以御天也；云行雨施，天下平也。

【譯文】「乾元」言明之本源，即〈乾〉為純陽之氣，顯化天地之開端，亦象徵天尊，至高無上，蘊涵通達、完善事物之基，及下濟庶民盛大之德。「利貞」宣揚陽剛本質為穩固，裨益事物發展適當。因而，〈乾〉之陽剛之氣，在於初始生發之本質，則能合宜為他人，達至利樂眾生，無需特別炫耀本身之功勞。其德性著實偉哉！堪稱盛美之德乎！

其〈乾〉卦，剛堅強健，居中暨純正，具備精粹而不雜之陽氣；六爻所闡述之動能，則依循各自本位，循序漸進，向外明示萬事實際發展之狀況、內容與道理。適時應運而出，展現六龍在內（乃隱藏、顯出、自強、進退、利他、警戒）之精神，於外掌握、貫穿與實踐，天之本體所運行之法則。如此宛若雲、雨佈滿天空，降沛雨甘霖，廣施恩澤，全世界達至安寧、極盛之世矣！

君子以成德爲行，日可見之行也。潛之爲言也，隱而未見，行而未成，是以君子弗用也。

【譯文】復闡明一至六之爻辭，（初九）一个胸懷仁人志士者，修持自我涵養，增進品格，並且作為實踐於每日之中，展現得以成就德行。其（初九）所言及之「潛」，乃現況處於閉藏之中，引申才幹尚未成熟與達至水準條件，難擔任重負，行動是無法成功。故先沉著、按兵不動，勿有任何作為，以策安全。

君子學以聚之，問以辯之，寬以居之，仁以行之。《易》曰：「見龍在田，利見大人，君德也。」

【譯文】：（九二）爻辭，德行忠實、厚道之人，乃精進學習，積蓄聚集知識，並以「鑽研」與「請教」之方式學習，以增廣所得之學問，臻於慎思明辨，是非曲直；同時，秉持寬大溫和之態度，自處與

待人，懷仁慈之心處世。《周易》明言：「龍現出於地面，引申此刻己符合行事寬厚，有道德完備之人。」

九三，**重剛而不中，上不在天，下不在田。故乾乾，因其時而惕，雖危無咎矣！**

【譯文】（九三）爻辭，陽剛之爻位，居於二、五，乃未達上位，下又已離開本位，尚無居中；故需要時刻不忘，勤勞奮發而不懈怠，並且同步注意，為人處事、言談舉止，常保慎重警覺，如此雖處於遭受艱困，但無災難矣！

九四，**重剛而不中，上不在天，下不在田，中不在人，故或之。或之者，疑之也，故無咎。**

【譯文】（九四）爻辭，為上下咸為剛爻，乃太於剛烈，往上未達高位，下者不在本位，人尚無居中合適之位，故以「也許」稱之。也就是，泛指人或事物發展趨向，動向未明。或者抱持疑慮，審視情勢，見機而作，此則無過失抑是災禍。

夫**大人者，與天地合其德，與日月合其明，與四時合其序，與鬼神合其吉凶。先天下而天弗違，後天而奉天時。天且弗違，而況於人乎？況於鬼神乎？**

【譯文】（九五）爻辭，對於身處德高望重者，乃人心所向，其德行品格，與天地相稱，明察智慧，宛若日月，普照光明，實踐作為，奉揚仁風，遵照四序推展，對於功過，則依循善惡法則，有功行賞，犯罪責罰，以符合鬼神管束，善惡終有報，處置清楚。其一切所為，奉行合乎蒼天法則，弗違反天道；對於人世則依據天時而行事，如此老天必無離棄，況且黎民百姓？更何況鬼神？

亢之為言也，知進而不知退，知存而不知亡，知得而不知喪。其唯聖人乎！ 知進退存亡，而不失其正者，其為聖人乎！

【譯文】（九六）爻辭，言明「亢」，係指過甚，或盡頭之意，亦合乎「進退存亡」之道理；知求取進步，缺乏堅守，知謀得生存，卻弗明終有衰敗與死亡，祇管欲獲取，漠視失去、毀滅。僅有聖者（完美品德之人），知所以然也！若能明瞭全然事理，衡量進退之輕重，進或守，過或不及，取抑是捨，又弗偏離正途之軌道，其中之分寸與拿捏，大抵惟有聖人，可達至圓滿境界也！

七、《周易》〈繫辭傳〉之注解

夫〈繫辭傳〉，乃孔子所著，為《周易》十翼之其一，共分為上、下二篇，其內容綱領之主旨，則是詳細針對《周易》六十四卦之每一卦、卦體、卦名與文辭，以及象徵生命之精神，對於人事關係有何牽連，形而上學之精神加以逐一譯文，裨益洞明《周易》之本源，暨古人聖者之仁心，設卦用意深遠，彰顯三才代天宣化，行道之尊貴矣！

《周易·繫辭·上傳》
第一章

天尊地卑，乾坤定矣！卑高以陳，貴賤位矣！動靜有常，剛柔斷矣！方以類聚，物以群分，吉凶生矣！在天成象，在地成形，變化見矣！是故：剛柔相摩，八卦相盪。鼓之以雷霆，潤之以風雨，日月運行，一寒一暑。

【譯文】天於上為貴，地在下則卑下，又乾為天，坤係地，如此乾坤之序位則確定。排列位置之情況，從低至高，天貴地卑，各居其所之地位。宇宙事物恆常運轉之法則，有著活動、休止與陰陽，亦就分明清晰。世間人事群體屬性之歸類，若性質相近者，則靠近於一塊，質地弗同，乃自然分開，其中蘊藏福禍與良窳之影響力。萬物主宰於天空所顯現狀態，即在日月、星辰，於陸地上乃在人、動物、山川和樹林，彼此相互演變之往來，所發生變化，乃在其中可表現出。於是，陰氣與陽氣，兩股力量互相碰觸，八卦之爻彼此交替、推移。萬物之生發，以雷霆使之振動，降下風雨滋潤物類，日暨月運轉不息，形成冬、夏（亦指歲月）相互更替之功也。

乾道成男，坤道成女。乾知大始，坤作成物。乾以易知，坤以簡能。易則易知，簡則易從。易知則有親，易從則有功。有親則可久，有功則可大。可久則賢人之德，可大則賢人之業。易簡，而天下之理得矣。天下之理得，而成位乎其中矣。

【譯文】男性呈現為剛健，即是天道，女性表徵為柔順，乃是地道。乾道（陽剛）施展在於萬物開始之興起，坤道（溫柔）表現於事物孕育之生成。男性以強健、朝氣，主導推動運行，女者表現溫柔、恭

順,致化成之功。施行輕易,則令人親善接近,流露美德,讓人跟隨,可達至成果。若能受人親近,即能保持時間之長久,有成績進而造就豐功偉業。實踐長久不衰,為志行崇高,品行之德譽,可推行道範,臻至高無上,即功業永垂不朽。乾(剛強),坤(柔順),乃是平易暨親民之法,延伸天下事務之道理,從中便可體悟。懂得明白萬物運行法則,如此一來,自身之成就,亦在其中獲致定位也!

第二章

聖人設卦觀象,繫辭焉而明吉凶,剛柔相推而生變化。是故:吉凶者,失得之象也。悔吝者,憂虞之象也。變化者,進退之象也。剛柔者,晝夜之象也。六爻之動,三極之道也。

【譯文】古人完美品德者,設計八卦之圖形,以觀測天象,並附加說明卦辭之意義,顯示諸事之福禍、好壞,其卦象陰(柔)陽(剛)交互演繹,無窮變化。所以,卦爻中之卦象,吉利或凶險之現象,作為立身處世,行為有度。懊悔與缺憾,乃內心對人事憂愁或疑慮之狀態。爻卦中顯露之變化,即說明針對事件本身,欲改變之動向,向前移動,抑是離開。爻之性質,剛與陰,各自表徵白天(陽)和夜晚(柔),日夜接替之現象。六爻之移動,含概著天、地、人三個層次,運行之法則。

是故:君子所居而安者,易之序也。所樂而玩者,爻之辭也。是故:君子居則觀其象,而玩其辭;動則觀其變,而玩其占。是以自天祐之,吉无不利。

【譯文】因此,有仁德之人,行、住、坐、臥,得以安安穩穩,乃符合《周易》顯現出適當之位置,弗受外境干擾。其愉悅之處,則探索體悟《周易》卦象、爻辭之涵意。故仁者於平時,使用《周易》觀察義理之現象,並琢磨或釐清事物之真相與含意,樂在其中。當需要有所行動之際,則透過占卦,預先體悟卦象透露之意義,並推斷吉凶禍福,裨益進退行動,符合應有之恰當時機。爰於老天自然護佑當事者,有利於任何行動祺祥!

第三章

象者，言乎象者也。爻者，言乎變者也。吉凶者，言乎其失得也。悔吝者，言乎其小疵也。无咎者，善補過也。是故：列貴賤者，存乎位。齊小大者，存乎卦。辯吉凶者，存乎辭。憂悔吝者，存乎介。震无咎者，存乎悔。是故：卦有小大，辭有險易。辭也者，各指其所之。

【譯文】象者，乃講明與斷定《周易》卦象所表徵之意義。爻者，乃八卦上之橫線，並解說各爻變化之狀態。吉凶，是闡明優劣或得失。悔吝，乃過失與遺憾，指行事之小缺點。无咎，係指錯誤，解釋如何自省，彌補過失，改善歸正。因而，將尊貴與卑賤，排列於卦象中，顯示與爻位之關係。齊小大，象徵高低之差，完備存在於卦體之中，以明良窳。辯吉凶，善惡顯示於爻辭，得以區別正反與對錯。憂悔吝，煩惱缺失及懊悶，表明需謹慎防範未然。震无咎，則畏懼災禍，於未發生事實前加以防備，以及知錯能改，就無患難之處境。因此，卦象有貴賤高下，爻辭有危險與安穩之差。其卦象之文辭，清楚指明各自當事者，應朝向恰當之位置暨方向，得安身立命！

第四章

《易》與天地準，故能彌綸天地之道。仰，以觀於天文；俯，以察於地理。是故：知幽明之故。原始反終，故知死生之說。精氣為物，遊魂為變，是故：知鬼神之情狀。與天地相似，故不違。知周乎萬物而道濟天下，故不過。旁行而不流，樂天知命，故不憂。安土敦乎仁，故能愛。

【譯文】《周易》之定立，乃取法於天地之定位，故能概括與包羅天地間，所有一切之道理。應用《周易》形而上學之哲理，聖者於抬頭時，往上可觀看天空中景象（日月、星、辰及風、雲、雨、雪）一切自然現象。低頭向下，便能勘察山川、土地環境之形勢。故能觀察知覺有形與無形，隱性與顯性，可看見和無法望見，光明暨昏暗之現象。推究萬物根源之變化，從開端至結束，追根究柢，即能知曉生命死亡及生存，抑是消長與盈虧之真理。天地間生物之形成，乃因靈妙

之氣或元氣所聚合，靈魂飄蕩無定所，則造成移動變化，故而，獲知亡魂與神靈實際之狀況。其《周易》卦理與天地之規則雷同，並弗相違。惟明白《周易》全部含括宇宙間之一切物類，緬懷古代聖王之道，則足以救濟天下之百姓，行為施展並未超越適當之限度。行動無放縱，廣泛通行，順應天意與時勢之變化，盡其本分，堅持原則，平穩所處之情境，樂觀而無擔憂。內心隨遇而安，且懷寬惠善良之心，仁德施予，行儀廣泛利益百姓。

範圍天地之化而不過，曲成萬物，而不遺。通乎晝夜之道，而知。故神无方，而《易》无體。

【譯文】《周易》呈現卦象廣大，意涵與界限，乃不超過天地運行之法則。智慧完備遍及一切萬物，不遺漏任何事物之道理。卦象之演繹，顯現日夜與陰陽之規則，達至任何人事皆能知曉。因此，創造者或主宰者，顯化神妙之理，變化多端，無固定之方式，然而《周易》同理可證，卦體之移動，亦毋一定之形態。

第五章

一陰一陽之謂道，繼之者，善也。成之者，性也。仁者見之，謂之仁。知者見之，謂之知。百姓日用，而不知。故君子之道，鮮矣！顯諸仁，藏諸用，鼓萬物而不與聖人同憂，盛德大業至矣哉！富有，之謂大業；日新，之謂盛德；生生，之謂《易》；成象，之謂乾；效法，之為坤；極數知來，之謂占；通變，之謂事；陰陽不測，之謂神。

【譯文】道之展現，乃一陰與一陽相互輪替，其妙稱之為「道」。承續道之開創與運作，則是善。順應達至道之特質或功能，稱之性。有仁德之人，見著道而行之，稱呼仁。擁有遠見、才識之人，視道則屬智慧。一般之平民，每日咸在施行使用，卻無能知曉道。因此，能體悟真正道之真諦，就非常稀少。道之表露之狀況，於眾多善良之德行中，隱藏在各个事物裡，振動所有事物之生發，並不與聖者同謀於憂國憂民，如此昌明興盛之德行，功業可謂，達至最高境界！富足無缺，充裕繁衍，乃偉大之事業。每天弗斷之更新、進步與發展，即是崇高之行為。生長持續不斷，稱為「變易」。構成天地運作與變化現

象，則謂「乾」。學習仿照，追隨前人合乎法則，則稱為「坤」。研究卦理，以預測未來人事變化，即是「占卦」。通權、隨機應變，認清局面，即為「事態」。陰陽力量之變化，示現之意外或弗能預料，稱作「玄妙」。

第六章

夫易，廣矣！大矣！以言乎遠，則不禦。以言乎邇，則靜而正。以言乎天地之間，則備矣！

【譯文】《周易》之道理，寬大遼闊，至高無上呀！用它說明遠大之道，無法抵擋，浩瀚無邊之境地。依它談論近處或眼前之事，則是沉著正確。按它陳述天下事，所有事理咸具備完善乎！

夫乾：其靜也專，其動也直，是以大生焉！夫坤：其靜也翕，其動也闢，是以廣生焉！廣大配天地。變通，配四時。陰陽之義，配日月。易簡之善，配至德。

【譯文】其乾者，所象徵為陽剛，靜止不動時，心志是集中，活動之際，乃公正剛直，故而運轉極高之力量。惟坤者，表徵是柔順，當休止時，則為和諧順服，行動之開展，故能寬廣而化育。《易》理範圍之內容，廣泛與博大，結合天地。變化則搭配四季，順應時勢以更動。用陽剛之原理，合用於日月之法則。以《易》之平易，施行美好，則能相配崇高偉大之德性。

第七章

子曰：「《易》其至矣乎！夫《易》，聖人所以崇德而廣業也。知崇禮卑，崇效天，卑法地。天地設位，而易行乎其中矣！成性存存，道義之門。

【譯文】孔子言：「《周易》明講出最高之道理！《周易》具有完善品德者，藉由提高優美品性與闊展功業。智慧以清高為尊，禮節以謙和為貴，智慧之清高，係效法天，禮節之謙和，乃仿效地。天與地明確設定，崇高與謙卑，如此一來，《周易》所蘊藏運行之理，全在其中。萬事萬物具有本質之善，存在而弗休止，即通往道德和正義之途徑！

第八章

聖人有以見天下之賾，而擬諸其形容，象其物宜，是故謂之象。聖人有以見天下之動，而觀其會通，以行其典禮，繫辭焉，以斷其吉凶，是故謂之爻。言天下之至賾，而不可惡也。言天下之至動，而不可亂也。擬之而後言，議之而後動，擬議以成其變化。

【譯文】賢者，望見天底下，幽深玄妙之事物，以摹擬事物所呈現出之狀態，適合代表相似意義之形狀，此乃稱呼為「象」。賢者，能眼觀天地事物，發展與更動運轉之法則，洞察加以融會貫通，並推展至典法禮儀中，得以六十四卦要義之文辭，以判定人事物之禍福，此稱呼為「爻」。《周易》講解世界精深奧妙之道理，永遠弗可毀壞。說明錯綜複雜之爻變，亦弗能無條理或脫離次序。演繹《周易》之卦象，先商量議論，述說其中道理所顯露之動向，再斟酌加以行動。推測估量卦爻結構之變化，方能得出結論述說之。

鳴鶴在陰，其子和之。我有好爵，吾與爾靡之。子曰：「君子居其室，出其言善，則千里之外應之。況其邇者乎？居其室，出其言不善，則千里之外違之。況其邇者乎？言出乎身，加乎民；行發乎邇，見乎遠。言行，君子之樞機，樞機之發，榮辱之主也。言行，君子之所以動天地也，可不慎乎。」

【譯文】引自第六十一〈中孚〉卦，九二；辭言：「鶴於山之北面或水之南面鳴叫，其鶴鳥之子亦同啼叫，彷彿余有一瓶美酒，與汝共歡暢飲。」孔子釋文，引申言：「德性出眾之賢者，平時居住於家中，所表達之言論咸是良善，可以攝受位在遙遠地方之人，亦能前來呼應。況且是居於臨近者？假使住在室內，若言論方式粗惡無禮之話語，于遠方之人，則必避開與背離，何況近身邊者。情感發言，出自於本身，表露在外，吾儕皆能聽聞；行為之展現從近處，位於迢遙之人亦能觀覩。說話與行為，係賢達者，立身處世之關鍵，一旦樞紐經由啟動，可關乎个人獲得光榮與恥辱！賢者展現之言行舉止，是能驚動天地間之人事物，影響力如此甚廣，切莫輕視疏忽之。」

同人，先號咷而後笑。子曰：「君子之道，或出或處，或默或語。二人同心，其利斷金；同心之言，其臭如蘭。」

【譯文】引自第十五〈同人〉卦，九五；辭言：「與人和協，先未能相契互相投合，而放聲大哭，後相得甚歡，則破涕為笑！」孔子釋文，引申言：「賢者修養自身，奉行道義之原則，出任做官，抑是退藏隱居，沉默寡言，或者高談闊論。假若二人同一心意與行動，產生力量強大，可將鋒利之刀劍切斷。二人齊一思想、言語一致，所散發出來之味道，則宛如蘭草般，芬芳香氣，四處飄散。」

初六，藉用白茅，无咎。子曰：「苟錯諸地而可矣，藉之用茅，何咎之有无慎之至也。夫茅之為物薄，而用可重也。慎斯術也以往，其无所失矣！」

【譯文】引自第二十八〈大過〉卦，初爻；辭言：「假借白色之絲茅墊於禮器下方，則無災害。」孔子釋文，引申言：「將祭祀之供品，置於地上是可以，不草率再用茅草鋪在下面，如此恐有禍害？其行為乃相當謹慎！使用茅草，本屬相當輕薄之物品，卻可發揮極大之功。依據恭敬慎行之方式來行事，即無過失也。」

勞謙，君子有終，吉。子曰：「勞而不伐，有功而不德，厚之至也。語以其功，下人者也。德言盛，禮言恭。謙也者，致恭以存其位者也。」

【譯文】引自第十五〈謙〉卦，九三；辭言：「做事辛勤暨謙恭和藹，始終一貫，堅持不變，可獲祺祥。孔子釋文，引申言：「勤奮而弗自誇，有功績卻弗認為有貢獻，乃敦厚極至之表現！其說明據有勛勞者，仍然謙和對待黎民。道德品性，講究德行。禮儀力求恭敬。惟謙謙君子，則是主敬存誠，謙虛有禮，嚴以律己，得以保有自身之地位！」

亢龍有悔。子曰：「貴而无位，高而无民，賢人在下位而无輔，是以動而有悔也。」

【譯文】引自第一〈乾〉卦，上爻；辭言：「龍飛至高極尊處，恐面臨懊惱與敗亡。」孔子釋文，引申言：「上位者居在高處，無實際之權力，以及受百姓之擁戴，有德行者，處於低下之地位，無任何良才可來輔佐。因此，假使任意行動，則必招致悔恨！」

不出戶庭，无咎。子曰：「亂之所生也，則言語以為階。君不

密,則失臣。臣不密,則失身。幾事不密,則害成。是以君子慎密而
不出也。」

【譯文】引自第六十〈節〉卦,初爻;辭言:「不輕易離開家門,則
無禍端。」孔子釋文,引申言:「災禍之起因,乃語言作為途徑。君
王未能保守機密,則必失去臣子。臣子泄露機密,就必引來殺身之
禍。機密之事,無能保密,將有危及於成功。因此有德行者,嚴謹說
話,防範機密洩露。」

　　子曰:「作《易》者其知盜乎?《易》曰:『負且乘,致寇
至。』負也者,小人之事也。乘也者,君子之器也。小人而乘君子之
器,盜思奪之矣!上慢下暴,盜思伐之矣!慢藏誨盜,冶容誨淫。
《易》曰:『負且乘,致寇至。』盜之招也。」

【譯文】引自第四十〈解〉卦,初六。孔子言:「創制《周易》者,
大抵知曉強盜之作為?《周易》云:『心術不正之人,身上背負貴重
之物,搭坐車子,必招徠盜匪入侵。』引申義,身背重物,乃小人行
為舉止,車子為賢者所搭乘之交通工具。其小人卻坐於車子上,導致
劫匪前來強取。惟上位者驕傲無禮,底下就殘酷凶惡,匪賊就會來征
討。於收藏財物,若是弗謹慎,即必引起盜賊偷竊,抑或婦女衣服穿
著太暴露,易導致刺激壞人邪惡之心思。《周易》云:『身背負貴重
物品而搭車,招引強盜。』即講明招惹劫盜之緣由。」

　　《易》曰:「自天祐之,吉无不利。」子曰:「祐者,助也。天
之所助者,順也。人之所助者,信也。履信,思乎順,又以尚賢也。
以是『自天祐之,吉无不利。』也。」註:筆者考,馬叔禮《易經‧
校註講本》,原文於〈上傳‧第十二章〉之首段,依文義應排於此。

【譯文】引自第十四〈大有〉卦,上九,辭言;《周易》:「來自上
天之護佑,祺祥無往不利。」孔子釋文,引申言:「祐,為福祉,亦
為神明護助。欲獲得老天之保祐裨助,心須順應天道行事。想要得民
心輔助,則誠實不欺,對待他人。實行誠信,心存順從天道,且能尊
崇有德行之人。故能接獲『上天保祐幫助,祺祥無往不利。』」

第九章

　　天一地二,天三地四,天五地六,天七地八,天九地十。天數

五；地數五。五位相得，而各有合。天數二十有五；地數三十。凡天地之數，五十有五，**此所以成變化，而行鬼神也。**

（註：一、三、五為天數，亦是奇數；二、四、六乃地數，即是偶數）

【譯文】天數一，地數二；天數三，地數四；天數五，地數六；天數七，地數八；天數九，地數十。天數有五，地數亦有五，兩者各自為五之數，分配之數皆妥善。奇數相加，為二十五；偶數相加，乃三十。奇數與偶數相加總合，則是五十五，其數位之演繹，乃《周易》推算演繹卦象，各式各樣之變化，並使神靈運作力量，奧妙蘊藏在其中。

大衍之數五十，其用四十有九。分而為二，以象兩。掛一，以象三。揲之以四，以象四時。歸奇於扐，以象閏。五歲再閏，故再扐而後掛。乾之策，二百一十有六。坤之策，百四十有四。凡三百有六十，當期之日。二篇之策，萬有一千五百二十，當萬物之數也。是故：四營，而成易。十有八變，而成卦。八卦，而小成。引而伸之，觸類而長之，天下之能事畢矣。

【譯文】當進行占卜演繹時，準備五十根蓍草，從五十根蓍草中抽出一根（代表太極），實際使用為四十九根，再將其餘四十九根，隨機分開成二組，乃象徵天地之兩儀。接著以手抽點蓍草之數目，以四根一數，代表著春、夏、秋、冬，四季運作。並將分數好剩餘之蓍草，夾在左手兩指之間（無名指與中指），以象徵閏月。其五年兩閏，故將另一組之蓍草，亦依照四根一數，再將數剩下之蓍草，夾在左手兩指之間（無名指與中指）指縫懸吊著。〈乾〉卦於占卜用之蓍策，總數為二百一六根。〈坤〉卦卜算之蓍策，總數是一百四十四根。〈乾〉〈坤〉兩卦之策數相加，共得三百六十根，相當於整年之天數。

《周易》之〈上經〉與〈下經〉為六十四卦，于占卜時用之蓍策為一萬一千五百二十根，相等為萬物之數目。因此，《周易》占卜之方法，產生卦形是數蓍草之過程，經由將蓍草一分為二，次則三變成一爻，每一卦六爻，須十八變而演變成一卦。其八卦則形成一个小之卦圖。將演變完成之八卦，理解其知識與原理，延伸發展其他事物，

進而可推知同類之事理，故全世界所能相應之道理，亦全涵蓋其中。古人用著草卜卦時，以定陰爻或陽爻之動作稱為「揲著」。

顯道，神德行。是故：可與酬酢，可與祐神矣！子曰：「知變化之道者，其知神之所為乎！」

【譯文】《周易》之幽深精微之境界，必彰明神妙之道理。故能藉由卜卦，知曉人與人之交際互動，亦能輔助神靈感應。孔子言：「洞悉明白，事物之性質與形態，間接亦清楚神靈之一切作為。」

第十章

《易》有聖人之道四焉：以言者，尚其辭。以動者，尚其變。以制器者，尚其象。以卜筮者，尚其占。

【譯文】具有完美品德之人，顯現於《周易》四類層次：以言論敘述卦辭，則尊崇《易》所用之詞句。用於指示情勢變遷之發展狀態，則仰慕《易》之變化。使用於製造用具者，則推崇《易》形狀之圖案。運用於推斷，吉凶禍福之人，則推重《易》之靈驗。

是以：君子將有為也，將有行也，問焉，而以言。其受命也，如響。无有遠近幽深，遂知來物。非天下之至精，其孰能與於此？

【譯文】故而，賢能者將有所作為，準備行動，乃以占卜方式，詢問事情吉凶。於他方則必接受詰問並應聲。不論距離之長短，關係之親疏，昏暗弗明或是精微，咸能知悉未來狀態。若非全世界最玄妙之智慧，又有誰可達至如此之境界？

參、伍、以變；錯、綜、其數。通其變，遂成天下之文。極其數，遂定天下之象。非天下之至變，其孰能與於此。

【譯文】使用三與五反覆進行推演，產生交互參雜之卦變。通達蘊藏其中之變化，則能確切知道天下所有狀態。極至之變化萬端，便可完備明白天地之物理。假使未呈現最卓著，貫通運作變化之真理，是誰可擁有此程度？

《易》：无思也，无為也，寂然不動，感而遂通天下之故，非天下之至神，其孰能與於此。

【譯文】《周易》本身之卦象乃無思慮，亦毋作為，沉靜未有任何行動，一旦受外界觸碰產生振動，則能通達萬物之事理。若非天底下最神奇巧妙之力量，還有誰能達至此境地？

夫《易》，聖人之所以極深，而研幾也。唯深也，故能通天下之志。唯幾也，故能成天下之務。唯神也，故不疾而速，不行而至。

【譯文】《周易》巨作，乃賢良者，苦心孤詣作為研究分析，精細微妙之義理。其相當深奧，方能洞悉天下人之思想與志向。維極細微，方能成就天地所有事物之功勞。尤甚精妙，掌握適當節奏，完備事務之進展，不須費力行為，則自然成功。

子曰：「《易》有聖人之道四焉者，此之謂也。」

【譯文】孔子言：「《周易》於四類層次上，呈現出完美品德行道之理」，述說即指此意義。

第十一章

子曰：「夫《易》，何為者也？夫《易》，開物成務，冒天下之道，如斯而已者也。」是故：聖人以通天下之志，以定天下之業，以斷天下之疑。

【譯文】孔子言：「「其《周易》者，能作何敘述？《周易》可開通萬物之理，使人事各得其宜，散發天底下之規則，僅存而已。」因此，賢達者施行《周易》，以暢達天下黎民之思想與志向，穩固天下之豐功偉業，判定所有人之疑慮。

是故：蓍之德，圓而神。卦之德，方以知。六爻之義，易以貢。聖人以此洗心，退藏於密，吉凶與民同患。神以知來，知以藏往，其孰能與此哉？古之聰明睿知，神武而不殺者夫！

【譯文】故此，蓍策之本質與作用，周全暨玄妙。卦象之顯現，德性方正又有智慧。六爻之意涵，乃告示變化之特性。故此，賢良之人，用此作為淨化心胸，排除惡想或雜念，往內退隱藏身，不隨便外露，方能存養，外遭逢災禍，同等與庶民共患難。以蓍策之玄妙無窮，得以推知未來，懷抱明智，對過往發生之經驗，能了然不惑。是誰有如

此之本領功夫？或古賢者，方能具備天資靈敏，心思細巧，通達有智識，英明威武，弗隨意敗壞，或是濫殺無辜！

是以，**明於天之道，而察於民之故，是興神物，以前民用。聖人以此齋戒，以神明其德夫！**

【譯文】所以，觀察入微，天體運作之法則，深入瞭解與領會百姓之事務，且創立殊勝以著策占卜之物品，引導庶民使用。賢者用此神物，作為修身之依據，嚴守戒律，應用卜卦，並推動行使、顯化神祇妙理之德行！

是故：**闔戶，謂之坤。闢戶，謂之乾。一闔一闢，謂之變。往來不窮，謂之通。見，乃謂之象。形，乃謂之器。制而用之，謂之法。利用出入，民咸用之，謂之神。**

【譯文】所以，關閉門戶靜處，乃象徵女德，為坤。開墾門庭，即代表男之剛健，乃乾。有開（出）有入（進）關，謂之變化。去與來無極限，即是暢達。表露事實變化之狀態，此稱現象。呈現物品之樣貌，為用具之總稱。製造出來並善用之，稱之效法。於往來充分發揮與運用，百姓無時無刻皆利用之，存在不平凡之中，此稱神奇奧妙。

是故，**《易》有太極，是生兩儀；兩儀，生四象；四象，生八卦；八卦，定吉凶；吉凶，生大業。**

【譯文】故而，《周易》從初始宇宙混沌未明前，則有太極，再從太極擴展至天地兩種形態，天地陰陽再蔓衍，以生四象，乃少陽、老陽、少陰、老陰。復從四象支分成八卦，即為〈乾〉（☰）、〈兌〉（☱）、〈離〉（☲）、〈震〉（☳）、〈巽〉（☴）、〈坎〉（☵）、〈艮〉（☶）、〈坤〉（☷）。於是乎，自八卦變化演繹出六十四卦象，則可判斷良窳或優劣。復由福禍之中，可定出造就偉大之事業。

是故：**法象，莫大乎天地。變通，莫大乎四時。縣象著明，莫大乎日月。崇高，莫大乎富貴。備物致用，立成器以為天下利，莫大乎聖人。探賾索隱，鉤深致遠，以定天下之吉凶，成天下之亹亹者，莫大乎蓍龜。**

【譯文】因此，宇宙間之一切現象，未有比天地更為偉大。時態之變

遷，亦無比四季範疇再超越。天象之呈現，再無比日月之光明更為顯
露。推崇高尚之優渥，無有比榮利更良好。齊備器物，製成可用之器
物，盡其於所用，助益普羅大眾使用，亦毋比賢能者愈卓越。探求艱
深玄妙之事理，則能吸取細微深處，臻於到達遠方，影響後世，推行
久遠；並判定一切萬物福禍，成就連續不倦怠向前進，無勝過著策與
龜卦之占卜。

　　是故：天生神物，聖人則之。天地變化，聖人效之。天垂象，見
吉凶，聖人象之。河出圖，洛出書，聖人則之。

【譯文】所以，上天惠澤著龜殊勝之物，賢良者乃取法。天地間顯露
出變化無窮，賢良者依循倣效。老天示現各式各樣之現象，蘊藏著吉
凶、福禍與美惡，賢良者則摹擬。黃河出現背部有龍馬負圖之圖案，
洛水出現神龜背書，背上浮出九組弗同點數組合而成之圖畫，賢良者
則參考仿照。

　　《易》有四象，所以示也。繫辭焉，所以告也。定之以吉凶，所
以斷也。

【譯文】《周易》之四象，為少陽、老陽、少陰、老陰，因此能用以
顯現變遷之奧妙。附明卦爻辭之意義，用此申明人事物之狀態。復依
循卦象之爻辭，得以判斷行事之禍福。

第十二章

　　子曰：「書不盡言，言不盡意。然則聖人之意，其不可見乎！」
子曰：「聖人立象，以盡意。設卦，以盡情偽。繫辭焉，以盡其言。
變而通之，以盡利。鼓之舞之，以盡神。」

【譯文】孔子言：「書本文字之陳述，無法真正表達話語，說話之陳
述，亦毋能全然道盡內心之想法。」既然如此，賢良者之心意，則無
法表露出來？孔子復申明，云：「俱備完美品德之人，創立圖象符
號，來周全表現思想。制訂六十四卦，得以知曉顯現事件之真誠或虛
偽。於卦象中附有爻辭之義，乃詳述本身所要講明之話語。藉由卦爻
之變化，指引通達有益之方向。並全面推動《周易》宣揚，裨益促進
發揮奇妙與效用。

乾坤，其《易》之縕邪！乾坤成列，而易立乎其中矣！乾坤毀，則无以見易。易不可見，則乾坤或幾乎息矣！

【譯文】〈乾〉、〈坤〉兩卦，是《周易》蘊涵之精華呀！〈乾〉卦與〈坤〉卦，次序上下己成列，《周易》之義理亦在其中確立。假如〈乾〉〈坤〉兩卦遭受破壞，倘若如此，乃無法洞悉《周易》之完整，其法則無能顯現，則〈乾〉卦與〈坤〉卦之力量，則將近消失也。

是故，形而上者，謂之道。形而下者，謂之器。化而裁之，謂之變。推而行之，謂之通。舉而錯之天下之民，謂之事業。

【譯文】所以，思想與學說，超越精神感覺，抑是有形肉體者，稱為「道」。落在有形之物質上，則稱之「器」。惟生成天地萬物，加以裁定，稱呼為「變」。進一步實施道之教化與推廣，乃稱之「通」。將道禮施行，應用於普及大眾之身上，方稱為事業。

是故：夫象，聖人有以見天下之賾，而擬諸其形容，象其物宜，是故謂之象。聖人有以見天下之動，而觀其會通，以行其典禮，繫辭焉，以斷其吉凶，是故謂之爻。

【譯文】因此，《周易》所談之象，乃賢能者眼見，天底下幽深玄妙之事理，將其呈現出形式及狀態做比擬，以有形適合之觀念表現意思，所以有卦象之稱。賢能者見著萬物轉化之發展，觀察事物進而融會貫通，加以推展典法禮儀之規範，再依循卦象之文辭，並且判定是福禍或善惡，所以稱之為「爻」。

極天下之賾者，存乎卦。鼓天下之動者，存乎辭。化而裁之，存乎變。推而行之，存乎通。神而明之，存乎其人。默而成之，不言而信，存乎德行。

【譯文】窮盡全宇宙最微妙之事理，乃於卦象。振動天下所有一切事物之運作，則在於卦之爻辭。促使萬物化育且裁奪，即是變化。進而推展演繹，乃成於通達。清楚明瞭《周易》之妙法，則能彰顯被人所運用。沉靜潛修，達至功業，毋須表述，百姓必信任聽從，關鍵即在完善之道德品性！

《周易 · 繫辭 · 下傳》

第一章

八卦成列，象在其中矣！因而重之，爻，在其中矣！剛柔相推，變，在其中矣！繫辭焉而命之，動，在其中矣！吉、凶、悔、吝者，生乎動者也。剛柔者，立本者也。變通者，趣時者也。吉凶者，貞勝者也。天地之道，貞觀者也。日月之道，貞明者也，天下之動，貞夫一者也。

【譯文】八卦之制定，按照次序，將爻之文辭、跡象，彰顯含藏於萬事之中！將卦爻，二卦相重演繹，得出六十四卦，當中三百六十四爻亦呈現在內。剛爻與陰爻彼此間互相轉移，就概括所有人事物，變遷之力量！卦象所解釋之文辭，事物改變之動能，何時該行動或靜止，則申明宜行動之時機！福禍、良窳、懊惱、悔恨，乃於言行舉止當中所產生。陰爻與陽爻，亦代表強弱，則是構成卦象之基礎。改變與通達，行動之歸向，乃配合順應時勢，所做之調整與變遷。祺祥或災害之呈現，乃能堅定守正道，即能趨吉避凶。宇宙運行之法則，說明道之顯現，以供予黎民瞻仰。日月照亮之力量，為依循時序與固定軌道而轉動，引申人守正位而光明。全天下所有事理之行動，乃須遵守正途與專一，方能穩固也！

夫乾，確然示人易矣！夫坤，隤然示人簡矣！爻也者，效此者也。象也者，像此者也。爻象動乎內，吉凶見乎外，功業見乎變，聖人之情見乎辭。

【譯文】其〈乾〉卦（男性），象徵天道，示現性情對外，以剛健親善他人！〈坤〉卦（女性），表徵地道，乃流露內德為簡約，示現柔順明示眾人！所說之「爻」，即效仿天地、陰陽、男女、夫婦、日月等。所謂「象」，乃摹擬乾坤之形態。卦爻與卦象彼此相重，在內產生變化，卦體顯現於外，則禍福與良窳，功勞事業之成功與否，展露於卦象變動之中，同時賢能者之意念，亦表現在爻辭之中。

天地之大德，曰生。聖人之大寶，曰位。守以守位，曰仁。何以聚人，曰財。理財正辭，禁民為非，曰義。

【譯文】天下盛美之德性，乃化育萬物。賢良之人，極貴重之寶，即

是本位。憑何條件固守本位，則遵循寬惠與善良之德行。用以聚合民眾，乃依據財物與才能。掌管財務，須品行端正，正當之言論，忌諱胡作非為，此稱之正道。

第二章

　　古者，包犧氏之王天下也。仰則觀象於天，俯則觀法於地，觀鳥獸之文，與地之宜，近取諸身，遠取諸物。於是，始作八卦，以通神明之德，以類萬物之情。作結繩而爲罔罟，以佃以漁，蓋取諸離。

【譯文】既往古人，伏羲氏統治管理國家，抬頭朝上，則審視風雲天文之遷動，低下就勘察地理移動之法則，觀察飛禽走獸之紋路，棲息特性之現象，以及適合生長之地，取材以就近唾手可得，用以立身行己，遠地浮現各種現象，取法作為預警訊息。因此，制立八卦，通達光顯神靈之德行，提供一切事理之法則。伏羲氏以結繩編成網，以捕捉鳥獸、魚以及打獵，此法取得自〈離〉卦，用網羅得物之象徵。

　　包犧氏歿，神農氏作，斲木爲耜，揉木爲耒。耒耨之利，以敎天下，蓋取諸「益」。

【譯文】當伏羲氏亡故，則上古帝王神農氏興起，以斧頭砍木，製成鐵鍬（掘土用）。彎曲木頭，製造成耕具之曲柄（犁），以推種耕田，將農具之益處宣揚教導百姓，此乃取自〈益〉卦，饒富他人。

　　日中爲市，致天下之民，聚天下之貨，交易而退，各得其所，蓋取諸「噬嗑」。

【譯文】訂立於中午時，進行交易物品之買賣，招引天底下之庶民，集合所有一切之財貨，相互往來互換，完成生意則離去，裨益百姓各取所需，其進行之方法，則選擇於〈噬嗑〉卦，共同約束，供需互利。

　　神農氏歿，黃帝、堯、舜氏作，通其變，使民不倦，神而化之，使民宜之。《易》窮則變，變則通，通則久。是以：「自天祐之，吉无不利。」黃帝、堯、舜，垂衣裳而天下治，蓋取諸「乾坤」。

【譯文】神農氏辭世，黃帝、堯與舜氏，承繼振起。聖哲們貫通一切

事理之變化，促使黎民弗厭倦，顯化神靈玄妙之威儀，化解困難，臻於眾生行動安然無事。《周易》哲理之規則，即當事物發展至極處之際，則必須求變化，變化之後便能有轉機，裨益順暢符合所求，方能通達天長日久。故而：「〈大有〉卦，申明獲得老天神明之護助，行事祺祥通順，無往不利。」黃帝、堯、舜等聖人之行儀，順應天地之道，無為自然運行，施德化民，其出自〈乾〉、〈坤〉之卦象，天（陽）創始，地（陰）承順之德，兼善天下。

剖木為舟，剡木為楫，舟楫之利，以濟不通，致遠以利天下，蓋取諸「渙」。

【譯文】將木頭剖開，中間挖空作成船隻，削尖木頭，製造成行船划水用之槳。船隻與槳之功用，則渡過阻塞之河川，得以讓百姓行進至遠方，造福天底下之人。此取象於〈渙〉卦，即能利涉大川，乘木有功也。

服牛乘馬，引重致遠，以利天下，蓋取諸「隨」。

【譯文】馴伏牛，駕馭馬車，能夠動載運重物抵達遠處，乃為百姓創造便利，此則取象用自〈隨〉卦，隨順適宜，動而利達。

重門擊柝，以待暴客，蓋取諸「豫」。

【譯文】裝置頗多層之門戶，在巡夜時，則敲打梆子（樂器名），以警戒盜賊，此取象出自〈豫〉卦，凡事防患未然，可杜絕後患也。

斷木為杵，掘地為臼，臼杵之利，萬民以濟，蓋取諸「小過」。

【譯文】砍斷木頭，做成舂米用之圓木棒（杵），挖掘地面，使之成為舂米之器具（臼），杵與臼之功用，能生產出糧食，令千萬庶民獲得利益，此取象自〈小過〉卦，乃適當限度之給與，始能通達順利。

弦木為弧，剡木為矢。弧矢之利，以威天下，蓋取諸「睽」。

【譯文】彎曲木頭，使之成為弧形之弓，削尖木頭製作成箭，弓暨箭兩者形成之力量，達至震懾世界，此取象自〈睽〉卦，則異中求同，各自發揮所能，通力合作，受益無窮。

上古，穴居而野處。後世聖人，《易》之以宮室。上棟下宇，以待風雨，蓋取諸「大壯」。

【譯文】遠古時代，人類生活，居住地方為鑿穴，或生活於荒野之中。後代賢能者，遵循《周易》構成之形象，將房屋架構改變調整。屋子上架設有正樑之橫木，以支撐屋頂，屋外延伸下垂之屋簷，妥善足以抵擋防禦風雨，其取象源於〈大壯〉卦，施展得當，乃得亨通。

　　古之葬者，厚衣之以薪，葬之中野，不封不樹，喪期无數。後世聖人，《易》之以棺槨，蓋取諸「大過」。

【譯文】古時埋葬亡者，乃以厚層之柴草以包裹肉體，埋葬於荒郊野外，弗將土推高以立碑，以及種植樹木，辦理治喪期間，亦無固定之限期。後代賢能者，遵循《周易》構成之禮數，將往者之屍體，以棺材入殮安葬，此取象於〈大過〉卦，處置恰當，適得其所。

　　上古，結繩而治。後世聖人，《易》之以書契。百官以治，萬民以察，蓋取諸「夬」。

【譯文】古代無文字，則用結繩之方法記事。後代賢能者，採用《周易》刻出之文字，作為治事之規則。提供官員管理政務，一般平民觀看，得以明白事理。此取象於〈夬〉卦，仿效佈施利眾，前進則有利。

第三章

　　是故：《易》者，象也。象也者，像也。彖者，材也。爻也者，效天下之動者也。是故：吉凶生，而悔吝著也。

【譯文】所以，《周易》所蘊涵生命真諦，則卦象也。卦象者，即是摹擬、推理爻象之形態。彖辭，顯示卦義之文字，以斷定卦義之意旨，指示行事處置與安排。爻象，透露出發展動向，效法天底下萬事變動之法則。故而，祺祥或是災難，則由此得出結果，隱藏懊悔與憾恨之情況，亦可示現於其中！

第四章

　　陽卦多陰；陰卦多陽，其故何也？陽卦奇，陰卦偶。其德行何也？陽一君，而二民，君子之道也。陰二君，而一民，小人之道也。

【譯文】陽卦中以陰爻居多，陰卦中陽爻佔多數，此何緣故？原因在於陽卦之數為奇數，陰卦之數為偶數。其各自所顯現道德品性何在？陽卦呈現一位國君領導者，二位庶民，乃切合才德出眾之儀表。陰卦代表二位主宰統治者，一位平民百姓，則無德智、修養之人，敗壞德行。

第五章

　　《易》曰：「憧憧往來，朋從爾思。」子曰：「天下何思何慮？天下同歸，而殊塗。一致，而百慮。天下何思何慮？」日往，則月來。月往，則日來。日月相推，而明生焉！寒往，則暑來。暑往，則寒來。寒暑相推，而歲成焉！往者，屈也。來者，信也。屈信相感，而利生焉！」尺蠖之屈，以求信也。龍蛇之蟄，以存身也。精義入神，以致用也。利用安身，以崇德也。過此以往，未之或知也。窮神知化，德之盛也。」

【譯文】《周易》〈咸〉卦九四爻辭，言：「往來心神不定，引來朋友之互動，則呼應如此之想法或意念。」孔子釋義，云：「天底下所有萬物，有何足以考慮抑是擔憂？宇宙萬事萬物，呈現出經由弗同道途而走向歸程，所使用方法雖不同，所得之結果卻是相同。歸於傾向相同趨向，而有各種相異之思慮。天下所有物務，又何須要思考以及憂愁？太陽下山西落，月亮則升起高掛。月落星沉，乃太陽由東方升起普照。太陽與月亮兩者交替輪替，其中光明自然產生。秋冬季節消失，接著夏天到來。夏季過去，秋冬則接續。寒冬與夏天相互更迭，因而形成年月與時光。過去作為則蓄縮，將來之事乃伸展。蓄縮與伸展相互交感應合，從中益處則滋生。昆蟲動物尺蠖，於行動時，先屈後伸，引申義，乃暫時委屈蟄伏，等待未來適當時機即伸展抱負。與眾不同之人，則隱藏潛伏，以保全安身，探究精通事物之義理，達至神妙之境界，以促使功效。有利建立自身處世之基礎，發揚道德。自此以後，超過此境界，或許再難知悉。探究事物精微之理，得觀察萬事萬物之變化，其優美之德性，為黎民共同遵循之規範，達至顯揚。」

《易》曰：「困于石，據于蒺藜，入于其宮，不見其妻，凶。」子曰：「非所困，而困焉，名必辱。非所據，而據焉，身必危。既辱且危，死期將至，妻，其可得見耶？」

【譯文】《周易》〈困〉卦六三爻辭，言：「陷於石頭之中，倚靠於蒺植物上，進退皆受困，進入住宅未能見到妻子，則是不祥。」孔子釋義，云：「原本不應被圍住，處境遭遇卻艱難困厄，名聲必定受辱；不該被依附之處，卻去依靠，身體則遭逢傷害。其已經遇上侮辱暨禍害，離死亡之日將至，豈能見到妻子？」

《易》曰：「公用射隼，于高墉之上，獲之，无不利。」子曰：「隼者，禽也。弓矢者，器也。射之者，人也。君子藏器於身，待時而動，何不利之有？動而不括，是以出而有獲。語成器而動者也。」

【譯文】《周易》〈解〉卦上六爻辭，言：「王公射殺位於高牆之鶻鴒，擒獲就無往不利。」孔子釋義，云：「鶻鴒，乃動物之鳥類。弓與箭，則是武器。放箭使中乃是人類。賢能者，將工具攜帶在身上，引申著為人平日應修持，等待適當良機，再行動或一展長才，則弗有所謂之不利前往。作為處世不受捆束，恰當時機展現，則有所獲。象徵才能成熟之際，再施展抱負。」

子曰：「小人不恥，不仁，不畏，不義，不見利，不勸，不威，不懲，小懲而大誡，此小人之福也。《易》曰：『履校滅趾，无咎。』」此之謂也。善不積，不足以成名。惡不積，不足以滅身。小人以小善為无益，而弗為也。以小惡為无傷，而弗去也。故惡積，而不可掩。罪大，而不可解。《易》曰：『何校滅耳，凶。』」

【譯文】孔子言：「無德行修養之人，無能行仁慈而感至羞恥。毋恐懼、合於正義之事。弗見著好處利益，則勤勉不懈怠。未有權勢，則弗受到警戒，因此以施予小懲罰，則可大規勸告誡之作用，將來免於再重犯過錯，其著實為惡人之福氣！《周易》〈噬嗑〉卦初九爻辭，言：『將犯人套上枷鎖，實行法律制裁，以作懲治，則無災禍。』所申告即此道理。弗積累善行，乃無法成就聲名遠播，累聚壞事惡名昭彰，即自取滅亡。德行淺薄之人，認為行好事未有利益，就弗施行。以為微小之過錯，無傷大雅，就弗除去修正。因以，惡習累積久，乃無法掩飾。過失或犯法之行為，一旦變變成重大之罪刑，則無能救

解。故而，《周易》〈噬嗑〉卦上九爻辭，云：『將罪犯行罰套上枷鎖，甚至毀損耳朵，必遭致禍端。』」

子曰：「危者，安其位者也。亡者，保其存者也。亂者，有其治者也。是故：君子安而不忘危，存而不忘亡，治而不忘亂，是以身安而國家可保也。《易》曰：『其亡其亡，繫于苞桑』。」

【譯文】孔子言：「諸凡危難災害者，乃過往處於常居無事。毀滅者，則從前自認為弗受損害或發生變化。動盪、弗安寧，皆以為永久太平。所以，《周易》〈否〉卦初九爻辭，言：『賢能者，經常提醒自己，處於安樂之境，需思未來可能出現之危險與困難，當平靜無事，莫忘動盪，斯身心安平則國家即可保全。因而，《周易》〈否〉卦九五爻辭，云：『行事十分小心謹慎，並時刻警戒，或有遭滅亡、毀滅之局勢，方能宛若連結桑樹之根，根深蒂固，長保安定與太平。』」

子曰：「德薄，而位尊；知小，而謀大；力小，而任重，鮮不及矣！《易》曰：『鼎折足，覆公餗，其形渥，凶。』言不勝其任也。」

【譯文】孔子言：「德行微薄者，卻地位顯貴；能力與智慧淺薄，卻欲圖謀偉大事業，擔負重任，必無法勝任。倘若如此，極少弗遭遇災難！《周易》〈鼎〉卦九四爻辭，云：『鼎器遭折斷，致使王公鼎中之食物翻倒，並讓鼎身受沾濡，必導致危險。』其所要表明，大臣弗能勝任，令國家敗亡。」

子曰：「知幾，其神乎！君子上交不諂，下交不瀆，其知幾乎？幾者，動之微，吉之先見者也。君子見幾而作，不俟終日。」《易》曰：『介于石，不終日，貞吉。』介如石焉，寧用終日，斷可識矣！君子知微、知彰、知柔、知剛，萬夫之望。」

【譯文】孔子言：「能察看事件於萌發前之細微跡象，預知其變化，即能與神靈感應道交！賢能者與上級往來，絕弗奉承、巴結，和地位較低者互動，則弗輕慢或不敬，大抵能洞悉細微之事理。細微之跡象，係指人事物產生變動細小之徵兆，預見結果之禍福或良窳之象。賢能者，察看事件發生前細微之跡象，就能預先採取行動，有所因應，弗須等待整日。《周易》〈豫〉卦六二爻辭，云：『品德有操

守、氣節者，有如堅石般，弗沉淪安樂中，遵守正道剛直，則能吉利祥瑞。』然而，品性耿直像堅石，難道應等待良久，絕對知曉其中之事理，賢良者，能洞悉事物萌發前之徵兆，且能預知事件發展之結果，亦曉得諸事咸含概有柔弱暨剛強之面向，故而成為眾人景仰有聲望德行之人。』」

子曰：「顏氏之子，其殆庶幾乎！有不善，未嘗不知。知之，未嘗復行也。易曰：『不遠復，无祇悔，元吉。』」

【譯文】孔子言：「弟子顏淵，修養德行，大致將近完美！有錯誤不良之處，則無不知曉。覺察有過失，則能改正弗再犯錯。《周易》〈復〉卦初九爻辭，云：『於事件處於開始尚未發展太遠，就返復回正確道途，如此則避免事後悔恨，祺祥有利。』」

天地絪縕，萬物化醇。男女構精，萬物化生。《易》曰：『三人行，則損一人。』一人行，則得其友。』言致一也。」

【譯文】天地間陰陽二氣，互相感應以產生作用，生成宇宙所有物類，化育精純醇厚。男女陰陽交媾，由一个形體進而產生新生物，得以生息繁殖後代。《周易》〈損〉卦六三爻辭，云：「三人併為，意見層出不窮，相互爭執，則必須有一人先屏棄自我成見，抑是一人摒除，始能意氣相投，獲得志同道合之友。』其申明交合百慮一致之道理。」

子曰：「君子安其身，而後動；易其心，而後語；定其交，而後求。君子脩此三者，故全也。危以動，則民不與也。懼以語，則民不應也。无交而求，則民不與也。莫之與，則傷之者，至矣！《易》曰：『莫益之，或擊之，立心勿恆，凶。』」

【譯文】孔子言：「賢良者以立身為首，安頓好主要，便能有所作為。內心平和安定，再來表達。建立與人交往之信譽，方能誠心請求。賢良者，修養此三者功夫，則能處世周全。假使居危險時就行動，是無法獲得百姓擁護。總是故意散播恐嚇之言語，黎民則響應隨之。交往彼此間未有誠信關係，則庶民必弗支助。無人扶益，必遭傷害者，則緊隨而至。《周易》〈益〉卦上九爻辭，云：「無人可助益，卻遭受有人攻打，存心良善未有恆心，必招災禍之象。』」

第六章

　　子曰：「乾坤，其《易》之門邪！乾，陽物也；坤，陰物也。陰陽合德，而剛柔有體。以體天地之撰，以通神明之德。其稱名也，雜而不越，於稽其類，其衰世之意邪！」

【譯文】孔子言：「〈乾〉〈坤〉二卦，係進入《周易》之門徑！〈乾〉卦，乃陽性物之象徵；〈坤〉卦，為陰性物之表徵。陽剛陰柔，陰陽兩者交合，相輔相成，剛柔陰陽各自顯現，以形成八卦。能用以實踐天地、陰陽之間，規律與變化，洞曉如神靈般之通曉，以及光明之道德品性。《周易》各卦名稱，雖然繁雜，但弗逾越每个卦理，敍述隱微之準則，其約略表達在衰亂時代，所呈現主要之意旨。」

　　夫《易》，彰往，而察來，而微顯闡幽（顯微，而闡幽），開而當名，辨物正言，斷辭則備矣！其稱名也，小；其取類也，大；其旨遠，其辭文；其言，曲而中；其事，肆而隱。因貳以濟民行，以明失得之報。

【譯文】其根據《周易》之卦理，透露過往之事跡，以及考察未來之狀態。能彰顯細小之理則，詳情說明隱微之真理（從顯著之事理中，推究精微之法則）。拜讀《周易》，能知悉卦爻，合宜之涵義與學說，辨別事物表徵之情況，正確推敲爻辭，以判定吉凶之論，則可謂內容已全然齊全。惟《周易》卦象、爻辭所論及之名，雖說略為小。但事理之類別，涉及層次卻相當廣泛。宗旨十分深奧，辭文富於文雅。所陳述之道理，雖宛延但言詞切實扼要，恰到好處。涉及事物，直接了當又精微深奧。其用佐助百姓行動，指引明示發展之結果，成敗之應驗。

第七章

　　《易》之興也，其於中古乎？作《易》者，其有憂患乎？

【譯文】《周易》之創立盛行，大約於中古時期（中國秦漢至唐宋）？制定《周易》，構成《易》理，乃懷有滿腹憂愁患難之情（指文王受囚於羑里獄中，憂民憂國）？

是故：「履」，德之基也；「謙」，德之柄也；「復」，德之本也；「恆」，德之固也；「損」，德之脩也；「益」，德之裕也；「困」，德之辨也；「井」，德之地也；「巽」，德之制也。

【譯文】所以，憂患意識於道德之原理或規範，〈履〉卦，依循禮儀，為行為操守之基本；〈謙〉卦，乃恭敬、退讓而弗自大，乃道德之依據；〈復〉卦，歸向善善，即德性返本還原之根底；〈恆〉卦，始終如一之義理，乃本性長久不變之道；〈損〉卦，戒除私欲，損己利他，為修德之功夫；〈益〉卦，則是增加善知識，以充實內在美，涵蘊品德之方法；〈困〉卦，身處逆境，仍然遵守正道，為辨識修德之考驗；〈井〉卦，乃自養德積蓄民，助長道德之境地；〈巽〉卦，上下處世，進退有節，制裁事宜之德惠。

履，和而至；謙，尊而光；復，小而辨於物；恆，雜而不厭；損，先難而後易；益，長裕而不設；困，窮而通；井，居其所而遷；巽，稱而隱。

【譯文】〈履〉卦，為腳步之意，亦與禮暨理字相通，往來實踐禮制，以達調諧溫順；〈謙〉卦，修身自居，懷謙虛禮讓，乃能受他人敬重，裨益彰顯光明之德性；〈復〉卦，本質是覺迷知返，點然內心光明，便可照見事物，辨認出微細處，回復正道；〈恆〉卦，外境事物繁雜，千變萬化，唯恆久守道於弗滿足，始能至終有功。〈損〉卦，減少或克制貪欲，起步覺難行，久而久之，便感自然為之；〈益〉卦，增進德業，需日久充滿善良本性，非形同虛設；〈困〉卦，當處困阨之際，借事鍊心，則能通曉事理；〈井〉卦，以存養避免貧乏，方能居變化中，取之不盡，用之不竭；〈巽〉卦，為行事適度，隨順發展或引導，得以順應民心。

履，以和行；謙，以制禮；復，以自知；恆，以一德；損，以遠害；益，以興利；困，以寡怨；井，以辯義；巽，以行權。

【譯文】〈履〉卦教導於立身處世，以禮促使行事和睦；〈謙〉卦為謙恭和藹，用來制約禮節；〈復〉卦明白知曉優缺點，用以回復本性；〈恆〉卦培養志向堅定，始終如一之德行；〈損〉卦修持控制私慾，臻於遠離禍害；〈益〉卦增進涵養，營求道德利益；〈困〉卦教人減少抱怨，突破艱辛困難；〈井〉卦學習辨識義理，遵循正道；〈巽〉卦行使通權達變，處事合宜。

第八章

《易》之爲書也，不可遠，爲道也，屢遷。變動不居，周流六虛，上下无常，剛柔相易，不可爲典要，唯變所適。其出入以度，外內使知懼，又明於憂患與故，无有師保，如臨父母。

初率其辭，而揆其方。既有典常，苟非其人，道不虛行。

【譯文】《周易》是乙部東方巨著，作為治理世事，切合實用，百姓是弗可遠離。其所體現奧妙之道理，乃示現陰陽運行，天地更迭之法則，轉變而生生不息。惟不斷之變動，普遍流行，於每卦至六爻之間，從上位至下位，或由下位往上位，上下位時常變動，陽剛與陰柔，彼此互相交換，故切莫拘限某卦，抑是卦爻之之標準，《易》理乃按照變易之法則，依據當下應機合適之方式，不斷變動與改變。

《周易》之義理，雖變動無常，但乃有法度依循，可啟迪作為且指引行事之往來，顯露行於外，舉止合於法則，在內在隱微處，能知悉戒備，防範禍端，而明白憂患之由來，得以明察秋毫。如此一來，即便身邊無師者於側指導，亦宛如雙親如臨在身邊教誨。探究聖人之學，先遵循《周易》之爻辭，再審度其中之卦理，卦象之時位，從中就能掌握對《易》理，掌握一定相當之認知。《易》學為聖人之道，並非虛無縹緲之玄談，惟篤信勤學典籍，則《易》道弗可憑空杜撰，無依據而推行之。

第九章

《易》之爲書也，原始要終，以爲質也。六爻相雜，唯其時物也。其初，難知。其上，易知，本末也。初辭擬之，卒成之終。若夫，雜物撰德，辨是與非，則非其中爻不備。噫！亦要存亡吉凶，則居可知矣！知者觀其彖辭，則思過半矣！

【譯文】《周易》此書之內容，乃闡揚天地陰陽之哲理，探究本質內容，則從初始之卦爻、卦象，再構成卦體。六爻之奇偶相雜，各爻所牽涉之文辭，乃象徵與反映出特定事物之吉凶與物象。爻位之順序，由下至上，初爻為本，乃全卦之端，涵義較難明白。其上爻代表意義，容易理解，乃反應事物尾端之結果。初爻之爻辭，揣摹卦旨，事

件後續之發展，終止上爻，即代表已有結論。所顯現之意義，由錯綜眾多之物象，撰述剛柔陰陽之德性，則明辨事理之對與錯，若無六爻中間之四爻（二、三、四、五），則毋法全然一覽無餘。唉！事件顯露之存在或衰亡，以及吉凶悔吝，乃推求從六爻之位演繹出得知。賢能者，祗要觀察爻辭，對於《易》理之領察方能過半會意也。

二與四，同功而異位，其善不同。二多譽，四多懼，近也。柔之為道，不利遠者。其要无咎，其用柔，中也。

【譯文】每卦之第二與四爻之位，共為陰柔相同屬性，乃處於弗同之卦位（二居下卦，四居上卦），為次序相異，功用是無差異。第二爻，通是稱讚〈繫辭〉，第四爻，則含有稍多危險之意，主因乃接近第五爻（君位），呈現憂恐弗安。自陰柔所示現之道理，乃居位合適恰當，若自立門戶，遠離主體將導致弗順遂。《易》學之大旨本意，則在於趨吉避凶，所施予善用之力量，即為柔順適中，象徵中庸之道。

三與五，同功而異位；三多凶，五多功，貴賤之等也。其柔危，其剛勝邪！

【譯文】第三與五爻之位，類別陽剛屬性，處於弗同之卦位（三居下卦，五居上卦），乃位階相異，功用是同等。第三爻，位處下卦之極端，故較有凶險，第五爻，居上卦之中，象徵中正，顯現趨向成功，其差別在於貴賤等級之異。其三與五皆為陽位，為何剛爻就祺祥，陰爻呈現則危險？大致概之，則陽爻與陰爻之位置，剛陽居三、五之爻位，為尊貴較占優勢（難道陰爻必有難，陽爻則吉利，依各卦之爻位，應合時機，位置弗同，影響及結果亦弗相同，故莫可以偏概全；以上所論述，嚴謹以言，係大原則之方向也）！

第十章

《易》之為書也，廣大悉備，有天道焉，有人道焉，有地道焉，兼三材，而兩之，故六。六者非它也，三材之道也。道有變動，故曰爻；爻有等，故曰物；物相雜，故曰文；文不當，故吉凶生焉！

【譯文】《周易》這部書，內容詳盡完善，涵意廣泛與博大。總括有天道、人道、地道，無所不包；同時三爻之卦，象徵三才（天、地、

人），卦爻兩兩相重，三爻之卦合為一個，即為六爻。兩爻為一位，五與上爻是天位，三與四為人位，初與二則地位，六畫未有其它之意，無非是具體闡揚，三才精髓之道理。《易》理之道，乃不斷之變動，周流於六爻之奇、偶兩畫，則稱之為爻。爻有分品級暨次第，陰陽之體現，〈乾〉為陽物，〈坤〉為陰物，故稱呼物類。弗同陰陽之物類，彼此摻入參雜，所發生之五彩相合，則稱之文理。各卦剛柔夾雜，文理之時位，有的相稱，有些弗當，於是禍福則顯其中也。

第十一章

《易》之興也，其當殷之末世，周之盛德邪！當文王與紂之事邪？是故：其辭危，危者使平，易者使傾，其道甚大，百物不廢。懼以終始，其要无咎，此之謂《易》之道也。

【譯文】《周易》之昌盛，梗概於商代（殷）之末代，鼎盛於周文王之時期！值文王遭紂王囚於羑里獄中之時代中！其兩方之勢力，亦代表著正義與暴力，消退和興盛，文王於其中演繹《易》理作〈卦辭〉，含有危殆與警惕之意。所以，使危險為警戒，令災難轉化平安，輕鬆簡單暨安定之狀態，則可使之覆敗，其蘊藏之道理甚為深遠，諸凡所有萬物，咸弗能摒棄這項原則。自始至終，懷抱戒備、警惕之心弗懈，惟主旨則是避禍，此乃為《周易》重要之道理。

第十二章

夫乾，天下之至健也。德行恆易，以知險；夫坤，天下之至順也，德行恆簡，以知阻。能說諸心，能研諸侯之（「侯之」為衍文）慮，定天下之吉凶，成天下之亹亹者。是故：變化云為，吉事有祥。象事知器，占事知來。

【譯文】蓋〈乾〉卦，至善於天地，象徵剛健不息。顯現德行則是平易恆久，易與險是相對，故而能反映知曉艱困之事。蓋〈坤〉卦，乃世界最柔順之象徵，行儀則是永恆、簡易之順應，順與阻是相稱，自然言行，合情合理，有條不紊。其《周易》簡易順承之理，能令人身心歡愉，可讓君、臣研讀者（古書輾轉抄寫之字句），思慮清明並判定一切事物之禍福，成就功業往前進。因此，觀《周易》天道陰陽

變動之物象，舉事之言行舉止，良窳則有徵兆。其透過各種用具之形跡，即能洞悉隱微之因，預測未來之果。

天地設位，聖人成能，人謀鬼謀，百姓與能。八卦，以象告；爻象，以情言。剛柔雜居，而吉凶可見矣！變動，以利言；吉凶，以情遷。是故：愛惡相攻，而吉凶生；遠近相取，而悔吝生；情偽相感，而利害生。凡易之情，近而不相得，則凶；或害之，悔且吝。

【譯文】宇宙運化，天地定位，天尊位上，地卑居下，完美品德之賢者，演繹陰陽變化之妙，創立《周易》成就造化萬物之功業。無論有關人事之謀略，亦或神靈奧祕之探討，一般庶民亦能參與其中。其八個基本卦名，所要申明昭告，則是卦理之跡象。惟陳述六十四卦爻辭之義理、陰陽變化、萬物消長之原理。陽剛與陰柔兩爻，夾雜於六爻位之內，時弗當位，則顯現吉慶禍患，從中即可事先知覺，預見狀態結果。

所謂：「變動。」乃從陰陽兩爻之變化，呈現出當位或弗適當之位，所顯現出事物禍福之狀態。吉凶之判定，則是以當時卦爻變動，是否居相應爻位之勢能而定。所以，當人事之情感，有仁德相合，憎恨相斥，就產生福或厄之結果。卦爻時位，有遠有近，遠近互相比較，取捨弗當，或強取聚合，則懊悔或缺憾亦就隨之發生。事有善惡，情有真偽，真情或虛假，一旦交感，則致使利益與損害便產生。舉凡《易》之情理，貴在相得益彰，爻位相鄰弗當位則陷入險境，又人際關係靠近相處，卻心不相應，互相傷害，將遭受兩敗俱傷，此刻所造成之傷害，則是悔怨與憾恨，則是必然也。

將叛者，其辭慚；中心疑者，其辭枝（同支）；吉人之辭，寡；躁人之辭，多；誣善之人，其辭游；失其守者，其辭屈。

【譯文】卦象之文辭，是闡揚義理，卦爻之理象，吉凶險易，各弗相同。人之真誠或虛偽，亦能從言談之中體察。一个人背離正道時，所呈現之面容與神色，必為羞恥慚愧。心中有迷惑者，言談內容則必瑣碎，毫無重點。善良修養有為之人，論述則精要、篤實，穩重而弗多言。輕浮好動者，總是雜亂無章。陷害良善之人，表達聲容，內心畏縮，則遲疑不決。未善盡職責者，言行舉止，必定理不直氣弗壯，吞吞吐吐之舉也。

八、《周易》九六妙義之闡述

　　夫《周易》義理博大精深，卦象變化玄妙無窮，其中九六之原理，如何演繹，渥蒙家師 吳慕亮傳授，將所聞之知識，逐一梳理成章，以供讀者探賾索隱，藉由明證九六緣由而之所以然，裨益曉得精要，脈絡貫通，胸有成竹矣！蓋天地自然之數，即十之位，而《周易》陽曰九，奇數代之；陰曰六，偶數代之。先儒詮釋，累數萬法，說法各異，茲擇其犖犖大者，略舉數點，寸楮於後：

一：「乾體有三畫，坤體有六畫，陽得兼陰，故其數九，陰不得兼陽，故其數六。」**英琪按**：乃陽可陰，陰不可兼陽。

二：「老陽數九，老陰數六，老陰、老陽皆變，《周易》以變者為占，故稱九稱六。」

三：「天得三合，故陽之數九；地得兩合，故陰之數六。三合指一、三、五，相加得九；兩合指二、四相，加得六也。」

　　英琪按：乃天地之氣各有五，五行之次，一曰水，天數也。二曰火，地數也。三曰木，天數也。四曰金，地數也。五曰土，天數也。此五者，陰無匹，陽無耦，故又合之。地六，為天一匹也；天七，為地二耦也；地八，為天三匹也；天九，為地四耦也；地十，為天五匹也。二五陰陽各有合，然後氣相得，施化行也。

四：「三乘三得九，二乘三得六。」**英琪按**：三為奇之初，二為偶之始，故乘三者，卦畫為三也，是按參天兩之說演化而成。

五：「陽曰九，陰曰六者，《河圖》、《洛書》，五皆居中，則五者數之祖也。」

六：「〈乾〉象：『用九，天德不可為首地。』〈坤〉象：『用六永貞，以大終也。』稱九稱六，取諸奇偶；九為數之終，六為位之終。」

七：「奇數起於一、三，成於九、七。偶數起於二、四，成於八、六。故以其成數化陰陽，陽之進者為老，退者為少，（老陽用九）陰之退者為老，進者為少。（老陰用六）。」觀總上之論皆乾圓坤方，用九用六之意義，足以表達，惜前儒未用數學之法推而求之，〈乾〉九之數，是圓規方；〈坤〉六之數，是以方矩

圓。乾坤之分際，出於自然之數理，觀奇偶方，陽九陰六之數，不言可知。

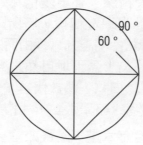

英琪按：附圖於上；以周圍三百六十度，分為四象，每一象限之弧線，各得九十，則其弧心為六十，四九得三十六，四六得二十四，即盡方圓之度。故〈乾〉策為三十六，〈坤〉策二十四，用九用六，以御方圓各度，天地之理之數，不外乎此矣！以上之述對於陽九，陰六，並列舉演算方式於後，復供諸君參考：

老陽用數九　　老陰用數六
(1)4×9＝36，為老陽之數。
(2)4×6＝24，為老陰之數。
(3)6×36＝216，為〈乾〉卦之數。
(4)6×24＝144，為〈坤〉卦之數。
(5)216＋144＝360，為一期之數。
(6)216×32＝6912，陽爻數。
(7)144×32＝4608，陰爻數。
(8)6912＋4608＝11520，為萬物之數。

英琪註：三十二，為六十四卦中陰陽居其半之數。

少陽數七　　少陰數八
(1)4×7＝28，為少陽之數。
(2)4×8＝32，為少陰之數。
(3)6×28＝168，為〈乾〉卦之數。
(4)6×32＝192，〈坤〉卦之數。
(5)168＋192＝360，為期之數。
(6)32×168＝5376，陽爻之數。

(7)32×192＝6144，陰爻之數。

(8)5376＋6144＝11520，為萬物之數。

朱子曰：「二篇之策，當萬之數者，非是萬物盡於此數，僅取象自一而萬，以萬數來當萬之數耳！」

英琪按：〈乾〉〈坤〉策之數，見《繫辭・上傳》之九，《朱子本義》，見外篇之一。蓋用四因者，四象之數也；用六因者，六爻得之數也。三十六，〈乾〉一爻之策數也。六之而得二百一十有六，〈乾〉一卦之策數也。二十四，〈坤〉一爻之策數也。六之而得百四十有四，〈坤〉一卦之策數也。六千九百一十二，積三十二陽卦之策數也；四千六百有八，積三十二陰卦之策數也；合之得萬有一千五百二十，當萬物之數也。

九六之說，自古迄今，釋者多矣，茲補錄高邑岐黃妙手，中醫方家一孫宗慶老師之錫函，闡明九六之數，聊作共研切磋。孫師原文如下：

夫《周易》陽曰九，陰曰六，而不言其餘者何也。蓋先儒、馬融、王肅、楊萬里，皆以天得一合，一、三、五是也；地得二合，二、四也。故陽稱九，陰則稱六。唐・孔穎達以卦數七、八九、六為說；邵子則以為《易》有真數三而已，參天者，三三而九，兩地者倍三而六。明朝來氏知德（瞿塘）獨取馬融，王肅之說而益發揮其精蘊。至於其有二說，亦略取之。

例如，來氏云：「陽曰九，陰曰六者，《河圖》、《洛書》，五皆居中，則五者數之祖也。故聖人起數止於一、二、三、四、五，參天兩地倚數，參天者，天之三數也，天一、天三、天五也。天一依天三，天三依天五，而為九，故陽咸言九；地二依地四而為六，故陰皆為六。一、二、三、四、五者，生數也，六、七、八、九、十者，成數也。然！生數者成之端倪，成數者生之結果，故止以生數起之，過揲之數，皆以此九六之參兩，故陰陽之爻言九六也。（附圖於後）

來氏又謂以畫數論之，均之為三，參之則九，兩之則六（此取邵子之說），過之策陽36，陰24（以四乘九，乘六），乃12之參兩。坤之策百四十有四，〈乾〉之策二百一十有六，乃七十二之參兩。二篇之策，陽為六千九百十二，陰為四千六百零八。乃二千三百零四之參

兩，乃至萬物之數，皆此參兩也。此《河圖》生數自然之妙也。故周公三百八十四爻，皆用九、六，弗用七、八者，以生數可起數，成數弗可以起數也（詳見《來氏周易集註》）。

此來氏之釋九、六之數，其曰：「《河圖》之說，即天地之數也。」其意至為章明顯著，詳而玩之，實有兼取其長之妙！學者讀此，則知《易》之為用九六，則可以無疑矣。至於其經解亦有以陽為九，陰為六，例如：䷲震六二，躋於九陵。其解曰：「中爻艮為山，陵之象，陵乘九剛，九陵之象。」按其謂之九剛者，以〈震〉初九為陽，陽稱九也，故曰九剛，其於三百八十四爻，凡陽皆稱九，陰咸稱六，此為《周易》一定之數。

參天：天一，天三，天五合為九，陽之數也。故曰：「乾元用九。」

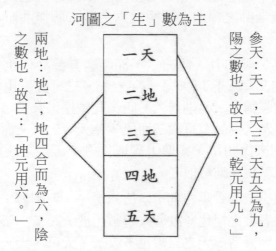

河圖之「生」數為主

兩地：地二，地四合而為六，陰之數也。故曰：「坤元用六。」

參天：天一，天三，天五合為九，陽之數也。故曰：「乾元用九。」

一天
二地
三天
四地
五天

兩地：地二，地四合而為六，陰之數也。故曰：「坤元用六。」

蓋《周易》典藉之經義，闡述宇宙運行之法則，乃生生不息，周而復始，循環不斷，含概不動、變化與轉移力量，不變之中，含概為〈三易〉之理（詳細內容介紹，可參考第66頁）。然則，卦象之六爻，爻辭從初爻至上九或上六，為極陽與至陰，並非代表就此結束，仍體現爻象之力量，顯露人事物之現象。當爻位處於最高處，必需居高思危，依然保持警訊，虛懷若谷，切莫自尊自大，以防名高引謗，誠如諺語所言：「事修而謗興，德高而毀來。」比喻行事有成，具有

名氣或聲望之人，易引來毀謗或莫名中傷事端也。

　　故〈文言〉復重申爻辭與用九之意，及闡釋「乾元用九」之核心思想，顯現天、地、人事，相互間運作之法則，密不可分之關係；當人事物發展至極點盡頭時，則必須求變化，轉折之後便能通暢無阻，應機切合所需，符合順天應時，通達權變乎！《周易‧繫辭‧下傳》：「《易》窮則變，變則通，通則久。」旋而，賡逐一撰述〈乾〉之爻辭，以說明從初爻至上九，呼應生命與事物，形而上學之哲理，得一以貫之。

　　潛龍勿用，下也；見龍在田，時捨也；終日乾乾，行事也；或躍在淵，自試也；飛龍在天，上治也；亢龍有悔，窮之災也；乾元用九，天下治也。

【譯文】爻辭初九（潛龍勿用），乃龍位於低處隱藏著，此刻表徵火候弗足，切莫有所行動。爻辭九二（見龍在田），為龍浮現於地面上，代表勢能向上，朝著某處方向邁往。爻辭九三（終日乾乾），堅持不斷努力，永弗懈怠，做事勤奮於事業。爻辭九四（或躍在淵），係指龍欲往上，飛躍前進，或待在深潭處，全憑本身之心志，依據情勢發展變化，適當選擇去向。爻辭九五（飛龍在天），表徵此刻居尊顯之位，能統合治理寰宇，抑是管理部屬。爻辭上九（亢龍有悔），首領處極高、終極點，唯恐物極必反，遭逢不幸與禍害。其以「元」作為〈乾〉之開始與創立，又以「乾元」呈現天德之象徵，同時為宇宙萬物運作本原之基石，亦陽氣生發繁衍之根，故善用「乾元」之力量，天下則能獲得泰平！

　　潛龍勿用，陽氣潛藏；見龍在田，天下文明；終日乾乾，與時偕行；或躍在淵，乾道乃革；飛龍在天，乃位乎天德；亢龍有悔，與時偕極；乾元用九，乃見天則。

【譯文】爻辭初九（潛龍勿用），切莫輕舉妄動，乃陽氣隱藏，尚未生發，故而潛藏。爻辭九二（見龍在田），乃陽氣充盈，龍現出於地面上，亦表示人類於精神文明含蘊光彩，流露光輝。爻辭九三（終日乾乾），二六時中，每時每刻，奮力進取，有所作為，剛健不止。爻辭九四（或躍在淵），顯示發展局勢，往上或向下，將面臨改變更動。爻辭九五（飛龍在天），躍升上達居尊位，顯貴暨掌握權勢，能

夠恩澤群黎。爻辭上九（亢龍有悔），抵達至極點，事物發展過盛，物極則衰微。故此，〈乾〉卦之「元」於太始，生發於用九之運轉，此乃體現上天自然推進法則之德惠。

乾元者，始而亨者也；利貞者，性情也。乾始能以美利利天下，不言所利，大矣哉！大哉乾乎！剛健中正，純粹精也；六爻發揮，旁通情也；時乘六龍，以御天也；雲行雨施，天下平也。

【譯文】「乾元」言明之本源，即〈乾〉為純陽之氣，顯化天地之開端，亦象徵天尊，至高無上，蘊涵通達、完善事物之基，及下濟庶民盛大之德。「利貞」宣揚陽剛本質為穩固，裨益事物發展適當。因而，〈乾〉之陽剛之氣，在於初始生發之本質，則能合宜為他人，達至利樂眾生，無需特別炫耀本身之功勞。其德性著實偉大！

堪稱盛美之德乎！其〈乾〉卦，剛堅強健，居中暨純正，具備精粹而不雜之陽氣；六爻所闡述之動能，則依循各自本位，循序漸進，向外明示萬事實際發展之狀況、內容與道理。適時應運而出，展現六龍在內（乃隱藏、顯出、自強、進退、利他、警戒）之精神，於外掌握、貫穿與實踐，天之本體所運行之法則。如此宛若雲、雨佈滿天空，降沛雨甘霖，廣施恩澤，全世界達至安寧、極盛之世矣！

君子以成德爲行，日可見之行也。潛之爲言也，隱而未見，行而未成，是以君子弗用也。

【譯文】復闡明一至六之爻辭，（初九）一个胸懷仁人志士者，修持自我涵養，增進品格，並且作為實踐於每日之中，展現得以成就德行。其（初九）所言及之「潛」，乃現況處於閉藏之中，引申才幹尚未成熟與達至水準條件，難擔任重負，行動是無法成功。故先沉著、按兵不動，勿有任何作為。

君子學以聚之，問以辯之，寬以居之，仁以行之。《易》曰：「見龍在田，利見大人，君德也。」

【譯文】：（九二）爻辭，德行忠實、厚道之人，乃精進學習，積蓄聚集知識，並以「鑽研」與「請教」之方式學習，以增廣所得之學問，臻於慎思明辨，是非曲直；同時，秉持寬大溫和之態度，自處與待人，懷仁慈之心處世。《周易》明言：「龍現出於地面，引申此刻

己符合行事寬厚，有道德完備之人。」

九三，**重剛而不中，上不在天，下不在田。故乾乾，因其時而惕，雖危無咎矣！**

【譯文】（九三）爻辭，陽剛之爻位，居於二、五，乃未達上位，下又已離開本位，尚無居中；故需要時刻不忘，勤勞奮發而不懈怠，並且同步注意，為人處事、言談舉止，常保慎重警覺，如此即便處於遭受艱困，但無災難矣！

九四，**重剛而不中，上不在天，下不在田，中不在人，故或之。或之者，疑之也，故無咎。**

【譯文】（九四）爻辭，為上下咸為剛爻，乃太於剛烈，往上未達高位，下者不在本位，人尚無居中合適之位，故以「也許」稱之。亦泛指人或事物發展趨向，動向未明。或者抱持疑慮，審視情勢，見機而作，如此則無過失抑是災禍。

夫大人者，與天地合其德，與日月合其明，與四時合其序，與鬼神合其吉凶。先天下而天弗違，後天而奉天時。天且弗違，而況於人乎？況於鬼神乎？

【譯文】（九五）爻辭，對於身處德高望重者，乃人心所向，其德行品格，與天地相稱，明察智慧，宛若日月，普照光明，實踐作為，奉揚仁風，遵照四序推展，對於功過，則依循善惡法則，有功行賞，犯罪責罰，以符合鬼神管束，善惡終有報，處置清楚。其一切所為，奉行合乎蒼天法則，弗違反天道；對於人世則依據天時而行事，如此老天是不會離棄，況且是黎民百姓？更何況是鬼神乎？

亢之為言也，知進而不知退，知存而不知亡，知得而不知喪。其唯聖人乎！知進退存亡，而不失其正者，其為聖人乎！

【譯文】（九五）爻辭，言明「亢」，係指過甚，或盡頭之意，亦需合乎「進退存亡」之道理；知求取進步，不懂堅守，知謀得生存，卻不明終有衰敗與死亡，祇管欲獲取，漠視失去、毀滅。僅有聖者（完美品德之人），知所以然！若能明瞭全然事理，衡量進退之輕重，進或守，過或不及，取抑是捨，又弗偏離正途之軌道，其中之分寸與拿捏，大抵惟有聖人，可達至圓滿境界！

九、《周易》卜筮之探賾索隱

　　夫《易》乃天人聖學，萬典之宗，〈繫辭‧上傳〉：「《易》與天地準，故能彌綸天地之道；仰以觀於天文，俯以察於地理，是故知幽明之故。」以及：「在天成象，在地成形，變化見矣！」《論語‧為政》：「子曰：『視其所以，觀其所由，察其所安，人焉廋哉！人焉廋哉！』」故《易》理應用廣博，舉凡：天文、地理、歷算、軍事、人倫與醫藥等，均咸能概括無遺。金‧張從正《重刊儒門事親》序：「為人子者，不可不知醫。」吾曹觀之醫者，孝之一端也。旋而「《易醫》同源」，我輩研《易》必究醫，熟醫則知養未病，已病則知治其病，其受益無窮乎！

　　曩者，亮師傳我明朝張介賓（景岳）之《類經圖翼‧醫易》：「《易》者，易也，具陰陽動靜之妙；《醫》者，意也，合陰陽消長之機。……，故曰：『天人一理者，一此陰陽也。』《醫易》同源者，同此變化也。」蓋《易》學者，闡述事物陰陽動靜變化之道理；夫《醫》學者，闡明人體陰陽盛衰消長之機制。兩者於「認識論」和「方法論」有共通之處，故「《易》具《醫》之理，《醫》得《易》之用」，兩者同源於對事物陰陽變化之認識，方稱：「《醫易》同源。」

　　風城亮師玄魁子，旁徵博引，舉例：「假觀雙親不慎傷於足，不良於行，依八卦形體而論，則是〈震〉為足，☳〈震〉一陽在下主動，二陰在上隨之。故自膝至腓一陰也，自踝至足二陰也，足趾之動一陽也。陰主靜，故腿傷切莫妄動，以免傷勢加劇，不可收拾；陽主動，故足五趾則需常適度伸屈活動，指壓按摩推動氣血，促進血液循環以順暢氣血，免於瘀血阻滯無法回流，造成肌肉僵硬，傷口壞死變黑。筋屬〈震〉，為五行之木，類屬肝，故傷於足抑傷筋也（肝主筋）；故療傷期間弗可妄動，避引發無名肝火，急怒攻心，則瘡傷崩裂，恐難速癒復合矣！」

　　爰以，《論語‧衛靈公》：「子曰：『工欲善其事，必先利其器。』」關於學習專研學術，或獲取專業之知識，以有良善之工具書輔助外，對於所欲研究之書籍，亦需具備基本之認知與概念，以及應

用之原理，知曉來龍去脈，助益研讀《易》理清楚；尤其《周易》博大精深，含概事理範圍甚廣，爰於臚列亮師玄魁子授我《吳氏周易尚占詩箋》專有名詞篇，聊作學習《周易》初學入門者，認識以奠定根基，假使能熟記，裨益活用之！

《河圖》之數

天一生水地六成之，方位在北。
地二生火天七成之，方位在南。
天三生木地八成之，方位在東。
地四生金天九成之，方位在西。
天五生土地十成之，方位在中。

《洛書》之數

戴九履一，左三右七。
二四為肩，六八為足。
坎北太陽之數，一也。
震東少陽之位，三也。
中五立極於玄妙之境。
離南太陽之數，九也。
兌西少陽之數，七也。
艮東北少陰之數，八也。
巽東南太陰之位，四也。
坤西南少陰之位，二也。
乾西北太陰之位，六也。

西漢・孔安國云：「〈河圖〉者，伏羲氏王天下，龍馬出河遂則其文，以畫八卦。《洛書》者，於禹治水時，神龜貞文而列於背，有數至九，禹遂因而第之，以成九類。」元・吳澄《易纂言》：「〈河圖〉者，羲皇時沿街出龍馬，背之旋毛，後一六，前二七，左三八，右四九，中五十，以象旋毛，如星點而謂之圖；羲皇則以陽奇陰偶之數，以畫卦生耳！〈洛書〉者，於禹治水時，洛出神龜，背之坼文，前九後一，左三右七，中五，前之右二，前之左四，後之右六，後之左八，以其坼文如字書，而謂之書。」

亮師讚曰：

「龍馬負圖出孟河，洛龜書感頌賡歌；
　陰陽太極乾坤耀，六四爻辭衷廣羅。」

《洛書》配後天八卦方位

一白坎水在北，二黑坤土西南，三碧震木在東；
四綠巽木東南，五黃居中其間，六白乾金西北；
七赤兌金在西，八白艮土東北，九紫離火在南。

詩曰：

「一數坎兌二數坤，三震四巽數理分，
　五居中宮六乾是，七兌八艮九離門。」

伏羲氏先天八卦次序：

乾一、兌二、離三、震四，（逆時針方向排列）
巽五、坎六、艮七、坤八。（順時針方向排列）

伏羲氏先天八卦方位：

乾南、坤北、離東、坎西、震東北。
兌東南、巽西南、艮西北，自乾至震為陽，自巽至坤為陰。英琪按：
六十四卦方位依次順逆妙化排列而成也，讀者熟記以備用！

文王後天八卦方位：

離南、坎北、震東、兌西、乾西北、巽東南、坤西南、艮東北（方位
熟記）。

十天干

甲、乙、丙、丁、戊、己、庚、辛、壬、癸。

英琪按：甲者：物之假借。乙者：物之生軋。丙者：物之炳然。

丁者：物之丁壯。戊者：物之實茂。己者：物之記錄。庚者：物之更換。辛者：物之新成。壬者：物之妊也。癸者：物之癸度（詳註後章，讀者詳究）。

十二地支及生肖

所謂：「生肖。」乃以人所生之年，以定其所類屬之動物（鼠、牛、虎、兔、龍、蛇、馬、羊、猴、雞、犬、豬），稱之「生肖」；並配十二地支，亦名乎作「十二屬」。又「地支」，即是子、丑、寅、卯、辰、巳、午、未、申、酉、戌、亥，為十二支之總稱；乃古人用來計算時日之代稱，或表示排列順序之記號。十二地支與次序為：

子鼠、丑牛、寅虎、卯兔、辰龍、巳蛇；

午馬、未羊、申猴、酉雞、戌犬、亥豬。

然則，生肖如何相配地支之類屬？曩昔亮師傳授於我，捃集述記如後，臻於認識生肖之全貌，供知曉事理之緣由也。先從十二生肖排列釋義說起，十二生肖之選用與排列，乃根據動物每天活動時間確定。吾國從從漢代肇始，則採以十二地支記錄一天十二時辰（二十四小時），每時辰相當於兩小時，夜晚十一時至凌晨一時屬子時，此時老鼠最活躍。凌晨一時至三時，乃丑時，牛正在反芻。三時至五時，為寅時，此時老虎到處遊蕩覓食，最為兇猛也。

五時至七時，為卯時，此時太陽尚未升起，月亮仍掛於天上，此時玉兔搗藥正忙。上午七時至九時，為辰時，此正神龍行雨之好時光。九時至十一時，為巳時，蛇開始活躍。上午十一時至下午一時，陽氣正盛，為午時，正是天馬行空之時。下午一時至三時，為未時，羊於此時吃草，必長得更壯。下午三時至五時，為申時，此時猴子活躍。五時到七時，為酉時，夜幕降臨，雞開始歸窩。晚上七時至九時，為戌時，狗開始守夜。晚上九時至十一時，為亥時，此時萬籟俱寂，豬正於鼾睡也。

生肖，何取數十二？

　　《周禮‧春官‧馮相氏》：「掌十有二歲，十有二月，十有二辰，十日，二十有八星之位，辨其敘事，以會天位。」時間之分割以十二累進，一紀十二年，一年十二個月，一日十二時辰。《國語‧晉語四》：「黃帝之子二十五宗，其得姓者十四人，為十二姓。」甚至天子妻妾亦有「十二女」之説，《後漢書‧荀爽傳》：「故天子娶十二婦，天之數也；諸侯以下各有等差，事之降也。」

　　復次，東漢‧王充《論衡‧卷三‧物勢篇》：「寅木也，其禽虎也。戌土也，其禽犬也。丑、未亦土也。丑禽牛，未禽羊也。木勝土，故犬與牛羊為虎所服也。亥水也，其禽豕也。巳火也，其禽蛇也，子亦水也，其禽鼠也。午亦火也，其禽馬也。水勝火，故豕食蛇。火為水所害，故馬食鼠屎而腹脹。」

　　曰：『審如論者之言，含血之蟲，亦有不相勝之效。午馬也，子鼠也，酉雞也，卯兔也，水勝火，鼠何不逐馬？金勝木，雞何不啄兔？亥豕也，未羊也，丑牛也，土勝水，牛羊何不殺豕？巳蛇也，申猴也，火勝金，蛇何不食獼猴？獼猴者畏鼠也，齧獼猴者犬也。鼠水，獼猴金也，水不勝金，獼猴何故畏鼠也？戌土也，申猴也，土不勝金，猴何故畏犬？』」

　　北宋‧郎玉英《七修類》：「子為陰極，幽潛隱晦，以鼠配之，鼠藏跡。午為陽極，顯明剛健，以馬配之，馬快行。丑陰也，俯而慈愛生焉，牛有舐犢，故以配之。未陽也，仰而秉禮行焉，羊有跪乳，故以配之。寅為三陽，陽勝則暴，配以虎，虎性暴。申為三陰，陰勝則黠，配以猴，猴性黠。日生東而有酉，酉之雞，雞合踏而無形，交而不感也。月生酉而有東，卯之兔，兔舐雄毛則孕，感而不交地。」

　　此陰陽交感之義，故卯酉為日月之門，二者皆一竅也。辰巳陽起而動作，龍為盛，蛇次之。戌亥陰斂而潛寂，狗守夜，豬守靜，故各以配焉！

　　北宋‧洪巽《暘谷漫錄》（十二時辰與十二生肖），曰：「子、寅、辰、午、申、戌俱陽，故取相屬之奇數以為名，鼠、虎、龍、猴、狗，皆五指而馬咸單蹄也。丑、卯、巳、未、酉、亥俱陰，故取相屬之

偶數以為名，牛、羊、雞、豬，皆四爪、兔兩爪，蛇兩舌也。」

明・葉世傑《草木子集》，載云：「術家以十二肖配十二辰，每肖各有不足之形焉！如：鼠無白珠，牛少上牙。虎無頸項，兔缺上唇，龍無耳竅，蛇則無足，馬則無膽，羊乃無脾，猴則無臀，雞無小便，犬則無腹，豬無腦筋，人則無不足也。南朝・陳・沈炯《十二屬詩》：「鼠跡生塵案，牛群暮下來。虎嘯生空谷，兔月向窗開。龍隰遠青翠，蛇柳近徘徊。馬蘭方遠摘，羊負如春栽。猴粟羞芳果，雞砧引清杯。狗其懷物外，豬蠢窅悠哉！」

清・劉獻《廣陽雜記》引李長卿《松霞館贅言》：「子何以屬鼠也？曰：『天開於子，不耗則其氣不開。鼠，耗蟲也。於是夜尚未央，正鼠得令之候，故子屬鼠。地闢于丑，而牛則開地之物也，故丑屬牛。人生於寅，有生則有殺。殺人者，虎也，又寅者，畏也。可畏莫若虎，故寅屬虎。犯者，日出之候。日本離體，而中含太陰玉兔之精，故犯屬兔。辰者，三月之卦，正群龍行雨之時，故辰屬龍。巳者，四月之卦，於時草茂，而蛇得其所。又巳時蛇不上道，故屬蛇。午者，陽極而一陰甫生。馬者，至健而不離地，陰類也，故午屬馬。羊齧未時之草而茁，故未屬羊。申時，日落而猿啼，且伸臂也，譬之氣數，將亂則狂作橫行，故申屬猴。酉者，月出之時，月本〈坎〉體，而中含水量太陽金雞之精，故酉屬雞。戌時方夜於亥中，豬則飲食之外無一所知，故亥屬豬。」

旋以，亮師傳授英琪，沐手特將12生肖，插圖引證，略述梗概，寸筆如後：

鼠者：別稱：「耗子、穴蟲、社君、子神。」乃屬脊鼠動物，哺乳類，有胎盤類，齧齒目，鼠科。體小、頭圓，口吻突出，軀幹圓長，四肢短，尾長，唇有鬚，眼圓，耳殼小，牙齒發達，門牙上下各二枚。其前面被黃色琺瑯質，犬牙缺失，但俱空隙，臼齒之嚼面有橫紋；前肢比後肢短，有五趾，各趾具鉤爪，第一趾特短小，尾閭被鱗狀物，環生粗毛。穴居壁間或陰溝中，喜貪食，繁殖力甚強，好穴居於食物豐富之地，穴有數門，易於逃遁，性敏銳，多猜疑，智力亦佳，其種類多矣！

　　英琪按：臺灣專食蚯蚓、甲蟲之尖鼠（鼩鼱），諺稱：「錢鼠。」，其種幾乎目盲之夜行者，並發出尖銳之連續聲音，聞之彷彿一連串之「錢！錢！錢！」故傳統為之吉獸，絕無殺害之理。臺灣習俗，咸信「鼠」能攜帶財富，故有「鼠來寶」之稱。鼠于十二生肖中，拔得頭籌，隱喻事業成功，名祿兼收，鼠之繁殖力頗強，亦多子多孫之表率也。

　　鼠肝蟲臂：喻微末至賤也。《莊子・大宗師》：「偉哉造化，又將奚以為汝？將奚以汝適？以汝為鼠肝乎！以汝為蟲臂乎！」葛洪《抱朴子・對俗》，載云：「鼠滿百歲，則色白，善憑人而卜，名曰仲。能知一年中吉凶，及千里外事。」

　　鼠首僨事：譏人當機不斷，而終必敗事也。僨，敗也。故事成語考身體：「譏人不決，曰鼠首僨事。」集注：「蓋鼠性疑，欲出入穴，而又畏縮進退不定，人之不決事者，大約類此。」

　　鼠竊狗盜：謂小竊小盜也。《史記・叔孫通傳》，載云：「四方輻輳，安敢有反者，此特鼠竊狗盜爾！」《顏氏家訓》，載曰：「多為少善，不如執一，鼯鼠五能，不成一技。」此語警惕吾人，技多不專之意。

　　牛者：別稱：「古㹇、書生、角乘、一元大武、桃林處士。」乃哺乳綱偶蹄目，體肥大，四肢短，毛多黃褐色。頭有二角，上顎無門牙及犬牙，臼齒強壯，胃分四囊。一為瘤胃，二為蜂巢胃，三為重瓣胃，四為皺胃；食物入口，初經瘤胃而入蜂巢胃，旋復上回於口而嚼是謂：「反芻，更咽下。」乃入重瓣胃，經皺胃而達腸。力強耐勞苦，故適於負重或耕田。

　　牛眠之穴：《晉書・周光傳》，載云：「陶侃微時，丁艱，將葬，家中忽失牛，不知所在；遇一老父，謂曰：『前崗見一牛，眠山污中，其地若葬，位極人臣。』言訖不見，侃尋牛得之，因葬其地。後因稱葬地，則曰：「牛眠穴。」

　　英琪按：傳言摸牛將軍之牛首、牛腳、牛耳，甚至牛尾、牛卵，均能好運隨之。諺云：「摸牛頭，子孫會出頭。摸牛角，做事穩達達。摸牛耳，吃百二。摸牛嘴，大富貴。摸牛腳，家貨吃抹乾。摸牛

尾，存家伙。摸牛卵，錢財有億萬。」聞者，喜而摸之！

　　牛郎織女：星宿名，乃牛郎、織女二星，後而衍生成神化人物。織女為天帝孫女，故亦稱：「天孫。」長年織造雲錦，自嫁與河西牛郎分離，准每年七夕相會一次。故事初見於古詩十九首，至荊楚歲時記，內容遂逐漸完整。《風俗通佚文》記：「織女、牛郎，相會時烏鵲於天河為之搭橋，謂之鵲橋。」

　　牛驥同皁：牛與千里馬同槽而食，喻賢愚雜處，所受待遇相同也。文選・鄒陽獄中上梁王書：「使不羈之士驥同皁。」南宋・文天祥《正氣歌》，書云：「牛驥同一皁，雞栖鳳凰食。」

　　英琪考：《蓼花洲閒錄》，記載：「有自中原來者，云北方有牛王廟，畫百牛於壁，而牛王居其中間。牛王何人？乃冉伯牛也。嗚呼！冉伯牛，乃牛王矣！」讀之以閱，君必一粲耳！

　　虎者：別稱：「山君、寅客、文虎、掅于、虞史，封使君，白額侯。」乃哺乳綱食肉目，形略似貓。體長約二公尺，毛黃褐色，具黑皮波紋，四肢皆具五趾，有鉤爪。性凶悍，力猛，吼聲宏大，夜出捕食鳥獸，兼擊人。虎者，百獸之王，其能鎮祟避邪，保佑安寧。

　　亮師先君－錫坤公之《易申筆記》，載有乙詩：「踴躍谷生風，崢嶸百獸中；豈知王者瑞，足不履半蟲。」復有詠哦，「端陽節」歌謠：「五月五日午，天師騎艾虎；手持菖蒲劍，斬盡諸邪物。」觀此吟懷，憶椿情愫。

　　虎口三關：乃岐黃醫術名，小兒指脈紋診法之部位，導源於古代之診絡脈法。虎口在兩手拇指與食指之間，自虎口至食指內側，按指節分為風、氣、命三關。近虎口第一節為風關，中節為氣關，最上一節為命關。依據指節出現之脈紋形色，以診斷幼兒之疾病。

　　虎溪三笑：廬山記：「流泉匝寺下入虎溪，昔慧遠法師送客過此，虎輒號鳴，故名。時陶元亮居栗里山，山南陸修靜，亦有道之士，遠師嘗送此二人與語合道，不覺過之，因相與大笑。今世傳三笑圖，蓋本於此。」英琪考：《雲笈七籤》，載云：「虎戲者，四肢距地，前三擲，卻二擲，長引腰，乍起仰天即返，距行前卻，各七過也。」虎戲者，華佗五禽戲之一。

虎嘯生風：喻英傑之因時奮起也。《淮南子‧天文》，載云：「虎嘯而谷風至，龍舉而景雲屬。《北史‧張定和傳論》，載云：虎嘯風生，龍騰雲起；英賢奮發，亦各因時。」

英琪考：基隆之草嶺古道埡口，有座清同治六年，歲次丁卯（公元‧1867年），臺澎總兵劉明燈所刻之「虎字碑」，其早歲劉率兵至此，山風強大，乃取《周易》：「雲從龍，風從虎。」立下虎字碑，以鎮風煞。碑石僅書，一「虎」字跡，盤踞山頭，甚為特殊，全臺首創也。

兔者：別稱：「月精、明視、撲渥、舍伽、鵁扶、菊道人。」乃哺乳綱齧齒目，若野兔者，體長約五十公分，耳殼長，能轉動，眼大，視覺鈍，嗅聽二覺甚銳。上唇中裂，唇側生長鬚，司觸覺，上下兩顎，皆有突出之門二枚（上顎於突出之門齒外，尚有小門齒二枚），臼齒與門齒之間，無犬齒，故其門齒有空隙，尾長三公分。後肢甚長，幾二倍前肢，故上升巧速而下降拙遲，體毛多褐色帶灰，有長短，長毛本細末粗而曲，短毛雜生其間。性怯懦，日伏夜出，專噉植物，故害於作用大矣！

兔死狗烹：喻事畢見棄也。《史記‧越世家》，載云：「范蠡遂去，自齊遺大夫種書曰：『蜚鳥盡，良弓藏；狡兔死，走狗烹。越王為人長頸鳥啄，可以共患難，不可以共安樂，子何不去？』」

兔死狐悲：喻傷及同類也。《宋史‧李全傳》：「鼉狐死兔泣，李氏滅，夏氏寧獨存。」田藝衡‧玉笑零音：「鼉鳴而鱉應，兔死則狐悲。」又「兔角龜毛」，乃佛家譬喻之語。兔無角而龜無毛，喻無之事。《佛經‧智度論》：「又如兔角龜毛，亦但有名而無實。」

兔羅雉離：喻小人為惡，卻能以巧計脫身倖免；君子固善，反以忠直招災。《詩經‧王風兔爰》，載云：「有兔爰爰，雉離于羅。」《集傳》：「比小人致亂而以巧計倖免，君子無辜而以忠直受禍也。」

龍者：別稱：「雲龍、雨師、鱗精、水物、雲螭、那伽。」乃鱗之長，神物也。其有三停九似之說，謂：「自首至膊，膊至腰，腰至尾，皆相停也。九似者：角似鹿，頭似駝，眼似兔，項似蛇，腹

似蜃，鱗似魚，爪似鷹，掌似虎，耳似牛也。」此非虛構，天眼能觀！龍迺神物非動物，應以天眼察視，方觀龍背現八十一鱗，表九九陽數。其聲如銅盤，嘴旁生鬚髯，顎下有明珠，喉下有逆鱗，頭頂隆起，稱尺木，尺木若傷，則難昇天，又善吐氣成雲，並能變化水火之妙，故《易》取乾（☰）為龍之象。於是皇帝之服，則稱：「龍袍。」

　　《清通志‧器服類》，載云：「皇帝龍袍，色明黃，領袖具石青片金緣，繡文金龍九，列十二章，間以五色雲，領前後正龍各一，左右及交襟處行龍各一，袖端正龍各一，下幅八寶立水裾左右開。」觀清制皇上之龍袍，正面下擺繡九龍，胸懷為金龍。皇太子龍袍，則以杏黃色用之，餘與皇帝見同。若吾人若逢空閒或假日佳期，攜伴至台北故宮博物院參觀時，宜以辨之！

　　葉公好龍：《新序雜事》：「子張見魯哀公，七日而哀公不禮，託僕夫而去，曰：『臣聞君好士，故不遠千里之外，犯霜露，冒塵垢，百舍重趼，不敢休息以見君；七日而君不禮，君子之好士也，有似葉公子高之好龍也。葉公子高好龍，鉤以寫龍，鑿以寫龍，屋室雕文以寫龍，於是天龍聞而下之，窺頭於牖，施尾於堂。葉公見之，棄而還走，失其魂魄，五色無主，是葉公非好龍也，好夫似龍而非龍者也。今臣聞君好士，故不遠千里之外以見君，七日而君不禮，君非好士也，好夫似士而非士者也。』」後為浮慕無實之喻，而云葉公好龍耳！

　　龍飛鳳舞：狀山勢之靈異也。《吳越‧備史》：「郭璞‧撰《臨安志》云：『天目山前兩乳長，龍飛鳳舞到錢塘；海門山起橫為案，五百年生異姓王，至是果驗！』」北宋‧蘇軾《表忠觀碑》：「天目之山，苕水出焉，龍飛鳳舞，萃於臨安。」

　　龍章鳳姿：謂人風采之美甚也。《晉書‧嵇康傳》：「嵇康，字叔夜，身長七尺八寸，美詞氣，有風儀，而土木形骸，不自藻飾。以為龍章鳳姿，天質自然。」《唐書‧李揆傳》：「苗晉卿，欲薦元載，李揆輕載地寒，謂晉卿曰：『龍章鳳姿，士不見用，獐頭鼠目，子乃為求官耶？』」若古代皇帝之御書，則稱：「龍章鳳篆。」如聖旨

頒布,故宮能見之!

蛇者:別稱:「長蟲、寡人、蜀精、茅蟬、王虺、玉京子。」乃屬爬蟲綱,種類頗多,其圓筒狀,尾長無足,體被細鱗,行動時以腹鱗抵物前近,卵生,分有毒、無毒二種。有毒之蛇,頭呈三角形,尾較短;無毒之蛇,頭呈圓形,尾較長,無毒牙與毒腺,讀者應明之。

亮師授我,有辨毒蛇之法:觀蛇移動之速度,必了然於心胸。有毒之蛇,無懼於人,故移動速度緩而慢;無毒之蛇,生性畏人,故移動速度疾而竄。蛇亦中藥材之良方,其有清血、活血、清毒、驅風、散熱、健胃、益腎、止咳、消痰、降血壓,或治心胸鬱悶、皮膚病諸疾之功也。

蛇欲吞象:比喻貪心不足。《古籍·山海經》:「巴蛇吞象,三年出其骨;君子服之,無心腹之疾。」筆者考:《山海經·圖贊》:「長蛇百尋,厥鬣如彘,飛群走類,靡不吞噬,極物之惡,極毒之屬。」

蛇行匍伏:《戰國策·秦策》,記云:「蘇秦將說楚,路過洛陽,父老聞之,清宮除道,張樂設飲,郊迎三十里;妻側目而視,側耳而聽;嫂蛇行匍伏,四拜四跪而謝!」英琪按:蛇不直行,匍伏者,伏地而行,如蛇之游行也。

杯弓蛇影:誤以杯中之弓影為蛇,虛幻之懷疑。《晉書·樂廣傳》,載云:「嘗有親客,久闊不復來,廣問其故。答曰:『前在座,蒙賜酒,方欲飲,見杯中有蛇,意甚惡之,既飲而疾!』于時河南聽事,壁上有角弓,漆畫作蛇,廣意杯中蛇即角影。復置酒於前處,謂客曰:『所見如初。』廣乃告其所以,客豁然意解,沉痾頓癒!」

馬者:別稱:「火畜、玉螭、地精、馬留、吉祥座、金鞭使者。」乃哺乳綱奇蹄目。頭小面長,耳殼直立,頸有鬣,尾叢生長毛,為總狀。四肢長,肢各一趾著地,趾端有蹄。為草食性,故臼齒頗大,犬齒為雄者有之,然亦甚小。性溫馴,又善走,乘用、軍用、農用、商用皆宜。

亮師言及昔歲,就讀大學時,曾審視牛馬,故悉:馬臥地,後腳

先曲；馬起身，前腳先起。牛臥地，前腳先曲；牛起身，後腳先起。
此何以故？皆因馬屬陽，牛屬陰也。馬蹄圓，牛蹄方，亦因馬屬於
陽，而牛屬於陰也。

　　馬上得之：《漢書・陸賈》，撰云：「賈時時前說稱書，高帝罵
之曰：『乃公居馬上得之，安事詩書？』賈曰：『馬上得之，寧可以
馬上治之乎？』」屏東・龍翔軒主人－潘師貴隆，授諺：「連鞭到，
馬上到。」二者，誰速之辨！

　　馬耳東風：蘇軾和何長官，六言詩云：「青山自是絕世，無人
誰與為容；說向市朝公子，何殊馬耳東風。」唐・李白《答王去一
詩》：「世人聞此皆掉頭，有如東風射馬耳！」

　　馬工枚速：《南史・張率傳》：「梁武帝曰：『相如工而不敏，
枚皋速而不工，卿可謂兼二子於金馬矣！』」《漢書・枚乘傳》：
「皋為賦善於朔，上有所感，輒使賦之；為文疾，受詔而成，故所賦
者多；司馬相如善為文而遲，故所作少善於皋。」

　　英琪考：察古代帝王、將軍、雅士之馬，略言一二，以備觀覽：
周穆王有馬，其名：「驊騮。」并有八駿馬，亮師授述：「一者，絕
地。二者，番羽。三者，奔霄。四者，越影。五者，玉輝。六者，超
龍。七者，騰霧。八者，挾翼。兼有：騏驥、腰褭、飛龍、晨鳧、龍
媒、紫燕之名。」堪稱歷代，首屈名駒。

　　如：關雲長之馬，其名：「赤兔。」劉玄德之馬，其名：「的
盧。」漢文帝之馬，其名：「祿驪。」漢張飛之馬，其名：「鳥
追。」漢劉罕之馬，其名：「龍媒。」魏曹植之馬，其名：「驚
帆。」魏曹洪之馬，其名：「白鴿。」吳孫權之馬，其名：「快
航。」

　　晉惠公之馬，其名：「小駟。」唐太宗之馬，其名：「弓毛。」
唐代宗之馬，其名：「九花蛇。」唐仁宗之馬，其名：「逍遙。」唐
德宗之馬，其名：「如意。」唐明皇之馬，其名：「照夜白。」唐成
公之馬，其名：「蕭爽。」燕昭王之馬，其名：「快堤。」梁朱溫之
馬，其名：「一犬鳥。」

羊者：別稱：「珍郎、卷婁、羶根、柔毛、獨筍子、長髯鬚主簿。」其種類亦多，若是綿羊，由野生之源羊豢養而變化者。牝牡均有角，每角中空，外有橫紋。口吻狹小，四肢短，有蹄，其向後二蹄，不著地，稱為懸蹄。尾短而下垂，毛綿密而長，多卷曲，色白，可製織物，性溫順，喜群居，生育繁盛。

英琪考：孫詒讓正議《釋名・釋車》，載云：「羊車，羊，祥也；善飾之車，今犢車是也。」又「三陽開泰」語出《易卦》：「正月為〈泰〉卦（䷊），三陽生於下取其冬去春來，陽消陰長，有吉亨之象，皆用於歲首祝頌。」故三陽開泰，乃新年之頌詞。三陽，天地三陽之氣；開泰，佳運之肇始也。

羊左之交：簡稱羊左，引申摯友。筆者考：戰國時，左伯桃與羊角哀；聞楚王賢，同入楚。道遇雨雪，衣薄糧少，二人計不俱全：伯桃謂哀曰：「吾所學不如子，子往矣！」乃併衣糧與哀，自入空樹中死。哀至楚為上卿，顯名當世。乃啟樹發伯桃屍，備禮改葬之；伯桃墓近荊將軍陵，伯桃夢告哀云：「我日夜被荊將軍伐。」哀云：「我向地下看之。」遂自刎死。後世因稱友誼之篤者，曰：「左羊。」文選・劉峻廣絕交論：「想莊、惠之清塵，庶羊、左之徽烈。」

羊公之鶴：比喻不才之人。筆者考：世說排調：「劉遵祖少為殷中軍所知，稱之於庾公，庾公甚欣然，便取為佐。既見，坐之獨榻上與語，劉爾日殊不稱，庾小失望，遂名之為羊公鶴。昔羊叔子（晉羊祜，字叔子）有鶴喜舞，嘗向客稱之；客試使驅來，氄氄而不肯舞，故稱比之。成語：「羊入虎口。」比喻極危險，有萬無生存之意。

羊裘垂釣：穿羊皮衣而釣魚，乃指隱居者之姿態。《後漢書・嚴光傳》，記云：「後齊國上言，有一男子，披羊裘，釣澤中。」又《晉書・胡貴嬪傳》，載云：「武帝掖庭，並寵者眾，帝莫知所適，常乘羊車，恣其所之，至便宴寢，宮人乃取竹葉插戶，以鹽汁灑地，而引帝車。」筆者考：竹葉、鹽汁，均為羊所喜食；車至，則食葉舐鹽而不去，武帝亦矇瞶也哉！

猴者：別稱：「王孫、猢猻、玃猴、猴仙、猴齊天、大聖爺、孫悟空。」乃哺乳綱靈長目，長六十至九十公分，頭稍圓，吻略突

出，鼻孔相接近。面部無毛，色赤，頸有頰嗛，毛色灰黑。四肢皆如人手，前肢較長，尾短，有臀疣，體被密毛，能耐寒。並棲深山森林中，善攀木，食果實種子之物，活潑，養之易馴。古所云之母猴，沐猴，即此猴也。

猴戲之一：獶，《禮樂記》，記云：「獶雜子女。」注：「獶，獼猴也；言舞者如獼猴戲也。」據此，知猴戲由來蓋古，故有獼猴戲之語。北宋‧陳暘《樂書》，載云：「漢世有獼猴緣竿之技，人稱甚妙！」《慕府燕談》，亦載：「唐昭宗播遷，隨駕藝人，止有弄猴者，猴頗馴。」

《宋‧太平廣記》，載云：「蜀人陽千度善弄猢猻，飼養十餘頭，會人言語，或令騎馬作參軍戲。」《燕京歲時記》，亦詳載之，蓋由來已久，至今弗絕！

猴戲之二：清‧褚人穫《堅瓠餘集》卷二，載曰：「良齊雜說：『福州人皆祀孫行者為家堂，又立齊天大聖廟甚壯麗，四五月間迎旱龍舟，裝飾寶玩，鼓樂喧闐，市人奔走若狂，視其中坐一獼猴耳。』」

猴戲之三：《宋‧太平御覽》引周景式〈孝子傳〉：「余嘗至綏安縣，逢徒逐猴，猴母負子而歿水。水雖深而清，以戟刺之，自脅以下中斷，脊尚連。抄著舡中，子隨其母傍，以手捫子而死！」

雞者：別稱：「金禽、巽羽、翹翁、雄父、會稽公、伺晨鳥、戴冠郎。」乃鳥綱鶉雞目，雌雄皆有肉冠。雄者能啼，雌者生蛋，為最普遍之家禽。嘴短，鼻孔被鱗狀瓣，成裂孔狀，眼具瞬膜，頭部有肉冠及肉瓣，雄者特大。翼短，不能高飛，腳健壯，跗蹠及趾皆被鱗板，趾四，後趾高而短小，尾發達。雄體較大，羽色亦美，跗蹠部後方有距，至曉則啼。雌體越六、七月而長成產卵。

英琪考：《春秋說題辭》：「雞于旭日初昇之際，陽氣始旺而啼。雞為積陽，南方之象，火陽精，物炎上，故陽出雞鳴，以類感也。」又《玄中記》，載云：「東南有桃都山，上有大桃樹，名曰：「桃都。」枝相去三千里。上有一天雞，日初出，光照此木，天雞則鳴，群雞皆隨之而鳴也。下有二神，並執葦索，伺不祥之鬼，得而煞

之。今人正朝作兩桃人立門旁，以雄雞毛置索中，蓋遺象之。」

唐・李白《夢遊天姥吟別留詩》，載云：「腳著謝公屐，身登青雲梯。半壁見海日，空中聞天雞。」天姥，山名也。今浙江新昌縣東五十里，東接天臺華頂山，西連沃州山。謝公者，謝靈運也。晉書・謝靈運傳：「靈運移籍會稽，修營舊業，尋山陟嶺，必造幽峻，岩障數十里，莫不備登。登躡常著木屐，上山則去其前齒，下山則去其後齒。」謝公屐，作者李白有效謝公遊山之意。

明・董穀《碧里雜存》載，吳康齋詩：「吾家住在碧巒山，養得雄雞作鳳看，卻被狐狸來嚙去，恨無良犬可追還；甜株樹下毛猶溼，苦竹叢頭血未乾，本欲將情陳上帝，題詩先告社公壇。」筆者考：延陵・吳康齋先輩，乃著名之道學家，家徒四壁，中歲極貧，僅蓄一雞司晨，為狐狸所嚙，恨氣難消，故特題此詩，以抒心中怫恚耳！

雞鳴狗盜：孟嘗君入秦，秦昭王囚而欲殺之。孟嘗君有客能為狗盜者，乃夜為狗入秦宮，盜孟嘗君所獻昭王之白狐裘，以獻昭王幸姬，姬為言於昭王，孟嘗君乃得脫；即馳去，夜半至，函谷關。關法：雞鳴而客出，孟嘗君恐追至，客有能為雞鳴者，一鳴而群雞鳴，遂發傳出（《史記・孟嘗君傳》）。

雞口牛後：譏諷之辭。謂雞口雖小猶進食，牛後雖大乃出糞也。《國策・韓策》載云：「臣聞鄙語曰：『寧為雞口，無為牛後。』」英琪按：《顏氏家訓》，書証引延篤《戰國策》音義：「尸，雞中之王；從，牛子；然則口當為尸，後當為從，俗寫誤也。」

盧文詔，補注：「案口後韻協，蘇秦以牛後鄙語激發韓王，安得如延篤所言乎？且雞尸之語，別無他證，奈何言之，盧說是也。」史記・蘇秦傳與國策同；文選・阮瑀為曹公作書與孫權李善引韓策作：「雞尸牛從。」乃誤採延說，諸君自辨！

雞犬皆仙：《神仙傳》：「淮南王安臨去時，餘藥器置在庭中，雞犬舐啄之，盡得升天，故雞鳴天上，犬吠雲中也。」又《韓詩外傳》卷二，載云：「君獨不見夫雞乎？首戴冠者，文也；足搏距者，武也；敵在前敢鬥者，勇也；得食相告，仁也；守夜不失時，信也。」

狗者：別稱：「猧兒、豺舅、羹獻、黃耳、義畜、守門使、逍遙郎君。」乃屬哺乳綱食肉目，口吻突出，門、犬、臼，三齒皆具；犬齒極銳，為禦敵利器；臼齒咀嚼面，有無數突起，適於碎骨裂肉之用。舌長，表面華澤，耳殼或短而直立，或長而半垂，或全垂，能運動。聽覺極銳，視嗅兩覺亦敏。胸廓大，故呼吸力甚強。前肢五趾，後肢四趾，皆有鉤爪。體長毛短曲直，因種類而異。尾上卷，或下垂，或呈繖狀。原為食肉獸，後以被畜而於人，變為雜食。

英琪考：狗者，犬之小者，《爾雅・釋畜》：「未成豪，狗。」筆者按：未成豪者，謂未生長毛也。郝懿行義疏：「狗犬通名，若對文，則大者名犬，小者名狗；散文，則《月令》言食犬，《燕禮》言烹狗，狗亦犬耳，今亦通名犬為狗矣！」

狗尾續貂：《晉書・趙王論傳》，載云：「奴卒役廝，亦加爵位，每朝會，貂蟬盈座，時人為之諺曰：『貂不足，狗尾續。』此言，封爵濫也；後亦借用，為不相稱之辭。」《汝南・周必大》，詩云：「公詩如貂不煩削，我續狗尾句空著。」筆者按：古代近侍官員，以貂尾為冠飾。官濫，貂尾不足，用狗尾代替。喻不計才能優劣，而濫設官爵。

狗彘不若：謂惡人之行，不如狗彘，賤斥痛恨之辭也。荀子榮辱：「乳彘觸虎，乳狗不遠遊，不忘其親也；人也，憂忘其事，內忘其親，上忘其君，則是人也，而誠狗彘之不若也！」亦喻，忘恩負義，或無情之人。

摸狗神訣：狗神者，十八王公之靈狗也。臺語發音，眾則以唸：「摸狗頭，汝會起大樓；摸狗嘴，汝會大富貴；摸狗耳，汝會順心意。摸狗肚，汝會好頭路：摸狗尾，汝會剩家火。摸狗頸（ㄍㄨㄣˋ），讓汝事業八面穩；摸狗腳，讓汝智慧媲仙家。」虔誠禱唸，福至心靈。

豬者：豕子也，亦彘之謂也。別稱：「烏金、烏鬼、勃賀、剛鬣、魯津伯、長喙將軍。」乃屬哺乳綱偶蹄目，為野豬之變種。體肥，頭大，眼小，口吻長，略向上曲，鼻端突出。腳短，腹部殆接近於地。喜臥陰濕泥污之處，雜食動植物。年產二次，每產六子至十二

子，約一年而成長。

殺彘教子：《韓非子·外篇》左上：「曾子之妻之市，其子隨之而泣，其母：『汝還，顧及，為汝殺彘。』適市來，曾子欲捕彘殺之，妻止之曰：『與嬰兒戲耳！』曾子曰：『嬰兒非可以戲也，嬰兒非有知也，待父母而學者也，聽父母之教也。今子欺之，是教之欺也。父欺子而不信其母，非以成教也。遂烹彘！』」

豬頭龍身：唐時安祿山侍玄宗宴，醉臥，體化為龍而豬首；左右稟報，帝曰：「豬龍不得善終，何懼之有？」後安祿山，果舉兵叛變，卻被殺於絕龍崗。又《漢書·食貨志》，載云：「匈奴侵寇甚，莽大募天下囚徒人奴，名曰：『豬突豨勇。』」注：「豬性觸突人，故取以喻。」

豕交獸畜：謂待人無禮貌也。孟子盡心篇：「食而弗愛，豕交之也；愛而不敬，獸畜之也。」注：「人之交接，但食之而不愛，若養豕也；愛而不敬，若人畜禽獸，但愛而不能敬也。」豬者，與人頗為密切也。臺灣本地之豬，有四類之分，由北而南分別命名：雙溪豬、桃園豬、美濃豬、迷你豬。豬繁殖甚為迅速，于吾人有絕大之貢獻（持齋素食者除外），以其屠體以供人類食用。

然，中國人待豬權之踐踏，舉世第一。若于物質文明而言，豬集臭、賤、髒於一身；若於精神文明而言，又讓豬承擔人類所有之缺點。如：「豬窩」、「豬玀」、「豬頭」、「豬腦」，以及涵義豐富之「豬八戒」、「笨豬」、「懶豬」、「瘟豬」、「死豬」，僅於一否定性之形容詞後加添「豬」字，咸能言之成理。

吾觀豬仔，乃溫順可愛之動物，其生前受盡白眼和嘲笑，長大毫無選擇之任人宰割，從豬耳至尾巴，從豬腦至血液，無一寸不入中國人之腸胃，而其皮與毛咸可用之矣！明·呂坤詩：「瘦時猶自兔，肥來未為福；如何見糟糠，終日爭不足！」新竹縣之義民廟，每年舉行，公豬競賽，重則千斤，讓人訝異！

《三國志·吳志·孫權傳》，注引吳歷曰：「曹公見軍伍整肅，喟然嘆曰：『生子當如孫仲謀，劉景升兒子，若豚犬耳！』」後世謙稱己子，曰豚兒，曰小犬，曰犬子，皆本於此。英琪考：豬，豕子

也。《爾雅·釋獸》：「豕子，豬。」筆者按：《方言》：「豬，關東西或謂之彘。」今用為豕，乃通稱耳！

　　東漢·蔡邕《月令章句》，亦載：「大撓採五行之情，占斗綱所建，於是始作甲乙以名日，謂之幹（干）；作子丑以名月，謂之支。干支相配，以成旬（六十甲子）。」《後漢書·荀爽傳》，載云：「天子娶十二婦，天之數也；諸侯以下，各有等差，事之降也。」縱觀諸述，係轉注之十二法，兼納十二生肖之說，故中國古代之十二時辰，實無遜於西方之十二宮。其順序逆轉，乃使十二支之順序如是，周而復始，運轉乾坤。

　　英琪考：東土十二星系之分：天鼠星、天牛星、天虎星、天兔星、天龍星、天蛇星、天馬星、天羊星、天猴星、天雞星、天狗星、天豬星。西洋十二星座之分：魔羯座、寶瓶座、雙魚座、牡羊座、金牛座、雙子座、巨蟹座、獅子座、處女座、天秤座、天蠍座、射手座。文章今成，猶如濯纓濯足，清濁自取；彷彿暮鼓晨鐘，振奮俗情，提昇明慧。故今夜賦閒家中，筆耕牖前考証，《十二生肖》源由典故，或成語引句簡述。以迎壬寅，山君掌令·年關賁臨，諸事如意。恭請博彥碩士，五術同道，瑜伽先輩，斧正是禱！

　　復次·沈炯大詩人，亦有「八音詩」，廣流後世，此詩以五言，共十六句，從第一句起，每隔一句之第一个字（冠首）按順序，藉由：金、石、絲、竹、匏、土、革、木，此八个字而「八音詩」頗感殊勝，筆者捃集，聊供究焉！

> 金屋貯阿嬌，樓閣起迢迢。
> 石頭足少年，大道跨河橋。
> 絲桐無緩節，羅綺自飄飄。
> 竹煙生薄晚，花色亂春朝。
> 匏瓜詎無匹，神女嫁蘇韶。
> 土地多妍冶，鄉里足塵囂。
> 革年未相識，聲論動風飆。
> 木桃堪底用，寄以答瓊瑤。

　　復次，慕亮吾師授我十二生肖之「聲」及「性」暨「姓名」。復

有，「十二時辰」之古稱，一併臚列，以供諸君，聊作參究，坊間書籍，難以窺之一二耳！

十二生肖之聲

鼠之聲，謂之吱；牛之聲，謂之哞；虎之聲，謂之嘯；
兔之聲，謂之咕；龍之聲，謂之吟；蛇之聲，謂之呲；
馬之聲，謂之嘶；羊之聲，謂之咩；猴之聲，謂之唧；
雞之聲，謂之喔；狗之聲，謂之吠；豬之聲，謂之哼。

十二生肖之性

鼠之性，謂之竄；牛之性，謂之勁；虎之性，謂之猛；
兔之性，謂之蹦；龍之性，謂之騰；蛇之性，謂之纏；
馬之性，謂之奔；羊之性，謂之馴；猴之性，謂之攀；
雞之性，謂之展；狗之性，謂之嗅；豬之性，謂之懶。

十二生肖之姓名

蔡子鼠，戴丑牛，高寅虎，鄭卯兔，洪辰龍，張巳蛇，
江午馬，李未羊，王申猴，黃酉雞，吳戌犬，龔亥豬。

十二時辰之古稱

半夜子，雞鳴丑，平旦寅，日出卯，食時辰，禺中巳，
日南午，日昳未、晡時申、日入酉、黃昏戌、入定亥。

亮師授英琪《達摩一掌金》訣：

「羊鼠相逢一旦休，從來白馬怕青牛，
玉兔見龍雲裡去，金雞遇犬淚雙流；
蛇遇猛虎如刀截，豬遇猿猴似箭投，
莫道陰陽無定準，管取夫婦不到頭。」

吾曹觀其偈句，言引申夫妻相處之道，注意雙方宜互敬互諒，相待如賓，意見良善溝通，方能舉案齊眉，白頭偕老矣！然則，關於「十天干」與「十二地支」，彼此相互之間有何干係？對於个人生辰

命居弗同位之天干暨地支，其所產生之妙義！渥蒙 吳師慕亮傳授英琪《十天干及十二地支》暨《六十甲子》之玄微，特將秘竅要義，捃撽成章，供列於後，裨益讀者進一步認識自己所屬之生肖，命坐干支位，知其稟性，得以善用己之優點，發揮所長，修正缺點，修身補缺，臻於改變命運，安身立命矣！

亮師授《天干論要述》

　　夫十天干者，甲、乙、丙、丁、戊、己、庚、辛、壬、癸。係〈河圖〉之天地（陰陽）數，宇宙之大，其數不離九。十天干者，其十數也。從一而始，一生二，二生三，三生萬物至九為終。極為「10」，10者去其拾位數，則歸〇位，〇者無極，一者萬物之原。故吾曹設硯，開張論命，取盤視察，必忐忑不安，汗流浹背，或六神無主，不知所措。諺云：「一生二熟三成巧，四穩五拿六微笑！」旋以，先將十天干洞悉，方可言論自如。牖案搦管，剖解敘述：

　　甲干：甲者，假借，戴浮甲之象。《史記》，載云：「萬物剖符，甲而出也。」甲者，天干之一數，萬物之始也。天干甲，地支子，甲子相交，六十甲子生焉！故謂：「剖符甲而出，其天陽木，為東方陽木之源。」

　　乙干：乙者，陽中陰木。《史記》，載云：「萬物初生，抽軋而出。」象徵春天草木，脫離嚴冬束縛，從土中生長而出，統司春氣息，為東方乙木之源。

　　丙干：丙者，炳也，火之光明。《史記》，載云：「陽道著明，萬物成炳然。」乃茁壯之意，為南方陽火之源。

　　丁干：丁者，丁實。《史記》，載云：「萬物之丁壯。」吾人言談：「壯丁。」乃扎實、氣魄表象。其性陽中陰火，為南方陰火之源。

　　戊干：戊者，茂也。《漢書·文志》，載云：「孳茂於戊。」萬物皆茂盛，為中央陽中陽土之源。

　　己干：己者，紀也；紀者，錄也。言萬物有形，可紀識也。《漢書·文志》，載云：「理紀於己。」為陽中陰土之源。

庚干：庚者，堅也，更換之意。《史記》，載云：「萬物收斂，而有實也。」萬物肅然，秀實健成，為陽金之源。

辛干：辛者，幸也。言其萬物，慶幸而生育。辛者，新也，萬物新成之象；成者，收成之意。辛金秋成，為陽中陰金之源。

壬干：壬者，任也。陽氣任養萬物於下，故天一初陽，乃壬之數。《漢書‧文志》，載云：「懷任於壬。」任者，妊也。陰陽交，物懷妊，既懷妊而子生焉！壬者，壬水先天之陽水，男人精英，為陽中陽水之源。

癸干：癸者，揆度，從四方流入模型之中。癸者，陽中陰水，亦類化女性陰水，故有女子十四出癸（月經初潮，別名：「天癸初至。」）。若無經期，必難生育，為陽中陰水之源。〈河圖〉天一生水，地六成之，乃言壬癸，男女相交而生萬物之理。

甲干居命：甲者，物之假借。主智力極強，頗富權威之象。
乙干居命：乙者，物之生軋。主性情靈敏，重視實物之象。
丙干居命：丙者，物之炳然。主處世光明，不屈不撓之象。
丁干居命：丁者，物之丁壯。主坦率理性，奉公守法之象。
戊干居命：戊者，物之實茂。主念舊守成，莫管閒事之象。
己干居命：己者，物之記錄。主耿直仁慈，熱愛宗教之象。
庚干居命：庚者，物之更換。主獨立無懼，強健穩重之象。
辛干居命：辛者，物之辛成。主處事執拗，任意放縱之象。
壬干居命：壬者，物之任也。主文思流暢，興趣廣泛之象。
癸干居命：癸者，物之揆度。主心猿意馬，喜新厭舊之象。

英琪考：《五行大義》，載云：「支干者，因五行而立之。昔軒轅之時，大撓之所制也。」蔡邕《月令章句》，載云：「大撓探五行之情，占斗機所建，始作甲乙以名日，謂之干；作子丑以名月，謂之支。有事於天則用日，有事於地則用辰，陰陽之別，故有支干名也。」筆者按：干者，幹也，或作榦解；支者，枝也，或作知解。故有枝幹之名，今咸以干支言。

蓋榦字者，此枝榦既相配而成，如樹木之有枝條莖幹，共為樹體，所以云榦。有作幹者，幹濟為義。枝者，支任為義，或知其義，

以此日辰，任濟萬事。故云：「枝幹。」又作：「干字者，亦是斡義。」如物之于竿上，能豎立顯然。亦云：「竿也。」世書從易，故多作干支也。

古籍《群書考異》，載云：「甲者，拆也。言其萬物，剖符甲而出也。《周易》，亦曰：「百果草木，皆甲拆是也。」乙者，軋也。言萬物初生，自抽軋而出也。丙者，炳也。言萬物炳然，著見之也。丁者，強也。言萬物之丁壯，故邦國圖籍，其曰：「成丁。」

戊者，茂也。言萬物之茂盛，故《漢書·文志》，載曰：「孳茂於戊也。」己者，紀也。言萬物之事，有形可紀識也。庚者，堅也。言萬物收斂，而有實也。辛者，新也。言萬物初新，皆收成也。壬者，任也。言萬物氣任，養萬物于下也。癸者，揆也。言萬物之事，可揆度也。」今由天干，以論其命，奇驗神準，君應珍記！

亮師授《地支論要述》

夫今古紛紛辯口，聚訟盈庭，積書充棟，皆起於世教之不明，而聰明才辯者，各執意見，以其求勝。故爭輕重者，至衡而息；爭長短者，至度而息；爭多少者，至量而息。爭是非者，至聖人而息；守中道者，聖人之權衡度量也。讀書我輩，慎明其意，靜而審思，終能貫通。蓋十二地支者，子、丑、寅、卯、辰、巳、午、未、申、酉、戌、亥。係氣濁凝結成形於地，乃固體靜態之物。干支陰陽相對，地支靜而居于下，天干動而居于上；一動一靜而成陰陽之交，萬物始生。係造化微妙，萬有玄機，千古不易之理。故將亮師授英琪之十二地支之法要竅秘，寸楮剖析如後：

子（鼠）：子者，滋也。天開於子，乃天元之地，無形肇端，陽氣由子萌生，其氣如鼠竄出。十一月卦氣初陽動，萬物滋生稱謂，玄武北方陽水之源。

丑（牛）：丑者，樞紐。地闢於丑，乃地元之地，陰氣肇始，其氣如牛殷勤。初陽居上，萬物逢丑，而弗敢妄出。十二月萬物發動，以丑用事，中央陰土之源。

　　寅（虎）：寅者，移也。其氣如虎威猛，乃人元之地，後天艮土之根，生育人天萬物。寅者，演也，演生萬物之意。正月卦氣由此動，一年月令開端，為東方陽木之源。

　　卯（兔）：卯者，茂也。日月之稱，其氣如兔跳躍。日光由東而升，震位所居，故謂：「日照雷門。」二月卦氣動，萬物興隆，東方陰木之源。

　　辰（龍）：辰者，震也。天羅地網，其氣如龍飛騰。東漢・王充《論衡》，有云：「辰者，東方震木，其星蒼龍。」三月易卦，氣動雷電閃。農民忙碌時，草木皆生，中土陽土之源。

　　巳（蛇）：巳者，金之長生，其氣如蛇纏繞。巳火者，四月易卦，氣數由此而生。陽盡陰將臨，南方陰火之源。

　　午（馬）：午者，牾也。五月陰氣，忤逆而生，其氣如馬奔馳。《史記》，載云：「陰氣交，故日午。」南方陽火之源。

　　未（羊）：未者，味也。六月卦氣，內含妙味可品。其氣如羊柔順，午馬未羊合化離天，羊者祥也，乃吉祥表徵，中央陰土之源。

　　申（猴）：申者，身也。七月陰氣成體，《易》卦為用。《史記》，載云：「言陰用事，申賊萬物。」其氣如猴攀越，紫微天府，由寅申而分順逆玄機，西方陽金之源。

　　酉（雞）：酉者，老也。《史記》，載云：「酉者，萬物之老也。」八月之卦黍成，配酒以象酉形。其氣如雞雄姿（金剋木），並啄食於木蟲，西方陰金之源。

　　戌（狗）：戌者，威也。九月卦氣嚴威，萬物蘊藏之象。《史記》，載云：「萬物成而衰滅也。」《漢書》，載云：「畢入於室。」乃萬物逢戌，必收斂矜恤之兆。其氣如狗忠義，中央陽土之源。

　　亥（豬）：亥者，荄也。陰氣已盡，陽氣居下，十月易卦，冬至逾後，一陽將生。《漢書》，載云：「該閡於亥。」其氣如豬飽餐，言事物收藏，北方陰水之源。

命坐子宮：子者，物之滋生。篤學信誠，探索一傾；事理判
　　　　　斷，準確清明。

命坐丑宮：丑者，物之樞紐。舉止靜和，志向蓬羅；恃才高
　　　　　傲，謙卑可歌。

命坐寅宮：寅者，物之演生。稟性剛威，目光銳隨；交友廣
　　　　　泛，知音星稀。

命坐卯宮：卯者，物之茂盛。處世謹嚴，語句坦然；思維細
　　　　　膩，觀察洞玄。

命坐辰宮：辰者，物之伸舒。和藹溫純，儀表丰神；熱忱悃
　　　　　愊，反遭謗身。

命坐巳宮：巳者，物之氣盡。事必躬親，熟慮靜沉；家計瑣
　　　　　屑，孤寂馳奔。

命坐午宮：午者，物之牴觸。克苦耐勞，開成煎熬；福祉天
　　　　　降，求知占鰲。

命坐未宮：未者，物之滋味。知人善融，氣宇俊雄；容納諫
　　　　　議，師道必崇。

命坐申宮：申者，物之身體。意見新榮，詞令分明；樂觀進
　　　　　取，展露機評。

命坐酉宮：酉者，物之老已。樂山登臨，奇石秀尋；陶醉片
　　　　　刻，滌蕩煩襟。

命坐戌宮：戌者，物之矜恤。濟物扶傾，應對巧靈；言語自
　　　　　負，雄辯駁霆。

命坐亥宮：亥者，物之該閡。殷勤禮周，讚美誇優；待客接
　　　　　物，練達豐收。

亮師授《十天干之情詩趣談》

顛倒不自由（甲），反哄了魚兒上鉤（乙），兩人並肩一人丟
（丙），可惜無應口（丁），欲成終難就（戊）。一點懷思鎖心頭

（己），欲問平康事，惟用八字推求（庚）。薄倖人匿跡，十分露醜（辛）。任他惆悵恨悠悠（壬），興發時拋卻弓鞋懶繡（癸）（以上閨情尺素，天干十字訣）。

亮師授《十二地支情詩趣談》

實冀望百年好事成姻眷，誰知兒女緣慳缺半邊（子）。紐思兒忽覺和腸（丑）。頓時，我備周易卜金錢，演卦於溪前，又恐水流弗至硯池間（寅）。瞬聽柳陰上聒噪新蟬，受划木丁丁響小園（卯）。黑漫漫一聲霹靂空中震，霎時雲收雨散（辰）。抽起身，獨自走，僅恫綠遍山原（巳）。亦曾許我急整歸鞭，至如今拋卻誓言（午）。昧心之人，那管紅日西沉，孤燈閃閃（未）。本待沐浴焚香，祈神明向他埋怨，且卸卻衣衫好睡眠（申）。無奈！輾轉難寐，酒蘭人倦，淚珠兒滾滾似水如泉（酉）。夢雲中越地走向陽臺，遠眺曙光一點（戌）。駭愕人縱彎，步廄取揚鞭，何故？駟馬皆弗見，五內泣焉（亥）（以上閨情尺素，地支十二字訣）。

英琪考之，亮師授古籍《群書考異》，載云：「子者，孳也。陽氣既動，萬物孳萌於下也。丑者，紐也；紐者，繫也。續萌，以繫長也。寅者，移也。亦云：『引也。』物芽稍吐，引而伸之，移出於地也。卯者，冒也。萬物冒地，微而出也。辰者，震也。物盡震動，漸而長也。巳者，已也；已者，起也。萬物至此，已畢盡而起也。午者，仵也。亦云：『咢也。』萬物盛大，枝柯咢佈也。未者，味也。陰氣已長，萬物稍衰，體曖昧也。申者，身也。萬物之身體，皆成就也。酉者，老也。萬物老極，而成熟也。戌者，滅也。萬物皆衰，其將滅也。亥者，核也。萬物收藏，皆堅核也。」

惟哲學探究，須經年之載，方有成就之理，況人之生，稟受天地之氣，亦受氤氳而圍，故本體（吾儕內在之命運守護神）二字及盡性修身之道。學後始能益己利人，冀望莫遺漏，本體暨修身，僅鑽研其術而已！諺語：「初年是神仙，二年顛倒顛，三年弗敢言。」干支針砭，妙語悃誠，英琪受教，亮師慈訓：「絕學必繼以劬勤，方見功深；真要必出於心誠，方見語切。」願與緣者，彼此勖勉！

復有，臺北‧總舖師，林添盛名廚，有主題食譜，十二生肖宴之

美，乃源於道教文化之臺灣十二生肖宴。鼠者：「天子宴。」牛者：「齋醮宴。」虎者：「普渡宴。」兔者：「新居宴。」龍者：「結婚宴。」蛇者：「歸寧宴。」馬者：「滿月宴。」羊者：「生日宴。」猴者：「祈福宴。」雞者：「尾牙宴。」狗者：「闔家宴。」豬者：「來生宴。」若能品嚐，不虛此身。靜參佳餚，其中學問，博大深邃，涵括人生之起承轉合，寓意天地相配，枝幹互育之自然圓滿哲學。內容先以宴席精義為入門，繼而介紹每道菜餚之材料、烹調作法與意義。林添盛師傅，以七十二歲高齡，敘述一甲子之「總鋪師」心路歷程，藉以謳歌生命崇高之價值，堪稱：「禮儀之美，飲宴之樂。」老當益壯，喜而賀之，眾儕恭敬，聊表悃誠！

亮師授《六十甲子》要義

甲子坐命：【屋上之鼠】，主塵境生輝，孤高脫俗，多學少成，博聞強記，作事疑慮，不驕不吝，無傲無諂，志氣豪逸，心性不拘。可謂：「伶俐賢能之命。」

乙丑坐命：【海內之牛】，主煮茗對月，心性恬淡，為人耿介，膽氣英豪，高瞻遠矚，好事多磨，幾悉挫折，巧中成拙，方能體悟。可謂：「善良純和之命。」

丙寅坐命：【山林之虎】，主渴馬飲泉，藝業工巧，學術清明，高人欽敬，小人妒嫌，能立紀綱，善審法度，件件親手，般般自造。可謂：「曉事通達之命。」

丁卯坐命：【望月之兔】，主菊徑尋春，氣宇軒昂，眉清目秀，隨機應變，知識頗高，能分尊卑，而別貴賤，大寬小急，緊慢不均。可謂：「性巧福分之命。」

戊辰坐命：【清溫之龍】，主枯蓮得露，剛柔並濟，愛群度量，勞心見卑，發福來遲，立志不一，有始無終，作事躊躇，當斷能安。可謂：「隨遇而安之命。」

己巳坐命：【福氣之蛇】，主待風駕帆，才冠群眾，祥瑞之曜，安靜家中，出現囉唣，尷尬微處，宜求神佑，親如陌人，外有知音。可謂：「吉人天相之命。」

　　庚午坐命：【堂倌之馬】，主藍田種玉，雀巢生鳳，蚌腹剖珠，男柄持家，女則榮夫，心慈坦然，諸般奔忙，先難後易，圖謀必展。可謂：「外逢貴人之命。」

　　辛未坐命：【得祿之羊】，主層冰見日，名利之耀，福德之星，自成規矩，並剙門庭，當家若早，操勞亦是，憂慮於心，發達則遲。可謂：「建業立業之命。」

　　壬申坐命：【清秀之猴】，主明月梅花，性巧聰明，事必躬親，遭誣痛心，行善成冤，男受人敬，資質英敏，女貌豔麗，賢淑德慧。可謂：「鶼鰈情深之命。」

　　癸酉坐命：【露宿之雞】，主飢鳥投林，唇舌能辯，事業艱辛，亦費經營，萬般制度，三思進退，百種縈迴，宗族拋離，資財聚散。可謂：「凶中變吉之命。」

　　甲戌坐命：【守身之狗】，主雲天竹影，心懷不足，作事進退，雖是竭力，亦難有成，花開逢雨，月皎雲遮，遠有知音，近視如仇。可謂：「六親緣薄之命。」

　　乙亥坐命：【返往之豬】，主月照寒潭，幼運多滯，孤獨自在，無現成福，祖財難靠，親戚無情，知心者少，我知者多，歷事極稀。可謂：「自立奮發之命。」

　　丙子坐命：【田畦之鼠】，主月照芙蓉，慷慨無吝，安閒之居，亦為難靜，享福之處，未得優游，見識高明，謀略有權，桑榆方佳。可謂：「大器晚成之命。」

　　丁丑坐命：【湖泊之牛】，主蟾宮補兔，謙和睦鄰，鑿山開路，掘井汲泉，精於設施，善于佈局，能知輕重，又別賢愚，奈何運蹇。可謂：「時節未逢之命。」

　　戊寅坐命：【峙山之虎】，主浪裡淘金，胸襟灑落，氣宇高明，生來磨難，曾經霜雪，勿圖好看，應知斟酌，生涯守舊，活計靠薪。可謂：「循序漸進之命。」

　　己卯坐命：【林蔭之兔】，主天曉燃燈，自然悠閒，嬉戲無欺，

剛柔兩濟，吉凶同門，事親費力，務自當心，不耐俯仰，幾番拗由。
可謂：「靠祖成身之命。」

　　庚辰坐命：【恕性之龍】，主雪裡尋梅，勞碌風霜，所憎邪佞，
會解凶災，平生事業，如同燕巢，一世親情，好似藏面，榮枯反覆。
可謂：「風雲變幻之命。」

　　辛巳坐命：【冬藏之蛇】，主月下子規，衣食足用，好夢迂迴，
徒勞無功，棟樑之材，嫌隙疑重，謀事難週，彩雲頓散，琉璃易碎。
可謂：「龍吟豹變之命。」

　　壬午坐命：【軍旅之馬】，主枯松立鶴，父母刑傷，災厄可折，
運晦緩遲，身位不榮，有祿難圖，恩中招怨，親情陌路，等閒莫怨。
可謂：「事應積蓄之命。」

　　癸未坐命：【群居之羊】，主乘舟渡海，風雲之志，量長較短，
識重如輕，險中能解，辛勤耕耘，性躁心慈，行運晦滯，靜觀自得。
可謂：「堅信牢守之命。」

　　甲申坐命：【過樹之猿】，主披雲看月，才冠群雄，初年顛倒，
沉埋志氣，辜負聰明，朝生南岳，暮長北京，晚歲利達，身心安定。
可謂：「歷經風霜之命。」

　　乙酉坐命：【唱午之雞】，主驚魚落沼，易嗔易喜，省力蹭蹬，
巳就辛勤，目下無憂，心不自由，難好磁基，必經琢磨，始得功成。
可謂：「先難後易之命。」

　　丙戌坐命：【自眠之犬】，主秋燕營巢，處世熱心，名利蹉跎，
幾番恩怨，成中見破，百計千方，退神一箇，晚景從容，隱疾先侵。
可謂：「急風行船之命。」

　　丁亥坐命：【翻山之豬】，主垂柳鳴蟬，經風涉浪，渡水穿山，
襟懷慷慨，骨格清奇，性耿心直，是處成非，耗損資財，官刑退伏。
可謂：「龍蛇混雜之命。」

　　戊子坐命：【倉稟之鼠】，主冶金出躍，始辱終榮，後通先否，
離祖別親，移南就北，拈花摘果，涉浪經霜，翻來覆去，雨驟風狂。
可謂：「身心未穩之命。」

己丑坐命：【欄內之牛】，主巨流歸海，機謀廣大，恃強好勝，人說綽綽，自恨區區，高人見重，小輩妒嫌，懷裡偷閒，靜中思動。可謂：「事必躬親之命。」

庚寅坐命：【嶙峋之虎】，主鳴絃柳陰，出言有信，作事敢為，小人誣指，惹是招非，外裝好景，內少聖牢，玉蘊石山，珠藏深淵。可謂：「待時而動之命。」

辛卯坐命：【蟾窟之兔】，主寒日飲水，身未清閒，受人諂曲，昆仲寡合，親族難睦，口說短長，心無酷毒，因失商量，笑而生哭。可謂：「禍中得福之命。」

壬辰坐命：【行雨之龍】，主鳴鳳棲竹，費力勞心，六親虛花，手足畫餅，熱心者少，冷眼者眾，飽嚐風霜，受盡憂愁，百計未順。可謂：「韜光養晦之命。」

癸巳坐命：【草叢之蛇】，主孤舟入海，當進未握，多憂疑慮，奔波勞力，踏破雙鞋，兄弟吳越，父母冤家，辦事偃蹇，立性蹊蹺。可謂：「上山費力之命。」

甲午坐命：【雲中之馬】，主夜下鳴琴，為人耿直，六親無力，求須二帝，方許一丈，身帶暗疾，又怯尋醫，根基雖穩，時運乖違。可謂：「藏器待時之命。」

乙未坐命：【敬重之羊】，主谷鶯遷木，心無私曲，一片慈悲，三分是非，移桃接李，幾翻遭傷，換葉互根，成中防損，折柳方佳。可謂：「革故鼎新之命。」

丙申坐命：【山麓之猿】，主凍鱗出水，傾吐胸懷，辜恩負義，心在四方，志存別處，靠祖難成，自創能展，三翻改冠，四度立計。可謂：「得陽春轉之命。」

丁酉坐命：【獨立之雞】，主炎天破扇，笑裡成憂，親戚無義，朋友多緣，性乖伶俐，自然天付，赤心報效，反遭尺誅，得錢鬼偷。可謂：「莊周鼓盆之命。」

戊戌坐命：【進山之犬】，主深谷樵薪，芝蘭巖上，松柏山間，克紹箕裘，時運未濟，六親乏助，情誼相疏，得貴提攜，事必成功。可謂：「瓜甜帶苦之命。」

　　己亥坐命：【道院之豬】，主垂簾獨酌，成敗不常，進退未定，攘攘逐名，區區求利，贏人百萬，自損三千，葉茂花繁，密集無雨。可謂：「秀而不實之命。」

　　庚子坐命：【樑上之鼠】，主飛螢放火，孤中有剋，短處求長，艱辛即早，發達恐遲，未老頭白，無事煩惱，逢神宜拜，禮佛應誠。可謂：「黃蓮甘草之命。」

　　辛丑坐命：【路途之牛】，主雲頭望月，旱苗祈雨，枯木待春，美事反拙，益處遭嗔，身在襄陽，心思海涯，千般憂慮，百樣營求。可謂：「耗盡精神之命。」

　　壬寅坐命：【越嶺之虎】，主秋巖老桂，立性優柔，昆仲義虧，親戚忌恩，高士器重，小輩嗤鼻，人情易變，作事炎涼，晚景光華。可謂：「思慮繫絆之命。」

　　癸卯坐命：【林泉之兔】，主寒月懸空，遵守法度，並立綱紀，善辨賢愚，能分皂白，堪作棟樑，或為領導，妻助微薄，兒女情疏。可謂：「百斤重擔之命。」

　　甲辰坐命：【伏潭之龍】，主犬鶩逐鹿，處世不拘，辦事無終，難以容情，更少通融，隻手自扶，財帛少得，與朋友交，用功未償。可謂：「逆行反照之命。」

　　乙巳坐命：【出穴之蛇】，主高山暮雲，膽識過人，見事敏捷，十步九計，焉得安閒，雖帶指背，無傷大雅，暮年交運，晚景安寧。可謂：「隨分獨立之命。」

　　丙午坐命：【行路之馬】，主秋雁展翼，歷經磨練，親眷如冰，昆仲似鐵，魚在水中，冷暖自知，虎狼無傷，荊棘留跡，逢貴提拔。可謂：「佳境在後之命。」

　　丁未坐命：【離群之羊】，主驚鳥脫網，機智能謀，勿存僥幸，財帛外積，富貴內施，朝暮奉善，方便慈悲，得意休進，臨事多省。可謂：「晚節黃花之命。」

　　戊申坐命：【獨立之猿】，主鶯啼鳳舞，初運駁雜，早歲辛勤，

骨肉冰炭，財源風雲，百計千方，事亦難成，近鄰無親，遠朋尊重。
可謂：「離鄉背井之命。」

　　己酉坐命：【報曉之雞】，主巖畔落花，深思遠慮，營繕費神，
耿介心慈，性高氣硬，難忍曲直，不沾便宜，分青理白，補短牽長。
可謂：「巧得空去之命。」

　　庚戌坐命：【寺觀之犬】，主石上栽蓮，喬木標格，孤用精神，
見事至誠，率性坦然，兄弟寡和，骨肉相疏，熱誠招非，吃虧嘔氣。
可謂：「管事惹愁之命。」

　　辛亥坐命：【房舍之豬】，主荒園種松，海邊造屋，立杆難牢，
進退憂疑，靜觀悟妙，親情無分，骨肉成冤，遠則人敬，近必相藐。
可謂：「得勢應謙之命。」

　　壬子坐命：【簷下之鼠】，主浪裡乘槎，大事難就，小事深信，
千斤不爭，分釐計較，能知進退，亦識高低，吉處招凶，凶中反吉。
可謂：「思慮多憂之命。」

　　癸丑坐命：【欄外之牛】，主逆水行舟，知識高明，見諦廣泛，
是非難定，成敗無常，小急大寬，喜悅怒嗔，時來運轉，收獲甚豐。
可謂：「金盤堆果之命。」

　　甲寅坐命：【立定之虎】，主霖雨望晴，立性質樸，處世老成，
巧謀多盡，舉用待商，施恩招怨，燒香引殃，好事蹉跎，機會差失。
可謂：「騎馬乘龍之命。」

　　乙卯坐命：【得道之兔】，主魚游春水，性直善淳，清高近貴，
內在未足，外觀有餘，劣學苟求，拙於俯仰，獨將當鋒，難為敵怯。
可謂：「寒潭印月之命。」

　　丙辰坐命：【天上之龍】，主降雪遇風，孤雲出岫，野屋乘風，
東岸栽松，南園種竹，父母過客，兄弟殘星，無念故鄉，四處是家。
可謂：「閒雲野鶴之命。」

　　丁巳坐命：【池塘之蛇】，主春日觀花，親誼秋葉，人情春冰，
成敗多端，利名進退，運乏朱紫，終須林下，禮佛修身，逢貴攜護。

可謂：「芝蘭幽谷之命。」

　　戊午坐命：【廄內之馬】，主逆浪網鱗，離鄉開創，靠親無福，生涯蹭蹬，活計偏枯，白日奔馳，黃昏失算，進中思退，勞而無功。可謂：「秋月蟾光之命。」

　　己未坐命：【草野之羊】，主獨立觀蓮，風雷之象，有聲無形，巧中成拙，翻正為邪，得三月雨，用五更潮，為人替手，少有知音。可謂：「鏤塵吹影之命。」

　　庚甲坐命：【食果之猿】，主蛺蝶穿花，衣祿無虧，壽元耄耋，高賢欽慕，小人憎嫌，破而復成，施恩反嫉，久困逾後，始能發達。可謂：「井鱗出沼之命。」

　　辛酉坐命：【籠藏之雞】，主古鏡重磨，志氣寬宏，襟懷豁達，惜花春早，愛月遲眠，家中七件，鬱抑誰知，方外奔波，內無安閒。可謂：「苦中作樂之命。」

　　壬戌坐命：【顧家之犬】，主風飄柳絮，機謀操略，名利方圖，不曾膽大，豈有巧言，與友相交，恐易聚散，親同陌路，祖業難招。可謂：「混沌晦明之命。」

　　癸亥坐命：【林籔之豬】，主遊蜂結蜜，應事藏機，出言壓眾，挺若寒松，堅如孤月，尋常煩惱，每日奔波，一遇知己，事業駿鴻。可謂：「孤高秋月之命。」

　　故則，命居何干支，所顯現之個性、屬性，以及渥蒙 亮師玄魁子授余，勉旃，訓言：「讀書貴乎以我之心，體貼聖賢之理，理明可知命，盡性可立命，何患他求？」其提點閱讀書籍之要點，習持領掌握學理之真諦，弗勝感荷！

五方五常

　　東方甲乙木（仁），西方庚辛金（義），南方丙丁火（禮），北方壬癸水（智），中央戊己土（信），故吾人抱守五常之性，行德以培仁，敦仁以精義，明義以崇禮，尚禮以增智，益智以篤信。

五 行

金木水火土

英琪按：五行之說，著於洪範；相因而成，如輪之轉。

相生：金生水、水生木、木生火、火生土、土生金。

相剋：金剋木、木剋土、土剋水、水剋火、火剋金。

見五行圖表

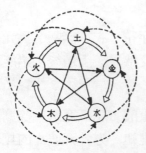

註：⇨雙線箭頭，為相生循環。
　　➡實線箭頭，為相剋循環。

亮師授《五行藏象妙化圖解》

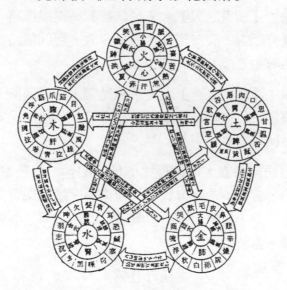

十天干方位

甲乙東方屬木，丙丁南方屬火，戊己中央屬土，
庚辛西方屬金，壬癸北方屬水。

十二地支方位

寅卯東方屬木，巳午南方屬火，
申酉西方屬金，亥子北方屬水，
辰戌丑未中央屬土。

八卦天干地支圖表

亮師玄魁子授我，英琪沐手以爰錄：

乾坤定位於甲乙，山澤通氣於丙丁，水火相見於戊己，雷風相薄於庚辛。是故：乾納甲也，坤納乙也，艮納丙也，兌納丁也，坎納戊也，離納己也，震納庚也，巽納辛也，乾又納壬也，坤又納癸也。甲乙壬癸，十干之始終。乾坤納甲乙壬癸，表覆載之功，廣大包矣！

（一）五行之動止要訣

木：溫柔，涉久不清，木形瘦，定貴賤。
火：豐銳，久而不倦，火形尖，定剛柔。
土：敦良，臥久不安，土形厚，定貧富。
金：規模，坐久不重，金形方，定壽夭。
水：寬容，行久不輕，水形圓，定賢愚。

（二）五行相生釋義

木生火：火依柴薪燃燒始永得不滅。
火生土：萬物皆因太陽普照而繁衍。
土生金：金匿於山岩之內得以保存。
金生水：人鑄鐵器鑿運河而疏水流。
水生木：依雨水滋潤樹木得以茁壯。

（三）五行相剋釋義

木剋土：欲防山崩，廣植綠林。
火剋金：火熔金屬，民以製器。
土剋水：防坡堤壩，阻河滿溢。
金剋木：鐵鋸利斧，用於伐木。
水剋火：暑烈薰熱，天雨解旱。

十二時辰表

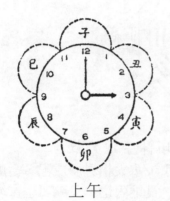 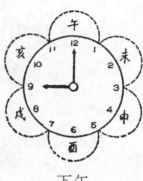

上午　　　　　　　　下午

《周易》尚占八卦取象歌

☰ 乾三連（天）　　☷ 坤六斷（地）
☳ 震仰盂（雷）　　☶ 艮覆碗（山）
☲ 離中虛（火）　　☵ 坎中滿（水）
☱ 兌上缺（澤）　　☴ 巽下斷（風）

亮師玄魁子授我，英琪沐手以爰錄：

乾三連者純陽，其性剛而健，故曰：「大哉乾元。」
坤六斷者純陰，其性柔而順，故曰：「至哉坤元。」
　震仰盂者，乃一陽起於二陰之下，其性動也。
　艮覆碗者，乃一陽起於二陰之上，其性止也。
　離中虛者，乃一陰涵於二陽之中，其性麗也。
　坎中滿者，乃一陽困於二陰之內，其性陷也。
　兌上缺者，乃一陰處於二陽之上，其性溫也。

巽下斷者，乃一陰伏於二陽之下，其性入也。

亮師昔時傳　八卦取象例

在天成象：乾為天、坤為地、震為雷、巽為風、坎為月、離為日、艮為氣、兌為雨。

在地成形：乾者金、坤者土、震者木、巽者竹、坎者水、離者火、艮者山、兌者澤。

近取諸身：乾為首、坤為腹、震為足、巽為股、坎為耳、離為目、艮為手、兌為口。

遠取諸物：乾為馬、坤為牛、震為龍、巽為雞、坎為豕、離為雉、艮為狗、兌為羊。

八卦性情：乾健也、坤順也、震動也、巽入也、坎陷也、離麗也、艮止也、兌悅也。

八卦卦體：乾圓也、坤方也、震大也、巽長也、坎實也、離虛也、艮小也、兌短也。

八卦人物：乾為父、坤為母、震為長男、巽為長女、坎為中男、離為中女、艮為少男、兌為少女。

八卦人體：乾者端正、坤者雄壯、震者俊銳、巽者潔靜、坎者清奇、離者秀麗、艮者短小、兌者柔美。

八卦人材：乾者精勤、坤者拙納、震者技巧、巽者活潑、坎者通疏、離者智慧、艮者慵懶、兌者捷辦。

八卦德性：乾者誠恪、坤者敦篤、震者決烈、巽者謙遜、坎者純樸、離者靈變、艮者慎重、兌者誣妄。

八卦人性：乾者果決、坤者吝嗇、震者虛驚、巽者進退、坎者漂浮、離者急躁、艮者阻隔、兌者誹謗。

八卦人事：乾者官事、坤者家事、震者身事、巽者公事、坎者憂事、離者心事、艮者閒事、兌者喜事。

八卦藝業：乾者為士、坤者為農、震者為工、巽者為商、坎者為武、離者為文、艮者為醫、兌者為卜。

十二月名稱

正月孟春之端　　二月仲春之花
三月季春之桐　　四月孟夏之梅
五月仲夏之蒲　　六月季夏之荔
七月孟秋之瓜　　八月仲秋之桂
九月季秋之菊　　十月孟冬之陽
十一月仲冬之葭　　十二月季冬之臘

亮師玄魁子授我　十二經納天干歌

甲膽乙肝丙小腸，丁心戊胃己脾鄉，
庚屬大腸辛屬肺，壬屬膀胱癸腎臟；
三焦陽腑須歸丙，包絡從陰丁火方，
經絡十二靜參悟，人身氣血盡陰陽。

亮師玄魁子授我　十二經納地支歌

肺寅大卯胃辰宮，脾巳心午小未中；
申膀酉腎心包戌，亥焦子膽丑肝通。

亮師授我　十二辟卦

亦名：「十二消息卦。」西漢・京房，以消息卦為辟，辟者，君也。〈姤〉、〈遯〉、〈否〉、〈觀〉、〈剝〉、〈坤〉為消卦；〈復〉、〈臨〉、〈泰〉、〈大壯〉、〈夬〉、〈乾〉為息卦。以十二月卦通十二月消息，筆者沐手，茲列如下：

亮師授《十二辟卦圖表》

〈泰〉，正月，春。〈大壯〉，二月，春。〈夬〉，三月，春。
〈乾〉，四月，夏。〈姤〉，五月，夏。〈遯〉，六月，夏。
〈否〉，七月，秋。〈觀〉，八月，秋。〈剝〉，九月，秋。
〈坤〉十月，冬。〈復〉，十一月，冬。〈臨〉，十二月，冬。

　　亮師玄魁子授我，英琪沐手以捃集：《易》有十二辟卦，變通
配四時，東晉‧干寶，注〈坤〉六爻曰：「陰氣在初，于月之時，自
姤來也。」東漢‧司徒魯上疏，謂：「五月姤用事，姤卦巽下乾上，
初六一陰生，五月之卦也，此《易》卦入用於四時也。聖人明萬物之
象而作卦，以通萬物之情，進退存亡順逆消息，在其中矣！〈乾‧文
言〉所謂知進退者，由〈乾〉以推坤也。

　　明‧徐昂《周易對象通釋論》，載〈巽〉卦對象云：「〈姤〉
卦，極之於〈乾〉而陰入〈巽〉，入〈巽〉則陰漏浸退；由〈姤〉而
〈遯〉而〈否〉而〈觀〉而〈剝〉。」吾人觀象玩詞，多讀前人書，
証以《史記‧天官書》，《新唐書‧天文志》，乃知《易》與天文之
繫焉，非徒尚托言附會者也。

　　《新唐書‧天文志‧上》，載云：「於《易》，五月一陰生，
而雲潛萌於天稷之下，進及井、鉞間，得〈坤〉維之氣，陰始達於
地上，而雲漢上升，始交於列宿，七緯之氣通矣！十一月陽生，而
雲漢漸降，退及艮維，始下接于地至斗、建間，復興列舍氣通，於
《易》，天地始交，〈泰〉象也。」其關於十二辟卦詳細內容之介
紹，可參閱第五章130頁。

二十四節氣

立春，正月節氣。	雨水，正月中氣。
驚蟄，二月節氣。	春分，二月中氣。
清明，三月節氣。	穀雨，三月中氣。
立夏，四月節氣。	小滿，四月中氣。
芒種，五月節氣。	夏至，五月中氣。
小暑，六月節氣。	大暑，六月中氣。
立秋，七月節氣。	處暑，七月中氣。
白露，八月節氣。	秋分，八月中氣。
寒露，九月節氣。	霜降，九月中氣。

立冬，十月節氣。　　小雪，十月中氣。
大雪，十一月節氣。　冬至，十一月中氣。
小寒，十二月節氣。　大寒，十二月中氣。

英琪按：二十四節氣乃按照太陽在黃道上之位置而定，換言之，亦即按照地球在軌道上位置而定，由於地球位置不同，氣候有寒暑之別。古人智力超人，明白地球繞黃道而行，於是將黃道分為二十四段，每段為十五度，當太陽移動十五度，是名之為節氣或為中氣也。

詩曰：

**「春雨驚春清穀天，夏滿芒夏兩暑連；
秋處露秋寒霜降，冬雪雪冬寒又寒。」**

復次，觀民間術士為人占卜之方法，應用使用工具種類繁多，例如：米卦、鳥卦、龜卦、測字、數字卦、金錢卦、八字暨姓名取法、梅花卦、……等。其目的乃為問事之人，指點迷津，當遭逢人事之困，提供解決之方向、辦法或途徑；最大之功用，亮師傳我《周易通鑑》，載云：「一者，顯示占卜者所問之事之現況處境；次者，顯示占卜者選擇以及參與改變處境之潛力。〈繫辭‧上傳〉：「子曰：『夫《易》』，何為者也？夫《易》開物成務，冒天下之道，如斯而已者也。』三者，事先讓汝先知，如何調整改變，彼等可左右操控之主觀意識，以順應外在吾曹無法操控改變之客觀時勢。四者，俾使汝占卜所追求之目標或願望，能獲最大之成功，以達趨吉避凶，轉禍為福之目的矣！是故：聖人以通天下之志，以定天下之業，以斷天下之疑。」故而，復以梳理 亮師玄魁子授我諸占卜之方法，列出如下，以供占卜工具之參考，可依與本身之喜好或與己較為感應，作為選擇使用卜筮之方法，臻於利己利人，突破瓶頸，指引明路，開創新局。

（一）占卜方法

《易經》，占卜方法頗多，《正宗卜筮法》言及「十有八變而成卦」之說，其按照規定程序操作十有八次後始能成卦，由於過於煩瑣複雜，經後世創研新法，如：金錢卦、米卦、文字占卜法、抽籤占卜法、卦圖占卜法等，其類繁多，不勝枚舉。故原先《正宗卜筮法》，已無人使用，則於此本書亦弗作列舉，敬請諸君原宥是祈！

　　惟所有占卜法，則以所觀景物直接以象起卦之外，其餘不外乎「以數起卦」，以數起卦，亦按先天八卦：〈乾〉一、〈兌〉二、〈離〉三、〈震〉四、〈巽〉五、〈坎〉六、〈艮〉七、〈坤〉八之卦序，將所得之數轉化成卦名，先得之數為上卦，後得之數為下卦，序而其動爻獲得方式不一，有以卜卦當時時間之數轉化成動爻之位，當上、下卦及動爻確定之後，即可參照《易經》之卦〈爻辭〉，以論斷吉凶禍福矣！

（二）金錢卦

　　占卜之道具頗多，但仍以金錢占卜最為普通，蓋金錢取得容易，操作簡單，係最普遍之占卜法，堪稱占卜之主流也。其始漢朝末年至南北朝期間則已流行盛傳，復有稱明朝初年劉伯溫所創立。金錢占卜若無古銅錢，使用現代硬幣亦可。金錢占卜，可分為一枚、三枚、六枚，銅錢占卜法，其法分別，敘述如後：

「一枚銅幣」占卜法

(1) 先定好問題，誠心將問題默禱於神明。神明則屬汝所信奉之神明，宗教弗論中西方均可。若無信仰，禱告諸葛武侯（孔明先師），應驗如神（祝詞如後）。無神論者，誠心誠意，天人合一亦可。禱告神明，係加強吾曹之誠心，蓋我輩於神明前，吾儕必定莊敬誠心之意矣！

亮師秘授，英琪恭錄，通誠唸語，悃愊祝云。

伏以：

神哉武侯，列位丹丘。胸羅星斗，腹隱貔貅。才超管樂，德並伊周。
吉凶先判，禍福預籌。三分創業，八陣運謀。七擒南蠻，六出祈山，
以安劉主：功高萬古，惠施九州，究竟誰侔。澤民廣佈，名播千秋。
今日有弟子，某○○○，因為○○事。

伏望：

孔明先師，慈憫聖斷。吉則報吉，凶則報凶。但憑神意，莫順人情。
稽顙頓首，仰祈昭鑒！

(2) 取事前準備好之銅幣，有年號者以喻陽面，無年號者以喻陰面。連擲六次，由下而上，按所擲之陰陽排列，則可成一卦。宜記一原則，若以「陰陽」方式逐一求得各爻者，應從下往上排列；若以「求卦」方式，應先排上卦，其次下卦之方式排列。

(3) 動爻之求法有兩種，一者，以骰子擲點數，即某爻位為動爻。二者，將上卦之卦序與下卦之卦序相加，再加上占卜之時間代數之後除六。若整除則動爻為六，有餘數者，則餘數為動爻。

卦名	乾	兌	離	震	巽	坎	艮	坤
卦序	一	二	三	四	五	六	七	八

（卦名卦序對照表）

時間代數	時辰	生肖	時　間
1	子	鼠	下午十一時至上午　一時
2	丑	牛	上午　一時至上午　三時
3	寅	虎	上午　三時至上午　五時
4	卯	兔	上午　五時至上午　七時
5	辰	龍	上午　七時至上午　九時
6	巳	蛇	上午　九時至上午十一時
7	午	馬	上午十一時至下午　一時
8	未	羊	下午　一時至下午　三時
9	申	猴	下午　三時至下午　五時
10	酉	雞	下午　五時至下午　七時
11	戌	狗	下午　七時至下午　九時
12	亥	豬	下午　九時至下午十一時

（時刻十二支數表）

　　舉例：誠心擲銅錢六次，依序為「陽陰陽，陽陰陰」，由下往上排列，則上卦為雷☳，卦序為四，下卦為火☲，卦序為三。擲骰子為三，則動爻為三，則屬〈雷火豐〉，九三爻為動爻。若動爻弗以

骰子，起卦時間於下午五時至七時之間，則時間代號為十，上卦卦序四，加下卦卦序三，再加上時間代號十。計為十七，除六餘五，則五屬動爻，其卦〈雷火豐〉，六五爻為動爻。取動爻之方式僅能以一種用之，弗可同時以骰子再以時間代數，否則失靈（除六原因，係爻位有六之故），其應弗彰矣！

「三枚銅錢」占卜法（火珠林）

假借銅錢三枚（清朝古錢或民國拾元），有年份人頭者，以喻陽面，無年份者以喻陰面。每次擲三枚銅錢，六次擲出，落地後檢視，視其陰陽面構成之陰陽爻，由下往上逐次排列而成一卦。

(1) 先定好問題，誠心將問題默禱上告神明。然後向空拋擲，第一次為二陽一陰面，《周易·繫辭·上傳》：「陽爻多陰卦，陰爻多陽卦。」重其寡之原則，由下往上依序記錄，初爻為陰爻 ▬▬。

(2) 再拋得三陽爻，二爻記錄陽爻 ▬▬ ○。

(3) 再拋得二陽一陰，三爻記錄陰爻 ▬▬。

(4) 再拋得三陰爻，四爻記錄陰爻 ▬▬ ×。

(5) 再拋得一陽二陰，五爻記錄陽爻 ▬▬。

(6) 再拋得一陽二陰，上爻記錄陽爻 ▬▬。

　　根據上述六次拋擲，由下而上排列為☴上☵下，〈風水渙〉卦。觀其二、四爻，均屬動爻，若依動爻占卦規則：「二爻動，其陰斷。」故四爻為動爻，此卦〈風水渙〉，六四爻屬動爻也。

(7) 占動爻規則：一爻動，依其斷。二爻動，其陰斷；同陰陽，上動斷。三爻動，中者斷。四爻動，下靜斷。五爻動，靜爻斷。六爻動，〈乾〉卦動，用九斷；〈坤〉卦動，用六斷；有陰陽，上爻斷。無爻動，初爻斷。

　　金錢卦中，以三枚銅錢起卦，當現三枚銅錢均屬陽面，或三枚銅錢均屬陰面時，以喻此為動爻，于陰爻旁註記×之符號如 ▬▬ ×，于陽爻旁註記○之符號，如 ▬▬ ○。一卦六爻中，若有一以上之動爻，應如何取捨，特闡述如下：

A、「一爻動，依其斷」，如僅現一動爻，其者咸屬動爻。

B、「二爻動，其陰斷，同陰陽，上動斷」，如現二動爻，一則屬陰，一則屬陽，則取陰爻為動爻；若兩者皆陰，或者皆陽，則取其上之動爻為動爻。

C、「三爻動，中者斷」，如現三動爻，取位於中間者為動爻。

D、「四爻動，下靜斷」，如現四動爻，則取最下弗動爻者為動爻。

E、「五爻動，靜爻斷」，如現五動爻，則唯一弗動爻者為動爻。

F、「六爻動，〈乾〉卦動，用九斷，〈坤〉卦動，用六斷」，如六爻皆動爻，若屬陽爻，則〈乾〉為天卦，則「用九」為動爻。若皆陰爻，則〈坤〉地卦，則「用六」為動爻。

G、「六爻動，有陰陽，上爻斷」，若六爻皆動爻，且陰陽各齊，則以上爻為動爻。

H、「無爻動，初爻斷」，若六爻中無動爻，其機率極少，則以該卦初爻為動爻。

「六枚銅錢」占卜法

　　將六枚銅錢其中一枚正反，均做記號，放置袋中搖動之後，逐一摸出，由下往上逐一排列成一直行，陽面記陽爻，陰面記陰爻，有記號之銅錢，其爻位屬動爻。求出卦爻後，再參考亮師大作《周易通鑑·卜筮篇》，將爻詩尋求則可也。

「米　卦」

　　諸君賢達，先精選完整之米粒（半粒或碎米棄之），以杯裝八分滿，以拇、食、中指，分三次取米。

1.上卦：第一次取米，米粒數弗足八或等於八者，參考卦序表逐行得上卦；若超過八者除以八，能整除者其卦序則為八，否則以餘數然後逐行查表得上卦。

2.下卦：第二次取米，取米方式與上卦相同，米粒弗足八或者等於八者，逐行查表得下卦；若超過八者除以八，能整除者，其卦序則為八，否則以餘數逐行查表得下卦。

3.動爻：第三次取米，米粒數弗足六或等於六者，其數即為動爻；若超過六者除以六，能整除者，其動爻即為六，否則餘數即為動爻數。

　　舉例：初次取米十二粒，除以八餘數為四，乃〈震〉雷為上卦。再次取米為八粒，逐得〈坤〉地為下卦，相重而得 ䷏〈雷地豫〉卦，第三次取米十二粒，除六能整除，則六為動爻，亦即 ䷢〈火地晉〉上六爻為動爻，諸君朝夕莫怠，晨昏殷勤演練，則熟能生巧，以臻天人合一之境！

《周易尚占》靈龜占

　　夫由來乃自西漢·劉向著《說苑》乙書《集成》引：

（一）、靈龜文五色，似玉似金，背陰向陽，上隆象天，下平象地，槃衍象山，四趾轉達，應四時文，著象二十八宿，蛇頭龍翅，左精象日，右精象月，千歲之花，下氣上通，能知吉凶存亡之變。

（二）、《易川靈圖》：「靈著四十九莖，下有千歲龜守之。」

（三）、《周易·繫辭·上傳》：「是故：《易》有太極，是生兩儀，兩儀生四象，四象生卦，八卦定吉凶，吉凶生大業。是故：法象大乎天地，變通莫大乎四時，懸象著明莫大乎日月，……，探賾索隱，鉤深致遠，以定天下之吉凶，成天下之亹亹。」

（四）、《禮記·祭義》：「昔者，聖人建陰陽天地之情，立以為《易》，《易》抱龜南面，天子卷冕北面，雖有明知之心，必進斷其志焉，示不敢尊，以奠天也。」

（五）、西漢·司馬遷《史記·龜策列傳》：「聞著生滿百莖者，其下必有神龜守之，其上常有青雲復之。《傳》曰：『天下和平，王道得，而莖著長丈，其叢生滿百莖。能得百莖著並得其下龜以下者，百言百當。』神龜出於江水中，廬江郡常歲時生龜，長尺二寸者二十枚，輸大卜官，因以吉日剔取其腹下甲，龜千歲乃滿尺二寸。王者發軍行將，必鑽龜廟堂之上，以決吉凶。今高廟中有龜室，藏內以為神寶。」

（六）、《孝經·援神契》：「元氣混沌，存在其中，天子孝，天龍負圖，地龜出書，妖孽消滅，景雲出遊。」《尚書·中候》：「靈龜者，玄文五色，神靈之精也，上圓法天，下方法地，能見存亡，明於吉凶，王者無偏，黨尊蓍老則出矣！」

（七）、《宋書·符瑞志》：「靈龜者，神龜者，王者德澤湛清，漁獵山川從時，則出，五色鮮明，三百歲游於蕖葉之上，三千歲常游於卷耳之上，知存亡，明於吉凶，禹卑宮室靈龜見地。」

（六）、孫柔之《瑞應圖》：「靈龜者，神異之介蟲也，元文五色，神龜之精也，上隆法天，下平象地，能見存亡，明在吉凶，不偏不黨，惟義是從，其唯龜乎！尚書龜此謂也。靈者德之精也，龜者久也，能明於久遠事。再者不偏不黨，尊事耆老，不失舊故，則神龜出。靈龜似鱉而長，合（當作含）五行之精，三百歲遊於藕葉之上，千歲游於蒲上，三千歲尚在耆從叢之下，徑一尺二寸。王者奉順后土，承天則出地。

（七）、西漢·戴德《天圓篇》：「介蟲三百六十，龜為長，主季冬之季，龜鱉之屬。麟蟲三百六十，龍為長，主孟春之季，飛鳥之屬。羽蟲三百六十，鳳為長，主孟夏之季，孤貉之屬。毛蟲三百六十，麟為長，主孟乎之季，獅豹之屬。

　　蓋觀龜腹甲其中央之處，較凹入者為雄，平板不凹者為雌。又雄龜者體型小，而體重輕，其尾粗且長，雌者體略大而重，尾細而短者也。再察其排泄孔位置亦可知曉，若其處於背殼邊緣者為雄，在甲殼邊緣內者為雌，以上所論，乃余飼養金錢龜多年，觀察之心得。

亮師賦詩

（一）

靈龜識別總陰陽，妙悟神奇記備詳；
審視方知玄奧秘，乾坤萬物造形藏。

（二）

龜殼卜占周，文王六四搜；
吉凶休悔咎，豁達可消愁。

註：亮師授我，金錢龜自然紋彩圖（見下圖）

　　背甲蘊五行八卦，廿四節氣於其中；

　　腹甲藏十天干，十二地支於其腹中。

靈龜背甲自然紋彩圖案　　　　靈龜腹甲自然紋彩圖案

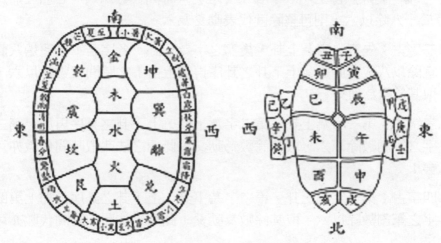

（八）、明代·李時珍《本草綱目》，載曰：「龜鹿皆靈而壽，龜首常藏向腹，能通任脈，故取其甲以補精、補腎、補血，以養陰也；鹿首常向尾，能通督脈，故取其角以補命，補精、補氣，以養陽也。」

亮師讚曰：

　　「靈龜否泰應先知，妙諦紋圖百物無；

　　洞釋狐疑臻百福，玄微卜筮感榮殊。」

「文字」占卜法

　　讀者諸君，可以使用內《周易通鑑》寶書，所列舉之任何一類方式占卜，若僅卦爻顯現之機率相等，其它未舉例之占卜方式均可使用。文字占卜法可分為一字占、二字占、三字占等。

1.一字占：任意寫一字，然後將自行拆成左右或上下兩部分，左半部為上卦，右半部為下卦，或上半部為上卦，下半部為下卦，憑筆劃數起卦。上下卦之卦序加占卜時辰代數除六，餘數為動爻，整數就屬六（若字型非左右或上下對稱者，應另加一字，則第一字為上

卦，第二字為下卦，加減乘除，存於吾心之妙）。

舉例：求占者於下午13時35分寫下「轉」字，求占斷吉凶，「轉」自左半部為「車」字七劃，故上卦為〈艮〉，右半部為「專」字，十一劃除八餘三，故下卦為〈離〉，時間代數為八，七加三加八等於十八除以六，則可整除就代表動爻為六。

2.二字占：先寫之字為上卦，後寫之字為下卦，各字若筆劃超過八劃宜除以八取其餘數。上下卦之卦序再加上占卜之時間代數除以六，取其餘數為動爻。

3.三字占：第一字為上卦，第二字為下卦，上下卦之卦序再加上第三字之筆劃數除以六，取其餘數為動爻，此類之法弗取時間代數亦可矣！

4.四字占：第一字為上卦，第二字為下卦，上下卦之卦序再加上第四字之筆劃數除以六，取其餘數為動爻，此類之法弗取時間代數亦可矣！

5.五字占：第一字為上卦，第二字為下卦，上下卦之卦序再加上第五字之筆劃數除以六，取其餘數為動爻，此類之法弗取時間代數亦可矣！

6.六字占：第一字為上卦，第二字為下卦，上下卦之卦序再加上第六字之筆劃數除以六，取其餘數為動爻，此類之法弗取時間代數亦可矣！

7.七字占：第一字為上卦，第二字為下卦，上下卦之卦序再加上第七字之筆劃數除以六，取其餘數為動爻，此類之法弗取時間代數亦可矣！

爰以，當曉宇宙萬事萬物之動，咸有表徵，與時消息，知時機行動，綜合事物之表象、數性及詮釋之義，經由系統化和思辨化，歸納並統整成解析預測結果所依據之定理。其象、數、義、理，環環相扣，形成《周易》嚴謹之體系。因此，無論是以「蓍草占」法、「錢代蓍」法，或依時間起卦之「體用生剋法」，皆弗脫人為主觀操作範疇。惟 吳師慕亮著作《周易通鑑》乙書，共分元、亨、利、貞，四

大鉅部，計壹佰肆拾捌萬餘字，載記：「占卜或卜筮，乃創造解釋機，及解釋資料所根據之方法，其成立條件，應用時間點，有五：「

一、無法以過去事例，予以投射。

二、問事者之處境，為弗確定。

三、因世俗價值意義，作出重大選擇。

四、予人選擇及行為，將影響事件發生。

五、必須於短期內，做選擇及決定。

其中第四項所述，若為單一偶發事件，可視為具有機率特質之隨機性事件。」

次則，無論《京房易》、《文王卦》或《梅花心易》等占卜方法，皆可系統化方法客觀解析。所占之事係屬連續發生之事件，並具有前後相關因果性及週期循環性等特質，則占斷方法除須將人為主觀干擾降至最低。並以週期循環角度，解構連續產生事件之因果，再以系統量化方法分析事件相依之因素，強化《周易》預測之準確度及所詮釋所占卦結果之可信度。其更多關於研究方法，讀者可深入探究，參閱亮師《周易通鑑・皇極篇》，整合西方決策科學之「系統動態學」及「決策實驗室分析法」，結合中西方之信息，預測模式，強化驗證占卜結果之可信度，提高預測之準確度，乃有詳盡介紹，一覽無遺，明悉《周易》乃為一門人文、數理科學之依據，非僅次於人間迷信之說矣！

旋而，何謂「應」？係占卜之專用術語。當有提「問題」者之時，吾儕答之，其稱：「答或應。」「問題」及「答應」，彷彿作詩之對仗字句。「答」則屬「應」。占卜問題，若簡單型，毫無過程，僅問結果吉凶者，通常從籤詩卦爻中取象，象者類似，取其問題最類似性質之答案，其取象法，最大之「應」以解籤斷卦矣！

若占卜時所卜之籤詩卦爻中，或有諸多象於其內，恐非僅一問題答案，吾曹必須掌握要領，取象：「應重而弗應輕，應大而弗應微。」我輩從籤詩卦爻中發現其中有一象，「問」及「答」完全吻

合，此象則此一問題最大之「應」，直接評論斷語，籤詩卦爻中其餘部份，則無需主動解讀，因占卜者之問題已經答覆。除非占卜者，復追加問相關之事宜，此時吾屬此籤詩卦爻中，再觀探有無可供解讀之「象數」或「義理」，有則答覆，無則宜另行占卜之矣！

占卜之要件

《易經》占卜，雖然精準，但非隨便則準，其有一定規則及程序，若弗按照規則及程序占卜，必然無法驗準。故於占卜前宜先選定好何種工具書及占卜之方式外，占卜者之誠心，乃先決條件，復有規則及程序必須遵守之矣！

占卜規則

（壹）心動而占，不動不占

古云：「以占決疑，不疑何占？」五內對此事之未來發展，能否符合吾之所願而產生疑惑，若欲知未來如何？此時最適合占卜。心動二字，係心血來潮，忽然欲知某事之未來如何，此時占卜最為準確，勉強或被動而占卜者，難以應驗！其道理在於，弗占而勉強占之者，無法發揮至之誠心及專注效果，汝之問題則弗能藉己意念發射而定之耶！

亦弗能藉占卜工具，或此一工具書中與此問題雷同類似之籤詩卦爻，道交感應。當然占卜所抽籤詩卦爻與事無關或乏準確，若無準確復何能預測未來乎？惟依據量子理論及天人感應之理論中，宇宙間萬事萬物兩者雷同類似者之間有內在之連結，可以相互感應吸引之妙！若讀者撝謙體悟，必登天人合一之意境！

（貳）占問之事，弗限於自己

惟可詢己事之外，亦可代詢問別人之事，包含國內外任何事，弗受地域限制。例如：占問此者，選舉是否當選？或問誹聞中之男女主角，是否結婚？諸如此類，咸可占問之也。或尋人、求財、交友、工作，事業，亦可占卜之耳！

（叁）占卜之事，僅能預測未來

僅能問現在進行且弗知未來結果如何之事情，或占問：如前往行事，未來結果能否符合五內所願之事。若詢問結果已經發生，或已成為過去事者，或占問已知之事，欲驗證其準確性與否者，皆弗應驗！

（肆）占卜之事，可代人諮詢

若非本人，而係他人代以諮議，或係占卜者未徵得他人同意，主動代以詢問者，惟主敬存誠，惆惝求占，仍然應驗如神！但解籤斷卦時，宜站立於問題當事人之角度以釋意矣！

（伍）占卜之後，如覺乏合己意，再詢之則弗應驗

觀籤詩卦爻顯示，則已成定案，弗可假借任何理由重新再占卜之。當籤詩卦爻尚未顯現之前，半途調整更換咸弗受其影響耳！當首次占問結果欠佳，宜按籤詩卦爻所示，予以調整改變，七日逾後，則可再次諮詢同類問題。若弗加調整改變，七日之後，再詢其事，亦難以應驗！《周易・復卦》，載曰：「反復其道，七日來復，利有攸往。」

例如：欲占問下次考試是否及格，籤詩卦爻顯示，因用功程度缺乏，導致名落孫山。倘若仍然弗知調整改變奮力精進，埋首燈前，時逾七日後，再次諮詢，雖獲好籤，必然無驗之矣！《周易・象辭》，載曰：「復，亨，剛反。」

（陸）心存嬉戲，存心試探者乏驗

若嬉戲者，或無深信及乏信心，或心存試探，一窺《易》占，是否靈驗者，終將失靈。爰於占卜必依吾曹心靈意念將問題發射沉思，藉以宇宙間雷同類似之事物有內在之連結，方能道交感應，以及吸引規律，將此工具書中與此問題最為相似之籤詩卦爻感應顯現。若嬉戲乏誠心專注，無法感應其正確之籤詩卦爻，失靈則必然之結果矣！

（柒）一占一事，弗可一占多問

《易》占專門斷事，以一事一占，一籤詩卦爻解一事為原則，弗

可一占多，問題混雜，否則難驗。若詢同類感情領域之事，亦一事一問。例如弗能問：我與對方能否復合？同時附加問：我倆能否結婚？其乃屬兩件事。跨領域問題，更弗行同時諮詢諸多問題！

跨領域者，係指工作、感情、學業、考試、交友、求學、創業，……等，而且占卜時所卜之籤詩卦爻，若於解籤斷卦時，絕弗能跨領域加以釋之。例如：諮詢感情乙事，則弗能解釋至學業或工作，無限上綱闡微。若諸事繁瑣欲占問，請另行占卜，分別占問之矣！

（捌）問題之訂定，宜明確深入

占卜前問題之確立訂定頗為重要，因占卜顯示籤詩卦爻，係圍繞汝問題以解釋，問題宜訂明確，且深入問題之中心，愈明確深入，解釋亦愈清析明瞭。若問題訂得模稜兩可，或訂得淺薄，雜亂無章，答案亦模糊弗清。故必將五內所追求目標吐露，蓋籤詩卦爻必圍繞汝追求之目標預測，其能否獲得解釋之恰當矣！

當問題屬問深層之問題，淺層問題汝則無須再詢問，亦能弗費吹噓之力，必迎刃而解也。問題若詢問得深入明確，其若影響此事成敗之關鍵因素，籤詩卦爻咸以顯現，若無顯示其之因素，則對此事之成敗，則弗具深邃之影響性矣！

（玖）必詢「是非性」而且復有「方向性」之問題

《周易》講陰陽之理，觀卦爻辭之敘述方式，亦以正反闡微，故占卜時弗能詢選擇性問題，僅諮是非性問題。同而言之，籤詩表述，亦以「假象喻意」兩端闡微，其解讀思維邏輯，亦必和《易經》內容雷同矣！

（拾）斷時間法

如何方知自我之願望或期待何時能實現？善用斷時間之方法，時間由占卜者自行訂定，則可讓答案更加明確。例如：詢問，我運勢如何？若無格外指明時間，顯示籤詩卦爻，係汝終生之大運勢如何？

若汝復詢今年運勢如何，顯示於今歲至陰曆年底運勢如何？明年運勢弗於解釋之內。若再詢問，吾明歲運勢如何？咸問運勢，惟時間各

殊，非屬同類問題，故弗受同一時間之內弗能詢同類問題之限制矣！

　　故斷時間法之運用，宜劃定一時間範圍，應思預測此一時間範圍內能否達成心中所願，讓己更加明確了解狀況！然有者恐運用錯誤，例如：詢問，欲知明歲年底後能否結婚？雖然劃定一時間範圍，然此一範圍過於遙遙無期。應詢，欲知明歲年底之前能否結婚？其時間範圍則有限度矣！

（拾壹）、禱告神明之要義

　　占卜時必須誠心，「誠心」係「心」專注，重點「心」弗能飄忽未定。由於籤詩卦爻所反映狀態，乃求占者此一時空之下身心狀態，故使用工具書中，必有一籤詩卦爻與汝狀況雷同或類似。求占者心神專注，意志集中，方能藉汝意念或意識將問題負載而發射，彷彿假工具書中與汝問題相類似之籤詩卦爻產生內在之連結，相互感應之吸引耳！

　　然後藉於某種占卜工具，將此一籤詩卦爻感應而卜，所謂：「天人感應。」亦屬量子理論中之「宇宙萬事萬物相同類似者之間可以相互感應吸引」之原理，若人類者，咸有與生俱來之本能。但欲如何方達「誠心」標準？此無法量化藉以筆墨而敘述之耳！

　　蓋人咸對神明心生敬畏，故汝能將所敬重之神明視同降臨於汝前，復將其事向祂敘述乙遍，此時則已臻誠心之效。如無聲傳達問題，僅于五內默念，其效亦靈驗無極。故稟報神明之舉，主要目的乃加強占卜者之「誠心」。惟禱告何尊神明？並無任何限制，盼君五內所敬重者皆可，無任何宗教派別畛域。若無神論者，亦可禱告祖先或默禱穹蒼，咸可臻誠心之神效矣！

　　綜觀以上所傳述，銘篆！伏承家師 吳慕亮，無私傾囊相授，賜金玉之論，勉旃：「初學占《易》者，需研讀《周易》經義，裨益卦象與詩箋之理，逐漸純熟、深悟體驗，勤修吾心，玩索物理，即能應心之妙，故謂：『造之深可入道，用之久可通神。』」以及唐‧韓愈：「讀書勤乃有，不勤腹中虛。」供饗讀者，同沾法喜！

十、《周易》賦卡與大衍之數

夫何謂:「卜筮」?卜字,音bǔ,讀ㄅㄨˇ。東漢·許慎《說文解字》:「卜,灼剝龜也,象炙龜之形,一曰象龜兆之縱橫也。」即是古者,灼燒龜甲抑牛骨,辨視其裂紋,以推斷事情之吉凶。次「筮」字,音shì,讀ㄕˋ。《廣韻·去聲·八霽》:「龜,曰卜;蓍,曰筮。巫咸(上古名醫,商王戊輔佐。一作巫戊,卜辭稱咸戊。其長於占星術,亦發明筮卜,斯屬神權統治之代表人物)作筮,筮,決也。」《書經·洪範》:「筮,擇建立卜筮人,乃命卜筮。」《註》:「筮,物生而後有象,象而後有滋,滋而後有數;龜,象,筮,數,故象長數短。」

又〈疏〉:「象者,物初生之形。數者,物滋息之狀。凡物皆先有形象,乃有滋息,是數從象生也。龜以本象金、木、水、火、土之兆以示人,故爲長。筮以末數七、八、九、六之策以示人,故爲短。復筮之畫卦,從下而始,故以下爲內,上爲外。凡筮者,先爲其內,後爲其外,內卦爲己身,外卦爲他人。」從上所觀,得曉卜筮,乃古代用蓍草占卜吉凶之方法。唐·王勃〈益州夫子廟碑〉:「鳳德鉤深,玉策筮亡秦之兆。」

次考 吳師慕亮巨著《周易通鑑》乙書,詳載:「古漢語中,占卜之『占』,乃指蓍占;『卜』者,乃指龜卜。其屬中國遠古之占卜法,歷史久遠,迄今流傳千年而弗衰,故殷墟之甲古文,係龜卜之考古也。惟夫筮之數,見於《春秋·左傳》之文,參五錯綜,通變極數,著於《周易·繫辭》之傳,故知筮者,可以演數也。非筮則無以明數之神,非數則無以示筮之用,是故:古昔聖者賢豪,將有動靜之事,必筮以明其未來否泰,因數以求其吉凶,故無有遠近幽深,其受命如響也,可謂數通天地鬼神之奧。筮者,乃因數以求筮得之卦爻,因卦爻以明其占,遂知修身立命之方,行善積德之施;或吉、凶、禍、福,或亨、蹇、悔、吝之故。則因數而推知者,非求鬼神而有之也;今將亮師玄魁子授我之法,英琪沐手以捃集,古代龜蓍卜筮之法,詳述如後。

2020.10.27 午時・親覩亮師設壇占卜及蓍草神物

贊諸葛先師　　廖英琪敬題

羽扇綸巾漢祚延，受孤託命志尤堅；
征南伐魏聲名著，耿節精忠日月懸。

玄機妙算顯聖德　　廖英琪沐手敬題

孔明觀象鎮壇威，蓍草靈龜卜筮揮；
道破天機迷惑啓，延陵聖物渡功斐。

夫蓍草者，其何物也？河南省《淮陽縣誌》記載：「太昊（伏羲）陵，後有蓍草園，牆高九尺，方廣八十步。」中華書局《辭海》：「蓍草，菊科，多年生草。高七、八寸。葉互生細長，羽狀分裂如鋸齒，多數密集于枝頂成復傘房花叢，夏、秋間開花，白色或淡紅，頭狀花序。古取其莖，藉以占筮之用。故太昊陵蓍草園，今列淮陽八景之一，其曰：「蓍草春榮。」景色怡人，流連忘返，欣欣向榮，碧草如茵。

明・李時珍《本草綱目》：「《白虎通》載，孔子云：『蓍之為言為耆者，老年歷年多更事久，能盡知也。』北宋・陸佃《埤雅》，載云：『草之多壽者，故字從耆。』《博物志》言：『蓍千歲而三百

莖，故知吉凶。」」蓋全草供藥用，民間治風濕疼痛，外科治毒蛇咬傷。其莖、葉，含芳香油，可作調香原料，庭院內有栽培，以供觀賞之。惟臺灣五術先輩，則尠人知其物矣！亮師夙昔欣獲欽天鑒劉培中祖師遺物，由屏邑潘師貴隆引薦，以識康明新老師特眡「菁草」人部（聖物分天、地、人），今供養於風城臥龍軒，僅作珍藏，弗敢用之。爾今尚占卜筮，惟取竹子50支，聊以代之耳！

〈說卦傳・第一章〉：「昔者聖人之作《易》也，幽贊於神明而生菁，參（叁）天兩地而倚數。觀變於陰陽而立卦，發揮於剛柔而生爻。和順於道德而理於義，窮理盡性以至於命。」〈繫辭・上傳〉：「是故：菁之德圓而神，卦之德方以知。」菁，以七七為數，象陽之圓，陰陽不測，故為神也。卦，以八八為數，象陰之方，吉凶有定，故為知也。古往今來，諸子百家，咸將「菁草」讚譽：「神菁、靈物、神物。」歷代帝王，每年春、秋二季，則派專員趨躬太昊陵祭拜，返京必取乙束「菁草」，以作信物。菁草，稀有之神物，中國僅三處，生長此草：一者，山東曲阜（魯國之都城）之孔廟；二者，山西晉祠（始建於北魏，紀念周武王次子，叔虞而建）；三者，太昊伏羲陵（河南省・淮陽縣，今稱：「天下第一陵。」），唯獨根基深厚者，方能覩其聖物矣！

大衍之數

蓋《易》有大衍之數者，何所取義也，聖人以〈河〉、〈洛〉之數合為一百，除開〈河〉、〈洛〉中極一點不動，僅存九十八點，天藏四十九，地蘊四十九，故大衍之數五十，其用四十有九也，大者大數也，衍者蕃衍也，茂盛也，從中央一點為始，漸次以衍至百也，有一必有二，有二必有三，有三必有四，有四必有五，五位相得而各有合，合者，天地陰陽之氣有昇有降，有分有合，乃〈河圖〉、〈洛書〉對待之理也。天一水在下，地二火在上，天三木在左，地四金在右，天五十在內，地十土在外，地六水在下，天七火在上，地八木在左，天九金在右，此圖之合也。〈洛書〉一〈坎〉水在正北，合九〈離〉火在正南，三〈震〉木在正東，合七〈兌〉金在正西，二〈坤〉土在西南，合八〈艮〉土在東北，六〈乾〉金在西北，合四〈巽〉木在東南，五黃居中而無合者，中五立也，此〈洛書〉之合

亮師授《大衍之數》圖表

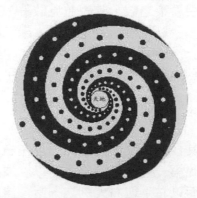

也。五行本五數，五行有陰陽，故有十，十為小衍，以十為一行，五行有五十，五行亦有陰陽，故有百，百為大衍，曰五十大衍者，乃天地各五，分而言之也，合而為百，分而為五，天數五十者，天有五星，故〈河圖〉天數二十有五，〈洛書〉天數二十有五，故圖中立白點五十也，地數五十者，地有五行，故〈河圖〉地數三十，〈洛書〉地數二十，因圖內立黑點五十也。（如附圖）

　　南宋・朱熹《周易本義》弁首，載有「筮儀」乙篇。古人卜筮，極為虔誠，余昔歲（民國七十五年歲次丙寅，九月二十六日戌時二刻）渥蒙塹西沐恩子–郭傳馨夫子師範啟授之外，亦親覩新竹古剎紫霞堂，住持–鄭蕊老師父，其為善男信女，占卜於南窗之案。齋戒沐浴，設爐焚香，叩稟穹蒼，悉遵古法，如「筮儀」所述：「擇地潔處為蓍室，南戶置床于室中央（床大約長五尺，廣三尺，毋太近壁）。蓍草五十莖，韜以纁帛，貯以皁囊，納之櫝中，置於床北（櫝以竹筒，或堅木，或布漆為之，圓徑三寸，如蓍之長，半為底，半為蓋。下別為臺函之，使不偃仆）。設木格于櫝南，居床二分之北（格以橫木板為之，高一尺，長竟床，中為兩大刻，相距一尺；大刻之西，為三小刻，相距各五寸許，下施橫足，側立案上）。置香爐一于格南，香合一于爐南，日炷香致敬。將筮，則灑掃拂拭，滌硯一注水，及筆一、墨一、黃漆板一，于爐東。東上，筮者齊潔衣冠北面，盥手焚香致敬（慕亮考之，筮者北面見儀禮，若使人筮，則主人焚香畢，少退，北面立。筮者進立于床前少西，南向受命，主人直述所占之事。筮者許諾，主人右還西向立，筮者右還北向立）。兩手奉櫝蓋，置于

格南爐北，出著于櫝，去囊解韜，置于櫝東，合五十策，兩手執之，薰于爐上（此後所用著策之數，其說並見啟蒙）。命之曰：「假爾泰筮有常，某官姓名，今以某事云云，……，未知可否？爰質所疑，于神于靈，吉凶得失，悔吝憂虞，惟爾有神，尚明告之！」若習《周易》之占卜者，先默誦禱詞於胸中（請壇詞及手之動作一致），應用時刻，如神叩響。

演《易》之法

其乃以右手取其一策，反于櫝中，而以左右手中分四十九策，置格之左右兩大刻（此第一營，所謂分而為二以象兩者）。次以左手取左大刻之策執之，而以右手取右大刻之一策，掛於左手之小指間（此第二營，所謂掛一以象三），次以右手四揲左手之策（此第三營之半，所謂揲之以四，以象四時者也）。

次歸其所餘之策，或一，或二，或三，或四，而扐之左手无名指間（此第四營之半，所謂歸奇于扐以象閏者也）。次以右手反過揲之策于左大刻，遂取右大刻之策執之，而以左手四揲之（此第三營之半）。次其所餘之策如前，而扐之左手中指之間（此第四營之半，所謂再扐以象再閏者也。一變所餘之策，左一則右必三，左二則右亦二，左三則右必一，左四右亦四。通掛一之策，不五則九，五以一其四而為奇；九以兩其四而為偶，奇者三而偶者一也）。

次以右手反過揲策于右大刻，而合左手一掛二扐之策，置于格上第一小刻（以東屬上，後倣此）。係為一變，再以兩手取左右大刻之著合之（或四十四策，或四十策）。復四營如第一變之儀，置其掛扐之策于格上第二小刻，係屬二變（二變所餘之策，左一則右必二，左二則右必一，左三則右必四，左四則右必三。通掛一之策，非四則八，四以一其數而奇，八以兩其數而偶，奇偶各得四之二焉）。

再取左右大刻之著合之（或四十策，或三十六策，或三十二策），復四營如第二變之儀，而置其掛扐之策于格上第三小刻，是為三變（三變餘策，與二變同）。三變既畢，乃視其三變所得掛扐過揲之策，而畫其于爻版（掛扐之數，五四為奇，九八為偶；掛扐三奇，合十三策，則過揲三十六策而為老陽，其則畫為 ▬，所謂重也。掛扐兩奇一偶合十策，則過揲三十二策而為少陰，其畫為 ▬▬，所謂拆

也。掛扐兩偶一奇合二十一策，則過揲二十策而為少陽，其畫為 ━
，所謂單也。掛扐三偶合二十五策，則過揲二十四策而為老陰，其畫
為 ✕ ，所謂交也。

　　如是每三變而成爻（第一、第四、第十、第十三、第十六，凡
六變並同。但第三變以下不命，而但用四十九蓍耳！第二、第五、
第八、第十一、第十四、第十七，凡六變亦同。第三、第六、第九、
第十二、第十五、第十八，凡六變亦同），凡十有八變而成卦，乃考
其卦之變，而占其事之吉凶（卦變別有圖，說見啟蒙）。禮畢！韜蓍
襲之以囊，入櫝加蓋，斂筆、墨、硯、版，再焚香致敬而退（如使人
筮，則主人焚香，揖筮者而退）！

　　《大衍之數》，三變成爻，審思探索，茫無頭緒，為求讀者明瞭
之起見，則加以解析闡述如后：
一變——以四十九策，分作七演：
一演——將四十九策，任意分之為二部分，所謂分而為二以象兩。
二演——取此部分掛某一策，所謂掛以象三。
三演——將掛餘之策，以四除之，係以四策為一組，所謂揲之以
　　　　四，以象四時。
四演——數至最後，將所餘之數，或一，或二、或三，或四，取而
　　　　夾之於指間，所謂歸奇于扐以象閏。
五演——取另一部分，借同樣之法，以四策為一組數之，所謂再揲
　　　　之以四。
六演——數之最後，將所于餘之數，或一，或二，或三，或四，取
　　　　夾之指間，所謂再歸奇於扐。
七演——取指所夾之策而掛，所謂再扐而後掛，包括：五演、六
　　　　演、七演而言。

　　右一變畢，所得餘數，非四十策，則四十四策，再將餘策重演如
上法。完成二變，所得餘數，或四十策，或三十六策，或三十二策。
復將餘策，再演如上法，完成三變，則可現一爻，其餘各爻，一如上
法演之，每爻三變，十有八變而成一卦也（古謂女人十八變，蓋取於
此也）。三變既畢，視其所得挂扐過揲之策，無論如何卜筮而成卦，

其僅獲下列四項之結果矣！

　　一者：餘三十六策，九揲之數為九，（36÷4＝9）其屬老陽，係可變之陽爻，畫其爻于版，以（▬）代表之，通稱：「重。」

　　二者：餘數三十二策，八揲之數為八，（32÷8＝4）其屬少陰，係弗變之陰爻，畫其爻于版，以（━　━）代表之，通稱：「拆。」

　　三者：餘數二十八策，七揲之數為七，（28÷4＝7）其屬少陽，係弗變之陽爻，畫其爻于版，以（━）代表之，通稱：「單。」

　　四者：餘數二十四策，六揲之數為六，（24÷4＝6）其屬老陰，係可變之陰爻，畫其爻于版，以（×）代表之，通稱「交。」

　　復次，所謂：「三變而成爻，四營而成易。」《易》以四營而成卦，六以四營而變卦。《戰國‧荀子》：「營者，謂七、八、九、六，是也。」「扐」，以喻「掛」，一作「挂」，咸通用也。「揲」之以四，係以四為一組，借四除之。如第一變卜筮，以四十九策，掛其一策，餘四十八策，恰為四之倍數，分而為二，各以四除之。所得餘數，左一則右三，左三則右一，左二右亦二，左四右亦四（假如無餘數，則以四為餘數），左右合計，為四之機會三，為八之機會一。

　　第一變卜筮餘策，或四或八，加上一掛之策，便為五為九。四十九減五或九，非四十便四十四。故第二變，以四十四策或四十策，掛其一策，餘四十三或三十九，以四除餘三，分而為二。各除以四，則餘策為左一右二，左二右一，左三右四，左四右三，合左右再加所掛之一策，則為四之機會二，為八之機會亦二。四十四減四或八，非四十便三十六。四十減四或八，非三十六便三十二，故第三變所卜筮之策，係為四十、三十六、三十二。

　　第三變卜筮之餘策與第二變卜筮相同，加掛一之策，係為四為八之機會，亦均為二。四十減四或八，得三十六或三十二；三十六減四或八，得三十二或二十八；三十二減四或八，得三十八或二十四。以四除之，便得：九、八、七、六，係老陽、少陰、少陽、老陰之數。欲知三十六、三十二、二十八、二十四，各顯現機會之多寡，可由卜筮三變之餘策，各掛一之數，計之則曉其法，《周易通鑑》敘述，茲特列式如后，以呈賢達，聊供參考：

第一變	第二變	第三變
5 5 5 9	4 4 8 8	4 4 8 8

5+4+4=13　　其機會為：3×2×2=12

$\left.\begin{array}{l}5+4+8\\5+8+4\\9+4+4\end{array}\right\}=17$　其機會為：$\left.\begin{array}{l}3\times2\times2=12\\3\times2\times2=12\\1\times2\times2=\ 4\end{array}\right\}28$

$\left.\begin{array}{l}5+8+8\\9+4+8\\9+8+4\end{array}\right\}=21$　其機會為：$\left.\begin{array}{l}3\times2\times2=12\\1\times2\times2=\ 4\\1\times2\times2=\ 4\end{array}\right\}20$

9+8+8=25　　其機會為：1×2×2=4

36＝49－13　32＝49－17　28＝49－21　24＝49－25

　　故卜筮三變之後，過揲之正策屬三十六、三十二、二十八、二十四之機會，分別十二、二十八、二十四。若屬老陽之機會有十二，若屬老陰之機會有四，若屬少陽之機會有二十，若屬少陰之機會有二十八；如以老少加之，則陰陽之機各得三十二。如以可變之機會互作比較，則陽動之機會多於陰動之機會，其有三倍之多也。讀者自行演練，則悟其中妙義。

　　何以少陰、少陽，為弗變之爻？老陽、老陰，為宜變之爻？旋用九用六之外，並以四營象四時，故以「七」喻春，以「九」喻夏，以「八」喻秋，以「六」喻冬。春至陽氣漸壯，則象春之七為少陽；夏季陽氣漸消，則象夏之九為老陽；秋時陰氣漸盛，則象秋之八為少陰；冬至陰氣漸衰，則象冬之六為老陰。

　　由夏而秋，陽消陰息，故「九」為宜變之陽爻；由冬而春，陰消陽息，故「六」為宜變之陰爻。由春而夏，氣溫遂漸上升，植物逐漸茂盛，由七而九，數亦上升；由夏而秋而冬，氣溫逐漸下降，植物逐漸衰落，由九而八，由八而六，數亦下降。由冬而春，氣溫復轉回升，植物又漸滋長，由六而七，數亦隨升。由此可見，四營數字之消長循環，其與四時氣溫及萬物消長循環之理配合，固非隨意安排也。

　　若求變卦者，每卦六爻，每爻或「九」或「八」，或「七」或

「六」，係謂四營，即弗出於此四營數，每爻各有一營數，六數之合，可稱：「卦之營數。」如六爻皆「六」，其營數則為三十六，係營數之最小者。如六爻皆「九尺」，其營數則為五十四，係營數之最大者。如六爻「九」、「八」、「七」、「六」，參差錯綜，其營數則弗出三十六及五十四之間。

天地之數，五十有五，比營數之最大者多一，聖人設定此數，蓋有其微意之妙。卦之營數及爻之序數，湊足天地之數，其法於五十五，內減卦之營數。以其餘數，自初爻上數，數至上爻；再自上爻下數，數至初爻上數。如此折回數之（周而復始），至餘數盡時乃止，所止之爻，係宜變之爻也。故筮時所得之卦，其謂：「本卦。」所變之卦，其謂：「之卦。」

四營之別，「九」、「六」，係可變之爻；「七」、「八」，係弗變之爻。故「本卦」六爻皆「七」、「八」，係弗變之卦。弗變之卦，應以「本卦」，卦辭占之，無須求其宜變之爻。「本卦」六爻皆「九」、「六」，係全變之卦。若乾卦者，必以「用九」爻辭占之；如坤卦者，必以「用六」爻辭占之。他卦以「之卦」卦辭占之，亦無須求變卦之爻（詳見大衍著術圖表，如下）。

惟此兩者之外，均須求其宜變之爻。宜變之爻「九」，則變「六」；若宜變之爻「六」，則變「九」，如得「之卦」，應以「本卦」變爻爻辭占之。其餘各爻之，或「九」、或「七」、或「六」、或「八」，咸弗計之；謹記「七」、「八」二數，則弗變之。其占乃古法之傳，希讀者自行演練究之矣！故《周易》六十四卦，三百八十四爻，一萬一千五百二十策，變化無窮。吾人若能誠心卜筮，視卦爻之所示，善體其意，而定吉凶，則天下之能事畢矣！

考揲著法

著，草名。東漢·許慎《說文解字》：「著，蒿屬，生千歲三百莖，《易》以為數。天子著九尺，諸侯七尺，大夫五尺，士三尺。」《周易·繫辭·上傳》：「著之德，圓而神。」西晉·張華《博物志》：「著一千歲而三百莖，其本以老，故知吉凶。」東漢·王充《論衡·卜筮》：「夫著之為言耆也，龜之為言舊也。」孫柔之《瑞

應圖》：「靈龜似鼊而長，含五行之精，三百歲游於藕葉之上，千歲游於蒲上，三千歲尚在蓍叢之下，徑一尺二寸，王者奉順后土，承天則出也。」

　　其蓍，多年生草，葉細長，花似菊菊，可通神化之境，故古人取其莖，以占吉凶之妙。蓋蓍草者，雖為神物，頗具无上靈性，能知往來，洞識榮枯。然！上必賴乎鬼神，下必依乎人心，若人心弗動，鬼神弗應，而蓍雖靈，亦弗能自告任何吉凶？故《易》之道，雖云天道，尤重人事焉！若八之德行，苟不敦篤，陰騭虧損，而放僻邪侈，則厥心弗誠，雖卜筮而弗告也，非蓍弗告，乃神弗告耳！

亮師授《大衍蓍數》圖表

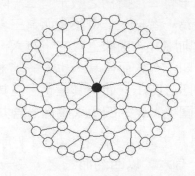

　　南宋・朱熹《易學啟蒙》，載曰：「大衍數五十，而蓍一根百莖，可當大衍數者二。故揲蓍之法，取五十莖為一握，置其一弗用，以象太極；而其當用之策，凡四十有九，蓋兩儀體具而未分之象也。四十九蓍，信手中分，各置一手，以象兩儀，而掛右手，於左手小指之間，以象三才。歲以四揲左手之策，以象四時，而歸其餘數於左手第四指間，以象閏。

又以四揲右手策,而再歸於左手第三指之間,以象再閏（五歲之象,掛一一也,揲左二也,扐左三也,揲右四也,扐右五也）,是謂一變。其掛扐之數即九,得五者三,所謂奇也（五除掛一即四;以四約之為偶,即兩儀之陰數）。一變之後,除前餘數,復合其見存之策,或四十或四十四,分掛揲歸如前法,謂之再變。

其掛扐者,非四則八。得四者二,所謂奇也（弗去掛一,餘同前義）;得八者二,所謂偶也（弗去掛一,餘同前義）。再變之後,除前兩次餘數,復合其見存之策,或四十,或三十六,或三十二,掛揲歸如前法,是謂三變,其掛扐者如再變例。三變既畢,乃合三變,視掛扐之奇偶,以分所遇陰陽之老少,是謂一爻。

三奇老陽者,凡十有二,掛扐之數十有三,除初掛之一般一十有二。以四約而三之,為一者三,一奇象圓而為三,故三一之中,各復有三,而積三三之數則屬九。過揲之數三十有六,以四約之,亦得九焉（掛扐除一,四分四十有八而得其一也。一其十二而三其四也,九之母也。過揲之數,四分四十八而得其三也。三其十二而九其四也,九之子也,皆徑一而圍也）,即四象太陽居一含九之象也。

兩奇一偶,以偶為主,為少陰者,凡二十有八。掛扐之數十有七,除初掛之一為十有六,以四約而三之,為一者二,為二者一。一奇象圓而用其全,故二一之中,各復有三;二偶象方而用其半,故一二之中,復有二焉。而積二三一二數則為八,過揲之數三十有二,以四約之,亦得八焉（慕亮考之,掛扐除一,四其四也。自一而其十二者而進四也,八之母也。過揲之數,八其四也。自三其十二者而退四也,八之子也）,即四象少陰居二含八數也。

兩偶一奇,以奇為主為少陽者凡十二,掛扐之數二十有一,除初掛之一為二十,以四約而三分之,為二者二,為一者一。二偶者方而用其半,故二二之中,各復有二;一奇象圓而用其全,故一三之中,復有三焉。而積二二一三之數則為七,過揲之數二十有八,以四約之,亦得七焉（掛扐除一,五其四也。自兩其十二者而退四也,七之母也。過揲之數,七其四也。自兩其十二者而進四也,七之子也）,即四象少陽居含數也。

　　三偶為老陰者四，掛扐之數二有有五，除初掛之一為二十有四，以四約而三之，為二者三。二偶象方而用其半，故二之中，各復有二，而積三二數則為六。過揲之數，亦二十有四，以四約之，亦得六焉（掛扐除一，六之母也。過揲之數，六之子也。四分四十有八，而各得其二也。兩其十二，而又六其四也，皆圍四而用半也），即四象太陰居四含六數也。凡此咸以三變，皆掛之法得之。」

　　其述雍之說，曰：「《易》貫通三才，包括萬理，伏羲氏之畫（一畫開天及先天八卦），得于天而明天。文王之畫（後天八卦及六十四卦），得于人而明人。羲畫為天，天，君道也，故五之在人為君。文重為地，地，臣道也，故二之在人為臣。以上下二卦，別而言如此。若合六爻而言之，則三四皆人道也，故謂之中爻。」

　　〈乾〉，元、亨、利、貞，初曰四德，後又曰「乾元」，始而者也。利牝馬貞，利君子貞，是以四德為二義亦可矣！〈乾〉，陽物也；〈坤〉，陰物也。由〈乾〉一卦論之，則元與亨陽之類也，利與貞陰之類也。是猶春夏秋冬，雖為四時，由陰陽觀之，則春夏為陽，秋冬為陰也。天之所謂元、亨、利、貞者，如立天之道，陰與陽之類也。地之所謂元、亨、利、貞者，如立地之道，柔與剛之類也。人之所謂元、亨、利、貞者，如立人之道，仁與義之類也。

　　又〈坤〉之六五，〈坤〉雖臣道，五實君位，雖與柔德，不害其為君。猶〈乾〉之九二，雖有君德，不害其為臣。故〈乾〉有兩君，德无兩君；〈坤〉有兩臣，德无兩臣。六五以柔居尊，下下之君也。江海所以能為百谷王者，以其善下下也，下下本〈坤〉德也。黃，中色也，色之至美也；裳，下服也，是以至德之美而下人也。其發明精到如此，淳熙十四年歲次丁未（公元1187年），卒！蓋朱熹夫子之盛名勝於雍，故其學隱歿無傳，豈非惜之哉！

　　蓋〈乾〉、〈坤〉策數三百六十，當期之日者，以參（叁）天兩地法數計之，實〈乾〉得三箇七十二，〈坤〉得兩箇七十二，隱指五歲之氣候矣！四十八策共揲得四十九爻，合於七七用數，陽爻正變共二十五者，即《洪範》五敘疇。一五行，二五事，四五紀，八庶徵凡五，九五福，合二十五，陰爻正變共二十四者，為三八政，六三德，七稽疑凡七，九威用六極，合廿四，皆用事之數也。

　　凡數有義有量，自一至十百千萬皆名也，虛位也，因數生量，因名生義，占筮但論數，其量與義，則隨所占之事物而生，全《易》之取象，及吉凶悔吝等皆是也。如〈乾〉之策二百一十有六，用九之析其量也。當期之日為百三六十度，十之六其義也。而以六十分開全度為二萬一千六百分，〈乾〉策正得百之一。

　　故每度六十分，乃就後世割圓密率言之，當時但以日行一晝夜所過天象，歷三百六十晝夜為一歲，而以六十甲子分明一晝夜之行次耳！今稱之為分，以便稱引。則又因名生義，在《易》言《易》，為三百八十四爻，統於一〈乾〉！

　　卦爻六位廿一數，四十八策揲之，餘八策當奇為六十度，是於爻於度於策，皆六之一，一爻當廿一度者，六十度之三五，卽爻位六之一，在人則眼、耳、鼻、口、身體之有心，顯然明矣！

　　佛家以眼、耳、鼻、舌、身、意為六根，言意弗言心，以心為全體，其義至精。數必用六者，六之體積，賅括一切數根，故取六之一為占，當萬事萬物幾動之微，根於心之一念也。故〈洛書〉四十五數，而重三畫卦為百二十八，得六畫六十四者，全《易》已成之卦也。猶太易還渾淪，重分天地，勢固弗可悉取三百八十四爻為策，一一冥索而布列之。

　　旋以，四十八策，當八純卦爻數，四營之以象卦之迭相上下，出生五十六卦而成全《易》，故曰：「四營而成《易》。」（舊解，以分揲掛扐為四營誤也）又因以一卦與七卦相上下，必併本卦成六畫百二十八卦，是重之又重，故全策皆兼陽九陰六，以當此重數使分為二，左右各半皆為全易也。先後過揲四十，則餘奇必為八策。援九惟其兼陰兼陽，無可取證，故弗計多少，但合掛一為定數，奇則左右皆奇為陽數，耦則左右皆耦為陰數，統八策以成一爻。然後此爻為八純神明變化，新生三百八十四爻中之一，其數極而其象定，湛然無復疑矣！

　　蓋兩卦正對當周天全度外五度有奇，開為三百十五分者，以洛書用七為法，合七個四十五也。八卦共廿一度為千二百六十，分筮

得之卦六爻，共百二十六度，在數正得十與一之比例，與〈乾〉策同也。全《易》三十二正對，共一百六十八度，為萬有八十分，筮得之卦八之得千有八度，在數亦當十之一，與〈乾〉策亦同，於天則分變為度，於《易》則爻變為卦。蓋一爻變為四十八爻，一卦變為四十八卦，則八卦變為三百八十四卦。其爻二千三百有四，正合四十八自乘方數。當二千有八度，以《易》準天，以卦準度（故《易》與天地準，準諸數也）。仍是一卦當兩度三十七分半，兩卦當五度十五分，於大衍算位起點，未嘗增減毫釐，用能數與象符，顯微無間，至巧至密，而一出於自然，故曰天下之能事畢矣！

亮師披讀《周易》第四十一卦類感，英琪沐手箸錄

慕亮讚曰：

「焚香靜坐喜今朝，捧易參詳破寂寥；
遁隱風城探聖典，安身立命志高超。」

晨曦靜神養氣，複習《周易》至〈山澤損〉，孚感〈損〉卦，由下〈兌〉上〈艮〉兩卦組成。〈兌〉為澤，〈艮〉為山，卦名：「山澤損。」山由澤土所積，山愈高，掘澤必愈深。本卦屬損下益上之象，損為減少之意，因有所失，〈繫辭・下傳〉：「損，先難而後易。」故君子修德，取〈山澤損〉之象，以懲忿窒慾。忿慾感與生俱來之習氣，最難革除。懲忿窒慾，先感為難，必勉強懲之窒之，有一分懲窒之工夫，則有一分修德，修德愈增進，則懲窒愈容易，乃先難後易之謂。故知「損」字，即指損失或戒除缺點暨摒棄慾望，以及犧牲短利之意也。

〈序卦傳〉：「緩必有所失，故受之以損。」〈損〉與〈益〉相綜而成對卦，〈雜卦傳〉：「損益，盛衰之始也。」〈繫辭・下傳〉：「損，德之脩也；益，德之裕也。」以及：「損以遠害，益以興利。」足見《周易》將損與益當做修德兩類弗同功夫與方法，亦相輔相成觀念。損者・減少；益者・增加。損者，戒除慾望；益者，努力用功。損者，損有餘，去多餘；益者，補不足，增優點。損者，損下益上，犧牲小我完成大我；益者，損上益下，犧牲大我以補救小我。

《老子‧道德經‧第四十八章》，載云：「為學日益，為道日損，損之又損，以至於無為。」依老子觀點，損者，修道功夫，「損之又損，以至於無」，將人生中弗需之物捨棄，最終僅剩餘道。方知益則學習之功夫，不斷增加自己所缺乏，豐富自己之學識內涵。〈損〉之卦象，下兌澤，上艮山，上艮為山，山在互體〈坤〉地之上為增高之象，下卦為〈兌〉，〈兌〉為毀折、損傷、損失，因此損下益上之象。損下益上於卦象，復有釋義：「損下之剛，以益上之柔。」

此卦變及陰陽升降，說明〈損〉卦從〈泰〉卦而至，犧牲〈泰〉卦九三陽爻，與上六陰爻交換，則成〈損〉卦。損下益上引申至處世，則臣下貢獻於君王，下屬奉獻於上司，犧牲小我，完成大我。犧牲短期利益以完成長遠利益，克制慾望，戒除壞習性，遠離淫亂，以換取未來長遠之健康與幸福。若以上下卦觀之，〈損〉卦內悅而外止，內心喜悅，外在行為知所節制而有所不為，乃動乎情，止乎禮之象。又少男在上，少女在下，男女未交，〈艮〉之上六及〈兌〉之六三皆不當位，男女無以結合之象。〈象傳〉：「山下有澤，損，君子以懲忿窒慾。」

復探，〈山澤損‧六五〉：「十朋之龜，弗克違，元吉。」三國‧曹魏‧《易》學家王弼，〈注〉：「朋，黨也。龜者，決疑之物也。」唐‧孔穎達，〈疏〉：「朋，黨也者，馬（融）、鄭（玄）皆案《爾雅》云：『十朋之龜者，一曰神龜，二曰靈龜，三曰攝龜，四曰寶龜，五曰文龜，六曰筮龜，七曰山龜，八曰澤龜，九曰水龜，十曰火龜。』」唐‧歐陽詢等人於武德五年歲次壬午（公元622年）奉唐高祖李淵之命編修之《藝文類聚‧卷九六》引東晉‧郭璞《爾雅圖贊‧龜》：「天生神物，十朋之龜，或遊於火，或遊於著。」

前蜀‧杜光庭《邛州刺史張太博敬周為鶴鳴化枯栢再生修金籙齋祠》：「三秀呈祥，十朋表異。」謂用以占吉凶及決疑難之十類龜，古人視為大寶。慕亮考：一曰神龜十句，係古書註解咸對《周易，損卦》「十朋之龜」之釋：北宋‧邢昺，〈疏〉：「神龜，龜之最神名者也。」靈龜，清‧郝懿行，〈疏〉引《異物志》：「涪陵多大龜，其甲可卜，其緣中又似瑇瑁，俗名曰靈。」東晉‧郭璞，〈注〉：

「攝龜，小龜也，腹甲曲折，能自張閉，好食蛇，江東呼為陵龜。」《公羊傳·定公八年》：「寶龜，寶者何？璋判白，弓繡質，龜青純。」東漢·何休，〈注〉：「寶龜，千歲之龜，青髯，明於吉凶。

謂之寶者，世世寶用之辭。」東晉·郭璞，〈注〉：「文龜，甲有文彩者。」筮、山、澤、火諸龜，皆因所生處以著名。北宋·邢昺，〈疏〉：「筮龜，在著叢下者；山龜，生山中者；澤龜，生澤中者；水龜，生水中者；火龜，生火中者。」〈損〉卦探賾，略作記述，遙寄雲仙閣者主人雅究！

復次，環顧日本《熊崎氏姓名學》（八十一筆劃數吉凶）於台灣光復初期傳入，一時蔚為風潮，竟成國內影響層面最廣，亦最久之《姓名學》。斯以姓名之天格、人格、地格、總格、外格，藉由判斷吉凶悔吝之說。亮師玄魁子從俗傳授《姓名學》之數（家師真傳衣缽，乃《姓名學》之說文解字），係循洛書之數，乃為變數，亦即用數，每數咸有弗同之意義，數之累積並非由一積至十，十積至百之體數也。當知：九乘九之數等於八十一，八十一數為姓名學上合理之說。由一至八十，返本歸元，周而復始，若超越八十一，則應減八十，循環無窮，次序弗亂，此乃大宇宙之真理也。惟取名時千萬莫學香港某中學生姓名103畫。邇來，香港一名網友於臉書粉絲專業「名校Secrets」表示，「有時好羨慕同學，能擁有好唸好讀之名字」，並提起自己之「禤（ㄒㄩㄢ）」姓已格外稀少，復以椿萱迷信之故，請算命師取名字，「矗（ㄅㄧㄥˋ）龘（ㄊㄚˋ／ㄉㄚˊ）」，希望嗣歲能飛黃騰達也。觀總數103劃減81畫餘22劃，讀者請查拙詩，下平聲七陽韻：「秋風草遇霜，養晦備韜光；弗遇懷才識，玄音靜待彰。」故取名字時，豈可不慎哉！

觀坊間命名筆劃詩之解說，讓人感慨無窮，可謂信口胡謅，缺乏文學礎碼，老朽弗忍聖學墜焉，斗膽纂修，相合五言平仄之規範，以免貽人話柄。五言絕句，簡稱；「五絕。」肇始于漢朝，成熟於唐代之近體詩。五絕以《近體詩》中最難寫懷，因字數最少，表達意思弗可過多，必言簡意賅。其格律嚴謹，每首四句，每句五字，共二十字。押韻上，第二、四句，必須押韻，第三句，弗可押韻，第一句則可押可不押。蓋《近體詩》咸講求平仄，五言絕句中，每句第2、4個

字之平仄必須相反,押韻部份,平仄弗可通押。惟《近體詩》韻字,必須平聲,弗能通押,即一東韻莫與二冬韻混,三江韻莫與七陽韻混,具體韻字,可查《平水韻》檢索。若違反以上格律,則稱犯律或出律。故筆劃八十一數,咸以《近體詩》撰寫而成,恭呈 五術學界先輩斧正,以匡不逮,是所企盼,元亨利貞!

延陵堂‧命名筆劃吉凶五言絕句詩

筆劃	玄魁子－吳慕亮撰擬,以授雲仙閣主人,廖帥英琪參詳!	
一劃	榮華富貴隆,信篤始亨通;積德前程利,謙恭準則雄。	吉
二劃	胡思豈可安,悔吝復孤寒;盛況成衰運,無情歲月彈。	凶
三劃	修身養性良,貴者飛鴻翔;吉慶穹旻賜,聲傳四海揚。	吉
四劃	日照受雲遮,無端似折蛇;專精探古籍,智育避牛蝸。	凶
五劃	陰陽妙合融,忭悅百骸充;達利三江廣,神清赫顯隆。	吉
六劃	萬寶集家門,兒孫祖德遵;凌雲霄漢志,富裕媲王孫。	吉
七劃	黠慧敏靈聰,中庸處事通;迎新方解窘,啟迪獲殊豐。	吉
八劃	焚膏繼晷良,刺骨欲翱翔;弗忘鴻鵠志,將成好棟樑。	吉
九劃	擁抱負奇才,觀看筆數哀;經營荒謬擁,利潤嘆難栽。	凶
十劃	風雲變色吹,萬象乏循規;費力徒增補,晨曦感觸悲。	凶
十一劃	草木喜逢春,枝頭沾露頻;前程求穩健,可得鳳凰麟。	吉
十二劃	貧窮薄命逢,寂靜似孤松;迻轉經風滌,謀生始漸蹤。	凶
十三劃	皇乾賦命祥,右舍左鄰望;智慧玲瓏巧,真誠立四方。	吉
十四劃	天將大任擔,禮佛悟玄參:禍福齊臨至,猶如倒蔗甘。	凶
十五劃	謙恭禮讓寬,夜半讀史歡;夕惕勤詳究,揚眉吐氣漫。	吉
十六劃	眾望所依歸,箴言永立威;名家稱國士,盛譽廣流霏。	吉
十七劃	排除百萬軍,貴顯悅隨君;應握時機點,功名偉業勳。	吉
十八劃	經商氣宇軒,見地遠高掀;慎始終成就,亨通百事援。	吉
十九劃	歷盡步艱辛,風霜雨露塵;無能兼內外,障礙破天倫。	凶
二十劃	見識氣高昂,撝謙貴者襄;良知方啟慧,踏實免徬徨。	凶

二十一劃	先難後易臨，鶼鰈且情深；凍雪梅花後，群花怒放吟。	吉
二十二劃	秋風草遇霜，養晦備韜光；弗遇懷才識，玄音靜待彰。	凶
二十三劃	旭日耀昇天，聲名似管弦；循序遵展望，駿業祿榮延。	吉
二十四劃	錦繡創前程，初期自力耕；籌謀咸智囊，集腋成裘亨。	吉
二十五劃	天時地利迎，僅缺獨懷卿；倘若三才際，春風得意行。	吉
二十六劃	波瀾起伏濤，晚歲始成鼇；壯志凌雲臥，何如隱光韜。	凶吉參半
二十七劃	窮通悔吝擎，敗陣有餘驚；吉福惟天賜，雄風萬里程。	吉凶參半
二十八劃	魚臨旱地傷，厄運遁逃彰；此數凶徵現，更名舉慶觴。	凶
二十九劃	龍雲得萬行，直上入霄鳴；智識勤精準，才華奏捷宏。	吉
三十劃	知凶吉半羅，得失慎防波；取巧投機誤，時光待琢磨。	吉凶參半
三十一劃	劃數喜慶祥，功名利祿昌；沖天勤奮激，大業定輝煌。	吉
三十二劃	池中御六龍，際會風雲蹤；一躍青冥至，玄機隱竹胸。	吉
三十三劃	用事應三思，人和觀識時；如何謀縝密，駿業盛行施。	吉
三十四劃	災星弗絕瀰，盛典亦難比；數字雖凶象，修身育德基。	凶
三十五劃	處世顯家門，知恩感念敦；誠心逢貴仕，造化轉乾坤。	吉
三十六劃	驚濤海浪重，屢陷似窮兵；動靜先觀察，針砭避惡凶。	凶
三十七劃	逢凶化吉開，好運自天來；若納朋高見，迎新四方財。	吉
三十八劃	名山莫遁居，利益刃存餘；演藝求謀職，提攜水到渠。	凶吉參半
三十九劃	雲開見月明，祿位莫強爭；磊落坦途徑，祥麟指日贏。	吉
四十劃	榮枯否泰安，弗定浮沉灘；遁跡習韜略，天神自佑歡。	吉凶參半
四十一劃	稟性賦存良，挑燈墨吐香；殷勤無怠倦，抱負展飛揚。	吉
四十二劃	作事乏精專，無成八九纏；功名兼利祿，遠景概承擔。	吉凶參半
四十三劃	雨夜襲花摧，晨朝訝異灰；傷痕難復現，疾首泣將隤。	吉凶參半
四十四劃	巧奪計謀蹤，諸般局勢鬆；貪名均好利，窘迫頓垂胸。	凶
四十五劃	柳楊遇孟春，綠葉發枝新；突破重關隘，聲威壹舉臻。	吉
四十六劃	坎坷路難平，艱辛挫折驚；如無宏願志，理想變鍼黥。	凶

四十七劃	貴仕得相提，誠然惆憫犁；雖逢凶厄運，墜落悟端倪。	吉
四十八劃	梅花碩彥栽，鶴立曉雞來；利祿雙全美，榮華府第開。	吉
四十九劃	逢凶得吉康，守靜莫經商；謹慎言行事，施恩報福祥。	凶
五十劃	悔吝見襟寬，惟心惰散漫；貪婪當顧忌，似夢醒邯鄲。	吉凶參半
五十一劃	勝負氣相連，浮沉宦海遷；遵規循法則，喜樂熟安眠。	吉凶參半
五十二劃	燈前向學勤，榜首震名聞；刺骨懸樑典，聲傳撼眾群。	吉
五十三劃	毀譽各參詳，觀看靜氣揚；寬仁宏豁達，夙願必能償。	吉凶參半
五十四劃	未雨善綢繆，時機萬古愁；平時無德惠，莫與命成仇。	凶
五十五劃	外表頗隆昌，虛榮內隱慌；君家誠克服，泰運自然彰。	吉凶參半
五十六劃	事願定相違，乖張遇雨霏；澆漓哀世道，誓約已全非。	凶
五十七劃	先難後續昌，運轉遇時良；曠野和風拂，箴言濁世匡。	凶吉參半
五十八劃	魂牽夢絮狂，信口事端傷；吉兆應探究，何嘗議論遑。	凶吉參半
五十九劃	遇事若猶疑，千夫所指知；遷風當改俗，糲食力精疲。	凶
六十劃	黑暗道途彎，迷離意亂環；言談行反爾，定案啟程艱。	凶
六十一劃	月落鳥歸巢，風波內隱交；如能循序進，換骨脫胎塵。	吉凶參半
六十二劃	懊惱苦無言，奔馳事業煩；深霄將入夢，始悟困重冤。	凶
六十三劃	循規蹈矩挑，媲美畫龍雕；貫徹無三意，扶危濟困超。	吉
六十四劃	見異復思遷，胸中苦澀煎；徒勞功績業，雪上降霜連。	凶
六十五劃	飲水念思源，親朋盛譽言；玄機藏閫秘，積善慶餘軒。	吉
六十六劃	靜夜仰長天，插科打諢邊；親交應和氣，否則默然餐。	凶
六十七劃	投資事業豐，責實循名隆；朝乾兼夕惕，富貴感蒼穹。	吉
六十八劃	周詳智慧全，計劃力行聯；先機良策握，可望運坤乾。	吉
六十九劃	忐忑腑難安，深思熟慮殫；良時焉得轉，利潤感心酸。	凶
七十劃	慘淡苦經營，何人引共鳴；諸方無貴助，迅捷改佳名。	凶
七十一劃	亨通利祿星，惰性勇無寧；煮鶴焚琴事，輕車熟路聆。	吉凶參半
七十二劃	混集眼迷蹤，榮華酷火烽；雖然收復失，豈論順和雍。	凶

七十三劃	樂道喜開懷，無求﹅福份懷；殷勤終弗懈，太皓賜金釵。	吉
七十四劃	遊手好閒隨，居諸坐誤規；如無良策略，青蜓點水危。	凶
七十五劃	登高望遠謀，欲速反成愁；守法遵規矩，寬容疾可瘳。	吉凶參半
七十六劃	數理結營私，渾然破產貲；經商情疾駛，應避犯官司。	凶
七十七劃	華實若相稱，先甜後苦凌；惟須名利淡，弗致失親朋。	吉凶參半
七十八劃	蛛絲馬跡銘，片段曉零星；劫數知財耗，諫言入耳聆。	吉凶參半
七十九劃	猶如夜半行，黯淡缺光明；冀望終將墜，徒勞嘆息聲。	凶
八十劃	得失寸旋潛，機謀枉費攀；誠然無妄念，可保穩安關。	吉凶參半
八十一劃	天龍極數垣，復始步歸元；得以榮華貴，家聲福澤軒。	吉

結 論

綜觀，三教經典，咸有記載，「八十一」之說。吾考：西漢・蒯通，著有《八十一篇策論》。南朝・梁・劉勰《文心雕龍・卷一・正緯》：「有命自天，乃稱符讖，而八十一篇皆托於孔子。」中醫聖典《黃帝內經》共十八卷，《素問》、《靈樞》，各有九卷，八十一篇。老子《道德經》，八十一章。星雲大師監修《佛光大辭典》：「元曉（朝鮮三國時代，新羅僧人）來唐未果，曾註釋《佛經》八十一部，闡揚一乘圓教。」道教太一宗，亦有《元始天尊說藥王救八十一難真經》乙書。明・吳承恩《西遊記》：「唐僧必歷九九八十一難，方可取得真經。」簡書所知，一併參考！若以當今《姓名學》而言，眾說紛紜，莫衷一是。綜有：《八字派》、《生肖派》、《格局派》、《六神派》、《九宮派》、《筆劃派》、《天運派》、《三才派》、……。有賢者評之曰：「外道猖獗，胡言無依；末流雜技，糊口討乞。」吾人觀靜中國文學，實淵深博大，語其深，則源泉如淵；語其廣，則浩翰無涯；語其久，則悠久無疆；語其長，則迴無邊際；語其遠，則無遠弗屆。《姓名學》之真傳，得相於《說文解字》之妙，上探宇宙奧秘，下窮人事百端。應乎天理，順乎人情，內而存於心，外而發於言，方成千古文華，然此非一般《姓名學》方家所能望其項背也。家師 應崇樸，有云：「言而無文，行之難遠。」余撰五絕成詩，實披肝瀝膽，探賾究微，非今俗客之戲論，願以雲仙閣廖帥，互勉勖焉，元亨利貞（三稱）！

《汝南堂‧周易》六十四卦賦卡之利便

　　然！隨著世代演變，工商社會之繁忙，又現代人講求速度，諸凡所使用之方法或工具，亦需跟隨時代有所調整，以符合因時制宜，因地制宜；從上引述，關於卜筮之法，自始傳今有大衍之數、梅花數、撲著、銅錢卦、米卦等，觀所使用之方式，若遇事疑竇有事須占卜，則必先覓得學有專精之士為汝卜卦，並依所取用之卜筮工具弗同，從洽談、抽卦、演繹、解卦，故耗費時間約略三十分至一小時不等，支付諮詢問事之費用亦弗盡相同。惟拙著《汝南堂‧周易》六十四卦啟示賦卡《詩箋白話註解全集》（一）、（二），乃將《易》理之精華，逐一將每一卦之卦義、卦象、爻辭，及顯現之吉、凶、悔、吝，提綱挈領，梳理成卦卡。僅於卜卦問事時，依循虔誠念誦「卜筮」祝禱文，當下抽出得知第某卦，再對照〈詩箋白話註解全集〉（一）、（二）交叉閱讀卦義，即可為心中之惑，指引方向，啟發內在之智慧，裨益行事有定見。故而，使用六十四卦啟示賦卡〈詩箋白話註解全集〉之功用有：

1. 對於事件不便對外說明，可保有個人隱私，或避免牽制於時間、地點，以及節省諮詢費用。

2. 使用簡單，人人皆可上手使用卦卡，毋須非得專研數年之功夫，才能占卜。

3. 須占卜時，更加自由與彈性，無時無刻，任何內心所需要，即可為己身卜卦。

4. 助益得以安頓身心，降低內心茫然無頭緒，行事猶豫不決，當機不斷，反受其亂，有損生命能量。

5. 除了幫助本身解疑外，亦能為家人或親朋好友服務，指點迷津，點然他人內在希望與光明，利己利人，廣結善緣。

6. 裨益掌握行事之適當時機，何時該止，什麼時候宜行動，立身行己，遊刃有餘；處世能勝任愉快，從容不迫，利有攸往，元亨利貞！

十一、《周易》閱讀玄妙之益

夫《周易》者，乃為乙部治世之寶。唐朝宰相，虞世南：「不讀《易》，不可為將相。」唐朝藥王，孫思邈：「不知《易》，無以為大醫。」日本天王・明治睦仁：「不知《易》者，不得入閣。」承蒙亮師傳授，亦云：「人稟陰陽，卦分先後，達時務者，近取諸身，遠取諸物，觀物理者，靜則乎天地，動則乎天，夫萬物有數，《易》數無窮，動靜可知，不出於玄天之外，吉凶必見。見吉兆而百事亨通，逢凶識而諸事阻滯，若求財問利詢婚姻，須憑《易》卦契機以言也。」

旋而，《周易通鑑》，載曰：「天地間萬物萬態，人事萬殊，聖人心思之所得也哉？吾輩俗者，可識聖理乎？是故：『變化云為，吉事有祥，象事知器，占事知來。』以及：『能知幽明之故，死生之說鬼神之情，居則觀其象而玩其辭，動則觀其變而玩其占，遂暗孚於上由之言矣！』」

爰以，《周易》乃千古之寶典，先賢智慧結晶之成果，學習可令讀者吸收知識，增益明瞭自身之處境，去我執，降低得失心，以平常心面對；知勢、知機，居安思危，未雨綢繆，趨吉避凶，招福納祥。東周・李耳《道德經・第五八章》：「禍兮福之所倚，福兮禍之所伏。」惟修身涵養品德，乃个人之道德根基，故而凡事之禍或福，可經由研讀《周易》之事理，俾使注意己身之起心動念，助於意識寬闊；明白天下萬物，乃因緣和合，各有其物理，以鞭策行事考慮周詳，小心謹慎，盡人事守份，順其因緣，聽天命，去我執與偏見，持修平常心，無論順或逆，咸能寬心以應之，助行事利有攸往。

《周易・繫辭・上傳》：「物以類聚，人以群分。」《周易・乾卦・文言》：「雲從龍，風從虎；同心相應，同氣相求者哉！」係指个體、家庭、人際、社會群體關係連結，依據屬性，親近相契，互相投合；研讀經典能化性，改變氣質，建立人際關係與自己頻率較為相近者；亦就思想、行為，處世作風及喜好之興趣，物以類聚，同頻共震。例如：愛讀書，喜助人，或守信誠實者，自然而然相吸，結交成為良友，提高氣場能量，遠離小人之擾矣！

　　復次，所謂：「旁觀者審，當局者迷。」人之一生，面對世俗之人事變動，難免有高低起伏，順或逆之際，若逢能量低點，思維較負面，加上人之資質，亦有賢良、聰敏、愚鈍之分。乏善處世往來之應對，承受俗事之考驗或困頓，心智濛昧不清，意識能量低迷；無定見抑是智慧，是非弗明，道聽塗說，未能有真知灼見，故易以犯下過錯外，嚴重者造成人事之遺憾乎！惟《周易‧繫辭‧下傳》：「子曰：『君子安其身，而後動；易其心，而後語；定其交，而後求。君子脩此三者，故全也。』」

　　蓋探究《周易》修持之功，《周易‧繫辭‧下傳》：「子曰：『知幾其神乎！君子上交不諂，下交不瀆，其知幾乎！幾者動之微，吉之先見者也。君子見幾而作，不俟終日。《易》曰：「介于石，不終日，貞吉。」介如石焉，寧用終日，斷可識矣！君子知微知彰，知柔知剛，萬夫之望。』」係指覩事情萌發前細微之跡象，預知其變化，方能與神道相符。南朝‧梁‧簡文帝《南郊頌》：「臣聞惟天為大，聖人敬其德，知幾其神，聖人契其道。」

　　〈繫辭‧上傳〉：「《易》，無思也，無為也，寂然不動，感而遂通天下之故。非天下之至神，其孰能與於此。夫《易》，聖人之所以極深而研幾也。唯深也，故能通天下之志；唯幾也，故能成天下之務；唯神也，故不疾而速，不行而至。子曰：『《易》有聖人之道四焉者，此之謂也。』」故而培養知幾（細微）觀照之能力，察覺萌生心念與事件之生發，稍有端倪，有過即時制止，得以改毛病、去脾氣。同時分辨行事之優劣，推尋事物之本末終始，調整修正行為，令禍患消弭於無形，自然能趨吉避凶。唯學道之人先習無大過，進一步，連小過亦逐漸摒去；常人一舉一動或多或少，咸有犯過，倘使自覺功夫一旦養成，知覺惡念一生起，即刻給予制止，久而久之，將可減少犯錯，遠離災禍。

　　再則，研讀《周易》之益處，宛如身邊照顧之長輩、有德者在旁，能成為生命心靈之導師，指引方向，趨向光明，故而上等智力之人學《周易》，增益習「形而上學」之智。其「形而上者，謂之道；形而下者，謂之器」。係指無思、無為、寂然不動，此解釋不變之理體。《周易‧文言》，載云：「積善之家，必有餘慶；積不善之家，

必有餘殃。」所以，真正運命者，修身養性，研幾探賾《周易》經典，能從每一卦之卦象、卦理、卦爻、卦辭、卦意，啟發人生之智慧，提高自覺與慧命，返觀自照，存正思惟，乃命由自己造，德由己身積；經由清楚知己之狀態，以識處境困窘或通達，避免有懊悔抑是嗣後有遺珠之憾哉！

唯真正之運命者，機運與命運掌握於己，清楚洞悉人生處世動向之方針，裨益正確了解自己，待人知進退，心胸豁達；或深入熟讀玩味，亦能百利而無一害。假如行有餘力，多佈施行善，適時給予與人方便，啟發內心光明與希望，自己先成為別人之貴人，有朝一日，別人亦成為生命扶助之人。亮師玄魁子，亦云；「命運原在您手中，何須歷歷問塞翁？若要真知命如何？須知吉凶本前咎，無人可左，無人可右；知命無憂以樂天，盡性無妄以達命。」靜思箴言嘉語，實乃暮鼓晨鐘。

《周易‧繫辭‧上傳》：「在天成象，在地成形，變化見矣！」然則，如何將研習《周易》聖人之學，啟發人生智慧，活用於平常，承蒙 亮師教導：「讀《羲經》時，貴在行經。」以及：「從生活化之角度，必洞徹《周易》哲理妙諦，乃無所弗在。」說明如下：

一者：從生命觀以探賾，六十四卦之內涵、精神與當代活用。

二者：審視《易經》心性及革命之啟迪，讓學術透過生命經驗重新呈現。

三者：生活之旁觀切入《周易》，討論人生，印證《易經》之人間萬事。

四者：《周易》之陰陽兩儀，僅一明一暗之幻影。若欲看破此幻影，則能打破時空假相，而歸於形而上之理體，我輩死生周流之問題自然解決也。

五者：培養先見之明之判斷力，具備：「潦雨者，莫如農；知水草者，莫如馬；知寒暑者，莫如蟲；論掌者，莫若我；知易《者》，莫若君。」功力始臻，迷津可指。

六者：《周易‧繫辭‧下傳》：「古者，包犧氏之王天下也。仰則

觀象於天，俯則觀法於地，觀鳥獸之文，與地之宜，近取諸身，遠取諸物。於是始作八卦，以通神明之德，以類萬物之情。」其經典之作，廣大悉備，乃仁者見之謂之：「仁。」智者見之，謂之：「智。」且緊扣日常生活之干係，息息相通。

夫如何延伸靈活運用，《周易》之卦理，依循舉止、形狀，咸有表徵與結果，遠者，觀萬事萬物之態，天文、地理之象，近者，呼應人之良窳，个性與生命狀態，身體之症狀徵候，致使未雨綢繆，防患於未然。故舉數則例證，以供讀者探索、參酌，《周易》經典聖者之學，乃奇奧廣大，舉世無比，著實妙不可言，端看世人如何應用焉！則如〈繫辭・下傳〉：「因貳以濟民行，以明失得之報。」

遠取諸物－神龍示現

吳慕亮掌鏡攝於 2004 年天運甲申（民國 93 年）元月 16 日甲午吉旦，申時 5 刻 9 分 18 秒，年關將屆前夕。余攜眷返高拜年，闔家御車南下，途經「西螺休息站」前方，攝得神龍騰空顯瑞象照片，始知龍非海市蜃樓之傳耳！

唐・李嶠題《龍》

銜燭耀幽都，含章擬鳳雛，西秦飲渭水，東洛薦河圖；
帶火移星陸，升雲出鼎湖，希逢聖人步，庭闕正晨趨。

遠取諸物－雲端鱗精

高邑・司德迪賽機械有限公司之王明總經理，攜大陸知己摯友，觀賞淡水夕陽之美。斯時，惠風和暢，天地清明，由鄭意錡女史掌鏡，巧攝神龍于 2009 年歲次己丑，12 月 5 日申時四刻（下午 4 點 09 分 56 秒），台北觀音山麓之北岸。

唐・貫休法師

益友相隨奮自強，趨庭問禮日昭彰，
袍新宮錦千人目，馬駿桃花一巷香。
偏愛曾顏終必及，或如韓白亦無妨，
八龍三虎森如也，萬古千秋瑞聖唐。

遠取諸物－觀音駕雲

2011 年歲次辛卯 4 月 20 申時六刻，黃來鎰教授提供，
陳博彰先生攝於高邑內門「紫竹寺」廟脊之虛空。

佛弟子 吳慕亮沐手敬題
觀音大士現金身，廟宇雲端彩絢神；
瑞露甘霖三界灑，慈悲普濟拯群倫。

2019 年 10 月 16 日卯時七刻七分‧晨朝敝廬虛空雲氣結成鳳凰翔集

讚天象玄微　吳慕亮敬題
虛空瑞兆鳳凰翔，五術宣弘聖道彰，
傲骨千秋崇子美，丹心一片效天祥；
遵循禮法靈犀感，恪守繩規本體張，
牖戶題詩編命譜，傳承立說典書藏。

2019 年 11 月 21 日卯時七刻‧觀鳳凰颱風眼酷似神龍之形以記

　　　　觀星象圖表　吳慕亮敬題
　　雲龍霧駕顯英姿，普降甘霖應四時；
　　準鼻豐隆神采逸，鳳凰靜待欲奔馳。

2020 年 6 月 29 日申時二刻‧嘉義觀音石山虛空仙船以賦

　　　　林忠柚掌鏡　吳慕亮偶題
　　溽暑鄉居鳥語柔，竹籬茅舍近清流，
　　薰風拂掠詩書潤，爽氣頻生草木幽；
　　喜賞榴花紅灼灼，欣看稻浪綠油油，
　　仙船顯跡穹蒼妙，廣駕慈航法海舟。

2020 年 11 月 29 日酉時二刻‧遊霧峰林家花園景薰樓見彩雲

飛龍逐神犬　吳慕亮敬題
變幻風雲瑞象先，龍尊九五慶祥綿；
仰觀羹獻盧空至，喜兆登臨出達賢。

2020 年 12 月 31 日午時三刻．新竹城隍廟盧空偶攝雷公以記

庚子歲末攝　吳慕亮敬題
雷名震子演封神，感遇姬昌護鳳麟；
青靛五官仙杏食：遨翔兩翅妙傳眞。

2021 年 3 月 31 日酉時五刻．澎湖和田酒店盧空偶見金龍以賦

飛龍在天賦　吳慕亮敬題

四靈爲首史揚名，天宇龍飛萬里程；
亦願從雲能解旱，甘霖普降濟群生。

2021 年 12 月 25 日未時一刻・北埔慈天宮盧空凝結貴賓犬

聖誕節感賦　吳慕亮敬題

辛丑牯牛感路蹊，桃符迫近換新題，
寒霜歷盡年關屆，世道澆漓幻夢迷；
風虎雲龍難得志，城狐社鼠竟陞梯，
貴賓騰躍春將至，庶衆安康太皓稽。

2022 年元月 26 日未時七刻・台北松山機場盧空鷹揚鳳翩

神鷹賀新歲　吳慕亮敬題
一片雄姿白錦毛，高飛展翅見秋毫；
金眸爍彩明如電，示現雲端賀歲曹。

2022 年 3 月 17 日申時六刻‧蘇澳服務區虛空偶見聖誕老人

佛說不思議　吳慕亮敬題
尼古拉斯顯碧空，奇觀蔚薈感初衷；
檀施積善行方便，寬以待人處事融。

2022 年 8 月 6 日戌時良辰‧佛光山惠中寺虛空顯鳳凰

誦梁皇寶懺　　吳慕亮敬題
殿宇巍峨讚偉功，惠中僧寺禮蒼穹，
祥雲鳳駕祥光煥，瑞靄龍樓瑞氣融；
孝養誠明開法會，徽音喜悅佛恩崇，
吾曹默禱吟何事，疫癘災情盡掃空。

2022年8月19日巳時七刻・往台中途經埤豐橋掌鏡以攝

（右邊佛像圖源自網路）

南海古佛像　　吳慕亮敬題
假日欣逢出遠門，觀音聖者法緣尊，
慈眉善目黔黎仰，瑞靄祥光德潤溫；
國泰民安蓬島佑，莊嚴妙相感慈恩，
逍遙自在虛空現，疫癘潛消遁跡奔。

　玄魁子按：觀世音菩薩之形象，南北朝咸依經典作男子，唐以後常作女相，乃佛教中最受崇拜之菩薩。今與賢婿蔡介偉闔家遊台中新社薰衣草森林，偶攝聊以記焉！

2022 年 11 月 1 日申時四刻・馬可先生麵包坊虛空偶見以攝

日本狐狸犬　吳慕亮敬題
晨昏防禦守門專，擺尾搖頭跳躍纏；
身著白袍忠義膽，吠聲梟賊畏遭愆。

2022 年 11 月 3 日午時二刻‧月世界檸檬桉樹人面虎身像

壬寅應天運　吳慕亮敬題
神樹妙觀造物精，環湖隱處我曹驚；
虎姿威武人稱嘖，不愧稱王壯盛名。

2022 年 11 月 3 日未時四刻‧旗山車站濟公活佛顯虛空

因緣感殊勝　吳慕亮敬題
雲痕變滅一興亡，攝影當前法像莊；
立馬旗山高處望，禪師濟佛啓賢良。

《近取諸身‧感應道交》

2017 年 5 月 30 日良辰，雲南香格里拉大峽谷「菩提佛手」

吳慕亮掌鏡　玄魁子敬題
神工鬼斧感玄微，佛手成形入石圍；
有道菩提難得覓，爾今親覿樹奇稀。

2020 年元月 19 日未時二刻‧遊司馬庫斯俯察地象偶見以攝

隆中 吳慕亮掌鏡　汝南 廖英琪敬題
飛流瀑布躍文魚，蓄養靈泉利祿渠；
司馬肥腴豐茂樹，民熙物阜覽森椐。

隆中 吳慕亮掌鏡　汝南 周倩琳敬題
白瀑清潭覘水澄，冬陽透亮似寒冰；
天工巧奪相輝映，鯉躍龍門撼戚朋。

2020 年元月 19 日未時三刻‧遊司馬庫斯巧　樹根成蛇以攝

隆中 吳慕亮掌鏡　汝南 廖英琪敬題
泰雅山胞部落存，蛇盤黛樹蟄株根；
春雷蛻化重生啓，蜷曲蛟龍甲足痕。

2020 年元月 19 日未時五刻‧遊司馬庫斯復見老樹根成蟒以攝

隆中 吳慕亮掌鏡　汝南 廖英琪敬題
煉性犛蛇露角頭，存身尺蠖屈伸簹；
情腸嗜慾傳魔力，龍舉乘時起貴侯。

2020 年元月 19 日申時二刻·遊司馬庫斯審視神木驚見神龜

隆中 吳慕亮掌鏡　汝南 廖英琪敬題
拔地參天巨木追，精華日月納神龜；
山城鎮寶衡磁極，藹瑞安瀾祚域碑。

2020 年元月 19 日申時三刻·闔家山遊司馬庫斯巨木區忽覷靈貓

隆中 吳慕亮掌鏡　汝南 廖英琪敬題
巨木靈貓隱踞觀，乘涼樹蔭洞門蟠；
風吹草動偵機躍，眼耳精明虎步般。

2020 年元月 19 日申時七刻・遊司馬庫斯仰觀天象時見神犬

隆中 吳慕亮掌鏡　汝南 廖英琪敬題

祥雲變幻白龍飛，守護無邊報福扉；
巧犬奔馳追貫日，天涯海角傍偎歸。

2020 年 3 月 27 日卯時五刻・運動步至民富饗宮見麻黃樹皮

吳慕亮掌鏡以攝　汝南廖英琪敬題

浮奢踐履自然咆，武漢瘟神鬼魅軂；
鼠竄狐逃惶體滅，歸眞返璞療元胞。

2020 年 4 月 9 日辰時二刻・民富後門大葉按樹皮成鬼臉以賦

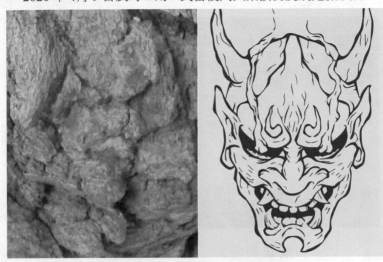

日本鬼面具　吳慕亮敬題

東瀛謔劇鬼魂顏，藝術精華出戲班；
表演歡娛欽古意，咸宜老少悅悠閒。

2020 年 4 月 15 日申時四刻・新竹延平公園鳳凰樹皮呈現和服孩童

東瀛小神童　吳慕亮敬題

男童和服展莊嚴，清析五官點慧恬；
口袋方形藏寶籙，文章滿腹學江淹。

2020 年 4 月 18 日申時五刻‧觀民富饔宮後門木麻黃樹似綿羊首以賦

讚蘇武牧羊　吳慕亮敬題

種類稱山亦號綿，羊知跪乳孝猶傳；

子卿勤牧情難忘，願伴孤臣北海邊。

2020 年 4 月 21 日申時二刻‧新竹西門饔宮圍牆旁黑板樹瘤以誌

左圖：黑板樹猴子，吳慕亮掌鏡攝；右圖：石雕刻猴子，玄魁居士收藏。

神猴嬉戲賦　吳慕亮敬題

黑板瘤魁樹巧逢，穿雲跳澗獨情鍾；

攀林摘果渾閒事，恨煞農叮感動容。

2020年5月26日申時二刻‧新竹西門囍宮圍牆旁黑板樹根以賦

清純美少女　吳慕亮敬題

女首蛇蜒出洞窺，弓形守候仰無危；
曲身爬走何人識，如蟒樹神應畫眉。

2020年5月28日申時三刻‧觀西門囍宮圍牆大葉按以賦

洞深難以測　吳慕亮敬題

金剛怒目渡群生，降伏頑強暮鼓情；
洞口如魚增妙慧，觀機逗教悟無明。

2020年5月31日巳時三刻・右舍芳鄰蘇老闆波蘿蜜樹皮以書

西方女神仙　吳慕亮敬題

巫婆俏像樹成皮，弄鬼裝神巧舌奇；

禱告祈求驅病厄，何如藥石頌神醫。

2020年6月30日卯時三刻・民富圍牆百年白千層樹皮法像

（右圖源自台灣學佛網）

欣逢因緣聚　吳慕亮敬題

寒山谿達雅操眞，百卷詩章筆墨神；

詠物玄盧揚釋教，國清山寺遁囂塵。

2020 年 11 月 29 日未時四刻・澹寧書軒壁爐飛鳳朝陽以賦

黃家呈瑞象　吳慕亮敬題
飛鳳火神展翼翔，人間照耀澹寧光；
風城雅客嚐乾麵，白缽音符角羽商。

靜觀自得・奇徵瑞相，佳照植入，咸得允諾。

潭邑三玄逸士左肩之胎記

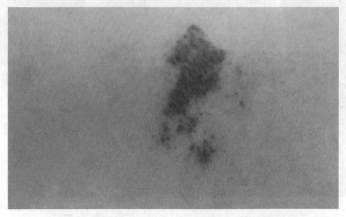

身擔五術傳承命　隆中吳慕亮敬題
胎記肩膚白雪光，靈犬酷似守時良；
華山德業遵行脈，尋師學藝滿腹芳。

嘉義御嶺茶園游金泉主人

陰陽雙眉毛　　吳慕亮敬題

雙眉黑白兩道舒，御嶺栽茶樂自如；
雀舌龍團咸極品，生風兩液有誰知。

前台大醫院楊思標院長 100 歲瑞相

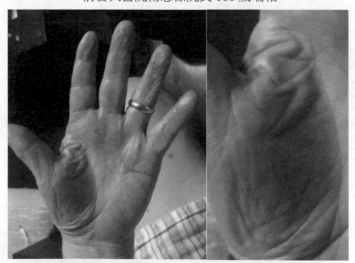

積善之家有餘慶　　隆中吳慕亮敬題

道貌仙翁濟世間，仁醫百歲順慈顏；
胸腔闊奧傳承繼，桃李盈門震宇寰。

玄魁按：思標表哥，係吾親戚，楊家祖塋進塔事宜，咸由我擬撰疏表，主持辦理也。

中國安陽周易學院—王文亮教授之壽眉

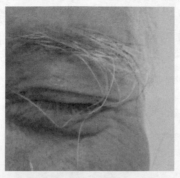

隆中 吳慕亮掌鏡　汝南 廖英琪敬題

八彩堯眉異相哉，仁聲上智遍三臺；
雕章慧目安陽掞，載道羲皇亮蓬萊。

台北市英文專家—陳淑萍老師玉手

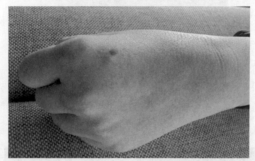

隆中 吳慕亮掌鏡　汝南 廖英琪敬題

素手尊拳蘊智珠，精勤在握服疇圖；
英文語次隨方就，逐事諸凡勝券符。

台北歐宏暉先生—福耳當前殊佳相

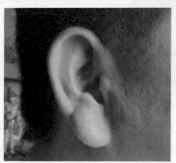

隆中 吳慕亮掌鏡　汝南 廖英琪敬題

福耳豐隆百壽延，驪珠玉潤貴尊仙；
慈心奉義昌門祚，祿相無虞暇逸天。

台中陶瓷書畫專家－袁芳瓊耳毛蘊才藝

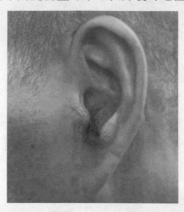

隆中 吳慕亮掌鏡　汝南 廖英琪敬題

下耳毛如卓筆椽，陶瓷刻畫健雄編；
丹青妙手攲遒勁，入聖超凡邃藝玄。

臺中后里善士－洪彬倩神足痣

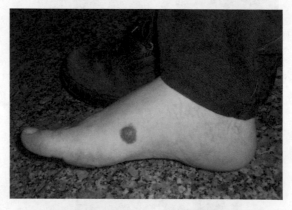

隆中 吳慕亮掌鏡　汝南 廖英琪敬題

足痣威權統五方，研科首腦技優長；
中孚實地留侯爵，績效佳評似有皇。

美商百特醫療器材—臺灣陳芳哲總經理

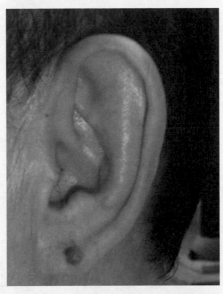

隆中 吳慕亮掌鏡　汝南 廖英琪敬題

耳痣垂珠穎悟聰，聆聽注目腦筋通；
澄思慧眼塵寰徹，三昧般舟五蘊空。

觀元然法師（賴錦勝）神闕偶賦

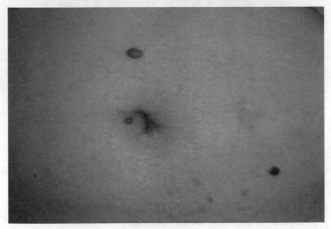

風城 玄魁子掌鏡　隆中 吳慕亮敬題

三星拱月建奇功，腹起硃砂偉業豐；
禮佛參禪存主敬，神交感應得明聰。

苗栗縣頭份許家賢一貫道壇主

持齋禮佛卅於載　汝南廖英琪敬題
雙眉左處顧力誠，奉獻承擔渡庶明；
昆仲乏幫除痣暢，春風美意鶴齡榮。

臺灣易經發展研究院王工文院長

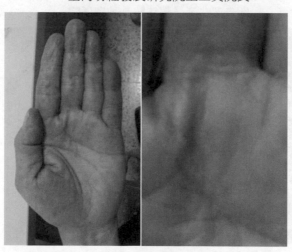

生命線見輔助紋　隆中吳慕亮敬題
癌症三環襲體安，康紋兩線見倪端；
襟懷跌宕呈天命，立說傳經對岸歡。

玄魁按：中指下方示現慈眉善目之南極仙翁，雖有三類癌症臨身，竟可安然無恙，道祖加被，諸神護持，福星高照，故云。

新竹市民富里百歲姥姥陳楊對女史

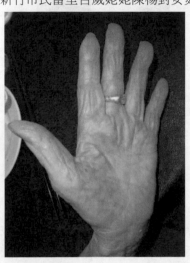

九九重陽節歡聚　隆中吳慕亮敬題
松柏長青百歲娘，三魚特向入明堂；
生命紋長增壽考，延齡彩悅健安良。

中華兩岸周易導師黃來鎰教授

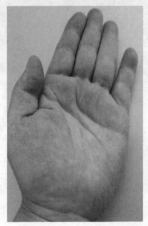

金星丘寬敞色潤　隆中吳慕亮敬題
龍馬精神舉世尊，神臺兩岸醒民魂；
弘揚弗畏風兼雨，易學長傳德惠存。

桃園《孔明大易神數》作者妙掌

讚鮮于文柱仁兄　隆中吳慕亮敬題
金星氣勢展神功，落紙如飛學派崇；
妙筆生花遒麗藻，等身著作譽聲隆。

風城玄魁居士左手「鶴首」掌紋

先師—郭傳馨夫子睨我「雙鶴筆筒」，初弗解其意，嗣後方知妙諦！

隆中 吳慕亮遣懷
閒雲野鶴悟機玄，翼展遨翔應妙篇；
指掌乾坤成絕句，薪傳郭老述眞詮。

中華易學教育研究院協會創會院長妙掌

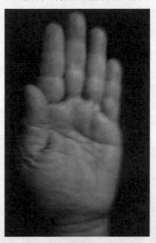

詩讚洪院長富連　隆中吳慕亮敬題
鴨頭捷足定方鍼，兩岸悠遊見識深；
運幄帷籌弘易學，群英伏服萬人欽。

玄魁按：北宋・蘇軾《惠崇春江晚景》：「竹外桃花三兩枝，春江水暖鴨先知。」

中國五術教育協會第六屆理事長奇掌

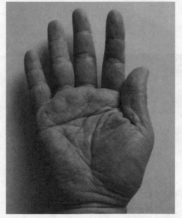

禮讚詹公順榮詩　隆中吳慕亮敬題
通貫星紋十字中，靈眼審視佈虛空；
朝迎近案龍蟠穴，生基造葬啓明聰。

玄魁按：斷掌別稱，通貫手故云。木星丘下有「地理眼睛」呈現，弗畏魍魎魑魅
之沖煞。

門生脊康手醫陳星韶博士異掌

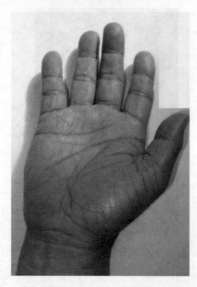

全臺整脊大國手　隆中吳慕亮敬題
寶劍分明巧手身，人紋女字亦奇珍；
聞聲救苦慈悲願，頌德歌功益庶民。

金世豐木業包裝公司王賢三董事長

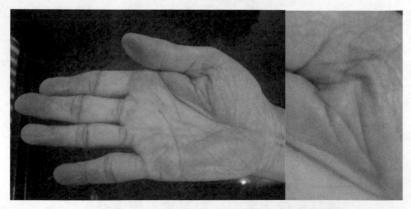

金蘭摯交好兄弟　隆中吳慕亮敬題
漁家斗笠似姜公，處事言談族戚融；
論述精湛群眾悅，人情世故喜春風。

台中市大石里人瑞 105 歲韓儒珍耆宿壽相
（南極星輝，松鶴長春，慈照引述，中央社記者郝雪卿攝）。

恭讚儒珍公　吳慕亮敬題

百五韓公壽算長，慈眉善目集千祥，
旁無俗子同居巷，中有臞仙一瓣香：
彩鳳鴻飛身骨健，雲龍繞屋祝無疆，
南星極曜承天慶，喜看忠華樂未央。

《近取諸身 · 神闕玄微》

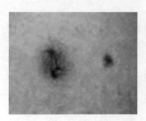　　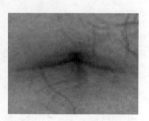

（圖一）家師黃宏介　　（圖二）許傑龍先生　　（圖三）劉天祿仁兄

玄魁按：太原 · 郭傳馨夫子，授曰：「臍大而深，超群出眾之士；臍凸而小，庸夫俗子之徒。臍如「象眼」，持齋禮佛之輩；臍似「閉目」，參禪練功之人。」蓋臍如象眼，世間必罕見！獨我門生，何海境之子許傑龍有之（圖二，懷孕時胎裡素，迄今結婚生子）；以及門下士劉天祿仁兄有之（圖三，傳授靜坐吐納及太極拳功法），印證無訛。睜閉對照，陰陽妙機，千中能尋一，應驗弗誣矣！

復云:「神闕見彎月,詩書滿腹冠群雄;氣舍(神闕穴之別名)
覷隙縫,不學無術虛其位。」若經統計三十載,辛卯(民國100年)
肇春,實事求是,始覷家師-黃宏介夫子示現,渾然天成之妙。惟旁
增乙痣,孤星伴明月(圖一,令攸先別,難以終老),傳道兼授詩,
蓬島擊鉢遊。其妙筆生花,斐然成章,大豁襟抱,洞歸正理;披褐懷
玉,如躋明堂,胸中樓閣,四通八達。《雙花豔吟草》乙書(南投縣
政府文化局編印),更是膾炙人口,堪稱珠玉之作,家弦戶誦之寶。

孔子眼　　　　　　　十字紋

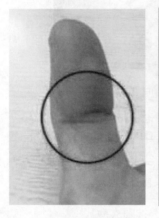 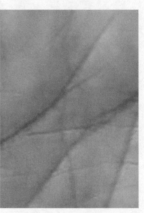

玄魁授英琪女棣,觀「孔子眼」(左上圖)及「十字紋」(右
上圖):其于大拇指之指節間形成眼形之孔子眼,此人殫見洽聞,識
達古今,藏書萬卷,勤奮弗怠,惟有道行之真才實學者始能降服,其
讀書咸能學以致用。若再加上掌中復見十字紋(感情線及智慧線正中
間即是,若木星丘處,有十字紋,傳承聖學,著書立說,宏揚師門,
下右圖表),此者易與宗教、玄學、神學、五術(山、醫、命、卜、
相),頗具深厚之緣,遇得明師或良師之教誨,嗣歲必成一方之名士
也。

　　英琪按:玄魁子夙昔授之,若吾人掌中心、感情線及智慧線之
間出現「十字形」之紋,其稱:「神秘十字。」代表對神秘學(或隱
秘學、玄秘學(英語:Occult)乃指秘密之知識或超自然之知識,與

之相對之是以事實和可被測量之知識作為基礎的各種科學。包括：宗教、身、心、靈，五術哲學）有天份，頗具好奇心，或有潛藏之預知能力，若再加上尾指特長（超過無名指第三節），必屬神機妙算之高士！既往亮師授我，掌紋鑑別，有云：「掌中有十字紋，天賦才華可揚名。」

彰化彭俊理事長　　　　　　　風城梁拱宸老師

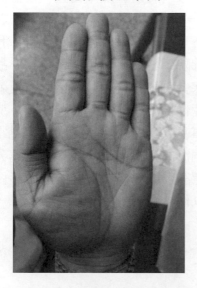 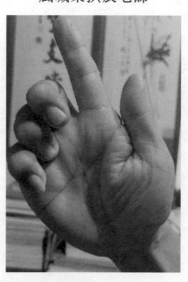

隆中　吳慕亮敬題（左圖掌紋）
俊哥左手掌中紋，叱吒風雲冠蓋群；
磊落光明鯤島頌，論文殯葬立功勳。

隆中　吳慕亮敬題（右圖掌紋）
木星十字決然知，善用人材集體施；
啜苦甜甘烹茗趣，春風雨化教雄雌。

　　時在2017年歲次丁酉3月13日巳時四刻，彰化縣五術教育協會－彭俊理事長辱臨風城河洛居，造訪老朽促膝暢談至午時一刻，始聚於儷舍餐廳，巧遇新竹古翫之收藏名家－何銓拔先輩，握手言歡，觀賞手機存檔內諸藝品，計有：宋代耀州窯龍泉青釉琮式瓶、天水琉璃舍

利塔、元代至治元寶、清宣統黃釉暗雲龍盤、綠松石之雕刻工藝品，文徵明工筆畫、高古玉牙璋、明清紅酸枝家具、《趙城金藏》古籍善本、古董白瓷、紫砂夔紋大碗、宜興紫砂壺，古幣、翡翠、寶玉、書法字帖，琳瑯滿目，不亦快哉！

　　復次，吾有私淑弟子（今已成延陵堂門下士），乃瑜珈高士－廖帥英琪於尺牘往返中，提起一貫道「金雞三唱」之事。幸吾於昔日操持辦道，追隨韓道長雨霖公左右，弘敷《周易》及中醫暨一貫儒宗，曾聞韓公言及第十七代祖師路祖中一，左手掌紋有「中」字，右掌有紋「一」字，傾聽疑寶重生，天下焉有此事乎？吾未親覩也。且奉命以堪輿之術點龍穴於「埔里天元佛院」日、月、星寶塔事宜，故能答之耳！是日，因彭俊理事長撥冗寒舍，餽我其親栽葡萄兩盒及就讀「南華大學生死系」論文壹冊。我倆懽悅於河洛居促膝暢懷時，適荊妻雅嵐奉上有機豆漿乙杯，彭俊理事長立身雙手合掌致謝，吾見掌紋有特殊瑞象，斗膽祈以拍照，竟然洞徹左手有「中」字，驚訝萬分！頓悟當年，韓道長之所言非虛言。路祖中一，清朝古人也：彭俊老師，民國今人也。一併臚列本篇，以作結論印證！

《雲仙閣 · 箚記疏》

　　家師 玄魁子授曰：「宇宙浩瀚，玄妙無窮；感應持論，遐哉莫通。當知：無極而生太極之妙，以蘊陰陽之理，漸苞四象及八卦，萬物生焉！」老子《道德經·第十四章》：「聽而不聞，謂之『希』；視而不見，謂之『夷』；搏而不得，謂之『微』。」《周易·繫辭·上傳》：「《易》無思也，無為也，寂然不動，感而遂通，天下之故。」《詩經·大雅·抑》：「神之格思，不可度思，矧可射思？」以及《大方廣佛華嚴經·八十卷》：「上覺無來處，去亦無所從。清淨妙色身，神力故顯現。」三教經典之言，咸感應道交之述！

十二、占卜《周易》生活應用案例

古來卜筮之道，上通神明，能從卦象能斷吉凶悔吝，進或退之節，隱抑是明之行，其義至精至微，理象深奧妙哉！北宋‧康節先生，主張：「不動不占，不因事不占。」承玄魁子亮師，教導：「問卜者，不誠不格；占卦者，妄斷不靈。誠如《中庸》所言：「至誠之道，可以前知。」故由然可知曉，「至誠至信」之心，為占卜靈驗之先決要件，若對聖典之學，存疑竇二心，乃「無誠無物」之功乎？故知：「善用《易》者，不必舉引言說。」復言：「老子明《易》之體，孟子明《易》之用。」無事不占（研習可卜），因時而應，占斷則妙。

旋以，主事者啟占（體），詰問之人、事、物成卦（用），配合發生之時（應時），主觀認知、客觀事件，以及隨機時間之成為占卜系統體系。當動念為某事占卦，應如何使用觀卦體，用於卜卦問事之中，裨益洞悉卦體、爻變之事理，增益知其事之因，曉事之果，心中有定見，明知行動之止或進，胸有成竹，了然於心！

筆者捃集，亮師傳授，以《梅花易數》之占卜方式為例，詳加說明如下：

蓋先天八卦數：〈乾〉一、〈兌〉二、〈離〉三、〈震〉四、〈巽〉五、〈坎〉六、〈艮〉七、〈坤〉八為定數，配合陰陽五行生剋之律，以後天八卦圖象詮釋解卦。蓋先天八卦乃定數，即是「體」；後天八卦應人事變化，引之「用」。起卦以八除，並分體用。起卦者之屬性：「體卦。」以所求之事狀：「用卦。」

爻以六除得變爻，變爻所在之卦，係動，反之則靜。故云：「靜者以體，動者即用。」又變爻陰陽屬性互換，就成變卦。以本卦所在之二、三、四爻，組成者下互卦，三、四、五爻組成上互卦。若本卦占得「〈乾〉為天」卦或「〈坤〉為地」卦者，則需以變卦之二、三、四爻，組成下互卦，三、四、五爻，組成上互卦。依陰陽五行生剋及後天八卦之數，以斷吉凶否泰，窮通榮枯也。

《梅花心易‧體用總訣》：「體用云者，如《易》卦具卜筮之道，則《易》卦為體，以卜筮用之，此所謂體用者；借體用二字，以寓動靜之卦，以分主客之兆，作為占例之準則也。大抵體用之說，體

卦是主，用卦則事，互卦乃事之中間，刻應變卦乃事之終。」凡卦象成列後，分主卦、互卦、變卦。

主卦：表事之初始。互卦：表事情進行之過程。變卦：則顯示占事最終之結果。主卦分體用，體卦：表示自己或起卦者，用卦表所求之人事物。並舉例卦圖以對照，爻之變化得以應用卜筮，參考如下：

一、主卦，以八卦數：

〈乾〉☰、〈兌〉☱、〈離〉☲、〈震〉☳、〈巽〉☴、

〈坎〉☵、〈艮〉☶、〈坤〉☷為主。

二、互卦：乃取本卦之二、三、四爻，組成為內卦；三、四、五爻，為外卦，組成上下互卦，例如：

離卦 ䷝ → 大過卦 ䷛

三、變卦：可依照占卜之時辰取數，作為變爻，例如卜卦時辰為上午九點，變爻數則是5（乃循十二地支之順序：子、丑、寅、卯、辰、巳、午、未、申、酉、戌、亥；辰時7—9，序位乃5數），若超過八數，則除以8，看餘數為何，得知變卦之數（陰爻變陽，陽爻變陰），故為〈同人〉卦。

離卦 ䷝ → 天火同人卦 ䷌

惟論體用兩卦，用生體，所占之事自成；體用比和亦吉，但體生用，則有耗損體之患，不宜。卦宜體剋用，表可主動掌控；但用剋體表被動，則不宜。茲將體、用、互、變與五行生剋關係結合，筆者整理如下：

一、體生我為大吉，所求之事可自成。

二、體用比和為吉，體用雙方努力，時機到時事可成。

三、體剋用為中等，體可主動掌控局勢，唯較費心力。

四、體生用為凶，體有耗損之患，事亦難成。

五、體剋我為大凶，所求事不成。

上、下卦五行屬性相同者，則稱：「比和卦。」其六十四卦中，有：〈乾〉、〈坎〉、〈艮〉、〈震〉、〈巽〉、〈離〉、〈坤〉、〈兌〉、〈履〉、〈夬〉、〈謙〉、〈剝〉、〈恆〉、〈益〉等卦。

互卦：以喻事情發展過程，首爻與上爻弗論，二、三、四爻表下互，其喻事情發展初期；三、四、五爻表上互，為事情發展後期。互卦亦分體之互與用之互，端視體於上卦或下卦。

體用卦之定，由變爻決定。變爻表變動，動者為用。故變于一、二、三爻，則下卦為用；若于四、五、六爻，則上卦為用。〈乾〉〈坤〉二卦，因六爻皆同，無互卦，故於《梅花易數》占法中，若占得〈乾〉、〈坤〉二卦為本卦者，弗以本卦排互卦，改以變卦排互卦。欲知所占之卦吉凶，成卦後端視《周易》〈爻辭〉之論，以古鑑今。由排卦過程中，按本卦、互卦、變卦，由事情發展初始至結果之順序，依卦象五行生剋旺衰原理論斷之矣！

假使當問事占卜時，抽出某卦，欲解卦之意，分別可從拙著《汝南堂·周易尚占》六十四卦啟示賦卡〈詩箋白話註解全集〉（一），卦象說明以詩箋主旨解說（時運、家庭、事業、情感、健康、修養）生命關係六大項。以及〈詩箋文言註解全集〉（二），增述解說卦體之主旨、詩箋要義，每卦籤詩「智珠在握」等，交叉查看以曉得某卦之象徵，指引內容。其解卦象之涵義，亦可從各方面角度解釋與應用，亦依當時應機，以定吉、凶、禍、福之機，連結本體與通神明之意識，靈動所啟發之指點；符合當事者內心召感之所需，達至隨機應變，因時制宜，賜予指引明路方向。故藉由玄魁子亮師，歷經近四十年寶貴經驗之談，列舉諸數例證，乃視案主所需，係个案釋疑解惑，指點迷津，引導人生方向，朝向光明路；且活用數字解卦，提供解決之方向或途徑，供讀者參酌，種種啟迪思維暨活用，四面玲瓏乎！

亮師授余卜卦契機大法

《周易·繫辭·下傳》：「《易》窮則變，變則通，通則久，是以：『自天祐之，吉无不利。』」是故：《易》者，象也。象也者，像也。象者，材也。爻也者，效天下之動者也，是故吉凶生而悔吝著也。」斯憑藉依此，進一步指導占卦爻之法，取當下契機應用，卜卦可活發玲瓏，亦能應機，非固定用占卜，如《梅花易數》，乃當下為機，以花卉、樹葉、枯葉，咸可用之也。舉例：個案詰問，若整排房子應選第幾間？亮師反問君於家中之排行，案主答老三。當下應機則選第三間，則機可相契。蓋三屬〈離〉卦，光明之象也。《序卦》：「離者，麗也。」

又盤詰於竹南，或頭份開業何者佳？亮師復詢訪巷中有人做此生意？答無人做小籠包。若開業地點選頭份可行，乃捷足先登，以步「頭」一「份」也。爾後，果然生意興隆，財源廣進而應接不暇矣！

次則，應用占卜之原則，以本體卦，觀事之開端；互卦，觀事之過程；變卦，觀事之結果。占卜人事物，方能示現，假藉因緣之弗同也。《易經》不動不占，不因事不占，起心動念始占之。若不準乃口語之說，缺乏悃誠之故也。

【玄魁子亮師，數字占卜、卦義、解卦】範例

⊙數字73，〈山火賁〉卦：內才不足，外才亮麗，表面春風人道好，心內憂苦無人知，勿朝三暮四，充實內在；亦婚姻表面維持，裝飾門面；注意心血管、眼睛、手之疾、肩膀，乃靈巧之手，保持弗斷充實自我。

⊙數字37，〈火山旅〉：舉動荊棘，居無定所，處理事務傷腦筋，循序漸進，可保平安。

⊙數字25，〈澤風大過〉卦：諸事三省吾身，避免犯錯；有病避拒醫之象。

⊙數字83，〈地火明夷〉卦：投資不宜，遇人弗淑，委屈有苦難言；注意胃病、心血管、高血壓及胃腸之疾。

⊙數字86，〈地水師〉卦：領導群生，振警迷頑，師之德性，立三不朽。

⊙數字67，〈水山蹇〉卦：隱喻艱難險阻，則反求諸己；同時亦明示貴人位于南方，忌往東北之行。

⊙數字48，〈雷地豫〉卦：當前之況，萬事循序漸進，春雷地奮，毋需急促，涵養克柔，培養定靜之功，等候良機至，可將一舉成名！」

⊙數字63，〈水火既濟〉卦：處世融合，孔明借東風，貴人相挺，打邦助道，共襄盛舉，以完成志業，故為〈既濟〉卦。

⊙數字14，〈天雷無妄〉卦：上頭（天為首）下腳（雷為足），身體之病症，反應於首不適，上下需調合。

⊙數字87，〈地山謙〉卦：防範注意肩膀，以及雙手之痠緊；待人處世須隨和，寬和以待。

⊙數字53，〈風火家人〉卦：顯現家中浮現問題，和氣生財，同心勠力，合力可安。

⊙數字23，〈澤火革〉卦：珍攝氣管、胸、肺之養，注意飲食上戒吃辣、熬夜；以及皮膚患過敏或心火旺，導致嘴破，免疫系統之失調！

⊙數字47，〈雷山小過〉卦：顯前程坎坷難行，奔波勞碌，修身養性，莫亂發脾氣，涵養靜觀自得；注意勿心急或焦慮，養成運動習慣，藥方調理保養。

⊙數字76，〈山水蒙〉卦：顯示前有阻礙，五衷患有恐懼，屢屢寄情山水花鳥之間，則可破蹇，培養如水之智慧暨膽量，窮究古今，旁徵博引，玲瓏之妙破解之，迎刃而解。

⊙數字74，〈山雷頤〉卦：藏有垂胸頓足，咬牙切齒之象也，主人與動物之緣盡，豁達待之。

⊙數字52，〈風澤中孚〉卦：事業誠信有利，戀愛守時為安；求財，信譽有帛。

⊙數字57，〈風山漸〉卦：乃85/8，餘數為上卦，87 /8，餘數為下卦；呈現逐時來運轉，榮華富貴集於一身。

⊙數字18，〈天地否〉卦：乃閉塞之象，可另解，死灰復然，先有傷痛，方能圓融，否極泰來。

⊙數字72，〈山澤損〉卦：即表喪失，血本無歸，若能先奉獻，雖損切身之利益，終可獲利之耳。。

⊙數字82，〈地澤臨〉卦：乃225/8，餘數為上卦，14/8，餘數為下卦；觀府內之人，溝通良善、敦厚，和悅暨溫順，則能家和萬事興。其〈臨〉卦·〈彖辭〉：「臨，剛浸而畏，說（悅）而順，剛中而應，大亨以正，天之道。」〈象傳〉，亦云：「君子以教思無窮，容保民無疆。」）

⊙數字6，即〈坎〉卦：乃1222/8，餘數為本卦；〈彖辭〉，載曰：「天險，不可升也；地險，山川丘陵也。」爻動取2，乃九二：「坎有險，求小得。」噫！卲！卲！卲！音儿 `，顯現〈坎〉卦成陷，號碼缺乏理想）

⊙數字83，〈地火明夷〉卦：西方為貴人之方，進退持中和，財運漸而寬舒，夫妻融洽情深。其「夷」之義乃剷草，得知務農即蹲在地上，長期下來，致使引發足之酸痛，病症顯於腳，對應腰骨。同時注意，謹言慎行，以和為貴，善護眼睛之攝養。

⊙數字17，〈天山遯〉卦：暫時隱退，乃韜光養晦，涵養修身，最佳時機；夫隱居時，通隱、棲隱。蓋何謂「通隱」？意謂：「隱居而性不固執也。」《世說新語·雅量》：「戴公從東出，劉孝標注引南朝·宋·王韶之《晉安帝紀》：『戴逵字安道……，性甚快暢，泰於娛生，好鼓琴，善屬文，尤樂游燕，多與高門風流者游，談者許其通隱。』」《梁書·處士傳·何點》：「點雖不入城府，而遨游人世，不簪不帶，或駕柴車，躡草屩，恣心所適，致醉而歸，士大夫多慕從之，時人號為『通隱』」。清·吳偉業《陳徵君西畬山祠》詩：「通隱居城市，風流白石仙。」北宋·晁補之《詩》；「禪門有通隱，喧寂共忘機。」

⊙數字62，〈水澤節〉卦：節字，形聲，從竹·即聲。本義：竹節，泛指草木枝幹間堅實結節之部分。《周易·說卦傳》：「其於木也，為堅多節。」唐·房玄齡《晉書·杜預傳》：「譬如破竹，數節之後，皆迎刃而解。」吾探〈水澤節〉：「節者，節制，調節，適可而止之意。」東漢·許慎《說文解字》：「節，竹約也。」節，原意為竹節，後引申關節、時節、節約、節制、調節、節儉等意義。〈雜卦傳〉：「節，止也。」《周易》：「中之節，即止之意，亦取節制義。」卦象，澤上有水，澤水溢滿而應當調節，故知節制之象，此告戒君子應適可而止。彷彿有人手中端著盛滿水之杯子，應保持讓杯子之水不滿出，惟應如何保持一個動態平衡，乃屬最難之題，其中藝術及三昧之功·則所謂節制之道也。卦德，悅以行險，吃苦當吃補，此亦處「節」意亨通之道。

⊙門牌數字327，32/8＝8，為〈坤〉卦，居上卦；7為〈艮〉卦，處下卦，取卦晁補地山謙〉；動第二爻，為〈地風升〉卦；〈謙〉，六二，鳴謙，貞吉。〈象〉曰：「鳴謙，貞吉，中心得也。」

⊙數字62，〈水澤節〉卦：勿好高騖遠，慎防關節四肢或腰腠背痛。

⊙數字17，〈天山遯〉卦：謙卑待人，充實自己；避開胡思亂想，充實切身，月下挑燈，注意首疾。適宜以退為進，反躬自省，平易謙沖，感情迴避，以免衝突；暮鼓晨鐘，隱居禮佛。

⊙數字84，〈地雷復〉卦：喜、怒、哀、樂，容易形於色，避免反覆，身體強化肝腎，或習養生，腳踏實地，莫好高騖遠。

⊙數字86，〈地水師〉卦：辦事無圓滿，循序漸進，心臟、腰或月經不調。

⊙數字76，〈山水蒙〉卦：凡事停、看、聽，以免損財、吃虧；多讀書，增智慧，注意耳鳴暨腰酸之症。

⊙數字54，〈風雷益〉卦：對自己能潤身，多多益善，積極肯定；注意肝腎，多補氣調血。

⊙數字24，〈澤雷隨〉卦：侍時而動，隨和、費盡口舌，勿生氣，應須心平氣和。

⊙地址為35巷6號：求動爻35+6=41/6餘5；舉例：〈火水未濟〉卦，動爻於5，六五：「貞吉，无悔，君子之光，有孚，吉。」故〈訟〉卦，詰問當事者，若無刑事或糾紛，氣弗寄此，訟則轉為安。

⊙數字42，〈雷澤歸妹〉卦，乃結婚卦，合作可共襄盛舉；指感情，亦是合夥，活潑玲瓏，貴人屬女性。次之，4+2=6，動初爻，雷，為木、肝，暈頭主眩，注意貧血或婦科之疾。唯問事，結婚之卦象，鍾馗嫁妹，則表常回娘家，事業貿易往返，服務業單方，合夥姓氏有木旁者。體自己也，用（別人）金，金剋木，我受影響，聽命於人，身不由己。

⊙數字58，〈風地觀〉卦：靜觀四方，以待貴人相助而成。

⊙門牌222號19-1：數字為31，〈火天大有〉卦；或午時抽卡為7，13/6=餘1，則為71〈山天大畜〉卦。

⊙數字21，〈澤天夬〉卦：乃心急求快速，有欠思考；靜觀自得，事緩則圓，否則難成。

⊙數字48，〈雷地豫〉：呈猶豫弗決，並覩薈字有枯相，難成；或用筆劃占卜，薈共17劃或19劃皆可，以當下判斷之。艸部筆劃為6，12/8=4，得卦〈水雷屯〉，顯困難之行。或是48，乃先見到之數字為主，則用某個數字，即是84〈地雷復〉。故占卜之卦數暨數字，以當下應機取之，勿受法所捆綁之耳！

⊙數字16，扣問事業暨財運，〈天水訟〉，弗可擔保，乃有糾紛，上法院之官司；注意弗順利，乃半年左右，綜卦〈地水師〉，互卦（英琪按：互卦，《易》學名詞。即重卦去初爻及第六爻，中間四爻相連互分作上下兩卦。比如雷風〈恆〉☳，上互為〈澤〉☱，下互為〈天〉☰，其互卦成澤天〈夬〉☱，上下交接，去初爻及六爻，週而復始之反覆。

⊙將看相、觀相、取相、論相之外應內合，詰問財之案例：數字43，〈雷火豐〉☳，見當下現機，舉頭，視對面銀行有人將錢領走，斷財漏虛之。數字18，〈天地否〉☰：卜時聽聞有電話響起，並說須領錢，外境又覩錢往銀行存之，此卦象則佳（亦否極泰來）。數字61，〈水天需〉☵，張盡琴（做飯糰），乃新竹開創首席飯糰販賣者（濟公活佛夢中傳授），亮師鐵口直斷素料合夥必虧損，且卦滾至大門前，謂之翻卦（崩盤）則倒，乃動至第三爻〈需〉卦九三，成〈水澤節〉☵，快則三个月收攤，果然應驗無訛也。復有數字56，卦取〈風水渙〉☴，詢問風水祖墳之事，竟然宗族寡合，終而成讖。

⊙觀四個數字5678，可選後者78之數，則成〈山地剝〉☶，或取前者56之號碼，卦成〈風水渙〉☴；變化之方，擇56數字為上〈坤〉卦，下78數字乃〈坎〉卦，則成〈地水師〉☷。亦能前者5+6=11/8，知〈離〉卦，7+8=15/8，下則〈艮〉卦，得曉〈火山旅〉☲卦。

＊備註：以上數字取卦法，乃擇後天八卦之序位取之：〈乾〉1、
〈兌〉2、〈離〉3、〈震〉4、〈巽〉5、〈坎〉6、〈艮〉7、
〈坤〉8（須熟記，方能應用）。

　　亮師之《周易通鑑》：「天地間萬物萬態，人事萬殊，聖人心
思之所得也哉？吾輩俗者，可識聖理乎？是故：『變化云為，吉事
有祥，象事知器，占事知來。』」以及：「能知幽明之故，死生之說
鬼神之情，居則觀其象而玩其辭，動則觀其變而玩其占，遂暗乎於上
由之言矣！」若卜筮時，無論上卦或下卦，則用心意，故卦乃包羅萬
象，變化無窮，起卦在當下，感應道交；年月日為上卦，時則下卦，
若於占卦時，先內卦復外卦，需應機活用，卦者死也，人者活也。
例如〈坎〉卦，投資弗宜，亦屬智慧、思維、聯想力豐富；應於北
方，上善若水，偏重思考，行動則緩，水假緩流則困，多停、看、
聽，否則陷之矣！再則亮師耳提面命，當下見機，亦可斷吉凶，應機
皆弗同，用心意以觀機、識機，悟機、知機、見機、隨機、轉機、神
機、……，法無定法，天機盎然，活潑玲瓏用之，則天君泰然，朗朗
乾坤。勸勉占卜之時，亦弗忘立德（陰騭）、立功（宣道）、立言
（著書）之抱負服務之。

　　旋以，《周易》占卜，乃天人互動之幾，在於真誠，卜卦致用
之功，盡於修為。陽主過去，陰主未來，即人本分，須先盡人事，人
事已盡，方可以聽天命。其卦象當作應時而生，順天應時，作為人事
行為之參考，須知以理性分析，並盡人之本分，才是做人之根本。惟
天地間，凡動靜，剛柔、貴賤、福禍、吉凶等現象，皆可區別類推，
分陰陽二元，而《易》含天地間一切不變之原理，故由《易》推斷既
往，預知未來焉！故此，古云；「蘿蔔青菜，人各所愛。」玄魁子亮
師進一步，口占賦曰：「萬法隨緣有教箋，名花綻放鳥蟲吟；昭彰事
物深思見，道本天成渾在心。」格外惠賜《周易》之吉祥十六卦，聯
曰：「漸晉咸升，臨豐履泰；師乾觀震，謙益恒頤。」筆者爰錄，元
亨利貞！

《汝南堂·周易尚占》專集

隆中 吳慕亮傳授
汝南 廖英琪箋註

《周易》上經 一至三十卦 註解

　　蓋上經由〈乾〉、〈坤〉開經，以「剛柔」之義，以喻其德。下經啟自〈咸〉、〈恆〉而始，以喻人倫。天地為萬物之本，男女交媾而成夫婦，亦人倫之始焉！故曰：「上經首〈乾〉，氣化之始，而曰品物流形；下經首〈咸〉，形化之始，而曰二氣感應。氣與形固，未嘗相離。上經首〈乾〉，〈彖傳〉言性；下經首〈咸〉，〈彖傳〉言情。」後學英琪學慚窺豹，德薄能鮮，謹將 家師吳慕亮傳授六十四卦卦體名解及詩箋要義，援筆牅前，註釋如後：

第一卦，乾爲天：下〈乾〉（☰）上〈乾〉（☰），
　　　代表天、陽等之義，天體之總稱。

◎〈卦象〉：「剛健自強，修德進業。」

《汝南堂‧周易尚占詩箋》

第一卦 ☰ 乾卦

萬物資始

天時迭（ㄉㄧㄝˊ）轉六龍乘，
保合乾元萬物興；
夕惕（ㄊㄧˋ）陽剛行四序，
南來北往任優騰。

隆中吳慕亮傳授　汝南廖英琪敬撰

　　吳師慕亮傳授卦體，**乾爲天**：〈乾〉者，健也。卦體上下皆〈乾〉，六爻純陽，以喻至剛至健。〈乾〉字，係天體之總稱，亦作「健」解。東漢‧許慎《說文解字》：「乾，上出也，從乙，乙，物之達也。」靜觀「健」字，蓋取其上達而為天之義。

　　乾，多音字辨析：乾，拼音：gān（音干），上平聲，十四寒韻，燥也。乾，拼音：qián，（音虔），下平聲，一先韻，俗作乹，形聲，從乙，倝聲（gàn），乙，象植物屈曲生長之意。八卦之首卦，北宋‧程頤《程氏易傳》：「以形體謂之天，以性情謂之乾。」

　　慕亮按：天體運行，晝夜四時，循環弗息，至健之象。〈乾〉卦

取象於天，何故不逕稱天卦？蓋〈乾〉象堅剛，乃天地之尊。健也，言天之體。以行健為用，聖人則之。欲使人法天之用，弗法天之體，故不名天而名乾。」慕亮考：宋、元、明、清，先儒敘述，天字，乃大氣之本體；〈乾〉字，天體運行之道。《易》學精奧玄微處，則演繹造化之準繩。其謂：「造化。」乃天生萬物之自然機能，故取象於天之卦，不稱：「天卦。」惟尊：「乾卦。」

英琪詩箋註釋：東漢·許慎《說文解字》：「龍，鱗蟲之長，能幽能明，能細能巨，能短能長。春分而登天，秋分而潛淵。」宋·徐鉉，〈注〉：「龍，象宛轉飛動之貌。」清·饒炯，〈注〉：「龍之為物，變化無端，說解因著其靈異如此，以能升天，神其物，而命之曰靈。」故「六龍」者：謂《周易》乾卦之六爻總稱。

英琪考之，「惕」ㄊㄧˋ。東漢·許慎《玉篇》：「惕，懼也。」及《說文解字》：「惕，敬也。」小心謹慎，隨時警覺之意。英琪復考，四序：春、夏、秋、冬四季。《魏書·卷107律曆志·上》：「然四序遞流，五行變易。」唐·王勃〈守歲序〉：「春秋冬夏，錯四序之涼炎。」

筆者繼考，〈乾〉，八卦之首卦。清·朱駿聲《說文通訓定聲》：「達於上者謂之乾，凡上達者莫若氣，天為積氣，故乾為天。」《周易，繫辭·下傳》：「乾，陽物也。」〈雜卦傳〉：「乾剛，坤柔。」〈說卦傳〉：「乾，天也，為圜、為君、為父、為玉、為金、為寒、為冰、為大赤、為良馬、為老馬、為瘠馬、為駁馬、為木果。」

🦋 題解〈乾〉卦籤詩，智珠在握～

淬勉君子立身行道，以效法宇宙，日月運轉有恆，循環不息之法則，仗恃剛健、奮發有為，昌明一切品物；勤勞弗懈怠，兢兢業業，實行於春秋冬夏之中，如此一來一往，則能勝任、奔馳於大江南北，無往不利！

＊國生字注音：
媾ㄍㄡˋ。窺ㄎㄨㄟ。炯ㄐㄩㄥˇ。

第二卦，坤爲地：下〈坤〉（☷）上（☷）〈坤〉，表陰、臣、母、妻，及和順之義！

◎〈卦象〉：「柔和容受，厚德載物。」

《汝南堂·周易尚占詩箋》

第二卦 ☷ 坤卦

萬物資生

坤儀載物應天迎，
德敏無疆品遍亨；
眾望依歸溫順範，
先迷後悟始飛擎（ㄑ一ㄥˊ）。

隴中吳慕亮傳授　汝南廖英琪敬撰

　　吳師慕亮傳授卦體，**坤爲地**：〈坤〉者，柔也。卦體上下皆〈坤〉，六爻純陰，以喻至柔至順。〈坤〉卦取象於地，東漢·許慎《說文解字》：「坤，地也，從土、從申，土位在申。」何以土位在申？蓋天屬〈乾〉陽之象，地屬〈坤〉陰之象，陰陽運轉，晝夜循環。陽明，以喻白晝；陰暗，以喻昏夜。子時黑暗已極，漸生光明之轉捩點；午時光明已極，漸變昏暗之轉捩點。古云：「陽生於子，陰起於午。」

　　從午至申，陰象漸長三時刻，坤為地，土乃地之實質，故以申為土位。蓋坤象勢，有溫順之德。勢者形勢、大勢，必隨順大眾趨向，

或主動或被動，合之正道，則能德合無疆，可以厚德載物矣！

蓋「坤」繁體，或異體字「堃」，拼音：kūn，上平聲，十三元韻。形聲，從土、申聲。本義：八卦之一，象徵地也。《左傳‧莊公二十二年》：「坤，土也。」《周易‧說卦》：「坤也者，地也。」《宋書‧樂志》：「山嶽河瀆，皆坤之靈。」

慕亮按：大地宏涵普載，為柔和容受之象。其配合天時以成育萬物，則隨順之象。〈坤〉卦之命名，其字義兼地之實質及性能而言，尤側重於性能處，故同〈乾〉卦一致，不稱：「地卦。」惟尊：「坤卦。」

英琪詩箋註釋：坤儀二字，東漢‧許慎《說文解字》：「坤儀，大地總稱。」《舊唐書‧卷三‧音樂志‧三》：「大哉坤儀，至哉神縣。包含日域，牢籠月窟。」以及坤儀，猶母儀也，咸以稱頌帝后，言為天下母親之表率。宋‧王安石《慰太后表》：「方正坤儀之位，上同乾施之仁。」復次，《賀冊貴妃表》：「乃資婦德之良，俾貳坤儀之政。」故坤儀者，係母儀及婦女之表率。

旋而，考吳師慕亮《周易通鑑》，載云：「坤，卦名也。元，大也。亨，即享字。古人舉行大享之際，曾筮遇此卦，故記之曰：『元享。』利牝馬之貞，猶言利牝馬之占也。筮問有關於牝馬之事，遇此卦則利，故曰：『利牝馬之貞。』」

復以，坤儀，儀表之稱，《風鑑》相術家，以地上之五嶽（**英琪按**：東嶽，山東之泰山；西嶽，陝西之華山；中嶽，河南之嵩山；北嶽，山西之恆山；南嶽，湖南之衡山）、四瀆（筆者按：四瀆之稱首見於《爾雅‧釋水》，乃指中國古代之河（黃河）、淮（淮河）、濟（濟河）、江（沂河），四條入海河流），比喻人之五官及臉上各部位，稱人之容貌儀表，故曰：「坤儀。」唐‧裴鉶《傳奇‧封陟》：「伏見郎君坤儀浚潔，襟量端明，學聚流螢，文含隱豹。」清，蔣士銓《冬青樹‧寫像》：「黃裳，坤儀母範嚴相，靜好似天儇隨唱。」

筆者繼考，「擎」，音ㄑㄧㄥˊ，東漢‧許慎《說文》：「清‧王念孫《廣雅疏證‧卷一‧下》：『釋擎，舉也。』」清‧秋瑾：「天下凡百事，獨立難成，眾擎易舉。」則為拓也、持高、向上托

也，亦喻擔負重任之人也！明・李漁《親情偶寄・種植部》；「乃復蒂下生蓬，蓬中結實，亭亭獨立，猶似未開之花，與翠葉並擎，不至白露為霜而能事不已！」

又如：擎齎（拿著）、擎奇（舉，持）、擎拳（舉拳）、眾擎易舉，或支撐，承受住壓力。如：擎抬（支持）、擎鷹走馬（形容有錢有勢人家，逐獵玩樂之奢侈生活）、擎天架海（比喻能擔當重任）、擎天（托住天，形容堅強高大有力量），或執持之意，如：擎拳（拱手）、擎跽（拱手跪拜），唐・李賀《送秦光祿北征詩》：「周處長橋役，侯調短弄哀，錢塘階鳳羽，正室擘鸞釵；內子攀琪樹，羌兒奏落梅，今朝擎劍去，何日刺蛟回？」

題解〈坤〉卦籤詩，智珠在握～

女性以地為象徵，呈現陰柔之稟性，體現陰陽和合之主體，品格無窮盡之美，柔順、敏捷，自然至誠之本性，傳佈各處，諸事順利通達；溫和順從之典範，深得眾人擁護、愛戴，則先有所承受暨負載，感動他人，其賢淑之美名，必能飄揚，無憂慮而吉祥喜慶！

＊國生字注音：
氋ちㄨㄟˋ。瀆ㄉㄨˊ。釦ㄒㄧㄥˊ。陟ㄓˋ。齎ㄐㄧ。跽ㄐㄧˋ。羌ㄑㄧㄤ。擘ㄅㄛˋ。

家師 吳慕亮傳授《六四鉤玄》，英琪沐手輯錄

≡乾　卦：純陽之性，〈大象〉：「天行。」剛健而飛躍，無形無迹，具有主宰之化功，以示一切動能，鼓舞啟發之現象也。在人如精神發用，啟通文明，應本乎〈乾〉。

☷坤　卦：純陰之卦，〈大象〉：「地勢。」柔順而凝聚，有質有體，具有完成之奇功，以示一切靜極，含蘊成長之現象也。在人如厚積多容，樹立形勢，應本乎〈坤〉。

第三卦，水雷屯：〈震〉下（☳）〈坎〉上（☵），
表剛柔始交難生、性困苦之義！

◎〈卦象〉：「險陷維艱，奮發進取。」

吳師慕亮傳授卦體，**水雷屯**：〈屯〉者，難也。卦體〈震〉下〈坎〉上，中爻互〈坤〉互〈艮〉，屯字之義。〈序卦傳〉：「屯者，盈也。」盈者，不散則阻之象。屯，破音字辨析：屯，拼音tún（音豚），聚也。《廣雅·釋詁·三》：「屯，聚也。」上平聲，十三元韻，勒兵而守，曰屯。屯，拼音：zhūn，音諄。上平聲，十一真韻。會意，從中貫一，屮（chè），草。一，土地，象草木初生之艱難。

　　慕亮按：〈屯〉卦，盈也者，物之始生也。此乃剛柔交而難生之象。〈震〉下〈坎〉上，〈震〉一陽動於二陰之下，為內卦，動而始交。〈坎〉一陽而外陷於二陰之中，係身處於險外而下陽初動，上下不應，故說為難也。下體〈震〉卦，一陽動於二陰之下，中爻互

〈坤〉，〈坤〉為地，如雷霆從地下震發而起；上體〈坎〉卦，一陽陷於二陰之間，係險陷之象。卦象一陽〈震〉動於下，而〈坎〉陷當前，雷霆震發之勢，遽遭阻難，故名：「屯卦。」

英琪詩箋註釋：「屯」，讀諄ㄓㄨㄣ，東漢・許慎《說文解字》：「屯，難也。象艸木之初生。屯然而難，從中貫一。一，地也，尾曲。」〈序卦傳〉，亦云：「屯者，物之始生也。」乃由字形初生草木之狀，引申至事物初生之堅苦。《釋名・釋宮室》：「囤，屯也，屯聚之也。」《廣韻・上平聲・諄・屯》：「屯，難也，厚也，陟綸切，又徒渾切四。」《周易・屯卦・六二》：「屯，如邅。」《漢書・敘傳・上》：「紛屯亶與蹇連兮，何艱多而智寡！」引吳師慕亮《周易通鑑》：「屯・如猶屯然，狀乘馬而來者之也。」清・焦循《易通釋》：「邅，轉也。」故「屯」為難行，不進貌矣！

爰以，〈序卦傳〉：「屯者，盈也。不堅固，不盈滿，則不能出；盈者，乃不散則阻之象。」《左傳・閔公元年》：「初，畢萬筮仕於晉，遇屯之比。」次之《周易・屯卦》：「九五，屯其膏。」亦或吝惜之義，故《周易・序卦》：「盈天地之間者唯萬物，故受之以屯。」唐・賈島《落第後歸覲喜逢僧再陽》排詩：

「相逢須語笑，人世別離頻。曉至長侵月，思鄉動隔春。

　見僧心暫靜，從俗事多迍。宇宙詩名小，山河客路新。

　翠桐猶入爨，清鏡未辭塵。逸足思奔驥，隨羣且退鱗。

　宴乖紅杏寺，愁在綠楊津。老病難為樂，開眉賴故人。」

旋而，考吳師慕亮《周易通鑑》，載云：「屯，卦名也。元，大也。亨，即享字。古人舉行大享之際，曾筮遇此卦，故記之曰：『元享。』利貞，猶言利占也。筮遇此卦，舉事有利，故曰：『利貞。』筮遇此卦，弗可有所往，故曰：『勿用，有攸往。』」

筆者考之，「俟」，東漢・許慎《說文解字》：「俟，音ㄙˋ，大也。從人，矣聲。」宋元之黃公紹《古今韻會》：「音仕，待也。」北宋・陳彭年之《大宋重修廣韻》：「床史切，上止，崇。」《孔傳》：「俟，待命當以事神。」以上引述，故知等待之義。《詩經・小雅・吉日》：「儦儦俟俟，或群或友。」秦末漢初之毛亨，〈傳〉：「趨則儦儦，行則俟俟。獸三曰群，二曰友。」近代高亨，〈注〉：「俟俟，行貌。」

旋而，「韞櫝藏珠」，韞，蘊藏；櫝，木匣子。指珠寶藏在木

匣裏，等待高價出售。《論語・子罕》：「有美玉於斯，韞櫝而藏諸，求善賈而沽諸？」故比喻懷才待用，或懷才隱退之徵。然則「經綸」釋義，整理蠶絲，引申規劃、治理。《禮記・中庸》：「惟天下至誠，為能經綸天下之大經。」《世說新語・賞譽》：「然經綸思尋處，故有局陳。」《周易・屯卦・象傳》：「雲雷，屯，君子以經綸。」

復次，「陞」，音ㄕㄥ，同「升」。《爾雅・釋天》：「素錦綢杠，纁帛縿；素陞龍于縿，練旒九，飾以組。」《廣雅・釋詁二》：「陞，進也。」東漢・許慎《說文解字》：「升，十合也。」《詩經・小雅・天保》：「如月之恆，如日之升，如南山之壽，不騫不崩。」《周易・序卦》：「聚而上者謂之升，故受之以升。」

《左傳・莊公十年》：「下視其轍，登軾而望之。」吾考：古經傳「登」，咸作升也。《經》有言升，不言登者，如上《周易》是也。《傳》有言登，不言升者，如上《左傳》是也。」清・朱駿聲《說文通訓定聲》：「升，假借為「登」，字亦作昇，作陞。」縱觀上述，故有晉升及升遷之義也！

英琪繼考：靜觀，仔細審察，或冷靜觀察。唐，王維《酬諸公見過》詩：「靜觀素鮪，俯映白沙。」北宋・程顥《秋日偶成》詩之二：「閒來無事不從容，睡覺東窗日已紅，萬物靜觀皆自得，四時佳興與人同；道通天地有形外，思入風雲變態中，富貴不淫貧賤樂，男兒到此是豪雄。」近代文學家—魯迅《且介亭雜文末編・〈出關〉之「關」》》：「例如：畫家之畫人物，亦是靜觀默察，爛熟於心，然後凝神結思，一揮而就！」

🖌 題解〈屯〉卦籤詩，智珠在握～

　　當今景況，雲在雷上，烏雲密布，雷聲震動，風雨交加，隱喻事件之表象，乃開創之初，艱難有險境，勿冒然向前跨越；首要退隱、俱備才能，靜默觀察人事物之變化，等待時機，進一步規劃、治理，振奮精神，努力自強，志向遠大，前途無量！

＊國生字注音：

囮ㄊㄨㄟˊ。邅ㄓㄢ。蹇ㄐㄧㄢˇ。箋ㄕㄟˋ。俟ㄙˋ。韞ㄩㄣˋ。櫝ㄉㄨˊ。縿ㄕㄢ。鮪ㄨㄟˇ。

第四卦，山水蒙：〈坎〉下（☵）〈艮〉上（☶），表蒙昧幼稚；進退兩難，不知所適之義！

◎〈卦象〉：「智識未開，及時施教。」

《汝南堂・周易尚占詩箋》

第四卦　蒙卦

蒙以養正

山低禦山寇及陷童蒙，
闇ㄢ惑人初問卜聰；
再瀆ㄉㄨˊ無欺純養正，
寧家復禮識高崇。

隆中吳慕亮傳授　汝南廖英琪敬撰

　　吳師慕亮傳授卦體，山水蒙：〈蒙〉者，昧也。卦體〈坎〉下〈艮〉上，中爻互〈震〉互〈坤〉。東漢・許慎《說文解字》：「蒙字，作童蒙之義解，係孩童幼稚蒙昧之心靈。」蒙，拼音：mēng，上平聲，一東韻。「蒙」繁體字，或異體字：「矇」・「濛」。蒙，〈坎〉水在〈艮〉山之下，水在山下為泉，泉屬水源，澄清無滓之象。

　　慕亮按：喻童蒙為人性之初，故名：「蒙卦。」蓋〈坎〉下〈艮〉上，微昧闇弱是也。〈蒙〉者，世之蒙，乃未開始之天下，故曰：「草昧，蒙者，人之屯，乃未學識之赤子，故曰：『童蒙。』」

　　英琪詩箋註釋：「蒙」形聲，從艸，冡（ méng）音；本義草

名。東晉・郭璞，注《爾雅》：「釋草，蒙，王女也。」清・乾隆《四庫全書》之《詩傳大全》：「唐蒙，菜名；大蒙，藥名。」《廣韻・上平聲・一東韻》：「蒙，覆也，奄也。」《荀子・成相》：「中不上達，蒙揜耳目塞門戶。」《古今韻會》：「母總切懵，音ㄇㄥˊ」吳師慕亮《周易通鑑》：「蒙，疑借矇，古字通用。」

《詩經・大雅・靈臺》：「鼉鼓逢逢，矇瞍奏公。」《黃帝內經・素問・五藏生成篇》：「徇蒙招尤，目冥耳聾，下實上虛，過在足少陽、厥陰，甚則入肝。」蓋指目眩、視物昏花不清（徇蒙），頭部振搖不定（招尤）等一類症狀，咸屬肝膽經病變。《書經・洪範》：「蒙，陰暗也。」《周易・蒙卦・彖辭》：「匪我求童蒙，童蒙求我。初筮告，再三瀆，瀆則不告（音ㄍㄨˋ，動詞，稟請之意）。」以上引述蒙字，故知幼稚、暗昧、无知，不明事理，及學識淺薄之義。

爰以，考吳師慕亮《周易通鑑》，載云：「蒙，卦名也。亨，即享字。古人舉行祭祀，曾筮遇此卦，故記之曰：『享。』蒙，疑借為矇，古字通用。以象愚而無知之人，年幼而無知者，謂之童蒙。此童蒙，謂求筮者也。」

旋而，「禦」，音ㄩˋ，東漢・許慎《說文解字》：「禦，祀也，從示，御聲。」清・戈載纂編之《詞林正韻》：「禦，扞也，拒也。」《周易・蒙卦・上九》：「擊蒙，不利為寇，利禦寇。」英琪復考：列子之名禦寇，亦作：「圄寇。」取於此本卦，出於上九之〈蒙〉。列子，戰國前期道家代表人物，鄭國圃田（今河南省鄭州市）人，古帝王列山氏之後。約與鄭繻公同時，先秦天下十豪之一，道學者、思想家、哲學家、文學家、教育家。

《左傳・隱公九年》：「北戎侵鄭，鄭伯禦之。」唐・孔穎達，〈疏〉：「禦，謂無所止息也。」《大宋重修廣韻・上聲・六語韻》：「禦：禁也，止也，應也，當也。」《周易・繫辭・上傳》：「以言乎遠，則不禦。」以上引述，故知抗拒，抵擋之義。次「寇」，東漢・許慎《說文解字》：「寇，從攴、從攴、從完，當其完聚而寇之也。」許公復云：「寇，暴也。與敗賊同義（朋侵）。」宋・毛晃《增注禮部韻略》：「寇，仇也，賊也。」

《左傳・文公七年》：「凡兵作於內為亂，於外為寇。」西漢・桓寬《鹽鐵論・本議》：「匈奴背叛不臣，數為寇暴于邊鄙。」西

漢‧揚雄之《揚子‧方言》：「凡物盛，多謂之寇。」《意林‧莊子‧卷二》：「列禦寇不受鄭子陽遺粟，曰：『君非自知我也，以人之言而遺我粟。』」東晉‧郭璞，〈註〉：「今江東有小鳧，其多無數，俗謂之寇鳧。」以上英琪略作引述，故「禦寇」為啟蒙之方式。

復次，「闇」，音ㄢˋ，東漢‧許慎《說文解字》：「闇，門部，闇，閉門也。」蒙，或蒙蔽、遮掩。《荀子‧不苟》：「不下比以闇上，不上同以疾下。」唐‧孔穎達《周易正義‧疏》：「蒙者，微昧闇弱之名，物既蒙昧，惟願亨通，但闇者求明，明者不諮於闇，故云：『童蒙求我也。』」《周禮‧春官‧眡瞭》：「五曰闇，六曰瞽。」

爰以，「瀆」，音ㄉㄨˊ。《大宋重修廣韻‧入聲‧屋‧獨》：「瀆，溝也。一曰：『邑中溝。』」古籍《爾雅》：「江、河、淮、濟，為四瀆。」東漢‧劉熙《釋名》：「瀆，獨也，各獨出其水而入海也。」西漢‧班固《白虎通‧巡狩篇》：「瀆者，濁也。」又恩也，重複也。《周易‧繫辭‧下傳》：「君子上交不諂，下交不瀆。」

以上引述，故知瀆字，乃輕慢及不敬，如：「褻瀆」之意。《禮記‧少儀》：「毋拔來，毋報往，毋瀆神，毋循枉。」寧家，唐‧房玄齡等人合著《晉書‧卷七八‧孔愉傳》：「大丈夫將終，不問安國寧家之術，乃作兒女子相問邪！」旋以吾曹復知「寧家」者，乃安家、治家之義。

🖌 題解〈蒙〉卦籤詩，智珠在握～

象徵啟蒙知識淺陋，無知之幼童，隱喻於高山之下遇險，遭盜匪侵犯、掠奪困局時，向外尋求援助，以解決危難；須回歸人性之良善，採取　和非暴烈，循循善誘，實施教化，端正心地純潔，無歹意邪念，明察是非，合於行為規範，崇尚禮儀教育，治家獲安定祥和。

✱國生字注音：

撌一ㄢˇ。鼉ㄊㄨㄛˊ。瞍ㄙㄡˇ。徇ㄒㄩㄣˋ。瞂ㄐㄩㄝˊ。瞯ㄓˋ。
无ㄨˊ。扦ㄏㄢˋ。圉ㄩˇ。繻ㄖㄨˊ。鳧ㄈㄨˊ。瞽ㄇㄥˇ。
恩ㄏㄨㄣˋ。諂ㄔㄢˇ。

第五卦，水天需：〈乾〉（☰）下〈坎〉（☵）上，
表有險在前，需耐心等候，合宜而動之義！

◎〈卦象〉：「等待時機，頤精養神。」

吳師慕亮傳授卦體，**水天需：**〈需〉者，等待也。卦體〈乾〉
下〈坎〉上，中爻互〈兌〉互〈離〉。東漢・許慎《說文解字》：
「需字，以作濡滯解，係有所等待之義。」需，拼音：xū，上平聲，
七虞韻，會意，從雨，而聲。「需」，指遇雨，停於斯處等待。〈序
卦傳〉：「需者，飲食之道也。」指飲食為養生（保養生命及維持生
計）之需，卦象以濡滯有待為主。

　　慕亮按：蓋〈需〉者須也，即待也，以喻「待時而動」，物初蒙
稚，須伺時養成，徐圖以達之耳！如天上有雲，雖未及雨，而澤地之
甘霖，可待而得也。觀上卦九五一爻，陽剛中正而困於險陷之中，必

待下卦之三陽併力赴援，然後可以有為；下體〈乾〉卦純陽剛健而前遇險阻，亦必待九五之提攜汲引，然後可以濟事。卦象濡滯有待，故名：「需卦。」

英琪詩箋註釋：「需」，《廣韻・上平聲・七虞韻》：「需，相俞切，心也。」東漢・許慎《說文解字・雨部》：「需， 也。遇雨不進，止 也。從雨，而聲。」唐・孔穎達，〈疏〉：「是需，待之義。」《左傳・哀公六年》：「需，事之下也。」

《左傳・哀公十四年》：「需，事之賊也。」晉・杜預〈注〉：「言需，疑則害事。」《周易・需卦・象辭》：「需于郊，不犯難行也。」《周易・需卦・彖辭》：「需，須也。險在前也。」吳師慕亮《周易通鑑》：「需于郊，以象人處曠平之境也。」以上引述，故知乃供養、給用，皆需觀望，以候而成之義。

復補：需次（候補官員，依照資歷補缺）、需銓（等待銓選錄用）或需要。清・曹雪芹《紅樓夢》：「零星需用，亦在帳房內開銷。」又如需者，索取之意。明・陳玉陽《昭君出塞》：「僅為前日毛延壽，指寫丹青，遍需金帛。」需，亦索也。如：需勒（勒索）、遲疑或觀望。

南朝・梁・劉勰《文心雕龍》：「夫文變無方，意見浮雜，約則義孤，博則辭叛，率故多尤，需為事賊。」復如：需緩（遲緩）、需滯（授職後，遲遲弗能赴任），或釋應該及必然之意。清・王韜《原道》：「儒者，本無所謂教，達而在上，窮而在下，需不能出此範圍。」

旋而「雲行」，《顏氏家訓・書證》：「萋萋，雲行貌。祁祁，徐貌也。」〈箋〉云：「古者，陰陽和，風雨時，其來祁祁然，不暴疾也。」《樂府詩集・卷一二・漢宗廟樂舞辭・積善舞》：「黍稷斯馨，祖德惟明。蛇告赤帝，龜謀大橫。雲行雨施，天成地平。」《莊子・天道》：「舜曰：『天德而出寧，日月照而四時行，若晝夜之有經，雲行而雨施矣！』」《周易・乾卦・象辭》：「大哉乾元，萬物資始，乃統天，雲行雨施，品物流形。」

筆者復考，蓄志，蘊藏已久之志願。清・陳夢雷《西郊雜詠》

之十七：「蓄志苦難伸，歲月忽已老。」清‧毛祥麟《對山餘墨‧趙碧孃》：「夫碧孃一小女子耳，然其絕意偷生，蓄志殺賊，是固九妹之同志。」近代李劍農《武漢革命始末記》：「愛國志士，思政治革命，非先種族革命不為功，於是蓄志密謀，匪伊朝夕，安慶、廣州之事，皆未告成。」

　　復次，「宴樂」，安樂。《周易‧需卦‧象辭》：「雲上於天，需，君子以飲食宴樂。」《論語‧季氏》：「益者三樂，損者三樂。樂節禮樂，樂道人之善，樂多賢友，益矣！樂驕樂，樂佚遊，樂宴樂，損矣！」以上引述，故知為宴飲尋樂。次之「愆」，音ㄑㄧㄢ。東漢‧許慎《說文解字》：「愆，過也。」《論語‧季氏》：「君子有三愆：言未及之而言謂之躁，言及之而不言謂之隱，未見顏色而言謂之瞽。」《詩經‧大雅‧假樂》：「不愆不忘，率由舊章。」以上引述，故知過失、罪過之義。

> 題解〈需〉卦籤詩，智珠在握～
>
> 　　雲層聚積天上，遲滯未能降雨，象徵需等待條件完備時，方能有所成。故於未成氣候前，　情勢或世情奸險不適，則需辭讓，切莫躁進；胸懷志向暨理想，精誠所至，金石為開，候時機成熟，能克服曲阻順行，以及暫且飲酒作樂，以避過失，則獲光明亨通也。

＊國生字注音：

滯ㄓㄟˋ。汲ㄐㄧˊ。　ㄒㄩ。齪ㄒㄧㄝˊ。萋ㄑㄧ。祁ㄑㄧˊ。
孃ㄋㄧㄤˊ。佚ㄧˋ。

屯　卦：〈震〉下〈坎〉上，〈大象〉：「雲雷。」雲下沉而雷上起，〈乾〉〈坤〉始交。蓋〈乾〉不能終為〈乾〉，〈坤〉不能終為〈坤〉，〈乾〉〈坤〉交而萬物始生，故於〈乾〉〈坤〉兩卦之後，繼之為〈屯〉，以示草昧初開，萬物始生之現象也。在人如發端創始，經之綸之，應本乎〈屯〉。

第六卦，天水訟：〈坎〉（☵）下〈乾〉（☰）上，
表爭辯是非，或雙方打官司，以爭論是非善惡之義！

◎〈卦象〉：「避免諍訟，以和爲貴。」

《汝南堂・周易尚占詩箋》

第六卦　訟卦

公正判斷

君子乖違逆道衝，

上剛下險訟藏胸；

清官正直難明判，

費耗窮爭勝蜇凶。

隴中吳慕亮傳授　汝南廖英琪敬撰

　　吳師慕亮傳授卦體，天水訟：〈訟〉者，論也。卦體〈坎〉下
〈乾〉上，中爻互〈離〉互〈巽〉。訟，拼音：sòng，去聲，二宋
韻。東漢・許慎《說文解字》：「『言』與『公』合成訟字，取『言
於公庭』之義。」諺語：「打官司。」訟者，爭也。天與水違行，內
外各行其路，各極其端、背道之象也。

　　觀念稍有偏差，淪爲偏激或弗合時用，以致造成曲高和寡。訟
字，從言、從公，爭言於公庭，上剛下險，宜化戾爲祥也。人情雖
健而無險，尚弗易發生訴訟；險而無健，亦弗感輕於訟。〈坎〉下
〈乾〉上，既險且健，故名：「訟卦。」

英琪詩箋註釋:「訟」,從言公聲。以手曰爭,以言曰訟。東漢‧許慎《說文解字》:「言部,訟乃爭也。」《廣韻‧去聲‧二宋韻》:「訟,爭罪曰獄;爭財曰訟也。」《周禮‧秋官‧大司寇》:「以兩造禁民訟,入束矢于朝,然後聽之。」《淮南子‧俶真》:「周室衰而王道廢,儒墨乃始列道而議,分徒而訟。」

東漢‧鄭玄,〈注〉:「訟,謂以財貨相告者。」唐‧孔穎達《周易正義‧疏》:「訟,凡訟者,物有不和情乖,爭而致其訟。」猶責也,爭辯也。《周易,雜卦傳》:「訟,不親也。」《論語‧公冶長‧第二十七章》:「已矣乎!吾未見能見其過而內自訟者也。」引吳師慕亮《周易通鑑》:「清‧惠棟曰:『訟,窒,塞也。』塞,有止義。」以上引述,故知為曲直是非爭論,責罰或緩刑也。

次則,考吳師慕亮《周易通鑑》,載云:「訟,卦名也。元,大也。亨,即享字。古人舉行大享之際,曾筮遇此卦,故記之曰:『元享。』利貞,猶言利占也。筮遇此卦,舉事有利,故曰:『利貞。』筮遇此卦,弗可有所往,故曰:『勿用,有攸往。』」

旋而,「乖違」,違背之義。漢‧王充《論衡‧順鼓》:「若事,臣子之禮也;責讓,上之禮也。乖違禮意,行之如何?」唐太宗《群書治要‧因循》:「違性矯情,引彼就我,則忿戾乖違,莫有從之者矣!」以上引述,故知乃中心有過失,背離也,或失誤、不當也。次「厲」字,拼音:lì,ㄌㄧˋ,惡也。東漢‧許慎《說文解字》:「厲,嚴也,通『礪』。」

《論語‧子張》:「君子有三變:望之儼然,即之也溫,聽其言也厲。」《廣韻‧去聲‧八霽韻》:「烈也,猛也。」《禮記‧大卷‧二十六》:「歸乎!君子隱而顯,不矜而莊,不厲而威,不言而信。」亦作病疫,通「癘」。《詩經‧大雅‧瞻卬》:「孔填不寧,降此大厲。」又《玉篇》:「厲,磨石也,危也。」《周易‧乾卦‧九三》:「君子終日乾乾,夕惕若厲,無咎。」以上引述,故知激勵、嚴肅,或災禍之義。

筆者再考,「勝」,拼音:shèng,ㄕㄥˋ,《廣韻‧去聲‧二十五徑韻》,亦作「胜」。東漢‧許慎《說文解字》:「勝,任

者，當也。凡能舉之，能克之，皆曰勝。」《荀子・不苟》：「君子寬而不僈，廉而不劌，辯而不爭，察而不激，直立而不勝，堅彊（強）而不暴，柔從而不流，恭敬謹慎而容，夫是之謂至文。《詩》曰：『溫溫恭人，惟德之基。』此之謂也。」

《老子・道德經・第七十三章》：「天之道，不爭而善勝，不言而善應，不召而自來，嬋然而善謀。天網恢恢，疏而不失。」勝，亦作盡也。《孟子・梁惠王・上》：「斧斤以時入山林，材木不可勝用也。」以上引述，故知乃勝負之對，惟能承受，禁得起也。

次「蜚」，拼音：fěi，ㄈㄟˇ，通「飛」。英琪釋義：蜚（飛）、流：散佈；短、長：指是非、善惡。指散播謠言，中傷他人。如「蜚短流長」，流傳於眾人之口之閒言閒語。清・蒲松齡《聊齋志異・封三娘》：「妾來當須秘密，造言生事者，蜚短流長，所不堪受。」西漢・司馬遷《史記・周本紀》：「麋鹿在牧，蜚鴻滿野。」

《廣韻・去聲・五未》：「蜚，蟲名咸蜚，又扶沸切。」《廣韻・上聲五尾》：「蜚，音斐，義同，又獸名。」吾考古籍《山海經》：「太山有獸，狀如牛，白首，一目，蛇尾，名曰蜚。所經枯竭，甚于鴆厲，見則天下大疫。」故指無根據，不實之義也。復如蜚鴻，亦良馬之名。西漢・東方朔《答驃騎難》：「騏驥、綠耳、蜚鴻、驊騮，天下良馬也。」

再審，古代〈文言詞〉：「蜚，古書上指椿象（係六足亞門，昆蟲綱，有翅亞綱，半翅目，蝽科動物，乃半翅目中種類最多之一群，全世界單椿象科種類約有5000種。椿象體長，1.7～2.5公分）一類之昆蟲。一說，即負蠜。」《左傳・隱公元年》：「有蜚，不為災，亦不書。」《漢書・劉向傳》：「五石隕墜，六鶂退飛，多麋，有蜮、蜚，鴝鵒來巢者，皆一見。」《漢書・王莽傳・下》：「夏，蝗從東方來，蜚蔽天。」如成語「一鳴驚人」典故。

《史記・卷126・滑稽傳・淳于髡傳》：「淳于髡者，齊之贅婿也。長不滿七尺，滑稽多辯，數使諸侯，未嘗屈辱。齊威王之時，喜隱好為淫樂長夜之飲，沉湎不治，委政卿大夫。百官荒亂，諸侯并

侵，國且危亡，在于旦暮，左右莫敢諫。淳于髡說之以隱曰：『國中有大鳥，止王之庭，三年不蜚又不鳴，不知此鳥何也？』王曰：『此鳥不飛則已，一飛沖天；不鳴則已，一鳴驚人。』于是乃朝諸縣令長七十二人，賞一人，誅一人，奮兵而出，諸侯振驚，皆還齊侵地，威行三十六年。」

> 題解〈訟〉卦籤詩，智珠在握～
>
> 　　象徵正直、品行端正之人，背離禮意，呈現失當，弗合禮儀之行為舉止，內心剛烈、固執，弗肯相讓、謀求融洽，雙方對立，打官司或爭論曲直，產生爭辯是非；行訴願公法，公正廉潔之官吏，亦難論斷是非，乞援力爭輸贏，耗損害己，禍殃纏身矣！

＊國生字注音：

邛ㄑㄩㄥˊ。僈ㄇㄢˋ。劌ㄍㄨㄟˋ。嬋ㄔㄢˊ。鴆ㄓㄣˋ。
驃ㄆㄧㄠˋ。騏ㄑㄧˊ。驥ㄐㄧˋ。驊ㄏㄨㄚˊ。騮ㄌㄧㄡˊ。鑾ㄌㄢˊ。
隕ㄩㄣˇ。鷁ㄧˋ。麋ㄇㄧˊ。蜮ㄩˋ。鴝ㄑㄩˊ。鵒ㄩˋ。蔽ㄅㄧˋ。
髡ㄎㄨㄣ。

䷃　蒙　卦：〈坎〉下〈艮〉上，〈大象〉：「山下出泉。」泉之為水，僅係源頭，其流猶淺。蓋物自出生，必經稚幼之階層，故於〈屯〉卦之後，繼之為〈蒙〉，以示稚幼時期，定居蒙昧之現象也。在人如微而未著，見事不明，應本乎〈蒙〉。

䷄　需　卦：〈乾〉下〈坎〉上，〈大象〉：「雲上於天。」天上有雲，雖未及雨，而甘霖可待。蓋物在稚幼之時，必得滋潤涵養，故於〈蒙〉卦之後，繼之為〈需〉，以示物為生存，各有所需之現象也。在人如自身需要，徐圖達成，應本乎〈需〉。

䷅　訟　卦：〈坎〉下〈乾〉上，〈大象〉：「天與水違行。」言其各持一端，兩相扞格。蓋需要弗能滿足，斯有扞格之爭持，故於〈需〉卦之後，繼之為〈訟〉，以示物有爭持，背道而馳之現象也。在人如處理爭端，化戾呈祥，應本乎〈訟〉。

第七卦，地水師：〈坎〉（☵）下〈地〉（☷）上，表

君子宏器聚眾，善擇將才，效法師德，堅守正道之義！

◎〈卦象〉：「寬厚仁慈，嚴明紀律。」

吳師慕亮傳授卦體，**地水師**：師者，眾也。卦體〈坎〉下〈坤〉上，中爻互〈震〉互〈坤〉。六爻一陽五陰，九二陽剛，係主帥之象。其餘陰爻，則屬兵眾之象。〈坎〉卦在內，〈坤〉卦在外，其象內險外順。師，拼音：shī，上平聲，四支韻，會意，從帀、從垖。垖（duī），乃小土山，帀（zā）屬包圍。四下處咸小土山，表示眾多。本義：古代軍隊編制之級，二千五百人為一師。

東漢‧許慎《說文解字》：「師字，作『兵眾』解。」觀眾者也，君子以容民蓄眾，上〈坤〉下〈坎〉，外順內險，藏不測於至靜之內，宜屬多憂。惟求諸眾之勢以助，應取「以兵不厭詐之險道，行

名正而言順對伐」之義。復觀：下卦〈坎〉屬水，上卦〈坤〉屬地，水蓄於地，猶如寓兵於民，故名：「師卦。」

　　英琪詩箋註釋：師，東漢・許慎《說文解字》：「師，二千五百人爲師。」《公羊傳・桓九年》：「京師者，大衆也。」《疏》：「春秋之時，雖累萬之衆，皆稱師。《詩》之六師，謂六軍之師。」《白虎通・德論・三軍》：「以為五人為伍，五伍為兩，四兩為卒，五卒為旅，五旅為師，師二千五百人，師為一軍，六師一萬五千人也。」《周易・師卦》註：「多以軍爲名，次以師爲名，少以旅爲名。

　　師者，舉中之言。」《廣韻・上平聲・四支韻》：「師，師範也，衆也。」東漢・許慎《說文解字・玉篇》：「師，範也，敎人以道者之稱也。」《禮記・文王世子》：「出則有師。師也者，敎之以事而喻諸德者也。」《論語・述而・第七》：「三人行，必有我師焉！擇其善者而從之，其不善者而改之。」引吳師慕亮《周易通鑑》：「師，丈字，作大人。」以上引述，故知眾意也，諸人之榜樣，傳授以道者之稱，或出師征伐之義。

　　次考，吳師慕亮《周易通鑑》，載云：「師，卦名也。丈人吉，无咎。」唐・李鼎祚《周易集解》，引崔憬曰：「子夏傳，作大人。」大人有所問占，筮遇此卦則吉，而無咎，故曰：『貞大人吉，無咎。』」

　　旋而，「齟齬」，齟，拼音：jǔ，ㄐㄩˇ。《廣韻・上聲・語》：「齟，嚼也，齒不正也。」齬，拼音：yǔ，ㄩˇ。《廣韻・上平聲・六魚》：「齬，鉏鋙ㄨˊ也。」東漢・許慎《說文解字》：「齒不相值，曰：『齟齬。』」蓋牙齒上下不整齊，一前一卻，齟齬不相值。《宋史・卷三九五・方信孺傳》：「既齟齬歸，營居室巖竇，自放於詩酒。」清・康熙《全唐詩》：「秦衛兩不成，失時成齟齬。」宋・戴侗撰《六書故》：「鋸齒出入，亦曰：『齟齬。』」南朝・梁・劉勰《文心雕龍・練字》：「狀貌山川，古今咸用，施於常文，則齟齬為瑕，如不獲免，可至三接，三接之外，其字林乎！」《揚雄・太玄經》：「初一，親非其膚，其志齟齬。」以上引述，故

知喻彼此弗合之義。

筆者復考：「統帥」，乃統領指揮。《新唐書・卷六・肅宗本紀》：「朝隱等敗奚、契丹於范陽北，肅宗以統帥功遷司徒。」唐・李德裕《太平廣記》：「公首奏興師，遂為統帥，率沿邊藩鎮兵士數萬，鼓行而前。」唐・杜佑《通典・歷代制・下》：「兵部武選亦然，課試之法如舉人之制，取其軀幹雄偉，應對詳明，有驍勇材藝及可為統帥者。」以上引述，故知指揮部屬，或懷有才能技藝者之義。

爰「惶」字，通「遑」。東漢・許慎《說文解字》：「惶，恐也。從心，皇聲。」東漢・王符《潛夫論・卜列》：「孟賁狎猛虎而不惶，嬰人畏螻蟻而發聞。」北宋・陳彭年《大宋重修廣韻・下平聲・七陽》：「惶，懼也，遽也。」西漢，司馬遷《史記・刺客列傳》：「秦王方環柱走，卒惶急，不知所為。」以上引述，故知驚慌，害怕之義，如：「惶恐」。

復次，「遺」字，《廣韻・上平聲・四支》：「遺，失也，亡也，贈也，加也。」《詩經・小雅・谷風》：「將安將樂，棄予如遺。」《周禮・秋官・司寇》：「壹宥曰不識，再宥曰過失，三宥曰遺忘。」元・黃公紹《古今韻會舉要》：「從以醉切，遺去聲。投贈也，餽也。」

《周禮・序官》：「謂地官司徒所屬有遺人（官名），設中士二人，下士四人，以下有府、史、胥、徒等人員。」東漢・鄭玄，〈注〉：「遺人，以物有所餽遺。」老子《道德經・第九章》：「持而盈之，不如其已；揣而梲之，不可長保。金玉滿堂，莫之能守；富貴而驕，自遺其咎。功成身退，天之道也。」以上引述，故知脫離，遺棄或餽贈之義。

旋以「儈佞」，音ㄎㄨㄞˋㄋㄧㄥˋ，乃指小人也。《大宋宣和遺事・利集》：「天資兇悖，首為亂階；陷害忠良，進用儈佞。」《荀子・不苟》：「君子能亦好，不能亦好；小人能亦醜，不能亦醜。君子能則寬容易直以開道人，不能則恭敬繂絀以畏事人；小人能則倨傲僻違以驕溢人，不能則妒嫉怨誹以傾覆人。故曰：『君子能則人榮學焉，不能則人樂告之；小人能則人賤學焉，不能則人羞告之。

是君子小人之分也。』」

「祿」字，東漢‧許慎《說文解字》：「祿，福也，善也。從示，彔聲。」《晏子春秋‧內篇‧問上‧》：「是以神民俱順，而山川納祿。」《漢書‧卷四九‧鼂錯傳》：「受祿不過其量，不以亡能居尊顯之位。」以上引述，故知為俸給、官俸，或福祿之義也。

題解〈師〉卦籤詩，智珠在握～

表露地中有水，前進遭險，隱喻人事，未懷女德之義，柔軟相待，彼此弗合爭端，應效法師表，大度包容，率領眾民暨部屬，聚合管理；身為首領，貪功急於求進，恐失紀律難安，淘汰心術弗正之人，擇材適用，指導、提拔將才，賞罰分明，必獲祥瑞！

＊國生字注音：

咎ㄐㄧㄡˋ。悖ㄅㄟˋ。繾ㄗㄨㄣ。絀ㄔㄨˋ。倨ㄐㄩˋ。傲ㄠˋ。鼂ㄔㄠˊ。

䷅ 訟 卦：〈坎〉下〈乾〉上，〈大象〉：「天與水違行。」言其各持一端，兩相扞格。蓋需要弗能滿足，斯有扞格之爭持，故於〈需〉卦之後，繼之為〈訟〉，以示物有爭持，背道而馳之現象也。在人如處理爭端，化戾呈祥，應本乎〈訟〉。

䷆ 師 卦：〈坎〉下〈坤〉上，〈大象〉：「地中有水。」水在地中，可以密集不散，溶為一體。蓋物有爭持，則必密集群體以赴，故於〈訟〉卦之後，繼之為〈師〉，以示物依其類，密集成群之現象也。在人如統率群體，所守之規律，應本乎〈師〉。

䷇ 比 卦：〈坤〉下〈坎〉上，〈大象〉：「地上有水。」水流地上，則交相傾。蓋群體之能維持，厥賴相輔而行，故於〈師〉卦之後，繼之為〈比〉，以示兩情親近，合為一流之現象也。在人如對社會結合，欲使之融洽談，應本乎〈比〉。

第八卦，**水地比**：〈地〉下（☷）〈坎〉（☵）上，表揭示上、下彼此相處之道，比附暨順從，及尊卑、長幼倫理原則之義！

◎〈卦象〉：「萬眾一心，光明無私。」

吳師慕亮傳授卦體，**水地比**：〈比〉者，和也。卦體〈坤〉下〈坎〉上，中爻互〈坤〉互〈艮〉。比（音ㄅㄧˋ）字，作親密之義解。東漢・許慎《說文解字》：「比者，密也。二人為從，反從為比。」比，拼音：bì，韻部：入聲四質（包括：上聲四紙，去聲四寘，上平聲四支），會意，從二匕，匕亦聲。甲骨文字形，象兩人步調一致，比肩而行。它與「從」字同形，僅方向相反。本義；並列，並排。

　　古時之戶籍編制，五家為比，設比長以統屬之。故鄰居亦稱比臨，取其親近之義。〈比〉者，樂也，吉也，順從也。地上有水，水

流地上，則出險於外，內順和氣，外憂內和，故為之樂。九五居高上位，群陰比上，順輔相和，為比輔和氣之氣也。觀九五陽爻尊位，象徵統屬，其餘五陰而為一比之長，故名：「比卦。」

英琪詩箋註釋：比者，《廣韻·去聲·四寘》：「比，近也，併也。」東漢·許慎《說文解字》：「比，密也。二人為從，反從為比。凡比之屬，皆從比。」類也，方也。西漢·戴聖《禮記·學記》：「古之學者，比物醜類。」東漢·鄭玄，〈注〉：「比，以事相況而為之。醜，猶比也。」蓋謂以同類之事，相比方，則學乃易成。

清·王引之《經傳釋詞·第十卷》：「則知三代語言，漢人猶難遍識，願學者比以求之。」《毛詩·大序》：「詩有六義：『一曰風，二曰賦，三曰比，四曰興，五曰雅，六曰頌。』」東漢·鄭司農：「比者，比方於物，諸言如者，皆比詞也。比之與興，同附託外物，比顯而興隱。」明·樂韶鳳等人之《洪武正韻》：「比，從普，弭切，音諀，與庀同。治也，具也。」

《周禮·地官》：「五家爲比，使之相保。五比爲閭，使之相受。」南宋·朱熹《詩集傳》：「比，從也。」《論語·里仁》：「子曰：『君子之於天下也，無適也，無莫也，義之與比。』」親也，近也。譬如：比善、比日、比歲。《周禮·夏官》：「形方氏使小國事大國，大國比小國。」次比，猶親也。《周易·比卦·彖辭》：「比，輔也，下順從也。」偏也，黨也。

《書經·洪範·五》：「皇極，皇建其有極，斂時五福，用敷錫厥庶民。惟時厥庶民于汝極。錫汝保極：凡厥庶民，無有淫朋，人無有比德，惟皇作極。」《論語·為政》：「君子周而不比，小人比而不周。」引吳師慕亮《周易通鑑》：「顯比者，賢名昭著之輔臣也。」以上引述，故知為親近、相並，連結暨近來之義。

旋而，「溝渠」，渠，拼音：qú，ㄑㄩˊ。《六書·形聲》：「從水，榘（qú）省聲。水停積處，亦指人工開鑿ㄕㄠˋ之水道。」東漢·許慎《說文解字》：「渠，水所居。」通「遽」，疾速。《管子·地數》：「夫水激而流渠，令疾而物重。」以上引述，故知乃水

溝、水道之義。

次「符契」，符字，東漢・許慎《說文解字》：「符，信也。漢制以竹，長六寸，分而相合。」東漢・劉熙・《釋名》：「符，付也。書所敕命于上，付使傳行之也。」《孟子・離婁・下》：「得志行乎中國，若合符節。」契字，拼音：qì，ㄑㄧˋ。《洪武正韻》：「契，去計切，音栔，約也。」

《周易・繫辭・下傳》：「上古結繩而治，後世聖人易之以書契。」以上引述，故知為契約、合同，或相同、一致之義。唐・白行簡《李娃傳》：「二肆許諾，乃邀立符契，署以保證，然後閱之。」南朝・梁・劉勰《文心雕龍・徵聖》：「夫鑒周日月，妙極機神，文成規矩，思合符契。」

筆者復考：弗字，拼音：fú，ㄈㄨˊ。甲骨文字形，中間象兩根不平直之物，上以繩索束縛之，使之平直。東漢・許慎《說文解字》：「弗，矯也。」《大戴禮記》：「弗愛不親，弗敬不正。」元・黃公紹《古今韻會舉要》：「弗，違也。不也。不可也，不然也。」《尚書・堯典》：「九載，績用弗成。」

《春秋・僖公二十六年》：「公追齊師至酅，弗及。」《公羊傳》，〈註〉：「弗者，不之深者也。」《史記・孔子世家》：「子曰：『弗乎弗乎，君子病沒世而名不稱焉！吾道不行矣，吾何以自見於後世哉？』」以上引述，故知乃相背、不正、拂逆及糾正之義也。

爰以，「遲疑」，遲字，拼音，chí。東漢・許慎《說文解字》：「遲，徐行也。」《廣韻》：「久也，緩也。」《詩經・邶風・谷風》：「行道遲遲，中心有違。不遠伊邇，薄送我畿。」《禮記・玉藻》：「凡君子，舉止舒遲不迫，體貌閒雅溫潤。足容重，手容恭，目容端，口容止，聲容靜，頭容直，氣容肅，立容德，色容莊，坐如屍。」清・《康熙字典・九》：「趑，惔，遲疑也。」

南朝・劉宋・范曄《後漢書・卷二八下・馮衍傳》：「意趑惔而不澹兮，俟回風而容與。」以上引述，故知遲疑，乃游移不定之義。然則，「擇善」，善與「惡」相對，乃完善，完美。改善、整飭變好。《禮記・中庸》：「誠之者，擇善而固執之者也。」擇善，乃選

擇良善、正確之事而實行。唐・魏徵〈十漸不克終疏〉：「此直意在杜諫者之口，豈曰：『擇善而行者乎？』」

> 題解〈比〉卦籤詩，智珠在握～
>
> 　　揭示上對下，所建立之通路，應有協定契約之合同，悉心畢力之抱負，致使下屬，能歸附順從，輔佐掌理者，永續發展。警備口蜜腹劍，或弗適任之人，前來攀親，切莫猶豫多疑，應機立斷，除根避禍，選賢與能，任用才智幹濟之員，樹立中道，則能吉慶無虞！

＊國生字注音：

　斟ㄓㄣ。懍ㄌㄧㄣˇ。俟ㄙˋ。飭ㄔˋ。諫ㄐㄧㄢˋ。

☰ 小畜卦：〈乾〉下〈巽〉上，〈大象〉：「風行天上。」天氣將變，而為未雨之綢繆。蓋既親輔而比，則必預為基礎上之畜積，故於〈比〉卦之後，繼之〈小畜〉，以示預作準備，應事畜積之現象也。在人如一點一滴，自求充實，應本乎〈小畜〉。

☰ 履　卦：〈兌〉下〈乾〉上，〈大象〉：「上天下澤。」天高澤低，乃由低而進於高。蓋畜之己久，必圖上進，故於〈小畜〉之後，繼之為〈履〉，以示合乎規則，向前行進之現象也。在人如審慎前途，循序以進，應本乎〈履〉。

☷ 泰　卦：〈乾〉下〈坤〉上，〈大象〉：「天地交。」交則陰陽已和，而兩氣暢通。蓋有規則之行進，自獲暢通之結果，故於〈履〉卦之後，繼之為〈泰〉，以示氣化交流，萬物暢遂之現象也。在人如保合太和，抑邪扶正，應本乎〈泰〉。

☰ 否　卦：坤〉下〈乾〉上，〈大象〉：「天地不交。」不交則陰陽相乖，而造成閉塞。蓋物極必反，通之極矣必塞，故於〈泰〉卦之後，繼之為〈否〉，以示閉塞不通，物傷其性之現象也。在人如居易俟命，以求自保，應本乎〈否〉。

第九卦，風天小畜：〈乾〉下（☰）〈巽〉上（☴），
表適宜範圍，主導暨服從，畜養過程之義！

◎〈卦象〉：「未雨綢繆，以懿文德。」

《汝南堂・周易尚占詩箋》

第九卦　小畜卦

能繫非固

濃雲不雨德儲還，
響應風從繫篤鍰；
小畜西郊施乏暢，
夫妻反覆恐身艱。

陸中吳慕亮傳授　汝南廖英琪敬撰

　　吳師慕亮傳授卦體，風天小畜：〈小畜〉者，塞也。卦體〈乾〉下〈巽〉上，中爻互〈兌〉互〈離〉。小，拼音：xiǎo，上聲，十七筱韻。象形，據甲骨文，似沙粒形。小篆，析為會意，從八、從丨，本義：細、微，與「大」相對。

　　古時「畜」字及「蓄」字通用，包括：蓄聚、蓄養、蓄止，三類含意。蓄，拼音：xù，入聲，一屋韻。形聲，從艸，畜聲。本義：積聚或儲藏之意。東漢・許慎《說文解字》：「蓄，積也。」三國・張揖《廣雅》：「蓄，聚也。」

　　《詩經・邶風・谷風》：「我有旨蓄，亦以禦冬。」東漢・張衡

《東京賦》：「洪恩素蓄，民心固結。」《賈島·無蓄》：「蓄，積者，天下之太命也。」《國語·楚語·下》：「積貨滋多，蓄怨滋厚。」

靜觀參究，陰陽兩儀，正反相對，陽者正向，陰者反向。若陰陽以喻大小，陽象徵「大」，陰象徵「小」。如：「善惡」、「妍媸」、「良窳」、「上下」、「前後」之舉例，概以前者正，其之後者反。全卦僅六四一陰爻，其餘皆為陽爻，以一君眾民取象，係一陰統蓄眾陽，以小蓄大，故名：「小畜。」

慕亮按：觀〈小畜〉者，寡也，弗足以兼濟也，小有所蓄而已。六四陰爻得位，以六四之柔而蓄上下五陽，互卦見〈兌〉，〈兌〉為少，故為〈小畜〉，以示預作準備而有所小積、小聚之義矣！」

英琪詩箋註釋：「畜」字，拼音：chù，本義，家畜。北宋·陳彭年《大宋重修廣韻·入聲·一屋》：「畜，養也。」東漢·許慎《說文解字》：「畜，田畜也。」西漢·劉安及其幕下之士人合著《淮南鴻烈》：「田之汙下黑土者，可畜牧也。玄田爲畜。」

《六書·會意》：「甲骨文字形，表牽引，下象出氣之牛鼻形，牛鼻被牽，乃人類馴服豢養之家畜。」《周易·雜卦傳》：「家養謂之畜，野生謂之獸。」《論語·鄉黨·第十八》：「君賜生，必畜之。」《禮記·祭統》：「孝者，畜也。順于道，不逆于倫，是之謂畜。」通「慉」，喜愛之意。

《詩經·小雅·蓼莪》：「拊我畜我，長我育我。顧我復我，出入腹我。欲報之德，昊天罔極。」《禮記·月令》：「仲秋之月，乃命有司，趣民收斂，務畜菜。」以上引述，故知為培養、順從，積儲之義。

爰以「小畜」，西漢·班固《漢書》：「雞者，小畜，主司時，起居人，小臣執事為政之象也。」西漢·焦贛《焦氏易林》：「小畜：據斗運，樞順天無憂。與樂並居。」《周易·小畜·象傳》：「風行天上，小畜，君子以懿文德。」故諸事宜遵從，勉君子，以人文美化之德義。

次考，吳師慕亮《周易通鑑》，載云：「小畜，卦名也。古人舉

行亨祀，曾筮遇此卦，故記之曰：『亨。』密雲不雨，自我西郊，事在醞釀之象。運勢有反覆及口舌之象，諸事寬宏，等待時機。」

旋以，濃雲不雨，《朱子語類》：「密雲不雨，尚往也，蓋止是下氣上升，所以未能雨。」引吳師慕亮《周易通鑑》：「大雨之前，雲多起於西方，故言西郊也。」乃指事情已醞釀成熟，但未有動作而風從，乃指順從之義。

《魏書·卷八·世宗紀》：「今始覽政務，義協惟新，思使四方風從率善，可分遣大使，黜陟幽明。」東漢·荀悅《申鑒·雜言·上》：「雲從於龍，風從於虎，鳳儀於韶，麟集於孔，應也。出於此，應於彼，善則祥，祥則福；否則眚，眚則咎，故君子應之。」

筆者復考：「篤」字，拼音：dǔ，ㄉㄨˇ。東漢·許慎《說文解字》：「篤，頓如頓首，以頭觸地也。馬行，箸實而遲緩也。」《爾雅·釋詁》：「篤，固也。」《論語·泰伯》：「篤信好學，守死善道。」《禮記·儒行》：「儒有博學而不窮，篤行而不倦；幽居而不淫，上通而不困；禮之以和為貴，忠信之美，優游之法，舉賢而容眾，毀方而瓦合，其寬裕有如此者。」忠厚、誠實，如：「篤實」。

《禮記·中庸》：「不顯惟德，百辟其刑之，是故君子篤恭而天下平。」以及專一堅持、固執，如：「篤志」。《禮記·儒行》：「儒有博學而不窮，篤行而不倦。」以上引述，故知敦厚、切實之義也！

復次，「鍰」，字，拼音：huán，ㄏㄨㄢˊ。鍰，讀與環同。《廣韻·上平聲·十五刪韻》：「鍰，六兩曰鍰；鍰，黃鐵也。」一曰：「錢也。」《罰書》曰：「列百鍰。」東漢·許慎《說文解字》：「金部，鍰，六鋝也。鋝，十一銖二十五分銖之十三也。」《尚書·呂刑》：「墨辟疑赦，其罰百鍰。」以上引述，故知金錢之義也！

西郊，係都城外西方之郊野。古人常於西郊祭天迎秋，故亦指秋野。《禮記·月令》：「立秋之日，天子親帥三公、九卿、諸侯、大夫，以迎秋於西郊。」班固《前漢書·楚元王傳》：「及至周文，開基西郊，雜遝眾賢，罔不肅和，崇推讓之風，以銷分爭之訟。」《周

易・小畜卦》：「密雲不雨，自我西郊。」復有，七陽韻之五律詩，爰錄如後：

唐・杜甫《西郊》：

「時出碧雞坊，西郊向草堂，市橋官柳細，江路野梅香；
傍架齊書帙，看題減藥囊，無人覺來往，疏懶意何長。」

以上引述，故知際遇須等待，並提供適當條件之意，寸楮以作參考！

惟「覆」字，東漢・許慎《說文解字》：「覆，反也，覆也。反覆者，倒易其上下。」蓋「覆」與「復」，其義相通。復者，往來也。《詩經・小雅》：「不懲其心，覆怨是正。」《中庸・第十七章》：「故天之生物，必因其材而篤焉，故栽者培之，傾者覆之。」以上引述，故知反轉。如：反覆無常，或翻來覆去，以及遮蓋、掩蔽之義，如：「覆蓋」。《莊子・德充符》：「夫天無不覆，地無不載。」清・蒲松齡《聊齋志異・卷五，陽武侯》：「見舍上鴉鵲群集，競以翼覆漏處。」

題解〈小畜〉卦籤詩，智珠在握～

風吹於上雲聚之，乃有密雲不雨之象，隱喻事件發展之過程中，身為高位者蓄積之原理，須等待聚集資源，以純厚樸實之壯志，接續培養之。人事之推行，尚未條件具足，陰陽和合，上行下效，關係上背離弗睦，需警惕誠信懷之，則可避開舉步維艱之困境。

＊國生字注音：

邶ㄅㄟ ˋ。媸ㄔ。窳ㄩ ˇ。蓼ㄌㄨ ˋ。莪ㄜ ˊ。拊ㄈㄨ ˇ。眚ㄕㄥ ˇ。
箸ㄓㄨ ˋ。鋝ㄌㄩㄝ ˋ。遝ㄊㄚ ˋ。

玄魁居士《修道語彙》：「心善則眾星慶雲，麗日和風；心惡則狂風暴雨，烈日秋霜。」雲仙參究，互以勉焉！

第十卦，天澤履：〈兌〉下（☱）〈乾〉上（☰），
表行履之禮節與規範之義！

◎〈卦象〉：「「謹言慎行，禮敬至和。」

吳師慕亮傳授卦體，**天澤履**：〈履〉者，踐也。卦體〈兌〉下〈乾〉上，中爻互〈離〉互〈巽〉。東漢・許慎《說文解字》：「履字，作踐履之義解。」爻象以六三為主，一柔下履二剛，乃踐履之象，其義以柔能履剛，剛弗能履柔。例如：人與水較，則人體堅實而水質柔；人與地較，則地質堅實而人體柔，其可于地佇立或行之，故曰：「履卦。」

慕亮按：觀〈履〉者，禮也。初二兩爻於地道，六三陰爻履於其上，失位，故弗得妄動。惟有以柔履剛，小心翼翼，以行事之象也。天高澤低，必須敬順於禮，審慎循序以進也！履，拼音：lǚ，上聲，四紙韻。小篆字，從尸，即人；從彳，表示與行走繫焉！

　　慕亮考之，履字，其于戰國前僅作動詞，以「屨」稱鞋子；其以「鞋」之稱，則唐朝後之事。本義：踐踏。《周易‧坤卦》：「履霜，履虎尾。」《詩經‧魏風‧葛屨》：「糾糾葛屨，可以履霜？」《禮記‧玉藻》：「出杅，履蒯席。」東漢‧鄭玄，〈注〉：「蒯席澀，便於洗足也。」唐‧孔穎達，〈疏〉：「蒯，菲草；席澀，出杅而腳踐履澀草席上，刮去垢也。」近代經學家之王先謙《莊子集解》之《庖丁解牛》：「手之所觸，肩之所倚，足之所履，膝之所踦。」

　　英琪詩箋註釋：「履」字，拼音lǚ，東漢‧許慎《說文解字》：「履，足所依也。」本作履，今作履。《爾雅‧釋言》：「履，禮也，禮可以履行也，飾足以爲禮也。」王左中右之《字書》：「草，曰扉；麻，曰屨；皮，曰履，黃帝臣於則造。」

　　次為領土、疆土之解。《左傳‧僖公四年》：「昔召康公，命我先君大公曰：『五侯九伯，女實征之，以夾輔周室。賜我先君履，東至于海，西至于河，南至于穆陵，北至于无棣。』」引吳師慕亮《周易通鑑》：「履字當重，履，履虎尾者。上『履字，乃卦名；下履字，乃卦辭，此全書之通例也。』」

　　以及《詩經‧周南‧樛木》：「南有樛木，葛藟纍之。樂只君子，福履綏之。」《注》：「履，祿也；綏，安也。」福履，孔穎達及朱熹注解，咸謂：「福祿。」若依亮師授我之見解，此詩「福履」，若譯「善心」或「善行」，更能讓吾曹加以理解也。履，亦踐也，躡我之跡，而相就也！《詩經‧齊風‧東方之日》：「東方之日兮，彼姝者子，在我室兮。在我室兮，履我即兮。東方之月兮，彼姝者子，在我闥兮。在我闥兮，履我發兮。」

　　旋以，虎尾，乃指踩踏虎尾，比喻身處險境。《周易‧履卦》：「履虎尾，不咥人，亨。」《後漢書‧卷六二‧荀淑傳》：「荀公之急急自勵，其濡跡乎？不然何為違貞吉而履虎尾焉？」亦作「履尾」。以上引述，故知履乃實踐、禮儀操守暨疆界之義，境居危險之情況也！

　　次考，吳師慕亮《周易通鑑》，載云：「履，卦名也。《釋文》：『咥，馬（融）云：『齕也。』鄭玄云：『齧也。』履虎尾不咥人者，險而不凶之象也。亨即享字，古人舉行享祀，曾筮遇此卦，故記之曰：『亨。』」

　　筆者繼考：「苟」字，拼音：gǒu，ㄍㄡˇ。《廣韻》：「古厚切，上厚，見。」東漢・許慎《說文解字》：「苟，草也，又誠也。」《國語・魯語》：「夫苟中心圖民，知雖不及，必將至焉！」馬虎、弗審慎；例如不苟言笑、苟言。

　　《孟子・告子・上》：「生亦我所欲，所欲有甚於生者，故不為苟得也；死亦我所惡，所惡有甚於死者，故患有所不辟也。」《詩經・大雅・抑》：「無易由言，無曰苟矣！」苟，亦苟延之意。北宋・蘇軾《乞賜度牒修廨宇狀》：「其餘率皆因循支撐，以苟歲月。」以上引述，故知苟乃言談輕率、隨便暨姑且之義也！

　　復次，「瞟」字，拼音：piǎo，ㄆㄧㄠˇ。《廣韻・下平聲・宵・嫖》：「瞟，瞟睽明視。」清・曹雪芹《紅樓夢》：「臉望著黛玉說，卻拿眼睛瞟著寶釵。」東漢・許慎《說文解字》：「與目部之瞟，音義皆同。」故以用眼斜看之義。惟「素」字，《說文・素部》：「素，白致繒也，取其澤也，凡素之屬皆从素。」

　　《禮記・雜記・下》：「純以素，紃以五采。」西晉・左思《文選・雜詩》：「明月出雲崖，皦皦流素光。」東漢・高誘，〈注〉：「素，樸也。」通「愫」也。北宋・蘇軾〈徐州謝上表〉：「惟有樸忠之素，既久而猶堅，遠不忘君，未忍改常度。」例如：「樸素」、「素妝」。《淮南子・本經》：「其心愉而不偽，其事素而不飾。」抑指事物基本之性質、根本。譬喻：「因素」、「元素」。《淮南子・俶真》：「是故虛無者道之舍，平易者道之素。」以上引述，故知素乃真誠、質樸無飾之義也！

🖌 題解〈履〉卦籤詩，智珠在握～

　　培養辨識事件優劣之能力，面臨危機時，以「禮」待之，秉持規矩、恭敬之態度逢迎，戒備行為輕言草率，莫忘慎小謹微；居平安穩定之際，目光胸懷須知有遠見，切莫輕視他人，勤修守己，返璞歸真，則能徵吉祥至！

＊國生字注音：

ㄔㄚˋ。扉ㄈㄟˋ。履ㄐㄩˋ。躡ㄋㄧㄝˋ。樛ㄐㄧㄡ。闥ㄊㄚˋ。咥ㄒㄧˋ或ㄉㄧㄝˊ。齕ㄏㄜˊ。齧ㄋㄧㄝˋ。睽ㄎㄨㄟˊ。紃ㄒㄩㄣˊ。

第十一卦，地天泰：〈乾〉（☰）下〈坤〉（☷）上，表事件相呼應，時來運轉，朝向順利，及物至則反之義！

◎〈卦象〉：「陰陽應合，扭轉乾坤。」

吳師慕亮傳授卦體，**地天泰**：〈泰〉者，通也。卦體〈乾〉下〈坤〉上，中爻互〈兌〉互〈震〉，天氣下降，地氣上升；或謂天光下臨，地德上載，乃通泰之象，故名：「泰卦。」

泰，拼音：tài，上聲，九泰韻，形聲。清‧朱駿聲《說文通訓定聲》：「泰，亦作汰，疑泰、太、汰，三形實同字。」明‧梅膺祚《字彙》：「泰，安也。」《莊子‧庚桑楚》：「宇泰定者，發乎天光。」

慕亮按：〈泰〉卦，〈乾〉下〈坤〉上，天地交泰而萬物通也。蓋陽氣主升，陰氣主降，今二氣相交而合和，和則通，合則泰，故內

健外順，上下志同之象也。

　　英琪詩箋註釋：「泰」字，拼音tài，ㄊㄞˋ，《廣韻・去聲・九泰韻》：「泰，大也，通也，古作太。他，蓋切。」東漢・許慎《說文解字》：「泰，滑也，脫也；與『脫』同音，即洮汰，亦作淘汰。」泰，大也。班固《前漢・郊祀歌》：「揚金光，橫泰河。」泰，通達也。《周易・泰卦》：「履而泰，然後安，故受之以泰。」

　　泰，安寧、寬裕也。南朝・宋顏延《庭誥文》：「必使陵侮不作，懸企不萌，所謂賢鄙處宜，華野同泰。」《戰國・荀子・議兵》：「凡慮事欲孰，而用財欲泰。」《論語・子路・第十三》：「子曰：『君子泰而不驕，小人驕而不泰。』」泰，亦為驕縱。《論語・子罕第九》：「拜下，禮也；今拜乎上，泰也。」《國語・晉語八》：「桓子，驕泰奢侈，貪慾無藝，略則行志，假貨居賄，宜及於難。而賴武之德，以沒其身。」以上引述，故知泰乃通暢、康寧與安適，亦是窮盡、最高點之極也！

　　次考，吳師慕亮《周易通鑑》，載云：「泰，卦名也。小往大來者，所失者小，所得者大也。凡我輩者，筮遇此爻，將失小得大。故曰：『小往大來，吉。』亨，即享字，古人舉行享祀，曾筮遇此卦，故記之曰：『亨。』」

　　英琪復考：「豐」字，拼音：fēng，ㄈㄥ，從豆，象形豆之豐滿者也；亦作「豊」，古代承放爵、觶之禮器。《儀禮・鄉射禮》：「司射適堂西，命弟子設豐。」《廣韻・上平聲・一東韻》：「豐，大也，茂也，盛也。」《國語・周語・上》：「樹於有禮，艾人必豐。」豐，亦肥美、飽滿，如：「豐腴」、「豐滿」。唐・韓愈〈送李愿歸盤谷序〉：「入耳而不煩，曲眉豐頰。」以上引述，故知豐乃富饒、茂盛之義也！

　　復次，「絪縕」，拼音：ㄧㄣ ㄩㄣ，乃造化也。唐・孟郊〈秋懷〉詩一六首之五：「裊裊一線命，徒言繫絪縕。」絪縕，亦為天地間陰陽二氣交互作用之狀態。《周易・繫辭・下》：「天地絪縕，萬物化醇。」絪縕二字，故知指天地間之元氣。

　　惟「恬」字，拼音tián，ㄊㄧㄢˊ。東漢・許慎《說文解字》：

「恬，安也。」莊子《外篇・繕性》：「以恬養知，以知養恬。」
《廣韻・下平聲・十四鹽韻》；「恬，靖也，平添也，甜也。」唐・
成玄英《疏》：「恬，靜也。」恬，安定也。

《荀子・性惡》：「輕身而重貨，恬禍而廣解。」恬，亦為
澹泊。《韓非子・解老》：「所謂廉者，必生死之命也，輕恬資財
也。」以上引述故知恬乃安適、安然之義。例如：「恬適」、「恬
靜」，以及淡泊，譬如：「恬淡」之義也！

然則，「遂」字，拼音suì，ㄙㄨㄟˋ，《廣韻・去聲・四
寘》：「遂，達也，進也，成也，安也，止也，往也，從志也，徐醉
切，去至，邪。」遂，盡也。

《禮記・曲禮・上》：「將適舍，求毋固。將上堂，聲必揚。戶
外有二屨，言聞則入，言不聞則不入。將入戶，視必下。入戶奉扃，
視瞻毋回；戶開亦開，戶闔亦闔；有後入者，闔而勿遂。毋踐屨，毋
踖席，摳衣趨隅，必慎唯諾。」《墨子・修身》：「功成名遂，名譽
不可虛假，反之身者也。」以上引述，故知乃前往、進舉與成功之義
也！

題解〈泰〉卦籤詩，智珠在握～

表人事與意志之通往，乃相符呼應，象徵一切景象，更
換新貌，往復良好，順利暢達，而從事之職，能有卓著之功
績。旋以領導者與部屬或百姓，建立行為之發展，應效法崇
尚，天地之常道，廣施良善，則能安適，得到福澤，實現心
中之願望，稱心如意！

＊國生字注音：
　賄ㄏㄨㄟˋ。觶ㄓˋ。屨ㄐㄩˋ。褭ㄋㄧㄠˇ。踖ㄐㄧˊ。摳ㄎㄡ。

《風城・玄魁居士箚記》，載云：「文人五藝：一藝，讀書；
二藝，賞畫；三藝，爐香；四藝，煮茗；五藝，吟詩。」《東漢・班
固》：「不學無術，闇於大理。」慕亮按：「不讀書者，豈有本領之
謂。」以勉雲仙，聊供雅參！

第十二卦，天地否：〈坤〉（☷）下〈乾〉（☰）上，
表喻天地、境地之接觸難靠近，萬物來往阻礙之義！

◎〈卦象〉：「上下閉塞，儉德避危。」

吳師慕亮傳授卦體，天地否：「〈否〉者，塞也。」卦體〈坤〉
下〈乾〉上，中爻互〈艮〉互〈巽〉，否字，音痞（ㄆㄧˇ）。東
漢・許慎《說文解字》：「否字，作不通之義解。」〈否〉、〈泰〉
兩卦，顛倒相反，〈乾〉下〈坤〉上，係通泰之象；則〈坤〉下
〈乾〉上，乃阻塞之象，故名：「否卦。」

慕亮按：「〈否〉卦，〈乾〉外〈坤〉內，陽外而上升，陰內而
下降，上下不交，其志不同、不和、不通，故天地閉，賢人必隱。陰
陽相乖，隔塞成否也。」

否，多音字辨析：二十五有韻，上聲（fǒu）：音缶，東漢・許

慎《說文解字》：「否，不也，從口，從不。」南唐‧徐鍇，曰：「否，不可之意見於言，故从口。」否，七麌韻，上聲（fǔ）：音甫。陳琳《晉書‧大荒賦》：「覽六五之咎休兮，乃貧尼而富虎，嗣反覆其若茲兮，豈云行之臧否。」否，四紙韻，上聲（pǐ），音痞。《廣韻》：「否，塞也。」否，十一尤韻，下平聲：否，未定之辭也。

　　英琪詩箋註釋：「否」字，拼音pǐ，ㄆㄧˇ。《廣韻‧仄聲‧四紙韻》：「否，塞也，符鄙切，又方久切，八。」引吳師慕亮《周易通鑑》：「否字，當重。否，否之匪人者。」東漢‧許慎《說文解字》：「否，不也。又房彼切。」否，謂不善之物也，邪惡也，亦通：「痞。」《論語‧雍也》：「夫子矢之曰：『予所否者，天厭之！』」

　　次之，否為無，非之意。《禮記‧大學》：「其本亂而末治者，否矣！」《墨子‧尚同中》：「夫建國設都，乃作后王君公，否用泰也；輕大夫師長，否用佚也；維辯使治天均。」北宋官修《集韻》：「否，通作不。」《周易‧否卦》：「六二，包承。小人吉，大人否，亨。」以上引述，故知否乃困厄、弗順或低劣也！

　　筆者復考：「交」字，拼音jiāo，ㄐㄧㄠ。《廣韻‧下平聲‧三肴》：「交，戻也，共也，合也，領也。古肴切，二十二。」《周易‧泰卦‧象辭》：「泰，小往大來，吉，亨。則是天地交而萬物通也，上下交而其志同也。」東漢‧許慎《說文解字》：「象人兩腿交叉形，謂從大而象，其交脛之形也。」引申凡交之屬，皆從交。

　　《論語‧學而》：「吾日三省吾身，為人謀而不忠乎？與朋友交而不信乎？傳不習乎？」又引申會合之意。北魏酈道元《水經注‧沁水》：「白水又東南流入丹水，謂之白水交丹水。」交者，兩者相接觸。《左傳‧成公九年》：「兵交，使在其間可也。」以上引述，故知交乃互相來往聯繫，與人相友好之義也！

　　復次，「匪」字，拼音fěi，ㄈㄟˇ。《廣韻‧上聲‧五尾》：「匪，非也。」東漢‧許慎《說文解字》：「匸部，器如竹篋。今從竹為筐篋字。府尾切，八。」《孟子‧滕文公‧下》：「其君子實玄

黃於匪，以迎其君子，其小人簞食壺漿以迎其小人。」次匪，同非；弗僅，不但。《白虎通德論・辟雍》：「《周易》曰：『匪我求童蒙，童蒙求我。』」

《尚書・呂刑》：「其今爾何懲？惟時苗民，匪察於獄之麗。」匪，亦通「斐」意。《詩經・淇奧》：「有匪君子，如切如磋，如琢如磨。」或通「彼」，那，那個。先秦《詩經・小雅・小旻》：「如匪行邁謀，是用不得于道。」以上引述，故知匪字，乃指文彩之樣，或行為不正之人也！再則，「瞞天過海」之意，比喻欺騙之手法頗高明。

 題解〈否〉卦籤詩，智珠在握～

顯外在境遇與內在接觸時，互動條件無法呼應，前進有障礙，並受行為不正之人阻撓，該隱退以避腐敗，窮困之環境，明哲保身。其應付世情，欺騙天地，昧著良心，隱瞞事實，謊言騙人之事，弗可為；處動盪不安之局面，寄身修習，陶冶品德，則可漸獲亨通！

＊國生字注音：

缶ㄈㄡˇ。磋ㄘㄨㄛ。

春秋《鄧析子・轉辭》：「一聲而非，駟馬勿追；一言之急，駟馬不及。」唐・裴鉶《崑崙奴・第一折》：「古人道：『一貴一賤，交情乃見；一死一生，乃見交情。今世之人，誰不如此。』」

家師 吳慕亮《延陵堂・勵志箴銘》：「口含黃柏味，有苦自家知。」明・方孝孺《遜志齋集・衾》：「己之溫，思人之寒；己之安，思人之難。」英琪溫故，以作自勉！

≡ 同人卦：〈離〉下〈乾〉上，〈大象〉：「天與火。」火性與天光，兩者相同。蓋經否道而閉塞不通，彼此脫節，勢必謀同，故於〈否〉卦之後，繼之〈同人〉，以示物性求同，親切相與之現象也。在人如同文同軌，以一其德，應本乎〈同人〉。

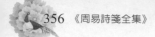

第十三卦，天火同人：〈離〉（☲）下〈乾〉（☰）上，
表徵與世道人群和諧之義！

◎〈卦象〉：「志同道合，正大光明。」

《汝南堂・周易尚占詩箋》

第十三卦　同人卦

大公無私

火灼（ㄓㄨㄛˊ）升天意志同，
朝（ㄓㄠ）參辨物造元功；
文明以健央和縮（ㄒㄩˋ），
主敬存誠運策通。

隴中吳慕亮傳授　汝南廖英琪敬撰

　　吳師慕亮傳授卦體，天火同人：「〈同人〉者，親也。」〈同人〉卦體〈離〉下〈乾〉上，中爻互〈巽〉互〈乾〉。《周易・雜卦傳》：「同人，親也。」取「與人和同」之義。《周易・說卦傳》：「乾為天，……，離為火。」天於上時，火勢向上，人心欲應上進，故〈離〉下〈乾〉上，名曰：「同人卦。」

　　慕亮按：〈同人〉卦，〈乾〉上〈離〉下，和同於人事也。先天之〈乾〉位，後天變〈離〉，今先後天同位，故曰：「同人。」外健內麗，大有文明之象也。

　　慕亮考之，同字，拼音：tóng，韻部：上平聲一東，會意，從

冃、從口，冃（mào），重複，本義：聚集。復次，人字，拼音：rén，韻部：上平聲十一真。象形，甲骨文字形，似側面站立之人形。「人」，乃漢字部首之一。本義：能製造工具改造自然並使用語言之高等動物。

東漢·許慎《說文解字》：「人，天地之性最貴者也。此籀文象臂脛之形。」《禮記·禮運》：「故人者，天地之德，陰陽之交，鬼神之會，五行之秀氣也。故人者，天地之心也，五行之端也，食味，別聲，被色，而生者也。」《列子·黃帝》：「有七尺之骸、手足之異，戴發含齒，倚而食者，謂之人。」若兩字相合，亦云同人也。

英琪詩箋註釋：「同」字，《廣韻·上平聲·東·同》：「齊也，共也，輩也，合也。」東漢·許慎《說文解字》：「同，合會也。」《詩經·小雅》：「我車既攻，我馬既同。」同，又聚也。乃古代諸侯，朝見天子六禮之一，每隔十二年，諸侯齊朝天子，咸稱：「同。」復古代土地面積單位，地方百里為「同」。其同字，謂等同，混同。清·李漁《閑情偶寄·詞曲上·音律》：「魚之與模，相去甚遠，不知周德清當日，何故比而同之。」亦「同」為齊一，統一，聚也。

《周禮·春官》：「典同，掌六律六同之和，以辨天地四方陰陽之聲，以為樂器。」（註：律以竹，同以銅。言助陽宣氣，與之同也。）同，又和也，平也。《禮運·大同篇》：「大道之行也，天下為公，選賢與能，講信修睦。是故謀閉而不興，盜竊亂賊而不作，故外戶而不閉，是謂大同。」引吳師慕亮《周易通鑑》：「同人者，和同於人事也。」以上引述，故知〈同人〉卦，乃指同一單位共事，彼此道合志同，或協力合作之義也！

次考，吳師慕亮《周易通鑑》，載云：「同人，卦名也。同人于野，亨。蓋田獵者，必在野地也。亨，即享字，古人舉行享祀，筮遇此卦，故記之曰：『亨。』又筮遇此卦，涉大川則利，故曰：『利涉大川。』君子有所占問，亦利，故曰：『利君子貞。』」

筆者復考：「灼」字，拼音zhuó，ㄓㄨㄛˊ。《廣韻·入聲·十藥》：「灼，燒也，熱也。之若切，十六。」東漢·許慎《說文

解字》：「灼，炙也。」東漢・許慎《說文解字・玉篇》：「灼，明也。灼灼，花盛貌。」《尚書・洛誥》：「無若火始燄燄，厥攸灼敘，弗其絕。」《尚書・呂刑》：「灼于四方，罔不惟德之勤。」

又如「灼艾」，燃燒艾絨熏灸人體之穴位。抑為「灼臂」，佛教儀式之一。乃將少量檀香置於臂上，燃香燒臂；源於佛教「燃身供佛」之典故，象徵將身心奉獻佛法。《宋史・卷三二〇・蔡襄傳》：「開寶浮圖災，下有舊瘞佛舍利，詔取以人，宮人多灼臂落髮者。」以上引述，引申照亮之義也！

復次，「朝」字，拼音zhāo，ㄓㄠ，指早晨。如：「春朝」。《詩經・小雅・何草不黃》：「哀我征夫，朝夕不暇。」《論語・里仁》：「朝聞道，夕死可矣！」亦如日、天。如：「有朝一日」，「成功在今朝」。《孟子・告子下》：「雖與之天下，不能一朝居也。」

次「元功」，意指大功績。南朝・宋・劉義慶《世說新語・識鑒》：「元功既舉，人咸歎超之先覺。」再則，「綰」字，拼音wǎn，ㄨㄢˇ。東漢・許慎《說文解字》：「綰，惡也，絳也，又絹也。」東漢・許慎《說文解字・玉篇》：「綰，貫也，羂也，同罥。」《廣韻・仄聲・十五潸韻》：「綰，繫也。」《史記・貨殖傳》：「東綰穢貉，朝鮮，眞番之利。」以上引述，故知綰字，乃指貫通、聯繫，盤結之意也！

題解〈咸〉卦籤詩，智珠在握～

喻太陽高卦天上照耀著思想暨志趣，同類相互順從，並辨識人事關係，彼此配合協力，創建功勞，昭顯光明。其雙方施行，以文雅有禮連接，按日謀取和同之心，一齊團結；內心恭敬虔誠，督促推動，運作計畫與政策，專一全心全意，則能順利通暢！

＊國生字注音：

　籤ㄓㄡˋ。脛ㄐㄧㄥˋ。骸ㄏㄞˊ。燄ㄧㄢˋ。厥ㄐㄩㄝ。攸ㄧㄡ。瘞ㄧˋ。詔ㄓㄠˋ。羂ㄐㄩㄢˋ。罥ㄐㄩㄢˋ。穢ㄏㄨㄟˋ。貉ㄇㄛˋ。

第十四卦，火天大有：〈乾〉（☰）下〈離〉（☲）上，
表盛大豐有或年歲豐收之象！

◎〈卦象〉：「如日方中，豐裕大業。」

《汝南堂‧周易尚占詩箋》

第十四卦　大有卦

求道積德

光明煜ⁱ耀照中州，
德勁溫尊大得優；
過ᵗ惡揚良吾輩份，
持身潔己獲天庥ᵀ／ㄡ。

隆中吳慕亮傳授　汝南廖英琪敬撰

　　吳師慕亮傳授卦體，火天大有：〈大有〉者，寬也。卦體〈乾〉
下〈離〉上，中爻互〈乾〉互〈兌〉。全卦僅六五一陰，高居尊位
而為主爻，與〈小畜〉卦同具一陰統蓄眾陽之象。〈小畜〉卦「以
小蓄大」取義，本卦以「所有者大」取義，故名：「大有。」慕亮
考之，大，九泰韻，去聲（dà）：小之對。大，二十一箇韻，去聲
（dà）：泰韻同。《漢語大詞典》：大有，拼音：dà yǒu。《周易‧
序卦》：「與人同者，物必歸焉，故受之以《大有》。」近代先秦古
典專家高亨，〈注〉：「大有，所有者大，所有者多也。」

　　慕亮按：〈大有〉卦，〈離〉上〈乾〉下，居中得位，五位為

極為尊，一陰居尊為主，統五陽為用，故為大有。所照者廣，所披者大，賢人之象也。若獲此象，彷彿太陽高掛，如日正中天之勢。又陰居君位，其恩德廣澤天下，陰盛必以柔順，廣納賢士，以誠待之。

英琪詩箋註釋：「大有」，乃象徵大、多，即頗多、豐收之意，唐・儲光羲〈觀競渡〉詩：「能令秋大有，鼓吹遠相催。」明・徐渭《先除夕二日雪甚如嬰兒拳》詩：「明年從大有，連歲卻餘殃。」清・李汝珍《鏡花緣・第四十回》：「今登極以來，十有餘年，屢逢大有，天下太平。」靜參斯意之釋，抑是大有作為。《詩經・小雅・六月》：「四牡脩廣，其大有顒。薄伐玁狁，以奏膚公。有嚴有翼，共武之服。共武之服，以定王國。」

次考，吳師慕亮《周易通鑑》，載云：「大有，卦名也。《詩經》因夢而占得豐年之事也。占歲者筮遇此卦，則大豐，故曰：『大有。』元，大也；亨，享字。古人舉行大享之際，曾筮此卦，故記之曰：『元亨。』」

其「煜」字，拼音yù，ㄩˋ。《廣韻・入聲》：「煜，火光，又燿也，同熠。」東漢・許慎《說文解字》：「煜，熠也。從火昱聲。」旋以中州，河南之古稱，亦指中原地區之謂。晉・陳壽《三國志・卷六〇・吳書・全琮傳》：「是時，中州士人避亂而南，依琮居者以百數。」唐・王維〈奉和聖製暮春送朝集使歸郡應制〉詩：「宸章類河漢，垂象萬中州。」

英琪復考：「遏」字，拼音è，ㄜˋ。《廣韻・入聲・十藥》：「遏：遮也，絕也，止也。烏葛切，十一。」《周易・大有・象辭》：「火在天上，大有；君子以遏惡揚善，順天休命。」或為阻止、掩蓋之意。《詩經・大雅・民勞》：「式遏寇虐，憯不畏明。」唐・孟郊《投所知》詩：「盡美固可揚，片善亦不遏。」以上引述，故為遮蔽、禁絕之義也！

次之，「庥」字，拼音xiū，ㄒㄧㄡ，古同「休」。《廣韻・下平聲・尤・休》：「庥，庥蔭也。」儒典《爾雅》，載云：「庇庥廕也，郭璞曰：『今俗呼樹蔭爲庥。』」《釋言》・亦云：「庥，蔭也。」

　　北宋‧司馬光《秀州真如院法堂記》：「真如故有堂，庳狹不足以庥學者。」亦同「休」，止息之意。唐‧柳宗元《石渠記》：「其側皆詭石怪木，奇卉美箭，可列坐而庥焉！」明‧郭勳《英烈傳》：「武當建天玄寶殿，以報神庥。」以上引述，故庥為庇蔭及保護之義也！

題解〈大有〉卦籤詩，智珠在握～

　　顯示前景局勢昌明盛大，光耀榮顯於周圍，蒸蒸日上，且學習盛弗忘衰，莫沾沾自喜；處於尊位，守持溫厚、剛健正直之品性，則能充沛、富饒，大有斬獲。其與人交際，培內德隱藏他人之過，宣揚群輩之善，修正身心，必蒙受上天恩澤與庇護，免遭禍端，得亨通！

---

*國生字注音：
顯ㄒㄧㄢˇ。獮ㄒㄧㄢˇ狁ㄩㄣˇ。焴ㄩ。懵ㄘㄢˇ，同慘。庳ㄅㄟˋ；ㄅㄧˋ。

大有卦：〈乾〉下〈離〉上，〈大象〉：「火在天上。」其所照者廣，所被者大。蓋與人同者，物必歸焉，而成其大。故於〈同人〉之後，繼之〈大有〉，以示光輝普照，無所不覆之現象也。在人如展佈之時，順天休命，應本乎〈大有〉。

謙　卦：〈艮〉下〈坤〉上，〈大象〉：「地中有山。」山在地中，是山屈其高而藏於地。蓋欲長守其大，必須卑之無甚高，故於〈大有〉之後，繼之為〈謙〉，以示卑以自牧，虛而有容之現象也。在人如不矜不伐，知雄守雌，應本乎〈謙〉。

豫　卦：〈坤〉下〈震〉上，〈大象〉：「雷出地奮。」陽氣振奮，萬物因之和樂。蓋謙則能受，可以招致和樂，故於〈謙〉卦之後，繼之為〈豫〉，以示物被奮發，而呈欣欣之現象也。在人如氣機已動，即時握取，應本乎〈豫〉。

第十五卦，地山謙：〈艮〉（☶）下〈地〉（☷）上，
表恭敬謙退合禮，終有成之象！

◎〈卦象〉：「虛懷若谷，謙卑自牧。」

《汝南堂・周易尚占詩箋》

第十五卦　謙卦

恭謙和讓

自抑山高屈地潛，
天行滿損學撝謙；
衰多益寡平施履，
禮讓卑辭福澤沾。

隆中吳慕亮傳授　汝南廖英琪敬撰

　　吳師慕亮傳授卦體，**地山謙**：〈謙〉者，退也。卦體〈艮〉下
〈坤〉上，中爻互〈坎〉互〈震〉。〈艮〉為山，〈坤〉為地，高峻
之象徵，應當聳於地面上，〈艮〉於〈坤〉下，有謙遜自抑之象，故
名：「謙卦。」

　　謙，拼音：qiān　韻部：下平聲，十五鹽。謙字，形聲，從言，
兼聲。本義：謙虛，謙遜，如：謙洽（謙虛和藹）、謙光（雖謙抑而
輝光益顯）、謙沖（謙虛）、謙克（謙遜自制）、謙厚（謙遜溫厚）
之意。

　　若以內外卦之卦象、卦德論謙義：由卦象觀之，高大之山，反
居於低下之地，山蘊藏豐富之礦產，猶人具崇高之德而願處卑下，更

顯其謙遜自抑之德，故名為謙。以竹筍為例，其象狀如小山而居土之下，採擷以出，煮之以清水，即可甘甜無比。若不願居土之下而穿土出後，再採擷烹煮，必苦澀難食。

足見謙卦於《易》道中蘊涵無窮精義，《易》教亦最深入民間。謙之上體為〈坤〉，卦德柔順；下體為〈艮〉，卦德靜止，艮山止於內，收斂不伐，深藏不露，猶人有德而不居，必謙遜自處，屈躬下物，先人後己；而上體坤柔，卑以下處，不矜不伐，亦為謙德。故知謙在人為誠，在天為道，天人共欽。

慕亮按：〈謙〉卦，〈艮〉一陽居於九三之位，以象天道行於內，地道柔順現於外。如山之壯高而今屈止地下，謙恭之至也。蓋本卦于〈大有〉後，有盛大之象；亦氣勢亨通時，切莫自我高漲，弗可驕狂過度，以達警惕之座右銘記！

吾幼時親覩先君—錫坤公揮毫清儒金蘭生之六字楹聯，貼於「延陵世第」，有云：「謙卦六爻皆吉，恕字終身可行。」先慈—吳楊鎬，亦云：「綠豆初伸，合掌皈依迎佛駕；黃禾當熟，低頭伏地謝天恩。」考椿萱慈語，亦〈謙〉卦箴言。

若從字義論〈謙〉卦：1.謙字義為「謙虛」：謙者，屈躬下物，先人後己，以此待物，則所在皆通。2.謙字屬恭敬合禮，屈己下人，故亦解「退讓」，有而不居之義，以崇高之德而處卑之下，如稻穗愈飽穗，頭愈低下。半瓶水，響叮噹；全瓶水，無聲響。3.「謙」之廣義：（1）才高而不自負。（2）德高而不自矜。（3）功高而不自居。（4）名高而不自譽。（5）位高而不自傲。縱觀咸內高外卑之象，故而曰謙。君子能明理達道，謙遜自處，樂天知命，淡薄自知，自卑而人益謙，自晦而德益顯。

復次，探索古籍對〈謙〉卦之述：1.《尚書‧大禹謨》：「滿招損，謙受益。」2.《周公戒子書》，載云：「《易》有一道，大足以守天下，中足以守其國家，小足以守其身，謙之謂也。」3.《韓詩外傳》，亦云：「謙之美益：初六卑下謙謙，无往不吉。六二謙德廣聞，中正獲吉。九三勤勞謙虛，有終致吉。六四發揮其謙，无所不利。六五居尊行謙，亦无不利。上六謙極有聞，利於行師。」4.老子《道德經》，載曰：「夫唯不爭，故天下莫能與之爭。」5.觀〈謙〉卦之序第十五，喻如滿月，為人道圓融、完美之卦，係《周易》

六十四卦中，最吉祥之卦。6.夏有《連山易》，以〈艮〉為首，重人道。商有《歸藏易》，以〈坤〉為首，重地道。周合〈坤〉〈艮〉成〈謙〉，重人倫修養，最為圓滿及究竟耳！7.謙德於《道德經》發揮最為淋漓透徹，將謙下退讓之理，說明白，講清楚，「既以為人己愈有，既以與人己愈多。」直指謙卦，乃長保富貴之道。8.《史記·樂書》：「君子以謙退為禮，以損減為樂，樂其如此也。」故謙之一字，可遠離我慢，普行恭敬。簡書昔讀，臚列參考！

英琪詩箋註釋：「抑」字，拼音yì，一ˋ。《廣韻·入聲·職·憶》：「抑，按也。」乃抑，退也。抗，進也。通作挹；或阻止。《明史·尹昌隆等傳贊》：「忠臣之志抑而不伸，亦可悲夫。」亦為強迫之意。唐·韓愈《上張僕射書》：「古人有言曰：『人各有能有不能，若此者，非愈之所能也。抑而行之，必發狂疾。』」以上引述，故解遏止、控制之義也！次則，「撝」字，拼音huī，ㄏㄨㄟ。東漢·許慎《說文解字》：「撝，裂也，一曰手指撝也。」

《周易·謙卦·六四》：「無不利，撝謙。」南朝·齊·王儉《褚淵碑文》：「功成弗有，固秉撝挹。」清·蒲松齡《聊齋志異·司文郎》：「生居然上坐，更不撝挹。」唐·李朝威《柳毅傳》：「毅，撝退辭謝，俯仰唯唯！」諸家之言，乃指退讓。《魏書·拓拔直傳》：「謙光守約，屢撝增邑之賞；辭多受少，終保初錫之封。」

故撝字意，亦揮動之意。春秋《公羊傳·宣公十二年》：「莊王親自手旌，左右撝軍，退舍七里。」以上引述，故為指揮、謙卑退讓之義！次考，吳師慕亮《周易通鑑》，載云：「謙，卦名也。亨，即享字。古人舉行享祀，曾筮此卦，故記之曰：『亨。』君子之事有終，故曰：『君子有終。』」

英琪復考：「裒」字，拼音póu，ㄆㄡˊ。東漢·許慎《說文解字·玉篇》：「裒，減也。」《廣韻·下平聲·侯》：「裒：聚也。薄侯切，九。」亦通「俘」，俘虜也。東漢·鄭玄，〈箋〉：「裒，眾；對，配也。遍天之下，眾山川之神皆如是配而祭之。」亦為眾多、搜集之意。先秦·《詩經·周頌·般》：「敷天之下，裒時之對。」以上引述，故乃聚集暨減去之義。

復次，「履」字，拼音，lǚ，ㄌㄩˇ。東漢·許慎《說文解字》：「履，足所依也。本作履，今作履。」《廣韻·上聲·四

紙》：「履：踐也，祿也，幸也，福也。」《爾雅·釋言》：「履，禮也。」通「釐」，福祿。其指行走。北宋·蘇軾《薦朱長文札子》：「昔苦足疾，今亦能履。」抑是踩踏之意。《論語·鄉黨·第十篇》：「立不中門，行不履閾」。以上引述，故為實行，禮儀之義。

> 題解〈謙〉卦籤詩，智珠在握～
>
> 　　明示處世基礎，慎居高位顯傲氣，須掩藏防制驕橫自滿，學習躬身降低身分，以謙虛之心待人。並闡揚君子實踐謙德，權衡事物，勿歧視他人或妄自尊大，守禮而不爭奪，弗做損人利己之事，公平施與受；始終保持堅定，方可獲幸福與榮祿，大吉，無所不利！

＊國生字注音：
遏さ、。閾ㄩ、。

〰〰〰〰〰〰〰〰〰〰〰〰〰〰〰〰〰〰〰〰〰〰〰〰

☰☱ 隨　卦：〈震〉下〈兌〉上，〈大象〉：「澤中有雷。」雷猶蟄伏不起而居澤中，僅得隨時。蓋和樂則懈，爰於一無主宰而隨之，故於〈豫〉卦之後，繼之為〈隨〉，以示天德未施，一隨時便之現象也。在人如處於不得已，隨遇而安，應本乎〈隨〉。

☴☶ 蠱　卦：〈巽〉下〈艮〉上，〈大象〉：「山下有風。」風不暢行，不能疏物，反因之壞物。蓋過於隨時，必不整飭而腐壞，故於〈隨〉卦之後，繼之為〈蠱〉，以示腐壞已極，超而圖存之現象也。在人如遭遇失敗，而欲有所振作，應本乎〈蠱〉。

☱☷ 臨　卦：〈兌〉下〈坤〉上，〈大象〉：「澤上有地。」地因得有潤澤，而萬物浸長。蓋物腐而能更生，必有浸長之勢，故於〈蠱艮〉卦之後，繼之為〈臨〉，以示物正浸長，其氣發揚之現象也。在人如臨民臨事，求其成長，應本乎〈臨〉。

第十六卦，雷地豫：坤（☷）下震（☳）上，
表悅樂應適性而歡，弗可窮極而生悲之象！

◎〈卦象〉：「處安思危，未焚徙薪。」

《汝南堂・周易尚占詩箋》

第十六卦 豫卦

豫知幾微

春雷大地奮柔鳴，
婉悅陰陽物類生；
縱豫防迷如介吉，
差池有悔盍簪迎。

隆中吳慕亮傳授　汝南廖英琪敬撰

　　吳師慕亮傳授卦體，**雷地豫**：〈豫〉者，悅也。卦體〈坤〉下〈震〉上，中爻互〈艮〉互〈坎〉。東漢・許慎《說文解字》：「豫字，可作解「準備」、「悅樂」、「懈逸」，三類之義，卦象則以悅樂為主。」〈震〉於〈坤〉上，為雷出地面，陽氣發舒，故名：「豫卦。」豫，拼音：yù，韻部：去聲，六御。形聲，從象，予聲。東漢・許慎《說文解字》：「豫，象之大者。」

　　慕亮按：〈豫〉卦，上〈震〉下〈坤〉，〈坤〉順於下，〈震〉動於上，下內卦為止，不進，豫悅，安於現狀也。上內卦有動而藏險之象，宜順動而合時也。豫之時義，其大矣哉！故〈豫〉卦者，猶似

春雷一聲響，大地充滿綠意，萬物欣欣向榮之景象。其必歷經休養生息後，方肇始勤於工作崗位，以喻積穀防饑，未雨綢繆，凡事居安思危，曲突徙薪，先有準備之意矣！

英琪詩箋註釋：豫之本義，从象也。旋以，引伸凡大皆稱豫。考吳師慕亮《周易通鑑》，載云：「《爾雅・釋詁》：『豫，厭也。』《楚辭・九章・惜誦》：『行婟直而不豫兮，鮌功用而不就。』蓋古之謂，持事厭倦為豫；亦作斁，豫、斁二字，古亦通用。」其豫，為安樂，順適。晉・葛洪《抱樸子・守塉》：「體瘁而神豫，亦何病於居約。」抑或喜悅、歡快之意。

南朝・宋・顏延之《贈王太常》詩：「豫往誠歡歆，悲來非樂闋。」《周易・豫卦・疏》：「謂之豫者，取逸豫之義，以和順而動，動不違衆，衆皆悅豫也。」以上引述，故為安逸、厭煩之義！次考，吳師慕亮《周易通鑑》，載云：「豫，卦名也。凡我輩筮遇是卦，建侯行師皆有利，故曰：『利建侯行師。』」

爰以，「介」字，拼音 jiè，ㄐㄧㄝˋ。《廣韻・去聲・十卦》：「介，大也，助也，佑也，甲也，閱也，耿介也。」《詩經・豳風》：「爲此春酒，以介眉壽。」《詩經・小雅》：「神之聽之，介爾景福。」以及《洪武正韻》：「居拜切，夶音戒。際也。」

《周易・繫辭・上傳》：「彖者，言乎象者也。爻者，言乎變者也。吉凶者，言乎其失得也。悔吝者，言乎其小疵也。无咎者，善補過也。是故：列貴賤者存乎位，齊小大者存乎卦，辨吉凶者存乎辭，憂悔吝者存乎介，震无咎者存乎悔。其卦有小大，辭有險易。辭也者，各指其所之。」綜括得知，乃指如此，居於兩者之間，或屬界限之義也。

惟「差池」，指意外，參差不齊之意。唐・李端〈古別離〉詩二首之二：「後事忽差池，前期日空在。」或差錯之意，亦作：「差遲。」《詩經・邶風・燕燕》：「燕燕于飛，差池其羽。」故為錯誤、過失之義也。

英琪復考：「盍」字，拼音hé，ㄏㄜˊ。《廣韻・入聲・十五合》：「盍，何不也。」東漢・許慎《說文解字》：「盍，作盇，

盍之異體，皿中有血而上覆之，覆必大于下，故从大。乃覆也，合也。」《周易·豫卦·九四》：「由豫，大有得；勿疑，朋盍簪。」亦為代詞，表示疑問，例如：猶何，什麼，怎麼。春秋·管仲《管子·霸形》：「仲父胡為然，盍不當言，寡人其有鄉乎？」。從上引述，咸為覆蓋、聚合之意。

「簪」字，拼音zān，ㄗㄢ，或讀ㄗㄢˇ。《廣韻·下平聲·十三覃》：「作含切，又側岑切平覃。」其簪，通槮，置於水中捕魚之積柴。《墨子·雜守》：「入柴，勿積魚鱗簪。」清·孫詒讓《間詁》：「凡聚積木柴，並謂之槮。槮、潛、參、簪，聲並相近。」

《東漢·鄭玄》：「簪，連也。」《儀禮·士喪禮》：「復者一人，以爵弁服簪裳于衣，左何之，扱領於帶。」《集韻》：「簪，作、篸，疾也。以信待之，則羣朋合聚而疾求也。」惟亦屬古人用以綰定髮髻或冠之長針，爾後專指婦女綰髻之首飾。

唐·杜甫《春望》詩：「國破山河在，城春草木深，感時花濺淚，恨別鳥驚心；烽火連三月，家書抵萬金，白頭搔更短，渾欲不勝簪。」從以上之引述，乃插、戴，連綴之義也！

 題解〈豫〉卦籤詩，智珠在握～

　　象徵春雷迸發之力量，令大地振奮，萬物之四時、節氣，呈現美好、愉悅、潤澤之景氣。其隱喻莫過度沉溺享樂，放任慾望，應適當節制加以拘束；與朋友之接續、聚合同樂時，謹嚴保持本份、操守之行為，防止差錯、悔恨暨迷失，則可朝向祥瑞，獲得吉利！

＊國生字注音：

肇ㄓㄠˋ。徙ㄒㄧˇ。从ㄘㄨㄥˊ，同從。詁ㄍㄨˇ。婞ㄒㄧㄥˋ。

觥ㄍㄨㄥˋ。斁ㄧˋ。堨ㄐㄧˋ。瘁ㄘㄨㄟˋ。闋ㄑㄩㄝˋ。

罶ㄅㄧㄣ。汰ㄅㄧㄥ。疪ㄘ。无ㄨˊ。咎ㄐㄧㄡˋ。邶ㄅㄟˋ。

槮ㄙㄣˇ。篸ㄘㄣ，ㄗㄢ，古通簪。綰ㄨㄢˇ。髻ㄐㄧˋ。迸ㄅㄥˋ。

第十七卦，澤雷隨：震（☳）下兌（☱）上，為人行事，堅守正道，擇善依從，待時而動之象！

◎〈卦象〉：「隨緣逸興，應天從民。」

《汝南堂・周易尚占詩箋》

第十七卦　䷐　隨卦

尊天法地

順逆時機動悅開，
依從主位擇交才；
無為逸興天然應，
屈貴降尊德附來。

隴中吳慕亮傳授　汝南廖英琪敬撰

　　吳師慕亮傳授卦體，**澤雷隨**：〈隨〉者，順也。卦體〈震〉下〈兌〉上，中爻互〈艮〉互〈巽〉。上體〈兌〉卦二陽於一陰之下，下體〈震〉卦一陽於二陰之下。〈兌〉為少女，為陰卦；〈震〉為長男，為陽卦。觀〈震〉下〈兌〉上，為以剛下柔，屈己隨人之象。吾能克己以隨別人，然後可感動別人而使之隨順於我，其乃卦名之取義所在，故曰：「隨卦。」

　　隨，形聲，從辵（chuò），拼音：suí，韻部：上平聲四支。東漢・許慎《說文解字》：「隨，從也。」《周易・雜卦》：「隨，無故也。」《詩經・大雅・民勞》：「無縱詭隨，以謹惽恍。」《荀

子・天論》：「列星隨旋，日月遞炤。」唐・杜甫《春夜喜雨》（下平聲八庚韻），詩云：「好雨知時節，當春乃發生，隨風潛入夜，潤物細無聲；野徑雲俱黑，江船火獨明，曉看紅濕處，花重錦官城。」

慕亮按：〈隨〉卦，上〈兌〉下〈震〉，震動於內，悅說於外；內動以德，外說以言。此卦上下兩體爻畫，皆取剛下於柔，降尊屈貴之象。忘其勇尊而下於人，我能隨物，則物必隨我。表示以己下人之美德，故元亨也。

英琪詩箋註釋：隨之本義，《廣韻・上平聲・支・隨》：「隨：從也，順也。

《管子・白心篇》：「人不倡不和，天不始不隨。」《老子・道德經・第二章》：「天下皆知美之為美，斯惡已；皆知善之為善，斯不善已。故有無相生，難易相成，長短相形，高下相傾，音聲相和，前後相隨。」以上引述，故君子以無為，順應之態度，以處事之義！

次考，吳師慕亮《周易通鑑》，載云：「隨，卦名也。元，大也。亨，即享字。古人舉行大享之祭，筮遇此卦，故記之曰：『元亨。』利貞，猶利占也。筮遇此卦，舉事有利且無咎，故曰：『利貞，无咎。』」

再則，「逆」字，《廣韻・去聲・十一陌》：「逆：迎也，卻也，亂也。」《禮記・孔子燕居》：「勇而不中禮，謂之逆。」《周易・說卦傳》：「天地定位，山澤通氣，雷風相薄，水火不相射，八卦相錯。數往者順，知來者逆，是故《易》，逆數也。」綜括得知，乃指迎接、接受與拒絕之義也。

再則主位，語法上稱實體詞為主語者；謹盡職守，安于本位之意。 西漢・賈誼《新書・服疑》：「主之與臣，若日之與星。臣不幾可以疑主，賤不幾可以冒貴。下不凌等，則上位尊；臣不踰級，則主位安；謹守倫紀，則亂無由生。」

惟「逸」字，拼音yì，ㄧˋ。《廣韻・入聲・四質》：「逸，失也，過也。」東漢・許慎《說文解字》：「逸，此以疊韵爲訓，亡逸者也；引伸之爲逸遊、暇逸，或者疾速。」南朝・梁・劉勰《文心雕龍・辨騷》：「驚才風逸，壯志煙高。」故為逃

跑、隱逸，或放縱之義也！

　　英琪復考：「屈」字，東漢・許慎《說文解字》：「屈，無尾也。從尾，出聲。又曲也，請也。」靜以究之，亦屬彎曲。《老子・道德經・第四十五章》：「大成若缺，其用不弊。大盈若沖，其用不窮。大直若屈，大巧若拙。大辯若訥。」屈，亦通作詘。《史記・晏嬰傳》：「詘於不知己，而信於知者。」明・張自烈《正字通》：「凡曲而不伸者，皆曰屈。」

　　《周易・繫辭・下傳》：「尺蠖之屈，以求信也；龍蛇之蟄，以存身也。」曩者，吾親覩亮師設壇，並撰五律上平聲十一真韻，以貺台南遠客一黃歆茹女史。詩云：「周易尚占珍，香壇卜筮神，豈為謀食計，聊使夙情伸；莫謂雕蟲技，休同尺蠖論，吉凶知卦象，損益適婚遵。」寸楮捃集，一併臚列。以上引述為降低身份，屈己從人之意。

　　旋而，「附」字，東漢・許慎《說文解字・玉篇》：「附，依也，近也，著也。」復以：「附益，亦作坿字，泥。」儒家聖典之《論語・先進篇》：「季氏富於周公，而求也為之聚斂，而附益之。」若詳參究，亦為歸附。《尚書・武成》：「惟其士女，篚厥玄黃，昭我周王。天休震動，用附我大邑周。」故綜觀乃依從、親近與附會之義也。

 題解〈隨〉卦籤詩，智珠在握～

　　顯示立身處世於態度、行動上，遵循順應時機，以接納、愉悅從事，依照自身所在之崗位，安守本分，並辨別良朋之才，結而識之；不踰矩人為干涉暨檢束，以喜悅心接待，自然不造作與附和，謙讓並敬重他人之地位，則品行理念，意氣相投者，必得歸向靠攏親近矣！

＊國生字注音：
　　筮ㄕㄟˋ。咎ㄐㄧㄡˋ。薄ㄅㄛˋ。觖ㄒㄧㄝˊ。詘ㄑㄩ。蠖ㄏㄨㄛˋ。
　　蟄ㄓˊ。坿ㄈㄨˋ。篚ㄈㄟˇ。厥ㄐㄩㄝˊ。和ㄏㄜˋ。

第十八卦，山風蠱：巽（☴）下艮（☶）上，
處境動盪不安，掃除亂源，矯正癥結之象！

◎〈卦象〉：「革除弊端，培育美德。」

《汝南堂・周易尚占詩箋》

第十八卦 蠱卦

破邪顯正

嶺下風吹惑亂匡，
馴靡抑止振民良；
補牢顧犬先三甲，
整飭從新育德祥。

隴中吳慕亮傳授　汝南廖英琪敬撰

　　吳師慕亮傳授卦體，**山風蠱**：蠱者，亂也。卦體〈巽〉下〈艮〉上，中爻互〈兌〉互〈震〉。蠱字，係器皿久無使用而生蟲之義，並屬事物敝壞之總稱。上卦〈艮〉為少男，陽剛之象；下卦〈巽〉為長女，陰柔之象。觀上下卦之爻畫，又皆上剛下柔，剛爻橫阻上，柔爻受逼於下，動彈弗得，有如器皿之棄置弗用，則不免久而敝壞。又上卦〈艮〉為山，下卦〈巽〉為風，下有風，則草木撩亂，亦屬敗壞人之象，故名：「蠱卦。」

　　蠱，拼音：gǔ　韻部：上聲七麌，會意，從蟲、從皿。本義：人肚子裡之寄生蟲。東漢・許慎《說文解字》：「蠱，腹中蟲也。」

《周禮·秋官·庶氏》：「掌除毒蠱，以攻說禬之，嘉草攻之。凡驅蠱，則令之，比之。」

東漢·鄭玄，〈注〉：「毒蠱，蟲物而病害人者。」清·鄒樹榮《紀事》詩：「貧傢性命憂，兵賊皆毒蠱。」又如：蠱慝（蠱蟲引起之禍害）、蠱證（腹內生蟲之病）、蠱毒（蠱蟲之毒）、毒蠱，傳說取百蟲於皿中，使互相蠶食，最後所剩之一蟲為蠱。如：蠱薑（毒蟲）或神智惑亂之疾病。如：蠱疾，係指心志惑亂之疾病，咸指遭女性所迷惑而言。

慕亮按：〈蠱〉卦，上〈艮〉下〈巽〉，風躁於內，山阻於外；風不暢行，弗能疏物，故整治其事。幹父之蠱，整治前賢已壞之緒也。故父有遇患，而子賢者為幹蠱。〈艮〉為少男，〈巽〉為長女，中爻互見〈震〉〈兌〉，有女惑男，風受山封之象。若參先後天卦位，〈巽〉〈艮〉兩卦，先天之〈巽〉於後天之〈坤〉位，先天之〈艮〉在後天之〈乾〉位，故爻象多取父母，故宜復整治父母、前賢之敗壞也。蓋〈艮〉山阻礙，氣閉塞，生命氣息停滯弗前，致物腐蠱生；此亂象如未除弊舊端，災難恐將接踵而至矣！

英琪詩箋註釋：蠱之本義，《廣韻·上聲·七麌》：「蠱：疑也，又蠱毒也，又卦名蠱事也。」《春秋·左傳》：「蠱，惑疾，心志惑亂之疾也。」考吳師慕亮《周易通鑑》：「『蠱，又為事。』唐·陸德明《經典釋文》：『蠱，一音故。故之言者，其亦事也。』《周官·占人》：『以八占人掌占龜，以八筮占八頌，以八卦占筮之八故，以眡吉凶。』東漢·鄭玄，〈注〉：『八，謂八事。』蠱訓為事，故大玄有事，首以象蠱卦之一義也。」惟蠱，亦為蠱雕，獸名。先秦古籍《山海經》：「鹿吳之山有獸名蠱雕，其狀如雕而有角，其音如嬰兒之音。」以上引述，乃指蛀蟲，誘惑或事件之義！

次考，吳師慕亮《周易通鑑》，載云：「蠱，卦名也。元，大也。亨，即享字。古人舉行大享之祭，筮遇此卦，故記之曰：『元亨。』王逸引之曰：『蠱，先甲三日，後甲三日。』乃承利涉大川而言，謂筮遇此爻，涉大川而利，唯利於甲前之辛日，與甲後之丁日，餘日則不利也。故曰：『利涉大川，先甲三日，後甲三日。』」

　　再則，「匡」字，《廣韻·下平聲·七陽》：「匡：輔助也，正也。」東漢·許慎《說文解字》：「匡，飯器也，筥也。一曰，正也。」《論語·憲問篇》：「子曰：『管仲相桓公，霸諸侯，一匡天下，民到于今受其賜。』」故旨意扶佐，輔助與糾正之義。

　　英琪復考，匡：形聲，從匚（fāng），表示與筐器有關，王聲。本義:盛東西之方形竹器。《詩經·小雅·楚茨》：「既齊既稷，既匡既勑。」《禮記·檀弓·下》：「蕢則績而蟹有匡，范則冠而蟬有緌。」唐·韋莊《秦婦吟》：「大道俱成棘子林，行人夜宿牆匡月。」

　　惟「䃺」字，拼音mí，ㄇㄧˊ。《廣韻·上平聲·四支》：「䃺：䃺粥。靡爲切，九。」《周易正義》，唐·孔穎達，〈疏〉：「靡爲䃺，謂財物䃺散凋敝；古字通用，又與眉同。」《前漢書·王莽傳》：「赤䃺聞之，不敢入界。」惟䃺，亦謂之饘。食部曰，饘同䃺也。

　　《禮記·檀弓·上》：「穆公之母卒，使人問於曾子曰：『如之何？』對曰：『申也聞諸申之父曰：哭泣之哀，齊斬之情，饘粥之食，自天子達。』」靜以觀之，亦作碎爛之解。東漢·王逸《九思·傷時》：「愍貞良兮遇害，將夭折兮碎䃺。」以上綜觀乃指濃稠之粥，浪費抑為毀壞之義也。

　　英琪復考：「彌」字，《廣韻·上平聲·四支》：「彌：益也，長也，久也。」《論語·子罕》：「顏淵喟然歎曰：『仰之彌高，鑽之彌堅。』」彌，亦通作補闕也。《周易·繫辭·上傳》：「《易》與天地準，故能彌綸天地之道。仰以觀於天文，俯以察於地理，是故知幽明之故。」故解為遍、滿，久遠，填補缺漏之義。

　　復次，先甲三日，後甲三日——甲，「天干」數之首，其序爲甲、乙、丙、丁、戊、己、庚、辛、壬、癸，在此十數中，「甲」寓有「終而復始」之涵義，故取「甲日」作爲「轉化」弊亂，重爲治理之象徵，即《象傳》「終則有始」之旨。

　　筆者靜思，觀此兩句言先後「甲」三日，語咸省略，大意指預先「深慮治蠱」前之事狀，詳爲辨析，引爲鑒戒；再推求「治蠱」後必

將出現之事態，制定措施，謹慎治理；惟有如此方能根治蠱亂，獲得「元亨」之前景。

　　北宋・程頤《伊川易傳》，載曰：「甲，數之首，事之始也。治蠱之道，當思慮其先後三日，蓋推原先後，爲救弊可久之道。先甲，謂先於此，究其所以然也。後甲，謂後於此，慮其將然也。一日、二日至於三日，言慮之深，推之遠也。」復考吳師慕亮《周易通鑑》大作，亦云：「甲、庚，乃十日之名。先甲三日，後甲三日，先庚三日，後庚三日，皆行事之吉日也。」

　　旋而，「飭」字，拼音chì，ㄔˋ。《廣韻・入聲・十三職》「飭：牢密又整備也。」東漢・許慎《說文解字・玉篇》：「飭，致堅也。」飭，亦為修治。《周易・雜卦傳》：「隨無故也，蠱則飭也。」《周易正義》，唐・孔穎達，〈疏〉：「飭，勤也。」《周禮・地官・大司徒》：「百工飭化八材，頒職事十有二於邦國都鄙，使以登萬民。」復以，飭與敕義略相近，乃敕，為誡也；亦通飾。故以上綜觀乃整治，謹慎之義。

 題解〈蠱〉卦籤詩，智珠在握～
　　山丘口被風吹拂著，隱喻局勢、心意正處於迷亂、煩雜，無法安寧之踪象，修正面對外緣之作法，費神並奮發，以平和溫順之態度，阻止腐爛敗壞，引導使人事美好。且至誠從新整頓導正，益於填補、脫離困窘沒落，假以時日，重獲轉機興盛一切事物，福善吉利。

＊國生字注音：
　　慝ㄊㄜˋ。蠚ㄔㄞˋ。癥ㄓㄥ。踵ㄓㄨㄥˇ。茨ㄘˊ。稷ㄐㄧˋ。
　　勑ㄔˋ；同「倈」。緌ㄖㄨㄟˊ。棘ㄐㄧˊ。饘ㄓㄢ。闋ㄑㄩㄝ。
　　敕ㄔˋ。憫ㄇㄧㄣˇ。

　　豫汝緣愛室主人纂輯《緣愛誠語》：「事事反己，世上儘無怨之人；時時問心，腹中少難言之隱。」英琪讀之，沐手爰錄！

第十九卦，地澤臨：兌（☱）下坤（☷）上，
居上視下，督促行己有方，以折服之象！

◎〈卦象〉：「以德服人，勵精圖治。」

吳師慕亮傳授卦體，**地澤臨**：〈臨〉者，大也。卦體〈兌〉下〈坤〉上，中爻互〈震〉互〈坤〉。東漢・許慎《說文解字》：「臨字，作監督之義解。」爻位次序，自下而上，初二兩陽，有向上發展，以剛臨柔之勢。兌澤於〈坤〉地之下，地面本高於沼澤，有居高臨下之象。故〈兌〉下〈坤〉上，名曰：「臨卦。」

慕亮考之，臨，拼音：lín，下平聲，十二侵韻。《爾雅・釋詁》：「臨，視也。」《詩經・大雅・大明》：「上帝臨女，無貳爾心。」三國・魏・阮籍《詠籍詩八十二首之十三》：「登高臨四野，北望青山阿。」《詩經・衞風》：「日居月諸，照臨下土。」

以及去聲（lìn）二十七沁韻。宋・毛晃《增注禮部韻略》：「臨，喪哭。」唐・顏師古，〈註〉：「眾哭，曰臨。」復以，臨者，來到之意。如：光臨、蒞臨、親臨、賁臨、辱臨、惠臨、登臨、俯臨、駕臨、雙喜臨門、……。《楚辭・屈原・遠遊》：「朝發軔於太儀兮，夕始臨乎於微閭。」

慕亮按：〈臨〉卦，上〈坤〉下〈兌〉，上順下悅，二陽居初二而浸進，澤上有地，地因而得有潤澤而生養萬物。靜觀〈臨〉卦，若于七十二候中，其屬二月之卦。係一陽初生，建子月〈復〉卦；二陽，〈臨〉卦；三陽，〈泰〉卦；四陽，〈大壯〉卦；五陽，〈夬〉卦；六陽〈乾〉卦。五月時，一陰始生〈姤〉卦；六月時，二陰長而〈遯〉卦。以上由一陽初生之子月，至二陰長為〈遯〉之六月，凡計八月，故卦言：「至於八月，有凶。」考其原由，卦以候言之矣！

英琪詩箋註釋：臨之本義，《廣韻・下平聲・十二侵》：「蒞也，大也，監也。」《爾雅・釋詁》：「臨，視也。」《荀子・勸學》：「不臨深谿，不知地之厚也。」為蒞、來之義，亦當治理、管理之解。《論語・雍也》：「居敬而行簡，以臨其民，不亦可否？」以上引述，乃靠近、察視或統理之義！

旋而「八月」，乃指十二辟卦之〈觀〉卦，節氣引吳師慕亮《周易通鑑》大作，載云：「白露－八月中氣，節令水土濕氣凝結為露，而秋于五行中屬金，金色白也，故古人以色形容秋露，白露由此命名。秋分－八月節氣，實太陽直射於赤道上，南北半球受光均等，晝夜等長，適秋季之半，則稱秋分，其『分』乃『半』之意。」

《禮記・月令》：「月也，殺氣浸盛，陽氣日衰。」故隱藏盛極後，漸而消之象徵。次考，吳師慕亮《周易通鑑》，載云：「臨，卦名也。元，大也。亨，即享字。古人舉行大享之祭，曾筮遇此卦，舉事則利，但利於八閱月之內，而不利於八用之外。故曰：『利貞，至于八用有凶。』」

爰以，「殆」字，拼音dài，ㄉㄞˋ。《廣韻・上聲・十賄》：「殆，危也，近也。」《論語・為政》：「學而不思則罔，思而不學則殆。」亦為困乏、疲憊。《莊子・養生主》：「吾生也有涯，而

知也无涯。以有涯隨无涯，殆已；已而為知者，殆而已矣！」抑是將也、幾也。

《周易・繫辭・下傳》：「顏氏之子，其殆庶幾乎！」綜而觀之，為威脅、畏懼之意。次則「監司」即指職官名，乃監察地方屬吏之司、道諸官。又「敦仁」為仁厚之義。《周易・繫辭・上傳》：「安土敦乎仁，故能愛。」

筆者復考，「曠」字，音kuàng，《廣韻・去聲・二十三漾》：「曠，乃空明、遠、大、久也，又姓，苦謗切。」東漢・許慎《說文解字》：「曠，明也。」東漢・王充《論衡・書虛》：「師曠之聰，不能聞百里之外。」

三國・曹魏・張揖《博雅》：「曠，遠也。曠曠，大也。」其會意兼形聲字，廣大之明也，引伸虛空之稱。再則「顒」字，拼音yóng，ㄩㄥˊ。《廣韻・上平聲・鍾》：「顒，仰也。」《爾雅・釋訓》：「顒顒，卬卬，君之德也。」東漢・許慎《說文解字》：「顒，大頭也。」亦獸壯大者，曰顒；引伸凡大、嚴正之貌之義。

🖋 題解〈臨〉卦籤詩，智珠在握～

象徵掌理人事上位者，得權重任，隱藏管理之憂患，行政主管治理人事與業務，應避開以權勢壓制；才幹卓越，智識通達，有遠見之領袖，守衛不使受損、衰敗，統理下層之黎民，秉持端正、忠實與厚道，達至上情下達，下情上達，方能寬闊，長治久安，安定太平。

＊國生字注音：

共ㄍㄨㄞˋ。遯ㄅㄨㄣˋ。谿ㄒㄧ。軔ㄖㄣˋ。无ㄨˊ。

家師 吳慕亮《延陵堂・勵志箴銘》：「分厘善念，可引百世福份；半句非言，妄損品德慧命。」英琪自勉，永懷五衷！

第二十卦，風地觀：坤（☷）下巽（☴）上；瞻仰事物，
教化風行，省察自我，進退中繩，修美德行之象！

◎〈卦象〉：〈「靜觀自得，高瞻遠矚。」

《汝南堂・周易尚占詩箋》

第二十卦　觀卦

恭儀誠意

風行草偃觀民占，
敬重虔誠感化廉；
設教壇場王道服，
循規四美眾恩霑。

隆中吳慕亮傳授　汝南廖英琪敬撰

　　吳師慕亮傳授卦體，**風地觀**：〈觀〉者，瞻也。卦體〈坤〉下
〈巽〉上，中爻互〈坤〉互〈艮〉。《說文》：「觀字，作觀瞻，
或示範之義解。」〈說卦傳〉：「坤為地，……，巽為風，……，艮
為門闕。」〈巽〉風行於〈坤〉地之上，有周遊歷覽之象。古人稱門
闕，曰觀。取其為人所觀之義，故〈坤〉下〈巽〉上，名曰：「觀
卦。」

　　觀，多音字辨析：觀，十四寒韻，上平聲（guān）：音官。觀，
十五翰韻，去聲（guàn），音冠。元・熊忠纂編《古今韻會舉要》：
「觀，所觀也，示也。」古籍《爾雅・釋宮》乙書，東晉・郭璞，

〈注〉:「孫炎曰:『宮門雙闕,舊章懸焉,使民觀之,因謂之觀。』」

　　慕亮按:〈觀〉卦,〈巽〉上〈坤〉下,諦視也、遊觀也、觀摩也。中爻互〈艮〉,為限、為門闕。外風物,內順和,九五履中得正,以中正之道,觀行天下,乃成大觀之象。蓋九五之陽於尊位,大地之平民,仰慕君王,五內必然誠服;君王禮儀之尊業,更甚於臣民,故國本方弗動搖矣!〈風地觀・卦辭〉:「觀,盥而不薦,有孚顒若。」

　　英琪詩箋註釋:觀之本義,《廣韻・去聲・換・貫》:「觀,樓觀。」東漢・許慎《說文解字》:「觀,諦視也。」《周易・觀卦・象辭》:「大觀在上,順而巽,中正以觀天下。」唐・顏師古,〈注〉:「觀,示也。又容觀,容貌儀觀也。」

　　明末・張自烈《正字通》:「遠視及上視,曰觀;近視及下視,曰臨。」《周易・觀卦》:「初六,童觀,小人无咎,君子吝。」南宋・朱子《周易本義》:「卦以觀示爲義,爻以觀瞻爲義。」《爾雅・釋詁》:「觀,多也。」猶顯之意,顏師古,有云:「觀,顯示之,使其慕欲也。」故從上得知,乃審察、對事物之認識或看法;若以佛教用語,即為觀察妄惑智力之義。

　　次則,「風行草偃」源自語本《論語・顏淵》:「君子之德,風,小人之德,草;草上之風,必偃。」比喻在上位者,以德化民矣!其「壇場」,乃古代設壇舉行祭祀、盟會、拜將之處所。唐・顏師古,〈注〉:「築土而高曰壇,除地為場。」靜思引申,亦指講經修法之處。唐・柳宗元〈南嶽般舟和尚第二碑・序〉:「佛法至於衡山及津大師,始修起律教,由其壇場而出者,為得正法。」

　　夫「王道」,係以仁義,治天下之政治思想也!《書經・洪範》:「無偏無黨,王道蕩蕩。」筆者復考,「四美」,乃指仁、義、忠、信。唐・柳宗元〈天爵論〉:「仁義忠信,猶春秋冬夏也。舉明離之用,運恆久之道,所以成四時而行陰陽也。宣無隱之明,著不息之志,所以備四美而富道德也。」再者,「霑」字,音zhān,ㄓㄢ,同沾。《廣韻・下平聲・十四鹽》:「霑,霑濕也,又濡也,漬也。」

《詩經・信南山》：「益之以霡霂，既優既渥，既霑既足，生我百穀。」東漢・許慎《說文解字》：「霑，雨　也，從雨沾聲。」《淮南子・說山訓》：「雨之集無能霑，待其止而能有濡。」霑字廣釋，亦指受益也。西漢・揚雄《長楊賦》：「蓋聞聖主之養民也，仁霑而恩洽。」引申因接觸而黏附著，即為浸潤、沾光之義。

題解〈咸〉卦籤詩，智珠在握～

明喻依據民情徵兆，仰觀視察，推知福禍，以道德品性，至誠感動人心，令其正直有節操，棄惡從善，變化氣質。並實施教化，設立遵循之規則，引導施行仁民愛物，培寬厚、盡忠職守，講信修睦之美德，使其接觸者，耳染目濡，得以尊崇佩服，進而效法、順從之！

＊國生字注音：

闋ㄑㄩㄝˋ。无ㄨˊ。咎ㄐㄧㄡˋ。盥ㄍㄨㄢˋ。孚ㄈㄨˊ。顒ㄩㄥˊ。霡ㄇㄞˋ。

🀆觀　卦：〈坤〉下〈巽〉上，〈大象〉：「風行地上。」風行則庶類皆被，可以觀摩矣！蓋物至於大，斯有可觀，故於〈臨〉卦之後，繼之為〈觀，以示風行草偃，觀摩成化之現象也。在人如省察周至，以正風教，應本乎〈觀〉。

🀆噬嗑卦：〈震〉下〈離〉上，〈大象〉：「電雷。」威而有明，使無所梗而合於道。蓋彼此觀摩，則必漸趨於合，故於〈觀〉卦之後，繼之〈噬嗑〉，以示物有間隔，齧而合之現象也。在人如執法用威，期能掃除敗類，應本乎〈噬嗑〉。

🀆賁　卦：離〉下〈艮〉上，〈大象〉：「山下有火。」火僅及山下，其光彩有限，點綴粉飾而已。蓋物因求合，便從事於粉飾，故於〈噬嗑〉卦之後，繼之為〈賁〉，以示表面粉飾，苛細繁瑣之現象也。在人如簡政便民，揚棄虛偽形式，應本乎〈賁〉。

第廿一卦，火雷噬嗑：震（☳）下離（☲）上，借喻咬合不善，情意阻隔，施行刑罰，止息爭端之象！

◎〈卦象〉：「明辨是非，賞罰分明。」

《汝南堂・周易尚占詩箋》

第廿一卦　噬嗑卦

明罰勅法

東方旭日動而明，
閃電雷音執法清；
頣實中虛頤口象，
施刑亮察噬膚平。

隆中吳慕亮傳授　汝南廖英琪敬撰

吳師慕亮傳授卦體，**火雷噬嗑**：〈噬嗑〉者，齒也。卦體〈震〉下〈離〉上，中爻互〈艮〉互〈坎〉。東漢・許慎《說文解字》：「噬嗑，係口齒咬合之義解。」觀初、上兩爻，象徵兩唇；二、三、五之諸偶爻，象徵牙齒；九四一奇爻，橫貫上下齒之間，必將其咬斷，張開之口方能合攏，故名：「噬嗑。」

噬，拼音：shì，去聲，八霽韻。形聲，從口，筮（shì）聲，本義：咬。嗑，拼音：kè，入聲，十五合韻。形聲，從口，盍聲，本義：多話。東漢・許慎《說文解字》：「嗑，多言也。」《周易・雜卦》：「噬嗑，食也。」〈象傳〉：「頤中有物，曰噬嗑。」

慕亮按：〈噬嗑〉卦，〈離〉上〈震〉下，噬者，齧也，咬也；嗑者，合也。頤中有物，齧而合之，威在內，文明在外，如人執法

用威，期能掃除敗類，以象明罰敕法。九四中剛堅，與柔爻二至五為間阻，有物間阻便弗成頤，必齧以去之。先天之〈離〉亦後天之〈震〉，先後天之方位相合，故為明析之象。

英琪詩箋註釋：「噬」字，音shì，ㄕˋ。東漢・許慎《說文解字》：「啗也，喙也。」《廣韻・去聲・祭・逝》：「噬，齧噬。」《左傳・莊六年》：「若不早圖，後君噬齊。」《詩經・唐風》：「彼君子兮，噬肯適我。」《揚子・方言》：「噬，逮也，憂也。」故從上得知，乃吃、啃食暨侵吞之義。「嗑」字，音hé，ㄏㄜˊ。東漢・許慎《說文解字・玉篇》：「噬嗑，卦名。」

《周易・序卦》：「嗑者，合也。」綜觀之，則為說話多、閉合之意。東漢・王符《潛夫論・三式》：「《噬嗑》之卦，下動上明，其《象》曰：『先王，以明罰敕法。』」次考，吳師慕亮《周易通鑑》，載云：「噬嗑，卦名也。亨，即享字。古人舉行享祀，曾筮遇此卦，故記之曰：『亨。』又筮遇此卦，利於訟獄，故曰：『利用獄。』」

爰以，「劾」字，音hé，ㄏㄜˊ。《廣韻・入聲・德・劾》：「劾，推窮罪人也，俗作刻。胡得切，一。」東漢・許慎《說文解字・力部》：「劾，法有罪也。」唐・孔穎達，〈疏〉：「漢世問罪，謂之鞫，斷獄，謂之劾。」從上得知為審理、判決，抑是揭發過失之罪行也。再則，「顎」字，音è，ㄜˋ。

《廣韻・入聲・鐸・咢》：「顎，嚴敬，曰顎。」東漢・許慎《說文解字・玉篇》：「顎，面高貌，同顓。」即指某些節肢動物攝取食物之器官，或是恭敬、嚴肅之意！以及「亮察」，指明白清晰、體察之義！明・王守仁〈與安宣慰書〉：「承問及，不敢不以正對，幸亮察。」

> 🎐 **題解〈噬嗑〉卦籤詩，智珠在握～**
>
> 　　隱喻人事之脫序，造成紊亂、分歧之狀，須矯正錯誤，宛若東方升起之太陽，方能重見光明；行使威權，好比閃電與雷聲交合聲響之力量，以彰顯理法。並明察剛柔果斷，執法公正，無所偏袒，勿落入膚淺，虛有表面，空有名聲，而無內涵，得以消弭爭執不合之端。

＊國生字注音：
　齧ㄋㄧㄝˋ。劾同「劾」字。鞫ㄐㄩˊ。

第廿二卦，山火賁：離（☲）下艮（☶）上，揭示世俗應對之人事，以禮、道德與文物規範，充實本質，獲取光明！

◎〈卦象〉：「明辨是非，賞罰分明。」

《汝南堂・周易尚占詩箋》

第廿二卦 ䷕ 賁卦

修飾充實

日沒西山射餤霞，
人文舉正飾剛華；
居貞斷獄修明止，
白賁歸真返璞驊。

隆中吳慕亮傳授　汝南廖英琪敬撰

　　吳師慕亮傳授卦體，山火賁：〈賁〉者，飾也。卦體〈離〉下〈艮〉上，中爻互〈坎〉互〈震〉。東漢・許慎《說文解字》：「賁字，音詖，四寘韻，去聲（bì），作『文飾』解。」復以，十三元韻，上平聲（bēn），音奔，作「光明」解。本卦兼取二義，諸君悉辨識之！次有，賁，十二文韻，上平聲（fén）：音焚，本卦弗取引述！

　　觀下體〈離〉卦，〈說卦傳〉：「離為雉。」雉羽色彩亮麗，可作裝飾品；又離火燃於〈艮〉山之下，光餤上照，岩壑通明。其文采光華，故名：「賁卦。」蓋日沒於艮山之下，如夕陽餘暉，黑夜相繼臨至，美麗之短暫，如人於亮麗裝飾下，內心依然空虛無奈耶！

　　慕亮按：〈賁〉卦，〈艮〉上〈離〉下，〈賁〉者，飾也。外止而文明以內，即外質樸，故無色為飾，內文明，故內具才屬光明，為飾。然火僅及於山下於內，光彩未及遠外，徒具點綴粉飾而已矣！

　　英琪詩箋註釋：「賁」字，音bì，ㄅㄧˋ，或讀ㄅㄣ。東漢・許慎《說文解字》：「賁，飾也。」《廣韻・平聲・魂韻》：「賁，勇也。」賁，係美飾。《周易・賁卦・上九》：「白賁，無咎。」賁，大也。《詩經・大雅・靈臺》：「虡業維樅，賁鼓維鏞。」寸楮引述，乃華麗之意。

　　次考，吳師慕亮《周易通鑑》，載云：「賁，卦名也。亨，即享字。古人舉行享祀，曾筮遇此卦，故記之曰：『亨。』凡我輩者，筮遇此卦，有所往則小利，故曰：『小利有攸往。』」

　　其「没」字，音méi，ㄇㄟˊ，或讀ㄇㄛˋ，同「沒」。明・宋濂《篇海類編・地理類・水部》：「殁，俗作没。」《論語・學而》：「父没，觀其行。」東漢・許慎《說文解字》：「没，沉也，盡也，唅也，喉也，又過也。」

　　《禮記・坊記》：「子云：『敬則用祭器，故君子不以菲廢禮，不以美没禮。』」故從上得知，没乃消失、終了或掩覆之義。「焱」字，音，yàn，ㄧㄢˋ，同焰。東漢・許慎《說文解字》：「焱，火行微焱焱也。從炎召聲。」以及《說文解字・玉篇》：「焱，火行貌。」《尚書・洛誥》：「無若火始焱焱，厥攸灼敘弗其絕。」綜以觀之，則為火苗、火花之意。

　　爰以，所謂：「人文，乃人類之《禮》、《樂》之教化。」《周易・賁卦・象辭》：「觀乎天文以察時變，觀乎人文以化成天下。」唐・孔穎達《周易正義》：「人文，則《詩》、《書》、《禮》、《樂》之謂。」亦是社會之各種文化現象。南朝・劉宋・范曄《後漢書・卷七三・劉虞傳》，論曰：「捨諸天運，徵乎人文，則古之休烈，何遠之有！」故泛指各種習俗、文化之現象。

　　再則，「貞」字，《廣韻・下平聲・八庚韻》：「貞，正也，陟盈切。」東漢・許慎《說文解字》：「貞，卜問之也。從卜，貝，以為贄。」《周禮・春官・大卜》：「凡國大貞，卜立君，卜大封。」

東漢‧劉熙《釋名》：「貞，定也，精定不動惑也。」從上可得義為問卜，或堅定不移之意志或操守。

復次，「賁」字，音bēn，ㄅㄧㄣ丶。《廣韻‧去聲‧寘》：「賁，卦名，賁飾也。亦姓漢有賁赫，彼義切。又肥、墳、奔，三音七。」唐‧陸德明《經典釋文》：「賁，變也，文飾之貌。」三國‧曹‧魏王肅：「賁，有文飾，黃白色。」《周易‧序卦》：「賁，飾也。」〈雜卦傳〉：「賁，無色也，亦為美飾。」〈賁卦‧上九〉：「白賁，無咎。」唐‧孔穎達《周易正義》：「賁，以自為飾而無憂患。」從上得之，乃文飾、華美暨光彩貌之義。

次則，「驊」字，音huá，ㄏㄨㄚ丿。《廣韻‧下平聲‧麻‧華》：「驊，驊騮，周穆王馬。」驊，亦通作華與驊同。東漢‧許慎《說文解字‧玉篇》：「驊騮，駿馬，周穆王八駿之一。互詳騟字註，又或作繣。」班固《前漢書‧地理志》：「華騮，綠耳之乘。」即比喻才華出眾之人。

> 題解〈賁〉卦籤詩，智珠在握～
>
> 　　太陽射出之霞光，隱沒在西邊，宛如繁榮之人、事、物，由盛壯轉為衰微敗落；於精神、行為舉止上，以合宜之義理，作為準則暨整治，轉移風氣，改良習俗。其修持堅守正道，隔絕官非、爭執與防範侵害，且除去表面之虛華，回復淳樸之本性，成為一位才德高賢之人。

＊國生字注音：

雉ㄓ丶。鏊ㄏㄨㄛ丶。毿ㄧㄢ。啗ㄉㄢ丶。陟ㄓ丶。贅ㄓ丶。寘ㄓ丶。騮ㄌㄧㄡ丿。騟ㄌㄧㄡ丿。繣ㄏㄨㄚ丿。

　　新竹縣芎林鄉《土地公廟》，對聯：「福由天降，惟須力行善事；德修從己，尤應本乎心良。」亮師抄錄，以授英琪。

第廿三卦，山地剝：坤（☷）下艮（☶）上，揭示物極必返之境，謹防得勢或困頓，聞風不動，正己守道！

◎〈卦象〉：「洞悉玄微，剝去我執。」

《汝南堂・周易尚占詩箋》

第廿三卦　䷖　剝卦

小人勢長

月滿盈虛剝蝕殘，
陰長得勢正凌寒；
天行順應停前莽，
背暗投明保定安。

隆中吳慕亮傳授　汝南廖英琪敬撰

　　吳師慕亮傳授卦體，**山地剝**：〈剝〉者，落也。卦體〈坤〉下〈艮〉上，中爻互〈坤〉。東漢・許慎《說文解字》：「剝字，作剝削耗蝕之義解。」剝，拼音：bāo，入聲，三覺韻，去掉物之外皮或殼，如剝花生及剝碗豆之謂。觀六爻中，自初至五皆陰，僅上九一陽，為陰長陽消，反動勢力剝蝕正義之象，故名：「剝卦。」

　　慕亮按：〈剝〉卦，〈艮〉上〈坤〉下，裂也，陰消乾（陽）也。陰往上消至五，僅存上九之一陽，為小人剝奪君子之象。若徒以賁賁粉飾，其道已窮，宜立即力謀根本挽救之法也。彷彿君子遭逼於山頂，岌岌可危，猶似逢狂風暴雨將襲，大自然必面臨浩劫之兆矣！故筮遇此卦，凡事宜守，不利有所往，故曰：「不利有攸往。」

英琪詩箋註釋：「剝」字，音bāo，ㄅㄛ，或讀ㄅㄠ，同「剝」。東漢‧許慎《說文解字》：「剝，裂也；從刀，彔聲。」《廣雅‧釋詁》：「剝，脫也。」《詩經‧七月》：「八月剝棗，十月穫稻。」引吳師慕亮《周易通鑑》，載云：「毛《傳》：『剝，擊也。』」以上引述故知為脫去或強制除去之義。

例如：剝削、剝奪。次之，月圓，乃指月亮至最圓之際，亦逐漸開始虧損，比喻物盛極必衰之理。次考，吳師慕亮《周易通鑑》，載云：「剝，卦名也。筮遇此卦，凡事宜守，不利有所往，故曰：『不利有攸往。』」

其「凌」字，《廣韻‧下平聲‧十六蒸》：「凌，冰凌。」《周禮‧天官‧凌人》：「凌，冰室也。」凌，又為登。唐‧李白《書情題蔡舍人雄》：「凌山採芳蓀，愧無橫草功。」凌，含有逼近及壓倒也。曹植《文選‧白馬篇》：「長驅蹈匈奴，左顧凌鮮卑。」寸楮引述，凌字，乃升及踰越與侵犯之義。

爰以，「莽」字，音mǎng，ㄇㄤˇ。《廣韻‧上聲‧七麌》：「莽，草莽。」東漢‧許慎《說文解字》：「南昌謂犬善逐兔，草中為莽。」《揚子‧方言》：「草，南楚之閒謂之莽。」《孟子‧萬章‧下》：「孟子曰：『在國曰市井之臣，在野曰草莽之臣，皆謂庶人。』」莽，亦為叢生之草地。

戰國‧宋玉《文選‧風賦》：「蹶石伐木，梢殺林莽。」以上述得知，為茂密、或粗率之義也。復次，背暗投明，乃指修正過失，抑或借喻改錯向善，認清是非曲直，走向正道。元‧尚仲賢《單鞭奪槊‧楔子》：「高鳥相良木而棲，賢臣擇明主而佐，背暗投明，古之常理。」

 題解〈剝〉卦籤詩，智珠在握～

顯露天地運行之常數，值月圓時將由盈滿轉虧虛，物盛則衰之理，隱喻面臨周遭人事得勢，自身受困、損失之窘況；接受、順著遭受環境發展與變化之趨向，處理之氣度暨採取對策，則是停止輕率之行動，抉擇並認清是非，不同流合汙，明哲保身，則能獲取安定、光明之路。

＊國生字注音：

岌ㄐㄧˊ。彔ㄌㄨˋ。蹶ㄐㄩㄝˊ。槊ㄕㄨㄛˋ。楔ㄒㄧㄝˋ。

第廿四卦，地雷復：震（☳）下坤（☷）上，顯出陽剛正氣回復，體現天道運行，循環不息！

◎〈卦象〉：「堅持善道，無往弗利。」

《汝南堂・周易尚占詩箋》

第廿四卦　䷗　復卦

主東我復

冬眠萬物一陽躋（ㄐㄧ），
七日循環蘊始稊（ㄊㄧˊ）；
靜候時機來復善，
從新改過謬（ㄇㄡˋ）毋（ㄨˊ）淒。

隆中吳慕亮傳授　汝南廖英琪敬撰

　　吳師慕亮傳授卦體，**地雷復**：〈復〉者，反也。卦體〈震〉下〈坤〉上，中爻互〈坤〉。東漢・許慎《說文解字》：「復字，作循環往復之義解。」〈剝〉卦，一陽躋於極位，於是返本還源，復位於始，如碩果之墜地復生，故名：「復卦。」復，入聲，一屋韻及去聲，二十六宥韻，本字多音字，讀者宜加辨析。

　　慕亮按：〈復〉卦，〈坤〉上〈震〉下，返也。返本之道也。雷在地中，一陽來下，〈剝〉極必〈復〉，物極必反，此乃窮上反下之義，持之勿失也。蓋本卦列於〈剝〉卦後，剝之陽遭除之殆盡；春雷將響，大地回復生機之象，吾曹生命本生生弗息，循環不已矣！

琪詩箋註釋：「復」字，音fù，ㄈㄨˋ。《廣韻‧入聲‧一屋》：「復，又也，返也，往來也，安也，白也，告也，扶富切。」東漢‧許慎《說文解字》：「復，往來也。」其復，亦作返或還。《爾雅‧釋言》：「復，返也。」抑是再、又。唐‧李白《將進酒》：「君不見黃河之水天上來，奔流到海不復回。」明‧洪武《正韻》：「復，反覆也。」《詩經‧小雅》：「父兮生我，母兮鞠我，撫我畜我，長我育我，顧我復我，出入腹我。欲報之德，昊天罔極！」以上引述，故知返回、還原之義。

次考，吳師慕亮《周易通鑑》，載云：「復，卦名也。亨，即享字。古人舉行享祀，曾筮遇此卦，故記之曰：『亨。』筮遇此卦，或出或入，皆無疾病，故曰：『出入无疾，有朋友來，可無咎。』占者得此，則凡已去者可以來復，至多不過七日，故云：『七日來復。』古人常占問行人返期，筮遇此卦，七日可返，故曰：『反復其道，七日來復。』又筮遇此卦，有所往則利，故曰：『利有攸往。』」

再則，「躋」字，音jī，ㄐㄧ。《廣韻‧上平聲‧八齊》：「躋，登也，升也，又音霽。」東漢‧許慎《說文解字》：「復，登也。」《詩經‧蒹葭》：「遡洄從之、道阻且躋。」《大宋重修廣韻》：「躋，亦作隮。」

《周易‧震卦‧六二》：「震來厲，億喪貝，躋于九陵，勿逐，七日得。」躋，亦為升上。北宋‧蘇軾《水調歌頭‧昵昵兒女語》：「躋攀寸步千險，一落百尋輕。」綜上所述得知為登上，上升之意。

旋而，「七日」，考吳師慕亮《周易通鑑》，載云：「七日者，人事之遲速也；古人常占問行人返期，筮遇此卦，七日可返之。」三國‧曹魏‧王弼《周易注》：「陽氣始於被剝盡之後，至陽氣來復，共歷七日。」

其「稊」字，音tí，ㄊㄧˊ。《廣韻》：「稊，杜奚切，平齊，定。」稊，亦作荑。唐‧孔穎達，〈疏〉：「稊者，楊柳之穗，故云楊之秀也。」唐‧崔玨《門前柳》：「如今宛轉稊著地，常向綠陰勞夢思。」故吾曹知稊者，係指楊柳新生之枝葉。唐‧李白〈雉朝飛〉詩：「枯楊枯楊爾生稊，我獨七十而孤棲。」

　　惟「謬」字，音miù，ㄇㄧㄡˋ。東漢‧許慎《說文解字》：「謬，狂者之妄言也。」《說文‧玉篇》：「謬，亂也，詐也。」《廣韻》：「謬，差也。」《史記‧李斯傳》：「謬其說，紬其辭。」《漢書‧卷六二‧司馬遷傳》：「差以毫釐，謬以千里。」綜上所述，乃為不實及錯誤之義。

　　復次，惟「毋」字，音wú，ㄨˊ；móu，ㄇㄡˊ。東漢‧許慎《說文解字》：「毋，止之也。其字從女，內有一畫，象姦之形。禁止之，勿令姦。」《論語‧子罕》：「子絕四：毋意，毋必，毋固，毋我。」又毋與無通。《墨子‧非命上》：「言而毋儀，譬如運鈞之上而立朝夕者也。」古人云：「毋，猶今人言莫也。」《儀禮‧士相見禮》：「毋上于面，毋下于帶。」綜以觀之，指莫、不要，亦表示禁止或勸誡之意。

> 🖌 題解〈復〉卦籤詩，智珠在握～
>
> 　　天地萬物運作之法則，歷經冬眠陰氣消退，陽氣回復上升，通過自然循環，共經七卦，五月〈姤〉卦至十一月〈復〉卦，致萌發生機；象徵行動順應道之秩序，等候適當時刻或良機，靜待期間，莫感悲涼，檢視己身不足或過錯，加以矯正革除舊習，臻於復善以求發展矣！

＊國生字注音：
　　霽ㄐㄧˋ。蒹ㄐㄧㄢ。葭ㄐㄧㄚ　。遡ㄙㄨˋ。雉ㄓˋ。紬ㄔㄡˋ。
　　姦ㄐㄧㄢ，同奸。

　　家師 吳慕亮《延陵堂‧勵志箴銘》：「智者改過而遷善，愚者恥過而遂非；遷善則其德日新，遂非則其惡日積。」

　　《文子‧道原》：「水之性欲清，沙石穢之；人之性欲平，嗜欲害之。」戰國‧荀況《荀子‧勸學》：「不積跬步，無以至千里；不積小流，無以成江海。騏驥一躍，不能十步；駑馬十駕，功在不捨。鍥而捨之，朽木不折；鍥而不捨，金石可鏤。」

第廿五卦，天雷无妄：震（☳）下乾（☰）上，明示心存純潔，不作奢望之義，順應天然生成之道！

◎〈卦象〉：「刻意制約，勿藥有喜。」

《汝南堂・周易尚占詩箋》

第廿五卦　无妄卦

無私無邪

天下雷聲動安无，
清真切實正公扶；
薔薔勿藥禳災喜，
處事終經利往符。

隴中吳慕亮傳授　汝南廖英琪敬撰

　　吳師慕亮傳授卦體，天雷无妄：〈無妄〉者，天災也。卦體〈震〉下〈乾〉上，中爻互〈艮〉互〈巽〉。〈乾〉為天，〈震〉雷動於天下，陽氣發舒，萬物並育，各適其性，各遂其生，自然而然，係為真實而無虛妄之象，故名：「无妄卦。」

　　慕亮按：〈無妄〉，〈乾〉上〈震〉下，無虛偽也，即至誠也。〈震〉陽初動而勿亂，持之以誠，則道無不正，動而行健，此君子之道也。慕亮考之，無，繁體字；无，異體字，拼音：wú，上平聲，七虞韻。妄，拼音：wàng，去聲，二十三漾韻。《管子・山至數》：「不通於輕重，謂之妄言。」

　　西漢・賈誼《賈子・道術》：「以人自觀謂之度，反度為妄。」西漢・董仲舒《春秋繁露》：「施妄者，亂之始也。」北宋・司馬光《訓儉示康》：「君子多欲則貪慕富貴，枉道速禍；小人多欲則多求妄用，敗家喪身。」

　　英琪詩箋註釋：「妄」字，音wàng，ㄨㄤˋ，形聲，從女，亡聲，本義：胡亂。東漢・許慎《說文解字》：「妄，亂也。」南宋・毛晃《增修互註禮部韻略》：「妄，誕也，罔也。」東漢・王充《論衡・變虛》：「是竟子韋之言妄，延年之語虛也。」《周易・無妄卦・象辭》：「天下雷行，物與無妄。先王以茂對時，育萬物。」又如：妄口（胡說）、妄系（無故抓人入罪）、妄扳平人（胡亂牽連無辜之人）、妄施（隨便施恩）、妄折（無原則屈從）、妄行（隨便行動）、妄言（亂說），寸楮參究！

　　次考，吳師慕亮《周易通鑑》，載云：「无妄，卦名也。元，大也。亨，即享字。古人舉行大享之祭，曾筮遇此卦，故記之曰：『元亨。』利貞，猶利占也。凡我輩者，筮遇此卦，舉事有利，故曰：『利貞。』其匪正有眚，言其所為不正則有災眚也。不利有攸往，言筮遇此卦，不利有所往也。』」

　　爰以，「菑」字，音zī，ㄗ，或讀ㄗㄞ。東漢・許慎《說文解字》：「菑，不耕田也。」又菑，為禍害也。《詩經・大雅・生民》：「大拆不副，無菑無害。」菑，亦指開墾。《書經・大誥》：「厥父菑，厥子乃弗肯播，矧肯穫。」故泛指田。

　　惟「畬」字，音yú，ㄩˊ；shē，ㄕㄜ。《廣韻・上平聲・六魚》：「畬，田三歲也。」東漢・許慎《說文解字》：「畬，三歲治田也。」《禮記・坊記》：「《易》曰：『不耕獲，不菑畬，凶。』」又畬，詩車切，音奢，火種也。

　　唐・劉禹錫《竹枝詞》，九首之九：「銀釧金釵來負水，長刀短笠去燒畬。」以上引述則是火耕之義。《爾雅・釋地》：「菑，田，一歲曰菑，二歲曰新田，三歲曰畬。」蓋菑畬，為開墾一年和三年之地；菑畝則初耕之田地。故菑畬，係為耕田種植之義。《周易・无妄卦・象辭》：「六二不耕穫，不菑畬，則利有攸往。」

　　復次，「禳」字，音ráng　，日尢ˊ。《廣韻・下平聲・七陽》：「禳，除殃祭也。」東漢・許慎《說文解字》：「磔禳，祀除癘殃也。」《周禮・天官冢宰》：「掌以時招、梗、禬、禳之事，以除疾殃。」

　　《左傳・昭公二十六年》：「齊有彗星，齊侯使禳之。」又如：禳災（禳除災禍）、禳星（禳除凶星）、禳解（向神祈求解除災禍）、禳保（祭祀神祖，去邪除惡，求其保護）、禳除（祭神除災）、禳避（祭神避禍）、禳禱（祭神以消災祈福），略舉參考！

　　題解〈无妄〉卦籤詩，智珠在握～

　　象徵雷霆聲威運行於天下，一切萬物受至震攝，不任意輕舉行動，遵循心地純真，性情直率，確切公平，正直無做作，虛偽與偏私來進取；務實耕耘，盡職以穩健腳步，則能自癒毋需用藥，並能解除災禍，且有益無論前往處理任何事務，終究實現志願，喜獲祥瑞是也。

＊國生字注音：

厥ㄐㄩㄝˊ。矧ㄕㄣˇ。磔ㄓㄜˊ。祀ㄙˋ。癘ㄌㄧˋ。
冢ㄓㄨㄥˇ。禬ㄍㄨㄟˋ。

剝　卦：〈坤〉下〈艮〉上，〈大象〉：「山附於地。」附則不固，而有傾落之勢。蓋僅求粉飾，其道已窮，故於〈賁〉卦之後，繼之為〈剝〉，以示氣運已窮，而成剝落之現象也。在人如加深培厚，謀根本挽救，應本乎〈剝〉。

復　卦：〈震〉下〈坤〉上，〈大象〉：「雷在地中。」陽氣已蘊藏於內，而漸運轉。蓋物無窮盡之理，窮於上者反之於下，故於剝〈卦〉之後，繼之為〈復〉，以示天道好還，生機內蘊之現象也。在人如窮而後通，持之勿失，應本乎〈復〉。

第廿六卦，山天大畜：乾（☰）下艮（☶）上，係指君子，積聚美德，培賢以施展才能、抱負！

◎〈卦象〉：「篤實美德，仿效聖賢。」

《汝南堂・周易尚占詩箋》

第廿六卦　䷙　大畜卦

充分發揮

天居艮ﾟ止畜賢豪，
積德暉光益智高；
鬥勝爭強無濟事，
艱貞識廣駕良操。

隆中吳慕亮傳授　汝南廖英琪敬撰

　　吳師慕亮傳授卦體，山天大畜：〈大畜〉者，養也。卦體〈乾〉下〈艮〉上，中爻互〈兌〉互〈震〉。古「畜」及「蓄」，二字通用。蓄，形聲，從艸，畜聲。本義：積聚，儲藏。大字，詳見〈大有〉第十四卦，故不重贅。畜，多音字辨析：畜，一屋韻，入聲（chù，xù）：音觸。畜，二十六宥韻，去聲（chù）：音齅。東漢・鄭玄，〈注〉云：「始養之曰畜，將用之曰牲。」

　　蓋〈大畜〉及〈小畜〉兩卦，均以「蓄聚」、「蓄養」、「蓄止」，三類之義闡釋。陰陽兩儀，正反相對，陽者正向，陰者反向。若陰陽以喻大小，陽象徵「大」，陰象徵「小」。如：「善惡」、

「妍媸」、「良窳」、「上下」、「前後」之舉例。

觀〈小畜〉〈乾〉下〈巽〉上，六爻五陽一陰，取一統眾，積小致大象；〈大畜〉〈乾〉下〈艮〉上，〈乾〉及〈艮〉皆為陽卦，則取以陽蓄陽，大而愈大之象。蓋〈小畜〉之理象，以蓄養為主；〈大畜〉之理象，則以蓄德為主。

慕亮按：〈大畜〉卦，上〈艮〉下〈乾〉，外止其健，內行其剛，則蓄容既正且大。天於山中，乃將天德包容而且積厚之，如人擇善固執，善守天之道也。然！〈乾〉龍遭〈艮〉山阻礙，欲前又止，悶悶難以得志，時機未成熟，爭強鬥勝更無濟於事，內心徒增躁熱之氣，故宜蓄養其德，以韜光養晦哉！

英琪詩箋註釋：「畜」字，音chù，ㄔㄨˋ；xù，ㄒㄩˋ。《廣韻・入聲・一屋》：「畜，養也。」《禮記・大學》：「伐冰之家，不畜牛羊。」東漢・許慎《說文解字》：「畜，田畜也。」《淮南子》，載云：「　田為畜，又丑六，許救二切。」

畜，養育也。《詩經・邶風・日月》：「父兮母兮，畜我不卒。」又畜，乃培養，亦作積聚，通「蓄」。《周易・大畜・象辭》：「君子以多識前言往行，以畜其德。」《韓非子・五蠹》：「既畜王資，而承敵國之釁。」以上引述，乃儲存、收藏之意也。

復次，考吳師慕亮《周易通鑑》，載云：「大畜，卦名也，利貞，猶利占也。筮遇此卦，舉事有利，故曰：『利貞。』」惟濟事，乃有益於事，指能成事之意旨。《左傳・成公六年》：「聖人與眾同欲，是以濟事。」

再則，「艮」字，音gèn，ㄍㄣˋ。《廣韻・去聲・十四願》：「艮，卦名也，止也。」《周易・艮卦・象辭》：「艮，止也。」東漢・許慎《說文解字》：「艮，很也，從匕目，匕目，猶目相匕不相下；匕目為艮，戾不進之意。」

又艮，堅也。《揚子・方言》：「艮磑，堅也。」清・王念孫《廣雅疏證・卷一下・釋詁》：「艮，堅也。」艮，一亦指方位。唐・章懷太子，〈注〉：「艮，東北之位。」故從上得知為靜止、堅固之義。

題解〈大畜〉卦籤詩，智珠在握～

借喻天乃廣大，卻藏於山之中，象徵智能出眾之人，安住蓄存，累聚培養品行與才德，裨益分析、判斷、創造、思考之次第，以彰顯光榮之聲譽；若是與人較量高下，力求勝過他人，對任何事情無幫助，則身處艱難，堅守正途，專精掌握學識與技能，開展行事必定順利！

＊國生字注音：

　　齅。ㄒㄧㄡˋ。嬅ㄔˊ。窳ㄩˇ。匕ㄅㄧˇ。艮ㄍㄣˋ。戾ㄌㄧˋ。
　　磑ㄨㄟˋ或ㄞˊ。蠹ㄉㄨˋ。釁ㄒㄧㄣˋ。

清‧陳釗《相理衡真‧前賢神相賦》：

「騰蛇鎖唇，武帝食絕臺城下；法令入口，鄧通惡死野人家。」家師 吳慕亮註釋，傳授於英琪，甄錄：「蕭衍，南朝‧梁武帝，字叔達。本蕭齊同族，仕齊為雍州刺史，都督軍事，鎮襄陽。會齊主寶卷（齊明帝蕭鸞次子，南朝齊第六位皇帝，在位三年）無道，殺衍兄懿；衍乃起兵陷建康，迎立寶融，是為和帝。時寶卷已為王珍國所弒，和帝追廢為東昏侯；即拜衍為大司馬，封梁王。

中興二年（歲次壬午公元502年），受齊禪，國號梁。即位後，大修文教，設謗木，止貢獻，國勢大盛。後篤奉佛教，捨身同泰寺；侯景反，攻陷臺城，衍被裁滅飲食而死。登基在位，四十有八年，謚武，故稱：「梁武帝。」

鄧通：西漢‧蜀郡南安人，初以濯船為黃頭郎，遇文帝（劉恆），見用，頗寵幸，官上大夫。相者謂其當貧惡死，帝欲富之，乃賜蜀嚴道銅山，得自鑄錢，由是大富，鄧氏錢佈天下。帝崩，景帝（劉啟）立，以事怨之，免歸；有人告鄧通，盜出徼外鑄錢，遂盡沒其錢入官，通竟貧餓死。慕亮昔讀臚列箚記，酬寄雲仙閣主人潛究！

第廿七卦，山雷頤：震（☳）下艮（☶）上，顯示生存，遵循力求自養之道理，立足己身！

◎〈卦象〉：「飲食養生，修身明性。」

《汝南堂・周易尚占詩箋》

第廿七卦　頤卦

正養食言

外動中虛臉頰（リ）頤，
躬求口實養修宜；
安生飲食傳言慎，
虎視鷹瞵（ル）守靜祺。

隴中吳慕亮傳授　汝南廖英琪敬撰

　　吳師慕亮傳授卦體，**山雷頤**：〈頤〉者，養也。卦體〈震〉下〈艮〉上，中爻互〈坤〉，頤字，拼音：yí，上平聲，四支韻，形聲，從頁（xié），臣（yí）聲。臣，面頰，繁化作「頤」。本義，下巴，又如：頤腮（頭顱）、頤脫（下顎骨脫臼）、頤溜（俯身伸首平視，下巴如屋溜下垂，形容禮敬之意），管窺拙見，一併參究！

　　東漢・許慎《說文解字》：「頤者，頷也，係口腔也。」初、上爻兩奇為唇，中間偶爻排列為齒，形如口腔，故名：「頤卦。」取其飲食之象，以喻養育之理。前此〈需〉卦，亦有飲食養生之象。〈序卦傳〉：「物稺（稚）不可不養也，故受之以需；需者，飲食之道

也。」惟〈需〉卦之理象，以濡滯等待為主，所謂：「物穉，不可不養。」

觀探〈需〉卦，僅養之以飲食而待其長成之義，又如該卦飲食宴樂之象，亦只安心茶飯，以待時機之道理。本卦所演理象，則一以養育之道為主，故兩者豈可並論，勿混淆而弗清，讀者應宜辨矣！

慕亮按：〈頤〉卦，〈艮〉上〈震〉下，養也。上下二陽，中含四陰，上止下動，外動中虛，如人頤頷之象。養正則吉，頤貞吉也。山下有雷，陽氣已及山野，則萬物具生機，故宜飲食以養生兼以養德也。

英琪詩箋註釋：「頤」字，音yí，一ˊ。《廣韻・上平聲・四支韻》：「頤，頤養也。」《後漢書・卷四九・王符傳》：「頤育萬民，以成大化。」《爾雅・釋詁》：「頤，艾，育，養也。」東漢・許慎《說文解字》：「頤，顊也。」東晉・郭璞《爾雅》，〈注〉：「頤，深也，語助聲。」

頤，又卦名。《周易・頤卦》：「頤，貞吉，觀頤，自求口實。」亦為期頤，老也。《禮記・曲禮・上》：「百年，曰期頤。」東漢・鄭玄，〈注〉：「期，猶要也；頤，養也。不知衣服食味，孝子要盡養道而已。」清・孫希旦《禮記集解》：「百年者，飲食、居處、動作，無所不待于養。」

學者方氏慤，亦云：「人生以百年為期，故百年以期名之。」《史記・陳涉世家》：「夥頤，涉之為王沈沈者。」近代郁達夫《代洪開榜先生祝梁母鄧太夫人八秩大慶》，詩云：「好待期頤觴詠日，重摩銅狄話滄桑。」

綜觀引述，乃指下巴或保養之意也。唐・李華《四皓銘》：「抱和全默，皆享期頤。」南宋・陸游《初夏幽居》詩之五：「餘生已過足，不必到期頤。」　清・蒲松齡《聊齋志異・席方平》：「今送汝歸，予以千金之產，期頤之壽，於願足乎？」

復次，考吳師慕亮《周易通鑑》，載云：「頤，卦名也。筮遇此卦，舉事則吉，故曰：『貞吉。』《篆文》作頤，食物在口，其頤隆

起,觀人之頤,不能飽,須自求食物。故曰:『觀頤自求口實。』此示人以勿羨於人,宜求於己也。」

　　爰以,「頰」字,音,jiá,ㄐㄧㄚˊ。《廣韻·入聲·十六葉》:「頰,頰面也,古協切九。」東漢·許慎《說文解字》:「頰,面旁也。」《釋名·釋形體》:「頰,夾也,兩旁稱也;亦取夾斂食物也。」故得知乃指面部兩旁顴骨以下之部分。又如:「兩頰緋紅」、「面頰」。

　　復次,「瞵」字,音lín,ㄌㄧㄣˊ。《廣韻·上平聲·十一真》:「瞵,視兒。」東漢·許慎《說文解字》:「瞵,目精也。」瞵,又為視貌。西晉·潘岳《文選·射雉賦》:「奮勁骹以角槎,瞵悍目以旁睞。」從上引述係指注視,又如:「瞵盼」及「虎視鷹瞵」。西晉·左思《文選·吳都賦》:「狂獷獪,鷹瞵鶚視。」

　　題解〈頤〉卦籤詩,智珠在握～

　　象徵口中空而無物,可經由張嘴移動臉頰嚼之,將所需要之糧食,送入口腔以供給人體之養料,企求適當之存心暨養性;若是欲求生活安定,必須節制飲食以養身,慎言語之表達以養德,嚴謹好比老虎威猛環繞注視,氣度沉穩,遵行堅持之態度,則能遂其所願得吉祥焉!

＊國生字注音:
　　頷ㄏㄢˋ。頤ㄏㄢˋ。緋ㄈㄟ。兒ㄇㄠˋ。骹ㄑㄧㄠ。槎ㄔㄚˊ。
　　睞ㄌㄞˋ。鶚ㄜˋ。

　　家師 吳慕亮《延陵堂·勵志箴銘》:「莫誇己之長,莫評人之短;莫宣己之獻,莫抹人之就。」以及:「觀人之錯,乃結怨之源;觀己之錯,乃眾善之本。」以上兩則,遙寄雲仙。

第廿八卦，澤風大過：巽（☴）下兌（☱）上，象徵
事物之發展，主導者之力量，應平衡強、弱達中庸也！

◎〈卦象〉：「三思省悟，剛柔適中。」

《汝南堂・周易尚占詩箋》

第廿八卦　䷛　大過卦

守中獨立

棟宇橈樑邁往行，
絲茅澤滅理虔平；
嬌妻父老聯姻與，
量力為時大過衡。

隴中吳慕亮傳授　　汝南廖英琪敬撰

　　吳師慕亮傳授卦體，澤風大過：〈大過〉者，凡事超過也。卦
體〈巽〉下〈兌〉上，中爻互〈乾〉。故「過」與「不及」相對，譬
如陰陽各佔三位，則屬均勻之配合，本卦四陽二陰，陽爻多於陰爻一
倍。陰陽兩儀，正反兩面，陽喻強大，陰喻弱小，本卦陽過於陰，故
名：「大過卦。」大，九泰韻，去聲：小之對。大，廿一箇韻。過，
拼音：guō，下平聲五歌韻（音戈）及去聲廿一箇韻，多音字辨析當
記！

　　慕亮按：〈大過〉卦，〈兌〉上〈巽〉下，過者越也，過乎中
即為越。猶聖人過越常理，陽過乎中，則成大過大患。此卦初上為

陰為末，內乘重陽重剛，陰弱弗能勝強陽，澤滅木也，物過盛也。蓋〈兌〉為沼澤大地，〈巽〉木於〈兌〉澤中，反而蓄養過大，有水患木漂，非但弗獲得滋潤，反讓樹木濕腐，切忌善良誤事矣！

英琪詩箋註釋：「過」字，音guò，ㄍㄨㄛˋ。《廣韻・去聲・二十一箇》：「過，誤也，越也，責也，度也，古臥切七。」明朝《洪武正韻》：「過，超也。」《周易・繫辭・上》：「範圍天地之化而不過，曲成萬物而不遺，通乎晝夜之道而知。」《論語・公冶長》：「由也好勇過我，無所取材。」過，太、甚也。例如：「過獎。」

唐・韓愈《圬者王承福傳》：「然吾有饑焉，謂其自為也過多，其為人也過少。」又過，經、歷也。唐・劉禹錫〈酬樂天揚州初逢席上見贈〉詩：「沉舟側畔千帆過，病樹前頭萬木春。」綜觀上述，得知乃超越、錯誤之義。列舉，如：「不貳過」、「知過能改」、「勇於改過」。《商君書・開塞》：「夫過有厚薄，則刑有輕重。」

次則，考吳師慕亮《周易通鑑》，載云：「大過，卦名也。《釋文》：『橈，曲折也。』棟橈則將折，棟折則室傾，居家則受害，出外則免禍。故曰：『棟橈，利有攸往。』亨，即享字，古人舉行祭祀，曾筮遇此卦，故記之曰：『亨。』」

旋而，「棟」字，音dòng，ㄉㄨㄥˋ。《廣韻・去聲・一送》：「棟，屋棟。」《爾雅・釋詁》：「棟，中也，居屋之中也。」棟，又屋脊之棟，亦叶音東。北宋・蘇軾《徐孺子亭詩》：「徐君鬱鬱澗底松，陳君落落堂上棟。澗深松茂不遭伐，堂毀棟折傷其躬。」亦為量詞，計算房屋建築物之單位。例如：「一棟房屋」。故引數則，指房屋正樑之意。《國語・魯語・上》：「不厚其棟，不能任重。」

惟「橈」字，音náo，ㄋㄠˊ，或讀ㄖㄠˊ。《廣韻・下平聲・二蕭》：「橈，楫也，又女教切。」東漢・許慎《說文解字》：「橈，曲木。」《周禮・冬官考工記》：「輈人惟轅，直且無橈也，又枉也。」明朝《洪武正韻》：「橈，　女，巧切，音橈，亂也。」儒宗寶典之《周易・說卦傳》：「動萬物者莫疾乎雷，橈萬物者莫疾

乎風。」橈，亦為冤屈也。《禮記・月令》：「斬殺必當，毋或枉橈。」從上綜觀為擾亂、屈服之義也。

　　復次，「茅」字，音máo，ㄇㄠˊ。茅，植物名。《廣韻・下平聲・三肴》：「茅，草也，可以爲繩。」《詩經・野有死麕》：「野有死麕，白茅包之。」東漢・許慎《說文解字》：「茅，菅也。」《尚書・禹貢》：「包匭菁茅，厥篚玄纁璣組，九江納錫大龜。」茅，亦為姓。例如：秦代有茅焦，茅，又稱國名。《左傳・襄二十四年》：「凡，蔣，邢，茅。」以上寸楮引述，可借用為白茅，亦稱「絲茅」之意。

 題解〈大過〉卦籤詩，智珠在握～

　　顯示行事力量不當，猶如房屋之結構太軟弱，呈現屋簷彎曲，須修整並懷誠心用絲茅奉承尊者，裨使從旁助一臂之力，趨向發展適中免遭消逝；因時制宜衡量己力，改善歸正重現生機，能夠讓枯萎之楊樹萌芽及剛柔相濟，致長者與貌美女子意投合婚，於前進通達順利。

＊國生字注音：
　　圬ㄨ。叶ㄒㄧㄝˊ，同協。楫ㄐㄧˊ。輈ㄓㄡ。輐ㄩㄢˊ。坔ㄅㄥˋ，同竝。麕ㄐㄩㄣ，同麋。匭ㄍㄨㄟˇ，同簋。篚ㄈㄟˇ。纁ㄒㄩㄣ。

　　北宋・邵康節《養心歌》：「得歲月，延歲月；得歡悅，且歡悅。萬事乘除總在天，何必愁腸千萬結。放心寬，莫量窄，古今興廢如眉列。金谷繁華眼底塵，淮陰事業鋒頭血；陶潛籬畔菊花黃，范蠡湖邊蘆絮白；臨潼會上膽氣雄，丹陽縣裏簫聲絕。時來頑鐵有光輝，運退黃金無顏色；逍遙且學聖賢心，到此方知滋味別；粗衣淡飯足家常，養得浮生一世拙。」亮師傳授，英琪朗誦。

第廿九卦，坎爲水：坎（☵）下坎（☵）上，顯示處於層層艱危之地，執守心懷至誠，可排除萬難，渡過關卡！

◎〈卦象〉：「險地隱伏，韜光迎祥。」

吳師慕亮傳授卦體，**坎爲水**，〈坎〉者，陷也。卦體上下皆〈坎〉，中爻互〈震〉互〈艮〉。東漢‧許慎《說文解字》：「坎字，以陷窬之義解。」觀爻位一陽陷於二陰之間，陽象主動，有如動物陷入窅穴，故名：「坎卦。」坎，拼音：kǎn，上聲，二十七感。形聲，從土，欠聲。本義：坑，或穴之意！

坎者，以險地取象。再探陰爻屬〈坤〉，〈坤〉為地，兩陰爻夾峙，象徵兩條土岸；其間橫貫之一畫，以喻通抵兩岸之間水流，水流所注，亦屬下陷之地形，亦隱險象。如君子遭小人所包圍，或聱醜襲身及是非曲直之擾，必有危險之兆耳！

　　慕亮按：〈坎〉卦，重坎，重陰也，勞卦也，具隱伏之象，水勢重陷而來，有陷溺之陰。陰難重重，淪於幽昧之象。內互卦上以山，內互卦下以動，如心中心止而動，仍能涉險而出也。

　　英琪詩箋註釋：「坎」字，險也，陷也，又小罍也，形似壺，苦感切十。《周易》卦名。《周易・坎卦・彖辭》：「習坎，重險也。」東漢・許慎《說文解字》：「坎，陷也，險也，又穴也。」《禮記・檀弓・下》：「其坎深不至於泉，其斂以時服。」坎，亦指聲音也。《詩經・陳風・宛丘》：「坎其擊鼓，宛丘之下。」

　　東漢・毛亨《毛詩故訓傳》：「坎坎，伐檀聲。」故從上得知，乃為陷落之意。引吳師慕亮《周易通鑑》：「清・阮元《周易・校勘記》：『古本，坎上有習字。』乃指本卦本名為坎，不名習坎。」

　　次則，考吳師慕亮《周易通鑑》，載云：「坎，卦名也。筮遇此卦，有罰則中止不行，故曰：『有孚維止。』亨，即享字，古人舉行祭祀，曾筮遇此卦，故記之曰：『亨。』筮遇此卦，出門可得賞。故曰：『行有尚。』」

　　惟「遽」字，音jù，ㄐㄩˋ。《廣韻・去聲・六御》：「遽，急也，疾也，亦戰慄也，窘也，卒，其據切，五。」《禮記・儒行》：「遽數之，不能終其物。」《爾雅・釋言》：「遽，傳也。」《左傳・昭公二年》：「聞之，懼弗及，乘遽而至。」遽，為驚慌。

　　南朝・宋・劉義慶《世說新語・雅量》：「風起波涌，孫、王諸人色並遽。」又遽，就也。《漢書・卷四三・陸賈傳》：「使我居中國，何遽不若漢。」故綜觀所述乃恐懼、突然之意。例如：「遽聞」、「欲行遽止」。

　　旋而，「孚」字，音fú，ㄈㄨˊ。《廣韻・上平聲・虞・敷》：「孚，信也。」《詩經・大雅・下武》：「成王之孚，下土之式。」東漢・許慎《說文解字》：「孚，卵孚也，一曰信也。」《淮南子・人間》：「夫任者先避之，見終始微矣，夫鴻鵠之未孚於卵也。」孚，同「孵」。引吳師慕亮《周易通鑑》，載云：「孚讀為浮，罰也，心疑當作止也。」綜觀引述，則指誠信之意。《詩經・大雅・下武》：「成王之孚，下土之式。」

其「洊」字,音jiàn,ㄐㄧㄢˋ。《廣韻·去聲·霰·荐》:「洊,水荒曰洊亦再也,易曰洊雷震。」東漢·許慎《說文解字》:「洊,本作瀳,詳瀳字註,又通薦。」洊,為再,重也。寸楮引述乃屢次之意。南朝·鮑照《文選·舞鶴賦》:「眾變繁姿,參差洊密。」

蓋「瘁」字,音cuì,ㄘㄨㄟˋ。《廣韻·去聲·至·萃》:「瘁,病也。」清·貝青喬《自臨安至於潛夜宿浮溪旅店作》:「村農告瘁思懸耜,山賊乘機競揭竿。」瘁,勞苦也。《詩經·小雅·蓼莪》:「哀哀父母,生我勞瘁。」瘁,又哀傷也。戰國·宋玉《文選·高唐賦》:「登高遠望,使人心瘁。」故知悉指勞累或悲痛之意。

惟「窞」字,音dàn,ㄉㄢˋ。《廣韻·上聲·感·禫》:「窞,坎傍入也,《易》曰:『入于坎窞,病也。』」東漢·許慎《說文解字》:「窞,坎中小坎也。」《周易·坎卦·初六》:「習坎,入于坎窞,凶。」從引數乃得深洞之意也!

復次,「援」字,音yuán,ㄩㄢˊ。《廣韻·上平聲·十三元》:「援,引也,從手爰聲。」東漢·許慎《說文解字》:「援,引也。」《詩經·大雅·皇矣》:「以爾鉤援,與爾臨衝,以伐崇墉。」援,為救助也。例如:「援救」、「支援」。

《孟子·離婁·上》:「天下溺,援之以道;嫂溺,援之以手。」綜觀乃為持、引進之意。再則,「牖」字,音yǒu,ㄧㄡˇ。《廣韻·上聲·二十五有》:「牖,道也,向也。」東漢·許慎《說文解字》:「牖,穿壁以木爲交窻也,禮曰蓽門閨竇蓬戶甕牖。」又牖,通誘,謂使明白。清·龔自珍《哭鄭八丈》:「訃至全家詫,三思忽牖予。」綜引所述,乃指窗戶抑是誘導之意。

斯「咎」字,音jiù,ㄐㄧㄡˋ,或讀ㄍㄠ。《廣韻·上聲·二十五有》:「咎,愆也,惡也,過也,災也,從人各各者相違也。」《爾雅·釋詁》:「咎,病也。」《詩經·小雅》:「寧適不來,微我有咎。」從上寸楮得知過失、災禍之意。譬如,「咎由自取」、「難辭其咎」。《書經·大禹謨》:「民棄不保,天降之

咎。」三國・諸葛亮《文選・出師表》：「責攸之、禕、允等咎，以彰其慢。」從上引意係為過失也！

題解〈坎〉卦籤詩，智珠在握～

　　象徵所處之情況，有如面臨水流急速暨險惡雙層之困頓，朝向仍然學習以誠懇之心，發揮剛堅強健之志度過災難；即使面臨遭逢水勢屢次掉落深洞之漩渦，產生身心疲倦、勞苦之狀，君子應仍然自我引導，保持存心良善、端正品性道德之修持，最終可脫離患難，前進通達！

＊國生字注音：

窀ㄓㄨㄣˋ。礨ㄌㄟˊ。霰ㄒㄧㄢˋ。濺ㄐㄧㄢˋ。耙ㄙㄟˋ。蓼ㄌㄨˋ或ㄌㄧㄠˇ。襢ㄊㄢˇ。窻ㄔㄨㄤ，同窗。詫ㄔㄚˋ。禕ㄏㄨㄟ。

无妄卦：〈震〉下〈乾〉上，〈大象〉：「天下雷行。」其動也普及天下，自非妄舉。蓋氣運已轉，目趨正當，故於〈復〉卦之後，繼之〈无妄〉，以示實理自然，動而有則之現象也。在人如不為苟得，不為幸免，應本乎〈无妄〉。

大畜卦：〈乾〉下〈艮〉上，〈大象〉：「天在山中。」是將天德包畜，以堆積之。蓋動而不妄，自可畜積天德，故於〈无妄〉之後，繼之〈大畜〉，以示天德在中，輝光日新之現象也。在人如擇善固執，陶冶性天，應本乎〈大畜〉。

頤　卦：〈震〉下〈艮〉上，〈大象〉：「山下有雷。」陽氣已及山野，物皆有所養矣！蓋畜之者大，所養必多，故於〈大畜〉之後，繼之〈頤〉，以示天養萬物，動止咸宜之現象也。在人如言語養德，飲食養體，應本乎〈頤〉。

第三十卦，離爲火：離（☲）下離（☲）上，昭示宇宙萬物咸有依附，人類乃遵循順德之理！

◎〈卦象〉：「日月通明，附麗中道。」

《汝南堂‧周易尚占詩箋》

第三十卦　離卦

華升進上

日月相重百穀明，
黃離附麗曜_ㄠ鄉城；
恭維履_ㄌ錯和調昃_{ㄗㄜ}，
知止無邪大臺_ㄉ晶。

隆中吳慕亮傳授　汝南廖英琪敬撰

　　吳師慕亮傳授卦體，**離爲火：**離者，麗也。卦體上下皆〈離〉，中爻互〈巽〉互〈兌〉。東漢‧許慎《說文解字》：「離字，作光明義解。又離與麗通用，作附著之義解。」〈周易‧說卦傳〉：「離也者，明也。」復云：「離，麗也。」陽屬光明之象，一陰居中，兩陽于外，其中象虛外明，兩〈離〉相重，上下通明之象，故名：「離卦。」

　　慕亮按：離，上平聲，四支韻：音驪。東漢‧許慎《說文解字‧玉篇》：「離，散也。」北宋‧音樂學家之陳彭年奉詔《大宋重修廣韻》：「近，曰離；遠，曰別。」離，去聲，八霽韻：音麗。〈離〉

卦，重離，重明也，日月得輝也，宜苟日新，又日新，辛健努力，更要明明德之道，須具高瞻遠見，內互卦上以澤，內互卦下以風，宜大顯光明，切勿行陰損之邪事也。

　　英琪詩箋註釋：東漢・許慎《說文解字》：「離，黃倉庚也，鳴則蠶生。從隹，离聲。」離，分別也。唐・白居易《琵琶行》：「商人重利輕別離，前月浮梁買茶去。」又離，背叛。例如：「背離」、「乖離」、「離經叛道」。《左傳・隱公四年》：「阻兵無眾，安忍無親，眾叛親離，難以濟矣！」離，亦為遭受也。戰國・韓非子《五蠹》：「夫離法者罪，而諸先生以文學取。」綜觀得知乃分開或觸犯之意。

　　次則，考吳師慕亮《周易通鑑》，載云：「離，卦名也。唐・李鼎祚《周易集解》：『離，作离，古字通用。』筮遇此卦，舉事則利，故曰：『利貞。』」其「百穀」，係指穀類之總稱。《詩經・豳風・七月》：「亟其乘屋，其始播百穀。」《大戴禮記・五帝德》：「時播百穀草木，故教化淳鳥獸昆蟲，歷離日月星辰。」《周易・離卦》：「日月麗乎天，百穀草木麗乎土，重明以麗乎正，乃化成天下。」

　　惟「曜」字，音yào，一ㄠˋ。《廣韻・去聲・十八嘯》：「曜，日光也，又照也。」北宋・范仲淹《岳陽樓記》：「日星隱曜，山岳潛形。」唐・李白《古風・詩五九首之三四》：「白日曜紫微，三公運權衡。」曜，亦為炫耀。《國語・吳語》：「若無越，則吾何以春秋曜吾軍士？」寸楮引述乃照耀、誇耀之意也。

　　爰以，「履」字，音lǚ，ㄌㄩˇ。《廣韻・上聲・四紙》：「履，踐也，祿也，幸也，福也，力几切一。」東漢・許慎《說文解字》：「履，足所依也，本作屨，今作履。」履，踩也。《詩經・小雅・小旻》：「如臨深淵，如履薄冰。」

　　北宋・蘇軾《後赤壁賦》：「予乃攝衣而上，履巉巖，披蒙茸。」履，亦居及處也。《莊子・天道》：「而愚知處宜，貴賤履位。」以上綜觀，乃腳步及實行之意。例如：「履行」、「履約」。《禮記・表記》：「處其位而不履其事，則亂也。」

復次，「昃」字，音 zè，ㄗㄜˋ。東漢·許慎《說文解字》：「昃，日在西方時側也。」昃，指日西斜。《周易·離卦》：「日昃之離，何可久也！」靜以觀之，係為太陽偏西之意。其「耋」字，音 dié，ㄉㄧㄝˊ。東漢·許慎《說文解字》：「耋，年八十曰耋。」耋，泛指老年人。唐·劉禹錫《唐故尚書主客員外郎盧公集序》：「三至郎署，坐成遺耋。」吾曹讀之，故曉高齡及高壽之意。

> 題解〈離〉卦籤詩，智珠在握～
>
> 　象徵天地間一切物類，彼此倚靠之法則，比如太陽、月亮，附於天空，穀物草木歸依土地。炎黃子孫憑藉正道，其相輔相成，促使普施四方鄉土而發揚光大；個人操守以恭敬行之，切莫急於求進，並停止不當舉止與思想，以防範日落光輝之暗淡，年老時零落衰敗之嘆息乎！

＊國生字注音：

　离ㄌㄧˊ，同離。蠹ㄉㄨˋ。齧ㄋㄧㄝˋ。亟ㄐㄧˊ、ㄑㄧˋ。禄ㄌㄨˋ，同祿。巉ㄔㄢˊ。巌ㄧㄢˊ。

䷛大過卦：〈巽〉下〈兌〉上，〈大象〉：「澤滅木。」澤本低而至於滅木，是為已過。蓋既畜又養，物有過盛之勢，故於〈頤〉卦之後，繼之〈大過〉，以示物勢太過，發展不均之現象也。在人如為人所不能，言人所不敢，應本乎〈大過〉。

䷜坎　卦：重〈坎〉之卦，〈大象〉：「水洊至。」水勢一再奔注，將有陷溺之險。蓋太過則傾，必陷於險境，故於〈大過〉之後，繼之為〈坎〉，以示險境重重，淪於幽暗之現象也。在人如中有所主，涉險如夷，應本乎〈坎〉。

䷝離　卦：重〈離〉之卦，〈大象〉：「明兩作。」明之又明，非有附麗之著處不可。蓋已陷於險境，必求有所附麗，故於〈坎〉卦之後，繼之為〈離〉，以示得其附麗，而顯光明之現象也。在人如高瞻遠矚，明白四達，應本乎〈離〉。

《周易》下經 三十一至六十四卦 註解

第卅一卦，澤山咸：艮（☶）下兌（☱）上，顯示交感之態，引申至天地、萬物、人心，皆爲相互作用也。

◎〈卦象〉：「坦誠相待，感應道交。」

吳師慕亮傳授卦體，澤山咸：〈咸〉者，感也。卦體〈艮〉下〈兌〉上，中爻互〈巽〉互〈乾〉。咸字，作普通解，拼音：xián，下平聲，十五咸韻。東漢・許慎《說文解字》：「咸，皆也，悉也。」《周易・彖辭》，則釋：「咸，交感。」交感及獨立，係對待名詞。世間萬般，任何事物，若無交感，即成獨立；若非獨立，必有所交感。故「普通」及「交感」之釋義，本可相通。

《周易・說卦傳》：「艮三索而得男，故謂之少男；兌三索而得女，故謂之少女。」〈艮〉、〈兌〉配合，以喻男女新婚，兩性交感而後嗣繁衍；人類相互關係，未能比夫婦更爲普遍，因象取名，故曰：「咸卦。」

慕亮按：〈咸〉卦，〈兌〉上〈艮〉下，咸也、速也，言感應甚

快、甚速。女上而男下，是以亨，利貞。山上有澤，澤水向低流而居高，山壯而位低，兩氣漸相親近也。山澤通氣，此之謂也，故有交感相應之象。

　　英琪詩箋註釋：「咸」字，《書經・舜典》：「殛鯀于羽山，四罪而天下咸服。」咸，為姓。例如：漢代有咸宣，亦卦名也。《周易・象辭》「咸，感也。」《詩經・大雅・崧高》；「周邦咸喜，戎有良翰。」《周易・雜卦傳》：「咸，速也。」綜觀得曉，乃普遍性之意。《國語・魯語》：「小賜不咸，獨恭不優。」

　　復考吳師慕亮《周易通鑑》，載云：「咸，卦名也。又筮遇此卦，舉事有利，故曰：『利貞。』取借為娶，娶女則吉，故曰：『取女吉。』」惟「二氣」，乃係指陰氣暨陽氣。北宋・周敦頤《太極圖說》：「二氣交感，化生萬物。」故則指氣互相感應、協調是也。

　　旋而，「腓」字，音féi，ㄈㄟˊ。《廣韻・上平聲・微・肥》：「腓，腳腨腸也。」東漢・許慎《說文解字》：「腓，脛腨也。」戰國・莊周《天下篇》：「禹親自操橐耜，而九雜天下之川，腓無胈，脛無毛。」腓，指病變。《詩經・小雅・四月》：「秋日淒淒，百卉具腓。」亦為迴避也。《詩經・小雅・采薇》：「君子所及，小人所腓。」寸楮則知，乃脛後肌肉突出之處，俗稱為「腿肚」，抑或病害之意。

　　復次，「憧」字，音chōng，ㄔㄨㄥ。《廣韻・上平聲・鍾・衝》：「憧，憧憧往來兒。」東漢・許慎《說文解字》：「憧，意不定也，從心，童聲。」《周易・咸卦》：「憧憧往來，未光大也。」又憧，愚笨，通戇。《史記・卷六〇・三王世家》：「臣青翟、臣湯等，宜奉義遵職，愚憧而不逮事。」故係為往來不定也。

　　🖌 **題解〈咸〉卦籤詩，智珠在握～**

　　昭示天地化生法則之次第，需接合陰、陽之氣，通達而造萬物生長，人倫開端成為夫妻之前提。係憑藉男女情感心動相契合，以締結婚姻成為親家；來往關係朝安適發展，切勿急求應和致心神不定，修持置身靜觀事物，以避磨難，相應意氣、情誼，互通之人，自能切合得矣！

＊國生字注音：
殛ㄐㄧˊ。腨ㄕㄨㄢˋ。橐ㄊㄨㄛˊ。耜ㄙˋ。戇ㄔㄨㄥ。

第卅二卦，雷風恆：巽（☴）下震（☳）上，揭示君子立身處世，欲速不達，恆心堅持到底，前往吉利！

◎〈卦象〉：「立身行己，持之以恆。」

《汝南堂・周易尚占詩箋》

第卅二卦　恆卦

維持綱常

雷風偶合責權擔，
內外分工顧眷含；
脫軌超常辭誠利，
人倫恪守孝恒甘。

隴中吳慕亮傳授　汝南廖英琪敬撰

　　吳師慕亮傳授卦體，**雷風恆：**恆者，久也。卦體〈巽〉下〈震〉上，中爻互〈乾〉互〈兌〉。東漢・許慎《說文解字》：「恆字，以「經常」或「長久」之義解。恆，拼音：héng，下平聲，十蒸韻。金文，從心、從月、從二。「二」者，以喻天地。《周易・說卦傳》：「震，動也；巽，入也。」動向外之發展，入向內之發展。〈震〉卦于上為外，〈巽〉卦于下為內；象徵各居本位，各循其常軌之發展。由來如此，永恆如此，故名：「恆卦。」

　　慕亮按：〈恆〉卦，〈震〉上〈巽〉下，守常也。雷起風動，乃天地自然之道。猶如二少相感，男女新婚，二長同居，守其常也。〈乾〉卦中，《周易・象辭》，載云：「恆，咸寧。」〈坤〉卦中，

《周易‧象辭》，云：「恆，咸亨。」係〈乾〉、〈坤〉兩卦，亦包涵〈咸〉卦之義。〈乾〉曰：「恆易。」〈坤〉曰：「恆簡。」簡易為常，則〈乾〉、〈坤〉二卦，亦隱合〈恆〉卦之義理。〈乾〉、〈坤〉為《易》學之門蘊，益信之焉！

英琪詩箋註釋：「恆」字，音héng，ㄏㄥˊ，同恒。東漢‧許慎《說文解字》：「恆，常也。」亦卦名，《周易‧恆卦》：「恆，久也。」北魏‧酈道元《水經注‧文水》：「津渠隱沒，而不恆流。」恆者，規律。《國語‧越語‧下》：「因陰陽之恆，順天地之常。」

恆，又為不變。南朝‧梁劉勰《文心雕龍‧物色》：「然物有恆姿，而思無定檢。」從上綜觀，係為法則，抑或長久堅守之意志。例如：「持之以恆」。東漢‧崔瑗《文選‧座右銘》：「行之苟有恆，久久自芬芳。」

旋以，次考吳師慕亮《周易通鑑》，載云：「〈恆〉，卦名也。亨，即享字，古人舉行享祀，曾筮遇此卦，故記之曰：『亨。』又筮遇此卦无咎，舉事有利，且利有所往，故曰：『无咎，利貞，利有攸往。』」

復次「偶合」，指恰巧相合及投合之意。東漢‧王充《論衡‧逢遇》：「夫以賢事賢君，君欲為治，臣以賢才輔之，趨舍偶合，其遇固宜。」惟「恪」字，音kè，ㄎㄜˋ。《爾雅‧釋詁》：「恪，敬也。」乃謹慎誠敬之意。譬如：「恪守」、「恪遵」。《書經‧盤庚‧上》：「先王有服，恪謹天命。」

 題解〈恆〉卦籤詩，智珠在握～
明喻恆久之道，在自然界暨社會中是互相分工與依附，有如雷與風恆常相隨，家庭角色間彼此分工合作，共同擔負職權照應親屬；假使言行違反正常法度，應該推卻，依據人類之倫常，恭敬謹慎遵守，有恆持善事，奉養父母之道理或方法，如此一來，行事必獲得美好、吉祥！

＊國生字注音：
勰ㄒㄧㄝˊ。

第卅三卦,天山遯:艮(☶)下乾(☰)上,昭顯
遭逢阻礙時,先認清情勢,並隱居候良機再行事!

◎〈卦象〉:「識時通變,待機再舉。」

《汝南堂・周易尚占詩箋》

第卅三卦　遯卦ㄉㄨㄣˋ

退隱南山

高天有嶺未相鄰,
順勢陰長退避塵;
澹ㄉㄢˋ泊韜ㄊㄠ光為俊傑,
規模遠舉遯肥吠ㄇㄨㄣˊ。

隴中吳慕亮傳授　汝南廖英琪敬撰

吳師慕亮傳授卦體,天山遯:〈遯〉者,退也。卦體〈艮〉下
〈乾〉上,中爻互〈巽〉互〈乾〉。東漢・許慎《說文解字》,其義
「逃避」,或「退隱」解。考其「遯」字,即「遁」字也。《周易・
序卦傳》:「遯者,退也。」《周易・說卦傳》:「乾為天,……,
艮為山。」山勢高峻,彷彿與天相接,惟攀登山頂觀看時,卻仍與
平地同等遙遠,猶似逃避之兆,故〈艮〉下〈乾〉上,名曰:「遯
卦。」

遯,多音辨析:拼音:dùn,去聲,十四願韻,以及上聲,十三
阮韻。遯同遁,形聲,從辵(chuò),盾聲。本義:逃避,亦如:

遯隱（避世隱居）、遯天（逃遁天理，違背自然）、遯命（逃避任命）、遯俗（猶言逃避世俗）、遯避（猶逃避）、……。

慕亮按：〈遯〉卦，〈乾〉上〈艮〉下，其之義者，天下有山。退隱，退避，猶如隱遯山林間。當遯則遯，遯之時義大矣哉！遯者，乃出世間之高行，戌亥空亡，有遯入空門之象。當退則退，弗可流連也。

英琪詩箋註釋：「遯」字，音dùn，ㄉㄨㄣˋ，同遁。東漢‧許慎《說文解字》：「遯，逃也。」《廣韻‧去聲‧慁‧鈍》：「遁，逃也，隱也，去也。」《周易‧序卦傳》：「物不可以久居其所，故受之以遯，遯者，退也。」南朝‧宋‧范曄《後漢書‧杜林傳》：「遁，猶回避也。」

又遯，為卦名。《周易‧遯卦》：「天下有山，遯；君子以遠小人，不惡而嚴。」從上引述乃逃及潛藏不露之意。例如：「遯走」、「遯跡山林」。旋而，考吳師慕亮《周易通鑑》，載云：「遯，借豚，古字通用。東漢‧許慎《說文解字》：『豚，小豕也。』又筮遇此卦，舉事小利，故曰：「小利貞。」

蓋「澹」字，音dàn，ㄉㄢˋ；tán　ㄊㄢˊ。東漢‧許慎《說文解字》：「澹，水搖也。」《廣韻‧上聲‧敢‧噉》：「澹，澹淡水皃淡音琰，又恬靜，又徒濫切。」西漢‧司馬相如《漢書‧卷五七》：「泊乎無為，澹乎自持。」澹，又安也。《前漢‧郊祀歌》：「澹容與，獻壽觴。」東周‧老子《道德經‧第二十章》：「澹兮其若海，飂兮若無止。」綜觀所得，故指恬靜而寡欲之意。

次則，「韜」字，音tāo，ㄊㄠ。東漢‧許慎《說文解字》：「韜，劍衣也。」《廣雅‧釋器》：「韜，弓藏也。」《廣韻‧下平聲‧豪‧饕》：「韜，藏也，寬也。」又韜，為裝弓之袋子。唐‧陸德明《經典釋文‧卷六‧毛詩音義中》：「韜，本又作弢，弓衣也。」寸楮引述，係為隱藏之意也。例如：「韜光養晦」。

復次，「旻」字，音mín，ㄇㄧㄣˊ。《廣韻‧上平聲‧真‧珉》：「旻，和也。」西漢‧司馬相如《文選‧封禪文》：「旻旻穆穆，君子之態。」吾曹誦讀，知曉和樂之意！英琪復考，旻同旻

字。《尚書‧堯典》:「乃命羲和,欽若旻天,歷象日月星辰,敬授民時。」

 題解〈遯〉卦籤詩,智珠在握～

　　隱喻連綿不斷聳立之山,通往高遠廣大之天空,距離乃遙遠無法抵達,君子應認清並順著局勢,莫輕取妄動,採取先隱事跡;並淡然於慾望,不慕榮利而安然,隱藏才能不使外露,假以時日,待規劃周詳,制度良善,復以謀事,則能成為當代才智出眾之人,獲得豐裕充足矣!

＊國生字注音:

　　恩ㄏㄨㄣ丶。琰一ㄢˇ。觴ㄕㄤ。颺ㄌㄡˋ。饕ㄊㄠ。弢ㄊㄠ,通韜。旻ㄇㄧㄣˊ。

咸 卦:〈艮〉下〈兌〉上,〈大象〉:「山上有澤。」澤低而居高,山高而居低,漸趨親近。又山澤通氣,乃地竅之所在,故能交感,以示氣息相通,發感應之現象也。在人如處夫婦之間,維持情感,應本乎〈咸〉。

恆 卦:〈巽〉下〈震〉上,〈大象〉:「雷風。」雷起而風生,乃天道之常。蓋氣息交感,方可持久,故於〈咸〉卦之後,繼之為〈恆〉,以示物循常道,而能垂久之現象也。在人如貫澈到底,弗能二三其德,應本乎〈恆〉。

遯 卦:〈艮〉下〈乾〉上,〈大象〉:「天下有山。」以山擬天,則覺山卑而退縮。蓋物過於久,其形必漸衰退,故於〈恆〉卦之後,繼之為〈遯〉,以示陰長陽消,萬物退避之現象也。在人如當退即退,弗可留連,應本乎〈遯〉。

第卅四卦，雷天大壯：乾（☰）下震（☳）上，象徵各層面之事項，處於強大之優勢，亦須謹守正途而爲之！

◎〈卦象〉：「氣勢雄偉，循規蹈矩。」

《汝南堂・周易尚占詩箋》

第卅四卦　大壯卦

陽盛剛強

天空震響勢雄鳴，
越禮修爲大壯成；
羊觸藩籬知素退，
艱沉洗鍊當陽宏。

隆中吳慕亮傳授　汝南廖英琪敬撰

　　吳師慕亮傳授卦體，雷天大壯：大壯者，志也。卦體〈乾〉下〈震〉上，中爻互〈乾〉互〈兌〉。陽象強大，爻位次序，自下而上，四陽盛長，故名：「大壯。」大，詳見〈大畜〉第二十六卦，故不重贅。壯，拼音：zhuàng，去聲，二十三漾韻，形聲，從士，爿（pán）聲。本義：人體高大，肌肉壯實之意。

　　慕亮按：〈大壯〉卦，〈震〉上〈乾〉下，雷在天上，陽盛陰消，君子道勝之象。卦體四陽盛長，陽爲大，大者，壯大也。威武揚於天上，雄勢之象也。集聚群眾之力，故爻辭以羊喻群也。

　　英琪詩箋註釋：「壯」字，音zhuàng，ㄓㄨㄤˋ。東漢・許慎《說文解字》：「壯，大也，彊也，盛也。」《廣韻・去聲・漾・壯》：「壯，大也，側亮切三。」又壯，乃至三、四十歲之時期稱

「壯」。《禮記・曲禮・上》：「人生十年，曰幼學；二十，曰弱冠；三十，曰壯，有室。」壯，亦指月令，陰曆八月之別名。

《爾雅・釋天》：「壯月，八月爲壯。」又壯，雄豪也。例如：「壯志」、「豪言壯語」。壯，亦是欽服。唐・韓愈《新修滕王閣記》：「及得三王所為序賦記等，壯其文辭，益欲往一觀而讀之，以忘吾憂。」綜觀引述，係為強盛及讚許之意。

旋而，考吳師慕亮《周易通鑑》，載云：「〈大壯〉，卦名也。利貞，猶利占也。筮遇此卦，舉事有利，故曰：『利貞。』惟「羊」字，音yáng，一尢ˊ。東漢・許慎《說文解字》：『羊，羊兽也。』孔子曰：『牛羊之字以形舉也。』」凡羊之屬，皆從羊意。羊，亦為姓也。譬如：漢代有羊續，即羊續懸魚之典故。其羊乃同「祥」，故得曉乃吉利、吉祥之意。例如：「吉羊如意。」

蓋「藩籬」，音fān lí，ㄈㄢ ㄌㄧˊ。藩籬，乃以柴竹編成屏蔽之圍牆，引申保護之意。西漢・賈誼《過秦論・下》：「楚師深入，戰于鴻門，曾無藩籬之固。」藩籬，邊界之說。漢・賈誼《過秦論・上》：「乃使蒙恬北築長城，而守藩籬。」亦作：「藩籬。」故寸楮得悉，為防衛暨保護之意也。

復「鍊」字，音liàn，ㄌㄧㄢˋ。東漢・許慎《說文解字》：「鍊，冶金也。」《廣韻・去聲・霰・練》：「鍊，鍊金。」鍊，精金，凡物精熟者皆爲鍊。《淮南子・地形訓》：「鍊土生木，鍊木生火。」惟鍊，亦指用火久熬，炮製藥石。南朝・江淹《文選・雜體詩・王徵君》：「鍊藥矚虛幌，汎瑟臥遙帷。」又鍊，亦通「煉」。例如：「鍛鍊」。唐・孟郭《小隱吟》：「鍊性靜棲白，洗情深寄玄。」從上引述，吾儕知曉為磨練也。

🖌 題解〈大壯〉卦籤詩，智珠在握～

明喻強盛之力量，宛如打雷聲震響於空中威武有力，雖如此，君子依舊保持意志剛強堅毅，不施作超越常規法度，以達真正之強健。假使自負不知謙退，盛氣凌人，酷肖羊碰撞柵欄，羊角遭卡住，導致進退兩難，陷入險惡，故仍潛藏鍛鍊，彷彿太陽浩蕩有所作為，獲得吉祥！

＊國生字注音：
兽ㄕㄡˋ。霰ㄒㄧㄢˋ。幌ㄏㄨㄤˇ。

第卅五卦，火地晉：坤（☷）下離（☲）上，勉勵圖求發展之際，須顯現內在光明優美之德性，則能前途似錦！

◎〈卦象〉：「力圖上進，克明峻德。」

《汝南堂・周易尚占詩箋》

第卅五卦　䷢　晉卦

前程光明

離升地上曜光昭，

嶄露鋒芒漸進遐；

伐邑愁城毋失得，

謙沖介福晉封梟。

隆中吳慕亮傳授　汝南廖英琪敬撰

吳師慕亮傳授卦體，**火地晉：**晉者，進也。卦體〈坤〉下〈離〉上，中爻互〈艮〉互〈坎〉。東漢・許慎《說文解字》，「晉」字及「進」字同義。〈離〉日出於〈坤〉地之上，係上進之象，故名：「晉卦。」晉，拼音：jìn，去聲，十二震韻，會意，小篆字形，從臸、從日，指追奔日馭（太陽別稱）前進之意。

慕亮按：〈晉〉卦，〈離〉上〈坤〉下，進也，進取也。離為日，出於地上，其具文明、光明之意，漸升而至中天，〈晉〉之象如是。君子當自昭明德，且必以明為進也；彷彿太陽照於大地，萬物欣欣向榮，如百姓得賢君之恩澤也。

英琪詩箋註釋：「晉」字，音jìn，ㄐㄧㄣˋ。《爾雅・釋詁・下》：「晉，進也。」晉，升也。例如：「晉級」、「晉升」。《清史稿・卷四五一・桂中行傳》：「以功晉知府，調江蘇，筦揚州正陽釐榷。」晉，為國名，周代諸侯國，春秋時據有今大陸地區山西省大部分，與河北省西南地區，地跨黃河兩岸，後為韓、趙、魏，三家所分，遂亡。又晉，亦為姓。譬如：戰國時，魏國有晉鄙。從上寸楮，乃曉前往之意。

蓋「擢」字，音zhuó，ㄓㄨㄛˊ。東漢・許慎《說文解字》：「晉，引也。」《揚子・方言》：「擢，拔也。」宋・蘇軾《惠州李氏潛珍閣銘》：「蔚鵞城之南麓，擢仙李之芳根。」北宋・陳彭年《廣韻》：「擢，抽也，出也。」《戰國策》：「擢之乎賓客之中，而立之乎羣臣之上。」

又擢，亦為聳起。唐・韓愈《納涼聯句》：「熙熙炎光流，竦竦高雲擢。」綜觀引述，乃拔取或選用之意。其「嶄」字，音zhǎn，ㄓㄢˇ，同「巉」。嶄，係稱突出。唐・韓退之《柳子厚墓誌銘》：「逮其父時，雖少年，已自成人，能取進士第，嶄然見頭角。」又嶄，表示程度。例如：「嶄新」。故寸楮得知，為突出之意也。

旋而，「伐」字，音fá，ㄈㄚˊ，或讀ㄈㄚ。《廣韻・入聲・六月》：「伐，征也，斬木也，又自矜曰伐，房越切，十四。」伐，為自誇也。《論語・公冶長》：「願無伐善，無施勞。」伐，亦功也，自稱其功，曰伐。春秋・李耳《老子道德經・第二十二章》：「不自見，故明；不自是，故彰；不自伐，故有功；不自矜，故能長。」

次伐，係指征討。《左傳・莊公十年》：「十年春，齊師伐我，公將戰，曹劌請見。」唯伐閱，與閥閱同。《史記・功臣侯表》：「古者人臣功有五等，明其功曰伐，積日曰閱。」從上綜觀，乃為功勞及攻打之意。

其「邑」字，音yì，ㄧˋ。東漢・許慎《說文解字》：「邑，國也。」東漢・劉熙《釋名》：「邑，人聚會之稱也。」西漢・司馬遷《史記・五帝紀》：「舜一年而所居成聚，二年成邑。」又邑，亦為憂愁不安。戰國・屈原《楚辭・離騷》：「忳鬱邑余侘傺兮，吾獨窮

困乎此時也！」邑，亦通「悒」。故曉城市，亦國都之意。

　　復則，「梟」字，音xiāo，ㄒㄧㄠ。東漢·許慎《說文解字》：「梟，不孝鳥也。」梟，為魁首也。東漢·王充《論衡·別通》：「東成令董仲綬，知為儒梟，海內稱通。」梟，亦指消滅。蜀漢·陳壽《三國志·卷三二·蜀書·先主備傳》：「寇賊不梟，國難未已。」又梟，姓也。史籍《姓譜》：「隋煬帝誅楊元感，改其姓爲梟氏。」從上所述，乃為消滅或驍勇雄健之意。例如：「梟雄」。東漢·班固《漢書·卷一·高帝紀·上》：「北貉、燕人來，致梟騎助漢。」

題解〈晉〉卦籤詩，智珠在握～

　　象徵進展之力量，彷彿太陽投射之明亮光芒，從地面上升起，其君子應表露崇高顯明之德性，循序漸進地拓展；切莫為求好心切，憂慮是非成敗，以不當方式攻擊敵方，藉以建立城池之功業，秉懷謙虛和順進取之，則可成為團體之領導者，向上進長必獲喜慶也！

＊國生字注音：

　　筦ㄍㄨㄢˇ，同管。榷ㄑㄩㄝˋ。鵝ㄜˊ，同鵝。竦ㄙㄨㄥˇ。

　　斫ㄓㄨㄛˊ。劌ㄍㄨㄟˋ。

☰☳大壯卦：〈乾〉下〈震〉上，〈大象〉：「雷在天上。」威揚於天，聲勢自壯。蓋消長循環，衰退而必壯盛，故於〈遯〉卦之後，繼之為〈大壯〉，以示陽剛太壯，氣盛勢雄之現象也。在人如勿為已甚，裁之以禮，應本乎〈大壯〉。

☷☲晉　卦：〈坤〉下〈離〉上，〈大象〉：「明出地上。」陽明被物，各有進展。蓋物勢既壯，必更進以求開展，故於〈大壯〉之後，繼之為〈晉〉，以示萬物同光，進進不已之現象也。在人如格物致知，以明明德，應本乎〈晉〉。

第卅六卦，地火明夷：離（☲）下坤（☷）上，象徵境況 陰暗不明，事與願違，仍堅持磊落，爭取光明之理！

◎〈卦象〉：「前程幽暗，韜光養晦。」

《汝南堂・周易尚占詩箋》

第卅六卦　明夷卦

隱正藏明

日陷坤中困隱ᵃᵢ危，
文王浩劫闇ᵃₙ明夷；
憂讒ᵃₙ傳ᵡ翼逃名誠，
養晦ᵧ潛藏智器垂。

隆中吳慕亮傳授　　汝南廖英琪敬撰

　　吳師慕亮傳授卦體，**地火明夷：**〈明夷〉者，傷也。卦體〈離〉下〈坤〉上，中爻互〈坎〉互〈震〉。東漢・許慎《說文解字》，夷字，作「傷害」及「誅滅」之義解。《雜卦》：「明夷，誅也。」〈離〉日之光明，掩歿於〈坤〉地之下，故名：「明夷卦。」

　　明夷二字，略作講述：明，拼音：míng，下平聲，八庚韻。會意，甲骨文以「日、月」發光表示明亮。小篆從月、從囧（jiǒng），從月，取月之光；從囧，取窗牖之明亮。本義：清晰明亮，與「昏暗」相對。復次，夷，拼音：yí，上平聲，四支韻。夷，東方之人也。從大、從弓，會意，弓所持也。

慕亮按：〈明夷〉卦，〈坤〉上〈離〉下，〈夷〉者，傷也。〈離〉于上則明目，〈離〉于下則明傷。明入地中，係暗無天明之意。凡賢者弗得志，憂讒畏譏，即為〈明夷〉之意。宜乎韜光養晦，切戒莽動也。

英琪詩箋註釋：「夷」字，音yí，ㄧˊ。東漢・許慎《說文解字》：「夷，平也。」《廣韻・上平聲・四支》：「夷，猶等也，滅也，易也。」唐・柳宗元《封建論》：「及夫大逆不道，然後掩捕而遷之，勒兵而夷之耳。」夷，係指同輩。《禮記・曲禮・上》：「昏定而晨省，在醜夷不爭。」

又夷，係為常道。西漢・司馬遷《史記・卷三八・宋微子世家》：「曰王極之傅言，是夷是訓，于帝其順。」夷，通「彝」。從上綜觀，乃平定之意。「明夷」，亦是卦名。《周易・明夷・彖辭》：「明入地中，明夷。內文明而外柔順，以蒙大難，文王以之。利艱貞，晦其明也。」

旋而，考吳師慕亮《周易通鑑》，載云：「顏師古，〈注〉：『新雉，即辛夷耳！夷、雉，通用之證。』斯〈明夷〉，卦名也。凡我輩筮艱難之事者，遇此卦則利，故曰：『利艱貞。』」

爰以，「隘」字，音ài，ㄞˋ；è，ㄜˋ。東漢・許慎《說文解字》：「隘，陋也。」《廣韻・去聲・十卦》：「隘，陝也，陋也，烏懈切，六。」隘，係為狹窄。《詩經・大雅・生民》：「誕寘之隘巷，牛羊腓字之。」戰國・荀子《禮論》：「其立哭泣哀戚也，不至於隘懾傷生。」惟隘，亦是阻止。西漢・劉向・《戰國策・楚策二》：「懷王薨，太子辭於齊王而歸，齊王隘之。」故引述曉知，乃為極或隔絕之意。

再則，「闇」字，音àn，ㄢˋ，同「暗」。東漢・許慎《說文解字》：「闇，閉門也。」《廣韻・去聲・勘》：「闇，冥也。」闇，遮掩也。戰國・荀卿《荀子・不苟》：「不下比以闇上，不上同以疾下。」闇，亦指遮掩及糊塗之人。西晉・潘岳《文選・西征賦》：「主闇而臣嫉，禍於何而不有。」故寸楮得曉，乃蒙蔽之意也。

蓋「讒」字，音chán，ㄔㄢˊ。東漢・許慎《說文解字》：

「晉，引也。」《廣韻・下平聲・十五咸》：「讒，譖也，士咸切，又士銜切，十三。」明・張自烈《正字通》：「崇飾惡言，毀善害能也。」讒，指中傷別人之人。東漢・王充《論衡・答佞》：「讒與佞，俱小人也。」從上引用，乃毀謗之意也。

復次，「傅」字，音fù，ㄈㄨˋ。《廣韻・去聲・遇・付》：「傅，相也。」傅，為輔助。戰國・孟軻《孟子・滕文公・下》：「一齊人傅之，眾楚人咻之，雖日撻而求其齊也。」傅，亦指依附。春秋・左丘明《左傳・僖公十四年》：「皮之不存，毛將安傅？」傅，亦姓。例如：晉朝文學家，則有傅玄及清代神醫之傅青主。綜觀引述，係為教師，抑是教導傳授技藝及學業之人。例如：師傅。西漢・司馬遷《史記・卷八四・屈原、賈生傳》：「於是天子後亦疏之，不用其議，乃以賈生為長沙王太傅。」

唯「晦」字，音huì，ㄏㄨㄟˋ。東漢・許慎《說文解字》：「晦，月盡也。」《廣韻・去聲・十一隊》「晦，冥也，又月盡也。」晦，係指陰曆每月之最後一日，稱為「晦」。戰國・莊周《莊子・逍遙遊》：「朝菌不知晦朔，蟪蛄不知春秋，此小年也。」又晦，指不顯明。例如：「隱晦」、「詞句晦澀」，以上引述，乃昏暗不明之意。

 題解〈明夷〉卦籤詩，智珠在握～

　　隱喻光明隱沒於地中，險象環生，前景阻塞，艱難困苦，即使如此，申明賢者周文王蒙難於羑里囚禁之境；遭受毀謗，仍守其正道，以平和柔順，積善行仁，以渡過危險。惟匿跡隱藏才能，不使外露，等待持機，最終才識與度量，得獲世人頌揚德行，聲譽萬古流芳！

＊國生字注音：
　　真ㄓˋ。羑ㄏㄨㄥ　。佞ㄋㄧㄥˋ。咻ㄒㄧㄡ。撻ㄊㄚˋ。
　　蟪ㄏㄨㄟˋ蛄ㄍㄨ。

第卅七卦，風火家人：離（☲）下巽（☴）上，揭示治家之本，家族中之成員，素其位而行之理，則家道端正！

◎〈卦象〉：「各司其職，潛移默化。」

吳師慕亮傳授卦體，**風火家人**：家人者，同也。卦體〈離〉下〈巽〉上，中爻互〈坎〉互〈離〉。初、上兩爻，宛如兩堵牆，牆內〈坎〉〈離〉交互，〈坎〉屬中男，〈離〉屬中女。以喻一男一女，其可結之合體，故名：「家人。」

家，居也，從宀，豭省聲，拼音：jiā，下平聲，六麻韻。共同生活之眷屬及所住之處。如：家庭、家眷、家長（zhǎng）、家園、家譜、家塾、家鄉、家風、家訓、家規、家喻戶曉、如數家珍之意。

人，拼音：rén，上平聲，十一真韻。《禮記·禮運》：「故人者，天地之德，陰陽之交，鬼神之會，五行之秀氣也。」故人者，天

地之心也，五行之端也。略書拙見，聊以供參！

慕亮按：〈家人〉卦，〈巽〉上〈離〉下，治家之道也。由內而外，陰居二、四內卦，乃女正位於內。陽居初、三、五、上卦為外，係男正位於外而女正位於內之義也。各正其位，各修其德，故名：「家人。」〈巽〉木為風，以喻潛移默化，當從庭內而起家矣！

英琪詩箋註釋：「家」字jiā，音ㄐㄧㄚ；gū，ㄍㄨ。東漢・許慎《說文解字》：「家，家居也。」家，係指一門之內共同生活之人。先秦・呂不韋《呂氏春秋・先識覽・察微》：「吳人應之不恭，怒殺而去之，吳人往報之，盡屠其家。」又家，亦古代大夫所統治之政治區域，與「國」相對。

《論語・季氏》：「丘也聞有國有家者，不患寡而患不均，不患貧而患不安。」綜覆得曉，為居住或眷屬共同生活之場所。例如：「家庭」、「返家」。唐・賀知章《回鄉偶書》：「少小離家老大回，鄉音無改鬢毛衰。」

惟「家人」，乃係指一家之人。《詩經・周南・桃夭》：「桃之夭夭，其葉蓁蓁。之子于歸，宜其家人。」次考吳師慕亮《周易通鑑》，載云：「家人，卦名也。凡我輩者，若逢窘迫之事，男子筮遇此卦，則以凶論。若女子者，筮遇此卦則利，故曰：『利女貞。』」

旋而，「嗃」字，音hè，ㄏㄜˋ。東漢・許慎《說文解字》：「嗃嗃，嚴酷貌。」《廣韻・入聲・鐸・臛》：「嗃，嚴厲貌。」《周易・家人・九三》：「家人嗃嗃，悔厲吉；婦子嘻嘻，終吝。」從上寸楷引用，故曉為嚴肅之意也。

再則，「厲」字，音　lì，ㄌㄧˋ。東漢・許慎《說文解字》：「厲，旱石也，從厂，蠆省聲。」《廣韻・去聲・祭・例》：「厲，惡也，亦嚴整也，烈也，猛也；又姓，漢有魏郡太守厲溫。」厲，奮起。三國・曹植《文選・贈白馬王彪詩》：「歸鳥赴喬林，翩翩厲羽翼。」

厲，亦指猛烈。例如：「厲害」。戰國・莊周《莊子・齊物論》：「厲風濟，則眾竅為虛。」又厲，係為激勵。西晉・陳壽《三國志・卷三五・蜀書・葛亮傳》：「臣以弱才，叨竊非據，親秉旄

鉞，以屬三軍。」綜觀引述，係為災害或勉勵之意。

復次，「誨」字，音hui，ㄏㄨㄟˋ。東漢·許慎《說文解字》：「誨，曉教也。」《廣韻·去聲·十一隊》：「誨，教訓也，荒內切，十一。」又誨，為勸導。例如：「教誨」、「誨人不倦」。《左傳·襄公三十年》：「我有子弟，子產誨之。」亦為誘使，譬如：「「誨盜誨淫」。《周易·繫辭·上傳》：「慢藏誨盜，冶容誨淫。」從上引述，乃教導之意。

題解〈家人〉卦籤詩，智珠在握～

象徵一家之組成，由親密之男女，陰陽二氣合為一體，稱揚家道中正，維護家之常道，乃成員各自管理與盡本份；治家之規，切莫不顧體統，往來失去禮節應以矯正，避免招致災禍，人之性格或習慣形成，於無形中受環境或他人之感染，于尚未發生前就糾正，家庭必獲臻祥！

＊國生字注音：

ㄏㄤˇ。薑ㄔㄞˋ。旄ㄇㄠˊ。鉞ㄩㄝˋ。臃ㄏㄨㄛˋ，同臛。

明夷卦：〈離〉下〈坤〉上，〈大象〉：「明入地中。」是已暗無天日，致傷其明。蓋進而不已，難免無傷，故於〈晉〉卦之後，繼之為〈明夷〉，以示時當晦暗，物性不正之現象也。在人如韜光養晦，而免於難，應本乎〈明夷〉。

家人卦：〈離〉下〈巽〉上，〈大象〉：「風自火出。」火生風，風助火，其性相和，有如家人。蓋傷於外者，必返於家，故於〈明夷〉之後，繼之〈家人〉，以示協和共處，有守無違之現象也。在人如一門之內，使能雍穆相處，應本乎〈家人〉。

睽 卦：〈兌〉下〈離〉上，〈大象〉：「上火下澤。」火炎上而澤流下，彼此乖異。蓋家道有窮時，窮則乖矣，故於〈家人〉之後，繼之為〈睽〉，以示同中有異，物類相乖之現象也。在人如事與願違，而謀所以孚洽，應本乎〈睽〉。

第卅八卦，火澤睽 兌（☱）下離（☲）上，顯露處事遭違背
情況，應當大度豁達，求同存異，以達和諧一致之理！

◎〈卦象〉：「事與願違，異中求同。」

吳師慕亮傳授卦體，**火澤睽**：睽者，乖也。卦體〈兌〉下〈離〉
上，中爻互〈離〉互〈坎〉。東漢・許慎《說文解字》：「睽字，作
乖違之義解。上體〈離〉為火，火燄向上；下體〈兌〉為澤，水性就
下；水火之象，兩相乖違，故名：「睽卦。」

睽，拼音：kuí，上平聲，八齊韻。形聲，從目，癸聲。本義：
兩眼弗同觀一處，斜視之意。古云：「目不相視。」即二目弗能集中
視線，同視一物之意。張目注視，如：睽目（反目或翻臉）。

慕亮按：〈睽〉卦，〈離〉上〈澤〉下，二性各走極端，乖離
也、怪異也。〈睽卦・上九〉：「見豕負塗，載鬼一車。」亦可視

之，其為怪異鬼神之事也。火炎上而澤流下，彼此乖異，如人事與願違也。

　　英琪詩箋註釋：「睽」字，音kuí，ㄎㄨㄟˊ，同「暌」。東漢‧許慎《說文解字》：「睽，目不相視也。」《廣韻‧上平聲‧齊》：「睽，異也，乖也，外也。」戰國‧莊周《莊子‧天運》：「三皇之知，上悖日月之明，下睽山川之精，中墮四時之施。」又睽，別離也。從上寸楮得知，乃分開之意或張目注視之樣。例如：「睽睽」。次考吳師慕亮《周易通鑑》，載云：「〈睽〉，卦名也。凡若我輩者，如逢難決事宜，筮遇此卦，小事則吉。故曰：『小事吉。』」

　　蓋「歧」字，音qí，ㄑㄧˊ。《廣韻‧上平聲‧四支》：「歧，歧路。」《集韻》：「歧，足多指也，或作枝，同跂。」歧，係指分岔之道路。西晉‧左思《文選‧蜀都賦》：「羲和假道於峻歧，陽鳥迴翼乎高標。」又歧，乃有差別也。例如：「歧義」。南朝‧劉勰《文心雕龍‧詮賦》：「賦自詩出，分歧異派。」綜觀可曉，乃指分岔不一致之意。

　　惟「虞」字，音yú，ㄩˊ。《廣韻‧上平聲‧七虞》：「虞，也。」東漢‧許慎《說文解字》：「虞，騶虞也，白虎黑文，尾長于身，仁獸，食自死之肉。」虞，顧慮也。《詩經‧魯頌‧閟宮》：「無貳無虞，上帝臨女。」又虞，欺騙也。例如：「爾虞我詐」。《左傳‧宣公十五年》：「我無爾詐，爾無我虞。」復虞，係為國名。譬如：舜子商均受封之地，故城約在今河南省虞城縣西南。綜觀引述，乃指疑慮之意。

　　爰而，「寇」字，音kòu，ㄎㄡˋ。東漢‧許慎《說文解字》：「寇，暴也，從攴、從完，當其完聚而寇之也，擊也，會意。」寇，係指外來入侵者。例如：「倭寇」、「窮寇莫追」。唐‧杜甫《登樓》：「北極朝廷終不改，西山寇盜莫相侵。」寇，亦為掠奪。如：「入寇」、「寇邊」。《書經‧費誓》：「無敢寇攘，踰垣牆。」以上引述，得曉為侵犯之意。

　　斯「媾」字，音gòu，ㄍㄡˋ。東漢‧許慎《說文解字》：

「媾,重昏也。」《左傳‧隱十一年》:「惟我鄭國之有請謁焉,如舊昏媾。」又媾,原指表親相互締結為婚,後泛指婚姻。《周易‧屯卦‧象辭》:「乘馬斑如,匪寇婚媾。」故知乃交合,抑是議和之意也!

復次,「曳」字,音yè,一ㄝˋ。東漢‧許慎《說文解字》:「曳,臾曳也。」《詩經‧唐風》:「子有衣裳,弗曳弗婁。」曳,為牽引。金‧元好問《石門》:「曳杖行歌羨樵叟,此生何計得隨君。」唐‧章懷太子《注》:「曳,猶頓也。」綜觀引用,為援引或困頓之意。

其「醨」字,音lí,ㄌㄧˊ。東漢‧許慎《說文解字》:「醨,薄酒也。」西漢‧《史記‧卷八四‧屈原賈生傳》:「眾人皆醉,何不餔其糟而啜其醨。」醨,亦為不敦厚。《舊唐書‧卷一三‧德宗本紀‧下》:「然而王霸跡殊,淳醨代變。」寸楮引之,乃為淺薄之意也!

> 🪭 題解〈睽〉卦籤詩,智珠在握~
>
> 隱喻人事處境上,宛如水火之關係,彼此未能符合期待,對立無法相容,分裂與違背,離棄家庭賴以維持之規範。世故互動之本質,屏除顧慮與困難,當求投合心志相通,始能主動遇合,如同與強盜賊寇之干係可議和,以避開侵犯及孤立,寬厚援之,前進發展則無禍害!

＊國生字注音:

悖ㄅㄟˋ。媵ㄒㄧㄝˋ。騶ㄗㄡ。闋ㄅㄧˋ。攴ㄆㄨ。謁一ㄝˋ。臾ㄩˊ。婁ㄌㄡˊ。叟ㄙㄡˇ。餔ㄅㄨ。啜ㄔㄨㄛˋ。

家師 吳慕亮《延陵堂‧勵志箴銘》:「休道天高無耳目,虧心暗處有神遊;上天如鏡,神目如電;人間私語,天聞如雷。」,以及「事當難處之時,若只讓一步,便容易處矣;功到將成之候,若放鬆一著,便不能成矣!」修身兩則,免旃廖帥!

第卅九卦，水山蹇：艮（☶）下坎（☵）上，揭示當前 處境艱辛困難，宜了解事務之局勢，進退合宜之理！

◎〈卦象〉：「時乖運蹇，反躬自省。」

《汝南堂・周易尚占詩箋》

第卅九卦　蹇卦 jiǎn

麻痺凍足

前行曲阻境維艱，
東北孤窮妄動攀 pān；
蹇利西南朋共濟，
修明內省譽佳園 yuán。

隆中吳慕亮傳授　汝南廖英琪敬撰

　　吳師慕亮傳授卦體，**水山蹇**：蹇者，難也。卦體〈艮〉下〈坎〉上，中爻互〈坎〉互〈離〉。蹇字，音簡。東漢・許慎《說文解字》：「蹇者，跛也。」〈說卦傳〉：「坎，陷也，……艮，止也。」〈坎〉陷當前，止而不進，有如跛者之艱於步履，故名：「蹇卦。」

　　蹇，多音字辨析，上聲（jiǎn），十三阮韻，音犍及上聲，音蹇，十六銑韻，阮韻同。《釋名》，東漢・劉熙本作品，收錄於清代乾隆纂修《四庫全書/經部》，載云：「蹇，跛蹇也，病弗能執事役也。」

　　慕亮按：〈蹇〉卦，水上山下為山上有水之象，水僅侷促於山

上，有陰于前止而難行，似跛者之艱於行動，以喻艱難險阻，行未順當，宜反求諸己。陰于前方，當見陰而止，不冒昧前往，切戒輕舉妄動，有觀時而動，俟時而行之意。

英琪詩箋註釋：「蹇」字，音jiǎ，ㄐㄧㄢˇ。東漢‧許慎《說文解字》：「蹇，跛也。」《廣韻‧上聲‧阮‧湕》：「蹇，跛也，屯難也，亦卦名，又居免切。」蹇，係指行動不便。南宋‧陸游《病中作》：「身羸支枕久，足蹇下堂疏。」又蹇，為不流利。例如：「蹇澀」、「蹇滯」。北周‧庾信《謝滕王集序啟》：「言辭蹇吃，更甚揚雄。」從上寸楮得知，乃跛腳或艱難之意。

次考，吳師慕亮《周易通鑑》，載云：「蹇，卦名也。筮遇此卦，有所往利於西南，不利於東北，又利見大人，又此卦為吉占。故曰：『利西南，不利東北，利見大人，貞吉。』」

蓋「攀」字，音pān，ㄆㄢ。《廣韻‧上平聲‧十五刪》：「攀，引也，普班切，三。」攀，乃抓住物體往上爬也。譬如：「攀登」、「攀爬」、「攀樹」。又攀，為依附。例如：「高攀」。西漢‧劉秀《後漢書‧卷一‧光武帝紀‧上》：「其計固望其攀龍鱗，附鳳翼，以成其所志耳！」攀，亦為折也。例如：「攀折」。唐‧李白《江夏送張丞》：「藉草依流水，攀花贈遠人。」綜觀可曉，乃牽連之意。

惟「圜」字，音yuán，ㄩㄢˊ；huán，ㄏㄨㄢˊ。東漢‧許慎《說文解字》：「圜，天體也，全也，周也。」《周易‧說卦傳》：「乾為天，為圜。」又圜，指圓形也。《周禮‧冬官考工記‧輿人》：「圜者中規，方者中矩。」略作引述，乃圍繞之意。

🖋 **題解〈蹇〉卦籤詩，智珠在握～**

顯示眼下行為舉止面臨之情況，環境困厄，辦事難以進展，宜理智明辨時勢，勿輕率、任意之行動。應避開依靠往東北位，為孤苦貧窮之險方；乃向西南行走，有利遇良朋共圖解救，戰勝困難！同時反求自我，修善美德，雖遭險境能於往返行事中，獲得讚譽美好之名聲焉！

＊國生字注音：

滯ㄓˋ。

第四十卦，雷水解： 坎（☵）下震（☳）上，明示受困解難排憂，應立即把握時機，以消除禍端，則獲吉祥無厄！

◎〈卦象〉：「解囊濟窘，抽薪止沸。」

《汝南堂・周易尚占詩箋》

第四十卦　䷧　解卦

爭取時間

震坎同興夙吉流，
深思舉動解陰獻；
三狐隱患移黃矢，
積極持顛克復謀。

隆中吳慕亮傳授　汝南廖英琪敬撰

　　吳師慕亮傳授卦體，**雷水解：** 解者，脫也。卦體〈坎〉下〈震〉上，中爻互〈離〉互〈坎〉。〈震〉為雷卦，〈坎〉為水卦，為雨，雷雨交作而燠熱解散，故名：「解卦。」解，破音字辨析：解，上聲（jiě），九蟹韻及去聲（jiè，xiè），十卦韻，亦判也，散也，曉也，獸也，地名也。會意，從刀、從牛、從角，表示以刀將牛角剖開。本義：分解牛，後泛指剖開之意。

　　慕亮按：〈解〉卦，〈震〉上〈坎〉下，大〈象〉曰：「雷雨作，解。」天地鬱結之氣疏解，其氣暢達之意也。〈解〉卦與〈蹇〉卦，同取本卦內外兩象而立卦名，兩卦皆有水陰難之象。觀〈蹇〉

為難之方生，知〈解〉是難之剛紓。〈坎〉水何時成雲，何時成雨？〈坎〉水下淋，如〈解〉卦下卦為〈坎〉，故下降為雨，故大象成雷雨，而〈蹇〉卦〈坎〉于上卦，為雲為草昧不明，故為陰難也。

英琪詩箋註釋：「解」字，音xiè，ㄒㄧㄝˋ；jiě，ㄐㄧㄝˇ。東漢・許慎《說文解字》：「解，判也，從刀，判牛角。」《廣韻・上聲・蟹》：「解，講也，說也，脫也，散也，佳買切，三。」解，係指剖分。例如：「解剖」。戰國・莊周《莊子・養生主》：「庖丁為文惠君解牛，手之所觸，肩之所倚，足之所履，膝之所踦，砉然向然，奏刀騞然，莫不中音。」

解，亦為消除。例如：「解圍」、「解悶」、「解救」、「解渴」、「調解」。西漢・劉向《戰國策・趙策・三》：「所貴於天下之士者，為人排患、釋難、解紛亂而無所取也。」又解，乃鬆懈也。《禮記・雜記・下》：「三日不怠，三月不解。」復解，乃會也。晉・陶淵明《九日閑居》：「酒能祛百慮，菊解制頹齡。」綜觀引述得知，乃能夠或懈怠之意。

次考，吳師慕亮《周易通鑑》，載云：「解，卦名也。筮遇此卦，如有所往利於西南，故曰：『利西南。』如必所往而歸還則吉，故曰：『无所往，其來復吉。』如必有所往，則早行乃吉，故曰：『有攸往，夙吉。』」其凡我輩者，日常生活中，若逢乖舛，無法解決之事。惟悃誠祈禱，如筮遇此爻，可以无咎，故曰：「無咎。」

蓋「夙」字，音sù，ㄙㄨˋ，通「宿」。東漢・許慎《說文解字》：「夙，早敬也。」《尚書・舜典》：「夙夜惟寅，直哉惟清。」宿，係稱一向也。例如：「夙願」、「夙志」。東漢・趙壹《後漢書・卷八〇・文苑傳・下》：「惟君明叡，平其夙心。」夙，亦指飽學，例如：「夙儒」。從上寸楮，為清晨抑是平常之意。

爰而，「猷」字，音yóu，ㄧㄡˊ。東漢・許慎《說文解字》：「猷，從犬，酋聲，玃屬，一曰隴西謂犬子為猷，以周切，四十五。」《廣韻・下平聲・尤》：「猷，謀也，已也，圖也，若也，道也。」猷，指計劃。《爾雅・釋詁上》：「猷，謀也。」又猷，為法則也。《詩經・小雅・巧言》：「秩秩大猷，聖人莫之。」

綜觀可曉，乃圖謀之意。

　　惟「矢」字，音shǐ，ㄕˇ。東漢‧許慎《說文解字》：「矢，弓弩矢也。古者夷牟初作矢，式視切，四。」《廣韻‧上聲‧旨》：「矢，陳也，誓也，正也，直也。」矢，係稱箭也。例如：「流矢」、「無之放矢」。西漢‧李廣《漢書‧卷五四》：「廣出獵，見草中石，以為虎而射之，中石沒矢。」又矢，亦為發誓。例如：「矢志不忘」、「矢勤矢勇」。《論語‧雍也》：「夫子矢之曰：『予所否者，天厭之，天厭之！』」略作引述，乃立誓或端正之意。《尚書‧盤庚‧上》：「盤庚遷于殷，民不適有居。率籲眾慼，出矢言。」

> 題解〈解〉卦籤詩，智珠在握～
>
> 　　隱喻排除所處之險境，乃往地平之西南方，並加以深遠思考，謀求乃在禍患無發生前，就加以防備，於雷水興起時，則消解患難前進必得利。其亦象徵解除暗藏不易察覺之禍患，應需具有中和剛直，主動進取之德性，策略能勝任動亂之局勢，當行動返回歸來，以獲得吉祥！

＊國生字注音：

　　燠ㄩˋ。紓ㄕㄨ。庖ㄆㄠˊ。踦ㄑㄧˊ，ㄐㄧˇ。耇ㄏㄨㄛˇ。驖，ㄏㄨㄛˋ。叡ㄖㄨㄟˋ。矍ㄐㄩㄝˊ。弩ㄋㄨˇ。籲ㄩˋ。慼ㄑㄧ。

䷦蹇　卦：〈艮〉下〈坎〉上，〈大象〉：「山上有水。」水僅局促於山，自難暢流濟物。蓋勢已相乖，必生險難，故於〈睽〉卦之後，繼之為〈蹇〉，以示艱難，險阻而不行之現象也。在人如涉及艱難，反求諸己，應本乎〈蹇〉。

䷧解　卦：〈坎〉下〈震〉上，〈大象〉：「雷雨作。」雷雨既作，其氣已暢，而鬱結因之疏解。蓋宇宙不滅，無終於險難之理，故於〈蹇〉卦之後，繼之為〈解〉，以示疏解條貫，萬物復蘇之現象也。在人如劫難之餘，與民休息，應本乎〈解〉。

第四一卦，山澤損：兌（☱）下艮（☶）上，象徵適時自損，利道往上推行，向前行事則必獲吉祥！

◎〈卦象〉：「二簋可享，損剛益柔。」

《汝南堂・周易尚占詩箋》

第四一卦 損卦

損即無益

高山澤減道充然，
奉獻犧牲墾德田；
窒礙施行懲忿逸，
朋從損益喜饒遷。

隆中吳慕亮傳授　汝南廖英琪敬撰

　　吳師慕亮傳授卦體，**山澤損：**損者，減也。卦體〈兌〉下〈艮〉上，中爻互〈震〉互〈坤〉。東漢・許慎《說文解字》，損字之義，以「減損」解，其與「增益」相對。陽實陰虛，陽爻加號，陰爻負號，下卦〈乾〉體損一陽而成〈兌〉。

　　損，拼音：sǔn，上聲，十三阮韻。形聲，從手，員聲。本義：減少，與「益」相對。《周易・雜卦》：「損益，盛衰之始也。」《列子・湯問》：「以君之力，曾不能損魁之丘，如太行王屋何？」《呂氏春秋・察今》：「先王之法，經乎上世而來者也，人或益之，人或損之，胡可得而法？」

〈說卦傳〉：「兌，為澤。」上卦〈坤〉體益一陽而成〈艮〉。復曰：「艮，為山。」損〈兌〉澤之土，以益〈艮〉山之高，山高水深，各得其宜，其象因損以致益，故名：「損卦。」

慕亮按：〈損〉卦，〈艮〉上〈兌〉下，減也、損傷也、失也。山下有澤，如蘇東坡云：「自陽為陰謂之損，自陰為陽謂之益。兌本乾也，受坤之施而為益，則損下也。艮本坤也，受乾之施而為艮，則益上也。」

蓋弗動如山之根基，因澤而流失及受損也，源疏懈弗守，似盛而衰損之象。如人放逸，致有傷損也。彷彿〈兌〉金埋於〈艮〉山之下，開採山下寶藏，本非易事，需先付出奉獻，雖有損切身利益，最終卻可獲利之喜耳！

英琪詩箋註釋：「損」字，東漢・許慎《說文解字》：「損，減也。」《廣韻・上聲・混》：「損，減也，傷也，蘇本切，四。」損，亦為卦名。《周易・損卦》：「損下益上，其道大行。」損，亦為失。《晉書・卷三四・杜預傳》：「不成，不過費損日月之間，何惜而不一試之！」

損，亦指貶抑。西晉・陳壽《三國志・卷二九・魏書・方技傳・管輅傳》：「未有損己而不光大，行非而不傷敗。」又損，毀壞也。例如：「損人利己」、「破損」。北宋・史達祖《杏花天・細風微月垂楊院》：「棲鶯未覺花梢顫，踏損殘紅幾片。」從上引用得知，乃減少或毀壞之意。

次考，吳師慕亮《周易通鑑》，載云：「筮遇此卦，雖有罰，亦大吉無咎，故曰：『有孚，元吉，无咎。』又所占事則可行，故曰：『可貞。』又利有所往，將友人饋之以二簋，故曰：『利有攸往，曷之用二簋。』又可以舉行享祀，故曰：『可用享。』」

旋而，「簋」字，音guǐ，《ㄨㄟˇ》。東漢・許慎《說文解字》：「簋，黍稷方器也。」東漢・鄭玄《注》：「方曰簠，圓曰簋，盛黍稷稻粱器。」東漢・王符《潛夫論・讚學》：「夫瑚簋之器，朝祭之服，其始也，乃山野之木，蠶繭之絲耳。」故指古代祭祀時，盛黍稷

之圓形器皿之意。

　　蓋「窒」字，音zhì，ㄓˋ。東漢・許慎《說文解字》：「窒，塞也。」《廣韻・入聲・質》：「窒，塞也，陟栗切，又丁結切，十二。」宋仁宗命丁度等人編寫《集韻》：「窒，徒結切，音姪，實也。」又窒，為充填。例如：「窒息」。明・張居正《辛未會試程策》：「下流壅則上溢，上源窒則下枯。」窒，係指停止。《周易・損卦・象辭》：「山下有澤，損，君子以懲忿窒慾。」綜觀可曉，乃抑制或阻塞之意。

　　爰以，「懲」字，音chéng，ㄔㄥˊ。東漢・許慎《說文解字》：「懲，忿也，從心徵聲，通作徵，又叶仲良切，音長。」《廣韻・平聲・十蒸》：「懲，戒也，上也。」楚國・屈原《離騷》：「民生各有所樂兮，余獨好修以為常。雖體解吾猶未變兮，非余心之可懲。」

　　懲，教訓也。南宋・陸游《入蜀記・第一》：「九日，晴而風。舟人懲昨夕狼狽，不敢解舟，日高方行。」又懲，乃戒止也。《詩經・小雅・沔水》：「民之訛言，寧莫之懲。」從上引述，乃責罰之意。

　　次則，「忿」字，音fèn，ㄈㄣˋ。東漢・許慎《說文解字》：「忿，悁也。」《廣韻・上聲・吻》：「忿，怒也，敷粉切，又敷問切，二。」忿，為怨恨。例如：「忿怒」、「忿恨難平」。西漢・劉向《戰國策・秦策五》：「王兵勝而不驕，伯主約而不忿。」略作引述，乃憤怒之意。

　　惟「逸」字，音yì，一ˋ。東漢・許慎《說文解字》：「逸，失也，兔謾訑善逃也。」《廣韻・入聲・質》：「逸，過也，縱也，奔也。」逸，為逃跑。《左傳・桓公八年》：「隨師敗績，隨侯逸。」又逸，乃隱逸也。例如：「逸老」。東漢・班固《漢書・卷一〇・成帝紀》：「故官無廢事，下無逸民。」綜觀得知，乃散失或錯誤之意。

　　復次，「饒」字，音ráo，ㄖㄠˊ。《廣韻・下平聲・宵》：「饒，益也，飽也，餘也，又姓風俗通云，漢有饒斌為漁陽太守，如招切，六。」饒，富足也。例如：「富饒」、「豐饒」。三國・王粲

《文選·從軍詩五首之一》：「軍人多飫饒，人馬皆溢肥。」又饒，儘管也。唐·杜牧《猿》：「月白煙青水暗流，孤猿銜恨叫中秋；三聲欲斷疑腸斷，饒是少年今白頭。」簡述曉得，乃寬恕或豐厚之意。

題解〈損〉卦籤詩，智珠在握～

比喻高山下有眾多廣闊之河流，象徵體現、效法水之德性，以降低個人之利益，全然真誠之付出，歸附於慈愛仁君之恩澤。當執行時，以防止阻礙之損害，乃抑制憤怒與過失，從中僅改變個體之缺欠，則能受益上位者或同行之朋儕，得至喜慶、富足與寬裕，行動必無禍害矣！

＊國生字注音：

輅ㄌㄨˋ。顓ㄓㄨㄢ。簠ㄈㄨˇ。曷ㄏㄜˊ。陟ㄓˋ。忝ㄊㄧㄢˇ，同㤞。沔ㄇㄧㄢˇ。訛ㄜˊ。悁ㄩㄢ；ㄐㄩㄢˋ。謾ㄇㄢˊ。訑ㄉㄢˋ。飫ㄩˋ。叶ㄒㄧㄝˊ。

䷨ 損　卦：〈兌〉下〈艮〉上，〈大象〉：「山下有澤。」山之基礎，因澤而受損失。蓋疏解而鬆弛，損失在所不免，故於〈解〉卦之後，繼之為〈損〉，以示損下益上，似盛而衰之現象也。在人如勿為放縱，致有內傷，應本乎〈損〉。

䷩ 益　卦：〈震〉下〈巽〉上，〈大象〉：「風雷。」風益雷威，雷益風勢。蓋損而不已，益必隨之，故於〈損〉卦之後，繼之為〈益〉，以示損上益下，固本培元之現象也。在人如見善則遷，有過則改，應本乎〈益〉。

䷪ 夬　卦：〈乾〉下〈兌〉上，〈大象〉：「澤上於天。」澤流太高，勢必下決。蓋益之過滿，其潰決亦無疑，故於〈益〉卦之後，繼之為〈夬〉，以示發縱猛勇，演成潰決之現象也。在人如利之所在，切忌集中，應本乎〈夬〉。

第四二卦，風雷益：震（☳）下巽（☴）上，顯示上位者
損己利人，增廣德性，以獲得民心，必能大有作為！

◎〈卦象〉：「利有攸往，見善則遷。」

吳師慕亮傳授卦體，**風雷益：**益者，增也。卦體〈震〉下〈巽〉
上，中爻互〈坤〉互〈艮〉。益字，增加之義。東漢・許慎《說文解
字》：「益者，饒也。」上卦，〈乾〉體損一陽而成〈巽〉；下卦，
〈坤〉體益一陽而成〈震〉。其象損上益下，恰與〈損〉卦相對。
《說卦傳》：「震為雷，……，巽為風。」風雷聲勢相長，係屬增益
之象，故名：「益卦。」

益，拼音：yì，入聲，十一陌，會意，從皿、從水，故知從水，
必浮于四，字亦作溢。《周易・雜卦傳》：「損益，盛衰之始也。」
三國・蜀・諸葛亮《前出師表》：「必能裨補闕漏，有所廣益。」

慕亮按：〈益〉卦，〈巽〉上〈震〉下，增益、饒益也。損上〈乾〉體初盡之陽，益下〈坤〉體初盡之陰。風雷大作，雷益風盛，固本培元之象，如見善則遷，有過則改，內動而具奮發之動，外巽而沉潛深入，無孔不至，〈坤〉土受益，踐土予民共分其利也。

英琪詩箋註釋：「益」字，音yì，一ˋ，為「溢」之本字。《廣韻・入聲・昔》：「益，增也，進也。伊昔切，八。」益，為漫出。《呂氏春秋・慎大覽・察今》：「澭水暴益，荊人弗知。」益，亦為補助也。例如：「助益」。《呂氏春秋・先識覽・觀世》：「與我齊者，吾不與處，無益我者也。」又益，係更加也。例如：「精益求精」。戰國・孟軻《孟子・梁惠王・下》：「如水益深，如火益熱。」從上引用得知，乃好處或增加之意。

次考，吳師慕亮《周易通鑑》，載云：「益，卦名也。凡我輩者，筮遇此卦，有所往則利，涉大川亦利，故曰：『利有攸往，利涉大川。』」

旋而，「藥石」，音一ㄠˋㄕˊ。藥石，乃指方藥也。《周書・卷一五・李弼傳》：「輝常臥疾期年，太祖憂之，日賜錢一千，供其藥石之費。」藥石，係指規勸人改過遷善的話。《左傳・襄公二十三年》：「孟孫之惡我，藥石也。」約略引述，乃為治病藥物之意。

題解〈益〉卦籤詩，智珠在握～

顯示大自然風與雷兩股勢能，同時相互發生，使得產生氣勢浩大之力量，引申君子聞善效法，見過修正，每日積極無窮盡之增益，必能償願獲取福澤、祥瑞。假使貪求無節制，應返回改過自新，未過度之欲念，誠心向善，仁愛養民，利益他人，持中行事，則大獲吉兆喜悅！

＊國生字注音：
澭ㄩㄥ。

第四三卦，澤天夬：乾（☰）下兌（☱）上，揭示決斷
除惡扶善，須以德服人，警覺慎重，前往才有利！

◎〈卦象〉：「**審慎決斷，愛屋及烏。**」

吳師慕亮傳授卦體，**澤　天　夬**：夬者，決也。卦體〈乾〉下
〈兌〉上，中爻互〈乾〉。夬字，音怪。東漢・許慎《說文解字》：
「夬，決也。」作「決去」或「排除」之義解。六爻自初至五皆陽，
五陽盛衰，勢在於決去上六之一陰，故名：「夬卦。」夬，拼音：
guài，去聲，十卦韻，分決之意，若有所破壞決裂時，始終屬夬之範
式也。

　　慕亮按：〈夬〉卦，〈兌〉上〈乾〉下，決也，澤上於天，澤
水太高而下傾，如益之不已，其勢必盈而有缺，有過盈則決之義。
眾陽上進，決除一陰之象。蓋〈夬〉卦者，有去除之意，如君子欲

排開最後之小人，雖氣勢已凝聚，而困苦危險亦迫于眉，故謹慎處理方能迎刃而解也。

　　英琪詩箋註釋：「夬」字，音guài，《ㄨㄞ丶，通作「決」。《廣韻・去聲・十卦》：「夬，決也，亦卦名，古賣切，三。」《周易・彖辭》：「夬，決也，剛決柔也；健而說，決而和。」約略引之，乃分決之意。

　　旋而，「敕」字，音chì，ㄔ丶。東漢・許慎《說文解字》：「敕，試也。」《廣韻・入聲・職》：「敕，誡也，正也，固也，勞也，理也，書也，急也。今相承用勅勅本音資，恥力切，十四。」

　　敕，為謹慎修持。西漢・司馬遷《史記・樂書》：「余每讀虞書，至於君臣相敕。」《韓非子・主道篇》：「賢者敕其才，君因而任之。」敕，亦通飭。又敕，係指命令。例如：「申敕」。東漢・班固《漢書・卷六八・霍光傳》：「光敕左右：『謹宿衛，卒有物故自裁，今我負天下，有殺主名。』」綜觀所述，乃告誡之意也。

　　再則，「莧」字，音xiàn，ㄒㄧㄢ丶。東漢・許慎《說文解字》：「莧，菜也。」《廣韻・入聲・襉》：「莧，菜名，侯襉切，三。」春秋・管夷吾《管子・地員篇》：「蠻下于莧，莧下于蒲。」又莧，亦稱：「莧菜。」約略引之，乃植物名之意。

　　惟「惕」字，音tì，ㄊㄧ丶。東漢・許慎《說文解字》：「惕，敬也，從心易聲，忧惕也，憂也，懼也。」《爾雅・釋訓》：「惕，惛惛惕惕，愛也。」又惕，為隨時警覺。例如：「警惕」。西漢・潘岳《文選・悼亡詩》：「悵恍如或存，周遑忡驚惕。」綜觀得曉，係小心謹慎之意。

　　復次，「慍」字，音yùn，ㄩㄣ丶；同「愠」。東漢・許慎《說文解字》：「慍，從心盈聲。」明・張自烈《正字通》：「惕，以從盈為譌，非。」又慍，乃怨也。《論語・學而》：「人不知而不慍，不亦君子乎？」從上述之，得知為遺憾也。

　　其「霑」字，音zhān，ㄓㄢ；同「沾」。東漢・許慎《說文解字》：「霑，雨霢也，從雨沾聲。」《廣韻・下平聲・鹽》：「霑，

霑濕也,濡也,漬也,張廉切,三。」霑,為浸溼。南朝·江淹《文選·恨賦》:「此人但聞悲風汩起,血下霑衿。」又霑,比喻受人恩惠。例如:「霑恩」、「法雨均霑」。從上引述,乃沾溼之意。

 題解〈夬〉卦籤詩,智珠在握~

　　象徵太陽正位中央,顯示君子力量勢能強大,假使欲興起斥革心術不正之人,引申告誡朝廷須留心,嚴謹面對凶惡不循正道、講情理之民,勿用橫蠻方式攀折莨草,應持中平和、穩定處置,以才德滋潤浸溼,使之明義理消怒氣並改過,如此清除之決斷,前行則無災禍矣!

＊國生字注音:

勑ㄔˋ,同敕。賁ㄅㄞˋ。飭ㄔˋ。禤ㄐㄩㄢˇ。彎ㄩˋ。怟ㄑㄧˊ。
悵ㄔㄤˋ。悅ㄏㄨㄤˇ。忡ㄔㄨㄥ。盈ㄨㄣˊ。謣ㄜˊ,同訛。薾ㄖㄢˇ,
同染。汩ㄍㄨˇ。衿ㄐㄧㄣ。

䷫ 姤　卦:〈巽〉下〈乾〉上,〈大象〉:「天下有風。」風遍天下,其所播者廣,物與相遇者必多。蓋決則分流,物皆獲有滋潤之遭遇,故於〈夬〉卦之後,繼之為〈姤〉,以示非所必有,不期而遇之現象也。在人如儻來時機,未必是福,應本乎〈姤〉。

䷬ 萃　卦:〈坤〉下〈兌〉上,〈大象〉:「澤上於地。」地得潤澤,而能生聚萬物。蓋物必相遇,而後始有相聚之佳機,故於〈姤〉卦之後,繼之為〈萃〉,以示形交氣合,獲得生聚之現象也。在人如恩澤相維,以免聚而復散,應本乎〈萃〉。

䷭ 升　卦:〈巽〉下〈坤〉上,〈大象〉:「地中生木。」木有厚托之根基,漸出地而升高矣!蓋不斷生聚,其勢必愈長愈高,故於〈萃〉卦之後,繼之為〈升〉,以示得氣之順,向上昇華之現象也。在人如日積月累,由小以成高大,應本乎〈升〉。

第四四卦，天風姤：巽（☴）下乾（☰）上，象徵人緣陰柔陽剛，遇合之理，女子太過強盛，則不宜交之！

◎〈卦象〉：「不期而遇，隱蔽慎始。」

《汝南堂・周易尚占詩箋》

第四四卦 姤卦

姤遇相縶

男子風流一女承，
相逢邂(ㄒ一ˋ)逅(ㄏㄡˋ)遇緣冰；
飽(ㄅㄠ)瓜詬(ㄍㄡˋ)命空懸隕(ㄩㄣˇ)，
慮遠防微鑑(ㄐ一ㄢ)姤凌。

隆中吳慕亮傳授　汝南廖英琪敬撰

吳師慕亮傳授卦體，天　風　姤：姤者，遇也。卦體〈巽〉下〈乾〉上，中爻互〈乾〉。男女相交稱姤，亦作「遭遇」解。〈說卦傳〉：「乾為天，巽為風。」〈巽〉於〈乾〉下，象徵風力流行天空之下，凡暴露於空間之物體，無不與之遭遇，故名：「姤卦。」姤，拼音：gòu，去聲，二十六宥韻，交互為婚姻，親上接親之意。

慕亮按：〈姤〉卦，〈乾〉上〈巽〉下，遇也，不期而遇之意。天下有風，風遇遍吹拂，無所不至，陰能侵陽，今一陰居初，五陽弗能久安於上，必須防患於微，即偶有所失，亦須重視之也。

英琪詩箋註釋：「姤」字，音gòu，《ㄡˋ。東漢・許慎《說文

解字》：「姤，偶也。」《廣韻・去聲・候・遘》：「姤，卦名，姤遇也。」《周易・彖辭》：「姤，遇也，柔遇剛也。」姤，係指美好。春秋・管仲《管子・地員》：「士女皆好，其民工巧，其泉黃白，其人夷姤。」又姤，亦為邪惡。東漢・張衡《文選・思玄賦》：「咨姤嫮之難並兮，想依韓以流亡。」約略引之，乃相逢之意。

次考，吳師慕亮《周易通鑑》，載云：「姤，遘古通用，取借為娶。筮遇此卦，女雖壯亦勿娶，故曰：『女壯，勿用取女。』或曰：『壯，亦借為戕，傷也。』因娶女則女傷，故不可娶女也。」

旋而，「邂」字，音xiè，ㄒㄧㄝˋ。《廣韻・去聲・卦》：「邂，逅，胡懈切，二。」南朝・梁顧野王《玉篇》：「邂逅，不期而會也。」故「邂逅」得曉，未事先約定，偶然相遇之意。惟「匏」字，音páo，ㄆㄠˊ。東漢・許慎《說文解字》：「匏，從夸，包聲，取其可包藏物也。」匏，為姓。例如：漢代有「匏敏」。

又匏，為樂器名，古笙竽以匏為座，故此類樂器稱「匏」，與金、石、土、革、絲、木、竹，合稱：「八音。」南朝・梁・蕭統《文選序》：「譬陶匏異器，並為入耳之娛。」匏，亦指葫蘆，果實圓大而扁，晒乾後可當涉水之交通工具，從中剖開，可做盛水之容器。從上綜觀，乃植物名之意。

蓋「誥」字，音gào，ㄍㄠˋ。《廣韻・入聲・職》：「誥，告也，謹也，古到切，七。」誥，乃上位者告諭下位者。《周易・姤卦・象辭》：「天下有風，姤，后以施命誥四方。」又誥，亦稱文體名，古代用來告誡他人之文字，後成為君王諭令臣下專用文體。例如：「康誥」、「洛誥」、「酒誥」。從上引用，乃勉勵之意。

復次，「隕」字，音yǔn，ㄩㄣˇ；ㄩㄢˊ。東漢・許慎《說文解字》：「隕，從高下也。」《廣韻・上聲・軫》：「隕，墜也，落也。」隕，指周圍。《詩經・商頌・長發》：「方外大國是疆，幅隕既長。」隕，亦通「員」。又隕，乃為失去。《詩經・大雅・綿》：「肆不殄厥慍，亦不隕厥問。」隕，亦指死亡。西漢・賈誼《文選・弔屈原文》：「遭世罔極兮，乃隕厥身。」隕，通「殞」。綜觀所知，係衰亡之意。

　　其「鑑」字，音，jiàn，ㄐㄧㄢˋ。東漢・許慎《說文解字》：「鑑，大盆也。」《廣韻・去聲・鑑》：「鑑，鏡也，誡也，照也，亦作監，格懺切，又古銜切，五。」鑑，為視察。三國・蜀・諸葛亮《正議》：「魏不審鑑，今次之矣！」又鑑，指警惕之事。例如：「前車之鑑」。戰國・墨翟《墨子・非命・下》：「為鑑不遠，在彼殷王。」綜上引述，乃視察或警戒之意。

> 🖋　題解〈姤〉卦籤詩，智珠在握～
> 　　比喻男女愛戀投合之情感，彰顯陰陽偶然巧遇地緣分，以清高、純潔之品格自居；又好比風吹拂，表徵天地遇合獲相通之理，隱喻女人似壺蘆一般，包藏著德性，謹守婦道以等待。且長遠考慮周密，未犯下錯誤前就制止非分，超越萍水相交，上天則降臨美好良緣得以逢之！

＊國生字注音：
　　嫮ㄏㄨˋ。戕ㄑㄧㄤˊ。竽ㄩˊ。殄ㄊㄧㄢˇ。翟ㄉㄧˊ。

☷☵ **困　卦**：〈坎〉下〈兌〉上，〈大象〉：「澤無水。」水涸則失其潤澤之功，非困而何？蓋僅圖昇華，久之必弗能自損，故於〈升〉卦之後，繼之為〈困〉，以示物無潤澤，至困窮之現象也。在人如樂天知命，窮則獨善其身，應本乎〈困〉。

☵☴ **井　卦**：〈巽〉下〈坎〉上，〈大象〉：「木上有水。」〈巽〉木入於〈坎〉水之下，而上出其水，一若井之汲水然。蓋物至困窮，必謀自養之道，故於〈困〉卦之後，繼之為〈井〉，以示往來井井，勞而自養之現象也。在人如各求生計，社會賴以維持，應本乎〈井〉。

☱☲ **革　卦**：〈離〉下〈兌〉上，〈大象〉：「澤中有火。」澤流則火滅，火盛則澤枯，勢必有所變革。蓋自養之道，弗能離開往來關係，而關係時有變遷，故於〈井〉卦之後，繼之為〈革〉，以示時變境遷，新陳代謝之現象也。在人如除弊理亂，刮垢清污，應本乎〈革〉。

第四五卦，澤地萃：坤（☷）下兌（☱）上，揭示群體
會聚之現象，應守正途，心懷誠信，達至聚眾方吉祥！

◎〈卦象〉：「薈萃一堂，眾擎易舉。」

吳師慕亮傳授卦體，**澤地萃**：萃者，聚也。卦體〈坤〉下〈兌〉
上，中爻互〈艮〉互〈巽〉。東漢·許慎《說文解字》：「萃者，草
貌。」萃字，音翠。作「叢聚」之義解。如「人才薈萃」，係人才眾
多而集中。〈兌〉澤於〈坤〉地之上，水能潤土，滋長草木，繁殖茂
盛，故名：「萃卦。」

萃，拼音：cuì 去聲，四寘韻，形聲，從艸，卒聲，本義：草叢
生，通「悴」，如：萃辱（勞苦和屈辱），萃惡（臉色憔悴）。亦通
「崒」，如：萃萃（巍巍高大），引申聚集，如：薈萃（會集）、萃
止（聚集，止，語尾助詞），萃次（匯總，並按次序編列）萃萃（聚

積）、萃叢（聚集之意）。

慕亮按：〈萃〉卦，〈兌〉上〈坤〉下，聚也。內順外悅，澤上於地，卦體九五剛中，而六二應之，正應而居中，順悅之象。如人恩澤於民，而得民眾同心同情之力。如大地湖澤水聚集之地，渾似有賢德者，頗具攝受力，能讓人才薈萃，聚集共事，眾志成城，完成大業。

英琪詩箋註釋：「萃」字，音cuì，ㄘㄨㄟˋ。東漢·許慎《說文解字》：「萃，草貌。」《廣韻·去聲·寘》：「萃，集也，聚也，秦醉切，六。」通悴，係憔悴。東漢·王充《論衡·異虛》：「睹秋之零實，知冬之枯萃。」

萃，停止也。《詩經·陳風·墓門》：「墓門有梅，有鴞萃止。」又萃，乃聚集。例如：「人文薈萃」。《左傳·宣公十二年》：「楚師方壯，若萃於我，我師必盡，不如收而去之。」萃，亦指群類。西晉·陸機《文選·謝平原內史表》：「擢自群萃，累蒙榮進。」以上引述，乃集合或茂盛之意。

次考吳師慕亮《周易通鑑》，載云：「萃，卦名也。又筮遇此卦，見大人則利，故曰：『利見大人。』更有古人舉行享祀，筮遇此卦，故再記之曰：『亨。』又此卦乃利占，故：『利貞。』又筮遇此卦，祭祀用大牲則吉，故曰：『用大牲，吉。』又利有所往，故曰：『利有攸往。』」

旋而，「祀」字，音sì，ㄙˋ。《廣韻·上聲·止·似》：「祀，年也，又祭祀。」《周禮·春官·典瑞》：「四圭有邸，以祀天旅上帝。」故得曉，乃指年之意。《尚書·洪範》：「惟十有三祀，王訪于箕子。」惟「无」字，音wú，ㄨˊ，或讀ㄇㄛˊ。東漢·許慎《說文解字》：「无，亡也，奇字，无通橆。」无，乃無之異體字。无，為莫要。南朝·梁·劉孝威《公無渡河》：「請公無渡河，河廣風威厲。」約略引之，得知乃未之意。

復次，「援」字，音yuán，ㄩㄢˊ。東漢·許慎《說文解字》：「援，引也。」《廣韻·去聲·線·瑗》：「援，接援，救助也，

亦姓。」例如:「援救」、「支援」。戰國‧孟軻《孟子‧離婁‧上》:「天下溺,援之以道;嫂溺,援之以手。」又援,拿也。《左傳‧成公二年》:「左并轡,右援枹而鼓。」綜觀所述,為持或引進之意。

其「臻」字,音zhēn,ㄓㄣ。東漢‧許慎《說文解字》:「臻,至也。」《廣韻‧上平聲‧十一真》:「臻,至也,乃也,側詵切,十一。」寸楮縷述,乃達到之意。《周禮‧冬官考工記‧㮚氏》:「時文思索,允臻其極。」

題解〈萃〉卦籤詩,智珠在握~

　　象徵宇宙之一切物類,接受水滋潤而生長於大地上,引申聚集黎民之行,宛如天子與諸侯舉行宗廟祭祀,以親善侍奉之心,禮秩尊敬神明;非真心真意,妄造謠言橫暴攻占,則使人陷於混亂,其帶領講求敬讓而不自大,如此達到目的,招來聚集則無禍害,有利前往矣!

＊國生字注音:

鸮ㄒㄧㄠ。擢ㄓㄨㄛˊ。圭ㄍㄨㄟ。邸ㄉㄧˇ。纛ㄨ。轡ㄆㄟˋ。枹ㄈㄨ。詵ㄕㄣ。㮚ㄌㄧˋ。

北宋《二程遺書‧卷二五》:「君子之學必日新,日新者,日進也。不日進者,必日退,未有不進而不退者。惟聖人之道,無所進退,以其所造者極也。」

西漢‧劉劭《人物志》:「夫聖賢之所美,莫美乎聰明;聰明之所貴,莫貴乎知人,知人誠智,則眾材得其序,而庶績之業興矣!」

家師 吳慕亮《延陵堂‧勵志箴銘》:「吾人生活於天地之間,若僅隨波逐流,讓身軀隨著時間而『生老病死』,其毫無意義,故吾儕應效仿與學習古聖先賢之引導,探究生命之意義何在?」

第四六卦，地風升：巽（☴）下坤（☷）上，象徵向前往上升騰，依據光明本性，順行美德，必獲吉祥！

◎〈卦象〉：「「聚沙成塔，步雲高陞。」

吳師慕亮傳授卦體，**地風升**：升者，進也。卦體〈巽〉下〈坤〉上，中爻互〈兌〉互〈震〉，自下上進為升。〈說卦傳〉：「坤為地，……，巽為木。」樹木從地內向上生長，為進升之象，故名：「升卦。」

升，拼音：shēng，下平聲，十蒸韻。象形，本義：容器名，一斗之十分之一。十合（音讀，《さˇ）為一升，十升為一斗。公制一升為1000毫升，合一市升。高雄市中國書法學會之蔡理事長豐吉，有云：「命中注定八合米，走遍江湖不滿升。」一併提筆，聊以供參！

慕亮按：〈升〉卦，〈坤〉上〈巽〉下，地中生木也。木始於微細而柔生，漸次茁壯，故為上進之象。自下向上謂之升也。卦中〈坤〉上而〈巽〉下，卦德外順而內出入不決，有左突右決而上進之象。九二剛中而得六五之應，故須積累見識，由小致大而漸次升高也。

英琪詩箋註釋:「升」字,音shēng,ㄕㄥ。東漢・許慎《說文解字》:「升,籥也,十合爲升。」升,乃指由下而上。唐・白居易《祭盧虔文》:「名因文著,位以才升。」升,亦為卦名。《周易・升卦》:「升,元亨,用見大人,勿恤,南征吉。」又升,為姓也,如升元,宋時高安人,瑞州路參軍。從上引述,乃登之意。《論語・先進》:「子曰:『由也,升堂矣,未入於室也。』」

次考,吳師慕亮《周易通鑑》,載云:「升,卦名也。元,大。亨,即享字。古人舉行大享之祭,觀古賢達者,曾筮遇此卦,故記之曰:『元亨。』見大人則利,可勿憂,南征亦吉。故曰:『利見大人,勿恤,南征吉。』」

旋而,「岐」字,音qí,ㄑㄧˊ。東漢・許慎《說文解字》:「岐,山名,后稷十三世孫古公亶父始居此。」岐,係為事物之分支。南朝・劉宋・范曄《後漢書・卷三一・張堪傳》:「桑無附枝,麥穗兩岐。」岐,通「歧」。又岐,姓也,如晉代有岐盛。故得曉,乃分岔之意。秦・呂不韋《呂氏春秋・慎行論・疑似》:「此愚人之所大惑,而聖人之所加慮也,故墨子見岐道而哭之。」

復次,「孚」字,音fú,ㄈㄨˊ,或讀ㄈㄨ。東漢・許慎《說文解字》:「孚,卵孚也,一曰信也。」西漢・劉安《淮南子・人間》:「夫任者先避之,見終始微矣,夫鴻鵠之未孚於卵也。」孚,同孵。孚,乃使人信服。《左傳・莊公十年》:「小信未孚,神弗福也。」約略引之,係誠信之意。《詩經・大雅・下武》:「成王之孚,下土之式。」

其「禴」字,音yuè,ㄩㄝˋ。《廣韻・入聲・藥》:「禴,祭名。」故係古代宗廟祭祀之名稱,夏、商二代為春祭,周代則改稱夏祭。《詩經・小雅・天保》:「禴祠烝嘗,于公先王。」

🖋 題解〈升〉卦籤詩,智珠在握～

自然界之樹木,從地上發芽長出,逐漸至苗壯,此乃上升之象徵,君子掌握順道而行,循序往高晉升,增益向著光明移動;引申義為王者,於岐山舉行奉祀,誠信遵仁、平和柔順事奉之,可得才德智能出眾之賢達擁護,協同實行理想抱負,向前躍進,臻達步步高陞。

＊國生字注音:

籥ㄩㄝˋ,通鑰。亶ㄉㄢˇ。鵠ㄏㄨˊ。烝ㄓㄥ。

第四七卦，澤水困：坎（☵）下兌（☱）上，揭示身陷於艱難裡，袛遵堅持與進取，必能解除困境，獲取通達！

◎〈卦象〉：「克服萬難，自力更生。」

吳師慕亮傳授卦體，澤水困：困者，危也。卦體〈坎〉下〈兌〉上，中爻互〈離〉互〈巽〉。〈兌〉澤之水，注入〈坎〉陷，渡之於下，則滴於上，乃〈兌〉澤為〈坎〉陷所困，故名：「困卦。」

困，拼音：kùn，去聲，十四願韻，會意，甲骨文字形，從口（wéi），似房之四壁，裡邊屬生長之樹木。本義：廢棄之房屋，亦梱之本字。困者，窮也，貧困之意。《論語‧堯曰》：「四海困窮，天祿永終。」

慕亮按：〈困〉卦，〈兌〉上〈坎〉下，道窮力竭，弗能自濟自渡，故為之困，四面弗通，無路可出之象也。觀九二爻，受二陰（初

六及六三)相挾,四、五遭上六預掩,坎陰在內,〈兌〉為暗昧。即身處幽陰弗明之中,猶如君子處亂世,為小人所不容,故謂之困也。

英琪詩箋註釋:「困」字,音kùn,ㄎㄨㄣˋ。東漢‧許慎《說文解字》:「困,廬也,從木,在口中。」《廣韻‧去聲‧慁》:「困,亂也,逃也,病之甚也,悴也,極也,苦悶切,四。」困,為窮苦。西漢‧司馬遷《史記‧卷六二‧管晏傳》:「吾始困時,嘗與鮑叔賈,分財利,多自與。」困,乃圍住,例如:「圍困」。西漢‧李陵《重報蘇武書》:「昔高皇帝以三十萬眾,困于平城。」又困,係卦名。《周易‧困卦‧象辭》:「澤无水,困;君子以致命遂志。」困,又疲乏也。北宋‧蘇軾‧《和子由澠池懷舊》:「往日崎嶇還記否?路長人困蹇驢嘶。」綜觀得知,乃艱難或痛苦之意。

次考,吳師慕亮《周易通鑑》,載云:「困,卦名也。亨,即享字。古人舉行享祀,曾筮遇此卦,故記之曰:『亨。』筮遇此卦,大人則吉而无咎,故曰:『貞大人吉,无咎。』」旋而,「蔽」字,音bì,ㄅㄧˋ;ㄈㄨˋ。東漢‧許慎《說文解字》:「蔽,小草也。」《廣韻‧去聲‧祭》「蔽,掩也,必袂切,四。」蔽,乃擋住也。

唐朝‧房玄齡《晉書‧卷九四‧隱逸傳‧陶潛傳》:「環堵蕭然,不蔽風日。」又蔽,係為總括。《論語‧為政》:「詩三百,一言以蔽之,曰:『思無邪。』」寸縷述之,係障礙之意。《論語‧陽貨》:「子曰:『由也,女聞六言六蔽矣乎?』」惟「涸」字,音hé,ㄏㄜˊ;ㄏㄠˋ。《廣韻‧入聲‧鐸》「涸,水竭也,下各切,十一。」故得曉,乃乾枯之意。

復次,「闕」字,音què,ㄑㄩㄝˋ;ㄑㄩㄝ。東漢‧許慎《說文解字》:「闕,門觀也。」闕,係虧損。《禮記‧禮運》:「三五而盈,三五而闕。」闕,亦指未足數。後晉‧張昭《舊唐書‧卷九二‧韋陟傳》:「闕員既少,取士良難。」戰國‧莊周《莊子‧讓王》:「身在江海之中,心居乎魏闕之下。」闕,泛指帝王居住之地方。又闕,姓也,如漢代有闕翊。從上引述,為過失之意。其「忞」字,音mín,ㄇㄧㄣˊ。東漢‧許慎《說文解字》:「忞,彊也。」《廣韻‧上平聲‧眞‧珉》:「忞,自勉強也。」約略引之,自我勉勵振奮之意。

題解〈困〉卦籤詩，智珠在握～

　　隱喻有志之君子，受限外在環境條件，處境相當艱困，彷彿河道乾枯涸竭，無水滋潤，引申才能遭掩藏遮蔽，力量減損難施展志願，承擔折磨與艱辛；此刻雖有前來援助接應之物質或人力，乃遠水難救近火，應真誠自我振作，勤勞奮發，補足短少以化解危難，則能脫出困厄矣！

＊國生字注音：
　　慁ㄏㄨㄣˋ。袂ㄇㄟˋ。

　　家師 吳慕亮《延陵堂‧勵志箴銘》：「夫天地之間，誠有易生之物。使一日曝之，十日寒之，亦未見有能生者。聖人無上妙道，本體之學，昭昭然在於心目之間，故不難見。然須志之堅，行之力，坐立可待。其或一日信而十日疑之，朝則勤而夕則憚之。豈獨目前難見，予恐終其身而背之矣！。」寸楮偶述，遙寄雲仙。

　　《孟子‧盡心‧下》：「山徑之蹊間，介（畛介分明）然用之而成路；為間不用，則茅塞之矣！」家師 吳慕亮按：「此聖人之語，以喻吾人求學，必持之以恆，方能獲成功。」

䷱鼎　卦：〈巽〉下〈離〉上，〈大象〉：「木上有火。」以〈巽〉木入〈離〉火而致烹飪，有如鼎者。蓋既去其故，必佈其新，故於〈革〉卦之後，繼之為〈鼎〉，以示氣運改進，煥然一新之現象也。在人如改進體制，為民立命，應本乎〈鼎〉。

䷲震　卦：雙〈震〉之卦，〈大象〉：「洊雷。」雷聲繼續不停，而感震驚恐懼。蓋鼎乃天下重器，主之者必驚懼以守，繼之為〈震〉，以示生命過程，各有驚懼之現象也。在人如治而不忘亂，有而不忘亡，應本乎〈震〉。

䷳艮　卦：重〈艮〉之卦，〈大象〉：「兼山。」山上有山，益顯其凝固而有所止。蓋震驚恐懼，究有終止之時。故於〈震〉卦之後，繼之為〈艮〉，以示物止其所牢，以自守之現象也。在人如思不出其位，行不越其份，應本乎〈艮〉。

第四八卦，水風井：巽（☴）下坎（☵）上，顯示水井之養，
　　須努力求取、綿綿不息，可利己利他，惠澤於人之功！

◎〈卦象〉：「飲水思源，施惠濟民。」

　　吳師慕亮傳授卦體，**水風井**：井者，恩惠。卦體〈巽〉下〈坎〉
上，中爻互〈兌〉互〈離〉。《說卦傳》：「巽，入也，……，坎為
水。」〈巽〉於〈坎〉下，象徵汲器入井，取水而上，故名：「井
卦。」

　　井，拼音：jǐng，上聲，二十三梗韻。象形，金文大小篆字形，
外象井口，中間一點表示井裡有水。本義：水井之意。《周禮・秋
官・野廬氏》：「宿息，井，樹。」東漢・鄭玄，〈注〉：「井共飲
食，樹為蕃蔽。」唐・韓愈《原道》：「坐井觀天，曰天小者，非天
小也。」

　　慕亮按：〈井〉卦，〈坎〉上〈巽〉下，井為水穴，〈卦辭〉，

則謂：「改邑，不改井。」靜觀辭意，頗有不忘本之義。井有養人之功，注之不盈，用之不竭。此屬木上有水之象，往來井勞而自養，自食其力，自固其根苗也。

英琪詩箋註釋：「井」字，音jǐng，ㄐㄧㄥˇ。東漢・劉熙《釋名》：「井，清也。」陳彭年奉詔《大宋重修廣韻》：「井，田九百畝曰井，象九區之形。」戰國・孟軻《孟子》：「方里而井，井九百畝。」其周代田制，以百畝為一井。井，亦指整齊之樣。井，亦為人口聚居之地，例如：「市井」。唐・陳子昂《謝賜冬衣表》：「三軍協慶，萬井相歡。」又井，為姓，如明代有井源。綜觀所述，稱井田或家鄉之意。

蓋「汲」字，音jí，ㄐㄧˊ。東漢・許慎《說文解字》：「汲，引水於井也。」戰國・莊周《莊子・至樂篇》：「綆短者，不可以汲深。」又汲，為姓也，如漢代有汲黯。簡略引述，乃自井中取水之意。唐・柳宗元《晨詣超師院讀禪經》：「汲井漱寒齒，清心拂塵服。」

其「甃」字，音zhòu，ㄓㄡˋ。東漢・許慎《說文解字》：「甃，井壁也。」甃，指砌磚。唐・孔穎達《周易正義》：「《子夏傳》曰：『甃亦治也。以磚壘井，脩井之壞，謂之甃。』」甃，亦為裝飾。唐・李賀《出城別張又新酬李漢》：「光明靄不發，腰龜徒甃銀。」從上所述，乃為井壁之意。

爰以，「渫」字，音xiè，ㄒㄧㄝˋ。東漢・許慎《說文解字》：「渫，除去也，從水，枼聲。」《廣韻・入聲・洽・篨》：「渫，水名出上黨郡。」渫，除去汙泥。《周易・井卦・九三》：「井渫不食，為我心惻，可用汲，王明，並受其福。」

渫，為發散。西漢・鼂錯《論貴粟疏》：「農民有錢，粟有所渫。」渫，指汙穢。唐・韓愈《江西觀察使韋公墓誌銘》：「人去渫汙，氣益蘇。」渫，亦為姓，如明代有渫升。綜觀引述，乃分散或汙濁之意。

惟「冽」字，音liè，ㄌㄧㄝˋ。《廣韻・入聲・薛・列》：「冽，寒也。」南朝・梁・顧野王《玉篇》：「冽，寒氣也。」《詩經・下泉》：「冽彼下泉、浸彼苞稂。」故得曉，乃寒冷之意。唐・柳宗元《至小邱西小石潭記》：「伐竹取道，下見小潭，水尤清冽。」

復次，「渠」字，音qú，ㄑㄩˊ。東漢・許慎《說文解字》：「渠，水所居也。」渠，係為大。西漢・司馬遷《史記・卷一一七・司馬相如傳》：「用興法誅其渠帥，巴蜀民大驚恐。」約略述之，指水道之意。其，「祉」字，音zhǐ，ㄓˇ。《廣韻・上聲・止・恥》：「「祉，福也，祿也。」寸縷述之，係稱幸福之意，例如：「福祉」。《詩經・小雅・六月》：「吉甫燕喜，既多受祉。」

 題解〈井〉卦籤詩，智珠在握～

勸勉君子效法井水滋潤人之德，無私施惠以裨黎民，乃從井裡取水，亦積極不休，開源節流，將水儲存，無私輸送，臻源源不絕互養；若見井內有汙泥阻塞抑或井損壞，則堆築磚頭修建，促使冰涼甜美之水可供使用，其善行義舉，能獲天祐，以得好報暨福祿，必無禍害。

＊國生字注音：

黯ㄢˋ。藹ㄞˇ。枼一ㄝˋ，同葉。篝ㄐㄧㄢˋ。迢ㄔㄠˊ。稂ㄌㄤˊ。

☷☶ 漸　卦：〈艮〉下〈巽〉上，〈大象〉：「山上有木。」山上木之成林，由來也漸。蓋物久於其所，又漸思進，故於〈艮〉卦之後，繼之為〈漸〉，以示漸則有功，急則受阻之現象也。在人如籌之成熟，不為遽進，應本乎〈漸〉。

☳☱ 歸妹卦：〈兌〉下〈震〉上，〈大象〉：「澤上有雷。」雷動則澤水隨之而起，以為雲雨，猶之女子歸人而有所合。蓋物進雖綏，終必得其歸宿，故於〈漸〉卦之後，繼之〈歸妹〉，以示物無獨生，互有配合之現象也。在人如屈己相從，必難久處，應本乎〈歸妹〉。

☳☲ 豐　卦：〈離〉下〈震〉上，〈大象〉：「雷電皆至。」電明雷動，顯其赫然之盛。蓋物有所歸，自能日趨豐盛，故於〈歸妹〉之後，繼之為〈豐〉，以示豐盛飽滿，聲威昭著之現象也。在人如滿而不溢，允執厥中，應本乎〈豐〉。

第四九卦，澤火革：離（☲）下兌（☱）上，顯示去故更新，時機須適當，順應時局與應合人心，乃無災禍！

◎〈卦象〉：「摒患興利，順應民心。」

《汝南堂・周易尚占詩箋》

第四九卦　革卦

改故就新

水火相違熄志平，
徇（ㄒㄩㄣˊ）情二女碩（ㄕㄨㄛˋ）交征；
維新舊習言三就，
豹變從文革面明。

隆中吳慕亮傳授　汝南廖英琪敬撰

　　吳師慕亮傳授卦體，澤火革：革者，改也。卦體〈離〉下〈兌〉上，中爻互〈巽〉互〈乾〉。《許慎・說文》：「革字，改變。」下卦〈離〉為火，上卦〈兌〉為澤、為水，水能滅火，火亦能燒乾水份，兩者隱藏相互改變之象，故名：「革卦。」

　　革，拼音：gé，入聲，十一陌韻，象形及金文字形，似遭剖剝下來之獸皮。中間圓形物，則被剝下獸身皮，餘下部份屬獸之頭、身和尾。「革」，漢字部首之一，從「革」之字，咸與皮革繫焉！本義：去毛之獸皮。《周易・遯卦・六二》：「執之用黃牛之革，莫之勝說。」

　　慕亮按：〈革〉卦，〈兌〉上〈離〉下，主去故也。澤中有火，為變革，火澤兩性相違，必相反向改變，故為改變去故更新之意也。二女同居，其志相違，時勢逼迫，豈可無改革哉！

英琪詩箋註釋:「革」字,音gé,《《ㄜˊ。東漢・許慎《說文解字》:「革,獸皮治去其毛,革更之。」革,乃古代軍人所穿之甲冑。例如:「金革」、「兵革」。

西漢・司馬遷《史記・卷二三・禮書》:「故堅革利兵不足以為勝,高城深池不足以為固,嚴令繁刑不足以為威。」革,亦屬改換。東晉・桓玄《鸚鵡賦》:「革好音以遷善,效言語以自騁。」又革,指危急。《禮記・檀弓・上》:「夫子之病,革矣!」綜觀得知,乃變更之意。

次考,吳師慕亮《周易通鑑》,載云:「革,卦名也。古人舉行大亨之際,曾筮遇此卦,故記之曰:『元亨。』又筮遇此卦,舉事有利,其悔則亡,故曰:『利貞,悔亡。』」

旋而,「徇」字,音,xùn,ㄒㄩㄣˊ,或讀ㄒㄩㄣˋ。東漢・許慎《說文解字》:「徇,疾也。」西漢・司馬遷《史記・五帝本紀》:「生而神靈,弱而能言,幼而徇齊,長而敦敏,成而聰明。」《廣韻・去聲・稕・殉》:「徇,自衒名行。」徇,為掠取。南朝・劉宋・范曄《後漢書・卷一・光武帝紀・上》:「光武別與諸將徇昆陽、定陵、郾,皆下之。」

又徇,亦使也。戰國・莊周《莊子・人間世》:「夫徇耳目內通而外於心知,鬼神將來舍,而況人乎!」徇,係指迅速。例如:「徇蒙」。戰國・墨翟《墨子・公孟》:「身體強良,思慮徇通。」徇,亦通「徇」。從上引述,得知占領或營求之意。

復次,「碩」字,音shuò,ㄕㄨㄛˋ,或讀ㄕˋ。《廣韻・入聲・昔・石》:「碩,大也。」《詩經・魏風・碩鼠》:「碩鼠碩鼠,無食我黍。」碩,為堅固。東漢・阮瑀《為曹公作書與孫權》:「忍絕王命,明棄碩交,實為佞人所構會也。」碩,亦指學識淵博,例如:「碩士」、「碩彥」、「碩儒」。約略引之,乃美好之意。

🖌 **題解〈革〉卦籤詩,智珠在握~**

水澤中有火,火遭水熄滅,象徵水與火互不相容,好比兩位女性同住一室,堅固、深厚之友情,互不退讓,意向無法協調,引申應適當進行變動;將不正之思想或行為,去惡遷善,過程須歷經多次方能革除,誠懇忠厚為之,得改變原樣呈現新貌,彰顯美德,朝向成功光明焉!

＊國生字注音:

冑ㄓㄡˋ。騁ㄔㄥˇ。衒ㄒㄩㄢˋ。郾一ㄢˇ。阮ㄖㄨㄢˇ。瑀ㄩˇ。佞ㄋㄧㄥˋ。

第五十卦，火風鼎：巽（☴）下離（☲）上，顯示鼎器
烹調，以端正充實美德，達飴養之道，開創新局之豐！

◎〈卦象〉：「破舊立新，養息守道。」

《汝南堂・周易尚占詩箋》

第五十卦　鼎卦

調和鼎盛

燃炊木巽鼎榮新，
主器承家正命倫；
棄舊圖更充美貴，
中庸玉鉉吉和珉。

隴中吳慕亮傳授　　汝南廖英琪敬撰

　　吳師慕亮傳授卦體，火風鼎：鼎者，定也。卦體〈巽〉下〈離〉
上，中爻互〈乾〉互〈兌〉。鼎者，古時烹調供食之主器，下卦
〈巽〉為木，上卦〈離〉為火，有燃炊之象。又卦象似鼎，六五偶爻
中分兩耳，上九為貫穿串兩耳以舉鼎之鉉（音泫），中間三奇爻為鼎
腹，初六為足，故名：「鼎卦。」

　　鼎，拼音：dǐng，上聲，二十四迴韻，象形，甲骨文字形，上面
之部份似鼎之左右耳及鼎腹，下面似鼎足。本義：古代烹煮用之器
物，盛行于商、周，用於煮盛物品，或置於宗廟作銘功記績之禮器。
古代慘酷無人道之統治者，亦用作烹人之刑具也。

　　慕亮按：〈鼎〉卦，〈離〉上〈巽〉下，蓋取新也，木上有火，

有烹調之象。依爻象視之，初為足，二、三、四為腹，五中虛為耳，上為鉉；足以承之，腹以載之，耳以提之，鉉以舉之，鼎形成之矣！內卦〈巽〉為風出入，外卦文明之象。

六五柔進而居尊位，得中而應二剛，以喻德位俱盛，宜養息包容，當端重守道是也。考之，以木生火作烹飪狀，食物生而腥無法入口，惟煮熟味道變得香美；古代帝王以鼎裝食物，奉祀神明，感恩禮儀，以享上帝。

英琪詩箋註釋：「鼎」字，音dǐng，ㄉㄧㄥˇ。東漢・許慎《說文解字》：「鼎，三足兩耳，和五味之寶器也。」以及《玉篇》，亦云：「鼎，熟食器也。」鼎，係古代烹殺罪人之刑具。南宋・文天祥《正氣歌》：「鼎鑊甘如飴，求之不可得。」鼎，亦指鼎有三足，引申三方並立。西晉・陳壽《三國志・卷六一・吳書・陸凱傳》：「近者漢之衰末，三家鼎立。」又鼎，為正。西漢・賈生《漢書・卷四八・賈誼傳》：「天子春秋鼎盛，行義未過。」綜觀所述，乃為鍋子或方之意。

次考，吳師慕亮《周易通鑑》，載云：「鼎，卦名也。元，大也。筮遇此卦者，大吉，故曰：『元亨。』亨，即享字。古人舉行享祀，曾筮遇此卦，故記之曰：『亨。』」蓋「炊」字，音chuī，ㄔㄨㄟ。東漢・許慎《說文解字》：「炊，爨也，從火，吹省聲。」簡略述之，係燃火煮食物，例如：「炊飯」、「野炊」。東漢・王充《論衡・知實》：「顏淵炊飯，塵落甑中。」

其「巽」字，音xùn，ㄒㄩㄣˋ。東漢・許慎《說文解字》：「巽，具也，亦作　，蘇困切，六。」巽，乃辭讓。魯國・孔子《書經・堯典》：「汝能庸命，巽朕位。」巽，通「遜」。巽，亦指謙恭。唐・韓愈《答魏博田僕射書》：「位望益尊，謙巽滋甚。」寸筆縷述，得曉卑順之意。

爰以，「更」字，音gēng，ㄍㄥ。《廣韻・去聲・映》：「更，易也，改也。」更，係越發，例如：「更好」。唐・李白《宣州謝朓樓餞別校書叔雲》：「抽刀斷水水更流，舉杯消愁愁更愁。」更，復也。唐・王之渙《登鸛雀樓》詩：「欲窮千里目，更上一層樓。」又更，指反而。東漢・王充《論衡・奇怪》：「儒者稱聖人之生，不因人氣，更稟精於天。」從上引用，乃再或改換之意。

　　復次，「鉉」字，音xuàn，ㄒㄩㄢˋ。東漢・許慎《說文解字》：「鉉，舉鼎也。」《廣韻・上聲・銑・泫》：「鉉，鼎耳。」唐・孔穎達・《周易正義》：「鉉，所以貫鼎而舉之。」簡略引述，乃橫貫鼎耳，用以扛鼎棍形工具之具。

　　惟「珉」字，音mín，ㄇㄧㄣˊ。東漢・許慎《說文解字》：「珉，石之美者。」《廣韻・上平聲・眞》：「珉，美石次玉，亦作玟瑉瑉，武巾切，十九。」寸楮引用，乃似玉之美石。戰國・荀況《荀子・法行》：「君子之所以貴玉而賤珉者，何也？」

　　🖌 題解〈鼎〉卦籤詩，智珠在握～

　　闡明以木焚燒鼎器，順性烹煮之氣象，促使改變，令人一新耳目，引申主持事務之賢者，有擔當、正確常理之方式，端正其位。並拋棄既往錯誤，人貴自立，彷彿鼎中裝滿豐盛食物，謀求善之德性，充盈內在向上，處事不偏不倚，無過無不及，有利顯位尊貴崇高，吉利亨通！

＊國生字注音：

泫ㄒㄩㄢˋ。鑊ㄏㄨㄛˋ。爨ㄘㄨㄢˋ。甑ㄗㄥˋ。朓ㄊㄧㄠˇ。銑ㄒㄧㄢˇ。

　　北宋・程顥暨程頤《河南程氏遺書》：「人之於患難，只有一個處置，盡人事謀之後，卻須泰然處之。有人遇一事，則心心念念不肯捨，畢竟何益？若不會處置了放下，便是『無義無命』也。」

☰☶ 旅　卦：〈艮〉下〈離〉上，〈大象〉：「山上有火。」山炎山上，則漫無涯際而旅居不定。蓋物過豐盛，必喪失其本來，不知所止，故於〈豐〉卦之後，繼之為〈旅〉，以示游移不處，無以自安之現象也。在人如身取羈旅，以待時機，應本乎〈旅〉。

☴☴ 巽　卦：重〈巽〉之卦，〈大象〉：「隨風。」風之又風，無微不入。蓋旅途淪落，非如巽風之入物，何以取容。故於〈旅〉卦之後，繼之為〈巽〉，以示風之疏物，順以入微現之象也。在人如開化民風，反復申命，應本乎〈巽〉。

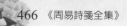

第五一卦，震爲雷：震（☳）下震（☳）上，顯示
行動，存警惕之心，如履薄冰，修身可致福也！

◎〈卦象〉：「臨深履冰，奮發圖強。」

《汝南堂・周易尚占詩箋》

第五一卦 震卦

聲名四揚

上下轟隆虓_工啞臨，
雷霆奮擊健剛音；
回惶戒懼修身過，
儆_니勵持中適震岑₅。

隆中吳慕亮傳授　汝南廖英琪敬撰

　　吳師慕亮傳授卦體，**震爲雷**：震者，動也。卦體上下皆〈震〉，中爻互〈艮〉互〈坎〉。震字，動盪激發之義。一陽於二陰之下，陰性靜，陽性動，陽氣爲重陰所抑制，壓力愈大，抗力愈強，勢必奮擊而起，有雷霆之象，故名：「震卦。」

　　震，拼音：zhèn，去聲，十二震韻。形聲，從雨，辰聲。雷、雨並作，故從雨。本義；雷及疾雷之意。又如：震震（雷、鼓、車、馬等，所發出之巨響）、震屬（雷聲）、震霆（轟雷，響雷）、震雷（響雷）、震響（震雷似之響聲），亦八卦之一，雷之象也。

　　慕亮按：〈震〉卦，〈震〉上〈震〉下，動也，上下俱動，故此爲雷霆霹靂之振動。靜觀〈震〉卦，一陽生於二陰之下，陽氣在初，

蘊而弗出，遂奮擊而為雷，故具有震驚恐懼，法〈乾〉之惕。〈震〉之憤雷之動，法〈乾〉之剛健。惕，則無咎；健，則自強。

　　英琪詩箋註釋：「震」字，音zhèn，ㄓㄣˋ。東漢‧許慎《說文解字》：「震，劈歷振物者。从雨辰聲。」《廣韻‧去聲‧十二震》：「震，雷震也，又動也，懼也，起也，威也，章刃切，十一。」震，係稱雷擊。《春秋‧僖公十五年》：「己卯晦，震伯夷之廟。」震者，畏懼之意。《周易‧震卦‧彖辭》：「震驚百里，驚遠而懼邇也。」又震，指疾雷。《詩經‧小雅‧十月之交》：「爗爗震電，不寧不令。」綜觀所述，則動盪或恐懼之意。

　　爰以，「虩」字，音xì，ㄒㄧˋ。東漢‧許慎《說文解字》：「虩，蠅虎也。」《廣韻‧入聲‧麥‧楝》：「虩，虎驚皃，又許逆切。」簡略引之，係為恐懼之意。《周易‧震卦》：「震來虩虩，笑言啞啞。」惟「啞啞」，讀音ㄧㄚㄧㄚ或ㄜˋㄜˋ，乃狀聲詞，形容笑聲。

　　次則，「儆」字，音jǐng，ㄐㄧㄥˇ。《廣韻‧去聲‧二十四敬》：「儆，寤也，戒也，居影切，八。」儆，為懲戒，例如：「殺一儆百」、「殺雞儆猴」。《孔子家語‧卷一‧五儀解》：「故天災地妖所以儆人主也。」儆，亦通「警」。寸縷引述，乃警告之意。

　　其「岑」字，音cén，ㄘㄣˊ。東漢‧許慎《說文解字》：「岑，山小而高。」岑，指高狀。戰國‧孟軻《孟子‧告子‧下》：「方寸之木，可使高於岑樓。」故得曉，高而小山之意。東漢‧馬融《文選‧長笛賦》：「託九成之孤岑兮，臨萬仞之石磎。」

🎈　**題解〈震〉卦籤詩，智珠在握～**

　　若遇雷聲震動，產生轟隆作響之力量，切莫毫不在意，一笑置之，引申在位者應心存恐懼之態度，剛毅強健，聲威奮起有作為；惶恐而修持省察，警戒守備，涵養德性，淑善其身，堅守防範慎初震盪之際，以遠避禍患，明哲保身，最終可居高處，竊笑開懷，免災無危矣！

＊國生字注音：
　爗ㄅㄧˋ。磎ㄒㄧ。

第五二卦，艮為山：艮（☶）下艮（☶）上，顯示行動，進與退，須恰到好處，適可而止之道理！

◎〈卦象〉：「進退合宜，知命安身。」

吳師慕亮傳授卦體，**艮為山**：艮者，止也。卦體上下皆〈艮〉，中爻互〈坎〉互〈震〉。〈說卦傳〉：「艮，止也。」一陽進至極位，無可再進，弗進則止，故名：「艮卦。」

艮，拼音：gěn，去聲，十四願韻，指食物不易咬動或嚼爛。方言：「語率直無曲折。」亦八卦之一，代表山。如：艮嶽（山名，位于今河南開封城內東北隅；宋徽宗政和年間於汴京東北隅堆土為山，廣集天下奇花異石，珍禽怪獸，佳果文竹於此處）。

慕亮按：〈艮〉卦，〈艮〉上〈艮〉下，止也。山上復有山，故引申徑路，益顯其退隱，弗越本份之君子德行。一陽居二陰之上，既

至上位，無可再往上矣，故為止也。兩山並立，或山上有山，均無相往來之貌也。

英琪詩箋註釋：「艮」字，音gèn，《ㄣˋ，或讀《ㄣˇ。東漢·許慎《說文解字》：「艮，限也，古恨切，四。」《廣韻·去聲·恨》：「艮，卦名也，止也。」《周易·艮卦·象辭》：「艮，止也。」艮，係堅硬也。清·王念孫《廣雅疏證·卷一下·釋詁》：「艮，堅也。」又艮，方位名，指東北方。唐·章懷太子，〈注〉：「艮，東北之位。」綜觀所述，乃靜止之意。

爰以，「嶂」字，音zhàng，ㄓㄤˋ。《廣韻·去聲·漾》：「嶂，峯嶂。」簡略引之，為形如屏風之山，例如：「重巒疊嶂」。北宋·范仲淹《漁家傲·塞下秋來風景異》：「千嶂裡，長煙落日孤城閉。」

其「巖」字，音yán，一ㄢˊ。東漢·許慎《說文解字》：「巖，岸也，從山嚴聲。」《廣韻·下平聲·銜》：「巖峯也，險也，峻廊也，五銜切，三。」巖，為山洞。西漢·司馬遷《報任少卿書》：「招賢進能，顯巖穴之士。」故得曉，乃高峻之意。戰國·孟軻《孟子·盡心·上》：「是故知命者，不立乎巖牆之下。」

蓋「抑」字，音yì，一ˋ。東漢·許慎《說文解字》：「抑，按也。」抑，制止。戰國·荀況《荀子·成相》：「禹有功，抑下鴻。」抑，為低下。東漢·班固《漢書·卷四三·叔孫通傳》：「諸侍坐殿上皆伏抑首，以尊卑次起上壽。」又抑，乃則、就也。春秋·左丘明《左傳·莊公六年》：「若不從三臣，抑社稷實不血食，而君焉取餘？」綜觀引述，指遏止之意。

復次，「箕」字，音jī，ㄐ一。《廣韻·平聲·四支》：「箕，箕帚也，世本曰箕帚少康作也，又姓《左傳》晉有大夫箕鄭。」箕，係篩米去糠之圓形竹器。南宋·陸游《箕卜》：「持箕畀灶婢，棄筆臥牆隅。」俗稱：「簸箕。」

箕，亦指收集垃圾之器具，例如：「畚箕」。《禮記·曲禮·上》：「凡為長者糞之禮，必加帚於箕上。」箕，為星座名，乃二十八星宿之一，東方青龍七宿之最後一宿，由四顆星組成。又箕，為姓，如漢代有箕堪。從上得曉，乃聚或取之意。西漢·司馬遷《史記·卷八九·張耳陳餘傳》：「頭會箕斂，以供軍費。」

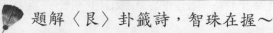

題解〈艮〉卦籤詩，智珠在握～

　　揭示從事之舉止，遭重重相疊高峻之山峰，阻止向前進之路，君子應停止任何行為，暫時先隱退，等待時機圖謀。嚴格效法端正己身，濡染心性，切勿單方隨順自己之心意或欲望做事，時止則止，時行則行，動靜不失其時，進退合乎法度，必能遠禍而光明矣！

＊國生字注音：

　　兀ㄙㄚˋ。畀ㄅㄧˋ。籤ㄅㄛˋ

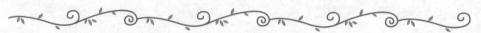

　　清・蒲松齡《聊齋志異》：「以善規人，如贈橄欖；以惡誘人，如饋漏釜。聽者固當省，言者可勿戒哉！」

　　南宋・朱熹暨呂祖謙纘輯《近思錄・卷二》：「道之浩浩，何處下手？惟立誠才有可居之處，有可居之處，則可以修業也。」

　　《文子・道德》：「上學以神聽，中學以心聽，下學以耳聽。以耳聽者，學在皮膚；以心聽者，學在肌肉；以神聽者，學在骨髓。故聽之不深，即知不明。」

兌　卦：重〈兌〉之卦，〈大象〉：「麗澤。」潤澤而至於麗，其喜悅之情可見。蓋既順而入之，則必喜悅相與，故於〈巽〉卦之後，繼之為〈兌〉，以示理順情和，物呈喜悅之現象也。在人如啟發情感，理民以恩，應本乎〈兌〉。

渙　卦：〈坎〉下〈巽〉上，〈大象〉：「風行水上。」水遇風，則披進解散而四濺矣！蓋物逢喜悅，其情必轉趨渙散，故於〈兌〉卦之後，繼之為〈渙〉，以示物勢不固，土崩瓦解之現象也。在人如民心攜二，何以固之，應本乎〈渙〉。

節　卦：〈兌〉下〈坎〉上，〈大象〉：「澤上有水。」澤所以範圍水，而節之不外溢。蓋物之渙散，終有節制之時，故於〈渙〉卦之後，繼之為〈節〉，以示萬有綜錯，不越限度之現象也。在人如節以制度，不傷不害，應本乎〈節〉。

第五三卦，風山漸：艮（☶）下巽（☴）上，揭示諸事
前往，須遵循自然長成，層積聚集之理，必能獲吉！

◎〈卦象〉：「事緩則圓，循序漸進。」

《汝南堂・周易尚占詩箋》

第五三卦　漸卦

文明漸進

徐行靚^{ㄐㄧㄥ}女禮循歸，
漸蓄賢良易俗違；
獨雁沖霄遵歇^{ㄒㄧㄝ}道，
言和莫卜^{ㄅㄨ}進身飛。

隴中吳慕亮傳授　汝南廖英琪敬撰

　　吳師慕亮傳授卦體，**風山漸：**漸者，進也。卦體〈艮〉下
〈巽〉上，中爻互〈坎〉互〈離〉。東漢・許慎《說文解字》：「漸
者，行遠自邇，登高自卑，循序而進之義。」〈說卦傳〉：「巽為
木，……，艮為山。」〈巽〉木於〈艮〉山之上，山勢由漸而高，樹
木由漸而長，故名：「漸卦。」

　　漸（jiàn），破音字辨析：上聲，二十八儉韻，意則漸次也，進
也，稍也，事之端先覩之始也。漸（jiān），下平聲，十四鹽韻，音
尖，流入也。《尚書・禹貢》：「東漸於海，西被於流沙，朔南暨，
聲教訖於四海。」

　　慕亮按：〈漸〉卦，〈巽〉上〈艮〉下，山上有木也，逐漸而茁
壯，故以漸名焉！君子宜以居賢德善俗，漸進則有功，急則必有咎受

阻。此卦弗可遽進，必取漸進，無論內而修德進業，外而移風易俗，均應漸進，非一朝一夕可致也。

　　英琪詩箋註釋：「漸」字，音jiàn，ㄐㄧㄢˋ，或讀ㄐㄧㄢ。東漢‧許慎《說文解字》：「漸，水出丹陽黟南蠻中，東入海，又漸次也，進也，稍也，事之端先覩之始也。」漸，係溼潤。《詩經‧衛風‧氓》：「淇水湯湯，漸車帷裳。」漸，亦指感染。唐‧白居易《策林一‧十三號令》：「被於萬姓，漸於四夷。」簡略引之，係為逐步之意。

　　次考，吳師慕亮《周易通鑑》，載云：「漸，卦名也。筮遇此爻，女嫁則吉，舉事有利，故曰：『女歸吉，利貞。』」惟「靚」字，音jìng ㄐㄧㄥˋ。東漢‧許慎《說文解字》：「靚，召也。」《廣韻‧去聲‧勁‧淨》：「靚，裝飾也，古奉朝請亦作此字。」靚，指美麗，亦通靜。唐‧陸龜蒙《鄴宮詞》：「曉日靚妝千騎女，白櫻桃下紫綸巾。」寸縷述之，乃沉靜之意。西漢‧揚雄《文選‧甘泉賦》：「帷弸環其拂汨兮，稍暗暗而靚深。」

　　爰以，「歇」字，音xiē，ㄒㄧㄝ。東漢‧許慎《說文解字》：「歇，息也。」《廣韻‧入聲‧月‧歇》：「歇，氣洩也，休息也，又竭也，許竭切，五。」歇，係衰敗。唐‧李賀《傷心行》：「燈青蘭膏歇，落照飛蛾舞。」從上引用，乃竭盡之意。

　　復次，「卞」字，音biàn，ㄅㄧㄢˋ。東漢‧許慎《說文解字‧玉篇》：「卞，法也。」《爾雅‧釋詁》：「卞，樂也，或作弁。」卞，係地名。《春秋‧僖公十七年》：「秋，夫人姜氏會齊侯于卞。」《集韻》：「卞，躁疾也。」又卞，為姓也，例如：春秋時楚國有卞和，明代之卞玉京。綜觀所述，係性情急躁之意。北宋‧歐陽修《新唐書‧卷一六一‧張薦傳》：「性躁卞，儻蕩無檢。」

 題解〈漸〉卦籤詩，智珠在握～
　　象徵樹木生長於山中成長過程，宛如漂亮女子出嫁，遵循婚禮之規矩，從下聘至結婚緩步之籌備，並含蓄才華、德行，緩和發展，弗違離民情風俗。又酷似大雁翱翔天空時，乃依照軌道自成隊伍飛行暨集體休息，其行事態度柔和勿急求進，則能平穩、安順，獲得應合己所願矣！

＊國生字注音：
　　帷ㄨㄟˊ。鄴一ㄝˋ。弸ㄆㄥˊ。汨ㄇㄧˋ。

第五四卦，雷澤歸妹：兌（☱）下震（☳）上，警惕少女
嫩婦，婚姻大事不可急促強求，乃有害無利之理。

◎〈卦象〉：「風情月意，順其自然。」

《汝南堂・周易尚占詩箋》

第五四卦　歸妹卦

浮雲蔽日

少女憑男出嫁欣，
強求主婦敝婚盅；
良緣靜待耽歸妹，
自好溫良望貴薰。

隴中吳慕亮傳授　汝南廖英琪敬撰

吳師慕亮傳授卦體，**雷澤歸妹：**歸妹者，大也。卦體〈兌〉下〈震〉
上，中爻互〈離〉互〈坎〉。古時娶「女子以夫家為歸宿」之義，稱女子
出嫁為「歸」；「妹」者，幼女之稱謂。〈兌〉為少女，〈震〉為長男，
〈震〉〈兌〉相配，故名：「歸妹。」

歸，拼音：guī，上平聲，五微韻。會意，從止，從婦省，本義：女子
出嫁。《公羊傳・隱公二年》：「婦人謂嫁，曰歸。」妹，拼音：mèi，
去聲，十一隊韻，形聲。從女，未聲，本義：妹妹。稱同父母或同父異母
或同母異父，比自己年紀小之女子。妹者，少女之稱也。《詩經・衛風・
碩人》：「東宮之妹，邢侯之姨。」

慕亮按：〈歸妹〉卦，〈震〉上〈兌〉下，澤上有雷也，雷動則澤水
亦隨之而佈其雲雨。〈兌〉為少女，歸附〈震〉男，上動下悅，男女交

投，陰陽相配之義也。卦中互見〈坎〉〈離〉，猶陰陽之配以日月之象也。

英琪詩箋註釋：「歸」字，音guī，《ㄨㄟ。東漢·許慎《說文解字》：「歸，女嫁也，從止，從婦省，𠂤聲。」歸，係女子出嫁稱為歸。《詩經·周南·桃夭》：「之子于歸，宜其室家。」其「妹」，乃指年輕未婚之女子。簡略引之，乃女子嫁人之意。

次考，吳師慕亮《周易通鑑》，載云：「歸妹，卦名也。若我輩者，逢事擾心，筮遇此爻，征則凶，且無所利，故曰：『征凶，无攸利。』」惟「敝」字，音bì，ㄅㄧˋ。東漢·許慎《說文解字》：「敝，帗也，一曰敗衣也。又姓，《左傳》齊有敝無存。」敝，係舊也。例如：「敝帚自珍」、「棄之如敝屣」。《論語·子罕》：「衣敝縕袍與衣狐貉者立，而不恥者，其由也與。」

敝，亦指疲倦，例如：「敝於奔命」。北宋·司馬光《赤壁之戰》：「曹操之眾，遠來疲敝。」敝，同疲。又敝，為毀壞。清·李文炤《勤訓》：「夫天地之化，日新則不敝。」綜觀引述，乃破或失敗之意。

再則，「氳」字，音yūn，ㄩㄣ。《廣韻·上平聲·文·熅》：「氳，氤氳元氣。」元·熊忠《古今韻會舉要》：「紆於云切，音熅，氤氳，氣也。」又氛氳，氣盛也。約略述之，乃陰陽二氣交會和合之意。

復次，東漢·許慎《說文解字》：「耽，耳大垂也。」西漢·劉安《淮南子·地形訓》：「夸父耽耳，在其北方。」耽，係沉迷。清·張爾岐《辨志》：「耽口體之養，徇耳目之娛。」耽，亦指喜悅。《禮記·中庸》：「兄弟既翕，和樂且耽。」從上引之，乃延遲之意。

題解〈歸妹〉卦籤詩，智珠在握～

澤上有雷，水隨之而動，揭示成人之妙齡女郎，盼望天假良緣，能喜樂出嫁終生託付丈夫得依靠，其少女嫁娶為正室，成於陰陽交合之氣，方能繁衍生息，若是勉強姻緣必遭失敗。惟待嫁之情，需自愛遵守婦德，溫和善良之名聲，受感染與重視，和樂尊顯必緊隨而至吉祥焉！

＊國生字注音：
𠂤ㄅㄨㄟ。帗ㄈㄨˊ。氤ㄧㄣ。氳ㄩㄣ。紆ㄅㄧㄥˋ，同竝。熅ㄩㄣ。
徇ㄒㄩㄣˋ。翕ㄒㄧˋ。

第五五卦，雷火豐：離（☲）下震（☳）上，象徵物極則衰之定律，事務發展至盛大時，需謹慎處世，得以持盈保泰。

◎〈卦象〉：「天地盈虛，與時消息。」

《汝南堂・周易尚占詩箋》

第五五卦　豐卦

復興重明

光明震動益彰巍，
日正當中盛極微；
慾望無窮藏失蔽，
來章有慶護豐斐。

隆中吳慕亮傳授　汝南廖英琪敬撰

　　吳師慕亮傳授卦體，雷火豐：豐者，大也。卦體〈離〉下〈震〉上，中爻互〈巽〉互〈兌〉。豐者，以「多」及「盛」之義。東漢・許慎《說文解字》：「豐，豆之豐滿者也。」〈說卦傳〉：「震為雷，……離為電。」雷電交作，聲勢壯大，故名：「豐卦。」

　　豐，拼音：fēng，上平聲，一東韻。象形，甲骨文字形，上似一器物盛有玉形，下屬「豆」（古代盛器）。故「豐」本屬盛有貴重物品之禮器。此由「豐」字，可獲得證明，古文「豐」與「豊」同字。《說文》：「豊，行禮之器也。」本義：古代盛酒器之托盤。中國古代禮器，形狀像豆，用以承酒觶。

　　慕亮按：〈豐〉卦，〈震〉上〈離〉下，大也，猶厚也，雷電俱至，有顯赫觸目之象。火居內而動在外，如日方中，威炎之勢也。

太原・郭傳馨夫子授曰：「爻辭初九弗言豐，未至於豐也。六五弗言豐，弗知有豐也。」如人未有豐足，固當力求其豐。至坐有豐厚時卻弗知已豐，以喻慾望無窮。故慾望越盛，則愚暗已生，亦越積越愚而不自知矣！凡我君子，宜慎之哉！

英琪詩箋註釋：「豐」字，音fēng，ㄈㄥ。東漢・許慎《說文解字》：「豐，豆之豐滿者也；一曰器名，鄉飲酒有豐侯，亦謂之廢禁。」《廣韻・上平聲・一東》：「豐，大也，多也，茂也，盛也；又酒器豆屬，又姓鄭公子豐之後，敷空切，八。」

《儀禮・公食大夫》：「飲酒實于觶，加于豐。」豐，指肥美。唐・韓愈《送李愿歸盤谷序》：「入耳而不煩，曲眉豐頰。」又豐，係茂盛。北宋・歐陽修《秋聲賦》：「豐草綠縟而爭茂，佳木蔥蘢而可悅。」從觀而知，乃富饒之意。

次考，吳師慕亮《周易通鑑》，載云：「豐，卦名也，亨，即享字。蓋有王偶遭眚災，筮遇此卦，乃於日中舉行享祀以禳祈焉！終以得福，故記之曰：『亨，王假之，勿憂，宜日中。』」

旋以，「巍」字，音wéi，ㄨㄟˊ。東漢・許慎《說文解字》：「巍，高也，從嵬，委聲。」東漢・張衡《文選・思玄賦》：「瞻崑崙之巍巍兮，臨縈河之洋洋。」寸楮引之，係高大貌。《論語・泰伯》：「大哉堯之為君也！巍巍乎唯天為大，唯堯則之。」

復次，「斐」字，音fēi，ㄈㄟ。東漢・許慎《說文解字》：「斐，斐斐，往來貌。」東漢・班固《漢書・揚雄傳》：「昔仲尼之去魯兮，斐斐遲遲而周邁，終回復於舊都兮，何必湘淵與濤瀨。」斐，係指女神。《文選・左思・蜀都賦》：「娉江斐，與神遊。」斐，通妃。故得曉，為去與來之意。

 題解〈豐〉卦籤詩，智珠在握～

日照臨高處，光輝昌明暨盛大，宛若事物發展之地步，如日中天，十分旺盛繁榮之境界，此刻需謹慎防範，潛藏著物極必反之危機！假使五衰弗滿足求取功業無盡頭，貪求無厭，前景必遭受阻，招徠失敗，主導者居豐大，乃慎守誠信與善行，則往來可得庇護，諸凡順遂吉利！

＊國生字注音：

觶ㄓˋ。縟ㄖㄨˋ。蘢ㄌㄨㄥˊ。眚ㄕㄥˇ。嵬ㄨㄟˊ。娉ㄆㄧㄥ。徠ㄌㄞˊ。

第五六卦，**火山旅**：艮（☶）下離（☲）上，揭示居無定所，寄身他鄉，行旅之中守正路，終能獲良好之美譽。

◎〈卦象〉：「四處飄泊，毋妄菲薄。」

《汝南堂・周易尚占詩箋》

第五六卦 ䷲ 旅卦

旅途辛酸

燃燒火速慎留居，
意志消沉旅瑣嘘；
資斧安身終以命，
承遵守靜頌聲輿。

隴中吳慕亮傳授　汝南廖英琪敬撰

　　吳師慕亮傳授卦體，**火山旅**：旅者，暫居。卦體〈艮〉下〈離〉上，中爻互〈巽〉互〈兌〉。旅者，過往及暫寄之義。上卦〈離〉為火，火勢延燒而弗停留，有如行旅之人；下卦〈艮〉為山，山嶽屹立不移，有如宿客之旅舍，故名：「旅卦。」

　　旅，拼音：lǚ，上聲，六語韻，會意，甲骨文字形，似眾人站於旗下。旗，指軍旗；人，指士兵。上古以五百人為旅，齊制二千人為旅。現代指師以下之單位，由司令部和兩個或者兩個以上之團或大隊組成之戰術和行政單位之意。

　　慕亮按：〈旅〉卦，〈離〉上〈艮〉下，火在山上，猶如火勢藉山上野草逐步推移，勢弗久留，如人旅行或遠遊他方之象，故為暫時

寄居之謂也。〈艮〉為山，為館舍，〈離〉為火，火行弗居，係屬羈旅之象，為期甚短促也。

　　英琪詩箋註釋：「旅」字，音lǚ，ㄌㄩˇ。東漢・許慎《說文解字》：「旅，軍五百人也。」亦姓，漢功臣表，有旅卿封昌平侯，俗寫作㫃。旅，係軍隊。《詩經・大雅・皇矣》：「斯怒，爰整其旅。」旅，亦為客居。春秋・左丘明《左傳・莊公二十二年》：「羈旅之臣，幸若獲宥。」從觀而知，乃供旅客所居之意。南朝・宋・謝靈運《遊南亭詩》：「久痗昏墊苦，旅館眺郊歧。」

　　次考，吳師慕亮《周易通鑑》，載云：「旅，卦名。亨，即享字，古人舉行小享之際，曾遇此卦，故記之曰：『小亨。』本卦旅字，咸謂客人。旅貞者，客人有所占問也。客人有所占問，筮遇此卦則吉，故曰：『旅貞，吉。』」

　　旋以，「瑣」字，音suǒ，ㄙㄨㄛˇ。東漢・許慎《說文解字》：「瑣，玉聲也。從玉𧴪聲。」瑣，係裝在門、窗、箱上，使人無法輕易開啟之器具，通鎖。又瑣，為姓，如北宋代有瑣政。寸楮引之，乃指玉石相碰撞，所發出細微聲音之意。

　　復次，「輿」字，音yú，ㄩˊ。東漢・許慎《說文解字》：「輿，車底也，從車，舁聲。」《廣韻・去聲・御・豫》：「輿，車輿又方輿縣名，又音余。」輿，乃疆域，例如：「輿地」、「輿圖」。西漢・司馬遷《史記・卷六〇・三王世家》：「御史奏輿地圖，他皆如前故事。」輿，亦指扛抬。東漢・班固《漢書・卷六四上・嚴助傳》：「輿轎而隃領，挖舟而入水。」從上引述，乃地域之意。

　　🖋 **題解〈旅〉卦籤詩，智珠在握～**

　　隱喻山中著火，迅速燃燒，引申行旅之意。若旅客寄居，應注意停留之處所，防範遭細小之火或熱氣熏炙。惟思暨志向切莫受外境動搖，免得情緒低落。其在外之生存法則，固守修治其身，有擔當並遵循財貨正途取之，安靜守候良緣至，所處之地終能安然無事！

＊國生字注音：

　　㫃ㄅㄞ。眺ㄊㄧㄠˋ。歧ㄑㄧˊ。𧴪ㄙㄨㄛˇ。舁ㄩˊ。隃ㄩˊ或ㄧㄠˊ。挖ㄊㄨㄛ。

第五七卦，巽為風：巽下（☴）巽上（☴），揭示君子實踐處世，應看風行事知分際，且擇善而從，前往必將有利。

◎〈卦象〉：「柔聲逸氣，移風易俗。」

《汝南堂・周易尚占詩箋》

第五七卦 ䷸ 巽卦

申命行事

隨風曉諭（ㄩ）順施周，
申命寬仁伏進猷（ㄡˊ）；
變革圖南三日度，
虛懷若谷巽功侯。

隆中吳慕亮傳授　汝南廖英琪敬撰

吳師慕亮傳授卦體，**巽為風：**巽者，順也。卦體上下〈巽〉，中爻互〈兌〉互〈離〉。巽字，音訓，《釋名》亦與「遜」字相通，謙讓恭順之意。東漢・許慎《說文解字》，作「順伏」及「容入」解。卦象一陰柔順，潛伏於二陽之下，故名：「巽卦。」

巽，拼音：xùn，去聲，十四願韻。東漢・劉熙《釋名・釋天》：「巽，散也，物皆生布散也。」八卦之一，代表風。如：巽地（吉利之地方）及巽二郎（風神之名），亦東南方。如：巽方（東南方）、巽地（東南方位）、巽風（東南風）、巽隅（指東南角）。

慕亮按：〈巽〉卦，〈巽〉上〈巽〉下，為風、為入、為伏也。伏有卑順、卑伏之義。風，無孔不入，以喻申命以反復開化民風，猶

風之疏物，順之以入也。蓋風本流動無物質狀態，依物而行，乘隙而入，行動柔順且柔能制剛；故風有順從及進入之意矣！

英琪詩箋註釋：「巽」字，音xùn，ㄒㄩㄣˋ。東漢・許慎《說文解字》：「巽，本作　，也，篆文作巽。」巽，為辭讓。《尚書・堯典》：「汝能庸命，巽朕位。」巽，通遜。巽，亦指謙恭。《論語・子罕》：「巽與之言，能無說乎？」從上引述，乃卑順之意。

次考，吳師慕亮《周易通鑑》，載云：「巽，卦名。亨，即享字，古人舉行小享之際，先達諸輩，曾筮遇此卦，故記之曰：『小亨。』凡我輩者，若筮遇此卦，有所往則利，見大人亦利。故曰：『利有攸往，利見大人。』」

旋以，「諭」字，音yù，ㄩˋ。東漢・許慎《說文解字》：「諭，告也。」《廣韻・去聲・遇・裕》：「諭，覦，覬覦；又音俞。」諭，為係表明。唐・柳宗元《答元饒州論政理書》：「必勞申諭，乃得悅服。」又諭，上對下之命令告語，例如：「聖諭」。《北史・卷二二・長孫嵩傳》：「上遣平持節宣諭，令其和解。」諭，亦指姓，例如：漢代有諭㻏。綜觀述之，乃曉喻之意。

復次，「猷」字，音yóu，ㄧㄡˊ。東漢・許慎《說文解字》：「猷，玃屬一曰隴西，謂犬子爲猷，以周切，四十五。」《廣韻・下平聲・尤》：「猷，謀也，已也，圖也，若也，道也。」猷，係法則。《詩經・小雅・巧言》：「秩秩大猷，聖人莫之。」寸楮引述，為道理或圖謀之意。《周禮・春官・家宗人》：「以猷鬼神示之居，辨其名物。」

🖌 題解〈巽〉卦籤詩，智珠在握～

風者，弗斷循環反覆吹起，隱喻君子於社會立足與人相處往來，處世作風，懷德寬厚，積極陳述志向，周詳告知，令諸方心悅誠服。若施更求新，惟循序漸進，且步驟制定辦事準則，為人謙虛，廣納意見，方能達至眾儕共同遵守之準則，旋而行誼所為，以臻順利亨通之象！

＊國生字注音：
覦ㄩˊ。覬ㄐㄧˋ。㻏ㄌㄧˋ。玃ㄐㄩㄝˊ。

第五八卦，兌爲澤：兌（☱）下兌（☱）上，象徵世情相處、
　　　　交流之道，力求誠懇，溫良待人，利於欣悅祥瑞。

◎〈卦象〉：「教學相長，悅無諂諛。」

《汝南堂・周易尚占詩箋》

第五八卦　☱　兌卦

自大必咎

澤水欣然接物孚，
人情禮順態同愉；
提防曲意親讒諂，
講習磋商兌雅儒。

隆中吳慕亮傳授　汝南廖英琪敬撰

　　吳師慕亮傳授卦體，**兌爲澤：**兌者，悅也。卦體上下皆〈兌〉，
中爻互〈離〉互〈巽〉。東漢・許慎《說文解字》，兌字，作喜悅之
義解。一陰居二陽之上，陽剛陰柔，爻位於上爲外，爻位于下爲內。
其內體剛健而外貌柔順，乃和悅之象，故名：「兌卦。」

　　兌，拼音：dui，去聲，九泰韻。會意，從人、從口，八象氣之
舒散，兄者與祝同意。從八，與曾同意，今字作悅。本義：喜悅。
《荀子・修身》：「饒樂之事，則佞兌而不曲。」清・王先謙《集
解》：「兌，悅也。」《淮南子・泰族》：「禱祠而求福，雩兌而請
雨。」

　　慕亮按：〈兌〉卦，〈兌〉上〈兌〉下，悅也、兌換也，係商

業之活動。一陰進於二陽之上，氣舒於上，便有言出之象，表達於外也。有講說之象，重之，則成講習之事，如今演講或傳道授業之師！

英琪詩箋註釋：「兌」字，音duì，ㄅㄨㄟˋ，或讀ㄩㄝˋ，同悅。東漢・許慎《說文解字》：「兌，說也。」兌，為交換，例如：「兌換」。唐・丁仙芝《餘杭醉歌贈吳山人》：「十千兌得餘杭酒，二月春城長命杯。」寸縷引之，乃相互交換之意。次考，吳師慕亮《周易通鑑》，載云：「兌，卦名。亨，即享字，或庶民，舉行享祀，故記之曰：『亨。』又筮遇此卦，所占者利，故曰：『利貞。』」

其「孚」字，請讀者參考第四六〈升〉卦，454頁之註解。再則，「讒」字，音chán，ㄔㄢˊ。東漢・許慎《說文解字》：「讒，譖也，佞也。」讒，係陷害別人之話。《左傳・哀公十六年》：「楚大子建之遇讒也，自城父奔宋。」又讒，亦指顛倒是非。東漢・王充《論衡・答佞》：「讒與佞，俱小人也。」從上觀之，乃毀謗之意。

復次，「諂」字，音chǎn，ㄔㄢˇ。《廣韻・上聲・琰》：「諂，諂諛，丑琰切，二。」諂，為巴結，例如：「逢迎諂媚」。《論語・學而》：「貧而無諂，富而無驕，何如？」簡略概述，為奉承之意。

惟「磋」字，音cuō，ㄘㄨㄛ。《廣韻・下平聲・歌》：「磋，治象牙曰磋。」清・章太炎《新方言・釋器》：「骨謂之切，象謂之磋，玉謂之琢，石謂之磨。」磋，亦相互研究、商討，例如：「磋商」。《管子・弟子職》：「相切相磋，各長其儀。」故得曉，乃琢磨之意。

 題解〈兌〉卦籤詩，智珠在握～

上下皆澤，乃為水溼潤以利萬物，引申君子社交人情，內心情感形態表現之應合，以禮為社會道德行為準則，真心誠意，順乎人情，達至和睦歡愉。其親近之交誼，力圖不盲目苟同，諂媚、遷就，或討好他人，朋友依附高尚品行，互為交流研究學識，得接物欣悅獲吉祥！

＊國生字注音：

雩ㄩˊ。譖ㄗㄣˋ。佞ㄋㄧㄥˋ。琰ㄧㄢˇ。諛ㄩˊ。

第五九卦，風水渙：坎（☵）下巽（☴）上，顯露諸事發展中，應存誠摯並竭力依循聚散之理而行，可取成功。

◎〈卦象〉：「精誠所至，金石為開。」

《汝南堂・周易尚占詩箋》

第五九卦 渙卦

意志不堅

風行水上逐波消，
聚庶先王廟享邀；
散漫精神援六合，
奇懷正大渙躬遼。

隆中吳慕亮傳授　汝南廖英琪敬撰

　　吳師慕亮傳授卦體，風水渙：渙者，散也。卦體〈坎〉下〈巽〉上，中爻互〈震〉互〈艮〉。東漢・許慎《說文解字》，渙字，散開之義。〈說卦傳〉：「巽為風，……，坎為水。」〈巽〉風于〈坎〉水之上，水受風吹，即流動四散，故名：「渙卦。」

　　渙，拼音：huàn，去聲，十五翰韻，形聲，從水，奐聲。本義：流散或離散之意。《周易・序卦傳》：「渙者，離也。」《老子・道德經・第十五章》：「渙兮，若冰之將釋。」〈注〉：「渙者，解散。」又如：渙然冰釋（如冰之溶解消散，咸用以指誤會、疑難之消散）、渙馳（渙散）、渙泮（消釋）、渙衍（蔓延）之意。

慕亮按：〈渙〉卦，〈巽〉上〈坎〉下，渙散也。風行水上，水受風吹，故呈渙散之態。〈卦辭〉，載曰：「亨，王假有廟。」蓋至誠以感，濟天下之心，所以聚合其散也。物無聚而弗散，而在散而後聚之，在乎以誠懇相待。猶如對享帝立廟，莫弗以至誠感召，係為收攬人心而依歸之法也。

英琪詩箋註釋：「渙」字，音huàn，ㄏㄨㄢˋ。《廣韻·去聲·十五翰》：「渙，水散，又音翻。」渙，分散。《詩經·周頌·訪落》：「將予就之，繼猶判渙。」渙，係水流盛大之樣。《詩經·鄭風·溱洧》：「溱與洧，方渙渙兮。」又渙，乃盛大也。唐·柳宗元《代韋中丞賀元和大赦表》：「渙發大號，申明舊章。」從上觀之，乃離散之意。

次考，吳師慕亮《周易通鑑》，載云：「渙，卦名。亨，即享字，古有王者，舉行享祀，親至於廟，筮遇此卦，故記之曰：「亨，王假有廟。」又筮遇此卦，涉大川則利，且舉行它事亦利，故曰：『利涉大川，利貞。』」

旋而，「庶」字，音shù，ㄕㄨˋ。《廣韻·去聲·六御》：「庶，眾也，冀也，侈也，幸也，又庶幾也，亦姓。」庶，乃古代平民之稱。《左傳·昭公三十二年》：「三后之姓，于今為庶。」庶，亦為差不多。《論語·先進》：「回也，其庶乎！屢空。」又庶，指旁支、旁系，例如：「庶子」、「庶母」。寸縷引之，乃相近或眾多之意。《詩經·小雅·小明》：「念我獨兮，我事孔庶。」

復次，「援」字，敬請讀者參考第四五〈萃〉卦，451頁之註解。惟「六合」字，係為上下和東南西北，或陰陽家以月建和日辰之地支相合為吉日，即子與丑合、寅與亥合、卯與戌合、辰與酉合、巳與申合、午與未合。《南齊書·卷九·禮志·上》：「五行說十二辰為六合，寅與亥合，建寅月東耕，取月建與日辰合也。」故吾曹得曉，指天地、宇宙，或天下、人世間。

題解〈渙〉卦籤詩，智珠在握～

　　風吹拂於水面上，潛匿易趁浪逐波，減退失去凝結匯合之力量，在位者應學習古代聖王，建立廟堂祭祀，供奉神佛之誠心，以聚合百姓；置所處區域或人事，觀神志隨便，不受拘束，則事必躬親牽引之，懷抱不平凡之胸襟，公正、不存私心，以博取開闊達盛大，行事必勝利！

＊國生字注音：
　翻ㄏㄨㄟ ㄟˊ。洧ㄨㄟˇ。

家師 吳慕亮，傳授於英琪，甄錄《修身箴言》十八則，寸楮如後：
窮達有命，夫復何求？
恃才傲物，輕肆直言。
八龍呈瑞氣，五鳳獻祥光。
靜坐思精進，閒時亦讀書。
讀書得真趣，懷古生遠思。
看山晴入畫，愛草月當樓。
人不能免錯誤，但可以免重覆。
朋者，同師也；友者，同志也。
明心者，知命也；見性者，立命也。
棄五慾必有餘慶，守四知子孝孫賢。
多言不可與遠謀，多動不可與久處。
事到臨時心要細，說將開口眼須活。
蘇東坡兩遊赤壁，呂洞賓一醉岳陽。
士必以讀書為性命，人須從孝悌立根基。
人聰明而不知死活，猴靈巧而難解繩鎖。
利人以福，故謂之吉；害人以禍，故謂之凶。
敗壞之先，人心驕傲；尊榮以前，必有謙卑。
富貴人，不學厚則多病；聰明人，不學寬則早夭。

第六十卦,水澤節: 兌(☱)下坎(☵)上,顯示發展凡事,
懂得限制不使過度或弗及,恰到好處,則能避災禍。

◎〈卦象〉:「物盡其用,施受平衡。」

《汝南堂・周易尚占詩箋》

第六十卦 **節卦**

節以制度

更番議德四時容,
蓄水平衡制溢從;
苦節門庭嗟窘慼,
驕奢正當警存庸。

隆中吳慕亮傳授　汝南廖英琪敬撰

　　吳師慕亮傳授卦體,水澤節:節者,止也。卦體〈兌〉下〈坎〉
上,中爻互〈震〉互〈艮〉。節字,「有限度」之義。東漢・許慎
《說文解字》:「節者,竹節也。」蓋取有限度,其不可踰之意。
《周易・說卦傳》:「坎為水,……,兌為澤。」〈兌〉澤於〈坎〉
水之下,容蓄水量,不使四散奔流,故名:「節卦。」

　　節,拼音:jiē,入聲,九屑韻,形聲,從竹,即聲。本義:竹
節,泛指草木枝幹間堅實結節之部分。《晉書,杜預傳》:「譬如破
竹,數節之後,皆迎刃而解。」《周易・說卦》:「其於木也,為堅
多節。」《詩經・小雅》:「節彼南山,維石巖巖。」

　　慕亮按：〈節〉卦，〈坎〉上〈兌〉下，澤上有水，乃澤去範圍之水，而節之使弗外露外溢。即以制度而節之約束之。天地有時，而四時成也。蓋〈兌〉下〈坎〉上，水能聚集成澤，有蓄水之象，以備灌溉之需，故為節止之意。若人處得意時，宜應養德，警惕自我，莫致糜爛矣！

　　英琪詩箋註釋：「節」字，音jié，ㄐㄧㄝˊ。東漢・許慎《說文解字》：「節，竹約也，子結切，十三竹節也。」《廣韻・入聲・屑》：「節，操也，制也，止也，驗也。」節，乃植物枝幹分段之地方。例如：「松節」、「竹節」。唐・杜甫《建都十二韻》：「風斷青蒲節，霜埋翠竹根。」

　　節，亦稱：「節子。」節，係動物骨骼相連接之部分。《韓非子・解老》：「人之身三百六十節，四肢，九竅，其大具也。」節，指人之志氣。《左傳・成公十五年》：「聖達節，次守節，下失節。」又節，禮儀也。例如：「禮節」、「繁文縟節」。《論語・微子》：「長幼之節，不可廢也。」綜觀所述，乃操守或約束之意。

　　次考，吳師慕亮《周易通鑑》，載云：「節，卦名。亨，即享字，古人舉行享祀，筮遇此卦，故記之曰：『亨。』節者，儉也。聖人之語，乃其儉心。苦節者，以儉為苦也。苦節則必奢，君子奢則病國，小人奢則敗家，是苦節乃弗可之事。故曰：『利涉大川，利貞。』」

　　旋而，「嗟」字，音jiē，ㄐㄧㄝ，或讀ㄐㄧㄝˋ。《廣韻・平聲・六麻》：「嗟，咨也，子邪切，十二。」東漢・劉熙《釋名》：「嗟，佐也，言不足以盡意，故發此聲以自佐也。」嗟，表感傷、哀痛之語氣。唐・韓愈《祭田橫墓文》：「死者不復生，嗟余去此其從誰！」嗟，亦稱贊美。西漢・司馬遷《史記・卷五七・絳侯周勃世家》：「嗟乎！此真將軍矣！」又嗟，為發語詞。東漢・張衡《文選・西京賦》：「群窈窕之華麗，嗟內顧之所觀。」從上引述，乃嘆息之意。

　　蓋「窘」字，音jiǒng，ㄐㄩㄥˇ。《廣韻・上聲・十一軫》：「窘，急迫也，渠殞切，十。」東漢・班固《漢書・卷九二・遊俠傳・郭解傳》：「解使人微知賊處，賊窘自歸，具以實告解。」窘，

受困。《詩經・小雅・正月》:「終其永懷,又窘陰雨。」寸楮得曉,乃困迫之意。

復次,「蹙」字,音cù,ㄘㄨˋ。《廣韻・入聲・一屋》:「蹙,迫也,促也,近也,急也,子六切,十七。」蹙,踩踏。北宋・蘇軾《申王畫馬圖》:「揚鞭一蹙破霜蹄,萬騎如風不能及。」蹙,通蹴。蹙,亦指恭敬之樣。《儀禮・士相見禮》:「始見于君,執摯至下,容彌蹙。」從上述得知,逼迫之意。

惟「當」字,音dàng,ㄉㄤˋ,或讀ㄉㄤ。東漢・許慎《說文解字》:「當,田相值也,從田,尚聲。」《孟子・滕文公・上》:「當堯之時,天下猶未平。」《廣韻・去聲・宕・譡》:「當,主當又底也,亦音蟷。」當,為抵抗。唐・王維《老將行》:「一身轉戰三千里,一劍曾當百萬師。」當,通擋。當,係妥當。《禮記・樂記》:「夫古者天地順而四時當,民有德而五穀昌。」綜觀可知,合宜或作為之意。

🖋 題解〈節〉卦籤詩,智珠在握～

　　象徵四季運行之面貌,輪流調換,周而復始轉動、前進,有不變軌跡。復以,水注入河道,水量之儲藏或外流需掌控出入均衡,其乃節制之道;引申君子或帶領者行事,應懷抱制定禮數使人遵守,戒備行動過度縮減,不出門戶,抑傲慢與奢侈,省察言行實踐適當,可獲取亨通!

＊國生字注音:
　　踰ㄩˊ,同逾。殞ㄩㄣˇ。蹴ㄘㄨˋ。蟷ㄉㄤ。譡ㄉㄤˇ。

　　五代・馮道《天道》五律詩:「窮達皆由命,何勞發嘆聲,但知行好事,莫要問前程;冬去冰須泮,春來草自生,請君觀此理,天道甚分明。」唐・劉禹錫,有云:「人生不失意,焉能暴己知?」慕亮按:人生若未經坎坷曲折,豈能迅速增長己之見識?

第六一卦，風澤中孚：兌（☱）下巽（☴）上，顯露做人處事，內懷誠懇信實廣行之，勿虛情假意，守正必祺祥。

◎〈卦象〉：「講信修睦，聲名遠播。」

吳師慕亮傳授卦體，風澤中孚：中孚者，信也。卦體〈兌〉下〈巽〉上，中爻互〈艮〉互〈震〉。東漢・許慎《說文解字》：「孚字，信實之義。」〈說卦傳〉：「巽為風，……，兌為澤。」風于澤上，水面空曠無阻，佈滿風力，係空間充實之象。

九二、九五兩爻，分屬上下卦之中位，陽爻剛實，象徵衷心信而有實。三、四兩爻於六爻為中心部位，虛爻中位，則象徵虛心不妄。綜合以上之理象，故〈兌〉下〈巽〉上，名曰：「中孚卦。」

中，多音字辨析，拼音：zhōng，上平聲，一東韻。中央，四方之中也。或云：「中者，距離四方，兩端相等之部位。」中，拼音：

zhòng，去聲，一送韻。古籍，載云：「矢至的，曰中。」《史記・周本紀》：「養由基去柳葉百步，射之，百發百中。」

　　孚，拼音：fū，上平聲，七虞韻。東晉・郭璞《爾雅》，〈註〉：「孚，信也。」《周易・雜卦傳》：「中孚，信也。」南唐・徐鍇，〈注〉：「鳥之孚卵，皆如其期不失信也。」《詩經・大雅・文王》：「儀刑文王，萬邦作孚。」《左傳・莊公十年》：「小信未孚，神弗福也。」

　　慕亮按：〈中孚〉卦，〈巽〉上〈兌〉下，實信弗虛，是謂：「中孚。」信發於中，謂之中孚，澤上有風，有節制則必趨順穩也。四陽居於外，二陰居於內屬中虛，論爻位則二五陽爻各居一卦之中，故中心有信實之象，誠信於內為本也。

　　英琪詩箋註釋：「孚」字，音fú，ㄈㄨˊ，或讀ㄈㄨ。詳細註解，請讀者參考上經廿九〈坎〉卦，第405頁。其中孚，乃指誠信之意。唐・孔穎達《周易・正義》：「中孚，卦名也，信發於中，謂之中孚。」

　　蓋「豕」字，音shǐ，ㄕˇ。豕，東漢・許慎《說文解字》：「豕，彘也，竭其尾，故謂之豕，象毛足而後有尾。」西漢・毛亨《傳》：「豕，豬也。」寸楮引之，曉家畜也。《詩經・小雅・漸漸之石》：「有豕白蹢，烝涉波矣。」

　　旋而，「篤」字，音dǔ，ㄉㄨˇ。東漢・許慎《說文解字》：「篤，馬行頓遲，冬毒切，十一。」《廣韻・入聲・沃》：「篤，厚也。」《禮記・中庸》：「不顯惟德，百辟其刑之，是故君子篤恭而天下平。」篤，係切實。《禮記・儒行》：「儒有博學而不窮，篤行而不倦。」篤，固執。例如：「篤志」。《論語・泰伯》：「篤信好學，守死善道。」又篤，姓也。例如：元代，有篤列圖。綜觀所述，乃忠厚或堅持之意。

　　再則，「綏」字，音suī，ㄙㄨㄟ，或讀ㄙㄨㄟˊ。《廣韻・上聲・四支》：「綏，安也。」綏，指上車時，用以拉引之繩索。《論語・鄉黨》：「升車，必正立執綏。」綏，乃退卻。南朝梁・任昉

《奏彈曹景宗》：「臣聞將軍死綏，咫步無卻。」從上引述，為安撫之意。

其「徒」字，音tú，ㄊㄨˊ。東漢·許慎《說文解字》：「徒，本作辻，步行也。」《周易·賁卦·初九》：「賁其趾，舍車而徒。」徒，兵卒。《左傳·隱公四年》：「諸侯之師，敗鄭徒兵，取其禾而還。」

徒，亦指弟子。例如：「學徒」、「門徒」、「徒弟」。《論語·先進》：「非吾徒也，小子鳴鼓而攻之，可也。」又徒，但、僅也。《孟子·公孫丑·上》：「非徒無益，而又害之。」綜觀引述，乃步行或門人之意。

復次，「攣」字，音lüán，ㄌㄩㄢˊ。東漢·許慎《說文解字》：「攣，係也，拘牽連繫者，皆曰攣。」《周易·中孚》：「有孚攣如，位正當也。」攣，係手、足因抽搐而彎曲不能伸直。《集韻·去聲·線韻》：「攣，手足曲病。」例如：「痙攣」。寸縷述引，乃連繫之意。

惟「委」字，音wēi，ㄨㄟ。《廣韻·平聲·四支》：「委，委蛇。」故得曉，乃龍蛇盤曲之意。戰國·宋玉《文選·高唐賦》：「振鱗奮翼，委委蜿蜿。」

題解〈中孚〉卦籤詩，智珠在握～

外陽內陰，陽實陰虛，象徵胸懷誠實，顯現於外守信用，內美德性之推及，若能潤澤人及動物，面對是非修身持從容、沉著與忠厚之心，制止訴訟，達至退卻而無損害，並獲得福緣。假使虛偽做作，宛若飛鳥升天，僅空鳴未留下事物之功，有才能者堅守牽繫誠信，臻以取得非凡名聲，流芳百世，後人崇敬也。

＊國生字注音：

彘ㄓˋ。蹢ㄉㄧˊ。昉ㄈㄤˇ。咫ㄓˇ。辻ㄊㄨˊ。

第六二卦，雷山小過：艮（☶）下震（☳）上，揭示行事，
戒超越適當之限度，加以修正太過暨不及，則百事大吉。

◎〈卦象〉：「吹毛求瑕，安份守己。」

《汝南堂‧周易尚占詩箋》

第六二卦　　小過卦

懦　過害大

陰元過盛鳥遺霞，
小事含糊務實華；
越軌卑高災眚遇，
君臣矩步適中誇。

隆中吳慕亮傳授　　汝南廖英琪敬撰

　　吳師慕亮傳授卦體，**雷山小過**：小過者，過也。卦體〈艮〉下
〈震〉上，中爻互〈巽〉互〈兌〉。蓋「過」與「不及」相對，如
一卦六爻，陰陽各佔三位，則屬平均之配置。陰陽兩儀，以喻正反兩
向，陽象徵強大，陰象徵弱小。

　　小，拼音：xiǎo，上聲，十七筱韻，象形，小篆析為會意，從
八、從｜。本義：細及微與大相對，形容事物於在體積、面積、數
量、力量、強度，不及一般或不及比較之物件。過，多音字辨析：
過，去聲（guō，guò），廿一个韻。《玉篇》：「過，度也，越
也。」

　　清‧戈載編纂《詞林正韻》：「過，超也。」過，五歌韻，下平
聲（guō）：音戈，亦過失，獨用之意。北宋‧陳彭年《大宋重修廣

韻》：「過，經也。」《尚書・禹貢》：「東過洛汭，北過洚水。」

　　觀〈大過〉卦，〈巽〉下〈兌〉上，四陽二陰，陽爻多於陰爻一倍；本卦恰恰相反，四陰二陽，陰爻多於陽爻倍數，故名：「小過卦。」

　　慕亮按：〈小過〉卦，〈震〉上〈艮〉下，山上有雷，雷之所出，當出乎地，今雷出於山上，過其本位，故為小過也。〈震〉〈艮〉先天位，居〈坤〉之左右兩位，天地定位，即以〈乾〉〈坤〉為中心，若過乎此，則屬過也。

　　英琪詩箋註釋：「過」字，音guò，ㄍㄨㄛˋ。《廣韻・下平聲・歌》：「過，經也，又過所也。」過，係超越，例如：「過分」、「過期」。《論語・公冶長》：「由也好勇過我，無所取材。」過，太、甚也。唐・韓愈《圬者王承福傳》：「然吾有饑焉，謂其自為也過多，其為人也過少。」又過，指錯誤，例如：「不貳過」、「知過能改」、「勇於改過」。戰國・商鞅《商君書・開塞》：「夫過有厚薄，則刑有輕重。」綜觀引述，乃超出之意。

　　次考，吳師慕亮《周易通鑑》，載云：「小過，卦名也。亨，即享字，古人舉行享祀，曾筮遇此卦，故記之曰：『亨。』又筮遇此卦，舉事有利，但可以舉小事，不可以舉大事，故曰：『利貞。』可小事，不可大事。《廣雅・釋詁》：『遺，予也。』」

　　爰以，「眚」字，音shěng，ㄕㄥˇ。東漢・許慎《說文解字》：「眚，目病生翳也。」《廣韻・上聲・二十三梗》：「眚，過也，災也。」眚，係疾苦。唐・沈既濟《任氏傳》：「鄭子如市，果見一人牽馬求售者，眚在左股。」又眚，乃減省。唐・賈公彥，〈疏〉：「眚禮者，謂吉禮之中眚其禮數。」眚，通省。寸楮引用，得曉疾病之意。

　　🖋 題解〈小過〉卦籤詩，智珠在握～

　　陰性主導力量大於陽者，呈現陰盛陽衰，隱喻飛禽不宜一味地嚮往升天，好高騖遠，不切實際。其執行態度應腳踏實地，謀求補救優劣處，細微所欠缺或行止太過之情況，加以改進，上位者與下屬，言行舉止皆合乎禮儀規範，不踰越應有之規範，行動恰當必順利暨受讚揚。

＊國生字注音：
　圬ㄨ。

第六三卦，水火既濟：離（☲）下坎（☵）上，象徵諸事已所成，持懷滿招損，謙受益，憂患意識暨及守成之理。

◎〈卦象〉：「諸事俱備，杜漸防微。」

《汝南堂·周易尚占詩箋》

第六三卦 ䷾ 既濟卦

中和定位

水火融和既濟裏_{ㄒㄧㄤ}，
東風俱備願如償；
相依福禍潛顛厄_{ㄜˋ}，
實受西鄰禴_{ㄩㄝˋ}祭颸_{ㄦˊ}。

隴中吳慕亮傳授　汝南廖英琪敬撰

　　吳師慕亮傳授卦體，**水火既濟**：既濟者，合也。卦體〈離〉下〈坎〉上，中爻互〈坎〉互〈離〉。濟字，過渡之意，亦事物兩兩相成之義。例如：「寬猛相濟」、「相濟為用」之類，卦義以水火相濟為主。〈坎〉水于〈離〉火之上，水性下注，火勢向上，水火相交，則可成烹飪之功，故名：「既濟。」

　　既，拼音：jì，去聲，五未韻，會意，甲骨文字形，左邊屬食器之形狀，右邊象一人吃罷而掉轉身體將欲離開之樣子。本義：吃罷或吃過之意。《義禮·鄉飲酒禮》：「士坐祭，立飲，不拜既爵。」《禮記·玉藻》：「既食君祿，當盡君事。」

　　濟，多音字辨析：去聲，八霽韻，音霽（jì）。渡也。《揚子：

方言》：「過渡，謂之涉濟。」《詩經·邶風》：「匏有苦葉，濟有深涉。」濟，拼音：jǐ，上聲，八薺韻，音霽與霽同。形聲，從水，齊聲。本義：水名，即濟水，古四瀆之一。

慕亮按：〈既濟〉卦，〈坎〉上〈離〉下，定也，中爻互見〈坎〉〈離〉。此卦三陰三陽皆得正位，且得中正，故名：「既濟。」水火相交為用，事無不濟也。〈象〉曰：「水在火上，既濟。君子，以思患而豫防之。」思患，應早豫防，其具〈乾〉之剛健，又得〈坤〉之和順，行弗失時，居弗苟安，造化至極之象也。

英琪詩箋註釋：「濟」字，音jì，ㄐㄧˋ，或讀ㄐㄧˇ。東漢·許慎《說文解字》：「既，水出常山郡房子縣贊皇山。」《廣韻·去聲·八霽》：「濟，渡也，定也，止也，又卦名；子禮切，過，經也，又過所也。」濟，為渡河。唐·李白《行路難》：「長風破浪會有時，直掛雲帆濟滄海。」從上引用，乃救助之意；既濟，則盡得助益也。

蓋「襄」字，音xiāng，ㄒㄧㄤ。東漢·許慎《說文解字》：「襄，漢令，解衣而耕謂之襄，又上也。」《廣韻·平聲·七陽》：「襄，除也，上也，駕也，返也。」襄，係成就，例如：「共襄盛舉」。春秋·左丘明《左傳·定公十五年》：「葬定公，雨，不克襄事，禮也。」襄，為除去。《詩經·鄘風·牆有茨》：「牆有茨，不可襄也。」又襄，為姓，如漢代有襄楷。綜觀引用，乃完成或輔助之意。

爰以，「厄」字，音è，ㄜˋ。東漢·許慎《說文解字》：「厄，隘也，於革切，十四。」厄，係困難。西晉·左思《文選·魏都賦》：「英辯榮枯，能濟其厄。」又厄，亦指車轅前端，套在牛、馬等頸上之橫木。《詩經·大雅·韓奕》：「鞹鞃淺幭，鞗革金厄。」厄，通軛。從上得曉，乃困窘之意。唐·韓愈〈贈徐州族姪〉：「歲時易遷次，身命多厄窮。」

復次，「禴」字，音yuè，ㄩㄝˋ。《廣韻·入聲·十藥》：「禴，祭名。」禴，同礿。禴，為卦名。《周易·既濟》：「九五，東鄰殺牛，不如西鄰之禴祭，實受其福。」簡略述說，乃古代宗廟祭祀之名稱，夏、商二代為春祭，周代則改稱夏祭。《詩經·小雅·天保》：「禴祠烝嘗，于公先王。」故禴祭，乃以薄禮虔心敬拜也。

惟「颺」字，音yáng，一尢ˊ。東漢・許慎《說文解字》：「颺，風所飛揚也。」颺，為拋、丟。颺，指簸揚，去除穀物之外皮。唐・房玄齡《晉書・卷五六・孫楚傳》：「簸之颺之，糠秕在前。」颺，通揚。又颺，為顯揚。北宋・蘇軾《南安軍學記》：「故使樂工採其謳謠諷議之言，而颺之以觀其心。」綜觀引用，乃高飛之意。

題解〈既濟〉卦籤詩，智珠在握～

水於火上煮沸，並融化匯合成一體，表露諸事，漸登完成之象，一切形勢齊備完善，期望與志願，喜悅獲得實現。然！福禍密切，互保依存，當發展如日中天，慎微潛伏物盛則衰之況，戒災難尾隨，勿沾沾自滿，須持盈守成，行為儉樸，正心誠意，始能顯揚豐裕而避禍患矣！

＊國生字注音：

霽ㄐㄧˋ。廱ㄩㄥ。茨ㄘˊ。鞹ㄎㄨㄛˋ。輑ㄏㄨㄥˊ。幰ㄇㄧㄝˇ。
肇ㄊㄧㄠˊ。軶ㄜˋ。衱ㄩㄝˋ。簸ㄅㄛˇ。糠ㄎㄤ。秕ㄅㄧˇ。謳ㄡ。

中孚卦：〈兌〉下〈巽〉上，〈大象〉：「澤上有風。」澤低而虛，風入盤旋，可以孚洽而穩定矣！蓋有節制則必穩定，斯能守之以信，故於〈節〉卦之後，繼之〈中孚〉，以示物物啣接，內有信實之現象也。在人如至情至性，以感人天，應本〈中孚〉。

小過卦：〈艮〉下〈震〉上，〈大象〉：「山上有雷。」雷僅及於山上，限度狹小。蓋物固有信，但難保無不及之處，故於〈中孚〉之後，繼之〈小過〉，以示力量不及，過於緊縮之現象也。在人如日常生活，稍加制約，應本乎〈小過〉。

既濟卦：〈離〉下〈坎〉上，〈大象〉：「水在火上。」水火相交，陰陽正而已濟矣！蓋凡略過於緊縮者，則必有濟，故於〈小過〉卦之後，繼之〈既濟〉，以示陰陽諧和，造化至極之現象也。在人如深思遠慮，防患未然，應本乎〈既濟〉。

第六四卦，火水未濟：坎（☵）下離（☲）上，顯示事件開展尚未成熟，應堅如鐵石不動搖進取，以漸近邁向成功。

◎〈卦象〉：「半途自畫，貫徹始終。」

《汝南堂・周易尚占詩箋》

第六四卦　未濟卦

憂中望喜

狐尾霑濡汔憾窮，
垂成一簣敗摧悾；
長征冒進邦家憶，
慎辨居方有賞潼。

隆中吳慕亮傳授　汝南廖英琪敬撰

　　吳師慕亮傳授卦體，**火水未濟**：未濟者，失也。卦體〈坎〉下〈離〉上，中爻互〈離〉互〈坎〉。觀〈既濟〉卦，〈坎〉水于〈離〉火之上，水性下注，火勢向上，水火交合，然後可以相濟之用矣！本卦〈離〉火于〈坎〉水之上，其與〈既濟〉恰相反對，水火不相交合，則未能相濟相成，故名：「未濟卦。」

　　未，拼音：wèi，去聲，五未韻，象形，基本義：沒有或不。「未」字，否定過去，不否定將來，與「不」有別。但有時候，亦當「不」字講。相當於「沒有」、「不曾」、「尚未」之意。《小爾雅・廣詁》：「未，無也。」濟，如第六十三〈水火既濟〉卦，讀者

自行參究,故將不再贅言也。

　　慕亮按:〈未濟〉卦,〈離〉上〈坎〉下,火於水上,弗相為用。剛柔失位失中,三陽三陰失其位,弗能成烹調互用之功,亂之始由也。必須慎始敬終,使各事各物皆得咸宜,始克有器用也。

　　英琪詩箋註釋:「濟」字,音jì,ㄐㄧˋ。敬請讀者參考,第六十三〈既濟〉卦495頁。其「未」字,音wèi,ㄨㄟˋ。東漢・許慎《說文解字》:「未,味也,六月,百果滋味已具,五行木老於未,象木重枝葉之形,水出常山郡房子縣贊皇山。」未,係時辰名,地支之第八位,乃下午一點至三點。未,係無。三國・蜀・諸葛亮《前出師表》:「先帝創業未半,而中道崩殂。」從上引用,乃否定之意;未濟,則無能獲得助力也。

　　蓋「霑」字,音zhān,ㄓㄢ。《廣韻・下平聲・十四鹽》:「霑,霑濕也,又濡也,漬也,張廉切,三。」南朝・江淹《恨賦》:「此人但聞悲風汩起,血下霑衿。」寸楮得曉,乃恩惠之意。其「汔」字,音qì,ㄑㄧˋ。東漢・許慎《說文解字》:「汔,水涸也,一曰泣下,又幾也。」汔,係將近。《詩經・大雅・民勞》:「民亦勞止,汔可小康。」簡略述之,為幾乎之意。

　　爰以,「憾」字,音hàn,ㄏㄢˋ。《廣韻・去聲・二十八勘》:「憾,恨也,胡紺切,七。」憾,指怨恨。北宋・歐陽修、范鎮《新唐書・卷一一七・劉禕之傳》:「子翼詈人,人都不憾。」寸縷述引,則悔恨之意。斯「簣」字,音kuì,ㄎㄨㄟˋ。《廣韻・去聲・四寘》:「簣,籠也。」從上得知,乃盛土之竹器。《論語・子罕》:「譬如為山,未成一簣,止吾止也。」

　　再則,「悾」字,音kōng,ㄎㄨㄥ。《廣韻・平聲・一東》:「悾,信也,愨也,又音空。」宋仁宗命丁度等人編寫《集韻》:「苦動切,音孔,悾惚,倏不得志也。」南朝・任昉《勸進箋》:「實有愚誠,不任悾款,又悾悾,無知貌。」

　　《論語・泰伯》:「子曰:『狂而不直,侗而不愿,悾悾而不信,吾不知之矣!』」又悾,為誠懇含意。南朝・范曄《後漢書・卷五七・劉瑜傳》:「臣悾悾推情,言不足採。」故得知,不明事理或

真誠之述。

　　其「憊」字，音bèi，ㄅㄟˋ。東漢・許慎《說文解字》：「憊，憊也，本作憊，從心，葡聲，今作憊。」《廣韻・去聲・十卦》：「憊，病也。」寸管縷述，指精神極度疲困之意。清・蔣士銓《鳴機夜課圖記》：「女本弱，今勞瘁過諸兄，憊矣！」復次，「潼」字，音tóng，ㄊㄨㄥˊ。《廣韻・平聲・一東》：「潼，水名出廣漢郡，亦關名，又通、衝二音。」乃可得曉，水道之意。

　🔖　題解〈未濟〉卦籤詩，智珠在握～

　　水於火下，乃水火之位不當，隱憂埋藏危機，譬喻狐狸渡河將近成功，尾巴卻浸泡於水而沾濕；斯表行事宜謹慎，且鍥而不捨，始達至告成。倘若半途而廢，未堅持到底，則造成失利、毀壞，功敗垂成，將有遺珠之憾！又如君王遠征越水道，須判別何方有利，避免莽撞，導致困頓，最終討伐成功，獲得國家封爵，或駿業宏達暨聲名遠播矣！

✱國生字注音：

　　殂ㄘㄨˊ。汩ㄍㄨˇ。勘ㄎㄢ。紺ㄍㄢˋ。禕ㄏㄨㄟ。罶ㄌㄧˇ。

　　愀ㄑㄩㄝˋ。惚ㄏㄨ。倏ㄕㄨˋ。昉ㄈㄤˇ。侗ㄊㄨㄥˊ或ㄉㄨㄥˋ。

　　慼ㄑㄧˋ。憊ㄅㄟˋ。葡ㄅㄟˋ。

　　家師 吳慕亮《延陵堂・勵志箴銘》：「至道知趨向，方能慊我心，靈明無所染，善惡不相侵；剛大原中具，精微勿外尋，從此承絕學，靜以待知音。」五代・王保定《唐摭言・四凶》：「才者，璞也；識者，工也。良璞，授於賤工，器之陋也；偉才，任於鄙識，行之缺也。」勉旃廖帥，祈以參究！

☰☵　未濟卦：〈坎〉下〈離〉上，〈大象〉：「火在水上。」水火不交，陰陽不正而失其功用。蓋〈既濟〉之終，即亂之所由始，故於〈既濟〉之後，總殿之〈未濟〉，以示一元已了，再造無窮之現象也。在人如開物成務，部署從頭，應本乎〈未濟〉。

《雲仙閣詩鈔雅集》 汝南 廖英琪

廖英琪（左）暨黃光宇（右），應邀參加《中華海峽兩岸周易論壇》。

《冠首聯名》

黃光宇老師：光昭器識匡時計，宇曜芳猷定策工。
王麗雯女史：麗養珠璣心得妙，雯華畫梁喜臨門。
陳永宏老師：永靚音容人物鑒，宏觀察理撫底心。
周倩琳老師：倩達傳承光德厚，琳通著作善臻祥。
洪嘉敏女史：嘉言懿行門楣赫，敏捷才思戶彩明。
張明音女史：明慧天飛才德顯，音儀海闊傳真情。
陳彩雲女史：彩華博物三餘樂，雲聚臨門五福盈。
陳宏泰先生：宏材偉略天人奧，泰定神通妙筆揮。
陳美鈴女史：美善馳聲騰萬里，鈴趨信響達千程。
陳誠宗先生：誠志心虔精貫日，宗承耀祖瑞光呈。
程沛郁女史：沛然起鳳雲程起，郁穆騰蛟錦繡盈。
劉秀梅女史：秀雅風神彬有禮，梅香蕙質謹於心。
劉碧梅女史：碧瓦含章藏玉樹，梅心吐翠映冰壺。
吳曉淳女史：曉暢心腸菩薩晧，淳熙慧眼眾生耕。
賴每姿女史：每朝煥發存神采，姿質容光意氣昂。
劉秀蓮女史：秀穎纖塵超拔萃，蓮心弗染吐清香。
許麗月女史：麗澤知心聲四溢，月明把臂德八方。
蔡淑茹老師：淑納三從持有道，茹迎五德續淵長。
劉亦真女史：亦學無為欣李耳，真情有志仰莊周。
劉汝惠老師：汝竹虛懷崇亮節，惠蘭若谷慕高風。

羅雅筠女史：雅座潛心耕雪案，筠席表述樂螢窗。
林淑惠女史：淑均妙善顏開笑，惠點明光暢博風。
徐子貽女史：子惠懷珠賢畢至，貽垂抱玉達尊榮。
周勻禎女史：勻實晏晏琴心疊，禎泰溫溫肺肝情。
曾士民先生：士子謙沖青史播，民賢自牧世流芳。
吳貞儀老師：貞靜高風明月朗，儀形亮節日中天。
張正昇先生：正身塵世揚儒道，昇抱民間濟眾生。
周玟慧女史：玟琁隱地安營茂，慧水垂天佈陣騰。
羅秀儀女史：秀出英聲經萬卷，儀容茂實撼千軍。
廖美玲女史：美秀攄誠聞四海，玲瓏峻德滿三江。
張桂英女史：桂綠長龍軒朗宇，英華冠蓋骨仙風。
張桂汾女史：桂籍光風儀普照，汾亮霽月雅堂皇。
莊銘裕先生：銘心義重豐年餘，裕足情深有幸門。
陳玟慈女史：玟厚溫仁容乃大，慈和器量佈星羅。
盧秋芬女史：秋耕佛性菩提妙，芬植禪心本體通。
陳淑姿女史：淑善為懷今懿範，姿容大度古長春。
蘇珊霈女史：珊瑚養育登高賦，霈澤仁施瑞錦窠。
陳柄玟先生：柄授文韜馨有功，玟承武略赫無求。
張程翔先生：程效同舟馨拔萃，翔鴻輔翼赫超群。
廖玲珠女史：玲琅響遍仁聲道，珠璧交輝禮義邦。
趙麗芬女史：麗日無私三峽覆，芬華有節九霄宣。
李瑞美女史：瑞相修身開覺路，美顏養性渡迷津。
張琇惠老師：琇睿玲瓏三合貴，惠仁剔透十方新。
蕭順仁先生：順遂高奇崇雋望，仁懷智囊蜚聲名。
翁苔芝女史：苔錦靈根從地映，芝蘭細葉自天輝。
陳美芳女史：美劭平心能有謀，芳猷意氣以明知。
黃靜儀女史：靜者明思清似水，儀行慎獨止如山。
曾子宣女史：子實英良天賜福，宣明德育地勤耕。
李麗真老師：麗藻春葩文會友，眞知灼見德成鄰。
陳宜鈴女史：宜修達禮東來慶，鈴透知書紫氣迎。
陳薪如女史：薪傳故業工夫巧，如願高門事業欣。
曾美玲女史：美範圓通秭四面，玲瓏慧目鑑八觀。

余文蕙老師：文鵷彩鳳知今達，蕙性蘭心博古通。

陳玫希女史：玫瑰抱寶明於理，希世懷珍體以情。

陳雅慧女史：雅觀美語紅光現，慧悟甘言滿面呈。

黃琬萱女史：琬琰柔嘉持儉德，萱慈遜順耀坤儀。

陳雅鈴老師：雅步雍容華貴範，鈴從澹泊德言儀。

陳玉甄女史：玉振文辭才學蘊，甄陶藻思紙田含。

盧玲妙教授：玲聰佛性齊家渡，妙智仙才領族修。

鄭雅云老師：雅正民情趨道義，云規物理易淳良。

黃亞庭女史：亞識宏襟三合貴，庭觀曠達五倫芳。

梁燧雲老師：燧炬明經迎學子，雲玄典籍啟賢人。

曾媖樗老師：媖嫻玉潔超群彥，樗雅珠璣咳唾賢。

張月茶女史：月映清明胸臆定，茶飆洞鑒齒留香。

劉芷安女史：芷澤修容陶品格，安恬淑慎正風儀。

游秋過老師：秋金克己仙才顯，過寡修行佛祖揚。

黃秀絹居士：秀逸安身般若悟，絹超立命誦經持。

廖瓊芳女史：瓊英雅潔溫良範，芳傑精純和善誠。

石瓊文居士：瓊章悟道菩提覺，文墨斐然解脫超。

張惠婷女史：惠氣和顏三夏曠，婷風悅色四時舒。

謝銘浩老師：銘功百鍊青雲步，銘業千錘甲第登。

陳秋霞老師：秋能織錦天工巧，霞彩絲綢鬼斧標。

許艾菁女史：艾播無求禪味澈，菁颺有得道心參。

徐文嫻女史：文教更新超束縛，嫻規革舊正清明。

張淳溱老師：淳熙夏雨諄知禮，溱泰春風誘守孚。

李麗真老師：麗絢雕龍垂見地，真隆吐鳳騁宏觀。

王萊弟女史：萊慈睦族安和悅，弟孝親倫盛服怡。

李小鳳女史：小篤循良君子仰，鳳尊至善正人欽。

陳惠敏女史：惠順倫常涵宇量，敏恭法理攝威儀。

程宜莉老師：宜才德性馨家室，莉敏高風譽閭閻。

蔡苡玲女史：苡錦金芝通萬卷，玲聰玉藻蘊千秋。

陳貞勳女史：貞才鑿壁彌天地，勳智囊螢貫斗牛。

劉榮琪女史：榮華望遠陶宏景，琪樹登高阮嗣宗。

林芬英老師：芬精誘導懷先聖，英擅開蒙啟後知。

張琇惠老師：琇譽躬身知履泰，惠聲目攬識咸豐。
蔡淑霞女史：淑朗豪情馨信義，霞光壯氣耀敦仁。
張淑莉女史：淑姿喜色精神爽，莉態歡顏氣血舒。
鄒美玉女史：美舉嘉言門巷譽，玉從樂善戶庭稱。
楊耐珠居士：耐研心經煩惱解，珠潛法句絆羈超。
黃秋月女史：秋明寡慾彌龜壽，月朗清心益鶴齡。
吳宥騏女史：宥善和親揚正氣，騏良潤澤淨邪氛。
姚蕙蘭女史：蕙美良言滋肺腑，蘭香善語潤心脾。
謝敬懿老師：敬業施仁揚本性，懿行佈德教良知。
徐苡榛老師：苡愛敲金聲韻雅，榛慈擊石樂音優。
陳彩雲女史：彩淑琴隨歡絮語，雲和鶴伴逸芳情。
柯麗香女史：麗婉風儀千里溢，香端禮節百年雍。
陳佩宇女史：佩首優容前積德，宇胸雅量後留芳。
陳雨含女史：雨靚經書通世道，含光汗簡曠人情。
游聰敏女史：聰英幹練玲瓏語，敏雋精明自在身。
羅佳楹女史：佳樑立品清光績，楹棟修身浩氣榮。
曾美玲女史：美質英材興八面，玲恬俊偉貴三元。
林素鳳女史：素達才高宏古策，鳳鳴旨遠顯奎章。
詹玉華女史：玉表剛柔持久遠，華風厚實任擔肩。
王寬正居士：寬宏篤志明心鑒，正學潛修見性功。
釋宗群法師：宗禪法雨無雙品，群道慈雲八苦超。
廖淑美女史：淑懿推心傳聖道，美涵濯足達賢崇。
傅克蕙老師：克法三乘脩正見，蕙崇五蘊覺菩提。
張淑慧女史：淑清吐澤心無慮，慧點藏川意自融。
李淑娟老師：淑諫談經名第一，娟溫講理譽無雙。
許亞忻女史：亞論懷淵才吐鳳，忻言貫洞句探珠。
蘇惠娟女史：惠澤依仁功德佈，娟恩據義福田增。
楊淑珠女史：淑卷吟哦周達理，珠璣誦習遍知書。
鍾千金女史：千言守信家人敬，金口循誠國士欽。
蘇玉燕女史：玉定人情遵禮義，燕知世事洞經綸。
吳秀盆女史：秀植慈雲垂里巷，盆栽法雨澤門庭。
陳麗雅女史：麗容和悅欣家睦，雅尚明誠戴府諧。

陳淑瑜女史：**淑**藝能工傳雋譽，**瑜**材巧匠載英聲。
范曉琪老師：**曉**育童蒙才智達，**琪**培學子器功成。
蔡日農先生：**日**盛含光芳德譽，**農**殷格物洽仁聲。
談又綺老師：**又**明向學超群篤，**綺**煥求精卓識堅。
陳麗芬女史：**麗**日溫良祥氣集，**芬**香和善瑞符迎。
蔡宜靜女史：**宜**幽慮耳心常定，**靜**遠明神眼自恢。
江森育先生：**森**然樹德時時步，**育**類傳家處處行。
許渲蕙女史：**渲**慈雅志薰鄰里，**蕙**善莊誠懍室堂。
宋麗真女史：**麗**摯淳熙超俗慮，**真**純樸實仰高風。
朗惠芬女史：**惠**懷至德堪為範，**芬**學瓊林足作師。
貞儀禮儀師：**貞**堅六禮生靈肅，**儀**固三歸歿魄祥。
姜秀珍伯母：**秀**慧三從宗族耀，**珍**賢四德子孫昌。
徐福郎伯父：**福**景威儀洪祉祿，**郎**遐郁穆盛祥和。
程有慧伯母：**蘭**心蕙質愛慈皇，**有**祚賢明子室光；
　　　　　　慧福溫儀宗族曜，宜家淑德闈聲芳。

　　《近體詩》，亦名：「格律詩，相對於古體詩。」南朝開始注意詩歌格律，此格律至初唐趨於完備和發展成熟，於唐代後，對於平仄、對仗和用韻，咸嚴格的規之定。此依照嚴格規律寫出之詩，乃唐以前所未有，故於當時則稱《近體詩》。亦因其嚴密格式和規律，猶如法律、紀律，故稱：「律體詩」。

　　《近體詩》分固定八句之律詩與四句之絕句，以及超過八句之排律（長律）。《近體詩》發展，由南朝發端，劉宋時鮑照、顏延之、謝靈運等人，嘗試調節平仄，彰顯韻律，是為「元嘉體」。蕭齊時，格律逐漸嚴格，蕭衍、沈約、謝朓、任昉等「竟陵八友」為其代表，則稱：「永明體。」至初唐時，《近體詩》形式方才大致告成。今筆者《近體詩》之學，初啟蒙於潭城王若庭師姐，後承薦引至風城亮師祥居陶甄也。

　　旋以，承亮師教導，勤練橐筆，方臻妙境，斿勉：「詩文創作，詩即生活，生活即詩，橡筆吟懷，貴在：『升裏能轉，斗裏能

量。』」《明史・周新列傳》：「勸諭世人，君子有三惜：『此生不學，一可惜；此日閒過，二可惜；此身一敗，三可惜。』」又饞贈嘉言，唐・韓愈，有云：「詩書勤乃有，不勤腹中虛。」清・金纓《格言聯璧》：「勤學如春起之苗，不見其增，日有所長；輟學如磨刀之石，不見其損，日有所虧。」《荀子・勸學篇》：「騏驥一躍，不能十步；駑馬十駕，功在不捨；鍥而捨之。朽木不折；鍥而不捨，金石可鏤。」故而擷取英琪夙昔批論《華山玄秘・紫微斗數》，題吟之鎮盤詩，以及慶雲教室舉辦活動與玄魁子亮師唱酬之詩文，一併臚列，伏請讀者，以匡不逮，是所企盼！

《華山玄秘・批命吟懷》

《紫微斗數・鎮盤律詩》（一）

貪廉學藝技崇高，應對人緣四海陶，
爾雅知書風趣合，溫文達禮氣才膏；
和音子野調心撫，妙藥盧醫潤肺淘，
識智施仁福滿載，抒情佈善祿豐豪。

《紫微斗數・鎮盤律詩》（二）

貴造君家倬立昂，凝寒激發節操揚，
空魁穎悟思潮創，武相權衡建樹皇；
獨特宏觀深技曜，超然見地闊才鎈，
溫情孝悌交諍友，樂善施仁祿命昌。

《紫微斗數‧鎮盤律詩》（三）

壁壘藏形砥柱華，分明善護盛齊家，
詩情愛古橫生逸，畫意懷今滿溢驊；
嫻淑賓從琴瑟睦，溫文禮讓匹儔嘉，
修容教子慈暉懿，有道生財富歲姱。

《紫微斗數‧鎮盤律詩》（四）

許氏藏辛歷劫經，增添字號補財寧，
梁同哲理開神智，祿火精神啟性靈；
立命玲瓏長技術，安身矯捷擅雕形，
高爐煉鐵成佳器，巾幗鬚眉顯姓庭。

《紫微斗數‧鎮盤律詩》（五）

居寅納水順流東，博采撝謙智士崇，
火質剛強擔務德，廉長坦率善言功；
塵緣自若聞聲定，酬酢從容辨色衷，
斗數求精高藝攝，施仁積德顯名鴻。

《紫微斗數‧鎮盤律詩》（六）

玉兔銀光特性調，陰柔適性德坤朝，
敦仁負重功成首，耿介擔當利達梟；
絕學圖書文場麗，高才藝庫墨壇瑤，
移情志業薰脩佛，返璞歸真灑脫漻。

《紫微斗數‧鎮盤律詩》（七）

徐氏遨遊自適容，新生一甲覺緣庸，
同星善道能言樂，月曜分明掌理朧；
敦厚仁山推睦應，溫柔智水協和從，
披沙蕙性文情盛，揀玉蘭心語愛恭。

《紫微斗數‧鎮盤律詩》（八）

稟賦崚高顯品伸，雄飛積健展才真，
鷥星樸素清流貴，巨曜忠良雅士賓；
妙語柔和經卷導，玄談遜順典墳諄，
倫常盡責權知變，聖道修成佛果臻。

《紫微斗數·鎮盤律詩》（九）

天馬奔騰奮進輝，成裘集腋事功圍，
陰星穎慧心胸頌，鉞曜撝謙氣度霏；
篤實通情聲色朗，溫良達理貌風輝，
修身禮佛澄思慮，四德宜家澤祖威。

《紫微斗數·鎮盤律詩》（十）

渾金璞玉造才堅，百鍊成鋼奮志肩，
陽曜仁慈真切職，鈴星毅勇實誠權；
藏珠內斂勤勞謹，韜匱涵容懇摯顯，
淑德持家宗族敬，花明柳暗貴清妍。

《紫微斗數·鎮盤律詩》（十一）

繁星鎮士稟能分，瑣務釐清智力欣，
輔弼諧和人脈懇，巨同機見社交懃；
懷珠無二淋漓卓，抱玉一心盡致勳，
情海遲婚波折度，專才立業祿官文。

《紫微斗數·鎮盤律詩》（十二）

空宮欲振乏撐滄，礎弱先天自力秧，
巨曜謙和交友睦，同星雅潔繫親昌；
談天識禮嘉言播，論地知書妙語揚，
信仰潛修明慧業，培仁積德景家芳。

《紫微斗數·鎮盤律詩》（十三）

水德行舟順逆量，沉浮自主掌能航，
陽星泛愛溫良曜，鈴曜機伶克讓芒；
少壯根深勤懇創，耆年葉茂守成藏，
安家立業趨先後，水到渠成美滿房。

《紫微斗數·鎮盤律詩》（十四）

桃花煞地蕩迴居，蘊蓄風流爾雅徐，
曲曜襟懷才學實，鸞星抱樸德言虛；
人情禮順迎來孃，世故謙和送往唹，
志氣凌雲恆弗懈，精誠練達美名閭。

《紫微斗數・鎮盤律詩》（十五）

垂楊嬝娜曳風搖，定性柔情掌舵高，
魁火深沉才器創，同陰穩重藝能雕；
傳情禮讓公家範，厚意撝謙客邸幖，
夕惕圖強根柢蓄，花明柳暗忭懽搖。

《紫微斗數・鎮盤律詩》（十六）

靜探天資塑性高，良師益友染濡豪，
鈴星毅勇先鋒創，殺曜威嚴後衛操；
穩健鋪謀全面振，從容用智獨當勞，
功夫技法安身命，朝斗躬親爵祿翱。

《紫微斗數・鎮盤律詩》（十七）

慧火高升普照陳，光熙愛慾感情辛，
陰同主見投桃術，空祿隨和報李真；
致志才能名響邑，專精幹濟譽宏鄰，
開源理帛宜儲積，安頓桑田庇奉神。

《紫微斗數・鎮盤律詩》（十八）

地劫刑陀蓄銳豐，人情練達啟明聰，
貪星技藝潛心究，刑曜才華致志崇；
禍福相生行善化，吉凶隨著布施融，
安貧逸度堅操守，念佛修持樂道通。

《紫微斗數・鎮盤律詩》（十九）

觀看甲午步神宮，處世施宜達變通，
火曜擔當宣德惠，昌星博學品人崇；
交情度勢施儀量，物理隨時授禮中，
匪石堅貞諸順遂，名門淑女燿宗芃。

《紫微斗數・鎮盤律詩》（二十）

純良質樸琢成瑰，世故人情練達恢，
上相分明權責暢，隱光條理職工推；
勤勞篤厚循規就，奮發謙和守範魁，
喜捨三施添福祿，修持禮佛庇身陪。

《紫微斗數·鎮盤律詩》（廿一）
坤元地德載資生，婉順承天履澤觥，
破帥剛柔華志偉，廉官善道美才瓊；
雄心創建溫書閣，抱負雕龍補習罊，
作育春風謀巧藝，尊師百世史青鳴。

《紫微斗數·鎮盤律詩》（廿二）
維艱絕處格逢生，好事多磨淬志晶，
貪品循良災難止，廉儀擇善福安弸；
塵緣物質清心瑞，俗世存神寡慾瓊，
染習芝蘭才藝發，勤聞見識慧開明。

《紫微斗數·鎮盤律詩》（廿三）
天空一曜命溫純，砥礪淘澄偉器身，
武曲剛強權帛掌，貪狼善感藝文陳；
更生奮發登官相，自力奔騰晉爵臣，
禮佛齋心歸泰定，良言善道理欽彬。

《紫微斗數·鎮盤律詩》（廿四）
三陽啟泰盎春榮，爐火東方漸發瑛，
馬曜奔馳成業盛，貪星向善積功盈；
朋儕接物孚為合，怙恃承歡禮固傾，
巧藝文書揮適任，全神貫注棟梁成。

《紫微斗數·鎮盤律詩》（廿五）
沙金質地緻精良，砥礪千回偉器長，
右鉞謙和增援場，陰同篤實濟扶堂；
財源蓄足居存定，巧藝培盈定業翔，
志度移情恢稟賦，風儀格局耀宗光。

《紫微斗數·鎮盤律詩》（廿六）
火焰轟隆焯爍雍，八方呼應竹成胸，
機星攬古仁慈貴，刑曜思賢懿德恭；
觸動沉吟聲色瑞，情懷內斂語音邕，
專門一技財經穩，性量英豪輔佐龍。

《紫微斗數‧鎮盤律詩》（廿七）

天空劫曜祿存調，孤寂藏柔篤實昭，
洞徹親情權達變，精明世態應機鎖；
聰明禮佛容身卓，敏達安禪立命超，
科技專才揮智力，勤堅務實志成嶢。

《紫微斗數‧鎮盤律詩》（廿八）

貴造旁徵紫斗良，明師點破智才芒，
天樞善道推心挼，囚宿能言置腹匡；
戴月逢生殊品舉，披星絕處弗群昂，
窮根究底昭通術，積善悲田福履房。

《紫微斗數‧鎮盤律詩》（廿九）

陰陽福慧並剛柔，磊落嶔崎琢玉侯，
紫曜樞機名協服，貪星絕藝望和猷；
腰金濟楚謙恭習，衣冠豐華達識述，
表裡相符培德行，歸真信仰患無休。

《紫微斗數‧鎮盤律詩》（三十）

乙丑淘金掙揣謀，存菁磨礪漸成疇，
天機善算靈權變，羊刃尖傷剋煞修；
糾結營商耗性逆，玲瓏劃策適材流，
涵濡古意精神曠，積德良緣佑慶讎。

《紫微斗數‧鎮盤律詩》（卅一）

武相空星化性均，鴻圖淬鍊拔群陳，
文書幹練疏通核，出納精明握算詢；
信仰思維宗教啟，尊崇哲理學靈馴，
長才立定堅張志，敬業安生盡賦身。

《紫微斗數‧鎮盤律詩》（卅二）

百鍊釵釧蛻變金，潛藏睿智發開琳，
陀星禮佛才思茂，昌曜唸經氣質崟；
世態炎涼修性忭，人情冷暖理身惛，
三回九轉堅持志，柳暗花明福祿王。

《紫微斗數·鎮盤律詩》（卅三）

丁酉金烏火炬淪，藏光幕後作功臣，
生夫重意濃情禮，命曲偏言善道仁；
日照英明經驗盛，雷門氣度歷程莘，
剛柔並濟長相守，好學思文脫俗真。

《紫微斗數·鎮盤律詩》（卅四）

壬午垂楊裊娜盈，堅強性韌定心成，
先鋒震攝揮開闢，後衛容寬保利生；
少壯艱辛波折越，耆年享福悅欣迎，
晨昏有節滋肝目，養氣頤神鶴壽榮。

《紫微斗數·鎮盤律詩》（卅五）

貴造旁徵紫斗良，明師點破智才芒，
天樞善道推心掖，囚宿能言置腹匡；
戴月逢生殊品舉，披星絕處弗群昂，
窮根究底昭通術，積善悲田福履房。

《紫微斗數·鎮盤律詩》（卅六）

火焰轟隆焯爍雍，八方呼應竹成胸，
機星攬古仁慈貴，刑曜思賢懿德恭；
觸動沉吟聲色瑞，情懷內斂語音邕，
專門一技財經穩，性量英豪輔佐龍。

《紫微斗數》之五言詩流月詳批

辛丑流年

金牛勢力忌權交，動產盈分費勁敲；
手足營謀親刻薄，調心運智景鋪佼。

金牛流月論命

一月：**陽空陀曜**：居辛丑流田，丙廉忌入流夫，係屬斗疾。
　　　　營田異動非，逆境撼心微；跌撞行車緩，沉痾保健違。

二月：**姚祿鎮守**：居辛丑流事，丁巨忌入流兄，係屬斗財。
　　　　巨忌舌饒端，刑書業主灘；留心財物損，藥佛護身安。

三月：**機劫右擎**：居辛丑流交，戊干天機忌出，係屬斗福。
　　　　機沖覆餗涼，判誤鈍靈光；瑣務人倫糾，觀言靜氣張。

四月：**紫破鉞星**：居大運流遷，己曲忌入流夫，係屬斗疾。
　　　　聲名晦暗低，謗語表虛批；借貸文書謹，強肝足腎徥。

五月：**火左天馬**：居辛丑流疾，庚同忌入流父，係屬斗夫。
　　　　福壽澹寧辛，披星戴月頻；孤鴻圖自立，動靜適中春。

六月：**天府紅鸞**：居辛丑流財，辛昌忌入流福，係屬斗兄。
　　　　昌魁煞甲虛，挑剔刻嚴趄；契約罰鍰戒，文風顯熠璩。

七月：**太陰鈴星**：居辛丑流子，壬武忌入流福，係屬斗兄。
　　　　武剋獨行強，奔馳五內傷；沉思觀桂魄，取捨效張良。

八月：**廉貪文曲**：居辛丑流夫，祿忌同宮沖破，係屬斗疾。
　　　　桃花祿襲紛，自衛獻勤殷；習作文華事，清心寡慾雰。

九月：**巨門鎮守**：居辛丑流兄，甲陽之忌，入流田斗命。
　　　　祿主是非干，凝神避眼殘；言談知進退，克正孝親謹。

十月：**天相刑魁**：居辛丑流命，乙陰之忌，權忌沖斗命。
　　　　破耗境屯邅，情離反目遷；無成空轉動，豁達旅遊妍。

十一月：**天同梁曜**：居辛丑流父，甲陽之忌，入流田斗命。
　　　　　功名晦暗划，宅地挫摧差；筋骨宜珍攝，庭門教養婍。

十二月：**武殺昌喜**：居辛丑流福，乙陰之忌，權忌沖斗命。
　　　　　麕兔厄逢呈，紛雜總務擎；中和來往洽，健體氣元盈。

　　捃集亮師七律，同沾喜樂，辛丑新歲，斿勉題云：「招祥納福，知命迎新。」

　　　　　　　觀盤互識總因緣，莫逆同心萬里牽，
　　　　　　　何似高山金石契，亦如流水雁魚翩；
　　　　　　　人生得失溫情寄，世事無常暖意傳，
　　　　　　　紫斗探求君共勉，欣逢丑歲賀嘉年。

《詩即生活，生活即詩》

一氣三陽萬物新，花蝴綵燕喜迎春，
宮商爟火門閭發，爆竹蘭烟牖戶陳；
玉醴仙桃尊祖考，金漿鳳食敬天神，
祈安四季祥豐稔，虎嘯財經祿祚莘。
慶雲教室　汝南周倩琳＆廖英琪合十敬祝

　　觀廖帥暨周師律詩　吳慕亮敬題於風城
欣逢虎歲初，靜悟勝藏書，萬卷文光耀，千篇筆力餘；
致知能樂業，勤學可安居，國泰民歡悅，疫情望解紓。

　　仰山吟社第十五期課題「待寅春」徵詩

待寅春　吳慕亮

鴻鈞氣轉虎寅薰，拜歲蘭香供佛勤；
逐疫歸山祈愷樂，恭迎訪客硯耕耘。

待寅春　吳慕亮

壬寅喜報候元春，禱告焚香禮眾神；
癘滅無波君矯健，安居樂業享天倫。

待寅春　吳慕亮

韶華旖旎迓春來，虎嘯雄風護島台；
擊斃災情魑魅絕，宏謀雋逸教門栽。

待寅春　楊雅嵐

萌芽細柳換新容，翠黛花枝瑞露濃；
捨棄悲情培意氣，財經坌勃擾無蹤。

待寅春　楊雅嵐

鳳舞凰飛巧弄春，周圍繡壤簇如茵；
力拼經濟推文化，疫癘同驅信足珍。

待寅春　楊雅嵐

東風送暖歲時新，萬物欣榮鳥語頻；
蝶舞蜂喧穿滿徑，鷗朋雅詠趁良辰。

待寅春　廖英琪

玄冥凜氣草枯終，水解柔嘉媚景豐；
霽色芳時春富貴，新禧　疫瑞符通。

待寅春　廖英琪

梅破蕭條風雨寒，三陽開泰震機繁；
生風福虎欣榮發，樂業光昌吉慶乾。

待寅春　廖英琪

辛牛動盪負瘟迷，虔禱慈雲藥佛批；
柳媚傾城安步履，有情春色盎生禔。

觀設計師蘇崇盛畫家插圖感賦

每朝萌圖療癒畫　汝南廖英琪敬題
妙筆生花繪境工，招呼插樣巧思莪；
純眞雅趣傳情意，揮灑丹青頌品崇。

　觀廖帥題吟　慕亮感佩賦
筆墨傳神結構奇，玲瓏活潑展仙姿；
晨朝問候光芒射，倍感溫馨讚盛師。

畫家吳可文教授左顧慶雲教室指導手作繪畫

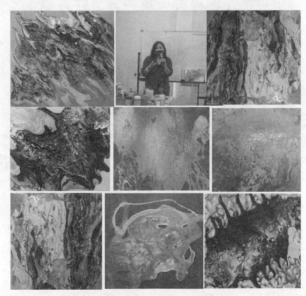

革舊迎春布置居，銀河潑灑墨揮蓬；
繽紛五彩傳情志，虎躍鷹揚拔萃唦。
汝南 周倩琳&廖英琪謹代表全體學員合十道謝

觀廖帥暨周師抒懷　吳慕亮奉酬以賦讚
筆力清遒法度彰，龍騰虎賁氣軒昂；
披圖八類風神顯，才女斐然吐墨光。

安和國中長青瑜伽班楊耐珠女史揮毫貺墨寶

四美清和以賀歲　汝南廖英琪敬題
暖日芙藥嫩綠迎，桃符喜氣旺春彌；
蘭心蕙質風騷卓，鏤彩摛文曜虎崢。

觀廖帥英琪詩　玄魁振筆奉酬
序入壬寅歲月更，虎神遵令耀鯤瀛；
青雲集瑞三陽泰，紫氣東來福慧盈。

2022年4月9日巳時二刻 · 遠赴台中爲王光正居士開光安座

　　　　同事齊祝賀　　吳慕亮敬題
良朋不易尋，患難見知音，困境能相濟，眞情實可欽；
時時存善念，事事盡歡心，莫逆成堪貴，珍緣勝萬金。

　　　　法舟渡群黎　　廖英琪敬題
　禮佛丹誠發願仁，功名淡泊匹儔眞；
　明燈地藏修持仰，覺世齊家步道陳。

英琪觀賞西螺福興宮・表演唸歌藝術以賦

　　　　光大傳統技藝　　汝南　廖英題敬題
　歌謠串戲廟埕揚，曲調京胡伴唱彰；
　勸世移風忠孝誠，人文韻語播城芳。

　　　　觀廖帥題吟　　慕亮奉酬賦
　四賢專注曲音彈，慶節猶如擊鉢歡；
　祝願皇天垂眷顧，災情疫癘免波瀾。

宜蘭仰山吟社首唱「迎端午」徵律詩

迎端午　吳慕亮

壬寅虎歲慶端陽，此日芳鄰角黍香，
執友懸蒲悲溺斃，騷人舉筆憶沉湘；
遠思仰社呈詩句，齊向蘭都寄典章，
冀望深宵期痛飲，翌臨江畔弔忠良。

迎端午　楊雅嵐

天教噶瑪闢蓬萊，吟社仰山盛會開，
道軌倍宗周雅正，騷魂誰念楚臣哀；
欣聞木鐸宣清化，晤見鐃歌育偉才，
李杜光茫高萬丈，端陽應節賀三台。

迎端午　王若庭

端陽競渡古留傳，角黍飄香五味禪，
孝女尋親彰至德，忠臣報國足稱賢；
宣流大雅賡詩詠，禮樂離騷作賦篇，
眾筆生花驅疫毒，天溫地潤兆寅年。

迎端午　王宥期

歡歌競渡趕蝦魚，筒粽祈天眾疫除，
社稷戎衣三尺劍，投江抱石五車書；
曹娥救父傳神話，孝感仙川嘆唏噓，
艾草消邪蒲葉斬，康寧福壽保安居。

迎端午　廖英琪

吟社弘文慶浴蘭，珠璣墨客賦心刊，
華詞橘頌懷貞蕚，瑰句離騷仰正幡；
楚粽繩趨千古繞，堯樽尺步萬年盤，
追思艾酒神隨蹈，正氣昭陽魄動端。

仰山吟社第十六期課題「清明思親」徵詩

清明思親　吳慕亮題
春分始過復清明，祖塚懷親慰此生；
祭拜何曾魂一見，空留寸土表虔誠。

清明思親　吳慕亮題
攀山越嶺祭墳田，哲嗣傷情黯慘然；
汗滴荒丘衣袖濕，焚香跪伏淚雙漣。

清明思親　吳慕亮題
遙思怙恃翠峰連，野哭人家祭祖先；
我泣悲聲疵疫礙，墳陵遠在楚江邊。

清明思親　楊雅嵐題
浪跡天涯歷履霜，懷歸乏少話滄桑；
夢迴寞落潸然泫，何日返鄉祭菽粱。

清明思親　楊雅嵐題
節臨寒食感無邊，箕帚塵沙潔墓田；
考妣流芳揚祖德，烏私未報淚墳前。

清明思親　楊雅嵐題
俎豆庚桑醴酒拈，先塋祭祖仰高瞻；
慎終追遠情殷切，遊子思親淚暗添。

清明思親　王若庭題
宿霧陰雲迢遞狂，思親道路疫瘟霜；
獨憑線上懷先德，羈旅鄉心淚幾行。

清明思親　王若庭題
冢墓蕭條寶塔登，歸鄉祭祖我親承；
馨香素果牲三俎，欲慰烏私憾未能。

清明思親　王若庭題
清明掃墓向山行，蔓草斜坡鳥鳥聲；
痛泣陰陽香楮奠，雲迷不忍母兒情。

清明思親　王宥期題
細雨冥濛考妣殤，墳前祭品念爹娘；
風箏掛紙除污穢，木本源頭國盛昌。

清明思親　王宥期題
墳山雜淡雨鋪緜，亂塚荒迷罩蔓煙；
水忘源無人掛紙，皋魚泣盡孝相傳。

清明思親　王宥期題
隨堤柳樹雨荒綿，鏤剪裁枝萬疫眠；
啜飲清風思養育，秋千拜祖繫情牽。

清明思親　廖英琪題
和風細雨拂園攸，俎豆薰香祭祖酬；
荊棘前人無畏蹇，傳家儉樸自強遒。

清明思親　廖英琪題
追思祖德族親銘，勤懇先民哺育丁；
義理開蒙儀處世，弘揚孝道繼芳馨。

清明思親　廖英琪題
花旭萌生冷節張，知源飲水憶恩腸；
煙嵐供奠哀榮詠，素履瑛瑤後裔揚。

2022.4.16（六）慶雲教室公益講座
五術作家吳慕亮講授「知身鑑人」專題

耆年碩德鑑人詳，命相山醫博達彰；
審痣觀言沉氣運，修心補貌福隆昌。
汝南　周倩琳＆廖英琪謹代表全體學員合十道謝

2022.4.23-7.24吉旦·陶藝師許柏彥應邀苗栗博物館聯展

百雀裙集陶藝展瑞兆　汝南廖英琪拱手以道賀
創作師生鳳友聯，精雕細鏤慮周妍；
良工藝品承衣缽，鎮疫禎祥悅澤斶。

觀廖帥英琪絕句傾祝　吳慕亮燈下奉酬抒賦
陶藝纘承負盛名，師徒戮力引和鳴；
飛翔百雀裙釵集，攜手創新五福迎。

2022年5月15日戌時四刻·儒釋共揚風詩書合璧截稿

寶山恭謁藥師佛　新竹吳慕亮敬題
寶山恭謁藥師崇，願力弘敷感昊穹，
唸懺莊嚴艱厄避，持名瑞相福緣隆；
三皈佛法光明曜，十戒僧徒淡蕩躬，
五毒勤脩超俗業，醫王蔭庇啓明聰。

寶山恭謁藥師佛　新竹楊雅嵐敬題
金殿寶山遍佛光，藥師宏願壽無疆，
慈悲廣被群黎慶，惻隱銷融百姓殃；
拔苦能知三戒律，同歡應曉五倫彰，
闡揚儒釋情衷述，毓秀鍾靈證德芳。

寶山恭謁藥師佛　台中廖英琪敬題
悲田拔苦寶山承，普渡宣經藥佛興，
翰墨明心儒學頌，風騷見性釋家偁；
醫王法雨愆痾濟，菩薩甘泉劫難蒸，
延壽消災安火宅，娑婆解脫渡傳燈。

2022年5月20日午時‧渥蒙黃師來鎰餽贈近作以申謝

　　　洛陽紙貴揚名立萬　廖英琪沐手以敬題
　　長贏炳著易經欽，定理三通播德音；
　　妙諦鉤玄行道貴，揚雄吐鳳仰衹箴。

　　　觀廖帥題吟絕句　慕亮奉酬律詩賀
　　鎰老文思筆墨香，易經生活煥琳瑯，
　　菁華剞劂成三集，藻礡編排述九陽：
　　序卦微情憑鼓吹，文言妙意賴宣揚，
　　高風亮節名山業，磅礡乾坤萬世芳。

2022.5.31～6.8國際禪柔脊椎運動二階師資培訓結業

　　九日禪柔晉級開，天瘟弗畏志專才；
　　精鑽套路靈椎骨，教授強身技利臺。
　　　台中慶雲教室　汝南廖英琪賀

靜觀廖帥題吟　慕亮奉酧以寄
九轉金丹瑞氣融，禪柔絕技遍瀛東；
二階培訓稱英冠，獨步推群展御風。

2022年6月2日卯時四刻‧賀亮師於仰山吟社徵詩獲探花

壬寅賀端陽　廖英琪敬題
艾虎釵符厲疾蒸，民生老幼祿安憕；
抒情度志勤詩教，魁士珠璣妙論登。

觀廖帥吟懷　慕亮以奉酧
端陽朗誦續南皮，筆陣縱橫共鬪詩；
道德倫亡憑振起，春秋孰繼濟時危。

2022.6.11陳師大正教授「生命核心對話」初階班
潛意識溝通與自我覺察圓滿畢班

求知覺察內觀恢，業報臨身德惠推；
正念修身探實相，昭明八識脫輪隤。
慶雲教室 周倩琳＆廖英琪謹代表全體學員合十致謝

觀陳師授諸君攄賦　吳慕亮敬題於風城
指導禪機學識優，心靈對語有誰侔；
冥通次第今朝見，豁達超然願必酬。

2022.6.18（六）慶雲教室線上公益講座 蘇珊玉中醫師教授更年期岐黃調理

更年期中醫調理

蘇珊玉 中醫師
中國醫藥大學附設醫院中醫婦科主任
中國醫藥大學副教授兼中醫婦兒科主任
中華民國中醫婦科醫學會理事長

婦女更年保息津，衰微腎骨補痾身；
醫方食療調盧燥，按穴平和駐體春。
汝南 周倩琳＆廖英琪謹代表全體學員合十道謝

詩讚蘇醫師　吳慕亮敬題
杏林春暖沐朝霞，綠葉扶疏綻百花，
濟世臨危知天職，隨時診病眾僑誇；
佛心妙手傳千里，仙骨靈方惠萬家，
聲譽廣流通四海，岐黃國粹佈天涯。

2022.6.27恭承 書法方家蔡豐吉理事長榮獲殊榮

讚曰：

「文壇筆硯創菁英，夕惕朝乾巧藝成；
　脫穎囊錐雄蓋世，華光墨寶抱傳名。」

壬寅梅夏黃道良辰　汝南廖英琪賀敬題

賀蔡豐吉理事長　玄魁敬題於鳳城
濟陽後裔一賢才，佛性慈悲道德栽，
為友精誠遊四海，待人忠信譽三台；
詩文兩岸心情壯，書藝千山志墨開，
文創菁英欣獲獎，騷朋祝賀遍蓬萊。

觀孫宗慶教授親製二胡‧相與亮師演奏書賦以記

同頻相聚雅俗以共賞　汝南廖英琪沐手敬題
芝蘭氣味樂仙飄，心照神交佛骨超；
中道施仁誠佈澤，長青萬古膽肝韶。

讚孫師宗慶　吳慕亮敬題
二胡奇技冠西東，巧手薪傳讚譽隆，
太極功夫能遠佈，慈航駿業已興隆；
昌明煥發期光大，繼長增高願欲豐，
力挽狂瀾揚五術，江湖笑傲有誰同。

2022年7月27日卯時五刻·觀報始知淨空老法師圓寂以悼

（本照截圖取自《人間福報》）

仰一代風範　　廖英琪敬題
曠世高僧滅度蹤，傳心佛理萬民恭；
虛空說法經壇妙，果證菩提淨土封。

講經六十年　　吳慕亮敬題
一代宗師福壽終，嵩齡九六永尊崇，
盛年弘法成追憶，暮歲觀經悅靡窮；
教育群才稱巨擘，栽成眾庶振儒風，
西方極樂遐登岸，仰止高山泣五衷。

2022年8月20日午時三刻·敬悼師伯徐公醒民捨報往生

（本照摘錄《明倫雜誌》526 期刊）

泰斗光永曜　廖英琪敬題
驚聞溘逝大儒歸，蓮品峻登淨土輝；
易佛宏揚懷教澤，升壇講道德欽威。

緬東海碩彥　吳慕亮敬題
明倫報導始知公，九五歸山感慎終，
漢學相承儒易述，唐詩教育佛經通；
昔年頒序吟箋勉，此夕登仙法語崇，
重讀雅篇懷往事，遙思望拜淚雙瞳。

2022.8.27慶雲教室‧國畫方家邱景祥老師指導墨畫創作

巧月清談國畫申，明灰對比技能真；
天工渲染成圖案，幻化童心意境神。
汝南 周倩琳&廖英琪謹代表全體學員道謝

觀廖帥暨周師絕句　慕亮牖前拙筆奉酬
筆墨傳承正氣文，詩詞國畫靖風雲；
狂瀾倒挽昇平頌，景老揮毫濟世勳。

2022.8.27申時·國畫方家邱景祥餽贈大作申謝題吟

頌丹青妙手　廖英琪敬題
爽氣登高降燥消，涼風拂暑惹纏飄；
青山嫵媚臨仙境，脫俗清心自得逍。

觀邱景祥老師佳作　慕亮感賦抒懷以寄
江山藻繪筆高齊，秋景慶雲共品題，
古瓦霞飛紅琥珀，寒潭月印碧波璃；
紅橋策杖尋吳館，曲觸流水到許溪，
恍見興周西伯地，海賓耆宿合偕棲。

2022.8.27慶雲教室·國畫方家邱景祥老師指導墨畫讚頌創佳作

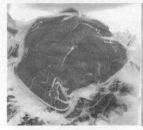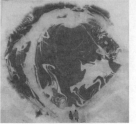

畫龍點睛神妙之筆　廖英題沐手以敬題
水墨交融表象氛，心隨意境展圖紋；
邱師慧眼勾輪廓，生動傳神作品氳。

讚邱景祥老師奇畫偶賦　慕亮審視酷似驚濤駭浪
雪浪翻飛吐墨香，風潮拍岸妙成章；
仰觀雲彩靈犀境，彷彿禪機逸致揚。

仰山吟社第十八期課題「度中秋」徵詩

新竹　吳慕亮

月臨三五逛中秋，作對吟詩互唱酬；
軒牖菊魂欣放綻，成書立說有誰侔。

新竹　吳慕亮

烹經煮史覓思潮，仰視嫦娥慰寂寥；
渴望中天開寶鏡，飛觴醉詠慶良宵。

新竹　吳慕亮

直上高崗遠望遙，淇園萬頃翠連霄；
秀姿搖曳仙家舞，欲度中秋筆先描。

新竹　楊雅嵐

冰輪皎潔桂飄香，散策行吟比興長；
徹夜盤桓蟾彩麗，團圓對酌詠霓裳。

新竹　楊雅嵐

一輪高掛碧雲天，野色蟾光分外妍；
柚美茶香歡詠聚，嬋娟共賞夜無眠。

新竹　楊雅嵐

中秋玉魄碧空嵌，遊子離鄉百感銜；
詠月思親偷拭淚，親情萬縷信中緘。

桃園　李文慶

銀光晃耀樂清秋，月下閒談促織悠；
旦柚飄香佳景應，團圓故里解鄉愁。

桃園　李文慶

清穹玉闕火通明，桂下姮娥戲月精；
舉爵相邀佳節祝，華燈遠處緒孤縈。

桃園　李文慶

星稀月冷似秋霜，弄影烹茶興味洋，
夜話桑麻胸臆敞，佳期共聚勝仙鄉。

台中　王若庭

一波纏動杳無聲，病毒浮沉變異更；
孤影相隨歌桂魄，嘗懷醉臥夢鄉情。

台中　王若庭

三五團圓亦聚迎，天河星斗有餘情；
騷朋遠客饒詩趣，妙句豪吟繼頌聲。

台中　王若庭

桂子飄香已報秋，嬋娟皓彩晚風柔；
門庭烤肉天倫享，笑語詼諧暫忘憂。

台中　王宥期

一夜高堂影空留，半隨明月度中秋；
吳剛月殿孤伶伐，淚眼思親暗苦愁。

台中　王宥期

玉宇敧斜似白氈，瓊樓高掛賞花前；
嫦娥廣殿染流疫，急望如來顧普天。

台中　王宥期

肚大藏珠蜜意牽，呼朋串烤里仁延；
伏求白帝驅邪穢，預祝秋收祭穀年。

台中　廖英琪

秋高氣肅拂盈腸，望月團圓屋宅煌；
疫癘仍流醫護制，親情探眷視頻娘。

台中　廖英琪

光陰似箭屆中秋，吟社徵詩觸發酬；
玉兔淳熙臨弄筆，心堅石鑿著文周。

台中　廖英琪

桂露商風菊苣蕡，秋葵柚飲肺腸寧；
調和動靜滋精氣，神爽嚴冬鶴壽青。

新竹　葉宗翰

何求老酒玉杯晶，醉臥江舟淚滿盈；
椪餅粗茶常伴月，天心崦映照分明。

新竹　葉宗翰

人謳此月古今多，唱頌悠揚不盡和；
就伴知音何處覓，傾聽儘意訴琴歌。

新竹　葉宗翰

人生靜歲數番秋，月掛枝枒湧舊愁；
緬想當年言弗盡，增添茗汁話從頭。

2022年10月1日午時二刻‧謝四海校長《至聖之經》付梓

新竹　吳慕亮

弘敷孔聖效良賢，神筆斐然得意篇，
翰墨題吟齊祝賀，詩文會友氣相聯；
牖窗機杼儒家集，齋舍精華史卷詮，
欣喜謝公留韻事，揚芳百世吉昌綿。

新竹　楊雅嵐

洙泗廣長萬里通，儒宗纘繼共揚風，
詩吟孔聖知三益，句頌謝師獻八鴻；
學海無涯勤是岸，騷壇有賴啓明聰，
新書立說傳王道，佈德齊家我輩崇。

桃園　李文慶

社大庠門古道興，春風化育二林稱，
蘇韓教禮崇仁義，孔孟儒宗繼續弘；
祭酒謝公椽筆勝，傳經陸老聖賢承，
徵詩會友文情雅，古調歌吟坐滿朋。

台中　王若庭

泗水行歌萬世基，宣仁釋義古今宜，
十篇獻頌酬清韻，千路騰章吮墨詩；

啓迪新潮唯聖道，傳經論事即摛詞，
蠲誠致謝精神仰，後輩騷壇輇睿思。

　　　台中　廖英琪

儒林盛舉挹詩風，妙筆生花典籍隆，
論語旁徵明德注，經書博引善仁窮；
雕章古作微言徹，續句新編義理通，
至聖推尊弘道播，英聲作育子民崇。

2022年10月9日午時二刻·仰山吟社徵詩「迎端午」作品

追思艾酒神隨蹈　正氣昭陽魄動端
楚粽繩趨千古繞　堯樽尺步萬年盤
華詞橘頌懷貞聳　瑰句離騷仰正巉
吟社弘文慶浴蘭　珠璣墨客賦心刊

左四一

臺中　廖英琪

　　獲獎銘戢玄魁子教導　汝南廖英琪頓首敬題
　　上榜徵詩出喜驚，晨興夜寐墨文瑩；
　　亮師鞭策陶推轂，寸進風騷化境成。

2022年10月9日酉時六刻·孫柯府喜宴夢之湖誌慶

孫柯府喜宴
子虔&竺君
蒞至LB夢之湖廣場

　　　子虔&竺君　吳慕亮敬題
　　義守庭園慰向平，況兼佳耦自天成；
　　迎親吉日欣招我，共飲醇醪酒百罌。

　　　子虔&竺君　楊雅嵐敬題
　　喜看賢媳竺君來，佇待應承作棟材；
　　願了平生昌史乘，孫翁應築合歡臺。

恭賀孫師宗慶娶媳婦　汝南廖英琪沐手以敬題
良緣府第締親家，掛彩張燈慶喜霞；
女貌郎才鸞鳳配，弄孫瓜瓞滿堂媌。

2022/11/4-6～11/11-13國際嬋柔運動一階師資培訓結業

初冬各界薈英才，探究螺旋脊柱開；
呼吸周流姿態貫，輕盈矯捷技能徊。
台中慶雲教室　汝南廖英琪賀

觀廖帥七言題吟　吳慕亮振筆奉酬
絕藝禪柔日月梭，殷勤學習舞娑婆；
名姝矯健玲瓏妙，結業豐收擊鼓歌。

2022年11月19日辰時四刻‧拜讀風城亮師惠寄律詩致意

（圖片源自網路）

薪火相傳窮盡引渡　廖英琪沐手以敬題
玄魁潤德陋才培，誘掖諸方解縛推；
五術殷然銘教誨，宣揚聖學杏壇恢。

觀廖帥英琪絕句　慕亮搦管以奉酬
風骨超然意氣豪，撝謙奮志獨佔鰲；
雲仙問學吾欣慰，五術傳承振楚騷。

2022.12.3週六吉旦良時·接獲寶山禪寺頒獎狀感言

慶幸登百位榮譽榜　廖英琪沐手以敬題
寶華徵賦藥師吟，入選名壇得獎歆；
悲願琉璃菩薩道，文昌偈頌釋儒欽。

賀英琪賢妹入選　吳慕亮敬題風城
廖君儒釋倡維新，五術宣揚媲鳳麟，
擅字擅文磨琢句，為詩為賦剪裁珍；
騷壇奪錦才無敵，藝苑探驪筆有神，
八九佳名成泰卦，吉亨來往志同臻。

2022.12.10週六吉旦良時·恭慶亮師進士及第獲頒獎狀

道喜高中名　廖英琪敬題
仰山倡導振文風，雅士高明搦管攻，
詩叟五車儒典徹，玄魁八斗釋經通；
隨心椽筆摛章麗，信手拈來繪句豐，
金榜探花聞寶島，杏壇翁赫仰吳翁。

緬懷宏介師　吳慕亮敬題
愚憃素性喜安哉，軫念恩師惜我才，
展讀詩章賢達敬，勤耕筆墨掃塵埃；
藏書萬卷中庸探，道究三家易傳猜，
引玉拋磚興五術，君頒律作慰靈臺。

2022.12.10（六）吉旦宜蘭傳藝中心一日遊題吟

精雕細鏤一流功　廖英琪沐手敬題
民風店舖百家觀，粧佛神尊感應端；
工匠魯班朝聖慕，師承技藝創新鑽。

廖帥清遊絕句　慕亮奉酧以寄
撫臨粧佛最堪誇，載筆吟懷著墨華，
翠竹叢搖風料峭，紅梅骨瘦影橫斜；
敲冰煮酒寒消夜，踏雪尋詩句吐葩，
拾得珠璣囊貯滿，歸途喜悅樂無涯。

2022.12.10（六）慶雲教室健康講座致謝
楊昀翰職能治療師主講「立脊放鬆」專題

脊柱肌骸構造伸，站姿坐臥引痿頻；
優良體態時常護，運動舒筋健旺臻。
汝南 周倩琳＆廖英琪謹代表全體學員合十道謝

觀廖帥暨周師吟懷　慕亮牖前抒賦以寄
生老健康一瞬間，放鬆立脊費心田；
腰酸佇立知疲憊，五臟調和壽益年。

2022.12.17（六）慶雲教室歲暮公益工作坊
由瑜伽師廖英琪暨李麗眞帶領聲療＆手作香包課

琪麗慧心創巧形，和音體式裨長齡；
全神意念新承望，兔氣揚眉躍泰馨。
汝南 周倩琳＆廖英琪謹代表全體學員合十道謝

觀廖帥暨周師絕句　慕亮牖前奉酧以寄
正己修身處世和，慈悲憫惻舞娑婆；
明燈一盞從今照，療癒聲傳萬里歌。

2022年12月20日辰時 仰山吟社第十九期課題「冬冷」徵詩

冬冷　新竹 吳慕亮

寒風半夜展新書，逸韻飄揚斗室居；
映雪先賢錐刺股，離騷復讀效三閭。

冬冷　新竹 吳慕亮

竹塹風聲次第吹，冬寒凜冽襲孤帷；
庭園落葉蕭疏感，觸景生懷兩鬢絲。

冬冷　新竹 吳慕亮

黃花酒後歷寒期，雀躍騷人得意時；
絕好當前提筆試，忍無佳句入新詩。

冬冷　新竹 楊雅嵐

寒威冷氣入窗櫳，陋室圍爐炭火紅；
老至遐觀文與史，詩朋雅集振騷風。

冬冷　新竹 楊雅嵐

淒風凜冽復臨冬，林麓枯株顯素容；
乍見梅枝初綻放，凌霜勁節獨情鍾。

冬冷　新竹 楊雅嵐

透戶霜風冷萬端，煎茶煮酒禦冬寒；
催迎臘鼓年將近，願景和融永奠安。

冬冷　新竹 黃寶蓮

凜凜寒風過境吹，林間放眼盡空枝；
紅爐早暖君來否？共飲新醅正適時。

冬冷　新竹 黃寶蓮

夜色猶深細雨霏，空林寂靜露沾衣；
晨光照探山頭白，最愛冬時客影稀。

冬冷　新竹　黃寶蓮

壬寅虎歲入冬來，刺骨寒風牖莫開；
漫步庭階涵冷氣，披裘覆手筆端栽。

冬冷　台中　王若庭

寒風捲地景幽淒，枯樹著霜孤雁啼；
別恨鄉心濃似酒，芸窗灑墨醉中題。

冬冷　台中　王若庭

蕭疏徑冷歲將殘，萬戶燈花更盡歡；
話舊情濃窮往事，豪吟七字五弦彈。

冬冷　台中　王若庭

霜飛雪舞轉迷漫，刺骨嚴風刮面寒；
運動強身須護暖，添巾厚襪保平安。

冬冷　台中　王宥期

萬里銀沙末日攀，冬寒苦病禍人環；
前村漫舞鵝毛地，昨夜花開獨嶺山。

冬冷　台中　王宥期

銀裝素裹鋪龍山，舞弄霜花葬世間；
各路神仙多憫恤，祈求瑞雪喚春還。

冬冷　台中　王宥期

白雪飛揚疫況難，臨川酷凍友凋殘；
梅開冷避春還到，解我民生萬里寒。

冬冷　台中　廖英琪

冷雲冰結雪窗昏，爐火驅寒血脈溫；
靈活思惟敲筆墨，消融忘我度冬曛。

冬冷　台中　廖英琪

紛飛落葉掃庭階，風雨蕭條歷疫埋；
吐萼瓊英惟獨秀，凌霜傲雪發春懷。

冬冷　台中　廖英琪

冬日陽微百物盧，侵肌透骨動能徐；
舉觴詠月興文氣，淵海風騷震耀居。

2022.12.23.慶雲教室四度舉辦聖誕節
募鞋盒贈禮至偏僻學區賦記

仁心尚自四面八方共襄盛舉　周倩琳&廖英琪謹代表致意
耶穌節慶愛心捐，集帛張羅用品全；
合喜盤銘溫學子，傳情播善暮冬鬮。

觀廖帥暨周師題吟　吳慕亮牖前以抒懷
大千變幻捲風雲，遍地哀鴻感萬分；
幸有諸賢君子德，宣揚善舉振斯文。

2022.12.24 陳師大正教授
「生死療癒與臨終關懷」圓滿畢班

浮生瞬息歲輪終，剎那無常壽盡窮，
物界空花懷蓄借，色身假合取盈忽；
五常惕厲貪痴斷，三智覺修嫉慢沖，
俯唸阿彌離惡道，佛光名號涅槃功。
慶雲教室 周倩琳&廖英琪謹代表全體學員合十致謝

觀廖帥暨周師七律　玄魁子感懷以抒賦
老死欹危頗費猜，祓除虛妄淨方來，
養神專注弘名贊，迎佛佇聽繕性開；
三諦三觀遵法界，一心一志步蓮臺，
靈山智慧胸懷歷，自在臨終弗染埃。

～～～～～～～～～～～～～～～～～～～～

2022.12.28黃道吉日良辰·家師玄魁子錫予七絕以旃勉

讚孔明先師　吳慕亮敬題
武侯聖駕廖君迎，更勝淮陰善用兵；
滅魏吞吳憂夙夜，神機妙算繫先生。

拱手謝鴻恩　廖英琪敬題
孔明足智義忠觀，文武逸才曠世丹；
德薄誠惶瞻聖昊，慧靈感應啓黎安。

2022年元月31日亥子交會・欣喜廖帥英琪精製卜筮卦壇繪布

延陵堂
卦聖王文

兩儀四象測玄機

八卦六爻窮天地

物有聲色氣味
人有耳目口鼻
萬物於人一身
反觀莫不全備

元旦將臨夜　吳慕亮敬題

癸卯歲宵晨，恭迎迓兔神，乾坤昭日月，麗景隱氤氳；
八卦應占卜，五行報革新，觀爻知疫襲，抗癘護天倫。

2023.2.5申時觀網路新聞，厄報星雲大師捨報登極樂

一代大師長眠圓寂　廖英琪沐手以敬輓
九七終天壽邇開，宗壇痛失導師才；
宏揚佛法儀身教，德劭明燈澤眾徊。

九七壽高齡　吳慕亮敬悼
星雲筆墨妙精通，釋教傳承惠澤豐；
引領群生登彼岸，披荊渡眾見奇功；
千秋著作聲名冠，一代宗師德望隆，
創校滋培光佛土，高瞻遠矚達尊崇。

玄魁按：星雲大師生前致力於文化傳播，故著作等身，
共計 395 本，殊堪吾儕矜式。

2023年2月5日酉時三刻・蔡豐吉理事長緬憶星雲大師

1994 年歲次甲申抄寫《金剛經》全卷長 27 呎，蒙獲星雲大師收藏。

當年筆墨揮　吳慕亮敬題

昔讀金剛典籍優，緬懷星老舊朋儔，
佛光雅度型猶繫，神韻風標器尚留；
墨跡挑燈揚釋教，書齋展卷播瀛州，
慈明鑑賞欽隻眼，我輩追思復叩頭。

《勵志嘉言》三十二篇／台中李師麗眞美編設計

吳師慕亮醍醐灌頂，
甘露滋心之嘉言（1）：

吾人一生之階段，咸有四車、床、證、瓶相伴：一者，嬰兒車、自行車、汽車、輪椅；二者，四張床：嬰兒床、單人床、雙人床、病床；三者，四張證：出生證、畢業證、結婚證、退休證；四者，四個瓶：奶瓶、飲料瓶、酒瓶、輸液瓶。故一輩子無非就是四輪車、四張床、四本證、四個瓶；時光如梭，人生易老，且行善時即珍惜，願以慶雲諸賢達共勉之！

吳師慕亮醍醐灌頂，
甘露滋心之嘉言（2）：

《延陵布衣箚記》，載《景德傳燈錄・卷二十八》乙書，舉江西大寂道一禪師之示眾語：「道不用修，但莫污染。何為污染？但有生死心，造作趣向皆是污染。若欲直會其道，平常心是道。謂平常心無造作、無是非、無取捨、無斷常、無凡無聖，僅如今行、住、坐、臥，應機、接物盡是道！故「現今之福，積自祖宗，不可不惜；將來之福，貽於子孫，不可不培。現今之福如點燈，隨點隨滅；將來之福如添油，愈添愈久！」願以慶雲教室，諸賢達共勉之！

吳師慕亮醍醐灌頂，甘露滋心之嘉言（3）：

◎妙語趣談：「九十九子」～風城某畫師，擅於畫蟹，一日，某富翁求畫蟹百隻，限一月畫完，畫師言：「明朝晨曦，則可畫成。」翌日前往取之，畫師尚未動筆，富翁不悅，畫師即繪母蟹一隻，云：「此蟹，可產小蟹九十九隻！」

◉《宋·近思錄》：「心廣體胖，動容周旋。」復有，清·陳宏謀《訓俗遺規·卷三》：「毋毀眾人之名，以成一己之善；毋歿天下之理，以護一己之過。」願以慶雲教室，諸賢達共勉之！

吳師慕亮醍醐灌頂，甘露滋心之嘉言（4）：

◎妙語趣談：「收拾骨頭」～館僮怪主人，每食必盡，僅留光骨於碗，乃對天祝曰：「願相公活一百歲，小的活一百零一歲。」主問其故？答曰：「小人多活一歲，好收拾相公之骨頭。」

◉《孔子家語·三思》：「少而不學（缺乏知識），老而不教（終無傳承），有而不思（遇窘難助）。」願以慶雲教室，諸賢達共勉之！

吳師慕亮醍醐灌頂，甘露滋心之嘉言（5）：

◎妙語趣談～「可否動工」：風城南門，王君酷信風水，動輒問陰陽家，一日，偶遭牆壓倒，急呼救命，其家屬道：「且暫稍忍，待我先詢陰陽先生，今天可動土否？」

◉《宋·近思錄》：「吉凶榮辱，惟其所召；安中自守，雍容寬裕。」復有，明·趙仲全《梅峰語錄·卷上》：「玉不遇砥礪切磋，不可以成器；人不遇困窮剉辱，不可以成德。」願以慶雲教室，諸賢達共勉之！

吳師慕亮醍醐灌頂，甘露滋心之嘉言（6）：

◎妙語趣談～「牛僅一角」：先生問一學生道：「羊有幾支角？」學生道：「兩支角。」「那麼牛有幾支角？」學生道：「牛僅有一支角。」先生詢何理由？學生道：「若以象形文字觀之，「羊」字上有兩點，可知有兩支角；「牛」字上有一撇，可知僅有一隻支矣！」

◉《聊齋誌異·霬文郎》：凡吾輩讀書人，不當尤人，但當克己。不尤人則德益弘，能克己則學益進。願以慶雲教室，諸賢達共勉之！

吳師慕亮醍醐灌頂，甘露滋心之嘉言（7）：

◎妙語趣談～再弗及地：一僕隨主人應試，巾箱偶墜，訝道：「頭巾，落地了！」主人道：「落地，不大吉利，宜稱及地（第）。」僕點頭，既栓好，因復道：「今後，再弗及地（第）！」

⊙亮師先祖母—吳郭治女史，曩時，親撰「延陵世第」之廳堂楹聯：「和氣一堂添百福，平安二字值千金。」《宋‧近思錄》：「欲速則不達，細行則不失。」願以慶雲教室，諸賢達共勉之！

吳師慕亮醍醐灌頂，勵志之嘉言（8）：

◎妙語趣談～見解弗同：新竹拱辰門城外之愛文街，有姚姓詩人與西裝店主人，彼此道寒喧，曉得主人，其稱：「林繼陶。」詩人：「好極！雙木之林，繼續之繼，必定陶淵明之陶？」店主：「非也！乃陶朱公之陶！」詩人不悅，默然揮袖而別！

⊙箴銘傳家寶：南朝 梁 劉勰《文心雕龍》，載曰：「心察損神，語多傷氣。」風城 玄魁居士之《吳氏養生箋》，亦云：「日說萬言，肺傷胸前。」慕亮師之先祖母，吳郭治女史，諺語箴言：「生氣消福氣，和氣迎喜氣。」願以慶雲教室，諸賢達共勉之！

吳師慕亮醍醐灌頂，勵志之嘉言（9）：

◎妙語趣談～太早太遲：風城塹北之張百福及李千祥兩友，性皆慳吝，左鄰右舍咸知也。一朝，張請客，李至，案上祇一 子，張曰：「汝來太早矣！遲些，此子孵出小 來，長大後豈非美餐。」李乃請張，至則毛竹筷二付，李曰：「君來太遲矣！早則此竹筷尚是筍也。」

⊙箴銘傳家寶：吳楊 （亮師之令慈）訓語：「與人行方便，強如蓋佛殿。」明朝沈璟，亦云：「慈悲勝唸千聲佛，造惡空燒萬炷香。」願以慶雲教室，諸賢達共勉之！

吳師慕亮醍醐灌頂，勵志之嘉言（10）：

◎妙語趣談～洗手代箸：「一家請客，失一份箸，上菜之後，眾客期供 箸，其人袖手而觀，徐向主人曰：「求賜湯水一碗。」主問曰：「何處用之？」答曰：「洗淨指頭，好挾菜吃。」

⊙箴銘傳家寶：北宋‧蘇東坡，有云：「知安則榮，知足則富。」明 錢琦《錢公良測語‧鑑遠》：「人不求福，斯無禍；人不求利，斯無害。」清 陳宏謀《養正遺規 卷三》：「白日所為，夜來省己；是惡當驚，是善當喜。」願以慶雲教室，諸賢達共勉之！

吳師慕亮醍醐灌頂，勵志之嘉言（11）

◎妙語趣談～行腳僧人：塹城之北，某詩人滑稽（ㄍㄨˇㄐㄧ），與僧同食薑，僧道：「久聞先生，素有詩名，請賦比之。」詩人，請聲道：「頭子光光腳有丁，只有豆腐與菠菱。」釋迦牟尼，見了哈哈笑！覆答：「恚ㄓㄨˋ殺許多行腳僧！如此之詩，我亦能之。」哈！哈！哈！

⊙箴銘傳家寶：《左傳 襄公二十年》：「仲尼曰：『《志》有之：『言以足志，文以足言。』不言，誰知其志？言而無文，行而不遠。』」亦作：「言之不文，行之不遠。」漢‧張衡〈東京賦〉：「乃莞爾而笑曰：『若客所謂末學膚受，貴耳而賤目者也。』」其意指學問弗求根本，淺嚐即止，僅得皮毛。願以慶雲教室，諸賢達共勉之！

吳師慕亮醍醐灌頂，勵志之嘉言（12）

◎妙語趣談～彭祖面長：漢武帝劉徹《語　臣相書》，載云：「『鼻下人中長一寸，年壽百歲。』東方朔侍側大笑，有司奏不敬，朔免冠曰：『臣弗敢笑陛下，實笑彭祖面長耳！』帝問之，朔曰：『彭祖正八百歲，果如陛下之言，則彭祖人中可長八寸。以此推之，彭祖面長一丈餘矣！』」

⊙箴銘傳家寶：弘農‧楊雅嵐：「認錯，一下子；認命，一輩子。」延陵‧吳慕亮《生命五要》：「禮佛：禮敬本體，效佛慈悲。修道：修身養性，道路開拓。獻花：獻我心花，頓悟無常。供果：供養諸佛，洞識因果。敬香：敬上啟下，香篆傳遞。」願以慶雲教室，諸賢達共勉之！

吳師慕亮醍醐灌頂，勵志之嘉言（13）

◎妙語趣談～和尚出家：某顯宦遊廣陵（今揚州市），有僧大汕者，日伺候督府將軍，監司之門。一日，向宦自述酬應雜遝（ㄊㄚˋ，紛亂），不堪其苦，宦笑應之：「汝既苦之，何不出家？」座上大噱（ㄐㄩㄝˊ，笑）！宋 楊萬里，有詩：「瀝血抄經奈若何，十年依舊一頭陀；袈裟未著愁多事，著了袈裟事更多。」

⊙箴銘傳家寶：明‧劉基《郁離子‧寡悔》：「人之於事也，能辨識其何者為主，何者為客，而不失其權度，則亦庶幾乎寡悔矣夫！」及《格言聯璧‧接物》：「人之謗我也，與其能辯，不如能容；人之侮我也，與其能防，不如能化。」願以慶雲教室，諸賢達共勉之！

吳師慕亮醍醐灌頂，勵志之嘉言（14）

◎妙語趣談～辣辣仍存：有談相者云：「男手宜如槍，女手宜如薑。」一人喜曰：「如此而言，我房下定有造化之。」問：「何以見得？」曰：「昨夜受其打一掌，今日仍辣辣矣！」

⊙箴銘傳家寶：《韓非子‧觀行》：「目短於自見，故以鏡觀面；知短於自知，故以道正己。」慕亮師先祖父吳重溪公，讚云：「明鏡，以照形也；往古，以知今也。」願以慶雲教室，諸賢達共勉之！

吳師慕亮醍醐灌頂，勵志之嘉言（15）

◎妙語趣談～我非織女：某婦善歌，其夫偷牛，遭人告發，官云：「命汝老婆唱一歌，則可饒汝！」婦至，官指池水為題。婦唱：「一池清水綠柔柔，難洗今朝滿面羞；自恨妾身非織女，我郎何必學牽牛。」

⊙箴銘傳家寶：東吳 沙門淨善重集之《禪林寶訓》：「棲賢舜謂浮山遠云：『欲究無上妙道，窮則益堅，老當益壯。不可循俗，苟竊聲利。自喪至德。』」唐 呂嚴《勸世箴言》：「一毫之善，與人方便；一毫之惡，勸君莫作。」願以慶雲教室，諸賢達共勉之！

吳師慕亮醍醐灌頂，勵志之嘉言（16）

◎妙語趣談～龜幛含意：某翁納妾，兼值開店之期，戚友多具禮致賀，有某客贈一軸幛，大書：「金錢可卜。」四字真跡，翁大喜，懸之廳中，大開筵席。一客見之，掩口胡蘆，翁異而詢之，客答：「子被此人奚落矣！蓋金錢屬龜名，而卜須用龜，合而言之，謂子烏龜耳！」

⊙箴銘傳家寶：明 《古今藥石·憬然錄》：「人有德於我，不可不感；我有德於人，不必望感。」清 申居郎《西岩贅語》：「一念之慈，亦足以作福；一言之戾，亦足以傷和。」願以慶雲教室，諸賢達共勉之！

吳師慕亮醍醐灌頂，勵志之嘉言（17）

◎妙語趣談～二家無事：某君，一日觀人誦《佛經》，有曰：「咒詛諸毒藥，所欲害身者，念彼觀音力，還著於本人。」某謂歎曰：「佛，仁者也；豈欲勉一人之難，以害一人之身乎？今為汝體佛之意，以改正之可乎？」曰：「咒詛諸毒藥，所欲害身者，念彼觀音力，兩家咸無事！」

⊙箴銘傳家寶：宋·羅大經《鶴林玉露 卷十四》：「心無愧怍，則無入而不自得；心有貪念，則無妄而不自安。」清·申涵光《荊圓小語》：「行一件好事，心中泰然；行一件歹事，衾影抱愧。」願以慶雲教室，諸賢達共勉之！

吳師慕亮醍醐灌頂，勵志之嘉言（18）

◎妙語趣談～靜坐有益：一禪師 一齋公，屏息萬緣，閉目靜坐。時至五更，偶然思某人某日，借一斗大麥未還，遂喚醒齋婆曰：「果然！禪師 我靜坐有益，幾乎被某人騙一斗大麥。」即速起身，以索麥歸。

⊙箴銘傳家寶：清《欽定四庫全書》之《程氏經說》，載曰：「動靜無端，陰陽無始；非知道者，孰能識之。」清代大學者，金纓《瓊居珮語·修己》，亦云：「人之精神，貴藏而用之；苟炫於外，鮮有不敗者。」願以慶雲教室，諸賢達共勉之！並賀新元，吉祥如意！

吳師慕亮醍醐灌頂，勵志之嘉言（19）

◎妙語趣談～有天無日：官值暑月，欲覓避暑之地，同僚紛議，或曰：「某山幽雅。」或曰：「某寺清涼。」一老人進曰：「山寺雖好，總弗如此座公廳最最涼快！」官曰：「何以見得？」答曰：「別處咸有日頭，獨此處有天無日。」

⊙箴銘傳家寶：慈濟《心鏡省思》：「屋寬，不如心寬；話多，不如話少。」佛光山《星雲語錄》：「為兒孫作未來計，十望九空；為社會作眾人計，點滴有功。」風城玄魁子—吳慕亮《修身語錄》，亦云：「觀他人錯失處，當反觀自省；說他人是非時，先將己勘驗。講清楚，說明白，乃人際相處之妙方；改心性，革陋習，乃自我進步之動力。人之精神，貴藏而用之；苟炫於外，鮮有不敗者。」願以慶雲教室，諸賢達共勉之！

吳師慕亮醍醐灌頂，勵志之嘉言（20）

◎妙語趣談～最硬之物：或問，世間何物最硬？曰：「石頭與鐵硬。」其人曰：「石可碎，鐵可鏨ㄗㄢˋ，安得為硬？以弟觀之，惟兄顏鬍鬚最硬，鐵石總弗如也。」問其故？答曰：「觀老兄台，此副厚臉皮，竟遭他鑽而出矣！」其有鬚者，回嘲及云：「足下容皮更老，此等硬鬚，竟鑽不透矣！」

⊙箴銘傳家寶：《王陽明・傳習錄》：「人生大病，僅一『傲』字。」古籍《弟子規訓》：「凡出言，信為先；詐與妄，奚可焉？」唐・皮日休《耳箴》：「勿恃己善，不服人仁；勿矜（誇耀）己藝（才能），不敬人文（長處）。」願以慶雲教室，諸賢達共勉之！

吳師慕亮醍醐灌頂，勵志之嘉言（21）

◎妙語趣談～詩中有酒：某人喜讀詩，然！讀至李白詩時，則隨手翻覆，連眼亦弗敢開，連氣亦弗敢透，旁者　其態，頗覺奇怪？便詢問之，何故弗喜李白之詩？其道：「吾近戒酒，李白之詩，酒氣薰人，倘若讀之，俾使吾酒癮復發，將必難收矣！」

⊙箴銘傳家寶：明・文徵明次子文嘉《今日歌》：「今日復今日，今日何其少！今日又不為，此事何時了？人生百年幾今日，今日不為真可惜！若言姑待明朝至，明朝又有明朝事。為君聊賦今日詩，努力請從今日始。」《格言聯璧・接物類》：「人若近邪友，譬如一枝柳，以柳貫於鱉，因臭而得臭。人若近賢良，譬如紙一張，以紙包蘭麝ㄕㄜˋ，因香而得香。」願以慶雲教室，諸賢達共勉之！

吳師慕亮醍醐灌頂，勵志之嘉言（22）

◎妙語趣談～不願加糖：一人生性最慳吝，忽患瘵（ㄓㄞˋ，肺結核）疾，醫云：「宜用人蔘！」病者曰：「力薄祇（ㄓ）好聽天。」醫曰：「或用熟地亦可！」病者搖頭曰：「費亦太過，願死而已！」醫知其吝，乃詐言：「別有一方，用乾狗屎調黑糖，一二文服之，亦可培補元神。」病人躍然起曰：「不知狗屎一味，可以單用否？」

⊙箴銘傳家寶：唐・劉禹錫：「五刃之傷，藥之可平；一言成奇，智不能明。」南宋・僧淨善《禪林寶訓》：「自滿自大，妙藥難醫；能革能遷，聖域可躋（ㄐㄧ，登）。」願以慶雲教室，諸賢達共勉之！

吳師慕亮醍醐灌頂，勵志之嘉言（23）

◎妙語趣談～文言譯法：有誤人子弟之國文老師，一日講《論語》之「宰予晝寢」。其對學生云：「宰予者，殺我也；晝寢者，午睡也。亦可言，宰了我，午睡去！」一日，又有女生問：「千金一諾。」如何解釋？其云：「千金者，小姐也；一諾者，答應一次也；如連串而言，則謂小姐阿，汝答應一次吧！」左右聞之，哄堂大笑！

⊙箴銘傳家寶：北宋‧司馬光《資治通鑑‧周紀篇》：「才者，德之資也；德者，才之帥也。」風城《玄魁居士劄記》：「贈人以言，重於金玉；傷人以言，甚於劍戟ㄐㄧˇ。」《南宋‧近思錄》：「古之學者治心（務本之理），今之學者治身（向外奔趨）。」亮師先君（吳公錫坤）之《易申筆記》，載云：「古人讀書，志在聖賢；今人讀書，志在賺錢。」願以慶雲教室，諸賢達共勉之！

吳師慕亮醍醐灌頂，勵志之嘉言（24）

◎妙語趣談～遺囑可悲：有極吝嗇人，臨歿時以身後事問諸子，長子曰：「仰體親心，二寸棺，一寸槨，墓道土封，弗敢從厚也。」翁責其奢，次子曰：「但以稿薦裹尸（ㄍㄨㄛˇㄕ），棄之郊外。」翁猶嫌其多費，三子曰：「若以大人遺骸，三股均分，屠而賣之。」翁乃大喜曰：「真我子也！」復戒之曰：「對門王老三，慣賴錢，千萬弗可賒與他。」

⊙箴銘傳家寶：玄魁居士《修身箴言》：「心刻（薄）者，壽必促；心慈（寬）者，壽必長。」佛光山《星雲語錄》：「布施，可以無緣變有緣；忍辱，可以惡緣變善緣。」以及延陵布衣《勵志警言》：「經驗，乃吃虧中而獲；功德，係吃苦中而得。」願以慶雲教室，諸賢達共勉之！

吳師慕亮醍醐灌頂，勵志之嘉言（25）

◎妙語趣談～三馬成驫（ㄅㄧㄠ）：某年值歲試，有童生名馬驫驫者，當點名時，書吏弗能識，學師雖見之，亦弗識之，故轉首若弗見，書吏窘甚！然，又弗能不唱名也。乃高呼曰：「馬一，諸生無應者，迨點名畢，餘一人，知馬生也，詰問其名，施卷入場。」

⊙箴銘傳家寶：清‧山陰金《格言聯璧‧處事類》：「不自反者，看不出一身是病；不耐煩者，做不出一件事業。」北宋‧李昌齡《太上感應篇》：「夫心起於善，善雖不為，而吉神已隨之；或心起於惡，惡雖未為，而凶神已隨之！」願以慶雲教室，諸賢達共勉之！其失，後世方知。」願以慶雲教室，諸賢達共勉之！

吳師慕亮醍醐灌頂，勵志之嘉言（26）

◎妙語趣談～靈術技倆：左營城南，一滑頭謂人曰：「我善畫符唸咒，使人聽我指揮，我欲其往東，其弗敢往西；我欲其往西，其弗敢往東，法術靈驗如此！」一人弗信曰：「汝可使我，隨汝而行否？」滑頭曰：「何難之有？汝請閉雙目，開口片刻，待我畫符唸咒，包汝可隨吾而走！」其人從言，滑頭斯時，乃以濃痰一口，吐入其人口中，反身而奔，其人大怒，追之，滑頭轉身笑曰：「吾之法術如何？汝竟隨吾而行矣！哈！哈！哈！」其人啞口無言，方悟斯之詐矣！

⊙箴銘傳家寶：南宋‧僧淨善重集《禪林寶訓》，載云：「自滿自大，妙藥難醫；能革能遷，聖域可躋。」亮師先君（吳公錫坤）之《易申筆記》，亦云：「讓人三分，千災消散；退我一步，萬事甘休。」北宋‧治平四年歲次丁未，歐陽修《祭丁學士文》：「小人得志，暫快一時；要得其失，後世方知。」願以慶雲教室，諸賢達共勉之！

吳師慕亮醍醐灌頂，勵志之嘉言（27）

◎妙語趣談～不動產者：某女郎待字閨中，竟肚腹澎然，行將產子，母亟問女曰：「汝受誰人所動，留此孽種？」女曰：「兒守身如璞，未受人動也。」母怒曰：「未受人動，何以行將產子？」女曰：「娘不聞有動產與不動產之分乎？未受人動而產子，謂之不動產；女兒之行將產子，所謂不動產也。」

⊙箴銘傳家寶：清・金纓《格言聯璧・接物類》：「人好剛，以柔勝之；人用術，我以誠感之；人使氣，我以理屈之；人以奸，我以智破之。」近代教育家之林文慶校長，引述古云：「有志天下無難事，在乎人為之。不為易亦難，為之難亦。吾非千里馬，然有千里志，旦旦而為之，終亦成騏驥。」願以慶雲教室，諸賢達共勉之！

吳師慕亮醍醐灌頂，勵志之嘉言（28）

◎妙語趣談～昨夜是我：一婦，夜與鄰人有私，夫適歸家，鄰人踰牆而去！夫拾得鞋一隻，罵妻不已，因枕鞋而臥，謂妻曰：「且待天明，認出是何人之鞋，再與汝算帳！」妻乘其熟睡，以夫鞋易之，夫早起復罵其妻，視鞋一觀，乃自己也，故大悔曰：「吾錯怪汝，原昨夜跳窗者，倒是我也。」

⊙箴銘傳家寶：清・顧炎武《子房》：「天道有盈虛，智者乘時作；取果半青黃，不如待自落。」唐・孟郊《孟東野詩集・擇友》：「好人常直道，不順世間逆；惡人巧諂多，非義苟且得。」明・于謙《靜夜思》：「人生由來不滿百（難活百歲），安得朝夕事隱憂（自尋煩惱）。」以及漢朝《古詩十九首》之十五，載云：「生年不滿百，常懷千歲憂；晝短苦夜長，何不秉燭遊！」願以慶雲教室，諸賢達共勉之！

吳師慕亮醍醐灌頂，勵志之嘉言（29）

◎妙語趣談～何必刻板：一先生最愛放屁，將椅子挖一窟窿，為放屁出氣之所。東家見而問之，先生因述其所以然，東家曰：「放屁僅管放，何必刻板？」簡練數語，我輩捧腹！

⊙箴銘傳家寶：清・金纓《格言聯璧・處事類》：「以真實肝膽待人，事雖未必成功，日後人必見我之肝膽；以詐偽心腸處事，人即一時受惑，日後人必見我之心腸。」《玄魁居士・笘記》：「學者舉措不可不審，言行不可不稽，寡言者未必愚，利口者未必智，鄙樸者未必悖，承順者未必忠，故善知識，不以辭盡人情，不以意選學者。」願以慶雲教室，諸賢達共勉之！

吳師慕亮醍醐灌頂，勵志之嘉言（30）

◎妙語趣談～畏居首席：有病瘋疾者，延醫調治，醫辭弗肯下藥，病者曰：「我亦自知難醫，惟應服生痰動氣之藥，改為瘀膨二症。」醫曰：「瘋瘀膨膈，同是弗起之症，緣何改之？」病者曰：「我聞瘋瘀膨膈，乃閻王之上客，我生平懼坐首席，故以願坐第二、第三。」

⊙箴銘傳家寶：《聰明・高明八見》～聰明者，智商高；高明者，智慧高。聰明者，向外開拓；高明者，往內尋求。聰明者，以腦而想；高明者，以心而思。聰明者，先天之優勢；高明者，後天之養成。聰明者，于一杯咖啡裡，變化出數種之花樣；高明者，從一盞清水中，感覺而單純之甘甜。聰明者，可以折服別人；高明者，卻能擺平自己。聰明者，如乾旱之製雨機；高明者，似雲淡之風輕飄。聰明者，將比例尺繪出，精密設計圖；高明者，無所為而為之，信手揮妙筆。願以慶雲教室，諸賢達共勉之！

吳師慕亮醍醐灌頂，勵志之嘉言（31）

◎妙語趣談～王八來源：右鄰老翁，有詢：「何以相罵，弗言王七或王九，偏罵王八，閣下姓王，亦明此理否？」王某反詢，汝讀《百家姓》乎？翁云讀之。既然讀之，唸吾聽之。」翁朗聲讀：「趙錢孫李，周吳鄭王，……。」王某揮手，忙止再言：「好！聽汝數一數，王字居第幾名？」翁略端詳，拊手稱道：「真王八也！真王八也！」

⊙箴銘傳家寶：清·金蘭生《格言聯璧》：「事事培元氣，其人必壽；念念存本心，其後必昌。」《佛教法語》：「懺過去之愆尤，覺今是而昨非；修將來之功德，從下學而上達。」觀此修身二語，則源聖賢箴言！晉·陶潛《歸去來辭》：「實迷途其未遠，覺今是而昨非。」《論語·憲問篇》：「子曰：『不怨天不尤人，下學而上達，知我者其天乎？』」老子《道德經·第五十一章》：「道者，物之所由；德者，物之所得。」三教本一家，殊同而同歸。願以慶雲教室，諸賢達共勉之！

吳師慕亮醍醐灌頂，勵志之嘉言（32）

◎妙語趣談～黑貓省力：一人素性最懶，終日優臥弗起，每日三餐，亦懶動手，懨懨絕粒，竟至餓斃！冥王以其生前性懶，處罰變貓，懼者曰：「身上之毛，願求大王賞一全體黑身，單白一鼻，感恩實多。」王問何故？答曰：「我躲於黑地裏，鼠見我白鼻，認作是米糕，貪想偷吃，湊至嘴邊，一口咬住，豈非省無數氣力乎？」（無須別注音，以免畫蛇添足）

⊙箴銘傳家寶：清·金蘭生《格言聯璧》：「人心莫高，自有生來造化；事由天定，何須苦用機關。」古云：「天下事，斷非意料所能及，費心思何益？惟順理而行，置成敗得失於度外可也。」佛光山《星雲大師法語》：「學得一分癡獃，多一分快活；學得一分退讓，討一分便宜。」願以慶雲教室，諸賢達共勉之！

慕亮賦詴　以寄雲仙
立說成章不畏遙，晨曦展卷慶雲廡：
欣看冠首佳聯句，合契知音雅興饒。

結　論

日本《竹氏會箋》：「有言，謂有善言也。」以及：「一步一個腳印兒，凡走過必留痕跡。」筆者尤感論資質淺薄，糊裡糊塗之習氣，憶念始拜師學文，乃無法搦管，從亂寫、塗鴉，漸能撰文；若無玄魁子慕亮師，因材施教，苦口婆心之教導，旀勉：「諸事乃滴水之功，有善有眾，有失有離，其緣起緣滅，當下珍惜因緣；莫隨波逐流，若弗積極勤學則退之，可受鞭策、承受壓力者，方能激發潛力。」南宋·朱熹《勸學詩·偶成》：「少年易老學難成，一寸光陰不可輕；未覺池塘春草夢，階前梧葉已秋聲。」北宋·蘇軾《前赤壁賦》：「寄蜉蝣於天地，渺蒼海之一；哀吾生之須臾，羨長江之無窮。」諺語：「人生一世，草生一秋。」弗勝感荷，承良師益友，門生故吏，賜予筆者，得以造就，于光陰如隙駒，尚能留下隻字片章記錄，從中亦降伏己心，易捆綁之囚，學習表達，剝殼脫胎換骨，藉此著書機緣，酬謝生命之貴人，感激荷德，沒齒難忘，元亨利貞！元亨利貞！元亨利貞！

2020.11.29 台中霧峰林家花園攬勝側記

汝南 廖英琪敬撰

風城家師玄魁子—吳慕亮掌鏡以攝。

賦詩感懷　玄魁子題

日暖風和訪霧峰，尋幽古蹟詠懷琮，

祠堂節義前人澤，祖考賢良後世恭；

愛國英豪民族仰，維鄉壯志庶黎庸，

瓊樓玉宇台灣寶，文藝傳承舉世蹤。

　　光陰似箭，日月如梭，庚子年歷武漢新冠瘟疫盛行，風雨飄搖，將屆滿值壹年，世界各地，傷亡枕藉，慘弗忍聞；萬幸台灣寶地，福報頗厚，政府當局，超前部署，實施防疫措施，掌握得當，舉國上下之黎民，亦全力配合防疫之實行，社交活動，搭公眾運輸，皆落實口罩之配載。故國內旅遊線，尚能搭車自由玩樂，以及物資供應充足，尤感弗幸之幸矣！爰以，經常耳聞家師 吳慕亮提及，對台中林家花園情有獨鍾，眷戀暨嚮往，冀望有朝一日，能親眼目睹，深入走訪，一探究竟，了解林家花園之古蹟，歷史文化之背景。斯于2020.11.29吉旦，由澹寧書軒主人—黃光宇主人與廖英琪，悃愊敬邀玄魁子與師母雅嵐，尊駕光臨至霧峰一日遊，當日乃由黃將馭福斯車，巳時二刻至烏日高鐵站，會晤候駕撥冗，直接前往訪視林氏宅第，不亦快哉！

　　蓋林家花園，乃台灣五大家族之一，其發跡於霧峰（古稱阿罩

霧,今台灣臺中市霧峰區)旋而得名。自19世紀中期,林家因協助平定太平天國、戴潮春事件,並參與中法戰爭而掌有數千精良兵勇,以及樟腦專賣權等特權,掌控中台灣大量之田地,進而成為清領時期以降台灣社會最具影響力家族之一。其「霧峰林家」,指稱阿罩霧地區,與宅邸建築群,包含頂厝、下厝與萊園三大部分,係全台最完整龐大,且甚精緻建築之群落;於台灣傳統建築研究權威李乾朗老師,曾讚云:「霧峰林宅,宛若台灣傳統建築之百科全書,即可觀宅第規模及建築特性,堪稱全台第一官宅,更是一部由木磚瓦石寫就之《史》書。」

台灣清代傳統建築之百科全書—「霧峰林家建築群」

蓋吾儕四人等,抵達蒞臨目的地,乃依照走訪導覽路線,首先參觀林府宅園「宮保第」,入口處一側,豎立「修舊如舊」之立牌,雙足一踏入,則可俯瞰莊嚴之門神,摹繪精細,若無仔細瞧,弗易洞悉復修;因年代久遠,圖像原本樣貌已脫落、模糊,遭九二一地牛翻身之際,受至波及,不堪一擊,造成門板毀損。斯維護歷史古蹟,政府暨林氏後嗣,弗惜耗資數百萬,高請繪圖專家學者,妙手丹青,臻於呈現完整之原型,方能有幸,再覩其門之原貌。由此可知,保存文物古蹟,所具備之財帛,抑或人物投注之精神,實令人難以估計矣!

宮保第

風城家師玄魁子—吳慕亮掌鏡以攝。

爰以，緩步瞻望，進入「宮保第」，乃坐東朝西之位，以三合院或四合院為主，俾使欲知曉當官抑或文人象徵之地位，則可從進入某幾第，逐一得知位階之榮升，倘若高官至頂，即抵進五第，享厚祿之福；觀前景讓吾輩，大開眼界，一覩古人之風雅，環境清幽，建築精雕細鏤，一磚一瓦，頗為講究，建築擺佈之呈現，亦將象徵吉祥之物融入，例如：支摘窗，亦稱：「和合窗。」觀支摘窗，係安裝於檻牆上之一種窗，分上下兩个相等部分。上扇外層裝櫺格糊紙，可用支杆支起；裡層糊紗，既透氣又透亮。惟支摘窗之下扇外層裝櫺格糊紙，可以摘下。上下部分一支一摘，故稱：「支摘窗。」故林家花園亦屬傳統建築（燕尾閩式），每一開間咸安裝兩組支摘窗，左右並列。

吾考燕尾脊，簡稱燕尾、燕仔尾、燕尾翹脊，或翹鵝，乃指屋主脊朝上微彎、兩端外延向上翹起並分叉之曲線，形如燕子尾，流行於中國閩粵及臺灣、越南等地。另外，閩南式燕尾有單層、雙層兩種弗同之細緻結構，尤其雙層燕尾，酷似一大一小兩雙翅膀，彷彿屋脊上振翅飛翔之鳥兒。《詩經・小雅・斯干》：「如鳥斯革，如翬斯飛。」後世簡稱：「鳥革翬飛。」南宋大儒—朱熹於《詩集傳》註解：「其棟宇峻起，如鳥之警而革也，其檐阿華采而軒翔，如翬之飛而矯其翼也，蓋其堂之美如此。」形容周王修築宮室完成時之祝頌歌辭，指屋檐如鳥般飛檐起伏，但晦翁夫子並未言屋脊彎起與如燕尾般之分叉。

爰於宋代《營造法式》用燕尾此詞，乃指闌額一類構件於構件端部所作裝飾華紋。中國傳統則以燕尾形容榫之一種、以及脊瓦，如燕尾蓋脊瓦、燕尾垂脊筒、燕尾岔脊筒等。閩南，以燕尾、燕仔尾・形容屋頂正脊兩端線腳向外延伸、分叉。此類屋主脊彎曲並長於屋檐，兩段微翹成叉形之形式，于東南亞干闌式建築可見，復於雲南晉寧石寨山古墓群發現建築模型，被推測與南方民族對牛崇拜有關。中國南方如東南亞使用干闌式建築，但漢化後房子中脊改放直而閩粵人仍保留干闌式建築文化特色，林家花園藉此裝飾代表財富，以彰顯身份地位。

龍生九子

（圖片源自網路）

觀題偶賦　英琪敬題

圖騰屋柱五行排，九子龍儀攝伏懷；
顯貴威靈迎納福，安居樂業祿豐牌。

復以，龍生九子稱之（註後），即椒圖顯之，呈現古窗之美；構屋樑柱，亦參照五行之方，則以太極八卦定位，顯示當代林氏，對於地理風水相當重視，深信宗祠之良窟，可蔭庇後嗣焉！吾考龍生九子：自明朝楊慎撰《升庵外集》乙書，龍生九子分別：老大贔屭（拼音：bì xì，注音：ㄅㄧˋ ㄒㄧˋ，中古擬音：biih hiih）。老二螭吻（拼音：chī wěn，注音：ㄔ ㄨㄣˇ，中古擬音：thrie）。老三蒲牢（拼音：pú láo，注音：ㄆㄨˊ ㄌㄠˊ）。老四狴犴（拼音：bì àn，注音：ㄅㄧˋ ㄢˋ，中古擬音：pe ngan）。

老五饕餮（拼音：tāo tiè，注音：ㄊㄠ ㄊㄧㄝˋ，中古擬音：thau thet）。老六蚣蝮（拼音：bā xià，注音：ㄅㄚ ㄒㄧㄚˋ）。屢遭誤寫蚣蝮（拼音：Gōng fù，注音：ㄍㄨㄥ ㄈㄨˋ）。老七睚眥（拼音：yá zì，注音：ㄧㄚˊ ㄗˋ，中古擬音：ngreh zeh）。老八狻猊（拼音：suān ní，注音：ㄙㄨㄢ ㄋㄧˊ，中古擬音：suan nge）老九椒圖（拼音：jiāo tú，注音：ㄐㄧㄠ ㄊㄨˊ），拙筆梳理參考！

蓋「龍生九子」，九子弗成龍，其性情各異，各有所好。若平時吾曹於宮殿、廟宇或畫稿、建築、傢俱、衣料等器物上，必覩其蹤影。

第一子贔屭，一名霸下，形似龜，好負重，這係石碑下趺之由來。如台南赤崁樓前，陳列之九座高大乾隆年間雕造之「石龜御碑贔」，雖然雕作寫實龜形，但由於龍生九子之一，故古咸以螭頭龜身模樣。

第二子螭吻，形體似獸，習性好張望或好險，成今日廟宇殿頂、堂塔樓閣等，高處之龍或屋上之獸頂、殿角之走獸，亦可壓祝融。

第三子蒲牢，形體似龍而體積較小，性好鳴叫，成今日鐘上之獸鈕。復言蒲牢畏懼海上大鯨，鯨擊蒲牢，必發出極大之鳴叫聲。故欲鐘聲宏亮，則作蒲牢於鐘面上，刻鯨形之木槌擊撞。東漢·班固〈東都賦〉，載有「於是發鯨魚，鏗華鐘」之文句。爾後，歷朝歷代之佛道禪寺齋堂，亦懸吊魚梆，考之以示魚化龍「超凡入聖」之詣竟。

第四子狴犴，一名：「憲章。」形體似虎而有威力（亦云好訟），故以立於官衙門扉，或牢獄之大門上。古代之牢獄，四處可見之耳！

第五子饕餮，好飲食，故立於鼎蓋，甚至成中國古代銅器最重要之裝飾圖案。蘇軾《老饕賦》：「蓋聚物之夭美，以養吾之老饕。」

第六子蚣蝮，性好水，故立於橋柱。橋柱下咸可覩己身影，旋有中國式部份建築上有滴水之野獸雕飾，若靜以觀之，亦屬蚣蝮也。

第七子睚眥，性好殺，故立於刀環等兵器上。西漢·司馬遷之《史記·卷七九·范雎·蔡澤傳》，載云：「一飯之德必償，睚眥之怨必報。」班固《漢書·卷六·杜周傳》：「反因時信其邪辟，報睚眥怨。」復以，司馬遷《報任少卿書》，亦云：「僕懷欲陳之而未有路，適會召問，即以此指推言陵之功，欲以廣主上之意，塞睚眥之辭。」

第八子狻猊，形體似獅，性好煙火，故立於香爐兩旁之處。吾曹至寺廟時，觀其形象屢屢出現於佛教法座、銅鏡、香爐及脊獸上。

第九子椒圖，形體似螺蚌，習性好閉及好僻靜，故立於大門舖首。最反感別人進入其巢穴，今吾曹攬勝於林家花園鋪首銜環為其形象。

英琪考之,明・楊慎《詞品》,記載:「元人樂府,戶列八椒圖。復以貝瓊未央瓦硯歌:『長楊昨夜西風早,錦縵椒圖跡如掃。』竟弗知椒圖為何物?近閱陸文量《菽園雜記》乙書,載云:『《博物志逸篇》曰:龍生九子不成龍,各有所好,螭吻、蚵蝮之類也。椒圖其形似螺,性好閉,故立於門上,即詩人所謂金鋪也。』司馬溫公《明妃曲》云:『宮門金鐶雙獸面,回首何時復來見。』梁・簡文帝《烏棲曲》云:『織成屏風金屈戍。』李賀詩:『屈戍銅鋪鎖阿甄。』皆指此也。又按尸子云:『法螺蚌而閉戶。』范曄《後漢書・禮儀志》:『殷人以水德王,故以螺著門戶。』則椒圖之似螺形,其說信矣!」

2020 年 11 月 29 日午時三刻・遊霧峰林家花園留影於大廳書賦

左起:作者廖英琪、師母楊雅嵐、家師吳慕亮、黃將光宇,歡怡存影。

林家阿罩霧　吳慕亮敬題
笑傲江湖俗事拋,耽吟步履寫詩鈔;
霧峰佳景神仙境,祖德流芳起鳳蛟。

台灣百年滄桑史

復次,光陰似水,參訪「宮保第」畢,弗知未覺,一溜如煙,時辰已至午時,應祭五臟之際,於是乎!黃將光宇費神,就近安排,前往光復新村,亦是921大地震後,現今唯一保存,設地震教育園區,供時下群眾,可參訪暨紀念之所;上穹警訊大自然之天災,反撲之

力量，是如此強大，弗容渺視，同時喚醒人類對土地愛護之重要。寶地亦成為電影拍攝之場景，多部知名之電影，在此完成拍攝，例如：《一把青》作品，以及規劃綠活生態，開放喜文創者，至此設攤之聚落，推廣文藝小物，逐漸成為霧峰文化觀光資產發展之遊覽勝地也。

　　爰以，踏入光復新村，尚保存一間間眷村之民宅，雖屋主咸已弗復在，以及人去樓空，卻成為各式各樣，頗有特色之手工藝品，眷村新生代文青作品，陳列於店舖內，供遊客玩賞、見識，市集聚攏人氣，熱鬧非凡。惟眾多店面中，有幸一覩朱敏慈老師，人人好工坊之文創，傳遞甲骨文之美學，大作張貼門聯：「花香酒美人多福，日麗風和歲大豐。」臻於訪客，心生歡喜，浸染古字之雅緻。

2020 年 11 月 29 日午時五刻・欣遊光復新村文青新創市集以述

左起：作者廖英琪、家師吳慕亮、師母楊雅嵐，歡怡存影。

　　　　預訂長壽麵　　吳慕亮敬題
　　　　光復喜同遊，纖毫繞指柔，
　　　　新村開景運，假日締嘉猷；
　　　　腐朽神奇造，佳餚品味優，
　　　　人文憑智慧，市集舊情投。

　　復次，假日人潮擁擠，原意乃恭請玄魁子暨師母，入座于「麵粉遇見水」之店舖，品嚐盛名之長壽麵，但欲訂購午饍者，門庭若市，大排長攏，須等至半个時辰以上；黃將見機行事，立馬更改外帶，乃調頭敦請尊上至澹寧書軒用餐暨午休。爰以，黃府屋內設計，乃以

簡約、自然之美學，呈現設計之風格，因地形位於山腰，氣候稍微潮溼，故添置壁爐於內，可燒柴增溫度，藉以取暖之途外，亦可驅濕氣之效焉！惟享用乾麵膳食畢，光宇則先示範，如何利用木頭點燃火苗，控制火之大小，展現壁爐功用之妙，令亮師大開眼界，歡忭取出相機拍攝，驚喜觀祝融成火鳳鳳飛昇，尤感弗可思議；並盛情邀約至閣樓休憩片刻，聆聽英琪頌鉢，冀望祥和鉢音，能讓兩位尊長帶來滋養，同時為即將發行，錄製導引身體放鬆之CD，伏乞亮師弗吝賜教建議，俾使拙作臻於完善，弗勝感荷！亮師及師母二人，抒懷各賦乙詩如後：

吳慕亮感賦

鉢韻傾聞感盛情，隨機應教化無明；
ＣＤ廣佈三千界，普渡黎民褌道成。

楊雅嵐感賦

緩帶輕裘法語揚，天音白鉢示臻祥；
庚年歲末開新局，發聵振聾作導航。

2020 年 11 月 29 日未時四刻‧**觀澹寧書軒壁爐飛鳳朝陽以賦**

黃家呈瑞象　吳慕亮敬題
飛鳳火神展翼翔，人間照耀澹寧光；
風城雅客嚐乾麵，白鉢音符角羽商。

三代民族英雄，百年台灣世家，林獻堂博物館。

　　元・李愛山〈集賢賓・牡丹亭日長簾半捲套・高平調煞〉，載云：「那時節和風麗日滿東園，花共柳紅嬌綠軟。」雖值庚子神鼠當令之玄冬季月，當日溫度適中，豔陽高照，一行人短暫停歇，即動身前往林氏花園，109年始開放，頗感有幸之機緣，方能入院參訪耳！蓋林府家世背景，歷史悠久，假使觀瞻博物館，弗落入走馬看花，不究其底蘊，則必須有導覽員介紹，始能窺探究竟；故黃將光宇有先見之明，已預先申請導覽員，當日吉旦良辰，則由許碧金老師擔任，逐一解說館內，陳列文物之由來及掌故風雲。爰以，林獻堂先生，名朝琛，諱大椿，號灌園，字獻堂，出身霧峰林家頂厝系，具備新舊知識份子之優點，為人處世，樂善好施，濟弱扶貧，熱心公益，乃當代之仕紳；同時亦致力於社會改良、文化啟蒙，引進新知，成為新知識份子之典範。故此之特質，令獻堂先生成為台灣二十世紀前半期最偉大人物之一，並對台灣之貢獻，功不可沒，大體從以下略述以介紹：

一、文化教育：加入櫟社（1902年（光緒廿九年）林朝崧（林癡仙）、賴紹堯等人，成立櫟社，社名取意：「學非世用，是為棄材；心若死灰，是為朽木，今夫櫟，不材之木也，吾以為幟焉！」1911年（宣統三年）梁啟超至臺，期許臺灣文人當積極關懷臺灣之未來，對櫟社社員影響頗深。1943年該社所編文集遭當局以「內容咸與現下非常時局不合」而禁止發行。該社由林朝崧創社，傅錫祺拓展規模，林獻堂對聚結文友貢獻尤大）保存漢文學，任首屆《台灣青年》雜誌會長，成立「台灣文化協會」，發行《台灣民報》，推動設立台中中學校（今台中一中）、萊園中學，協助建立「私立臺中商業專修學校」、延平中學，開辦文化協會「夏季學校」與「一新義塾」，漢語講習所，捐款鼎助台灣海外留學生。

二、政治運動：爭取台灣人平等之「同化會」，要求政治改革「啟發會」（後改名：「新民會。」），倡導政治自主之「台灣議會設置請願運動」，成立第一个台灣人政黨「台灣民眾黨」，從事地方自治事業「台灣地方自治聯盟」。

三、金融活動破壟斷日本人金融，成立大東信託株式會社（華南銀行），二次大戰後改組彰化銀行，並任首任理事長。

四、文學著作：于環球遊覽畢，著書立說，撰寫成《環球遊記》乙書，開啟台灣人國際視野；于日本期間，著有關懷台灣前途與世界時事之《東遊吟草》；《灌園先生日記》，更為台灣歷史上，極重要之私人文獻之一，並留有眾多詩作，輯成《灌園詩集》，以供後人拜讀，如今仍然存而廣流！

五、其他範疇領域：成立社區總體營造之「一新會」，重視女權與女子教育，捐款協助宗教團體，贊助傳統與現代樂團，推廣新式運動，提倡剪辮、解纏足、禁鴉片、破除迷信（原指從宗教迷信之束縛中解脫。現亦指解放思想，掃除自卑感，樹立敢想、敢說、敢幹之新風格）等，風俗改良，贊助新式藝術。

　　縱觀以上可知，獻堂先生才華洋溢，風華正茂，待人處事，溫和圓融，懷有無比勇氣與堅持之人格品性，終生不求聲名顯赫，不計艱辛險阻，不畏強權打壓，僅為爭取台灣人之利益，奮鬥弗懈。後世尊譽：「台灣議會之父及台灣第一公民。」故於台灣歷史上，當時之政經，視為靈魂人物，有著不可磨滅之地位。惟明台高中董事長林芳媖女士身為林家後人，對於能擁有如此偉大之先祖，引以為榮，祖德流芳。其生前豐功偉業，風光之事蹟，值得後人追思與敬仰，臻於眾所瞻望焉！故訂2020年歲次庚子（民國109年）成立「林獻堂文物紀念館」以資紀念，冀望後代效法，先賢仁民愛物，深愛寶島土地之義行，以及推廣教育（提供符合國際趨勢之多元化課程），堅持永弗退轉之精神，賡續為台灣文化之傳承，不遺餘力，在所不辭耳！

許碧金老師導攬

林獻堂博物館客廳一隅，家師吳慕亮掌鏡以攝。

観賞諸墨寶　吳慕亮敬題
綾縑妙筆古香搖，細味披吟佇暮朝；
字畫傳神追顧陸，吾曹靜探蕩心潮。

　　復次，許碧金老師高才博學，從事國文教學，熟稔詩詞歌賦，口若懸河，介紹林獻堂館內擺列，含蓋收藏之展示，包括幾方面：

一、林獻堂先生與令公子林攀龍先生遺留，彌足珍貴之墨寶、手稿、圖畫、照片、檔案、文獻、明信片等，以及當時與文人吟詩暢懷及尺素（書信）往來之記錄；從中弗難發現，當時林先生注重，撰平日活動之記載，始能供後人可回顧，知曉當時之盛況矣！

二、展覽林府於當年，所使用之日常生活用品、家具、男女服裝與飾品、時鐘等。觀清宣統之粉彩花瓶，燭台、神龜、仙鶴（萬年龜與千年鶴），乃象徵龜鶴延年，大理石鑲貝殼材質之床椅也。

　　珍藏之古物：以及林芳媖董事長，個人多年來之收藏品，包括：家具工藝、服飾配件、琉璃、瓷器等。其館中展出每一件家具、飾品、文物，背後均有歷史典故，經由展出器物，提供一窺昔日，豪門大戶人家之生活起居，相當細緻暨講究，顯示出財帛富饒，方能購得極品，歷久弗壞。惟亦可欣賞台灣精湛手工技藝，精緻華麗文化，讓吾儕對當時之生活方式，有深刻認識及瞭解。因此，走入林獻堂博物館，可說是閱讀一部林獻堂先生之傳記，一篇瑰麗錦繡「立體之台灣史」，霧峰林家時代之風雲錄，充文允武，令人敬仰。

三、當代林獻堂相關活動照片與資料，如櫟社（英琪考之，1902年傅復澄、林癡仙、林幼春、賴紹堯等人，成立櫟社，社名取意：「學非世用，是為棄材；心若死灰，是為朽木。今夫櫟，不材之木也，吾以為幟焉！」）、一新會、夏季學校、台灣議會請願運動、讀書會，參與文藝活動之照片等。然則，知悉櫟社濫觴於明治35（1902）年，迄今118年之悠長，詩曰：「樗櫟庸才。」次載：「小叩小鳴，大叩大鳴，願我多士，雅韻同賡，振聲發饋，勿墜清聲。」見識騷人墨客，風雅之胸襟也。

櫟社之鐘

1909 年鑄成之櫟鐘，至今保存已歷 118 年，家師吳慕亮掌鏡以攝。

憶當年擊缽　吳慕亮敬題
騷壇靡騁氣軒昂，繡虎才華孰拮杭；
百戰旗開操勝算，風流典雅武威揚。

四、約略與林獻堂同時期之文人雅士，諸書畫，如梁啟超、徐悲
　鴻、莊太岳、傅錫祺、杜聰明之書法作品；台灣初期本土畫家
　陳慧坤、郭雪湖、楊啟東之畫作。其作品有王石鵬，號了庵：
　「人事必相代謝，江山都是丹青。」清・曾國藩嘉言自警，有
　云：「凡有危急之時，祇有在我者，靠得住；其在人者，皆不
　可靠！」復次許碧金導覽員，導覽之中，舉手投足，唱作俱
　佳，字正腔圓，現場吟唱，演出漢學曲調，別有風味，尤感胸
　臆，懷古憂國哀民之憶矣！

英琪讚曰：
「聲頌霧峰我有聞，悠然竟日看繽紛，
　萊園綠樹休開樂，戲曲高樓攬訪薰；
　保第宗祠觀二典，林家宅院閱三墳，
　傾聽講述淋漓致，享盡文光好氣氛。」

2020 年 11 月 29 日申時四刻・銘刻林獻堂博物館許碧金老師

碧金語春風　吳慕亮敬題

清言導序感優良，解說林家惠里鄉，
博引旁徵淳俗勵，如珠妙語雅風揚；
霧峰揮翰稱椽筆，櫟社題詩味更芳，
一曲高歌吾輩醉，詞章見地讚無疆。

林獻堂故居「景薰樓」

左起：作者廖英琪、師母楊雅嵐、家師吳慕亮、黃將光宇，留影於景薰樓。

巍峨似宮殿　廖英琪敬題

景薰臺榭府林標，飲水思源列祖朝，

雅士懸梁謀望富，騷人鑿壁立功饒；

雲門四喜黃扉舉，月地三多紫閣翱，

首創黌宮匡教育，垂馨萬祀德懷遙。

　　訪林獻堂博物館後，最末之所在，乃頂厝系主要宅邸，為林獻堂之故園，由彭永康老師擔任解說，引領吾曹逐一進入「景薰樓」。由林奠國於1864年（清‧同治三年歲次甲子）開始興建，1867年林文鳳完成第一落內外護龍、正身與景薰樓門樓；1883年（清‧光緒九年歲次癸未）林文欽完成第二落主體建築與第三落部分。爾後林獻堂於日治時期重新整修，增建正廳前葡萄架，並將原本之門樓重建，形成今日吾儕所觀之規模。

　　爰以，「景薰樓」即屬「公媽廳」，係放置祖先牌位及祭祀之地，宣導林家先祖，歷史之淵源；祖先牌位乃依輩位排名，文朝資正，大鼎銘昭，海國春輝，坐東向西，門楣上懸掛有林文欽於1893年中舉人之「文魁」匾額。彭老師續補充說明，從印章可知考試認可資格。唯目前所觀之「文魁」扁，非林家原有，乃陳氏替之，蓋曾發生失竊事故，所幸失而復得，有前車之鑒，故未更換，就以此匾額，作為供民眾參觀；林文欽之士，乃十七歲成年所賜之，恩科即加考，加考恩科之理由，恰逢國家大喜之際，當年清‧慈禧太后六十之大壽，方能毋須等三年，僅需半載即可登科復考，扁額之級乃副舉人（佳作）耳！

　　英琪考之，宋朝之科舉承五代後晉之制，科舉制度每三年舉行鄉、會試，乃為正科。遇皇帝親試時，可別立名冊呈奏，特許附試，稱為特奏名，一般皆能得中，故稱：「恩科。」開設恩科始於宋而明、清和越南阮朝亦用此制，越南後黎朝（英琪按：後黎朝（越南語：Nhà Hậu Lê／家後黎），越南之一個朝代，由黎利於公元1428年（中國明宣宗之宣德三年歲次戊申）創立，國號：「大越。」後黎朝可分成前期及後期兩部份。前期與占城對峙；時洎後期，阮主和鄭主分據南北對峙，後黎朝皇帝僅為鄭主之傀儡，頗有遺珠之憾）則有性質類近之「盛科」，但僅舉行一科。清代於尋常例試外，逢朝廷慶典特別開科考試，亦稱：「恩科。」若正科與恩科合併舉行，則稱恩正併科。

　　觀「景薰樓」呈現建築之格局，庭院可見高聳之架子，緣由乃因西曬問題，故於廳前蓋葡萄架（目前因無人居住，僅存鐵架），並加蓋軒亭以遮陽；旁為風永池（若皇帝乃呈圓形），碧庸池，作為儲水，防火，風水，儲才，求才之用；月池書院（講課教書之所）；棟架間分別設計，可活動之「八卦門」、「四聘」、「四喜」、「四愛」及「天官賜（四）福（蝙蝠）」，鐘（終生平安），花瓶門（瓶中繪製荷花、梅花，象徵一年四季，出入平安）等樣式圖案，具裝飾效果。然則，景薰樓主要建築則分，三落五進九開間，即俗語所云：「大厝九包五，三落百二門。」

　　考之係傳統四合院式格局，其中景薰樓大門，弗開中間房門出入，乃從位於東南方位（巽卦），外有阿罩霧圳環繞，隱含「門迎納水」之風水格局，整座建築走向為東西向，諺語「坐東向西，賺錢無人知」之意涵。再則，連接第一落及第二落之川堂，則有「英（鷹）雄獨立」雙視畫（對聯：「福慧雙修須及物，身名俱泰要留餘。」），以及象徵「魚躍龍門」造型之斗栱。主廳兩側有大型花瓶門，取四季出入平安之意。

　　1947年（民國三十六年）二二八事件發生，時任省財政處長之嚴家淦先生（蔣中正歿後，嚴家淦依法繼任總統三年，其為人恭慎，在位期間亦甚少行動，尊重行政院院長蔣經國之施政），即受林獻堂保護，暫避於第二落右側廂房閣樓；整座第一落及第二落，因林獻堂先生，匠心獨具，別具一格，創建中部以藍為主之色調，凸顯白色雅致暨脫俗之風。唯美中弗足處，亮師洞悉門樓「仰觀得景」之題有訛，彭老師解釋，此乃美麗之錯誤，于1929年重修，當時負責之工人，未能求證，將俯當作是得，正確應為「仰觀俯察」方是，令人感到頗有白玉微疵之憾焉！

　　復次，《周易‧繫辭‧下傳‧第二章》：「古者包犧氏之王天下也，仰則觀象於天，俯則觀法於地，觀鳥獸之文，與地之宜，近取諸身，遠取諸物，於是始作八卦，以通神明之德，以類萬物之情。」惟家師玄魁子無論走訪足跡至何處，必將攝影機隨侍在身，若感應道交之時，必攝景當時之人、事、物，以作行程之載記；值日暮之際，心有靈犀，乃向空中拍攝，彩雲竟示現，飛龍逐神犬之異象，見識不可思議之境，妙哉！

2020 年 11 月 29 日酉時一刻‧景薰樓與彭永康老師留影銘謝

六文開玉篆,八體耀吟書。

左起:廖英琪、彭永康、吳慕亮、楊雅嵐、黃光宇,留影存念!

聞聲永安康　吳慕亮敬題

微言妙義智多星,講述恩科洗耳聆,

幾度無心愁白髮,三生有約趁山青;

文魁掛壁雙園處,武德懸牆壹典型,

古厝重修循復舊,景薰樓立耀門庭。

2020 年 11 月 29 日酉時二刻‧景薰樓天宇見彩雲掌鏡以攝

飛龍逐神犬　吳慕亮敬題

變幻風雲瑞象先，龍尊九五慶祥綿；

仰觀羹獻盧空至，喜兆登臨出達賢。

結　論

2020 年 11 月 29 日酉時七刻‧黃將光宇設宴款待於東方喜悅餐廳

山珍海錯，鳳膽龍肝。

右起：黃亦仁、何秋汝、黃光宇、廖英琪、楊雅嵐、吳慕亮，
歡怡存影於東方喜悅餐廳一隅。

人生清談暢　吳慕亮敬題

亦老詩翁聚一堂，琳瑯古翫盡收藏；

培松植樹知新種，立業成功信義良。

　　然則，流光瞬息，時辰已至晚間，應是晚饍時刻，澹寧書軒主人之令尊翁（黃董事長亦仁），得知玄魁居士至訪視霧峰林家花園，故於百忙之中，特定費神設宴，挑選位於台中南屯區「東方喜悅」餐廳，款待家師及師母；食材料理乃極品，新鮮美味可口，乙桌之佳餚，大飽口福，大快朵頤；黃董事長為人樂善好施，屢將觀景亭山麓種植之果食，餽以員工暨親朋好友，並弗吝分享栽樹及護苗之經驗！旋而敦勉，人生三可悲：「一則，良師不學；二則，良友不交；三

則，良機不握。」以及做人處世，成功六機：「危機——轉機——生機——識機——握機——用機。」故與亮師相談甚歡，賦歸頗感不亦樂乎！

最末，霧峰林家花園，名曰：「萊園。」係霧峰林家頂厝之後花園，乃台灣四大名園之一。最初由林文欽生欲感念令慈羅太夫人所建。今霧峰林家花園，則與霧峰林家頂厝故居景薰樓、私塾蓉鏡齋，以及林獻堂博物館，統合成霧峰林家花園林獻堂博物館園區，整座園區屬全國最大之國定古蹟聚落群，亦第一座臺灣私人博物館。霧峰林家花園中有五桂樓、飛觴醉月亭等名，係萊園十景之名勝，景薰樓，則屬三落五進九開間之傳統合院式建築，雕琢細緻，呈現霧峰林家大家族之氣勢。仰首蓉鏡齋，則臺灣格局最完整之私家書院。復觀，林獻堂博物館收藏林獻堂、林攀龍父子之墨寶手跡，更有頗多名人雅士之活動照片與資料，並展出霧峰林家既往之家具衣飾也。

蓋霧峰林家花園不僅臺灣著名景點，亦吾曹認識《臺灣史》之好去處，更屬造訪阿罩霧必去之台中霧峰景點也。末尾，遊覽林家花園之行程，由彭永康老師（明台高中教師、嶺東科大兼任講師，東海大學社會學研究所社會學系卒業）詳盡說明下，結束一日之旅，裨益了解林宅第之人文，流風遺跡，增廣見聞；以及祖先開懇暨創立家園之弗易，方能有「前人栽樹，後人乘涼」之惠。夫憶疇昔，渥蒙家師吳慕亮，旃勉：「現在之福，積自祖宗者，不可不惜；將來之福，貽於子孫者，不可不培。」以及：「留福與兒孫，豈必盡黃金白鏹；種心為產業，由來皆美宅良田。」簡語良言，供思索留何物，以作為後代可承業，百世流芳也。筆者寸楮拙見，聊作今日之紀遊！

2020.1.7吉日良辰　　汝南 廖英琪沐手記述於雲仙小築牖前

汝南 廖英琪遊記以吟懷

百年名蹟霧峰光，文物衣冠展桂堂，

玉宇丹楹華胄氣，瓊樓刻桷偉然昂；

風騷符采興城境，政事勇忠護國疆，

古道流風瞻韓切，執鞭嗣響德宗芳。

風城耆儒吳師慕亮令郎結婚誌慶
「吉祥銅鑼賀婚禮」之側記

汝南　廖英琪敬撰

家師—吳慕亮留影於「吉祥銅鑼賀婚禮」之舞臺，廖英琪掌鏡以攝。

賀曰：

「祥風吉禮府堂親，雅讌名賢賀悃賓，
　俊彥長男承澤惠，蛾眉次女厚敦倫；
　鑼笙擊玉符良契，鼓角敲金喜麗姻，
　積善行仁宗族慶，光昌萬世締婚哎。」

緒言

　　諺語有云：「男大當婚，女大當嫁。」于風城當今五術名作家，耆儒碩望，吳師慕亮育有一對兒女，其令郎子賢，英俊瀟灑，風度翩翩，才能幹濟，乃弗可多得之材；如今撫摩鞠育，值立室之歲；並有情人終成眷屬，燕侶鶯儔，乃擇黃道吉日，于國曆2019年10月27日，行冠婚大禮。蓋明代《增廣賢文》，載云：「一日夫妻，百世姻緣。」以及：「百年修得同船渡，千世修來共枕眠。」若非宿世，前修福慧，三生石上，符契良緣，海誓山盟，方能千里姻緣一線牽，嘉偶天成。爰以，兩姓聯姻，郎君迎娶得淑女，鴛鴦于飛，蓮開並蒂，同心同德，璧合珠聯；賢妻蔭夫，貴夫恤妻，以共創天倫之樂，美滿家庭焉！

　　歲次己亥年農曆九月廿九日午時，值九秋清和，丁卯穀旦良辰，紫氣東來，鳳集河清；此日乃吳師慕亮令郎合婚之大喜日。夫當日舉行結婚典禮，款待地點于「家欣樓時尚婚宴會館」，敦請雅士，席開四十有二桌，眾親戚暨道友，為新人子賢暨盈禎祝賀之。其雅座無虛席，現場嘉賓賢彥，冠蓋雲集，顯示主人於學術界，頗具影響力。旋以新郎暨新娘雙方，三親六眷，攜伴蒞臨，宴席道賀外；政商名流及五術界之俊士（社團法人之理事長居多），亦從北中南之十方，弗辭勞遠，赴宴席慶之！可謂：「連理枝頭花並蒂，合歡席上燭雙輝。」

　　新郎子賢君之令尊，慕亮師耆年碩德，為人恂恂，謙謙君子，卑以自牧；五術界之碩儒，設硯論命，廣結良緣，指點迷津，渡眾脫離劫難。蓋亦當代作家，博覽五車，貫古通今，著書立說，弘揚聖人之學；同時身為盧醫，聞苦救難，責無旁貸，妙手回春，聖手仁心，樂善不倦，拔治庶民之症，活人無數。爰以，子賢君之令堂雅嵐，通情達理，克盡為人妻與母職，興家和樂，坤儀美德，乃賢妻良母之閨範。如今，教子有方，子賢傳承，自詩禮之家，一表人才，丰神俊美，事業卓特，成家立室；天賜良緣，與李府次女，盈禎紅粉之佳人，端莊嫻淑，才媛洋溢，任職優秀之公務員（臺中市政府之消防局）。斯天賜良緣，門當戶對，成親家禮道，共譜好姻緣，佳話美事。

　　然則，玄魁居士作育菁莪，春風夏雨，弟子桃李滿天才，人才輩出。故既往蒙受德惠之門生，獲接喜訊，莫不尤感歡忭，期待吉日，霑染新婚佳偶之喜氣，並聊表心意，獻上衷心之祝福焉！謹撰拙句以賀，聯曰：「菊酒宴嘉賓，敢道人情冷暖；蓉裳迎淑女，管他世態炎涼。」家師慕亮自幼受儒家教育及先君吳公錫坤之啟蒙教誨，敬祖尊天，慎終追遠，遵守傳統古禮，循規蹈矩，故先撰訂盟及結婚庚帖（遵循古代婚禮習俗之一，為男女雙方用以書寫生辰八字，交予對方，藉由推斷窮通悔吝之帖子）以呈女方，且於婚宴前夕，埋首燈前，沐手撰寫訂盟庚帖（庚者，年庚；帖者，姓名），恭錄後章：

《延陵堂‧紫微諏日訂盟庚帖》

（乾）吳子賢：歲次乙丑民國七十四年十月初三日〇時建生
（坤）李盈禎：歲次己巳民國七十八年九月廿四日〇時瑞生

歲次己亥民國一〇八年九月初一日黃道之吉旦
庭午一刻（十一點十五分）舉行訂盟之大禮
晌午六刻（十二點三十分正）宴請親朋佳賓

讚曰：

「德門卜應好音來，喜訊傳書帶笑開；
　吐鳳文華稱濟美，乘龍詠絮偶清才。」

歲次己亥年中秋月圓之夜穀日良辰
　　　　　　　　　^{隆中}吳慕亮謹擇於新竹市龍風詩社牖前

《延陵堂·紫微諏日結婚庚帖》

（乾）吳子賢：歲次乙丑民國七十四年十月初三日〇時建生
（坤）李盈禎：歲次己巳民國七十八年九月廿四日〇時瑞生
　　歲次己亥民國一〇八年九月廿九日結婚大喜
　　　　上午辰時五刻（係八點十五分）安床
　　　　上午巳時三刻（九點四十五分）迎娶
　　　　上午巳時六刻（亦可題前稟報）拜祖
　　　　正午時一刻（係十一點十五分）進房
　　　　正午時六刻（十二點四十五分）雅讌

讚曰：

「才人淑女配乾坤，懿德端容一世尊，
　眞是三生聯舊約，欣逢九月舉新婚；
　熊羆叶夢同心喜，魚水歡情兩意溫，
　連理枝開花並蒂，滿堂紅灼燦金樽。」

歲次己亥年中秋月圓之夜穀旦良辰
　　　　　　　　　^{隆中}吳慕亮謹擇於新竹市龍風詩社牖前

《延陵堂·喜臨門稟報祖先疏文》

遙祭

禮拜 唐進士戶部大司徒，延陵吳氏開閩始祖仁祿公案前，

祝之以文曰：

「洪維吾祖，入閩自唐。亂朝恥爵，避世螺陽。
大吳開族，讓德傳芳。孫枝蕃衍，跨省聚鄉。
封仟馬鬣，陵寢龍崗。千年文物，一朗重光。
搦管感賦，禮讚昭彰。祭告穹蒼，獻饌奉觴。
寸心聊表，後奕繁昌。善行廣佈，延陵發揚。」

訓曰：

「富貴顯然，必忠孝節廉，自任幾端，方可無慚宗祖；
詩書美矣，但士農工商，各專一業，便非不肖子孫。」

伏以：

「守東平王格言，不外為善兩字；
遵司馬公家訓，只在積德一端。」

涓今：

中華民國 108 年歲次己亥年九月廿八日吉日良辰
裔孫 吳慕亮沐手恭撰疏文，敬備香花、清茶、果品，

焚香稟報——

延陵堂上 吳氏來臺歷代祖先，
吾家六世哲嗣一吳子賢，將明朝午時黃道吉日，
娶媳於隴西李府第二千金李盈禎，
入門於延陵世第——

叩祈：

堂上　吳氏歷代祖先，庇佑子賢娶媳後：
傳宗接代，光耀門風。血胤伶俐，智竅洪聰。
業道增進，和睦歡融。行善積德，貴仕顯崇。
諸事順遂，慧點玲瓏。闔家老幼，身體康躬。
四時無厄，銘篆蒼穹。八節有慶，學問習充。
百福並至，處世信忠。千祥雲集，以立德功。

讚曰：

「叩稟祖先壇，和鳴娶鳳鸞，

錦衾應覺暖，淬幀弗知寒；

枝葉成連理，杯樽鑄合歡，

晨昏情意好，喜色上眉端。」

恭此：

上聞！

天運己亥年甲戌月乙丑日前夕穀旦

　　　　　　^{裔孫} 吳子賢暨李盈禎 叩首禮拜稟告

喜宴嘉賓　致詞程序

新郎吳子賢（右）及新娘李盈禎（左），文定之喜佳照。

頌曰：

「關雎詩詠樂陶然，禹錫風微遠近傳，

錦帳香濃情繾綣，洞房冬暖意纏綿；

雀屏中目郎才俊，鴻案齊眉女貌妍，

琴瑟和雞家美滿，百年偕老永團圓。」

英琪按：《詩經‧鄭風》：「女曰雞鳴，士曰昧旦。」故云，琴瑟和雞。

嘉賓光臨簽名入座‧先播放絕律祝賀詩

（主持人 家欣樓 millet 小姐）

新郎新娘攜手首次進場

（壹）新竹市前市長許明財先生（介紹雙方）
（新郎新娘及男女雙方家長登臺）
新郎：吳子賢：民國 74 年 10 月 3 日〇時建生
朝陽科技大學資管系研究所畢業，大潤發生鮮採購經理。
令尊：吳慕亮　令慈：楊雅嵐
新娘：李盈禎 民國 78 年 9 月 24 日〇時瑞生
國立政治大學政治系畢業，台中市政府消防局行政科員。
令尊：李建邦　令慈：袁琇美

（貳）吉祥鑼響賀婚禮（25 分鐘）
廖英琪 主持
廖英琪、黃光宇、周育年、方馨婕、林靜馨，五位老師。
新郎新娘更換禮服（恭請陸續致詞）

（叁）新竹市議會 陳治雄議員
（肆）國立清華大學 戴念華教務長
（伍）清華大學王偉中教授 & 教務處印度中心主任
（陸）浙江大學黃來鎰教授（浙江寧波致電以賀）
（柒）黃培鈺博士：中華孔孟聖道會會長

新郎暨新娘 第二次進場
（新娘活潑奔放花絮及成長影片觀賞）
（捌）高雄市中國書法學會蔡豐吉理事長
（玖）陳正家老師：當代詩書畫三絕導師
（拾）近體詩祝賀（一者，十一尤韻；一者，十三元韻）

新婚七言律詩誌慶囍 王宥期老師親撰吟唱
嘉偶奇緣本夙修，欣看此夜結良儔，
三星在戶歡聲震，五福臨門喜氣悠；
鸞鳳齊飛情款洽，笙簧並奏韻清幽，
登堂自愧無佳句，且將關雎賦好逑。」
新郎新娘舉杯以代全場敬酒致謝
（拾壹）高雄・孫宗慶教授（慈航中醫）
（拾貳）屏東・潘貴隆老師（南屏臥龍）

（拾叁）新婚誌慶賀賢禎　顏雅蓁老師撰唱

七言律詩（十三元韻）

「才人淑女配乾坤，懿德端容一世尊，

眞是三生聯舊約，欣逢九月舉新婚；

熊羆叶夢同心喜，魚水歡情兩意溫，

連理枝開花並蒂，滿堂紅灼燦金樽。」

（拾肆）答謝

主婚人—吳慕亮 上臺致詞敬謝

（拾伍）

（七言絕句・上平聲四支韻・王宥期老師吟唱）

「欣逢吉旦結婚時，諸賢蒞臨祝賀詞；

倍感溫馨臻福祿，酬恩共飲醉盈卮。」

延陵・吳慕亮－弘農・楊雅嵐 敬題

延陵堂・工作人員

收禮金人員：①薛桂英 ②歐陽敏玉 ③楊惠智

招呼每桌十人座位：①黃麗芳 ②劉英雄 ③王宥期 ④王若庭

攝影兼錄影：劉元瑞

鑼聲響起

家欣樓喜宴主桌前，由周育年、方馨婕、林靜馨、黃光宇獻藝，廖英琪主持。

賀讚：

「銅羅一響醉瓊觴，華國樓頭鸞鳳翔，
　印證同心臨綺閣，影傳笑吻爇蘭房；
　吹簫恰喜追蕭史，舉案堪欣媲孟光，
　詩詠關雎今夕祝，三生石上契情長。」

　　仰首觀瞻，慶雲干呂，祥瑞輻輳，靈鵲報喜；紅鸞照命，賀客滿堂，座無須席，筆者稍作，略數統計：中華海峽兩岸周易科學交流協會之吳瑞源理事長、中華易學研究院協會之洪富連院長、洪宇懋理事長、中華民國人相學會總會之陳清竹理事長、張志戎理事長、台灣易經研究會之鄭堤午理事長、國際易經學會中華民國總會之陳泓銘理事長、臺中縣陽宅教育協會之劉進榮理事長、中華民國後天派易經堪輿學會之羅榮德理事長、中國河洛理數易經學會之翁秀花理事長、中國五術風水命相學會之劉棟義理事長、林進來理事長、中國星相研究學會之劉肇鑾理事長、臺灣地理師協會之林家崑理事長、中華生基命理堪輿師協會之范清堂理事長、新竹縣竹北市樂活文藝協會之藍耀石理事長、中華民國地理師協會之高銘祥理事長、唯心聖教中港道場之元然法師、……。

　　以及桃園易學研究院之鮮于文柱教授（當代《孔明神數》之方家）、身心靈養生之郁文風博士、守德堂三元地理之林金章老師、元善五術哲學之徐修齊老師、斗六之林春教授，蔡文禎老師及鳳雛先生之吳宗珅、豐祥地理開運之王榮豐老師、伯學地理之林宗南老師、玄空六法之張清淵老師、天星玄空之楊博瑞老師、欽天門之吳秋蓉老師、吉祥坊易經開運之黃恒堉執行長、臺灣體育大學之黃克鑫組長、胡說草堂之胡九蟬老師、天文星象之陳宥潞老師、祿野山人楊鐘輝老師、逸雲閣星相研究所之范振木老師、晉觀緣之林進裕老師、三民國中教務主任之謝偉傑、真理大學麻豆校區之邱茂波教授、台灣銀行政風處之孔憲臺處長、竹林書局之林吳照美、政德中醫診所之郭進雄醫師、上海古育禎博士、姓名學專家之洪沛瑠老師、高松堂之劉玉斌老師、新娘秘書之彭寶儀老師、……。

　　復有，清水觀音堂之洪燈樹住持、宏發道場之李岳謙住持、新竹皇靈宮之郭碧詩住持、板橋法雲道場之王棋煌住持、旗山崇華道院之吳坤龍經理、台灣閭仙派之陳松燦住持、九十老人之莊楊瑞澤前輩、

周易名家之王震宇教授、吳雅美校長、鄭飄校長、許金龍中醫師、芳鄰之鍾文煌先生、書法方家之李逸竹老師、新竹教育大學之陳美利教授、陳自文總經理、如勝企業之杜讚鴻總監、……，以及《華山玄祕》之同門，劉英雄師叔、林承慶師侄、大師兄蔡春德、大師姐薛湘縈、師姐顏毓美、李玉孟、黃麗芳、陳如茵、楊秋琴、楊惠智、黃玉英、潘雪蘭、何海境、李秀霞、洪勤芳、王若庭、師妹歐陽敏玉、許麗春、許念萱、……，師兄劉鳴鏘、陳星韶、李文慶（漫畫專家）、陳榮馨、張弘杰、陳榮宏、王宥期、張翔綸、……，另男女雙方親朋繁衍，不齊備載！

　　旋以，禮到人未至，因事不克惠臨，計有：當代八九書畫家之韓錦田、書法大師之簡銘山教授、書法方家之謝石鴻老師（遠赴上海書法參展）、中華海峽兩岸周易科學交流協會之黃來鎰創會長（寧波講學）、臺中榮總之吳誠中醫師、屏東東港之蔡東烜醫師、臺南固本中醫診所之陳安平醫師、士林政德中醫診所之曾文煌醫師、厚生中醫診所之郭悟振醫師（延陵堂入室弟子，民國七十三年歲次甲子，台北慈光講堂286位學員之班長）、柏諦集團之李志誠總監、新竹蕭志潔議員（適帶警員出國考察）、詩人之李旭昇老師、高雄養德中藥行之趙光正老師。

　　嘉義大學之張秀雄秘書、龍潭陳宗仁居士、雅斯頓公司之林金泉董事長、宜蘭孔孟學會之林浴沂理事長、高雄市達觀命理學會之蔣小剛理事長、世界易經大會之徐芹庭理事長及總幹事陳芸伯（堪輿名師－陳幸男哲嗣）、台中鐵筆子紀念館之館長鍾進添、聖興堂代書之李振發老師、延陵堂入室弟子（詩文雙全）之黃寶蓮師姐（適遠行英國）、中華易道心法文化協會之江特忠理事長、高雄縣五術教育協會之李羽宸理事長、廣東之陳秀美點傳師、天元佛院之陳淑真點傳師、……。

　　中華民國人相學會之林炳煌理事長、中華風水命相學會之吳睿誌理事長、常務監事鄭淇睿、大溪廣播電台之呂培元主持人、聯合大學之趙雲瀚博士、台中陽宅教育協會之王春生理事長、中華星相堪輿命卜研究協會之張育維理事長、新竹市立虎林國中之鄭明谷校長、臺中人相學專家之蔡津美老師、新竹密宗大師之賴國雄、臺北大元書局之顏兆鴻總編輯、桃園書法家之雷青翰、深坑陳家豆腐名店之陳啟章掌門、潤霈生技公司之蔡坤榮董事長、新竹天祿診所之劉華巖醫師。

　　聖淵堂玄空六法之張文煌老師、中華易經風水命理協會之徐傑詮理事長，中國五術教育協會之詹順榮理事長，彰化五術教育協會之彭俊理事長，新竹會友齋藝廊之陳作仁師父、清水福宴國際創意美食餐廳之蔡巾壯總經理、美國易經學者之王勝生博士、上林開運中心之林定榮老師、慈航中藥行之吳夢蝶老師、新竹普天宮之鄭逸榛董事長、合氣大愛手基金會之顏秋絨老師、康立素料之陳惠美老闆、堂兄之吳文亮、吳文夫、祺袍專家之吳鈴華老師、臺中何坤靜女史（師母楊雅嵐高雄女中及實踐大學之同班同學，五十年之知交）、銘傳大學通識教育中心之吳惠巧教授、育達商業大學之張雅智教授。靜思！亮師雖朋儕廣泛，若無平時交流及付出，焉有今朝盛況之光彩。可謂：「人間歲月閒難得，天下知交老更親。」

　　爰以，筆者不學無術，己身之趣，屢接觸音聲療法；並於昔歲，深受亮師提挈暨勗勉，以及黃來溢理事長拔擢，受邀2018至台南《周易》兩岸論壇，晚會節目，表演五音聲療，登臺獻技。新近，渥承亮師弗棄，獨垂青睞，應邀為吳李聯婚囍慶，子賢暨盈禎之喜筵，開場獻藝，演奏一段「吉祥鑼聲賀婚禮」表演，祥音瑞氣繚繞，祝福才子佳人，良緣夙締，嘉偶天成，連珠合璧！夫同時汲引周育年、方馨婕、林靜馨、黃光宇等，諸位身懷絕技之老師，偕同惠臨，吾則叨陪末座，咸同獻技。爰而吉旦于舞台上，呈現音療之樂器，拙筆搦管，記述音聲運用之效暨屬性，簡略梳理臚列，供眾先進參閱之。

樂記簡述

（圖片源自網路）

　　《禮記・樂記》，載云：「樂者，樂也，琴瑟樂心；感物後動，審樂修德；樂以治心，血氣以平。」復云：「樂者，天地之和也；禮者，天之序也。和，故百物皆化；序，故群物皆別。樂由天作，禮以地制。故樂行而倫清，耳目聰明，血氣和平，移風易俗，天下皆寧。樂者，樂也。君子，樂其道，小人，樂得其慾。以道制慾，則樂而不亂；以慾忘道，則惑而不樂。」諸此，則指出音樂之效也！

　　旋以，《黃帝・內經》之《五音應五臟》論述，乃吾國古代音樂治療最初之理論基礎，將五音及臟腑彼此間之配屬繫焉，五音歸屬於五行，內合于五志，五臟可影響五音，反之亦可通過五音調節五臟功能，即通過與五臟同情調之音樂，臻於唐朝房玄齡等人合著之《晉書・樂志》：「是以聞其宮聲，使人溫良而寬大；

　　聞其商聲，使人方廉而好義；聞其角聲，使人傾隱而仁愛；聞其徵聲，使人樂養而好使；聞其羽聲，使人恭儉而好禮。」然則據五臟之生理節律，以五音基調為根柢，應配合選擇弗同樂器，施予差異之音聲抑或曲調之樂曲，裨益調適自我之身心也。

　　英琪考之，喉音，土脾宮，如烘、荒、呼、昏、歡，是也。齒音，金肺商，如春、窗、初、攙、抄，是也。牙音，木肝角，如經、堅、交、加、薑，是也。唇音，水腎羽，如崩、班、包、奔、波，是也。《黃帝內經・素問・陰陽應象大論篇・第五》：「肝主目，其天為玄，在人為道，在地為化。化生五味，道生智，玄生神。神在天為風，在地為木，……，在音為角，在聲為呼，……。心主舌，其在天為熱，在地為火，在體為脈，在臟為心，在色為赤，在音為徵，在聲為笑，……。

　　脾主口，其在天為濕，在地為土，在體為肉，在臟為脾，在色為黃，在音為宮，在聲為歌，……。肺主皮，其在天為燥，在地為金，在體為皮毛，在臟為肺，在色為白，在音為商，在聲為哭，……。腎主耳，其在天為寒，在地為水，在體為骨，在臟為腎，在色為黑，在音為羽，在聲為呻，……。」復以，五臟所藏：「心藏神，肺藏魄，肝藏魂，脾藏意，腎藏志。」五音與五臟相互應，乃音樂治療疾病重要之原理。

八音小註

竹	匏	土	絲	

笛	笙	塤	琵琶	南胡(二胡)

（圖片源自網路）

　　次之，器樂之本，《漢書·律曆志》：「聲者，宮、商、角、徵、羽也。所以作樂者，諧八音，蕩降人之邪意，全其正性，移風易俗也。」八音：土曰塤，

　　匏曰笙，皮曰鼓，竹曰管，絲曰絃，石曰磬，金曰鐘，木曰柷。五聲和，八音諧，而樂成。商之為言章也，物成孰可章度也。角，觸也，物觸地而出，戴芒角也。宮，中也，居中央，暢四方，唱始施生，為四聲綱也。徵，祉也，物盛大而芟祉也。羽，宇也，物聚臧宇覆之也。夫聲者，中於宮，觸於角，祉於徵，章於商，宇於羽，故四聲為宮紀也。

　　協之五行，則角為木，五常（父義、母慈、兄友、弟恭、子孝。東漢·鄭玄，〈注〉：「五常，五行也。」）為仁，五事（《尚書》：「貌、言、視、聽、思。」）為貌。商為金、為義、為言，徵為火、為禮、為視，羽為水、為智、為聽，宮為土、為信、為思。以君臣民事物言之，則宮為君，商為臣，角為民，徵為事，羽為物。唱和有象，故言君臣位事之體也。」從此理擴展，推至人五德根源之由來。遂知可就其音本質之差別，運用弗同之器具，有益和調五臟，提升「樂品」之修養及思想層次。蓋依憑進而從中，嚴選數項之樂器，作雅讌之演奏，祝賀新人子賢&盈禎，歡聯二姓，緣結三生，是以頌讚！

樂器概述

一、鳥笛：陶土製，乃宮音，裨健脾；喜鵲報吉聲，如百鳥朝鳳！

二、海螺：類歸羽音，滋補腎；法器象徵，龍鳳呈祥，福至心靈！

三、歌詩鈴：玻璃片，徵音（地水風火）舒心；清耳悅心，鸞鳳和鳴！

四、風管：乃角音，助養肝；斯急竹繁絲，賀以戮力同心，白頭偕老。

五、丁夏：石器，則為商音，益潤肺；穿雲裂石之聲，吉慶相敬如賓。

六、銅鑼：金屬，亦屬商音，鏗鏘肅勁，善治躁怒，使人安寧；嘉慶百年好合。

　　次之，銅鑼乃宇宙之音，經由弗同之銅面、大小尺寸及震頻，產生弗同音聲之異。振筆臚列樣式，以供賢達參考！復觀銅鑼，爾今尊響聲音之花，和平鐘聲之徵，宇宙AUM之音；其源暨傳播，乃由銅鑼大師董康若（Grand Gond Master Don Conreaux）降誕於1934，乃作曲家、音樂家、表演藝術家暨導演；兼殊獲譽全世界聲音領域之先鋒者，及世界公認之銅鑼大師，當前歲屆八十高齡，尚於傳授鑼法與世界各地巡迴演出；Don　Conrea亦是The　Mysterious　Tremendum　Consort（奧祕非凡樂團）and　School　of　Sacred　Sound（神聖之音學校）之樂團之藝術總監（關於Don　Conreaux更多資料，可google搜尋Don'　　Websites網站：www.holistic-resonance.com）。

　　蓋古老之鑼聲，凝視為聲音療癒，尤佳之吉祥樂器；銅波音頻，能賜予聽聞者，振動身心靈，致使淨化與平衡神經系統，獲得寧靜安祥！爰以，依據西洋近代之占星研究，太陽系可視之十一个花瓣，各種基調之行星群，可振動個體之身心能量，影響細胞、情緒暨心智；而銅鑼彷彿球體，透過星座鑼，含有銅、錫、鎳，等手工製。其屬一項，頗具能量發動之馬達，可釋放宏大之共振；斯音色及回音，裨益黎民群眾，聆聽鑼聲時，特定之聲波，隨著弗同之鑼樂，創造出奇妙之頻率。旋而音波導致，影響腦波之反應，調節心緒；亦相偕震動全身經脈、血液、七脈輪暨氣場，展現療癒之功。惟有各式銅鑼之名，相對應之星座與效能，振筆臚前，列舉數類，捃集參考，爰錄如下：

名稱	脈輪	生理／心理之關聯及作用
1.地球鑼系列 恆星日	第一脈輪 根輪	生、心理：骶叢、前列腺、坐骨神。婦女經痛，……等，自我中心。 作用：提升安全感與穩定性。

2. 月亮鑼／巨蟹座	第二脈輪 生殖輪	生、心理：生殖系統、膀胱叢、腎上腺，……等，自信、耐心、意志力、果決力。 作用： 刺激與平衡性能量。
3. 太陽鑼／獅子座	第三脈輪 臍輪	生、心理：太陽神經叢、胃、脾、腎上腺，……等，自我激勵、奮鬥力、決策力。 作用：提升專注暨洞察力，啟迪心智。
4. 地球鑼	第四脈輪 心輪	生、心理：胸腺、心、肺、心包，……等，汎愛、慈悲、接受。 作用：同情心及精神與感受之情緒。
5. 水星鑼／處女座	第五脈輪 喉輪	生、心理：甲狀腺、副甲狀腺、頸椎等；表達、互動、創造力。 作用：提高人際關係之溝通與交流。
6. 金星鑼／金牛座	第六脈輪 眉心輪	生、心理：腦、腦垂體；心智、洞察力、靈視力。

7. 地球鑼系列　柏拉圖式年 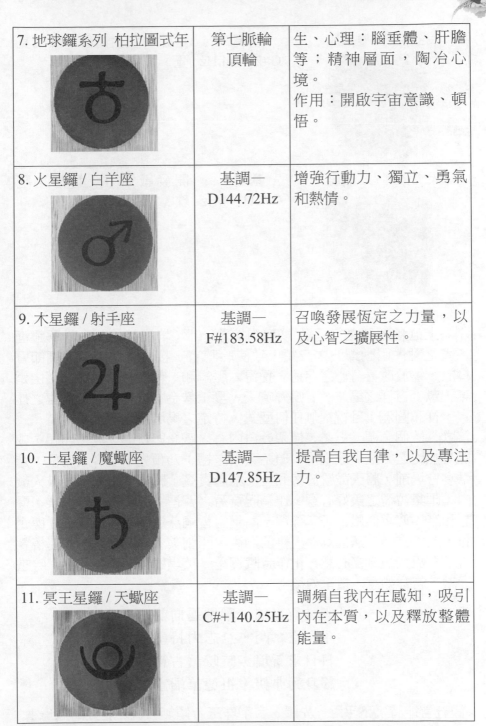	第七脈輪 頂輪	生、心理：腦垂體、肝膽等；精神層面，陶冶心境。 作用：開啟宇宙意識、頓悟。
8. 火星鑼／白羊座	基調— D144.72Hz	增強行動力、獨立、勇氣和熱情。
9. 木星鑼／射手座	基調— F#183.58Hz	召喚發展恆定之力量，以及心智之擴展性。
10. 土星鑼／魔蠍座	基調— D147.85Hz	提高自我自律，以及專注力。
11. 冥王星鑼／天蠍座	基調— C#+140.25Hz	調頻自我內在感知，吸引內在本質，以及釋放整體能量。

12. 海王星鑼 / 雙魚座 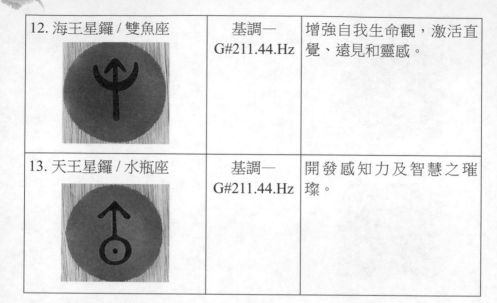	基調— G#211.44.Hz	增強自我生命觀,激活直覺、遠見和靈感。
13. 天王星鑼 / 水瓶座	基調— G#211.44.Hz	開發感知力及智慧之璀璨。

　　上述各類型之行星鑼,可經由銅鑼師(培訓養成),敲繫鑼面各處之點,引動鑼波之音頻,致使聆聽者,接收音聲時,可調節暨釋放,臻於改善身心之弗適,獲得六脈調和。俾使吾儕歡忻,藉由婚讌,獻上吉祥之鑼波,表鳴鑼喧天,戞玉敲金;祝福新人及蒞臨之佳賓,祥和圓滿!且祝福無任何型式,特定之場域,均可以一首詩、一首歌、一個念頭、……,僅須發自內心之感念與祝願,無遠弗屆,咸能有無比之力量。故安排,頒貽天鼓之禮;乃預先于賓客入席位,進婚宴會場前,將天鼓置於案頭上,恭請貴賓,將祝賀之佳話,敲入鼓內,匯集盈盈之美好心意,作為睨賢盈之賀禮;亦象徵乾坤和樂,琴瑟和諧,傳承儒風,子孝孫賢。高堂對哲嗣燕翼貽謀及深切之愛與企盼,成家立業,燕侶鶯儔,耕前鋤後,開創美滿幸福之室;並將椿萱待子女舐犢情深之心意,化作詩賦賀之。英琪捃綴,吾曹共饗,吟哦誦讀,吉祥如意,援筆如後:

> 「天鼓賀嘉綿,聯婚邁向前,
> 　生存宜奮鬥,意志力持堅;
> 　日日求新境,時時讀古篇,
> 　終身勤弗輟,祖德筆端宣。」

觀五言律詩,下平聲一先韻,字字珠玉,傾無窮盡之愛暨勗勉焉!

2019 年 10 月 27 日巳時三刻・五姝仙女惠臨隆中小築律詩以賦

一堂書畫，滿座仙才。

左起：黃光宇、林靜馨、方馨婕、周育年、廖英琪，留影河洛居。

　　吳師慕亮，係德高望重之名儒，平易近人，樸實無華；七言迎士農工商，待客之道，弗論階級高低，總感一片至誠待之。故題吟律詩上平聲一東韻謝之，贶以「雷電聲光自然醒」之周育年、方馨婕、林靜馨及黃光宇老師等，撥冗至風城獻藝道賀！

賦曰：

「承迎玉駕聚隆中，握手言歡笑語融，

源溯竹南敦雅誼，薪傳栗邑仰高風；

聲波共振三曹撼，雷電交鳴五術衷，

姝女才華瀛島冠，銅鑼偉業樹奇功。」

復貼冠首，聯云：

「育修般若心無住，年植菩提佛有情。」

吾亦野人獻曝，班門弄斧，擬作七律，下平聲六麻韻奉酬：

「誠能演奏譽名家，彷彿梧禽悅耳誇，

紫電祥光暉客袂，春雷瑞氣射羅紗；

銅鑼撼動諸方士，鼓瑟和諧達邇遐，

戛玉敲金傳寶島，周師展藝頌奇葩。」

蓬蓽生揮

書藝高妙，鐵畫銀鉤。
左起：林靜馨、周育年、廖英琪，展墨留影，以資紀念！

　　諸鴻文及詩章之大作，臚列於後，七律書法對聯，敦請高雄市書法學會之蔡豐吉理事長揮毫，贈予珍貴之墨寶，以銘戢留存！搦管操觚，梳理至此，懷人生短暫，有幾度秋？欣逢如此之盛會，且有機緣，藉以報答亮師教誨，獻上微薄之寸心，胸臆著實，深感無比之榮幸！夫吾輩衷心，音波響徹雲霄，悃誠祝福，忭賀才子佳人，休徵卿雲；鶼鰈情深，瓜瓞綿綿，白頭偕老，五世其昌，元亨利貞！

囍賀 吳李聯婚·新郎子賢 & 新娘盈禎《絕律詩章》

風城八九耆宿—韓錦田老師，惠賜手札（左）及親繪鴛鴦圖（右）祝賀！

左：謝石鴻老師書法，七言絕句之題賀！右：高陽·許永昌博士之四字題賀！

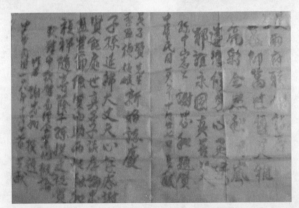

謝忠和老師，撰以古體詩冠首題賀！

清水，福宴國際創意美食—蔡巾壯總經理，花卉祝賀！

新竹普天宮—鄭逸榛董事長，
惠贈立姿花卉（一對）祝賀！

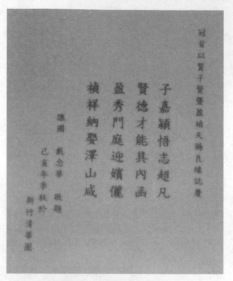

謹以賀子賢螢盈楹天賜良緣誌慶

子嘉穎悟志超凡
賢德才能具內函
盈秀門庭迎嬪儷
禎祥納娶澤山咸

題贈　戴念華　敬題
己亥年季秋於
新竹清華園

清華大學—戴念華副校長，
題七言絕句祝賀！

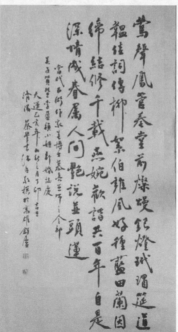

如
今
男
兒
已
丈
夫

濟陽蔡豐吉於雄州

驚聲鳳管奏瑤觴爲燦燦銘燈球遵延道
韞結詞傳柳絮伯雜鳳好種藍田蘭因
締結修千載無婉諧共百年自是
深情成春屬人間艷說並頭蓮

濟陽蔡豐吉撰於高雄倬廬

且
看
淑
女
成
佳
婦

濟陽蔡豐吉敬賀

高雄市書法學會—蔡理事長豐吉，撰以中堂律詩及對聯之題賀！

嘉賓簽名墨寶

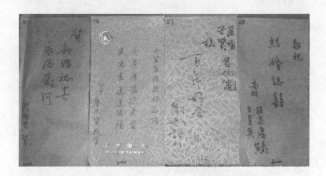

嘉賓禮金袋題字以賀代表

新竹市議員—蕭志潔（右）與陳治雄（左）喜帳以賀！

新竹市前市長—許明財（右），證婚致詞祝賀！

周育年老師（左）惠贈天鼓，賜予新郎吳子賢＆新娘李盈禎，以資紀念！

新竹市議員—陳治雄，致詞祝賀！

國立清華大學—戴念華副校長，致詞祝賀！

國立清華大學—王偉中教授，致詞祝賀！

國立臺灣師範大學—黃人傑教授，致詞祝賀！

中華孔孟聖道院—黃培鈺博士，致詞祝賀！

蔡理事長豐吉（右）致詞，親書頒賜中堂及對聯祝賀！

台北陳正家書法教授致詞，親書頒賜冠首卷軸墨寶祝賀！

台中潭子王宥期老師，吟唱七律詩祝賀！

高雄慈航—孫宗慶中醫教授，致詞祝賀！

屏東指針掌門人—潘貴隆老師，致詞祝賀！

台南顏雅蓁老師，吟唱七律詩祝賀！

主婚人吳慕亮，登臺致詞敬謝！

典觀三禮備・詩詠二南初

銅鑼祈福團隊，諸位老師與新郎吳子賢 & 新娘李盈禎，留影紀念！

汝南・廖英琪敬題
三生註定締親家，喜鵲東來叫吉嘉，
紫電祥光暉客袂，春雷瑞氣射羅紗；
銅鑼撼動諸方士，鼓瑟和諧順命誇，
立說成書傳哲嗣，慈孫孝子滿堂娃。

詩學門生 絕律賀詩

香車迎淑女，喜酒宴嘉賓。玄魁居士—吳慕亮（右一）入室門生群，
前左起：歐陽敏玉、楊惠智，後左起：王若庭、王宥期，留影於風城家欣樓時尚
婚宴會館，二樓入門處一隅。

太原・祝天慶敬題
姻緣一線牽，鼓樂響堂前，豹略丈夫志，慧心女諦仙；
巫山雲十二，朱履客三千，明德流芳遠，螽斯瓜瓞綿。

西河・卓有成敬題
寶燭煙光吐，瓊筵香氣和，乘龍欣喜溢，種玉福祿多；
明月窺簾幕，嬌花散薜蘿，枕幃看未足，著意畫雙峨。

勃海・歐陽敏玉敬題
朱陳締結好，淑女配才郎，意合鴛鴦枕，情投翡翠床；
今宵攀月桂，來歲弄圭璋，伉儷同偕老，家庭樂且長。

敏玉按：朱陳本村名，該村住家僅朱陳二姓，世世代代締結婚

姻。唐‧白居易〈朱陳村〉詩:「徐州古豐縣,有村曰朱陳,……,一村唯兩姓,世世為婚姻。」後引申比喻為締結婚姻之代詞,寸楮小註!

高陽‧許明財敬題

結婚重負百年連,相讓和諧更愛堅;
好合良儔無盡福,興家立業出人前。

廣陵‧蕭志潔敬題

景星煥彩耀閨房,吉日佳辰合卺觴;
寶眷情歡魚得水,月圓花好配天長。

穎川‧陳治雄敬題

吉日聯婚喜氣揚,光輝華燭燦高堂;
春宵合巹心雙印,伉儷和偕日月長。

譙國‧戴念華敬題

子嘉穎悟志超凡,賢德才能具內函;
盈秀門庭迎嬪儷,禎祥納娶澤山咸。

念華按:「澤山咸」屬《周易》娶妻之象‧〈卦辭〉:
「咸亨,利貞,娶女吉。」

旗山‧莊楊瑞澤題

延陵祜福出賢郎,賦就關雎第一章;
琴瑟欣和銀燭爛,榮偕伉儷地天長。

江夏‧黃來鎰敬題

孟光端合配梁鴻,舉案齊眉孰與同;
錦帳秋濃香夢穩,和諧琴瑟慰吳翁。

江夏‧黃培鈺敬題

郎具奇才婦淑賢,堪稱一對好姻緣;
雙棲願遂鶼鶼鳥,自此時時應並肩。

延陵‧吳瑞源敬題

府第仙家列喜筵,霞觴擎進祝團圓;
桃夭戴詠宜家室,夫唱婦隨到百年。

延陵·吳坤龍敬題

宛如賜宴漢宮牆，鳳管鸞笙逸韻揚；
誰繼月中攀桂去，欣看俊秀子賢郎。

隴西·李逸竹敬題

新詩此日熊羆林，交拜成雙喜不禁；
畫的青山眉樣好，百年有結是同心。

樂安·孫宗慶敬題

仁宅鶯遷鸞鳳舞，欣逢吉日與良時；
延陵得厚承天佑，福祿駢臻獻祝詞。

江夏·黃人傑敬題

吳李聯婚賀喜題，子聰媳慧共靈犀；
賢明德耀盈禎瑞，慶泰乾坤享永齊。

清河·張月娥敬題

延陵慕亮仰儒風，楊氏雅嵐贊譽隆；
建利經邦迎喜事，袁門琇美敏玲瓏。

隴西·彭 俊敬題

花燭雙輝照洞房，如蘭氣味撲人香；
春風一夜君須記，交頸鴛鴦入夢長。

滎陽·潘貴隆敬題

綵筆徵祥五色花，盟書喜定繫吳家，
良辰選吉同心唱，鼓瑟鳴琴綻賁華。

滎陽·潘淑美敬題

寶鏡臺前美若仙，家欣執手月團圓，
情深共識鴛鴦被，散葉開枝富貴緜。

鹽官·翁秀花敬題

風城十月慶時新，喜鵲開門繞近隣；
兩姓聯婚天下賀，花開並蒂喜迎春。

魯國·曾溫嫦敬題

延陵府第響佳音，鼓瑟吹笙萬客臨；
汎溢華堂臻瑞氣，情投意合結同心。

潁川 · 陳榮馨敬題

緣定三生跡可尋，鸞儔鳳侶價黃金；
盈禎淑慧吳家慶，郎子賢能岳父崟。

西河 · 卜大有敬題

天成佳耦是知音，共苦同甘永結心；
花燭洞房親結吻，春宵一刻勝千金。

上谷 · 侯天恩敬題

佳期正值小陽春，風暖華堂擁玉人；
應是三生緣夙定，漫教相敬竟如賓。

延陵 · 吳萬吉敬題

平平仄仄締良緣，戀愛情絲己自牽；
海石山盟皆繾綣，相親相敬樂綿綿。

隴西 · 閔孝先敬題

梅花點額艷新妝，珠玉雙輝暖洞房；
料得明年如此日，也應雞酒約同嘗。

原門 · 田如欣敬題

福慧前修得婦賢，好將良玉種藍田；
台中路接風城處，締得今生美滿緣。

汝南 · 廖英琪敬題

鳳侶鸞儔結契彌，溫良五德曜宗儀；
和衷共濟相扶掖，並蒂蓮花慶合怡。

西河 · 靳執中敬題

紅毹擁出態嬌妍，璧合珠聯看並肩；
福慧人間君占盡，鴛鴦修到傲神仙。

天水 · 趙雲漢敬題

銀燭雙輝燦畫堂，今宵正喜鳳求凰；
才疏學淺無他祝，惟有螽斯頌一章。

安定 · 席上珍敬題

琴瑟和鳴敞綺筵，臺中寶麗定情天；
吳郎豔福人爭羨，眷屬成雙即是仙。

天祿・劉華巖敬題

隴西淑女隱仙姿，端合關雎第一詩；
願作百年心相印，延陵燕侶共追隨。

弘農・楊惠智敬題

琴瑟和鳴敞綺筵，臺中寶麗定情天；
吳郎豔福人爭羨，眷屬成雙即是仙。

河東・薛湘縈敬題

天作良緣締晉秦，赤繩繫足定終身；
堪誇此夕合歡好，定卜來年獻玉麟。

寶樹・謝石鴻敬題

桃夭喜詠說良緣，鯉躍龍門別有天；
今夜秦樓春似海，風流蕭史固翩翩。

虎林・鄭明谷敬題

花燭光輝照豔妝，佳人端合配才郎；
堂中滿座多學士，同頌周南第一章。

三民・謝偉傑敬題

輝煌華燭結朱陳，牛女合歡枕上親；
舉案齊眉同至老，明年定卜獲麒麟。

延陵・吳夢蝶敬題

笙簫鼓樂響東鄰，淑女才郎證宿姻；
月老推排無謬誤，兩家德望耳聞頻。

河東・裴勤良敬題

眷屬神仙自有真，天教淑女配才人；
龍門杵臼藍田玉，佳話千秋總絕倫。

東海・徐芹庭敬題

嘉偶奇緣本夙修，欣看此夜結良儔，
三星在戶歡聲震，五福臨門喜氣悠；
鸞鳳齊飛情款洽，笙簧並奏韻清幽，
登堂自愧無佳句，且將關雎賦好逑。

江夏·黃寶蓮敬題

菊月和風暖送香，良辰麗日喜迎芳，
家欣設宴張燈慶，綠螘金樽映綵光；
契友嘉賓連袂至，吟詩作賦意揄揚，
今朝並蒂同心結，嗣歲麟兒獻玉堂。

太原·王若庭敬題

三星在戶錯杯觥，縷結同心喜氣盈，
瑟弄琴調飛翼鳥，鐘諧鼓響鳳鸞鳴；
良枝玉樹身投合，喜耦天成月意情，
締結今生常作伴，乾坤朗照樂安行。

太原·王宥期敬題

關雎誌慶現英端，蘭菊庭芳淑德冠，
白首齊眉雙翼鳥，青陽啟瑞一心磬；
良緣夙締人生喜，樂賦隨和伴老歡，
璧合珠聯宜室業，天成燕侶福星盤。

濟陽·蔡豐吉敬題

鶯聲鳳管奏堂前，燦熳銀燈玳瑁筵，
道韞佳詞傳柳絮，伯雍夙好種藍田；
蘭因締結修千載，燕婉歡諧共百年，
自是深情成眷屬，人間豔說並頭蓮。

延陵·吳顏雅蓁敬題

才人淑女配乾坤，懿德端容一世尊，
真是三生聯舊約，欣逢九月舉新婚；
熊羆叶夢同心喜，魚水歡情兩意溫，
連理枝開花並蒂，滿堂紅灼燦金樽。

濟陽·陶元亨題

為祝鴛鴦共舉觴，向平既遂願皆償，
同心帶結珠璣麗，合巹杯傳琥珀光；
郎出吳家才學富，女推李氏德儀揚，
良宵首唱關雎句，花燭雙輝燦洞房。

范陽・簡銘山敬題
周南佳詠唱華堂，寶炬花開並蒂香，
翡翠樓高簫引鳳，芙蓉帳暖夢徵祥；
亦知天上神仙侶，謫配人間傅粉郎，
更頌麟章歌燕爾，願教偕老百年長。

吳興・施展龍敬題
雝雝喜氣溢高門，賓客三千屢履新，
孔雀屏中占好兆，梅花帳裡駐陽春；
雞聲戒旦歡情叶，琴調和鳴樂性真，
自是佳人能飾福，故從才子締良姻。

河南・褚秀慧敬題
笙簫調奏好述章，蠟炬輝煌耀洞房，
今夜陽臺初試合，明年麟趾定呈祥；
壹聯詩句題紅葉，百輛香車映畫堂，
願祝天雞遲報曉，鴛鴦交頸夢添長。

敦煌・洪九思敬題
雙燒銀燭耀華堂，一對玉人宴洞房，
醉倒鴛鴦雲在枕，夢迴蝴蝶月盈廊；
因緣早證三生石，思愛曾焚百合香，
錦帳歡濃春似海，分明織女會牛郎。

晉陽・管鴻鈞敬題
鴛帳新裁豔降紗，洞房春暖燭生花，
郎才早擬博風翮，女貌真堪閉月華；
兩美合歡同枕席，百年偕老副筓珈，
畫眉筆寫催妝句，韻事千秋屬故家。

廣平・賀飛鴻敬題
花灼今看燦爛光，高懸壁上盡文章，
應和佳偶前緣定，纔是合歡百世長；
鸞鳳和鳴成雅兆，鴛鴦結對有禎祥，
羨君術理筠松媲，妙悟楊公得意郎。

汝南・齊九初敬題

畫燭雙輝映洞房，瓊簫聲譜好逑章，
新詩端共吟紅葉，合巹應同醉碧觴；
樹麗交柯巢翡翠，花開並蒂睡鴛鴦，
今宵喜叶熊羆夢，來歲欣看試弄璋。

俠谷・一粒米敬題

玉管笙簫入洞房，新婚燕爾願初償，
乘龍雅值風流婿，跨鳳歡偕窈窕娘；
伉儷情殷成眷屬，綢繆義切正綱常，
興酣此夜熊羆夢，瓜瓞年年慶弄璋。

慕亮＆雅嵐答謝詩

欣逢吉旦結婚時，諸賢蒞臨祝賀詞；
倍感溫馨臻福祿，酬恩共飲醉盈卮。

延陵・吳慕亮＆弘農・楊雅嵐敬題

諸君妙筆惠嘉篇，獎掖垂青感萬千，
刮目凝神頻細讀，傾心聚意屢深研；
詩清律韻追工部，興雅情豪效謫仙，
蒞會婚儀誠祝賀，聊吟拙句答高賢。

結 論

新郎吳子賢（右）＆新娘李盈禎（左），獲得墨寶祝福，夫妻歡顏喜悅！

賀聯：

「彩筆生花，畫眉恰到好處；

新詩題葉，結褵即在今朝。」

夫玄魁居士之德高年劭，樂善好施，以文會友，仗義疏財；宣弘詩學；廣結善緣，著書立說，慷慨貺贈。故能相識海內外，各方之英雄豪傑，以及社會之賢達。亮師譽冠邇遐，聲震南北，名揚四海，乃五術之碩儒；如此之名氣，卻平易謙沖，並無高不可攀之隔；吾欣然親近亮師，莫弗霑濡，得以法喜充滿。蓋吳李聯婚，主人翁禮數周詳，擺宴席四十有二桌，葷素齊備，美饌佳餚謝客，款待貴賓，觥籌交舉，舉觴稱慶。惟招待弗全，恐有失禮，故寬餘兩桌酒席備之。

復次，蒙家師慕亮春風雨露，總是關切，台中慶雲教室之前賢，富貴有餘，則惦記暨貽之！蓋筆者之摯交契友，臺中周師倩琳乃情同手足，感應道交，分享吳師之令郎子賢於婚宴前夕之夜，神遊虛空，夢中示現，接獲美食當前，令人垂涎三尺；原以幻境之擾，始料未及，夢境成真，如願品嚐珍饈，以慰五臟神廟，尤感喜從天降，可謂：「山珍海錯，龍肝鳳髓。」大快朵頤，不亦樂乎！班固《漢書・卷12・平帝紀贊》，載曰：「休徵嘉應，頌聲並作。」《文選・史岑・出師頌》：「休徵自至，壽考無疆。」蓋吾儕等，同沾延陵堂之桃夭家慶（英琪考之，《詩經・國風・周南・桃夭》：「桃之夭夭，灼灼其華。之子于歸，宜其室家。」）實乃口福天賜，喜事同臨，擬撰絕律獻醜，元亨利貞！

祝曰：

「日月交輝合璧婚，鴻賓宴饗慶同樽；

詩囊六禮無雙福，燕侶齊眉毓秀門。」

讚曰：

「欣覘吉士近乘龍，灼灼夭桃瑞露濃，

堂上畫屏開孔雀，閣中繡幕隱芙蓉；

爐香篆裊凝環佩，鏡繞和風覯肅雍，

醉飲瓊漿歌燕爾，碧紗紅縷樂從容。」

歲次己亥年陽月黃道日良辰

汝南 廖英琪沐手敬撰於雲仙小築

2019 年拜謁成都武侯祠紀遊 隆中 吳慕亮

武侯祠

延陵・吳慕亮，留影於成都「武侯祠」過廳，弘農・楊雅嵐掌鏡以攝。

拜謁武侯祠　玄魁子敬題
託孤寄命志難酬，一片忠心貫斗牛；
報國躬身能盡瘁，名留史冊表千秋。

恭謁武侯祠　楊雅嵐敬題
先生夢覺動長吟，抱膝危時自賞音；
三聘下山魚得水，吞吳伐魏志行欽。

楔子

　　夫天之生人，則必授之以所為之事。所謂聖賢者，明理道以教天下萬世者也。故上之興道致治，下之窮理著書，其妙義也。先師 黃宏介夫子，訓云：「誦詩聞國政，講易見天心。」蓋自古迄今，讀書人每逢談《易》，好之者愛其玄妙莫測，造化靈機，真理無窮；抑之者恨其陰陽不測，變化無端，神而弗可知。愛恨交織，情結古已有之，今人尤甚哉！環顧天下萬國，若論陰陽之道，性命之理、丹鼎之術、岐黃之學、詩詞之妙，禪定之玄，則唯我中華《易經》聖典，當今賢良之貫通者，必獨領風騷而無敵於天下也。《易》，乃天人之

學，「《易》與天地準，故能彌綸天地之道」，儒家奉《易》為群經之首，其來有自矣！若我輩研習者，如能謙遜探究，《諸葛武侯・三十二卦金錢課》，或擊節稱賞，一唱三嘆，將獲燃犀，放光照明。如讀三墳五典，似悉八索九丘，醍醐灌頂，欽敬難抑。老朽雖孤陋寡聞，腹笥甚窘，乃樂草數語，以附《周易尚占詩箋》之文末焉！

旋以，歲次己亥2019年3月24日吉旦，老朽慕亮與荊妻楊雅嵐隨團至成都拜謁武侯祠（漢昭烈廟），其屬全國重點文物保護單位，國家AAAA級旅遊景區，國家一級博物館。其位於四川省成都市武侯區，肇始於公元223年修建劉備惠陵時，係中國唯一之一座君臣合祀祠廟及最負盛名之諸葛亮、劉備及蜀漢英雄紀念地，亦全國影響最大三國遺跡博物館。1961年國務院公佈武侯祠為首批全國重點文物保護單位，2008年評選首批國家一級博物館。成都武侯祠現占地15萬平方米，由三國歷史遺跡區（文物區）、西區（三國文化體驗區），以及錦里民俗區（錦里）三部分組成，享有「三國聖地」之美譽。武侯祠，係紀念中國三國時期蜀漢丞相諸葛亮之祠堂，武侯祠因諸葛亮生前敕封為武鄉侯而得名。公元234年八月，諸葛亮因積勞成疾，病卒於北伐前線之五丈原（今陝西寶雞市岐山縣城南約20公里），時年五十四歲。諸葛亮為蜀漢丞相，生前曾封「武鄉侯」，歿後得蜀漢後主劉禪追謚：「忠武侯。」因此歷史上尊稱其祠廟，顏曰：「武侯祠。」

全國最初武侯祠于陝西省漢中之勉縣（沔縣），但眼下最有影響屬成都武侯祠。據《三國志》記載，劉備於公元223年病故白帝城之後，靈柩運返成都，下葬于此，《史》稱：「惠陵。」按照漢制，有陵必有廟，故於同時期，則有漢昭烈廟誕生。大約于南北朝時期，成都武侯祠與惠陵、漢昭烈廟，合併一處。成都武侯祠位於四川省成都市南門武侯祠大街，乃中國唯一君臣合祀祠廟，由劉備、諸葛亮、蜀漢君臣，合祀祠宇及惠陵組成。成都武侯祠屬首批全國重點文物保護單位（1961年），亦首批一級博物館，每年吸引上百萬遊客參觀遊覽，享有三國聖地之美譽。公元223始修建劉備陵寢，成都武侯祠景觀1796年來幾經毀損，屢有變遷。建于唐以前之武侯祠（諸葛亮專祠），初與祭祀劉備之昭烈廟相鄰也。

漢昭烈廟

成都「漢昭烈廟」匾額，延陵・玄魁子掌鏡以攝。

觀匾憶劉備　吳慕亮敬題

功蓋三分八陣圖，龍韜偉略勝孫吳；
託孤窮盡忠肝膽，漢室江山竭力扶。

　　明朝初年重建時將武侯祠併入「漢昭烈廟」，形成現存武侯祠君臣合廟。現存祠廟之主體建築1672年清朝康熙年間（康熙十一年）重建。1961年公佈成全國AAAA級文物保護單位，1984年成立博物館。2006年貴館獲評國家AAAA級旅遊景區，乃全世界影響最大之三國遺跡博物館。成都武侯祠屬國內紀念蜀漢丞相諸葛亮之主要勝跡，亦成都市主要旅遊參觀點。成都武侯祠屬中國影響最大三國遺跡博物館，以文、書、刻，號稱：「三絕。」武侯祠同漢昭烈廟、劉備墓（惠陵）相毗連。整座武侯祠坐北朝南，主體建築大門，二門，漢昭烈廟，過廳，武侯祠五重建築，嚴格排列在從南到北的一條中軸線上以劉備殿最高，建築最為雄偉壯麗。武侯祠後復有三義廟、結義樓等之建築也。

　　吾觀文物區由惠陵、漢昭烈廟和武侯祠，三部分組成，祠廟現存主體建築（惠陵外）均屬清康熙十一年（公元1672年）重建，坐北朝南，排列於一條中軸線上，依次：大門、二門、漢昭烈廟、過廳、武侯祠，以及遷建三義廟和新建結義樓，共有七重。祠內供奉劉備、諸葛亮等蜀漢英雄塑像50餘尊，唐及後代碑刻50餘通，匾額、楹聯70餘塊，尤以唐「三絕碑」、清「攻心」聯最著名。2003年歲次癸未12月，薦馨堂原成都市南郊公園合併為武侯祠園林區。南郊公園原系民國時期四川省主席、抗戰時期第七戰區司令長官劉湘墓園。始建於1938年至1942年，400米之中軸線縱貫南北，石牌坊大門、三洞門、

四方亭、薦馨堂、墓室等，乃西南地區惟一一座北方陵園建築群。于武侯祠之發展規劃中，西區將打造成三國文化之傳播體驗中心。1953年歲次癸巳經修整闢成公園，依次建有浮雕式石牌坊大門、旌忠門、碑亭、薦馨堂、劉湘墓等建築。武侯祠東側之錦里由武侯祠博物館恢復修建，錦里屬清末民初建築風格之古街。其依託武侯祠，擴展三國文化之外延，並融入川西民風、民俗，集吃、住、行、遊、購、娛于一體，係成都文化旅遊新亮點也。

祠堂正門

弘農・楊雅嵐，留影於武侯祠「靜香徑」，延陵・玄魁子掌鏡以攝。

仙居逸飄然　吳慕亮敬題

靜香拱門佇歡顏，韻事重賡俗慮刪；
古色尋詩風雅契，生花妙筆壯河山。

　　觀匾額「漢昭烈廟」，大門內濃蔭叢中，矗立著六通石碑，兩側各有一碑廊，其中最大之一通于東側碑廊內，唐代《蜀漢丞相諸葛武侯祠堂碑》，唐憲宗元和四年（公元809年）立，有頗高之文物價值，係國家一級文物，因文章、書法、刻技俱精，獲稱：「三絕碑。」唐朝著名宰相裴度撰碑文，書法家柳公綽（柳公權之兄）書

寫,名匠魯建刻字,咸出自名家,因此後世稱:「三絕碑。」

　　碑文對諸葛亮之一生,作重點褒評;竭力讚頌諸葛亮之高風亮節,文治武功,並以此激勵唐代之執政者。碑文特別褒獎諸葛亮之法治思想,馬謖(字幼常,荊州襄陽宜城人,蜀漢參軍)因失街亭被諸葛亮依法處斬,臨刑馬謖哭著表示自己死而無怨。李嚴與廖立,兩人咸遭諸葛亮削職流放之罪人,但其亦自甘服罪。當得知諸葛亮病逝,「聞之痛之,或泣或絕」。此均屬《史》實,裴度據《史》褒評,令人信服碑文通篇辭句甚切,文筆酣暢,使人百讀服弗厭。諸葛亮之所以為後人所敬仰,因其有著高尚之思想和作風,無利用職權以謀私也。

劉備殿

成都武侯祠劉備殿－劉玄德塑像,延陵‧吳慕亮掌鏡以攝。

公安縣懷古　杜甫五律詩

野曠呂蒙營,江深劉備城,寒天催日短,風浪與雲平;
灑落君臣契,飛騰戰伐名,維舟倚前浦,長嘯一含情。

　　探二門之後屬劉備殿,亦名:「昭烈廟。」劉備殿入武侯祠正門,即可見氣勢恢宏之昭烈廟。昭烈廟為單簷歇山式建築。正中有劉備貼金塑像,高3米,儀容豐滿莊重,耳大垂肩。左側陪祀令孫北地王劉諶像。劉備像側原有其子蜀漢後主劉禪像,因劉禪昏庸無能,弗能守基業,喪權辱國,宋真宗時遭四川地方官撤除,後則未再塑。于蜀漢後主劉禪降魏時其子劉諶到劉備墓前哭拜,殺家人

後自殺身亡。兩側偏殿，東有關羽父子及周倉塑像，西有張飛祖孫三代塑像，表現關、張兩人弗同外貌和弗同性格，又反映倆者武藝超群、勇猛過人之共同特徵。復觀兩側東、西廊房分別塑有蜀漢文臣、武將坐像各十四尊。

東側文臣廊坊以龐統（人稱：「鳳雛。」相與「臥龍」齊名）為首，西側武將廊房以趙雲（字子龍，乃漢末三國時期之蜀漢武將，生於常山真定〔今河北省正定縣〕，身高八尺〔約185釐米〕，姿顏雄偉。初從公孫瓚，後歸劉備、劉禪。歷任牙門將軍，偏將軍、領桂陽太守，翊軍將軍，領中護軍、征南將軍，封永昌亭侯，鎮東將軍。箕穀失利後自請貶為鎮軍將軍。故後追諡曰順平侯，是為永昌亭順平侯）領銜。每位塑像如真人大小，像前立有一通小石碑，刊其姓名、生平，便於遊人瞭解。此之塑像，氣宇軒昂，形神兼備，反映吾國清代民間藝人之高超泥塑技藝。昭烈廟正殿西壁掛有據說岳飛所書《出師表》木刻，東壁為現代書法家沈尹默書《隆中對》木刻也。

諸葛亮殿

成都武侯祠諸葛殿－孔明先師塑像，延陵・吳慕亮掌鏡以攝。

叩武侯金身　玄魁子敬題
抱膝長吟高士風，偏安帝業決隆中；
不辭盡瘁酬三顧，二表精神在鞠躬。

劉備殿後，下數節臺階（武侯祠低於漢昭烈廟，象徵古代君臣之禮），武侯祠內之諸葛亮像屬一座過廳，掛有「武侯祠」匾額。武侯祠紀念三國時蜀漢丞相武鄉侯諸葛亮之祠堂，諸葛亮生前封「武鄉侯」，歿後諡號「忠武」，故紀念祠堂稱作：「武侯祠。」諸葛亮殿懸「名垂宇宙」匾額，兩側為清人趙藩撰書攻心聯「能攻心則反側自消，自古知兵非好戰；不審勢即寬嚴皆誤，後來治蜀要深思」之聯文，乃頗負盛名之一副對聯，借對諸葛亮、蜀漢政權及劉璋政權成敗得失之分析總結，提醒後人于治蜀、治國時，借鑒前人之經驗教訓，應特別注意「攻心」和「審勢」，正殿中供奉著諸葛亮祖孫三代塑像。殿內正中有諸葛亮頭戴綸巾、手執羽扇之貼金塑像，像前三面銅鼓相傳諸葛亮帶兵南征時製作，人稱：「諸葛鼓。」鼓上有精緻圖案花紋，係珍貴之歷史文物。大殿頂樑由烏木製成，上書諸葛亮寫給兒子諸葛瞻《誡子書》中「非澹泊無以明志，非寧靜無以致遠」。諸葛瞻（字思遠，諸葛亮長子）及其子尚於綿竹抗擊魏將鄧艾之戰鬥中，不幸身亡。

文武廊

武侯祠內有惠陵及蜀國之重要人物咸有塑像，其中，劉備、諸葛亮、關羽和張飛，咸有專殿，其餘之重要文官與武將，則分別塑于文武廊。東邊文官廊，以龐統為首，其次簡雍、呂凱。西邊武將廊，以趙雲為首，其次：孫乾、張翼、馬超（字孟起，扶風茂陵〔今陝西省興平市〕人，三國時期蜀漢名將，漢伏波將軍馬援之後人，馬騰之子，少年成名，曹操曾屢次徵召馬超入京為官，咸遭馬超拒絕）、王平、姜維（慕亮考之，姜維，字伯約，天水郡冀縣〔今甘肅省天水市甘谷縣〕人。三國時期蜀漢名將，天水功曹姜冏之子。姜維出身天水姜氏，年少喪父，侍奉母親，崇拜儒家大師鄭玄。諸葛亮北伐中原時，姜維竟受猜忌，不得已投降蜀漢，獲得蜀相諸葛亮重用，于諸葛亮去世後，姜維開始嶄露頭角）。左右兩廊各有文臣武將十四員，合計共二十八名文武。東府文官廊以龐統為首，其次：簡雍、呂凱、傅彤、費禕、董和、鄧芝、陳震、蔣琬、董允、秦宓、楊洪、馬良及程畿；西府武將廊，則以趙雲為首，依次：孫乾、張翼、馬超、王平、姜維、黃忠、廖化、向寵、傅僉、馬忠、張嶷、張南及馮習諸將也。

惠陵

弘農・楊雅嵐，留影於「惠陵」，延陵・玄魁子掌鏡以攝。

緬懷昭烈帝　　吳慕亮敬題
天下英雄服孔明，綸巾羽扇指揮兵；
刀山僅藉神機撼，劉備咄嗟敵未平。

追思劉皇叔　　楊雅嵐敬題
劉公鯁毅厚寬聞，三顧茅廬載典文；
美諡陵祠懷祭意，層林寶穴仰賢墳。

　　諸葛亮殿西側屬劉備墓，《史》稱：「惠陵。」由諸葛亮親選寶
地，葬劉備於此。《三國志・先主傳》，載云：「八月，葬惠陵。」
據《諡法》愛民好與，曰：「惠。」故名劉備墓稱：「惠陵。」陵墓
中亦合葬有劉備之甘、吳，二位夫人。劉備墓前有清乾隆年間所立
「漢昭烈皇帝之陵」石碑，陵墓建築由照壁、柵欄門、神道、寢殿等
組成。陵前有規模較小之神道為清代所建。惠陵與武侯祠主要建築咸
坐北朝南，緊鄰于漢昭烈廟與武侯祠西側。與武侯祠之間有紅牆夾道
相連。成都武侯祠之字畫、對聯甚多，其中之現代書法家沈尹默書寫
之《隆中對》最引人注目。武侯祠復有岳飛手書之諸葛亮《出師表》
刻石（歷來對此之真偽存有爭議，有此一之說法，此前、後兩表實際
上屬明代士人白麟偽託岳飛之名所書也）。

三義廟

　　三義廟，初名三義祠，三義廟清康熙初年由四川提督鄭蛟麟始建。乾隆四十九年歲次甲辰（公元1784年）因焚香引起大火遭毀，乾隆五十二年歲次丁未（公元1787年）重建，道光二十二年歲次壬寅（公元1842年）又曾全面修葺。爾今，所見建築和匾聯主要屬道光年間之遺存，其建築為混合結構，面積569平方米，四造五殿，規模宏大。後漸坍圮，僅存少量建築尚完好，1981年被公佈為成都市市級文物保護單位。1998年歲次戊寅（民國八十七年），因城建需三義廟由提督街遷建至武侯祠內，則今日所見也。

三絕碑

弘農・楊雅嵐，留影於「三絕碑」，延陵・吳慕亮掌鏡以攝。

三絕千古唱　　楊雅嵐敬題
碑文妙筆集群英，亮節高風勁節榮；
聲譽繞樑傳逸響，名家石刻讚良精。

　　本名蜀丞相諸葛武侯祠堂碑，三絕碑于武侯祠大門至二門之間之東側碑亭中。碑高367釐米，寬95釐米，厚25釐米、唐憲宗（慕亮考之，李純，原名李淳，唐朝第14代皇帝，唐憲宗透過宦官俱文珍等人之協助，迫使父親唐順宗讓位予自己，即「永貞內禪」）元和四年（公元809年）刻建。由唐代宰相裴度撰文，書法家柳公綽（柳

公權之兄）書寫，石工魯建鐫刻。裴文、柳書、魯刻，三者俱佳，故後世譽：「三絕碑。」亦云三絕指諸葛亮之功績、裴度之文章、柳公綽之書法。碑陽、碑陰、碑側遍刻唐、宋、明、清時代之題詩、題名、跋語。

歷史考證

延陵・吳慕亮 留影於武侯祠之「孔明苑」，弘農・楊雅嵐掌鏡以攝。

棲隱古隆中　吳慕亮敬題

昔年諸葛隱南陽，豈意封侯立廟堂；

待出茅廬驚敵國，運籌帷幄智難量。

武將廊之首位塑像趙雲，身穿之服裝卻與文官廊首位之龐統雷同。趙雲屬武將卻著文臣服裝。考之趙雲官職；據《史》料記載，趙雲所任官職，從正《史》可考之「牙門將軍」、「翊軍將軍」、「中護軍」、「征南將軍」、「鎮東將軍」、「鎮軍將軍」等，歸納可知，趙雲一生幾乎皆為將軍職，故為武將，弗為文官。另外《雲別傳》則提趙雲曾任「偏將軍」、領「桂陽太守」，後領「留營司馬」，以太守之職可由文官擔任弗強求於武將外，無論將軍或司馬之職皆屬武將，因此趙雲仍為武將。再觀戰績，趙雲於正《史》中曾有當陽救主、參與收川任務、從征北伐而身當大敵曹真，若再將《雲別傳》中之博望之役生擒敵將、漢中之役交戰曹操軍隊等。若比較文官之外交任務或內政治理等，參戰搏鬥更具武將之本色也。

祠堂定位

　　現今成都武侯祠之趙雲塑像，正好位於武官廊之首席，即趙雲歸類成武將。根據《清朝志略碑文》所述，道光二十九年重塑肖像，因此各尊泥塑之服色與取決皆帶有清朝之眼光。何以趙雲擠身武將廊卻身穿文官服？乃因滿清文官高於武將，即使同品文武，亦以文官為正，而武將為從，如清朝之太師、太保、殿閣大學士卻為正一品，但將軍、提督僅從一品，二品文官有各省總督、巡撫，二品武官卻僅屬總兵、副將，而且總兵副將還得聽命于總督巡撫。因此滿清將趙雲視為文官，乃清朝文官高於武將之關係也。

謚號評價

吳慕亮（右）與楊雅嵐（左）伉儷，留影成都武侯祠三國陣列石刻。

觀陣列石刻　　吳慕亮敬題
承恩三顧筆墨揚，治賊興劉策自長：
一片丹心存二表，至今千載尚流芳。

　　趙雲追謚「順平侯」，此由當時大將軍姜維所奏：「謹按謚法，柔賢慈惠曰順，執事有班曰平，克定禍亂曰平，應謚雲曰順平侯。」按謚法為評價生前而賜稱號，因此先有生平，方有謚號，若反從謚號推返生平，有如鄭人買履，寧信持度而自忘用足，買鞋弗親試腳而反信量尺之奇事。若問趙雲之生平能否足以稱得上謚號所述，而非將歿後謚號反推趙雲生前應有如何對應行為。故以從趙雲之生平所任官職或領軍打仗等行為評價趙雲文武，而弗應以即順且平之評價反稱趙雲

用文不武。若以宋朝奸臣為例，秦檜卒未曾謚為「忠獻」，若從謚號反推生平，則變成因「忠獻」而推秦檜如何忠心愛國；後秦檜遭改謚「繆醜」，但秦檜生平又豈可因改謚而有所變更？秦檜生平事蹟僅有一種，但謚號卻有二種截然弗同之評價。賣國害人，是忠或醜，自有公論，謚號可改，生平難變 趙雲生前仍弗知歿後而追謚「順平」，故弗以謚號評價趙雲生平文武。從趙雲戎馬倥傯一生，聚兵將軍之事，又有行軍打仗之歷練，綜觀生平，應為武將。若參酌歸田復業之建議、東征孫權之勸諫等，趙雲又有文官慎思審行特徵，若稱以文武雙全亦理所當然也。

《武侯祠・攻心聯》

能攻心則反側自消，自古知兵非好戰；
不審勢即寬嚴皆誤，後來治蜀要深思。
——清代趙藩撰・成都武侯祠

成都武侯祠古柏齋

讚諸葛武侯　楊雅嵐敬題

隆中一出建奇勳，縱有奸曹畏使君；

將相封侯匡幼主，據憑韜略統三軍。

慕亮按：若欲理解上聯之意，首先須理解兩片語：一是「攻心」。攻心二字出於《三國志・馬謖傳》裴松之注引《襄陽論》，馬謖被諸葛亮「每引見，談論自晝達夜」。馬謖云：「用兵之道，攻心為上，攻城為下；心戰為上，兵戰為下。」其以打仗最重要之瓦解敵人鬥志，收服敵人之心。其意和《孫子》之「上兵謀，……，下政攻城」相近，此戰略獲諸葛亮所讚賞。二是「反側」。反側於此非正直、弗順從。《詩經・小雅・何人斯》：「作此好歌，以極反側。」意作此歌，以窮極其反側不正之情。《荀子・王制》：「道逃，反側之民。」楊雄〈注〉：「反側，不安之民也。」故反側指部份弗安分守法之人，懂得此兩片語，上聯則可了解也。斯言若打仗之人，能使對方知己之錯誤，知己之力量遠遠不及，使其不戰或不敢戰，心悅誠服，後弗致再謀反叛亂。如諸葛亮擒孟獲不殺，而七擒七縱之，使孟獲知道自己遠非諸葛亮對手，而感謝其不殺之恩，云：「公天威也，南人不復反矣！」消除孟獲，反側謀叛之心。爾後諸葛亮對南方少數民族亦施行一系列寬大扶助政策，獲得愛戴，非但不反，反而協助諸葛亮北伐，此策略高出前人頗多也。

反觀曹操對地方少數民族惟事武力鎮壓，屢服屢叛，始終弗得安寧，相去甚遠。由此可見諸葛亮及後來採取攻心戰略之人，並非喜歡打仗之人，而欲以戰止戰，止戈為武，思維高尚之人。至於下聯，實際駁斥部份以諸葛亮屬法家之偏面說法。法家主張以嚴治國，旋而「銘金百鎰，盜蹠不掇」，和儒家弗同。儒家治國主張「刑罰，世輕世重」，「寬以濟猛，猛以濟寬」，刑罰寬嚴，必根據時代和國情作辯證調節。諸葛亮故以嚴治蜀，正如其答李嚴所云：「劉璋國弱，自劉焉以來，有累世之恩，文法羈縻，互相承奉，德政不舉，威刑不肅，蜀士人，專相自恣，君臣之道，漸以浚替。」可見諸葛亮用重典治蜀，為前代太寬，故遵循儒家「世輕世重，寬猛相濟」之原則，決弗似法家一味用嚴。若不審察時勢，而一味用嚴或用寬，咸帶來嚴重後果，恐皆錯誤。故趙藩（近代著名學者及詩人和書法家）警告後人，弗能盲目學諸葛亮而一味用嚴，亦弗能盲目反對諸葛亮一味用寬，而應當審察當時形勢，深思熟慮，然後決定用嚴或用寬。此副對

聯，既讚揚諸葛亮用攻心戰略之正確性，同時亦歌頌其嚴以治蜀政策之正確性，最後告誡後人弗能盲目一味用嚴或用寬，應當根據當時形勢決定，此極正確，吾略作小註！

吳慕亮爰錄成都武侯祠名聯

李先念成都「武侯祠」題字匾額，延陵・玄魁子掌鏡以攝。

　　　　讚諸葛先師　吳慕亮敬題
　　漢季三分歷兩朝，揮師統領立功超；
　　封侯受命征蠻服，轉伐中原幼主驕。

　　　　讚諸葛武侯　楊雅嵐敬題
　　圖名八陣壯千秋，天下英雄孰與儔；
　　數定三分先帝業，徒餘兩表見鳴猷。

　　兩表酬三顧，一對足千秋。
　　成都：游俊題武侯祠過廳，位於成都市南郊

　　　　志見出師表，好爲梁父吟。
　　　　成都：郭沫若題武侯祠過廳

　　伯仲之間見伊呂，指揮若定失蕭曹。
　　　成都：馮灌父集杜甫詩題武侯祠劉備殿

　　伯仲之間見伊呂，先生有道出羲皇。
　　　滇南黎天才集杜工部句題武侯祠

　　三分割據紆籌策，萬古雲霄一羽毛。
　　　成都：沙孟海集杜甫詩題武侯祠諸葛亮殿

　　三顧頻煩天下計，一番晤對古今情。
　　　　成都：董必武題武侯祠過廳

時艱每念出師表，日暮如聞梁父吟。
成都：瞿朝宗題武侯祠

文章西漢兩司馬，經濟南陽一臥龍。
李爾重題古隆中武侯祠

興亡天定三分局，今古人思五丈原。
趙藩題成都武侯祠

一詩二表三分鼎，萬古千秋五丈原。
成都：武侯祠

諸葛大名垂宇宙，宗臣遺像肅清高。
成都：沈尹默集杜甫詩題武侯祠過廳

成大事以小心，一生謹慎；仰宗臣之遺像，萬古清高。
成都：武侯祠

瀝膽披肝，六經以來二表；託孤寄命，三代而下一人。
成都：武侯祠

文章與伊訓說命相表裡，經濟自清心寡欲中得來。
成都：陳矩題武侯祠諸葛亮殿

大猷是經，謀國早讀隆中對；淡泊明志，慕公好為梁父吟。
落款：重修諸葛武侯祠落成紀念

鞠躬盡瘁兮，諸葛武侯誠哉武；公忠體國兮，出師兩表留楷模。
成都：郭沫若題武侯祠諸葛亮殿

能攻心，則反側，自消從古，知兵非好戰；
不審勢，即寬嚴，皆誤後來，治蜀要深思。
成都：趙藩題武侯祠諸葛亮殿

使先帝不三顧茅廬，笑布衣賤當似我；
如魚得水昭茲來許，一體君臣祭祀同。
成都：蔣攸銛集句題武侯祠

將相本全才，陳壽何人也，評論先生長短；
奇才根靜學，清心寡欲隆中，半策定三分。
　　　　　成都：武侯祠。

勤王事大好兒孫，三世忠貞，史筆猶襃陳庶子；
出師表驚人文字，千秋涕淚，墨痕同濺岳將軍。
　　　　成都：劉咸榮題武侯祠諸葛亮殿

生不視強寇，西來天意茫茫，傷心慟灑河山淚；
死好見先皇，地下英姿凜凜，放眼早空南北人。
　　　　成都：劉咸榮題武侯祠劉備殿

使君爲天下英雄，正統攸歸王氣，鐘樓桑車蓋；
巴蜀繫漢朝終始，遺民猶在霸圖，餘古柏祠堂。
　　　　成都：完顏崇實題武侯祠劉備殿

心懸八陣圖，初對策，再出師，共仰神明傳將略；
目擊三分鼎，東聯吳，北拒魏，常懷謹慎勵臣躬。
　　　　　成都：武侯祠

一生惟謹慎，七擒南渡，六出北征，何期五丈崩摧，
九伐志能尊教受；十倍荷襃榮，八陣名成，兩川福被，
　　　所合四方精銳，三分功定屬元勳。
　　　　　　讚頌諸葛亮

玄魁子掊集讚武侯祠名詩

四川成都「武侯祠」壁詩，延陵・玄魁子掌鏡以攝。

讚孔明先師　吳慕亮敬題

克勤三顧帝恩高，衛國安民不憚勞；
肝膽獎崇扶漢室，祇憑妙計壓孫曹。

唐·杜甫·蜀相詩

丞相祠堂何處尋？錦官城外柏森森，
映階碧草自春色，隔葉黃鸝空好音；
三顧頻煩天下計，兩朝開濟老臣心，
出師未捷身先死，長使英雄淚滿襟！

唐·杜甫·《八陣圖》

功蓋三分國，名成八陣圖；江流石不轉，遺恨失吞吳。

唐·元微之詩

撥亂扶危主，殷勤受託孤，英才過管樂，妙策勝孫吳；
凜凜出師表，堂堂八陣圖，如公全盛德，應歎古今無。

宋·文天祥·懷孔明詩

斜谷事不濟，將星殞營中，至今出師表，讀之淚沾胸；
漢賊明大義，赤心貫蒼穹，世以成敗論，操懿真英雄。

唐·商隱詩（三首）

蜀相階前柏，龍蛇捧閟宮；陰成外江畔，老向惠陵東。
大樹思馮異，甘棠憶召公；葉凋湘燕雨，枝拆海鵬風。
玉壘經綸遠，金刀歷數終；誰將出師表，一為問昭融。

唐·李商隱詩

猿鳥猶疑畏簡書，風雲常為護儲胥，
徒令上將揮神筆，終見降王走傳車；
管樂有才原不忝，關張無命欲何如，
他年錦裏經祠廟，梁父吟成恨有餘。

唐·白居易詩

先生晦跡臥山林，三顧那逢聖主尋，
魚到南陽方得水，龍飛天漢便為霖；
托孤既盡殷勤禮，報國還傾忠義心，
前後出師遺表在，令人一覽淚沾襟。

唐・胡曾詩

亂世英雄經百戰，孔明方此耕作樂；
若垂蜀王三顧來，爭得先生出草廬。

唐・杜甫・武侯廟

遺廟丹青落，空山草木長；
猶聞辭後主，不復臥南陽。

唐・杜甫・詠懷古跡

蜀主窺吳向三峽，崩年亦在永安宮，
翠華想像空山外，玉殿虛無野寺中；
古廟杉松巢水鶴，歲時伏臘走村翁，
武侯祠屋長鄰近，一體君臣祭祀同。

唐・杜甫・詠懷古跡

諸葛大名垂宇宙，宗臣遺像塑清高，
三分割據紆籌策，萬古雲霄一羽毛；
伯仲之間見伊呂，指揮若定失蕭曹，
運移漢祚終難復，志決身殲軍務勞。

唐・杜甫・詠懷古跡

長星昨夜墜前營，訃報先生此日傾，
虎帳不聞施號令，麟台惟顯著勳名；
空餘門下三千客，辜負胸中十萬兵，
好看綠陰清晝裏，於今無複雅歌聲。

唐・杜甫・古柏行（六首）

孔明廟前有老柏，柯如青銅根如石；
雙皮溜雨四十圍，黛色參天二千尺。
君臣已與時際會，樹木猶為人愛惜；
雲來氣接巫峽長，月出寒通雪山白。
憶昨路繞錦亭東，先主武侯同閟宮；
崔嵬枝幹郊原古，窈窕丹青戶牖空。
落落盤踞雖得地，冥冥孤高多烈風；
扶持自是神明力，正直元因造化功。

大廈如傾要梁棟，萬牛回首丘山重；
不露文章世已驚，未辭剪伐誰能送。
苦心豈免容螻蟻，香葉終經宿鸞鳳；
志士幽人莫怨嗟，古來材大難爲用。

唐・杜甫・閣夜

野哭幾家聞戰伐，夷歌數處起漁樵；
臥龍躍馬終黃土，人事依依漫寂寥。

唐・杜甫・詠懷古跡

諸葛大名垂宇宙，宗臣遺像肅清高，
三分割據紆籌策，萬古雲霄一羽毛；
伯仲之間見伊呂，指揮若定失蕭曹，
福移漢祚難恢復，志決身殲軍務勞。

《三國演義》・星墜五丈

身未升騰思退步，功成應憶去時言；
只因先主叮嚀後，星落秋風五丈原。

《三國演義》・三顧茅廬

一天風雪訪賢良，不遇空回意感傷，
凍合溪橋山石滑，寒侵鞍馬路途長；
當頭片片梨花落，撲面紛紛柳絮狂，
回首停鞭遙望處，爛銀堆滿臥龍岡。

《三國演義》・火燒博望坡

博望相持用火攻，指揮如意笑談中；
直須驚破曹公膽，初出茅廬第一功！

《三國演義》・草船借箭

一天濃霧滿長江，遠近難分水渺茫；
驟雨飛蝗來戰艦，孔明今日伏周郎。

《三國演義》・巧佈八陣圖

七星壇上臥龍登，一夜東風江水騰；
不是孔明施妙計，周郎安得逞才能？

《三國演義》‧七擒孟獲

羽扇綸巾擁碧幢，七擒妙策制蠻王；
至今溪洞傳威德，爲選高原立廟堂。

《三國演義》‧空城計

瑤琴三尺勝雄師，諸葛西城退敵時；
十五萬人回馬處，土人指點到今疑。

《三國演義》‧揮淚斬馬謖

失守街亭罪不輕，堪嗟馬謖枉談兵；
轅門斬首嚴軍法，拭淚猶思先帝明。

《三國演義》‧造木牛流馬

劍關險峻驅流馬，斜谷崎嶇駕木牛；
後世若能行此法，輸將安得使人愁？

《三國演義》‧上方谷困司馬

谷口風狂烈焰飄，何期驟雨降青霄；
武侯妙計如能就，安得山河屬晉朝！

《三國演義》‧死諸葛嚇走活仲達

長星半夜落天樞，奔走還疑亮未殂；
關外至今人冷笑，頭顱猶問有和無！

《三國演義》‧預伏錦囊計

諸葛先機識魏延，已知日後反西川；
錦囊遺計人難料，卻見成功在馬前。

可恨路培國

岳飛《前出師表》墨寶，延陵‧吳慕亮捃集以存。

古蹟如鳳麟　吳慕亮敬題

民風日下筆難書，亂刻胡爲惡應除；
遺物寶珍須擁護，臺灣旅客謁仙廬。

據中國之聲《新聞晚高峰》報導，成都武侯祠博物館，乃首批全國重點文物保護單位、全國影響最大之三國遺跡，尊譽：「三國聖地。」2015年5月，武侯祠博物館之一位講解員於其微博上，通過一組圖片曝光一名遊客于諸葛亮所書之《前出師表》石刻上惡意刻字之行爲。之後該消息經過大量轉發，引起輿論之廣泛關注。刻字者是誰？此事有多嚴重？其否面臨法律責任？石刻能否修復否？竟然留名，路培國三字，膽大包天，破壞古蹟，可恨至極！

大陸中心／綜合報導：「五一長假」方剛開始，則傳出大陸旅客蓄意破壞文化古蹟，位於四川成都之三國遺跡成都武侯祠博物館，2日對外表示，館內照岳飛手書雕刻之《前出師表》，遭人惡意刻字寫下到此一遊字樣，館方已聯絡相關單位調查。石刻按岳飛所書《前出師表》製成之拓碑，由20塊方石組成，每長63公分，寬52公分。據《新華社》報導，博物館工作人員1日于巡查時發現，館內之《前出師表》石刻碑文，遭人以硬物惡意刻下「2015.04.30路培國到此一遊」，讓工作人員既傻眼又痛心。館方還說對「路培國」此名字並弗陌生。

2012年國慶假日時，該遊客亦曾於武侯祠三國文化陳列室外留字；亦有網友爆料，此「路培國」曾於成都楊慎《臨江仙》（慕亮考之，《臨江仙》其詞牌名，最初《詠水仙》，調見《花間集》，後作詞牌用。上下片各五句。雙調六十字，前後闋各三平韻，一韻到底。上下片各五句。原文：「滾滾長江東逝水，浪花淘盡英雄。是非成敗轉頭空。青山依舊在，幾度夕陽紅。白髮漁樵江渚上，慣看秋月春風。一壺濁酒喜相逢。古今多少事，都付笑談中。」詞牌格式，平仄譜曲：「仄仄平平平仄仄，平平仄仄平平。平平仄仄仄平平，平平平仄仄，仄仄仄平平。仄仄平平平仄仄，平平仄仄平平。平平仄仄仄平平，平平平仄仄，仄仄仄平平。」）碑文留名，根本「前科累累」！

館方表示，被刻字處屬監控死角，但相關單位已調查取證。眼下將對石刻進行修復工作，盼遊客能文明參觀，尊重及保護文化遺跡。大陸國家旅遊局提出相關規範，希望能透過1號實施之《旅行社行前說明服務規範》及《導遊領隊引導文明旅遊規範》，約束遊客之不文

明行為。如此破壞古蹟文物之惡行，臺灣最重可罰100萬元！復次，我倆遊武侯祠，親覩孔明先師千餘年之德威廣披群倫，收穫匪淺，讚佩萬分！時至3點40分集合，直開「成都雙流機場」，7點50分起飛，一帆風順，晚間10點50分，平安抵達臺灣桃園國際機場，簡書紀遊。謹附：《諸葛武侯・三十二卦金錢課》，搦管操觚，以作結語，元亨利貞！

《諸葛武侯・三十二卦金錢課》

風城臥龍軒之諸葛武侯聖像，五術作家吳慕亮齋戒虔供奉。

讚孔明先師　玄魁子敬題

綸巾羽扇獨超群，識得英雄有使君；
興建兩朝咸濟美，長昭漢季樹功勳。

緒言

　　夫治世無奇才，以非所須則弗生；至亂世而才之奇者，橫軼突展，往往出入，聞見之外。然藏其中，有遇及弗遇，天若制之，若不制之。夫弗遇及遇者，獨值其勢，足以相攝，以託命於遇者之口；非忌則抑才雖奇，迄弗得申其一二，才必挫折，奇若存焉，豈如孤鳴，無敍述哉！天下將興，其積必有源；天下將亡，其發必有門。聖人精於《易》，唯知其門而塞之。蓋〈繫辭・上傳〉：「夫《易》開物成務，冒天下之道，如斯而已者也。是故：聖人以通天下之志，以定天下之業，以斷天下之疑。」以及：「《易》無思也，無為也。寂然不動，感而遂通天下之故。」

　　旋以，《諸葛武侯・三十二卦金錢課》，係舊時先君錫坤公之《易申筆談》抄本，紙皆破碎，詩句模糊，乃遠古遺傳，世難多覯。余恭錄珍藏，視同拱璧，訪客求占，極感玄妙。靜思，窮通榮枯，人所共有，先賢傳授此卦，以啟人迷惑，故未敢自秘，今特授英琪女棣也。老朽慕亮適古稀之年遊成都「武侯祠」歸臺後，朝夕勤奮，孜矻弗息，詳加修訂，搜殘補缺，以合平仄，詩韻規矩，近體成章，靈驗如神！凡占課者，焚香淨手，自備古銅錢五枚（分辨陰陽），于桌案上或靈龜殼內，雙手高擎，仰望虛空，向上連搖數下，頓首默唸——

伏　以：

神哉武侯，列位丹丘。胸羅星斗，腹隱貔貅。才超管樂，德並伊周。吉凶先判，禍福預籌。三分創業，八陣運謀。七擒南蠻，六出祁山，以安劉主；功高萬古，惠施九州，究竟誰侔。澤民廣佈，名播千秋。今日有弟子，因事懇求，諸葛武侯，現居臺灣省○○縣○○市○○○街（路）○○巷○○弄○○號○○樓。姓名○○○，生于歲次○○年○○月○○日時。伏望：孔明先師，慈憫聖斷。吉則報吉，凶則報凶。但憑神意，莫順人情。稽顙頓首，仰祈昭鑒！

第一卦《大吉》星震卦◎◎◎◎◎

客者占曰：

「彩鳳瑞祥殊，麒麟降帝都；迎新凶險滅，吉利解疑狐。」

慕亮批曰：

「平生得意爽精神，喜慶臨門舊佈新；
　　廣進財源榮顯祿，全家闔府享天倫。」

第二卦《上平》從革卦◎●●●●

客者占曰：

「鼎革步宜先，時機勢動遷；龍門魚躍踢，凡骨作神仙。」

慕亮批曰：

「處事咸宜改變鑴，臨身疾雨亦安然；
　　誠占革卦欣扶助，遠航求謀悟妙玄。」

第三卦《下平》曲直卦●◎●●●

客者占曰：

「動用朔風鞭，求謀珍福緣；運逢行戊己，諸事必周全。」

慕亮批曰：

「火盆正待蘊紅蓮，一朵重開結秀妍；
意獲乘時咸吉兆，熙怡福祉悅無邊。」

第四卦《中下》潤下卦●●◎●●

客者占曰：

「船泛至江濱，門庭獲寶珍；遵循能序進，禍散福臨頻。」

慕亮批曰：

「憂心苦惱佑神來，倍利融通穎慧開；
好事成雙皆賀忭，闔家康健永無災。」

第五卦《下下》災正卦●●●◎●

客者占曰：

「卦象指南方，災危弗可當；謙恭隨順應，時勢免遭殃。」

慕亮批曰：

「明月當空黑霧迷，紛飛白雪雨濛淒；
孝敬椿萱尊二老，災消禍遁自安齊。」

第六卦《平平》稼穡卦●●●●◎

客者占曰：

「君子法遵堅，愁聽俗輩纏；三思凡事慮，德澤保安全。」

慕亮批曰：

「連年作事未分明，欺善懼惡損客程；
日日求財無利獲，朝朝竟爾是非生。」

第七卦《上上》進求卦◎◎●●●

客者占曰：

「閤家安泰祥，名利兩榮昌；遠近元亨至，難成有禍殃。」

慕亮批曰：

「行善布施或放生，陰功積德福相迎；
百年能保增華耀，孝義常存祖蔭盈。」

第八卦《上吉》進寶卦◎●◎●●

客者占曰：

「好德感鴻恩，庭闈喜氣門；善行天鼎助，厚福盡歡惇。」

慕亮批曰：

「靜觀自得頗辛勤，寶卷龍門鯉躍群；
宅第殊榮臻瑞兆，雙全福壽百祥欣。」

第九卦《中吉》獲安卦◎●●●◎

客者占曰：

「寒冬似樹瑕，枯木未開花；靜看春將到，明年漸發芽。」

慕亮批曰：

「歲運暢然避禍災，銘懷震帝福昌來；
遠處求職兼貿易，四方進祿稱心栽。」

第十卦中吉《遂心卦》◎●●◎●

客者占曰：

「時值氣和融，衰殘物欲豐；祈望微細雨，景象待春風。」

慕亮批曰：

「逢凶化吉樂如魚，遇難呈祥刃有餘；
緬憶當時成往事，胸襟豁達骨筋舒。」

第十一卦《大吉》災散卦●◎◎●●

客者占曰：

「災散福門開，喜從天降來；相逢於月下，必當獲偏財。」

慕亮批曰：

「逐日朝昏遁隱家，安居錦上再添花；
無求寶物知閒趣，富貴天時更歲華。」

第十二卦《上平》上進卦●◎●◎●

客者占曰：

「進取善相隨，寒儒梓里窺；有緣占進卦，凡事有施爲。」

慕亮批曰：

「禾苗久旱降甘霖；客旅他鄉故舊尋；
雋士才人登榜眼，龍門奮躍振儒林。」

第十三卦《下吉》暗昧卦●◎●●◎

客者占曰：

「井底仰觀庭，難知見影形；錢財無借貸，守志始安寧。」

慕亮批曰：

「靜參卦意莫爲高，浪說求財半點毫；
暮入朝謀空費力，提防鼠輩暗抽刀。」

第十四卦《下吉》安靜卦●●◎◎●

客者占曰：

「自信尙無盈，投資恐弗成；三思先忍耐，守份息紛爭。」

慕亮批曰：

「勸君行善免風波，萬頃心田應自摩；
怙恃堂前須孝敬，昭然天理廣搜羅。」

第十五卦《下凶》阻折卦●●◎●◎

客者占曰：

「枯木雪霜逢，驚魂莫託終；孤舟風颮遇，百事未亨通。」

慕亮批曰：

「玄武纏君北破財，愼防唇舌訟官栽；
虛情盜賊儲糧借，戶內紛歧逆事災。」

第十六卦《中吉》保安卦●●●◎◎

客者占曰：

「日照耀雷門，光輝四海尊；欣然知進退，百事轉乾坤。」

慕亮批曰：

「朽木逢春院落清，如同古鏡復重明；
祥麟鳳翥咸和樂，廣進財源利潤耕。」

第十七卦《中吉》喜至卦◎◎◎●●

客者占曰：

「諸惡懺神清，天將福氣臚；猶如幽暗夜，曙色　黎明。」

慕亮批曰：

「欣逢歲首指迷津，撒網張魚水勢頻；
謀職所求皆遂意，經營出納貴和親。」

第十八卦《中平》保命卦◎◎●◎◎

客者占曰：

「服藥好安眠，操勞訟事纏；凡情皆守舊，靜候始安然。」

慕亮批曰：

「東方甲木屬青龍，各處求財盡堵胸；
快捷諸般如運轉，病袪逢貴始培從。」

第十九卦《下下》猶豫卦◎◎●●◎

客者占曰：

「卦內恍疑何，錢財暗淡磨；恩情成怨懟，難契處溫和。」

慕亮批曰：

「憂柔寡斷恐災殃，生意集資損益忙；
渾沌晨昏猶似夢，綢繆未雨亦遭傷。」

第二十卦《中吉》豐捻卦◎●◎◎●

客者占曰：

「根深葉茂牢，偉壯樹林高；善策經商務，蕙蘭獨占鰲。」

慕亮批曰：

「撥雲見月再團圓，丹桂盛開到處鮮；
駿業宏張存倍利，家門潔淨慧根綿。」

第二十一卦《上吉》得祿卦◎●◎●◎

客者占曰：

「福祿擁高名，魚禽應放生；門風先德寶，喜捨遠方行。」

慕亮批曰：

「經商遂意貨財盈，富貴榮華適遠征；
府第平安咸吉慶，雙喜福祿應勤耕。」

第二十二卦《中吉》明顯卦◎●●◎◎

客者占曰：

「明月耀空懸，今宵得正圓；千家沾德蔭，萬里照無邊。」

慕亮批曰：

「祥占顯卦命亨通，見日觀雲照海東；
突破求新當超越，敷施廣捨悅歡重。」

第二十三卦《上上》祐福卦●◎◎◎●

客者占曰：

「福祿得安康，雍容貴進昌；諸行咸遂意，千里共馨香。」

慕亮批曰：

「家門喜氣泰和迎，偉抱從商耀族亨；
積德行功添彩麗，春風處世引共鳴。」

第二十四卦《下下》凝滯卦　●◎◎●◎

客者占曰：

「今朝問卦占，展望應高瞻；邁往沉思考，無災退守謙。」

慕亮批曰：

「朱雀入門煞氣來，提防訟事避星災；
破財消禍宜矜慎，勸君暫緩好安排。」

第二十五卦《上吉》顯達卦　●●◎◎◎

客者占曰：

「三星射斗南，靜悟禮賢參；造化天君泰，誠明百福含。」

慕亮批曰：
「一言九鼎信箋親，掣獲偏財寶鳳珍；
往返通行咸瑞錦，全家老少好精神。」

第二十六卦《中吉》福源卦●◎◎◎●

客者占曰：
「福卦占祥和，求謀喜事多；行人歸故里，欣悅且歡歌。」

慕亮批曰：
「遠道經商得意前，貴人相助廣財田；
童孺老幼皆和順，福壽長榮樂永年。」

第二十七卦《大吉》太平卦 ●◎◎◎◎

客者占曰：
「稼穡雨霖謀，何愁倍數收；自然成瑞靄，慧命有誰侔。」

慕亮批曰：
「天顧善良惡弗欺，圓融處事譽傳奇；
經營擘劃財充裕，偉器功成頌和熙。」

第二十八卦《下吉》顛險卦◎◎◎●◎

客者占曰：
「迢遞旅居艱，鵬程日落山；驚濤洶海浪，左右後前攀。」

慕亮批曰：
「白虎交叉擾冗傷，謹防盜賊及災殃；
官刑窘困凋喪事，疾病淹纏恐斷腸。」

第二十九卦《中吉》開發卦◎◎●◎◎

客者占曰：
「蚌中珠獻祥，石內玉生光；招聘必進寶，災臨轉吉康。」

慕亮批曰：
「開闢亨通百事周，倍增歡忭永無憂；
運籌惟仰穹蒼力，購置田園祖德修。」

第三十卦《中吉》鷹揚卦 ◎◎◎◎●

客者占曰：

「將士壯雲凌，旌旗勝利承；功勳班故道，熠耀祖先騰。」

慕亮批曰：

「謀職陞官隱吉昌，南方北部亦無妨；
　修身正氣諸邪畏，聲譽美名播四方。」

第三十一卦《下下》無數卦 ●●●●●

客者占曰：

「寶鏡落塵埃，污名白璧栽；何時歸潔志，抱負步仙臺。」

慕亮批曰：

「猛虎山前夾路殊，坡崗落鳳遇樵夫；
　欲詢君子名和利，烈日消霜半點無。」

第三十二卦《上吉》光明卦 ◎●◎◎◎

客者占曰：

「風吹霧雲翻，群倫朗月言；廣寒宮殿啓，丹桂錫窗軒。」

慕亮批曰：

「仰望牛郎織渡河，微雲始見薄如羅；
　清光萬里呈明曜，風露桂花影射娑。」

　　曩疇，《諸葛武侯・三十二卦金錢課》，惟臺灣南投縣漁池鄉之「啟示玄機院」，供靈籤祈求。吾蒙孔明先師允諾，取得32張，亦寄南屏臥龍後，竟然卦名有異，筆誤甚多或廣傳抄錄之故。今斗膽修訂成五言及批曰七言絕句之近體詩，寸表悃誠。貴廟始創于清光緒21年（公元1895年歲次乙未），佔地四百餘坪，背坐明潭松嶺，寺前田園廣闊，廟旁林木蒼翠，諸葛武侯塑像，綸巾羽扇，高三丈餘，全臺之冠。蓋《諸葛武侯・三十二卦金錢課》，上通神明，下達人事。占卦顯爻象，能斷凶吉、決憂疑、明陰陽、辨休咎者，其義至精至微，其理既深且妙。

　　觀之因何能爾？溯究其源，當知此道，其源《周易》寶策。聖人

絕學，舒卷開闔之間，退而可藏於密，舒能則彌六合。今習《易》者
眾矣，然欲臻其極，則非泛泛者，以文字而能解其奧也。《中庸》，
載曰：「至誠之道，可以前知。」援筆僅次，聊作旃勉特授「雲仙
閣主人」之英琪女棣也。先師－張展瑜夫子，誨訓：「聖人之道，理
當廣傳於天下；豈可闗室，藏密吝于授人耶？」余字慕亮（仰慕諸葛
亮），係竹塹師儒－陳鴻洲耆老貺賜，其曰：「汝欽仰三國諸葛亮，
其一生不求聞達，淡泊明志，寧靜致遠；慎謀能斷，開誠佈公，盡忠
益時。」特贈汝以備將來之用，時吾弱冠之年，爾今虛歲古稀，從成
都賦歸，深感髮白齒搖，齡已漸而老邁，德澤難報萬一。頓首搦翰
《武侯略傳》，以表丹忱，恭謹讚焉！

風城・臥龍道軒《諸葛武侯略傳》

臥龍道軒，三尊神祇。中者，諸葛亮；右者，蘇東坡；左者，關漢卿。

讚諸葛武侯先師　先君吳錫坤遺稿
天下群追鹿，隆中有臥龍，七擒休奮爪，萬變且潛踪；
石裂吟聲大，雲深夢氣濃，乾坤藏屋小，雷雨鬱孤峰。

玄魁子禮讚
蜀中奇傑武鄉侯，吳魏竟無此善謀；
北伐東和西計守，匡扶漢室志興劉。

諸葛亮，字孔明，瑯琊陽都人氏。生於後漢・靈帝（劉宏，章帝
劉炟之玄孫，在位二十二年，帝崩中平六年四月）光和四年，歲次辛
酉（公元181年）七月二十三日巳時。卒於後主（劉禪，劉備之子）
建興十二年，歲次甲寅（公元234年）八月二十八日，享齡五十四

歲。亮少有逸群之才，英霸之器，身長八尺，容貌魁偉，自比管仲、樂毅，喜梁父吟，躬耕隴畝，不求聞達，時人莫測也。惟穎川徐庶（元直）與亮友善，劉備屯於新野，徐謂備曰：「諸葛孔明，臥龍也。」備遂詣亮凡三顧，乃見亮於隆中，諮亮以當世之事，答覆甚詳，備知亮非常人也。遂解帶寫誠，厚相結納，以亮為軍師。故從先主敗曹操於赤壁，收江南及成都平，策為丞相。秉扶漢室，繼絕與微，志在靖亂，爰整旅師，無歲不征，神武赫然。威震八方，建殊功於季漢之軍政，當相國後職績之勳功。

　　撫百姓、示儀軌、約官職、從權制、開誠心、佈公道、克盡忠。蓋盡忠益時者，雖讐必賞；犯法怠慢者，雖親必罰；服罪輸情者，雖重必釋；游辭巧飾者，雖輕必戮。善無微而不賞，惡無纖而不貶，庶事精練物理其本，循名責實，虛偽不齒，終於邦域之內，威畏而愛之。刑政雖峻而無怨者，以其用心平，如勸戒明也。先主（劉備）崩於黃初四年（公元223年）歲次癸卯，後主（劉禪）立，改元建興，亮受遺詔輔後主，初封武鄉侯，領益州牧。志於攻魏（曹丕）以復中原，乃東和孫權，南平孟獲，而後出師北伐，六出祁山。並與魏相攻戰者累年，後以疾卒於軍，謚：「忠武。」亮性長於巧思，損益連弩，作木牛馬，推演八陣圖，咸得其要，有《諸葛武侯集》。堪稱識治之良才，玄機妙奧，計略出師，百戰如無不克，亙古人稱：「天下第一軍師。」旋以，明歲戊辰（民國七十七年）神龍掌令，旋於新居頂樓之巔，闢一室而興建佛閣，供奉「諸葛武侯」為師，係余字「慕亮」之故。入門之處，由新竹黃癡萍老師，題曰：「名士幾人兼將相，使君終古識英雄。」復蒙，書法耆宿－田玉青教授，以朱砂題「臥龍軒」三字之賜，並懸於堂中。聯曰：「運帷幄之籌謀，小心謹慎；本聖賢之學問，一德始終。」以及《出師表》全文暨楹聯兩對，其一：「三顧頻煩天下計，一番晤對古今情。」其二：「梁父吟成高士志，出師表見老臣心。」欣喜竣工再望，特撰此文，以表追思之懷。

　　復次，高邑・鍼灸名家－孫客塵教授，親撰《諸葛隆中賦》，臚列如後：風城・臥龍軒，延陵河洛居，位于塹北祥地；天王宮離（三）南，金世紀兌（三）西，供奉「孔明先師」神祇。聖堂清雅，盎然古意，石灣雕品，仙姿飄逸，莊嚴栩生無比；書畫名家，墨寶厚貺補壁，魁星拓本，朱熹對聯，慈靈贈予。

福州・翁開恩耆英之「三顧草廬」，氣韻生動，揮毫斐然，雲煙腕底。窗牖外之假山「仙境」，琪花瑤草，淑氣迎曦，謝師文波（新竹縣書法學會理事），「隆中小築」之丹砂靦題。松竹蒼翠，茉香鳥語，涵詠情景，引發幽思；層峰疊起，令人神馳，煮茗烹茶，無往弗利。聽瀑韻淙淙，環繞小橋兮，三藏取經，攀嶺登歧；八仙會晤，神通展翼，靜觀自得，孕育含玄機。主人慕亮君，淵渟嶽峙，洽覽深藏，隨和撝謙；設硯論命，潛心著述，操筆成篇。

通隱（北宋・晁補之，詩云：「禪門有通隱，喧寂共忘機。」）璇璣閣，枕石漱流，洞鑒半仙居之瑩拂園；西眺漁港，東望鵑山，案置猊爐，沉香燻燃，裊裊矞雲飄九天。蘇東坡提籃荔啖，千里共嬋娟；關漢卿搦管曲摱，詞章賦歌箋。摯友賁臨，握手言歡，聆聞滄浪，擊缽吟詩緜。讀《藥師》與《地藏》，《維摩》或《華嚴》，倦則跏趺（**玄魁按**：跏趺，指佛教中修禪者之坐法，兩足交叉置於左右股上，斯稱：「全跏坐。」亦稱：「吉祥坐。」出自《無量壽經》、《別王伯高》、《聊齋志異》及《續黃粱》，諸書記載），稍調元神；日日歲歲，隨緣挨捘，吐納導引，禮佛參禪。

旋有，端木俊洲，草書：「一對二表三分鼎，六出七擒八陣圖。」配以文觀精舍，聖龍法師神龍圖。次有，雄州・蔡豐吉理事長，撥冗補壁，揮毫南宋・朱熹《勸學詩・偶成》：「少年易老學難成，一寸光陰不可輕；未覺池塘春草夢，階前梧葉已秋聲。」玄魁子慕亮仁兄，著書立說，聖學傳承。再殷殷垂誠，紬譯本體（守護神）及五術，山（心靈之學）、醫（養生之學）、命（規劃之學）、卜（先知之學）、相（洞察之學），《堪輿秘典》、《岐黃寶卷》、《紫斗鉤玄》、《周易尚占》、《吳氏風鑑》、《閒話神鬼篇》、《醫海探賾總覽》、《滑稽詩話纂編》、《華山希夷秘參》、《延陵姓名學真傳》、……。吾儕禮讚，諸葛武侯，羽扇綸巾，神物應變；《隆中對》、《出師表》、《梁父吟》、《八陣圖》，千古傳頌，中國智慧第一仙。

慕亮按：本文手稿，初成于歲次丁卯（民國七十六年）神兔臘末除夕之夜子時，屢修再三，迄今壬寅之歲，業已三十有六年之久矣！謹將平日，抒發閒賦，一併附載於女棣廖英琪大作之《汝南堂・周易尚占詩箋》乙書，分饗讀者，高明郢政。其含：五律（四十五首）、

七言（卅三首）、七律（十五首），總計九十二首，煮茗牖前，揮筆而就。靜思余非詩人，寄託吟哦之句，是效顰學步而已；乃隨意閒詠，以達抒懷情愫，遣詞韻律，未求嚴謹，實難登大雅之作也。

吟《諸葛廬》五律詩

結屋南陽裡，柴門夕照曛，往來無俗客，往顧有賢君；
隴上栽桑久，堂中定鼎分，臥龍今已去，猶見鎖殘雲。

勝蹟南陽路，孤亭此子雲，龍蟠崗起伏，魚得水歡欣；
草草風能蔽，遲遲日欲曛，劇憐隱歸意，不復見同群。

結構龍崗下，閒居臥白雲，田雖耕十畝，計早定三分；
知己來徐庶，英雄到使君，草堂他日出，赤壁建殊勳。

抱膝吟梁父，山中早定軍，蝸名存隴畝，龍處耀星文；
風月平章是，蓬茅補綴勳，南陽人已歿，遺跡永流芬。

莫笑茅屋小，三臨有使君，讀書歡道義，避世遠功勳；
窗狹堪容月，山高不礙雲，彈琴歌自逸，陋室絕塵氛。

臥龍高遁隱，抱膝自歡欣，駐馬勞玄德，藏蝸勝子雲；
隆中傳一對，天下定三分，茅舍風光好，從來絕塵氛。

結宇塵寰外，南陽思不群，柴門閒歲月，茅舍運天文；
自是高人住，焉教俗子聞，乾坤知早定，三顧感殷勤。

靜隱龍崗上，應幽榻臥雲，草堂驚一夢，茅舍定三分；
志大吟梁父，門低屈使君，臨行留令弟，漢室記功勳。

臥龍南陽宅，行藏未可聞，桑初籌十畝，局已定三分；
日伴隆中鶴，時耕穎上雲，高吟梁父曲，抱膝自忘勳。

高臥南陽日，胸藏百萬軍，柴扉無鎖鑰，竹牖絕塵氛；
三顧情何重，幾問雅出群，子雲亭媲美，亙古樹殊勳。

草堂春睡足，抱膝避塵氛，廡下招偕隱，隆中樂自耘；
崔徐稱至友，管樂雅同群，未出南陽道，英雄識使君。

屋向南陽築，縈堦草欲勳，隆中存一統，戶外定三分；
虛牖延殘月，疏簾對曉曛，莫閒容膝小，駕屈漢先君。

容得龍高臥，三臨待使君，拓桑耕日月，茅草蔚風雲；
天下方多事，隆中對有文，祠堂西蜀共，千古大名聞。

茅舍龍猶臥，門橫隴畝雲，襄陽含暮牖，劍閣起朝曛；
竹榻睡諸葛，柴門叩使君，琴彈梁父曲，漢鼎已三分。

卜築南陽裡，幽栖絕俗氛，使君車每顧，梁父曲常聞；
寂靜床栽月，清高榻臥雲，蕭曹何足論，策早定三分。

未受恩三顧，先生自不群，真才殊管樂，陋室避塵氛；
笑指隆中策，閒鋤隴上雲，恐成名士累，草舍臥欣欣。

結構南陽上，茅廬斷俗氛，一椽容隱士，三顧致明君；
白日隨龍臥，青春伴鳥耘，無端藏國計，漢鼎此瓜分。

架屋龍崗上，長吟待使君，草堂虛歲月，隴畝好耕耘；
壁掛圖書定，心懷鼎足分，他年興漢祚，抱膝憶忠勤。

龍崗廬結處，名姓未求聞，屋小床栽月，簾低榻臥雲；
蓬門來馹馬，陋室隱三軍，千古留遺蹟，漢家不世勳。

龍崗藏屋古，揮扇對斜曛，曲已吟梁父，車偏駐使君；
茅椽高姓氏，柏樹繞煙雲，晉謁重來者，崎嶇鳥道分。

抱膝長吟處，南陽獨出群，隆中懸一幅，圖裡定三分；
曲愛彈梁父，恩深感使君，臥龍崗畔路，重鎖武侯雲。

隆中山下望，結構獨超群，詩每吟梁父，車曾駐使君；
蝸藏容一室，龍臥定三分，同是居高士，亭名有子雲。

高隱南陽日，茅廬絕俗氛，崗曾傳獨臥，計早定三分；
琴奏追梁父，庭幽駐使君，遲幃春睡夢，開國仰元勳。

臥龍崗上處，一舍對斜曛，繞戶靈禽舞，環堦瑞草芬；
屋幽研地理，室雅究天文，漫道茅廬小，胸中獨初群。

廬結南陽地，依峰望錦雲，隆中藏大略，陋室見元勳；
閣裡歌梁父，門前駐使君，草堂堪睡足，天下任三分。

臥龍名不朽，茅舍絕塵氛，橫楊留徐庶，低簷顧使君；
致知難一統，策故定三分，高士南陽宅，千秋抱膝聞。

南陽高士隱，草舍絕塵氛，熊夢堂中叶，禽聲牖外聞；
家藏書萬卷，天下鼎三分，枉得柴門侍，關張並使君。

卜築南陽處，茅廬映夕曛，堂中龍臥隱，窗外雉招群；
世待三分鼎，胸懷百萬軍，鷹揚知有日，高隱望先君。

亭休比子雲，龍臥獨超群，入座來徐庶，臨門顧使君；
家非徒四壁，業早定三分，抱膝吟梁父，聲聲隔舍聞。

南陽半開畝，結屋便耕耘，茅屋吟梁父，蓬窗變典墳；
只因三顧重，敢惜一番勤，即此輕離去，相期再息筋。

卜宅南陽地，龍崗應夕曛，草堂高臥足，隴畝半生勤；
窗下吟梁父，門下駐使君，承恩酌枉顧，策早定三分。

隴畝躬耕日，紫荊傍碧雲，苔痕環屋翠，花影入簾芬；
几上彈梁父，門前駐使君，茅廬還未顧，漢鼎已三分。

南陽高臥處，半讀半耕耘，韜略誰能敵，文章獨超群；
茅中曾妙算，天下勢三分，感彼劉皇叔，時來枉顧勤。

隆中茅屋靜，雞犬隔村聞，未出三分定，先籌七縱勤；
臨門都隱士，對榻盡超群，大夢誰知己，平生憶使君。

數椽茅屋穩，局早識三分，野合道伊尹，亭休擬子雲；
隆中何日出，梁父幾回聞，莫被秋風破，曾經到使君。

不愧先生宅，忠勤助漢軍，南陽耕五畝，西蜀策三分；
琴裡彈梁父，門前駐使君，龍崗傳千古，茅屋出殊勳。

南陽高隱處，誰與臥龍勤，抱膝吟梁父，無心見使君；
閒居同四皓，應亂已三分，漢祚知難復，栽桑劃策勳。

草結臥龍耘，兵書夙夜勤，茅中居幾歲，圖裏定三分；
劃策凌孫子，戎韜扶使君，南陽名貴耳，出舍建奇勳。

一片南陽境，躬耕力自勤，門停三顧客，業建兩朝勳；
桑樹圍前舍，蕪菁種後軍，此間人未出，策已定三分。

卜築南陽地，窮耕等伐軍，下簾才十倍，高臥策三分；
避俗誰知己，臨門有使君，漫云居陋室，畢竟建元勳。

南陽一屋雲，桑畝罷耕耘，帝蹕臨三顧，臣軀瘁十分；
銅臺空鳥語，茅舍剩龍氛，尚有隆中對，留芳漢史文。

廬結南陽地，依峰望錦雲，隆中藏大略，陋室見元勳；
閣裡歌梁父，門前駐使君，草堂堪睡足，天下任三分。

草堂高臥裡，業已識三分，座列崔徐客，心期管樂勳；
數椽容抱膝，十畝好聲耘，他日龍崗出，銷魂是定軍。

草堂經間麗，抱膝奈耕耘，王者有名世，英雄惟使君；
松軒齊兩立，竹舘賽三分，幽隱龍崗地，閒居臥白雲。

三顧恩何重，遭逢信異常，風雲方遇合，形勢立恢張；
漢祚雖難復，殊勳亦足揚，雀臺何處是，丞相有祠堂。

吟《諸葛廬》七言詩

遠料孫曹臥草廬，雙懸日月照庭除；
翛然一榻生平夢，知是莘耕是渭漁。

漢鼎重興賴指揮，綸巾羽扇贊戎機；
故山高臥空回首，臣本躬耕一布衣。

魚水相逢豈偶然，斯人未出意拳拳；
草廬蚤裕扶劉志，枉駕非徒漢主賢。

水鏡知人早薦賢，隆中三顧起龍眠；
漢家四百年天下，苦費先生扛一肩。

朗朗龍吟出草堂，馳驅當日許君王；
中原無力恢襄漢，遺廟應嫌近許昌。

臥龍高士抱才長，春日遲延照草堂；
一自委身扶帝胄，畢生無復隱南陽。

祗因三顧出隆中，妙策已成蜀漢功；
太息江山猶鼎足，大星一夜落秋風。

遯跡南陽處士居，三分夢醒日光餘；
爭傳釣渭耕莘輩，終遜隆中一草廬。

家居久已託南陽，食力躬耕計自張；
底事他年拋故里，渾如昭烈感樓桑。

梁父吟亭抱膝聲，南陽久以廢躬耕；
一椽終定三分局，大廈甘支和室傾。

一椽偶爾築南陽，抱膝吟聲分外長；
交有崔徐才管樂，何須三顧始增光。

梁父吟亭別故鄉，君臣魚水樂洋洋；
成都桑樹軍中菜，憶否南陽舊草堂。

也同伊尹有莘耕，高臥南陽茸一楹；
蜀漢江山頻易主，茅廬終古屬先生。

臥龍山中不計年，無端三顧到門前；
辛勞驛上煩籌筆，何似南陽自種田。

元直州平共往還，柴門半掩未曾關；
貽留抱膝長吟地，知在南陽第幾山。

一角青山此隱居，殷勤曾駐使君車；
他年廟貌成都祀，魂魄依然繞故廬。

蝸居草舍亂蓬蓬，開拓南陽地數弓；
遇得賢君龍起後，一椽早已破秋風。

隆中幽隱幾經年，初志原期自苟全；
誰悉襄陽新野地，飛龍已別見諸田。

畎畝躬耕苦不辭，無端三顧受恩知；
隆中從此終拋棄，二表傷心感出師。

遂主馳驅報主恩，頻勞軍務不勝繁；
南陽莫出長高臥，何致身殲五丈原。

臥龍崗上一茅廬，宛似耕莘與渭漁；
他日蜀邦綿竹戰，果然忠孝華門閭。

堂中妙曲梁父吟，門外輕車駐使君；
漫笑蕭然茅舍小，尚容高士計三分。

南陽高隱永留蹤，弔古人來憶臥龍；
倘把裴公相比擬，堂開綠野卻凡庸。

三顧先生去不回，龍崗屋老長青苔；
一軒風月依然在，無復崔徐訪舊來。

臥龍崗畔海桑栽，瓦裂何堪漢室隳；
不負使君三顧處，茅茨中有棟樑材。

南陽幽隱事耕鋤，屋外桑栽意自如；
抱膝吟詩憶梁父，過從還喜有崔徐。

枉顧茅廬有使君，輟耕早覺定三分；
先生一去門空掩，梁父吟聲寂不聞。

門標淡泊志光明，蜀主求賢太有情；
茅舍竹離人不顧，誰知復漢此中生。

草堂幽雅野花馨，梁父吟成月入櫺；
三顧絕勝問奇字，品高西蜀子雲亭。

管樂蕭曹漫比倫，草堂樓隱足推尊；
從容抱膝真名士，其為蒼生始出門。

茅草南陽結屋新，閒門駕屈使君頻；
三分天下誰推定，盡在堂中抱膝人。

臥龍棲隱寄南陽，執爨居然有孟光；
三顧隆中成底事，一公安樂恨偏長。

草堂高臥寄安危，鼎足江山早已知；
不愧如龍能輔漢，數椽也共大垂名。

吟諸葛亮七律詩

天生國士臥龍崗，磨練兵書隱草堂，
未初茅廬誇虎略，既登漢殿展鷹揚；
奇謀戰壘爭吳界，善策征塵奪魏方，
八陣圖成傷二表，鞠躬盡瘁報劉王。

三顧頻勞枉駕忙，君臣魚水感情長，
縱橫八陣遺踪在，形勢三分嘆敵強；
兩表馳驅徒盡瘁，一生謹慎實堪揚，
可憐漢祚終難復，故壘祁山弔夕陽。

亂世不求姓氏揚，草廬高臥逸情長，
七擒竟使蠻夷服，三顧能償蜀主忙；
白羽軍前瞻氣概，錦官城外拜祠堂，
可憐六出祁山後，師表難開聖聽張。

一生韜略濟時方，累得英雄禮聘忙，
蓋世奇才匡蜀主，奪天神算妬周郎；
輟耕早決三分局，盡瘁終遺兩表章，
今日定軍山下日，有人惆悵立斜陽。

生逢亂世隱南陽，自許才堪管樂當，
妙計每攻吳地險，神機頻伐魏兵強；
託孤偏感君恩重，盡瘁惟圖帝業昌，
天下三分雖已定，出師兩表見忠良。

末世干戈起四方，　隱耕卜宅臥龍崗，
禮殊三顧恩何厚，　功蓋千秋史尚彰；
六出祁山匡漢業，　七擒孟獲靖蠻疆，
早知鼎足由天定，　五丈原猶策戰場。

文韜武略冠華疆，　不愧臥龍世稱揚，
虎帳運籌過管樂，　麟臺決策勝平良；
託孤既盡殷勤禮，　場國還傾純義腸，
堪嘆丈原星落急，　寒煙千古鎖愁楊。

既出茅廬立帝鄉，　盡忠報國護劉王，
才能伐魏陣三略，　志欲吞吳表四方；
埋伏良機擒孟獲，　安排妙計中周郎，
琴彈曲獻空城策，　嘯得司軍走不忙。

忠君愛國兩優良，　十倍英才勝子房，
操縱絲綸安社稷，　艱難經濟佐劉皇；
名成八陣千秋仰，　功蓋三分萬古揚，
前後出師遺表在，　讀來字字斷人腸。

恩酬三顧起南陽，　韜略高超管樂行，
佐國有才媲旦父，　幼君無德比成王；
明知公志吞吳魏，　怎奈天心限漢疆，
一語託承孤簡命，　千秋二表著忠良。

只為茅廬恩賜長，　鞠躬盡瘁報難忘，
扶劉義氣嚴於雪，　佐漢忠心凜若霜；
計奪陰陽同變幻，　功追日月共爭光，
可憐唯定三分局，　史冊名留澤後香。

韜略經邦智異常，　使君三顧聘茅堂，
兩燒新野戮王始，　六出祁山為國殤；
壯志巧排圖八陣，　忠心足見表雙章，
本歸統一身先死，　讀史千秋百感傷。

茅廬三顧受恩長，伐魏連年報不遑，
蓋世功勳齊日月，滿胸韜略奪陰陽；
定軍山下埋身恨，五丈原頭殞將傷，
輔漢西川空鎮國，遺留姓字萬年芳。

耕耘避世守南陽，三顧慇懃鼎足詳，
未出茅廬思豹隱，既登廊廟展鷹揚；
吞吳滅魏延劉祚，緯武經文振漢綱，
人事天時遺夙志，鞠躬盡瘁感先皇。

扶劉滅魏異尋常，才智堪誇勝子房，
履險能驅流馬走，涉危還來木牛行；
更興漢室酬恩重，頻伐曹家報國長，
受帝託孤身不顧，祁山六出殞星光。

出師表簡・進德必榮

左起：潘貴隆、劉進榮，餽贈《出師表》竹簡，錫予作者吳慕亮紀念！

彭城 劉理事長進榮君雅正　　隆中 吳慕亮敬題並謝風城

生逢亂世隱南陽，自許才堪管樂當，
妙計每攻吳地險，神機頻伐魏兵強；
託孤偏感君恩重，盡瘁惟圖帝業昌，
天下三分雖已定，出師兩表見忠良。

《諸葛武侯－雞蛋至論》

　　本文降乩於《風城‧延陵世第》，時在歲次丁巳（民國66年）七月二十三日午時。曩昔天運，佛堂成立於中元佳節，名曰：「萬通。」後八日丙寅吉旦（國曆9月6日）余佇候旁，妙筆飛鸞（天才：戴姐碧櫻），閉目橫寫；慕亮詰問，雞蛋秩序，伏承誨訓。若悉周氏《太極之說》，「雞蛋」涇渭先後，朗朗明之矣！

乩 曰：

「混沌未開期，無卵亦無雞。
　二氣清兼濁，相合爲一體。
　杳杳又冥冥，混然如無極。
　待至子會時，一陽性動矣。
　清風有所觸，卵中清澈似。
　又迄丑會時，二陽命動起。
　濁氣靈已通，可就卵化比。
　陰陽氣相感，無極生太極。
　由斯洪蒙闢，太極判兩儀。
　依循造化理，先卵或先雞。
　胎卵與濕化，鳳雛屬卵辰。
　慕亮聰穎悟，必識妙天機。」

慕亮按：

　　四生者，乃胎生、卵生、濕生、化生之謂。
　　胎生：牛、馬、驢、豬、羊之走獸。
　　卵生：雀、鷹、燕、雞、雁之飛禽。
　　濕生：魚、鱉、龜、蝦、蟹之水族。
　　化生：蠅、蚊、蟲、蟻、蝶之物類。

《周濂溪先生太極圖》　《周易尚占無極圖表》

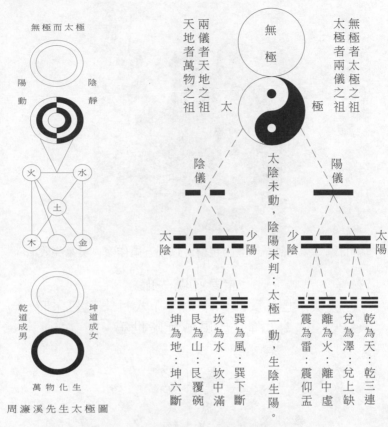

周濂溪先生太極圖

北宋‧周濂溪《太極圖說》

　　無極而太極，太極動而生陽，靜而生陰，靜極後動，一動一靜，互為其根，分陰分陽，兩儀立焉！陽變陰合，而生水、火、木、金、土，五行順佈，四時行焉！五行一陰陽也，陰陽一太極也，太極本無極也。五行之生也，各依其性，無極之真，二五之精，妙合而凝。乾道成男，坤道成女，二氣交感，化生萬物，萬物生生，而變化無窮焉！唯人也得其秀而最靈，形即生矣，神發知矣，五性感動，而分善惡，萬事出矣！聖人定之以中正仁義，而主靜立人之極焉！故聖人與天地合其德，日月合其明，四時合其序，鬼神合其吉凶，君子修之吉，小人悖之凶。故曰：「立天之道，曰陰與陽；立地之道，曰柔與剛；立人之道，曰仁與義。」又曰：「原始反終，故知死生之說，大哉《易》也，斯其至矣！」

《諸葛先師·揮鸞訓文》

新竹縣寺廟名師－李登勝親繪，以貺五術作家－吳慕亮收藏。

諸葛孔明先師
歲次丁巳(民國六十六年)八月十五日午時
降乩於風城延陵世第

慕亮按：

「水火災難甚慘悽，妻恩子愛各分離。
離化物質達極點，黑暗世界路崎嶇。
山窮水盡乏路走，土豪盜寇尚逞奇。
大好河山遭蹂躪，足見紛爭戰弗息。
心傳孔孟法無二，一般愚輩依然迷。
米珠薪桂何處買，八成勞者如釜魚。
田產萬有防灰燼，火宅降道顯真機。
幾箇能醒南柯夢，夕陽斜墜日轉西。
四方庶民解此意，心身行道原人濟。」

吾靜以思，其乩玄妙，惟真神者，始能為之！

延陵・玄魁子敬題

三顧南陽起臥龍，志吞漢賊盡包容；
德威司馬驚肝膽，敕諭奇才武侯封。

弘農・楊雅嵐敬題

孔明一出臥龍崗，偉略雄才孰可當；
展卷籌謀無敵勢，縱橫天下報君王。

《諸葛武侯・天機妙文》

高雄・簡維成教授雕塑，以貺五術作家－吳慕亮收藏。

讚諸葛武侯　吳慕亮敬題

南陽抱膝隱幽衷，羽扇綸巾將相風；
北伐神威驚內外，成都拜謁孰如公。

歲次戊辰（民國七十七年）三月初二日午時
降乩於新竹臥龍軒之河洛居

太

參齊家治古籍五典九丘專掃開三心飛四象持齋
詳身臨凡無價眞寶大街賣誰肯拾掇脫窨關災茹
亮修亦倫八德失檢怠嗣歲經濟風暴陷善者厄素
慕慎材五天命爲性知曉焉二氣交感尋根施襲效
翼戒翹黏繞動則觀變翫其占飛潛動植源捨侵達
十悉傑妄環定陽兩儀分四象四象八皆生始憑賢
微洞俊淫循山陰皇羲先天八卦坤卦從從保誠千
玄薦號盜虧江端義極宮中無皇北妙本何健悃錘
探桂旗殺盈里兩圖無明天明中而中孕來延子百
易丹令縱長羑分河間高上明生乾玄育死罡亥鍊
周保斗放消王極現其居帝上天南六萬何風秘萬
人引星鑽暗文太天衍大數地蘊龍十物堪煞竅弗
檠傳漢內曚天極無化造註白黑馬四始蜉爐無退
勵點河往智後屬書洛龜神變坤乾卦週蟭灰量鐵
淬貴男氣見己拗執淵應理揭若然昭全浪煙寬石
研權皇財色酒見識乏智禮義仁覓安寧跡三求之
孟職啓學儒難遭衆忍豈葛諸降繁頻劫末期法心
孔系子長弓言侯武德道守遵願誓洪約盟記宜志
中厥執允瞻體本一惟精惟微心道危惟心人堅向

慕亮按：由上端「太」字接中間「上」字，向左旋轉四方以展讀。
太上高明天，明明上帝居其間；
無極宮中無皇中，生天蘊地數大衍。
天現河圖羲皇義，先天八卦坤北而乾南；
龍馬黑白註造化，無極太極分兩端。
陰陽兩儀分四象，四象八卦妙中玄；
六十四卦乾坤變，神龜洛書屬後天。
文王羑里江山定，動則觀變翫其占；

飛潛動植皆從本，孕育萬物始週全。
昭然若揭理應淵，執拗己見智矇暗；
消長盈虧循環繞，天命為性知曉焉。
二氣交感尋根源，生從何來死何堪；
蜉蝣浪跡寧安覓，仁義禮智乏識見。
酒色財氣往內鑽，放縱殺盜淫妄黏；
五倫八德失檢怠，嗣歲經濟風暴陷。
善者施捨始保健，延罡風煞爐灰煙；
三期末劫頻繁降，諸葛豈忍眾遭難。
儒學啟皇男，河漢星斗旗令號，俊傑翹材亦臨凡；
無價真寶大街賣，誰肯拾掇脫窘關。
災厄襲侵憑誠悃，子亥秘竅無量寬；
求法宜記盟約洪誓願，遵守道德武侯言。
弓長子系職權貴，點傳引保丹桂薦；
洞悉戒慎修身齊家治，古籍五典九丘專。
掃開三心飛四象，持齋茹素效達賢；
千錘百鍊萬弗退，鐵石之心志向堅。
人心惟危道心微，惟精惟一本體瞻；
允執厥中孔孟研，淬勵斲人周易探。
玄微十翼，慕亮詳參。
老朽靜以考之，若非真神正乩，何能筆藏玄奧，觀文讚其妙矣！

潭邑觀顯堂安奉孔明先師聖像及開光點眼

伏以：

　　大業定三分，伊呂洵堪稱伯仲；

　　奇才眞十倍，蕭曹未許此經綸。

恭讚：

「六出祁山善將兵，七擒孟獲任縱橫；

　神機妙算眞無敵，八陣圖存萬古名。」

今據：

東震旦界，南閻浮提；

蓬萊仙島之台中市潭子區勝利六街 65 巷 2 號

^{弟子}王若庭，承領：《華山玄秘》傳承之使命－－兼以供奉

孔明先師聖像於觀顥書軒設硯處一隅，稽顙駕前，焚香以跪！

禮讚：

「南陽高士隱，草舍絕塵氛，熊夢堂中叶，禽聲牖外聞；

　家藏書萬卷，天下鼎三分，枉得柴門侍，關張並使君。」

旋以：

　　臥龍星宿，漢季儒冠；報效皇恩，伐魏吞曹。

　　承諾主命，扶漢成神；兵書洞覺，道學超倫。

　　萬古軍師，綸巾羽扇吟梁父；

　　　三世良相，韜略機謀勝范增。

　　　名高望重，鬼服神欽。

　位列天樞上相，身爲金闕功臣；功參造化，德配乾坤。

佐玉帝整備三曹，體天行道；憫蒼生胥淪末劫，闡教飛鸞。

　護朝衛國，覺世牖民；大忠大孝，至剛至仁。

復以：

　　百年樟木，宿緣奇敷；精雕妙手，巧匠藝殊。

　相好莊嚴，已盡葵傾之懇；齋饈肅列，爰申曝獻之恭。

　有孚顒若，儼然如彰；晨昏叩拜，威德永揚。

　切念弟子，簡居陋鄉；祈蒙垂愛，加被智囊。

　亮師引光，諸葛臨堂；朱筆一點，百事臻祥。

　紫氣之色，曷勝祇承；望白毫之光，徒切慈仰。

涓　今：

中華民國○○年歲次○○ 3 月 29 日申時良辰。

聊　備：

香花素果，虔敬宣禮。

恭　請——

孔明先師，榮升鎮座。

默　禱：

冀望納受，慧點普照；合掌登忝，無礙晦掃。

出入起居，災殃皆消；四時雨順，八節風調。

倘　使：

士子敬之，祿位高昇。農家敬之，千倉滿盈。

工者敬之，財源無停。商賈敬之，事業盛興。

娶妻敬之，必孕延英。求業敬之，謀職得成。

學生敬之，金榜題名。御車敬之，旅途暢行。

親戚敬之，族裔昌盛。朋儕敬之，飛黃達騰。

詩者敬之，妙筆章成。訪客敬之，利貞元亨。

謹疏，上聞！天運歲次丙申年三月廿九日申時

隆中 吳慕亮敬撰 並率　入室弟子 王若庭百叩頓首

結　論

吳慕亮，留影於武侯祠「三國聖地」石刻，楊雅嵐掌鏡以攝。

觀石憶當時　吳慕亮敬題

戲謔周郎妙算深，七擒孟獲善攻心；
未成一統猶遺憾，我亦傷悲淚滿襟。

夫此次之紀遊，藉以《周易》占卜一卦，得《周易》下經第31卦「澤山咸」，欣喜萬分，必有喜悅之收穫。咸者，感也，感應，感動，欽慕。咸之音賢，于《易》經中作「感」解釋，惟亦有砍傷之意。〈象傳〉，載曰：「咸，感也。」咸僅有於《易經》上作「感」解釋，何故？或形近之假借，咸為無心之感。但或與商代之巫咸繫焉？甲骨文〈卜辭〉中「咸」，係專指「巫咸」，亦筮法之始祖。巫咸原商朝重臣，位比伊尹。後變成神話人物，有說堯舜時代掌筮法者，亦傳說助黃帝占筮。據《史記》記載，商王太戊在位時，偶遇宮廷內長出頗大一叢桑穀野草，一日內則長成似大拱門，商王以此屬不祥之兆而惶恐難安！太戊採以巫咸建議開始修德，後桑穀果然枯歿。或因巫咸善於占筮，以及與鬼神溝通等靈應之事，因此以咸（巫咸）表達「感應」、靈應之意，自古至今咸多數作為皆之意！

《爾雅・釋詁》：「咸，皆也。」東漢・許慎《說文解字》：「皆也，悉也。從口從戌。」蓋《易經》中有否此意？《周禮》記載之「九簭」，亦屬九種筮問之命題，「二曰巫咸」，巫咸即筮咸，筮問關於「咸」之問題？東漢・鄭玄，〈注〉：「咸猶僉也，謂筮眾心歡不也。」唐・賈公彥，〈疏〉：「謂國有營建之事，恐眾心不齊，故筮之也。」夫此咸取「皆」之意，意指眾人之心，筮咸則筮問眾人是否全皆同意，是否同心。依此推論，咸卦或關乎國家有建設之時眾人是否皆同意之筮問？咸也，或斬、砍傷之意。因咸字從戌從口，戌者長柄之斧頭。甲骨文中之口象器物，亦似象人頭，因此咸有砍頭、破壞之意。該見解源自羅震玉《殷虛文字類編》，同時現代《易》學家，如朱駿聲、高亨、張立文，學者賢達等，咸支持此說。另陳鼓應（前台大哲學系教授）以「咸」應「緘」之假借，禁、禁止之意。《歸藏》與《帛書》，咸作「欽」也。

故余攜拙荊雅嵐至四川成都八日攬勝，朝峨嵋入金頂，謁昭烈拜武侯，逛成都遊寬窄巷，以及伏虎寺親覩五百羅漢法像莊嚴暨萬年寺

（創建於東晉隆安年間，迄今1620年）古剎，禮敬諸佛；步下五千石階抵達清音閣，可謂：「欣然聖閣出清音，彷彿神仙下撫琴；試立雙橋一傾耳，分明兩水似詩吟。」咸有所感（普賢聖德及武侯神威），亦有所傷，抵台時後足根發炎，舉步艱難如刀割砍傷，咸應「澤山咸」卦象。復有「烏龍事件」層出不窮，如吾攜帶懷錶不動（電池乏電）、相機失靈（影鏡損壞）、鬍鬚結冰（登峨嵋山）、衣服反穿（大意失態），以及葉瑾瑜女史（前交通部長及現任高雄副市長葉匡時之令妹）將床巾當圍巾披於脖子上而匆忙登上車，旁人發現始知，喧嘩一時，頓覺尷尬，全車哄堂大笑！

　　蓋「澤山咸」卦，本應喜悅感念之忭，何以詼諧「烏龍」襲身，因「咸卦」成綜（將卦象倒觀180度鏡中反射或站在對面觀之）立場弗同時，卦象亦各殊，從弗同立場探索卦象，更能體悟《易》之玄微，「山澤損」卦之故也。損卦，主損失，損有餘，戒除缺點、去除慾望，犧牲短利。《周易・序卦傳》：「緩必有所失，故受之以損。」損原意為減少之意，〈序卦傳〉說之「有所失」。因有所失，故〈繫辭・下傳〉：「損，先難而後易。」《歸藏》：「損，作『員』，亦作『諴』。」古文之員即圓本字，諴字《說文》：「和也。」或《歸藏易》中兩卦代表一圓融，一和協。惟從王家台《秦簡》（2002年6月於湖南湘西里耶古井中發現之《秦簡》），亦作損觀之，《歸藏》之「員」應視為損字之假借。吾考〈雜卦傳〉，載云：「損益，盛衰之始也。」〈繫辭・下傳〉：「損，德之脩也。益，德之裕也。」復云：「損以遠害，益以興利。」足見《易經》中將「損」與「益」，作修德之兩類弗同功夫與方法，亦相輔相成之一對觀念。損屬減少，益即增加。損，戒除慾望，益，努力用功。損，應損有餘，去除多餘：益，應補不足，增加優點。損者，損下益上，犧牲小我，完成大我；益者，損上益下，犧牲大我，以補救小我。若兵法論，擅於戰略：損者，斷尾求生；益者，乘勝追擊。

　　老子《道德經》：「為學日益，為道日損，損之又損，以至於無為，無為而無不為。」依老子觀點，損屬修道功夫，「損之又損，以至於無」，將人生中所無需之物全捨棄，最後僅剩「道」。旋而益者，吾曹學習之功夫，弗斷增加自己所缺乏，豐富自己之學識內

涵。〈損〉卦卦象為下〈兌〉澤，上〈艮〉山上〈艮〉為山，山於互體〈坤〉地之上為增高之象，下卦為〈兌〉，〈兌〉為毀折、損傷、損失，因此為損下益上之象。觀損下益上於卦象上另有釋義，損下之剛以益上之柔。以卦變及陰陽升降說明〈損〉卦，蓋〈損〉卦從〈泰〉卦而至，犧牲〈泰〉卦之九三陽爻，與上六陰爻交換，就成為〈損〉。損下益上引申至處世上則臣下貢獻於君王，下屬奉獻於上司，犧牲小我，完成大我。犧牲短期利益以完成長遠利益，克制慾望，戒除壞習性，遠離淫亂，以換取未來長遠之健康與幸福。若筮問投資，就應停損，放棄不良資產，斷尾求生，以換取長遠之利益。損又有戒欲之意，則上下卦之卦象觀之，損卦內悅而外止，內心喜悅，外在行為知所節制而有所不為，乃動乎情，止乎禮之象。故武侯祠之拜謁，竟悟《周易》之妙，元亨利貞（三稱）！

　　2022年天運壬寅大寒候節歲末翌日重修

　　　　隆中 吳慕亮沐手敬書於風城笑傲山房牖前

　　家師 玄魁子，曩者授予諸葛亮《誡子書》，英琪頓首捃摭如後，原文：「夫君子之行，靜以修身，儉以養德。非澹泊無以明志，非寧靜無以致遠。夫學須靜也，才須學也。非學無以廣才，非志無以成學。慆慢則不能勵精，險躁則不能冶性。年與時馳，意與日去，遂成枯落，多不接世，悲守窮廬，將復何及！」

　　英琪按：觀此篇文章當作於蜀漢建興十二年歲次甲寅（公元234年），乃諸葛亮桑榆寫懷於八歲之子諸葛瞻乙封家書。諸葛亮一生為國為民，鞠躬盡瘁，死而後已。斯為蜀漢國祚之偉業，夙夜匪懈，晨昏操勞，顧不上親自教育兒子，于是寫下此篇書信告誡諸葛瞻也。復次，亮師授《延陵堂‧勵志箴銘》，斾勉：「修身在於意誠，日進於道德之門；化世由於心正，時行乎聖賢之教。君子之行為，上不愧於天，下不怍於人；正人之修省，明能欽於神，幽能服於鬼。」玄魁子淬勵，箴言：「禍福相倚，吉凶同域；惟人自召，安可不思。」慎哉！慎哉！

「虎歲遁隱‧兔神尊臨」

　　清‧金纓《格言聯璧》：「窮達有命，吉凶由人。」復有：「以鏡自照見形容，以心自昭見吉凶。」以及：「善為至寶，一生受用不盡；心作良田，百世耕種有餘。」觀箴諫之訓，言明若求財，乃依憑「本心」展露與生俱有之本性，顯出言行舉止之良善，方達完善也。爰於拙作付梓前夕，適逢壬寅虎歲歸山，承迎玉兔癸卯新年，民間藉由傳統習俗，以增洋洋喜氣！例如：貼春聯、放鞭炮、圍爐等，賀表貴招祥，冀望好兆頭之餘，倘若從心性修善植田，實乃根本之道，瑞慶賁臨閭邑，闔家安康，金玉滿堂，駢臻五福。斗膽捃拾家師吳慕亮掭管惠賜，佳文「迎富」之真諦，讀者忖度，兔年新願，萬事元亨！汝南 廖英琪謹識雲仙閣

「壬寅送窮‧癸卯迎富」　　　　風城 玄魁居士

（圖片源自網路）

　　曩者，慕亮初讀韓愈之文章，似乎難以理解（當年學識淺薄，閉關潛修於新豐學庸草堂，年僅二十五歲），堅持探索之後，洞悉竟然如此情切及貼近自己之生活。於是弗忍釋手，特購《昌黎先生全集》上下兩冊，每讀乙篇，咸感嘆良久！韓文公之仁慈善良，為國為民之大愛精神，讓千年後進人再次深衷感動。然而韓公此位才子和清官，卻過著顛沛流離及並非愜意之生活。《送窮文》，則韓愈發自內心之自白。何為窮？窮鬼之過半共有五位，「智窮」、「學窮」、「文窮」、「命窮、「交窮」。此五窮各司其職，掌管韓公之命運。主人應之曰：「子以吾為真不知也耶！子之朋儔，非六非四，在十去五，滿七除二，各有主張，私立名字，捩手覆羹，轉喉觸諱，凡所以使吾面目可憎、語言無味者，皆子之志也。

——其名曰：「智窮。」矯矯亢亢，惡圓喜方，羞為奸欺，不忍害傷；其次名曰：「學窮。」傲數與名，摘抉杳微，高挹群言，執神之機；又其次曰：「文窮。」不專一能，怪怪奇奇，不可時施，祗以自嬉；又其次曰「「命窮。」影與行殊，面醜心妍，利居眾後，責在人先；又其次曰：「交窮。」磨肌戞骨，吐出心肝，企足以待，寘我仇怨。凡此五鬼，為吾五患，飢我寒我，興訛造訕，能使我迷，人莫能間，朝悔其行，暮已復然，蠅營狗苟，驅去復還。」

五鬼如蒼蠅般無恥追逐，彷彿無廉恥之狗隨侍韓公，還告訴韓公徐謂主人曰：「子知我名，凡我所為，驅我令去，小黠大痴。人生一世，其久幾何，吾立子名，百世不磨。小人君子，其心不同，惟乖於時，乃與天通。攜持琬琰，易一羊皮，飫於肥甘，慕彼糠糜。天下知子，誰過於予。雖遭斥逐，不忍子疏，謂予不信，請質詩書。」主人於是垂頭喪氣，上手稱謝，燒車與船，延之上座。

斯意：人之一輩子，能活多久？五鬼使韓公樹立名聲，千秋百代永無磨滅。小人和君子，志向弗同，君子雖然不捨於當世之潮流，卻與天意相通，⋯⋯。從此篇文章慕亮親覿一位品德高尚，然而又充滿坎坷之唐人。觀古文時可見別人，亦能見自己，若無生活折磨彼岸，頗難以理解生命之真實面目。惟困難弗可過盛，亦弗應過於長久，蓋每次魔難咸屬人生之一筆財富，乃智慧之積累，若無將之化為力量和勇氣戰勝內心之痛苦，則白吃飯，白吃苦矣！韓愈於字裡行間體現出內心世界機器豐富，有對國對民之擔憂、有對自己懷才不遇之孤獨感及對身世之不幸之哀嘆，亦有對社會醜陋面目之批判，⋯⋯。慕亮每思至此，竟潸然淚下矣！

吾觀百代宗師之韓愈（文起八代之衰，道濟天下之溺）生於憂患之一生，其實際上真正為自己生活過之時間又有多少？活在今日之吾曹，何其幸福，僅要有理想、有目標，則有人支持和扶助，靜以環顧，乃生活於以和平為主題之社會，何不懷著感恩之心生活，過著古人無法實現之理想生活。故知韓文公《送窮文》，寫於唐憲宗元和六年春，時韓愈45歲，任河南令。韓愈寫「送窮」，實則「留窮」，其以詼詭之筆抒發抑鬱弗得志之憤慨，留下此篇千古奇幻之文。自嘲之筆調，戲劇性之對白，詼諧之風格，奠定《送窮文》之文學成就，俾使有深遠之影響也。爰於拙詩題吟，引述韓文公之《送窮文》，臚列後章，聊供廖帥參究！

唐・韓愈《送窮文》

（圖片源自網路）

　　元和六年正月乙丑晦，主人使奴星[1]，結柳作車，縛草爲船，載糗輿粮[2]，牛繫軛下，引帆上檣[3]，三揖窮鬼而告之曰：「聞子行有日矣[4]，鄙人不敢問所途，竊具船與車，備載糗粮[5]。日吉時良，利行四方。子飯一盂，子啜一觴。攜朋挈儔，去故就新。駕塵　風[6]，與電爭先。子無底滯之尤，我有資送之恩，子等有意於行乎？」

　　屏息潛聽，如聞音聲，若嘯若啼，砉欻嘎嚘[7]。毛發盡豎，竦肩縮頸，疑有而無，久乃可明。若有言者曰：「吾與子居，四十年餘，子在孩提，吾不子愚。子學子耕，求官與名，惟子是從，不變於初。門神戶靈，我叱我呵，包羞詭隨，誌不在他。子遷南荒，熱爍濕蒸，我非其鄉，百鬼欺陵。太學四年，朝齏暮鹽，惟我保汝，人皆汝嫌。自初及終，未始背汝，心無異謀，口絕行語。於何聽聞，雲我當去？是必夫子信讒，有間於予也。我鬼非人，安用車船？鼻齅臭香[8]，糗粮可捐。單獨一身，誰爲朋儔？子苟備知，可數已不？[9]子能盡言，可謂聖智，情狀既露，敢不迴避？」[10]

　　主人應之曰：「子以吾爲眞不知也邪？子之朋儔，非六非四[11]，在十去五，滿七除二。各有主張，私立名字。捩手覆羹[12]，轉喉觸諱。凡所以使吾面目可憎[13]，語言無味者，皆子之誌也。其名曰：「智窮。」[14]矯矯亢亢，惡圓喜方，羞爲奸欺，不忍害傷。其次名曰：「學窮」傲數與名，摘抉杳微[15]，高挹群言，執神之機。又其次曰：「文窮。」[16]不專一能，怪怪奇奇，不可時施，只以自嬉。又其次曰：「命窮。」影與形殊，面醜心妍，利居衆後，責在人先。又其次曰：「交窮。」磨肌戞骨，吐出心肝，企足以待，置我仇冤。凡此五鬼，爲吾五患，饑我寒我，興訛造訕，能使我迷，人莫能間，朝悔其行，暮已復然。蠅營狗苟，驅去復還。」

　　言未畢，五鬼相與張眼吐舌，跳踉僂僕，抵掌頓腳，失笑相顧。徐謂主人曰：「子知我名，凡我所為。驅我令去，小黠大癡[17]。人生一世，其久幾何？吾立子名，百世不磨，小人君子，其心不同。惟乖於時[18]，乃與天通，攜持琬琰，易一羊皮。飫於肥甘，慕彼糠麋。天下知子，誰過於予？雖遭斥逐，不忍子疏，謂予不信，請質《詩》、《書》。」主人於是垂頭喪氣，上手稱謝，燒車與船，延之上座[19]。

英琪箋註·亮師雅正：

1. 或有復出星字。
2. 輿，或作與。
3. 《古今文選》：「萬里連檣，牛繫軛下。」軛，乙革切。檣，音qiáng，ㄑㄧㄤˊ；墻。
4. 日下或無矣字。
5. 竊或作躬。糗，音qiǔ，ㄑㄧㄡˇ。《爾雅》，載云：「糗，麥也。」《周禮·天官·籩人》：「羞籩之實，糗餌、粉餈。」東漢·鄭玄，〈注〉：「此二物（糗餌、粉餈ㄘˊ），皆粉稻米、黍米所為也。合蒸曰餌，餅之曰餈。」粻，音zhāng，ㄓㄤ；糧也。糗，去久、丘救二切。粻，之良切。
6. 彍，音kuò，ㄎㄨㄛˋ，又廓、郭二音；東漢·許慎《說文解字》：「彍，弩滿也。」
7. 砉，音huò，ㄏㄨㄛˋ，皮骨相離聲；霍虢切。欻，音chuā，ㄏㄨ；突然；許勿切。
8. 齅，音xiù，ㄒㄧㄡˋ，東漢·許慎《說文解字》：「齅，以鼻為臭也。」；許求切。
9. 已，與以同，以，又與同，古字咸相通。
10. 迴，或作回。
11. 朋儔，或作儔朋。六，或作三，非是。
12. 挭，力結切；彈琵琶時，所用之弦撥。
13. 目，或作貌。
14. 名上或有一字。
15. 抉，於決切；選取，或揭發之意。
16. 曰文上，或有名字。

17. 《淮南子‧說山訓》：「人不小學不大迷，不小慧不大愚。」洪駒父曰：「小黠大癡。」晉晉‧陳壽《三國志》，自有全文。東晉‧葛洪《抱樸子》：「人多以小黠而大愚，聞延年長生之法，皆為虛誕，而喜信妖邪鬼怪。」《宋史‧卷三八七‧陳良翰傳》：「思退庸狡，小黠大痴，將誤國，且『警敏』二字，恐非明主卜相之法。」

18. 惟，或作雖，非是；僅、獨。

19. 之，或作入。公此篇終云：「延之上座。」於是段成式作《留窮詞》，近世唐子西作《留窮詩》，二者皆祖公之意而為之，然成式後又作《送窮辭》焉！

　　英琪考之，韓愈（公元768年歲次戊申～公元824年歲次甲辰）字退之，唐代文學家、哲學家、思想家，河陽（今河南省焦作孟州市）人。祖籍河北昌黎，世稱：「韓昌黎。」晚年任吏部侍郎，亦稱：「韓吏部。」諡號：「文。」故稱：「韓文公。」韓愈與柳宗元同為唐代古文運動之倡導者，主張學習先秦兩漢之散文語言，破駢為散，擴大文言文之表達功能。宋代蘇軾，讚嘆：「文起八代之衰，道濟天下之溺。」明人推其為唐宋八大家之首，與柳宗元，並稱；「韓柳。」旋有「文章巨公」和「百代文宗」之名，作品咸收入於《昌黎先生集》。韓愈於思維則屬中國「道統」觀念之確立者，乃尊儒反佛之里程碑式人物，讀者詳見《諫迎佛骨表》乙文，廣流於後，計有575篇之詩文，堪稱當時文壇泰斗也。

◎筆者註解白話譯文：

　　歲值陰曆每月之末，乃元和六年（唐憲宗年號，公元806年～公元820年）正月三十日乙丑，東家派遣奴婢，以喬木建構作為駕車，用繩捆綁成船，車子裝運米麥、食糧，牛則於頸下扣住拉車之橫木，將船竿子掛帆篷之布幔拉長，三尊較無錢之神鬼訴說：「聽到汝消息，弗久將移動，卑劣（謙稱）之余心中怯懦，無法付諸行動，弗敢追究前往之處所。其親自偷偷備用船與牛之交通工具，安排裝載之米糧。選擇於吉日良辰，有益於順利走遍四處各地。汝吃食物之容器，汝喝酒用之酒杯。帶領同輩之朋友，送走過去並選擇新之人、事、物。引動張開作為，搶先明快較量。汝未有格外之艱困窮阨，余有贈送財物之幫助，汝有意圖從事？」

抑止呼吸，私下聽取，接收訊息，好似鳥類、野獸長聲鳴叫，皮骨相離嘶啞之聲音，獸類之毛直立，肩膀驚懼，脖子退卻，心中恐懼時有時無，歷經時間長則可清楚。假使復說明：「余與子女住所，有四十餘年，子孫在幼兒需人扶持、抱在懷裡，余弗不認為汝笨傻。子孫讀書，請求官職與聲望，則依順子女保持最初心意。守護之門神，余高聲呼喝，容忍羞愧，要求跟從，記憶不著重於他。子孫貶謫至南方邊遠之地，炎熱與低溼，弗是我之故鄉，受到眾多陰險者欺壓侮辱。於最高學府就讀四載，生活甚為窮苦，獨余守衛汝，所有人咸厭惡汝。從頭至尾，未曾拋棄汝，內心無背叛之意，及絲毫隔斷之語言。汝從何處聽聞，余任意奔走？想必顛倒是非之伕役，與我心志相違。余之靈魂並非是人類，應如何平穩行使車輛暨船？以鼻嗅難聞氣味，乾糧與米可幫助別人。余獨自一人，何者屬同輩？子孫自我要求，明白而事先安排好，可計數能完成？子孫悉數全部道出，可謂品德崇高、通達事理之人，事物實際狀況已顯現，何人無畏懼暨躲避乎？

東家答言：「以為我實在弗明白，汝不正當之念頭？汝之友輩，非是六與四，十排除五，七減掉二，以上乃咸同指五位窮鬼。分別各自對事物抱持之意見與想法，擅自設立名與字號。用手遮蓋事跡，以喉嚨隱瞞發聲，以免辯解冒犯。因此概括令原本之心性或份，致使姿容態度，感覺令人厭煩，表達言語單調，枯燥乏味，完全皆汝之向。其名稱分別如下：

一則，名曰：『智窮。』乃才華與智能，貧乏無味，儀表勇猛剛直，威武高傲樣，畏懼渾圓滑溜，怕羞冒犯，哄騙獲取，無法忍受傷害。二則，名曰：『學窮。』其蔑視學問聲譽，擇取昏暗不明事理，牽引各家主張，掌握玄妙取巧。三則，名曰：『文窮。』唯不專一鑽研某技能，盡述千奇百怪，無能應時實施，僅供自身嬉戲娛樂。四則，名曰：『命窮。』為作為舉止，言行不一，顏面惡劣，思想爭好，懷著排除圖利，索取卻奪人前。五則，名曰：『交窮。』來往糾纏，顯現真摯情意，盼望熱切，內心反倒看待是有仇怨之人。其總共五種胡亂禍害者，使余飢困、卑賤，引發錯失、毀謗，虛構致余混亂，是非無時更替於其內，白日懺悔舉動，晚間故態又犯，彷彿似蒼蠅般到處鑽營，復如狗之地位低微，逐離又返回。」

　　談論並未結束，五位窮鬼相者，睜開雙眼、伸出舌頭，仆倒跳動，拍打並以腳踩地，相互發笑無法自制。徐姓東家告訴主人說：「汝知曉余之名，概括所有行為。役使余離開，於小處精明、狡猾，大處迷糊、失算。浮生於世，在世間能幾何？余設置汝稱號，經歷久遠，印象深刻，名傳千古，思想、意念、感情是有所不同。是非違背時刻，與宇宙往來，帶著君子之德性，改變某方面事物之偽善，飽吃甘甜美肥沃之食物，彼輩敬重吃粗糙之飲食者。全世界知曉汝，任何人能越過於汝？儘管遭受驅逐，弗能忍耐以疏文排解，汝當弗相信，詢問《詩經》、《六書》，以明白事物之根本及特性。」東家於是乎，失意沮喪樣，並開始道謝，燃燒車與船隻，連及致意位高尊者。

　　　　　　　　汝南　廖英琪展卷以攄懷
　　　　獻歲春風兔寶招，迎新遣舊聚財邀，
　　　　內涵養性存誠懇，外斂修身蓄德超；
　　　　篤實榮華官祿厚，純仁道誼利名饒，
　　　　良田作善彌年慶，實稔時豐順遂朝。

～～～～～～～～～～～～～～～～～～～～～～～～～～～～

　　　　　　唐‧韓愈《宿龍宮灘》五言律詩
　　　　　浩浩復湯湯，灘聲抑更揚，
　　　　　奔流疑激電，驚浪似浮霜；
　　　　　夢覺燈生暈，宵殘雨送涼，
　　　　　如何連曉語，只是說家鄉？

　　　　唐‧韓愈《左遷至藍關示姪孫湘》七言律詩
　　　　　一封朝奏九重天，夕貶潮陽路八千，
　　　　　本為聖明除弊事，敢將衰朽惜殘年；
　　　　　雲橫秦嶺家何在？雪擁藍關馬不前，
　　　　　知汝遠來應有意，好收吾骨瘴江邊。

唐・韓愈《祭鱷魚文》　　汝南 廖英琪甄錄

維年月日[1]，潮州刺史韓愈使軍事衙推秦濟[2] [3]，以羊一、豬一，投惡溪之潭水[4]，以與鱷魚食[5]，而告之曰：「昔先王既有天下，列山澤[6]，罔繩擉刃[7] [8]，以除蟲蛇惡物爲民害者，驅而出之四海之外。及後王德薄，不能遠有，則江漢之間，尚皆棄之以與蠻、夷、楚、越[9]；況潮嶺海之間，去京師萬里哉！鱷魚之涵淹卵育於此，亦固其所。今天子嗣唐位[10]，神聖慈武，四海之外，六合之內，皆撫而有之；況禹跡所揜[11]，揚州之近地[12]，刺史、縣令之所治，出貢賦以供天地宗廟百神之祀之壤者哉？鱷魚其不可與刺史雜處此土也。刺史受天子命，守此土，治此民，而鱷魚睊然不安溪潭[13]，據處食民畜、熊、豕、鹿、獐，以肥其身，以種其子孫；與刺史亢拒，爭爲長雄[14]；刺史雖駑弱[15]，亦安肯爲鱷魚低首下心，伈伈睍睍[16]，爲民吏羞，以偷活於此邪！且承天子命以來爲吏，固其勢不得不與鱷魚辨。」鱷魚有知，其聽刺史言：「潮之州，大海在其南，鯨、鵬之大[17]，蝦、蟹之細，無不歸容，以生以食，鱷魚朝發而夕至也。」今與鱷魚約：「盡三日，其率醜類南徙於海，以避天子之命吏；三日不能，至五日；五日不能，至七日；七日不能，是終不肯徙也。是不有刺史，聽從其言也；不然，則是鱷魚冥頑不靈[18]，刺史雖有言，不聞不知也。夫傲天子之命吏，不聽其言，不徙以避之，與冥頑不靈而爲民物害者，皆可殺。刺史則選材技吏民，操強弓毒矢，以與鱷魚從事，必盡殺乃止，其無悔！」

筆者注釋

于某年某月某日，潮州刺史韓愈差遣軍務擴展至陝西省，分別各羊一隻、豬一頭，扔入汙垢之潭水中，又給予鱷魚試嚐，並且告知：「既往已故之君王，固有古代中國境內區域之政權，以火燃燒山嶺與水地之草木，用繩線編成器具，及鋒銳之刀刺殺，捕捉蟲、蛇等，剷滅為人民引起災禍弗善之動物，同時逐離中國四周之環海外。至後世之君王，德薄能鮮，俯首隨人，無法統治廣宇國土，竟將長江和漢水之土地，割捨給予中國南方、東部、湖北、浙江之各種族；窘況乃廣東與南方海域領土之荒遠地，距離首都極遠！蓋鱷魚潛藏停留生長於此處，則自然安定於此位置。眼下君王之子擔任大唐之帝位，莊嚴尊貴，忠厚勇猛，海外天下各處，東南西北境內，完全掌握統轄之；

且夏禹前人留下之事物、功業補取之區域，乃古九州之一，係地方長官、行政首長統理之地區，呈獻交納物品、徵稅收，進奉祭祀天地神靈、宮室祖先之疆域？鱷魚無能與地方長官，階級各殊者聚居一處。

刺史，乃受天子之命令，防衛國家土地，統理此處之民眾。鱷魚居然不安份守己，待於溪潭中占有一方，吞吃黎民之牲畜、熊、豬、鹿、獐，以飽滿身體，延續己身之後世子孫；並與官吏抵抗，較量奪取以爭取勝利，成為一方英豪之領袖。刺史縱然軟弱無力，居然願意向鱷魚屈服順從，謹慎恐懼，低聲下氣，令治理百姓之官吏難堪，乃苟且求生弗正之舉！蓋今官員承受奉天子詔令任職，其當然弗能與鱷魚爭論是非曲直。假設鱷魚可知，憑刺史道：「廣東省此區域，大海位於它之南面，大至鯨魚、鵬鳥，微小至蝦子、螃蟹，咸於大海依附容身，生活食用，鱷魚晨朝從廣東省出發，日暮則能抵達大海。」如今，刺史與鱷魚協議：「極限三天，將帶領做壞事之人，遷移於南方海域，使躲開天子任用官吏之地方；現在，三天無法完成，則放寬至五日；五天難以完成，則放寬至七日；七天仍然無法達成，其就表明最終弗願意遷移。此乃心中無官吏之地位，弗聽從刺史之規勸；莫非鱷魚愚蠢、愚笨無知而乏通靈性，儘管刺史有言在先，仍然毫無傾聽之誠，無所知曉。否則，謹奉天子詔令任職之官司，任何之輕視、弗遵守聽從，弗配合遷移躲開，以及昏愚、淺陋暨明理者，又殘害庶民之牲畜，理當斬首。故刺史特以挑選有才能與專門本領官吏和民眾，堅硬持著硬弓上有毒之箭，齊心戮力處置鱷魚，乃將鱷魚群撲殺消滅為止，方能無怨無悔！

英琪箋註・亮師雅正：

1. 維：在、僅；通惟、唯。
2. 潮州：地名，治所唐時海陽縣（今廣東潮州市），轄境約\相當於今廣東省潮州、汕頭、揭陽和梅州、汕尾市，附近區域（李宏新《1991：潮汕分市紀事》）。
3. 刺史：係職官名，或稱地方長官；迨及清朝，以知州之尊稱。
4. 惡溪：于潮安境內，又名鱷溪、意溪，韓江經此，合流而南。
5. 食：吃，食用；或嚐到、承受。
6. 列：同「烈」，強勁抑是嚴厲。
7. 罔：同「網」，網之初文。

8. 歜：音chù，ㄔㄨˋ，為刺。

9. 蠻：中國南方種族之舊稱。夷：古代東部民族之一，殷商時約分佈於今大陸地區山東、江蘇之處。楚：指湖南、湖北、安徽、浙江及河南南部。越：南方之少數民族之一，居於浙、閩、粵之附近。嶺海：大庾、騎田、都龐、萌渚、越城五嶺。位於湖南、江西與廣東，交界之處。

10. 今天子：指唐朝第14代皇帝（棄擲武則天以外），唐憲宗李純。

11. 禹：係人名，夏代開國之君；因治水有功，得舜讓位，立國為夏，亦稱：「大禹或夏禹。」

12. 揚州：指古代九州之一，為今江蘇、安徽、江西、浙江、福建等區域，亦稱：「維揚。」

13. 睅：hàn，ㄏㄢˋ，乃為眼珠突出之樣。

14. 長：zhǎng，ㄤˇ，用作動詞。

15. 弩：nǔ，ㄋㄨˇ；以用機械力量射箭之弓。

16. 伈：xǐn，ㄒㄧㄣˇ，係恐懼之樣。睍：xiàn，ㄒㄧㄢˋ，指眼睛小。

17. 鵬：古書傳說，乃指能一飛數千里之巨鳥，由鯤變化而成，亦能於水中生活。

18. 冥頑：固執守舊，缺乏變通。

英琪按：元和十四年歲次己亥（公元819年），韓愈因勸《諫迎佛骨》觸怒唐憲宗，幾乎遭殺身之禍，得宰相裴度救援，方被貶為潮州刺史。據《新唐書·韓愈傳》，韓愈初至潮州之際，乃聽聞境內惡劣溪中有鱷魚為害，將附近黎民百姓之牲口皆吃盡。於是於元和十四年四月二十四日，撰文此篇《鱷魚文》，以規戒鱷魚搬遷，否則將必戮挫殺之，筆者賦詩以誌，元亨利貞（三稱）！

汝南 廖英琪展卷以攄懷

鱷魚疏表統綱胸，引緒民情正道庸，

王室忠賢權責制，蒼生孝節適材恭；

禮勤下效芝蘭蕙，誠切上行玉樹從，

德治依仁嘉眾庶，名賢護國盛時雝。

《汝南堂・周易尚占詩箋》付梓 – 叩恩謝表（一）

讚曰：

「先哲仁風萬物高，群經挈領易經豪，
天文軌跡知今導，地理儀形博古操；
象數推敲離目惑，占星演繹革心謟，
玄機論斷昭清路，聖學昌明妙法膏。」

仰叩鴻恩，五術龍門；
玄魁善教，啓迪吟魂。
嘉惠周易，搦管崇尊；
雄飛奮矻，驟進燔溫。
塵事庸俗，感念明惇；
鐫心厚待，誨育靈根。

伏承：

太皓慈憐，精氣沛然，
交流弗絕，往復聯翩；
卦理微玄，晨旭督編，
弘敷聖學，兩冊雙全。

爰於：

上表蒼穹，省記丹衷；
蒙麻被澤，羲典貫通。

賦讚：

「四序瓏璁浸潤成，殷勤闡究典墳耕；
爻辭卦義殫心顯，傚效三施報德鳴。」

今據：

惠錫慶雲身心靈教室　信女廖英琪沐手頓首

上禀：

台中市北屯區景和街 130 號福隆宮案前之

文昌帝君——

身披仙衣，魁星射威；日月照耀，天地幹機。

五魁采穹，萬靈褌功；八聖守護，本體啓蒙。

載道玄珠，斗牛祥符；袪迷蔽塞，脫胎霜濡。

能賦登堂，復學漢唐；閣中肆外，廣傳黎昌。

稽首感銘，顯赫寵馨；古今貽範，萬世流廷。

遵奉：

當代碩儒，玄魁持扶；

神思浩蕩，諄誨章殊。

鞭策英琪，拙筆鎡基；

刻苦萬難，翰墨綸彌。

復以：

慧業嘉欽，激奮丹忱；

銘戢懷惠，炳著文琛。

刻骨五衷，六腑懷崇；

虔誠跪拜，禮數身躬！

謹備：

一炷清香，鮮花供菓。

上奉—— 五帝神祇：

文昌帝君

魁星帝君

朱衣帝君

文衡帝君

孚佑帝君

　　　　　　　　旋以：
　　　　　先哲沾濡，啓示爻符；
　　　　　創作詩卡，闓奧開愚。
　　　　　鑽灼爻文，識卦惟勤；
　　　　　施仁聖學，卜度黎群。
　　　　　　　　恭呈：
付鐫《周易尚占詩箋》六十四卦賦卡〈詩箋文言註解全集〉（一），
　共計　　　套，廣流宣弘，並捐饗宮及圖書館，以資典藏。
　　　　　　　　讚曰：
　　「蹇豫茫然悃愊尋，中孚立斷應機音；
　　　詩箋解事扶離漸，洞達觀時履泰襟。」
　　　　　　　　　　　　　　恭此

　　上聞！
天運壬寅年之歲　月　日　時
　　　　　　　汝南 廖英琪沐手敬撰於雲仙小築牖前

～～～～～～～～～～～～～～～～～～～～～～～～

　　　賀廖帥新書傳世　吳慕亮宿讀以讚
　　萬選金錢校正勞，周經易道擅揮毫，
　　才華羅著三臺勝，問學達成五術褒；
　　遍賞珠璣供參究，好教子弟作薰陶，
　　疏文陳述斯爲盛，不愧洛陽紙貴高。

天運壬寅叩謝天恩付梓疏文（二）

《汝南堂・周易尚占》六十四卦啓示賦卡
〈詩箋白話註解全集〉（二）發行 一

伏承 ——
五帝靈扶，翰藻經綸編卷帙；
三皇祖惠，儀章著述輯詩書。

敬祈：
文昌梓潼帝君大慈大智，魁星踢斗，普恩祿馬

竊維：
文運輝煌開智慧，啓聰明而佑碩士；
昌星燦爛達功名，顯翰墨以匡儒林。
披露丹誠，仰瞻金容。

茲有：
信士 廖英琪，新書剞劂。

略備：
花果兩束之禮，
疏表一通之儀。
虔誠摳衣跪拜，
衷心叩首謁參。
於文昌聖廟堂中，
對梓潼寶殿座前。
以恭以誠，
具申具陳：

處處芸窗敲玉，常懷自勵；

時時蘭屋披金，弗敢或忘。

仰明希聖希賢，智海慧山之可覽；

信然輔仁輔國，天梯金闕之宜攀。

螢囊映雪，固毅力之所當堅強履踐；

蟾宮折貴，乃衷心之所必孜兀經營。

雖有人事之須奮勉，

豈無天命之以護佑。

道交感應，生花夢筆；

風雲際會，適運逢時。

吐鳳騰蛟，皆須仰賴紫府加持之力；

探花奪錦，更要依恃玄穹蔭庇之功。

敬燃福祿，前程燦爛之燭；

奉點功名，學海光明之燈。

迎神光之普照，

感聖德之宏敷。

上林遍獨步，

閬苑更前驅。

盈牆桃李，皆成社會之俊彥；

滿室菁莪，俱作家國之棟樑。

伏願帝君，錫福加祿；

仰祈恩主，降瑞垂祥。

亮師讚曰：

「文尊聖帝攝黎瞻，仗佛加持立說忱，

學術明仁持道義，杏壇識禮育撝謙；

研窮賦魄民情澤，精審詩脾信仰霑，

穀旦良辰恭奉祀，德恩敷佑智才添。」

欣逢：

中華民國一一一年歲次壬寅農曆十二月廿三日午時

今據台灣省南贍部州之台中市北屯區景和街一三○號

由將至禮呈獻，

是所端拜叩稟！

福隆宮，諸神祇之案前。

^{信士} 廖英琪，伏身隆澤。

爰以：

周易勤學，繫辭顯微。

詩詞典雅，經史芬菲。

風城習藝，雨露儀威。

通文炳曜，博雅華輝。

無私授業，有道傾囊。

承恩善策，敷教闡揚。

誨諄懇切，指導明光。

庸材闇劣，挈領扶匡。

復次：

鹿皮垂誥，牛角掛書。
騷章付梓，卦卡鈔臚。
援金助印，惠帛膏儲。
神恩祐庇，佛力推諸。

旋以：

才猷德薄，智器能鮮。
良緣既濟，夙志周全。
下傳奏表，上達穹天。
垂青挹詔，竭盡恢宣。

英琪恭讚：

「臘鼓霜清勁氣陳，寒燈搦翰策文惢，
平聲句潤編詩揣，仄韻詞工作賦循；
卦象挑明行事應，爻辭清晰見機遵，
全臺首創興占卡，印發迎祥廣渡春。」

恭此

上聞！

[信士]廖英琪躬身，叩謝天恩師德，眾賢大德，財施助印《汝南堂・周易尚占》六十四卦啟示賦卡〈詩箋註解全集〉（二），順利刊布，總計餽贈　套，至寶島圖書館，以宏揚聖人之學，廣爲流傳，利益黎民，元亨利貞（三稱）！

天運歲次壬寅農曆十二月廿三日午時穀旦

[隆中]吳慕亮 督導敦勵

[汝南]廖英琪 箸撰頓首

天運壬寅祈願迎春納福文疏（三）

禮讚：

「觀察十方，振瞶扶危憑慧眼；
音傳三界，聞聲救苦佈慈心。」

伏以：

運轉雙清，曇花現圓通之瑞；
賁凋四莢，水月彰自在之形。
今遇歲暮之至，
昔逢戾疫之侵。
切念吾曹，愚癡固陋；
泛塵勞海，羈熱惱鄉。
六根橫流，徒有奔塵之失；
三慧長翳，未見旋性之功。
孰救此方之劇苦，
倘非彼岸之大悲。
適逢穀旦，
用表葵誠。

伏願：

潮音恒震，
甘露永濡。
毒火煙消，共入清涼之地，
黑風浪息，同登般若之舟。

敬祈：

南無大慈大悲觀音菩薩，普濟群倫，饒益有情。

欣逢：
中華民國一一一年歲次壬寅農曆十二月廿三日午時

今據：
東震旦界，南閻浮提，蓬萊仙島之
台中市北屯區景和街一三〇號
焚香以叩，鑑昭稟報！
福隆宮，諸神祇之案前。
由茲清吉　為
^{汝南} 周倩琳暨廖英琪，恭率：
慶雲教室全體學友暨至善瑜伽班諸門生，
共計　　人。

爰以：
壬寅金虎，黝暗昏沉。
疫毒漫溢，煩悶擾心。
蕭索財物，舉國憂襟。
魂魄交瘁，肺肝劫侵。
低迷景氣，憔悴勞深。
仰恭佛助，翼衛神欽。
以迎祥瑞，惟禱安臨。
伏乞豐穰，冀望昌灣。

虔祈：
虎嘯瘟神未息延，蒙衝百業亂糟顛，
職場往返資金困，市集穿梭購物咽；
匪日心胸憂悃耗，弗時耳目恐惶煎，
觀音柳露垂憐苦，消弭災殃復泰年。

旋以：

垂憐叩拜，焚香表題；

欣然諸事，貴仕登梯。

百家興盛，九族彰躋；

禎符府第，長幼康婁。

淳良禮樂，高義威披；

五音時應，萬籟年彌。

崇仁發願，積善行慈；

一言膺服，四德修爲。

歲歲心至，刻刻身隨；

圖強不息，舉止咸宜。

覽書明性，究經辨思；

風調物阜，雨順民熙。

恭讚：

「圓通大士法霑濡，患難聞聲解厄誅，

觀佛十方召感化，念神三界喚呼扶；

六塵煩惱排因治，四諦悲涼斷果驅，

願力菩提離恚礙，修慈福慧業超圖。」

具疏

奉聞！

天運歲次壬寅十二月廿三日午時穀旦

汝南 周倩琳暨廖英琪

率領全體學員，祈福名冊、財施助印及詳地址如左：

○○○、○○○、○○○、○○○、

○○○、○○○、○○○、○○○、

○○○、○○○、○○○、○○○、

○○○、…………等人，百叩上疏。

《周易》知機識變 明心鑒古今往
生字注音查讀

序言

詡ㄒㄩˇ。罟ㄍㄨˇ。畋ㄊㄧㄢˊ。繻ㄖㄨˊ。埏ㄧㄢˊ。摛ㄔ。
翱ㄠˊ。籙ㄌㄨˋ。摭ㄓˊ。禺ㄩˊ。麇ㄓㄨ。揆ㄎㄨㄟˊ。
硎ㄒㄧㄥˊ。覯ㄍㄡˋ。杞ㄑㄧˇ。鄹ㄐㄧˋ。槃ㄆㄢˊ。
礴ㄅㄛˊ。橐ㄊㄨㄛˊ。鏖ㄅㄧㄠˊ。剞ㄐㄧ。劂ㄐㄩㄝˊ。
觚ㄍㄨ。閫ㄎㄨㄣˇ。敕ㄔˋ。哂ㄕㄣˇ。鏗ㄎㄥ。鏘ㄑㄧㄤ。
譙ㄑㄧㄠˊ。玷ㄉㄧㄢˇ。飭ㄔˋ。昺ㄅㄧㄥˇ。湍ㄏㄨㄢˋ。
玠ㄐㄧㄝˋ。擘ㄅㄛˋ。嚳ㄩˋ。邃ㄙㄨㄟˋ。纘ㄗㄨㄢˇ。
顓ㄓㄨㄢ。頊ㄒㄩˋ。礜ㄎㄨˋ。酋ㄔㄡˊ。讞ㄐㄧㄢˋ。蓍ㄕ。
悚ㄙㄨㄥˇ。杓ㄅㄧㄠ。攉ㄓㄨㄛˇ。眸ㄇㄡˊ。眊ㄇㄠˋ。
攎ㄕㄨ。孜ㄗ。矻ㄎㄨˋ。蠡ㄌㄧˇ。瓠ㄏㄨˋ。斾ㄓㄢ。
咎ㄐㄧㄡˋ。麋ㄇㄧˊ。迥ㄐㄩㄥˇ。麾ㄏㄨㄟˊ。贅ㄓㄨㄟˋ。
苒ㄖㄢˇ。椒ㄐㄧㄠ。棣ㄌㄧˋ。龢ㄏㄜˊ。笈ㄐㄧˊ。
浹ㄐㄧㄚ。靁ㄨㄟˊ。隗ㄌㄧㄤˋ。肫ㄓㄨㄣ。綦ㄑㄧˊ。
逴ㄔㄨㄛˋ。赧ㄋㄢˇ。凒ㄧㄣ。甗ㄩㄣ。蜚ㄈㄟ。輒ㄓㄜˊ。
櫛ㄐㄧㄝˊ。屜ㄒㄧˋ。琚ㄐㄩ。嚌ㄎㄨㄞˋ。嶠ㄐㄧㄠˋ。
耄ㄇㄠˋ。窠ㄎㄜ。臼ㄐㄧㄡˋ。狶ㄒㄧ。鵠ㄏㄨˊ。鶚ㄜˋ。
鼇ㄠˊ。噎ㄧㄝ。斟ㄓㄣ。黅ㄧㄣˊ。慳ㄑㄧㄢ。舛ㄔㄨㄢˇ。

一、《周易》名稱注釋與意旨

乍ㄓㄚ。膴ㄏㄨ，或ㄨˇ。菫ㄐㄧㄣˇ，或ㄐㄧㄣˋ。羑ㄧㄡˇ。
蝘ㄧㄢˇ蜓ㄊㄧㄥˊ。詁ㄍㄨ。揲ㄕㄜˊ。蓍ㄕ。綾ㄌㄧㄥˊ。
洎ㄐㄧˋ。禨ㄐㄧ。鑿ㄗㄠ；ㄗㄨㄛˋ。忖ㄘㄨㄣˇ。艮ㄍㄣˋ。
鐸ㄉㄨㄛˊ。宓ㄇㄧˋ；ㄈㄨ。鉉ㄒㄩㄢˋ。并ㄅㄧㄥ；ㄅㄧㄥˋ。
彝ㄧˊ。彖ㄊㄨㄢˋ。輯ㄐㄧˊ。撝ㄏㄨㄟ。饞ㄔㄢˊ。

二、《周易》傳承之聖哲敘述

斲ㄓㄨㄛˊ。庖ㄆㄠˊ。胥ㄒㄩ。渚ㄓㄨˇ。昊ㄏㄠˋ。曩ㄋㄤˇ。
諡ㄧˋ。聃ㄉㄢ。萇ㄔㄤˊ。裔ㄧˋ。誄ㄌㄟˇ。愍ㄧㄣˇ。

縈ㄑㄩㄥˊ。褒ㄅㄠ。熜ㄗㄨㄥ˙。衹ㄓˇ；ㄓ。瓍ㄒㄧㄝˊ。
糅ㄖㄡˋ。蹟ㄗㄜˊ˙。

三、《周易》河圖及洛書闡微

耦ㄡˇ。韞ㄩㄣˋ。履ㄌㄩˇ。疊ㄨㄟˊ；ㄇㄣˊ。搏ㄊㄨㄢˊ。
譣ㄧㄢˋ。軫ㄓㄣˇ。氐ㄉㄧˇ；ㄉㄧ。觜ㄗ；ㄗㄨㄟ。昴ㄇㄠˇ。
婁ㄌㄡˊ。稼ㄐㄧㄚˋ。穡ㄙㄜˋ。

四、《周易》太極圖說之注釋

筊ㄐㄧˋ。种ㄔㄨㄥˊ。綴ㄓㄨㄟˋ。弼ㄅㄧˋ。駁ㄅㄛˊ。
虞ㄩˊ。祚ㄗㄨㄛˋ。种ㄔㄨㄥˊ。楔ㄒㄧㄝˋ；ㄒㄧㄝ。
歟ㄩˊ。无ㄨˊ。摒ㄅㄧㄥˋ。衹ㄑㄧˊ；ㄓ。籀ㄓㄡˋ。
纂ㄗㄨㄢˇ。詁ㄍㄨˇ。遯ㄉㄨㄣˋ。詆ㄉㄧˇ。詰ㄐㄧㄝˊ。
翕ㄒㄧˋ。鑠ㄕㄨㄛˋ。柢ㄉㄧˇ。侔ㄇㄡˊ。

五、《周易》構成爻卦之介紹

盂ㄩˊ。苴ㄐㄩ或ㄐㄩˇ。椏ㄧㄚ。寥ㄌㄧㄠˊ。惚ㄏㄨ。
恍ㄏㄨㄤˇ。夬ㄍㄨㄞˋ。蟄ㄓˊ；ㄓㄜˊ。坼ㄔㄜˋ。
螟ㄇㄧㄥˊ。蠹ㄌㄞ。戮ㄌㄨˋ。鰥ㄍㄨㄢ。陬ㄗㄡ。訾ㄗ。
鶉ㄔㄨㄣˊ。否ㄆㄧˇ。枵ㄒㄧㄠ。謬ㄇㄧㄡˋ。熒ㄧㄥˊ。
亢ㄎㄤˋ或ㄍㄤ。氐ㄉㄧˊ。昴ㄇㄠˇ。觜ㄗ；ㄗㄨㄟ。軫ㄓㄣˇ。
貉ㄇㄛˋ或ㄏㄜˊ。狌ㄢˋ；ㄏㄢˊ。獬ㄒㄧㄝˋ。貐ㄩˇ。
蚓ㄧㄣˇ。蹇ㄐㄧㄢˇ。鬪ㄉㄡˋ。舛ㄔㄨㄢˇ。筲ㄕㄠ。讒ㄔㄢˊ。
倀ㄔㄤ。忿ㄈㄣˋ。

六、《周易》經文章要之概述

乂ㄧˋ。憚ㄉㄢˋ。諛ㄩˊ。乾ㄑㄧㄢˊ。閑ㄒㄧㄢˊ。惕ㄊㄧˋ。
幾ㄐㄧ；ㄐㄧˇ。亢ㄎㄤˋ。弒ㄕˋ。咎ㄐㄧㄡˋ。戾ㄌㄧˋ。
衹ㄓˇ；ㄓ。

七、《周易》〈繫辭傳〉之注解

窳ㄩˇ。玩ㄨㄢˋ。疵ㄘ；ㄘˊ。无ㄨˊ；ㄇㄛˊ。禦ㄩˋ。
翕ㄒㄧˋ。蹟ㄗㄜˊ。樞ㄕㄨ。酢ㄗㄨㄛˋ；ㄘㄨˋ。闔ㄏㄜˊ。
鉤ㄍㄡ。縕ㄩㄣˋ；ㄩㄣ。摹ㄇㄛˊ。罟ㄍㄨˇ。斲ㄓㄨㄛˊ。

耜ㄙˋ。耒ㄌㄟˇ。耨ㄋㄡˋ。鍫ㄑㄧㄠ。噬ㄕˋ。
嗑ㄏㄜˊ；ㄎㄜˋ。剞ㄎㄨ。剡ㄧㄢˇ；ㄕㄢˋ。楫ㄐㄧ。
杵ㄔㄨˇ。臼ㄐㄧㄡˋ。舂ㄔㄨㄥ。弧ㄏㄨˊ。矢ㄕˇ。睽ㄎㄨㄟˊ。
槨ㄍㄨㄛ。夬ㄍㄨㄞˋ。憧ㄔㄨㄥ。蠖ㄏㄨㄛˋ；ㄨㄛˋ。
蕨ㄐㄧˊ。藜ㄌㄧˊ。隼ㄓㄨㄣˇ。墉ㄩㄥ；ㄩㄥˊ。鶻ㄏㄨˊ。
鴒ㄌㄧㄥˊ。苞ㄅㄠ。餗ㄙㄨˋ。瀆ㄉㄨˊ。俟ㄙˋ；ㄑㄧˊ。
殆ㄉㄞˋ。絪ㄧㄣ。緼ㄩㄣ。脩ㄒㄧㄡ。撲ㄎㄨㄟˊ。縹ㄆㄧㄠˇ。
緲ㄇㄧㄠˇ。噫ㄧ。

八、《周易》九六妙義之闡述

瞿ㄑㄩ；ㄐㄩˋ。躋ㄐㄧ。惕ㄊㄧˋ。

九、《周易》卜筮之探賾索隱

曩ㄋㄤˇ。腓ㄈㄟˊ。芻ㄔㄨˊ。鼾ㄏㄢ。齧ㄋㄧㄝˋ。舐ㄕˋ。
牘ㄉㄨˊ。黠ㄒㄧㄚˊ。烔ㄊㄨㄥˊ。砧ㄓㄣ。蠡ㄌㄧˊ；ㄌㄧˇ。
窅ㄧㄠˇ。贅ㄓㄨㄟˋ。齧ㄋㄧㄝˋ。貙ㄑㄩ。齭ㄐㄧㄥ。
償ㄈㄣˋ。轇ㄘㄡˋ。齫ㄨˋ。旃ㄓㄢ。訖ㄑㄧˋ。驥ㄐㄧˋ。
皁ㄗㄠˋ。羈ㄐㄧ。栖ㄑㄧ；ㄒㄧ。迺ㄋㄞˇ。髯ㄖㄢˊ。
趼ㄐㄧㄢˇ；ㄧㄢˋ。觑ㄏㄨㄟˊ；ㄏㄨㄟ。厥ㄐㄩㄝˊ。
蠆ㄌㄧㄝˋ。巋ㄓˋ。匍ㄆㄨˊ。疴ㄜ；ㄎㄜ。皋ㄍㄠ。
驊ㄏㄨㄚˊ。騮ㄌㄧㄡˊ。駬ㄦˇ。曩ㄋㄧㄠˇ。鱱ㄌㄧㄢˊ。
駒ㄐㄩ。羶ㄕㄢ。羱ㄩㄢˊ。參ㄏㄨㄢ。牝ㄆㄧㄣˋ。犢ㄉㄨˊ。
祜ㄏㄨˋ。氈ㄓㄢ。氄ㄇㄥˊ。舐ㄕˋ。朦ㄇㄥˊ。聵ㄎㄨㄟˋ。
裘ㄑㄧㄡˊ。掖ㄧㄝˊ；ㄧㄝˋ。猢ㄏㄨˊ。猻ㄙㄨㄣ。
嗛ㄑㄧㄢ；ㄑㄧㄢˇ。疣ㄧㄡˊ。獿ㄋㄠˊ。褚ㄔㄨˇ。瓠ㄏㄨˋ。
舡ㄒㄧㄤ。鳧ㄈㄨˊ。鶉ㄔㄨㄣˊ。跗ㄈㄨ。蹢ㄓ。屐ㄐㄧ。
躡ㄋㄧㄝˋ。怫ㄈㄨˊ。恚。尸ㄕ。瑀ㄩˇ。猧ㄨㄛ。懿ㄧˋ。
廝ㄙ。巋ㄓˋ。豨ㄒㄧ。玀ㄌㄨㄛˊ。糟ㄗㄠ。糠ㄎㄤ。
濯ㄓㄨㄛˊ。烔ㄐㄩㄥˇ。匏ㄆㄠˊ。哞ㄇㄡ。呲ㄗ。咩ㄇㄧㄝ。
唧ㄐㄧ。吠ㄈㄟˋ。冀ㄍㄨㄥ。禺ㄩˊ。眹ㄉㄧㄝˊ；ㄧˋ。
晡ㄅㄨ。撅ㄓ。忐ㄊㄢˇ。忑ㄊㄜˋ。莩ㄗ。拗ㄋㄧㄡ；ㄠˇ。
簳ㄍㄢˇ。悟ㄨˋ。寐ㄇㄟˋ。愕ㄜˋ。彎ㄆㄟˋ。廄ㄐㄧㄡˋ。
駼ㄑㄩㄢˊ。鼰ㄧㄣ。氳ㄩㄣ。囿ㄧㄡˋ。劬ㄑㄩˊ。醮ㄐㄧㄠˋ。

邃ㄙㄨㄟˋ。躊ㄔㄡˊ。躇ㄔㄨˊ。囉ㄌㄨㄛ；ㄌㄡˊ。喵ㄗㄠˋ。
尷ㄍㄢ。尬ㄍㄚˋ。韌ㄔㄨㄤˋ。誆ㄎㄨㄤ。鶼ㄐㄧㄢ。
鰈ㄉㄧㄝˊ。峙ㄓ。佞ㄋㄧㄥˋ。蹭ㄘㄥˋ。蹬ㄉㄥˋ。
箇ㄍㄜˋ。綽ㄔㄨㄛ。嶙ㄌㄧㄣˊ。峋。洵ㄒㄩㄣ。樵ㄑㄧㄠˊ。
箕ㄐㄧ。嗤ㄔ。槎ㄔㄚˊ。廄ㄐㄧㄡˋ。耄ㄇㄠˋ。耋ㄉㄧㄝˊ。
籔ㄕㄨˋ；ㄙㄡˇ。盂ㄩˊ。豕ㄕˇ。昂ㄇㄠˇ。稷ㄐㄧ。
鉥ㄒㄩˋ。貔ㄆㄧˊ。貅ㄒㄧㄡ。

十、《周易》賦卡與大衍之數

霽ㄐㄧˋ。昊ㄏㄠˋ。繡ㄒㄩㄣ。櫝ㄉㄨˊ。偃ㄧㄢˇ。仆ㄆㄨ。
盥ㄍㄨㄢˋ。扐ㄌㄜˋ。揲ㄕㄜˊ。倣ㄈㄤˇ。牝ㄆㄧㄣˋ。
賅ㄍㄞ。棣ㄉㄧˋ。顙ㄙㄤˇ。稼ㄐㄧㄚˋ。穡ㄙㄜˋ。
瑕ㄒㄧㄚˊ。颷ㄅㄧㄠ；ㄆㄠˊ。矗ㄓㄨˋ。賡ㄍㄥ。曙ㄕㄨˋ。
繆ㄇㄡˊ。捻ㄋㄧㄢˇ。掣ㄔㄜˋ。矘ㄞˇ。擘ㄅㄛˋ。忭ㄅㄧㄢˋ。
炤ㄓㄠˋ。孜ㄗ。矻ㄎㄨˋ。酢ㄗㄨㄛˋ。

十一、《周易》閱讀玄妙之益

邈，ㄇㄧㄠˇ。謟ㄔㄢˇ。俟ㄙˋ。摒ㄅㄧㄥˋ。蝨ㄕㄣˋ。
嶠ㄐㄧㄠˋ。闋ㄑㄩㄝˋ；ㄑㄩㄝˊ。溽ㄖㄨˋ。灼ㄓㄨㄛˊ。
靛ㄉㄧㄢˋ。瘰ㄌㄧˋ。髯ㄖㄢˊ。藹ㄞˇ。祚ㄗㄨㄛˋ。
魅ㄇㄟˋ。轇ㄐㄧㄡ。譎ㄋㄩㄝˋ。籙ㄌㄨˋ。鬨ㄏㄨㄥˊ。
牯ㄍㄨˇ。眸ㄇㄡˊ。爍ㄕㄨㄛˋ。掞ㄕㄢˋ；一ㄢˋ。膺一ㄥ。
橼ㄔㄨㄢˊ。歆一。遒ㄑㄧㄡˊ。邃ㄙㄨㄟˋ。寰ㄏㄨㄢˊ。
襲ㄒㄧˊ。宕ㄉㄤˋ。魍ㄨㄤˇ。魎ㄌㄧㄤˇ。魑ㄔ。臞ㄑㄩˊ。
訛ㄜˊ。褐ㄏㄜˊ。殫ㄉㄢ。叱ㄔˋ。吒ㄓㄚˋ。鯤ㄎㄨㄣ。
啜ㄔㄨㄛˋ。翫ㄨㄢˊ。夔ㄎㄨㄟˊ。餽ㄎㄨㄟˋ。懽ㄏㄨㄢ。

十二、《周易》占卜應用案例

寶ㄉㄡˋ。頡ㄐㄧㄝˊ；ㄒㄧㄝˊ。蹇ㄐㄧㄢˇ。勠ㄌㄨˋ。噫一。
劀ㄔㄢˇ。達ㄎㄨㄟˊ。簪ㄗㄢ。躡ㄋㄧㄝˋ。屬ㄐㄩㄝˋ。恣ㄘˋ。
晁ㄔㄠˊ。个ㄍㄜˋ。賁ㄅㄧˋ。驁ㄨˋ。讖ㄔㄣˋ。鷙ㄓˋ。

箚記（一）冠首聯名彙戢諸賢嘉惠

橐ㄊㄨㄛˊ。隅ㄩˊ。猷一ㄡˊ。靚ㄐㄧㄥˋ。黠ㄒㄧㄚˊ。

琁ㄒㄩㄢˊ。擄ㄕㄨˇ。霽ㄐㄧˋ。窠ㄎㄜ。琅ㄌㄤˊ。雋ㄐㄩㄢˋ。
蜚ㄈㄟ；ㄈㄟˊ。葩ㄆㄚ。鵷ㄩㄢ。琬ㄨㄢˇ。琰ㄧㄢˇ。
燧ㄙㄨㄟˋ。桯ㄊㄧㄥˊ。飆ㄧㄠˊ。颺ㄧㄤˊ。騁ㄔㄥˇ。
諫ㄐㄧㄢˋ。暇ㄒㄧㄚˊ。朓ㄊㄧㄠˇ。眆ㄈㄤˇ。驥ㄐㄧˋ。
鍥ㄑㄧㄝˋ。擷ㄒㄧㄝˊ。逮ㄉㄞˋ。鏜ㄇㄤˊ。嫭ㄎㄨㄚ。
撝ㄏㄨㄟ。梟ㄒㄧㄠ。漻ㄌㄧㄠˊ。揀ㄐㄧㄢˇ。腋ㄧㄝˋ；ㄧˋ。
輝ㄏㄨㄟ。孃ㄋㄧㄠˇ。邸ㄉㄧˇ。柢ㄉㄧˇ。翺ㄠˊ。觥ㄍㄨㄥ。
砥ㄉㄧˇ。礪ㄌㄧˋ。邕ㄩㄥ。嶢ㄧㄠˊ。嶔ㄑㄧㄣ。迺ㄑㄧㄡˊ。
揣ㄔㄨㄞˇ。雛ㄔㄨˊ。崟ㄧㄣˊ。憎ㄧㄣ。耆ㄑㄧˊ。
焯ㄓㄨㄛˊ。麝ㄕㄜˋ。醴ㄌㄧˇ。稔ㄖㄣˇ。愷ㄎㄞˇ。癘ㄌㄧˋ。
旖ㄧˇ。旎ㄋㄧˇ。迓ㄧㄚˋ。坌ㄅㄣˋ。簇ㄘㄨˋ。剗ㄔㄢˇ。
盎ㄤˋ。裎ㄊㄧˊ。蕖ㄑㄩˊ。噢ㄩ。蕖ㄑㄩˊ。弸ㄆㄥˊ。摛ㄔ。
崢ㄓㄥ。瀛ㄧㄥˊ。埕ㄔㄥˊ。巑ㄘㄨㄢˊ。塚ㄓㄨㄥˇ。
怙ㄏㄨˋ。疵ㄘ。潸ㄕㄢ。泫ㄒㄩㄢˋ。菽ㄕㄨˊ。梁ㄌㄧㄤˊ。
泪ㄌㄟˋ。俎ㄗㄨˇ。羈ㄐㄧ。冢ㄓㄨㄥˇ。殤ㄕㄤ。皋ㄍㄠ。
躅ㄐㄩㄢ。纘ㄗㄨㄢˇ。謁ㄧㄝˋ。憫ㄇㄧㄣˇ。慫ㄑㄧㄢ。
痾ㄜ；ㄎㄜ。挹ㄧˋ。觴ㄕㄤ。霓ㄋㄧˊ。嵌ㄑㄧㄢ；ㄑㄧㄢˋ。
敧ㄑㄧ。氈ㄓㄢ。萌ㄇㄧㄥˊ。謳ㄡ。

箚記（二）台中霧峰林家花園攬勝側記

瞰ㄎㄢˋ。摹ㄇㄛˊ。櫺ㄌㄧㄥˊ。櫺ㄌㄧㄥˊ。翬ㄏㄨㄟ。
闌ㄌㄢˊ。樺ㄙㄨㄣˇ。椒ㄐㄧㄠ。鎖ㄙㄨㄛˇ。聵ㄎㄨㄟˋ。
琛ㄔㄣ。櫟ㄌㄧˋ。綾ㄌㄧㄥˊ。縑ㄐㄧㄢ。樗ㄕㄨ。騁ㄔㄥˇ。
拮ㄐㄧㄝˊ。榭ㄒㄧㄝˋ。翩ㄆㄧㄠ。鏘ㄑㄧㄤ；ㄑㄧㄤˇ。

箚記（三）「吉祥銅鑼賀婚禮」之側記

譾ㄧㄢˋ。旼ㄇㄧㄣˊ。悃ㄎㄨㄣˇ。幅ㄅㄧˋ。閫ㄎㄨㄣˇ。
霑ㄓㄢ。羆ㄆㄧˊ。叶ㄒㄧㄝˊ。裔ㄧˋ。胤ㄧㄣˋ。
樽ㄗㄨㄣ。睢ㄐㄩ。繾ㄑㄧㄢˇ。綣ㄑㄩㄢˇ。媲ㄆㄧˋ。輳ㄘㄡˋ。
璔ㄗㄥ。挈ㄑㄧㄝˋ。擢ㄓㄨㄛˊ。角ㄐㄩㄝˊ。徵ㄓˇ。攙ㄔㄢ。
匏ㄆㄠˊ。磬ㄑㄧㄥˋ。柷ㄓㄨˋ。苃ㄅㄚ；ㄆㄟˋ。戳ㄌㄨˋ。
鏗ㄎㄥ。鏘ㄑㄧㄤ。骶ㄉㄧˇ。戞ㄐㄧㄚ。姝ㄕㄨ。葩ㄆㄚ。
戩ㄐㄧˇ。觚ㄍㄨ。瀱ㄉㄧㄝˊ。袂ㄇㄟˋ。螽ㄓㄨㄥ。幃ㄨㄟˊ。

咸ㄒㄧㄢˊ、。鶼ㄐㄧㄢ。斬ㄐㄧㄣˋ、。魗ㄕㄨ；ㄩˊ。觥ㄍㄨㄥ。
磐ㄆㄢˊ、。玳ㄇㄠ、。瑁ㄇㄟˋ。韞ㄩㄣˋ、。蘺ㄩㄥ。箏ㄐㄧ一。
媲ㄆㄧˋ、。酣ㄏㄢ。褵ㄌㄧˊ、。劭ㄕㄠˋ、。饈ㄒㄧㄡ。硯ㄓㄢˇ。
覲ㄐㄧㄣˋ；ㄐㄧㄣ、。縷ㄌㄩˇ。

箚記（四）家師玄魁子吳慕亮《拜謁成都武侯祠紀遊》

楔ㄒㄧㄝ、。醒ㄊㄧˊ。酺ㄏㄨˊ。窘ㄐㄩㄥˇ。謚ㄕˋ、。
沔ㄇㄧㄢˇ、。楹ㄧㄥˊ。矗ㄔㄨˋ、。褒ㄅㄠ。謖ㄙㄨˋ、。
囧ㄐㄩㄥˇ。宓ㄇㄧˋ；ㄈㄨˊ。畿ㄐㄧ。嶷ㄧˊ；ㄋㄧˋ、。
咄ㄉㄨㄛˋ、。嗟ㄐㄧㄝ。鯁ㄍㄥˇ。坍ㄊㄢ。圮ㄆㄧˇ。翊一ˋ、。
繆ㄇㄧㄡ；ㄇㄡˊ。倥ㄎㄨㄥˇ。傯ㄗㄨㄥˇ。偬。蹐ㄐㄧˊ。
掇ㄉㄨㄛ；ㄉㄨㄛˊ。瞿ㄐㄧ。劬ㄑㄩ。凜ㄌㄧㄣˇ。憚ㄉㄢˋ、。
閟ㄅㄧˋ。胥ㄒㄩ。殲ㄐㄧㄢ。紆ㄩ。謖ㄙㄨˋ、。謁一ㄝˋ。
拓ㄊㄨㄛˋ、；ㄊㄚ。貔ㄆㄧˊ。貅ㄒㄧㄡ。颰ㄅㄧㄠ；ㄆㄠˊ。
燾ㄓㄨˋ。瑯ㄌㄤˊ。琊一ㄝˊ。炟ㄉㄚˊ。讐ㄔㄡˊ。戮ㄌㄨˋ。
塹ㄑㄧㄢˋ、。栩ㄒㄩˇ。絎ㄒㄧ、。潺ㄔㄢˊ。猊ㄋㄧˊ、。矞ㄩˋ、。
啖ㄉㄢˋ。跏ㄐㄧㄚ。趺ㄈㄨ。綴ㄓㄨㄟˋ、。縈一ㄥˊ。堦ㄐㄧㄝ。
曛ㄒㄩㄣ。棲ㄑㄧ；ㄒㄧ。橡ㄔㄨㄢˊ。幃ㄨㄟˊ。酧ㄔㄡˊ、。
榻ㄊㄚ、。皓ㄏㄠˋ、。蹕ㄅㄧˋ、。脩ㄒㄧㄠ；ㄙㄨˋ、。茸ㄑㄧˋ、。
隤ㄊㄨㄟˊ。輟ㄔㄨㄛˋ、。檽ㄌㄥˊ、。爨ㄘㄨㄢˋ、。佇ㄓㄨˋ、。
杳一ㄠˇ。悖ㄅㄟ；ㄅㄛˊ。蹂ㄖㄡ。躙ㄌㄧㄣˋ、。敕ㄔˋ。
諭ㄩˋ。凸ㄐㄧ。酖ㄨㄢ、。罡ㄍㄤ。槧ㄑㄧㄢˋ、。垺ㄈㄨˊ。
蝣一ㄡˊ、。厥ㄐㄩㄝˊ、。中ㄇㄨˋ。謔ㄋㄩㄝˋ、。箸ㄕˋ、。

箚記（六）《汝南堂·周易尚占詩箋》付梓－叩恩謝表

燀ㄒㄩㄣ、。惇ㄉㄨㄣ。鐫ㄐㄩㄢ。庥ㄒㄧㄡ。瓏ㄌㄨㄥ、、。
璁ㄘㄨㄥ。殫ㄉㄢ。斡ㄨㄛˋ、。祛ㄑㄩ。鎡ㄗ。饗ㄆㄢˊ、、。
曛ㄒㄩㄣ。謁一ㄝˋ。兀ㄨˋ、。閬ㄌㄤˋ、。闇ㄢˋ。
穰ㄖㄤˊ、。涔ㄘㄣˊ、。躋ㄐㄧ。謁一ㄝˋ、。兀ㄨˋ、。
閬ㄌㄤˋ、。闇ㄢˋ、。穰ㄖㄤˊ、。涔ㄘㄣˊ、。躋ㄐㄧ。

隆中　吳慕亮七四近影

家師 吳慕亮
簡介

※ 吳慕亮教授，乃當代五術方家，香港上海哲理學院哲學博士。

現任： 星元五術大學校長及財團法人軒轅教二宗伯暨潭邑《觀顥堂年刊》總督導，以傳道、授業、解惑，著書立說，執經問難，闡微三教，弘揚儒宗，教以傳統詩（近體詩）而纘承文化爲不朽之盛業！

別號： 孔子門生、延陵布衣、玄魁居士、鍼灸山人、隆中逸叟、方外處士、野鶴老朽、閒雲簑翁、臥龍散人。

室號： 河洛居、愛吾廬、半仙居、瑩拂園、滌塵軒、臥龍軒、璇璣小閣、隆中小築、拂塵掃葉樓、如聞心齋、笑傲山房、市隱草堂。

設硯處：延陵堂詩學五術文化會館
臺灣省新竹市民富里少年街 1 0 0 號　電話：03-5214041
手機：0936-996563　E-mail：wcw969696@yahoo.com.tw

設硯論命
導引：豐盈錢財之妙法。　指點：事業成功之捷徑。
提示：美滿婚姻之建立。　緣授：五術文化之要旨。
悉曉：改變命運之秘訣。　洞徹：趨吉避凶之門道。
探索：生命意義之超越。　頓悟：本體微妙之境界。

著作書籍
吳氏周易通鑑全集四部冊。吳誌軒醫海探賾總覽上下冊。
市隱草堂・醫學氣功法要。華山希夷飛星棋譜秘傳專集。
延陵布衣・鍼灸心得專論。風鑑啓悟・漫談語錄上下冊。
拂塵掃葉樓・詩稿纂輯。神臺孔廟之探索專集四部冊。
閒話神鬼玄機籙拾遺全集。延陵堂・古今滑稽詩話聯集。

作者簡介 ｜ 廖英琪

🦋 學術與經歷

玄奘大學應用心理系研究所畢
風城五術作家吳慕亮入室弟子
學校暨機關瑜伽專任資深教師
光之課程修畢第一～第十七級次
琉璃光養生世界一、二階音療師
中華民國兒童瑜伽、體適能師資
中國世針交流中心中醫養生指導師
策劃慶雲教室身心靈課程&人文講座
國際嬋柔運動®心肺強健呼吸課指導員
國際嬋柔墊上®授證教練、嬋柔器械®準指導員
受訓KRI Kundalini Yoga（PTSD）療癒師、銅鑼師
與KRI Kundalini Yoga 寶瓶教師亞洲一、二階師資
中華民國喜悅之路：呼吸身印瑜伽、勝王瑜伽、哈達瑜伽師資
推廣台灣中部GYROKINESISR® 嬋柔墊上、器械師資培訓負責人

🦋 作品

蠡酌《周易》五行之妙音
《雲仙詩囊‧吟懷專集》探微
《瑜伽乾坤‧陰陽頤養至道書》
YouTube頻道：瑜伽八肢‧日常覺醒妙理、阿育韋達瑜伽養生體式系列
《汝南堂‧周易尚占》六十四卦啓示賦卡‧〈詩箋白話註解全集〉（一）

專業候教&身心靈多元教學

《近體詩》絕律之創作、《風鑑掌紋》審休咎
《周易尚占》、《紫微斗數》玄學生命啓迪及導引
瑜伽、養生自然療法、音流聲療、大腦保健、嬋柔運動等

🔍 慶雲教室網址：https://www.qingyunclassroom.com
🔍 YouTube頻道：慶雲教室（同網址）
🔍 Line官網ID：@023vcvyo；https://lin.ee/j6ceoMC

《汝南堂・周易尚占》
六十四卦啟示賦卡
〈詩箋註解全集〉(二)
定 價 500元

瑜伽乾坤
陰陽頤養至道書
定 價 380元

《汝南堂・周易尚占》
六十四卦啟示賦卡
〈詩箋白話註解全集〉(一)
定 價 580元

郵政劃撥／22853815 戶名 廖英琪

《汝南堂‧周易尚占》六十四卦啓示賦卡
〈詩箋註解全集〉(二)

作　　者／廖英琪

指　　導／吳慕亮

校　　對／黃寶蓮

版　　權／廖英琪

出版發行／廖英琪

　　　　　地址：台中市霧峰區

　　　　　電話：0971-468788

讀者服務／yc8643@gmail.com

郵政劃撥／22853815　戶名 廖英琪

代 理 商／白象文化事業有限公司

　　　　　地址：401 台中市東區和平街 228 巷 44 號

　　　　　電話：04-22208589

經 銷 處／文豐書局　莊淑娥 0912-604477

地　　址／台中市北屯區瀋陽北路 74 號

　　　　　電話：04-2297 0076

　　　　　傳眞：04-2295 4037

封面設計／尊裕企業有限公司

美編排版／尊裕企業有限公司

印　　刷／印佳美數位輸出中心

初版一刷／2023 年 4 月

定　　價／500 元 (平裝)

ISBN ／ 978-626-01-1198-4